RAINER MADERTHANER

Psychologie

facultas.wuv

Prof. Dr. Rainer Maderthaner lehrt am Institut für Psychologische Grundlagenforschung an der Fakultät für Psychologie der Universität Wien.

Bibliografische Information der Deutschen Nationalbibliothek

Die Deutsche Nationalbibliothek verzeichnet diese Publikation in der Deutschen Nationalbibliografie; detaillierte bibliografische Daten sind im Internet unter http://dnb.d-nb.de abrufbar.

© 2008 Facultas Verlags- und Buchhandels AG
facultas.wuv, Berggasse 5, 1090 Wien
Alle Rechte vorbehalten

Abbildung am Umschlag wurde erstellt mit Magic-3D, Highware
Gestaltung: Atelier Reichert, Stuttgart
Satz: grafzyx.at
Lektorat: Wolfgang Straub
Druck: Ebner & Spiegel, Ulm
Printed in Germany

ISBN 978-3-8252-2772-2

Vorwort

Das vorliegende Buch will einen kompakten, verständlichen Überblick über die Grundlagen und Forschungsbereiche der Psychologie
liefern. Es wendet sich an Studienanfänger im Fach Psychologie
sowie an Nebenfachstudierende aus den Human- und Sozialwissenschaften, aber auch an Angehörige angrenzender Berufe, und
darüber hinaus an alle, die sich für die Erkenntnisse der empirischen Psychologie interessieren. Von anderen Einführungswerken
unterscheidet es sich vor allem dadurch, dass es sich auf die funda-
mentalen Wissensinhalte der akademischen Psychologie beschränken möchte, das heißt auf jene psychologischen Erkenntnisse, die
mit ihrem wissenschaftlichen und praktischen Erklärungswert
innerhalb der Scientific Community allgemein akzeptiert sind. Angestrebt war also gewissermaßen der kleinste gemeinsame Nenner
all dessen, was gegenwärtig im Fach Psychologie gelehrt wird, und
gleichzeitig eine Integration und Zusammenfassung dieses psychologischen Wissensbestands. Dass man dennoch viele relevante Wissensinhalte vermissen kann, liegt an der extremen Breite des aktuellen Wissensbestands, an der notwendigen Beschränkung auf
den Buchumfang sowie an der Unvermeidlichkeit einer individuellen Schwerpunktsetzung.

Bei der Auswahl der Kapitel wurde nicht von den universitär ge-
lehrten Subdisziplinen ausgegangen (Allgemeine Psychologie, Biologische Psychologie, Methodenlehre etc.). Die Einteilung erfolgte
vielmehr nach jenen Phänomenen, die den wichtigsten psychischen Abläufen zugrunde liegen: Bewusstsein, Wahrnehmung, Lernen, Gedächtnis, Soziale Prozesse usw. Dadurch sollte einem fach-
spezifischen Isolationismus entgegengewirkt und dem Bestreben
nach Wissensintegration Rechnung getragen werden. Vorausgehend erschien es wichtig, die Entwicklungslinie aufzuzeigen von
den philosophischen und religiösen Strömungen des Altertums bis
zu den Grundlagen des heutigen empirischen Wissenschaftsver-
ständnisses in der Psychologie. Das Kapitel über Statistik und Methodenlehre umreißt danach das Forschungsinstrumentarium
einer Psychologie, wie sie heute gelehrt wird. Bei der Auswahl der
Literaturverweise im Text wurde möglichst sparsam vorgegangen,
einerseits, um den Lesefluss nicht unnötig zu stören, und andererseits, um auch optisch – neben der notwendigen Empirie – der the-

oretischen Integration und inhaltlichen Zusammensicht Raum zu geben. Die verwendeten Literaturzitate wurden nach wissenschaftlicher Bedeutsamkeit (z.B. Zitierhäufigkeit in Fachpublikationen), nach vermuteter Verfügbarkeit in Fachbibliotheken bzw. Fachliteraturdatenbanken sowie nach ihrer Aktualität ausgesucht.

Bedanken möchte ich mich bei all jenen Kolleginnen und Kollegen der Fakultät für Psychologie an der Universität Wien, die mich mit wertvollen Hinweisen, fachlicher Kritik und nützlichen Anregungen unterstützt haben, besonders bei Brigitte Flatschacher, Mag. Reinhard Schott, Mag. Günther Schreder, Mag. Julia Keil, Mag. Alice Stoffel, Mag. Julia Puaschunder, Mag. Michael Peter, Dr. Ingrid-Marianne Braunschmid, MMag. DDr. Martin Voracek, Prof. Dr. Herbert Bauer, Prof. Dr. Werner Herkner sowie Dekanin Prof. Dr. Eva Dreher.

Auch die fachlichen Diskussionen mit Dr. Peter Hexel, Dr. Wolfgang Knopf, Günther Gettinger und Maryam Bigdeli gaben mir wertvolle praxisbezogene Anregungen.

Der Verlag zeigte viel Geduld bei meinen ausführlichen Vorarbeiten und unterstützte mich beharrlich, vielen Dank an Sabine Kruse, Sigrid Wieser und Sandra Illibauer. Bei Wolfgang Straub möchte ich mich für seine präzise und verständige Lektoratstätigkeit bedanken. Auch dem Grafik-Team Graf+Zyx gilt mein Dank für seine anspruchsvolle Arbeit.

Besonders verbunden bin ich meiner Frau, Dr. Maria Maderthaner, die nicht nur alle Kapitel mehrfach gelesen hat und mir mit produktiver Kritik zur Seite stand, sondern von der ich auch so manche prägnante Formulierung übernommen habe. Meine Tochter, Lydia Maderthaner, trug mit ihrem konstanten Interesse, ihrem fröhlichen Engagement und ihrer jugendlichen Begeisterung für psychologische Fragestellungen dazu bei, dass ich immer den Eindruck hatte, mit psychologischem Wissen und Forschen am Puls des Lebens zu sein.

Rainer Maderthaner

Inhaltsverzeichnis

1   Einleitung 9
1.1 Trivialpsychologie und Psychologie als Wissenschaft *9* – 1.2 Seelenvorstellungen und Religion *12* – 1.3 Philosophie als Vorläuferin
der Psychologie *16* – 1.4 Die Entwicklung der akademischen Psychologie *20*

2   Definition, Ziele und Positionen der Psychologie 27
2.1 Definitionen von Psychologie *27* – 2.2 Allgemeine Zielsetzungen
wissenschaftlicher Psychologie *29* – 2.3 Kontroversielle Grundannahmen der Psychologie *37* – 2.4 Gegenwärtige Forschungsorientierungen der Psychologie *47*

3   Forschungsmethodik der Psychologie – Grundbegriffe
     der psychologischen Methodenlehre und Statistik 53
3.1 Wissenschaftlichkeit *54* – 3.2 Von der Empirie zur Theorie *54* –
3.3 Fälle und Variablen *57* – 3.4 Kausalität und Wahrscheinlichkeit *61* – 3.5 Relationen und Funktionen *66* – 3.6 Beschreibende und
hypothesenprüfende Statistik *68* – 3.7 Forschungsmethoden der
Psychologie *83* – 3.8 Forschungsablauf *98*

4   Psyche und Bewusstsein 105
4.1 Menschliche Informationsverarbeitung *105* – 4.2 Bewusstseinszustände *110* – 4.3 Besondere Aspekte des Bewusstseins *125*

5   Wahrnehmung und Interpretation 133
5.1 Psychophysik *134* – 5.2 Biologische Grundlagen visueller Wahrnehmung *137* – 5.3 Raumwahrnehmung *141* – 5.4 Objektwahrnehmung *142* – 5.5 Gesichtswahrnehmung *148* – 5.6 Bewegungswahrnehmung *152* – 5.7 Farbwahrnehmung *155* – 5.8 Akustische
Wahrnehmung *156* – 5.9 Andere Sinne *161*

6   Lernen und Anpassung 169
6.1 Umwelt und Verhalten *170* – 6.2 Aktivierung und Lernen *172* –
6.3 Speicherstrukturen des Gehirns *177* – 6.4 Neuronale Netzwerkmodelle *181* – 6.5 Habituation *185* – 6.6 Prägungsartiges Lernen *186* – 6.7 Klassische Konditionierung – Signallernen *188* –

6.8 Instrumentelles Konditionieren – Erfolgslernen *191* – 6.9 Fertigkeiten – Motorisches Lernen *196* – 6.10 Kognitives Lernen – Kategorien, Begriffe und Schemata *199* – 6.11 Imitationslernen – Beobachtungslernen – Modelllernen *202*

7   Gedächtnis und Wissen **209**
7.1 Einprägen und Vergessen *210* – 7.2 Kurzzeitspeicherung *218* – 7.3 Langzeitspeicherung *223* – 7.4 Komponenten des Langzeitgedächtnisses *226* – 7.5 Stadien der Gedächtnisbildung *229* – 7.6 Gedächtnisregeln *243* – 7.7 Die PQ4R-Methode *245*

8   Problemlösen – Denken – Intelligenz **249**
8.1 Definition von Problemen *250* – 8.2 Problemkategorisierung und Problemräume *252* – 8.3 Förderliche und hinderliche Einflüsse auf das Problemlösen *257* – 8.4 Denken und Schlussfolgern *265* – 8.5 Entscheidungsfindung und Urteilsbildung *271* – 8.6 Intelligenz – Geistige Leistungsfähigkeit *281*

9   Emotion – Motivation **297**
9.1 Affekte – Gefühle – Stimmungen *297* – 9.2 Funktionen von Emotionen *300* – 9.3 Emotionstheorien *302* – 9.4 Phasen und Komponenten von Emotionen *305* – 9.5 Klassifikation von Emotionen *310* – 9.6 Motivation – Bedürfnisse – Motive *313* – 9.7 Hunger *316* – 9.8 Aggression und Dominanz *319* – 9.9 Leistungs- und Arbeitsmotivation *323*

10   Soziale Prozesse **331**
10.1 Soziale Wahrnehmung *332* – 10.2 Einstellungen *337* – 10.3 Einstellungsänderung und sozialer Einfluss *341* – 10.4 Autorität und Gehorsam *348* – 10.5 Soziale Beziehungen *351* – 10.6 Kommunikation *358* – 10.7 Gruppenprozesse *363*

11   Gesundheit – Krankheit **373**
11.1 Wohlbefinden und Lebensqualität *373* – 11.2 Gesundheit *376* – 11.3 Krankheit und Mortalität *378* – 11.4 Psychische Störungen *381* – 11.5 Stress *391* – 11.6 Stressbewältigung (Coping) *395* – 11.7 Bindungsstil *400* – 11.8 Psychologische Intervention – Psychotherapie *404*

12   Anhang **414**

Einleitung |1

Inhalt

1.1   Trivialpsychologie und Psychologie als Wissenschaft

1.2   Seelenvorstellungen und Religion

1.3   Philosophie als Vorläuferin der Psychologie

1.4   Die Entwicklung der akademischen Psychologie

Trivialpsychologie und Psychologie als Wissenschaft |1.1

Jeder Mensch sammelt im Laufe seines Lebens Erfahrungen mit sich selbst sowie mit anderen und erwirbt somit ein beträchtliches, oft subjektiv gut bestätigtes Allgemeinwissen über Psychologie. „Dieses Wissen wird häufig ,naive Psychologie', ,Volkspsychologie' (engl. folk psychology), ,Laienpsychologie' (engl. lay psychology)" oder – soweit es übereinstimmt mit wissenschaftlichen Erkenntnissen – **Popularpsychologie** genannt (Schönpflug, 2000, 26). Nicht selten konkurrieren aber solche persönlichen Überzeugungen mit fachwissenschaftlichen Erkenntnissen, wie sich an manchen so genannten **Lebensweisheiten** zeigt, die nicht unbedingt nur der Lebenserfahrung entspringen, sondern manchmal auch in Bequemlichkeit, Ängsten, Wünschen, allgemeinen Vorurteilen und Vorbildern wurzeln (Box 1.1).

In dieser Konkurrenzsituation zwischen natürlich und wissenschaftlich gewonnenen Erkenntnissen entwickelte sich die akademische Psychologie – repräsentiert durch wahrscheinlich mehr als

Merksatz

> Kaum eine andere Wissenschaft hat so viele Bezüge zu Alltagserfahrungen wie die Psychologie, weshalb ihre Erkenntnisse oft tatsächlich oder scheinbar in Widerspruch zu subjektiv gewonnenen Einsichten stehen.

Box 1.1 | So genannte „Lebensweisheiten"

- Aggressionen sollten abreagiert werden, wenn man sie loswerden möchte.
- In Liebesbeziehungen ziehen sich Gegensätze an.
- Aus der Handschrift eines Menschen lässt sich sein Charakter ablesen.
- Wenn man an Ängste nicht denkt, verliert man sie mit der Zeit.
- Im Allgemeinen verwenden wir nur etwa 10 % unseres Gehirns.
- Nur wenn man die Ursache einer psychischen Störung kennt, kann sie auch geheilt werden.
- Das Grundwissen wissenschaftlicher Psychologie ist die Psychoanalyse.
- Jeder Mensch kann hypnotisiert werden.
- Psychologinnen und Psychologen können in relativ kurzer Zeit ihre Mitmenschen durchschauen.

In Anlehnung an Dörner & Selg (1996), Forgas (1999), Schönpflug (2000) sowie Passer & Smith (2004).

200.000 Psychologen in der ganzen Welt (Schönpflug, 2000; Pawlik, 1985). Sie ist gekennzeichnet durch ein Instrumentarium exakter, zumeist den Naturwissenschaften entliehener Methoden (statistische Auswertungsverfahren, mathematische Modelle, standardisierte Tests etc.). Oft führte diese naturwissenschaftliche Orientierung zwar zu methodenbedingten Beschränkungen der erforschten Phänomene, doch verhalf sie in etwa 150 Jahren psychologischer Forschung bereits zu umfassenden und verlässlichen Erkenntnissen in allen Anwendungsbereichen.

Die Schwächen des Laienurteils offenbaren sich oft schon am Beispiel des so genannten **gesunden Menschenverstandes**. Hier hat sich in psychologischen Studien nicht selten das genaue Gegenteil dessen herausgestellt, was im „common sense" angenommen wird (Box 1.2).

Rückschaufehler:
engl. hindsight bias

Verzerrungen der Realität liefert zum Beispiel der **Rückschaufehler**, der uns vergangene Ereignisse aus dem Blickwinkel der Gegenwart uminterpretieren lässt. Eigene Prognosen, etwa über die Karriere-

Sagt einem das wirklich der „gesunde Menschenverstand"? | Box 1.2

1. Erstgeborene neigen mehr / weniger dazu, die Gesellschaft anderer zu suchen als nachgeborene Geschwister.
2. Europäer kommunizieren Emotionen mit ähnlichen / anderen Gesichtsausdrücken wie / als die Eingeborenen Neuguineas.
3. Das Aussehen des Menschen hat einen / keinen Einfluss darauf, ob man ihn eines Verbrechens für schuldig befindet.
4. Wenn einem sehr kompetenten Menschen ein Fehler unterläuft, nimmt seine Attraktivität in den Augen anderer zu / ab.
5. Wenn ein Versuchsleiter von Probanden verlangen würde, einem anderen gefährliche Elektroschocks zu verabreichen, würde sich die Mehrheit weigern / nicht weigern.

(Lösung: 1: mehr, 2: ähnlichen, 3: einen, 4: zu, 5: nicht weigern)
Forgas, J. P. (1999, 6)

chancen eines Jugendlichen, über den Ausgang einer Wahl oder über die Wirtschaftsentwicklung, werden im Nachhinein gerne entsprechend der tatsächlichen Entwicklung „korrigiert". Ähnlichen Irrtümern unterliegt die Einschätzung der Geschwindigkeit geistiger Leistungen. So schätzt man die Dauer, die die Lösung der Anagramme SERWAS und TESSMY braucht, mit ungefähr zehn Sekunden, während es tatsächlich durchschnittlich etwa drei Minuten sind (Lösung: WASSER und SYSTEM; Myers, 2005, 23). Dieser **I-knew-it-all-along-Effekt** zeigt unser Bedürfnis auf, Recht zu behalten (Box 1.3; Hölzl und Kirchler, 2005).

Viele scheinbar widersprüchliche Erfahrungen des Alltages können durch psychologische Experimente präzisiert und unter Bezugnahme auf die Eigenheiten der menschlichen Informationsverarbeitung aufgeklärt werden. Beispiele dafür sind optische Täuschungen („impossible figures", s. Kap. 5.) oder die Tendenz, Probleme selbst dann noch nach altbewährten Rezepten zu lösen, wenn es eigentlich viel einfachere Wege gäbe („Analogie-Effekt"; s. Abschn. 8.3.1).

Box 1.3 | Befragung: „Hätte ich auch so gewusst …"

In einer Studie über die Genesungsdauer nach Unfällen (Rogner, Frey und Havemann, 1987) wurde festgestellt, dass verletzte Personen häufig dann eine längere Krankenhausaufenthaltsdauer hatten, wenn sie glaubten, sie hätten den Unfall vermeiden können. Dies war für manche eine Überraschung, denn grundsätzlich wäre es auch denkbar gewesen, dass die Genesungsdauer kürzer ist, wenn die verletzten Personen aufgrund der Vermeidbarkeit ihres Unfalles ein schlechtes Gewissen hätten und deshalb vielleicht bestrebt wären, schneller wieder gesund zu werden. In einer Befragung (Hoyos, Frey & Stahlberg, 1988) wurde jeweils einer Studentengruppe das richtige und einer anderen das falsche Ergebnis mitgeteilt: In beiden Gruppen behaupteten ca. 85 % der Personen, sie hätten das Ergebnis vorhersagen können.

1.2 | Seelenvorstellungen und Religion

Für die meisten frühen Kulturen und Naturreligionen bedeutete **Seele** die Lebenskraft schlechthin, welche zum Zeitpunkt des Todes den menschlichen Körper verlässt. Dieses Lebensprinzip in den Lebewesen wird seit Aristoteles („De Anima") auch als „Entelechie" bezeichnet. In vielen Religionen oder Philosophien wird die Seele daher mit Bildern des Windes, Wehens, Hauches oder Atems charakterisiert, woraus sich in den verschiedenen Sprachen die Bezeichnung ableitet: griechisch: „psyche" und „pneuma"; lateinisch: „spiritus" und „anima"; hebräisch: „ruach"; indisch: „atman" (Bibliographisches Institut & Brockhaus, 2002).

Im Christentum, Judentum und im Islam ist die Seele eine dem Menschen eingehauchte „Wesenheit", die für seine Individualität – auch über den Tod hinaus – bestimmend ist (1. Moses 2: „Da machte Gott der Herr den Menschen … und blies ihm den Odem des Lebens in seine Nase"). Im Hinduismus, Buddhismus oder der altgriechischen Philosophie (Box 1.4) lebt die Seele nach dem Tod

---

Altgriechische Seelenlehre (Orphiker, 6. Jahrhundert v. Chr.) | **Box 1.4**

- Zu einem Körper gehört nur eine Seele (die Seele kann den Körper kurzzeitig verlassen: Schlaf, Ekstase)
- Eine Seele kann nacheinander verschiedenen Körpern angehören – Seelenwanderung
- Die Seele existiert nach dem Tode (des Körpers) weiter – Unsterblichkeit
- Seelen können auch ohne Körper leben (z.B. auf der „Insel der Seligen")

Rohde, E. (1898/1980; zit. aus Schönpflug, 2000, 52)

---

ebenfalls weiter, ist aber dem Kreislauf der Seelenwanderung und der Wiedergeburt unterworfen („Reinkarnation").

In fast allen Schriften der frühen Hochkulturen (z.B. Ägypten, China, Indien) finden sich Gedanken, die auf Erklärungen der Welt, der Natur und des Menschen hinauslaufen. Offenbar bestand beim Menschen immer schon das Bedürfnis, über das Hier und Jetzt hinaus zu spekulieren. Erklärungsversuche lieferten die **Mythen** und Religionen der jeweiligen Epochen. In den meisten Mythen finden sich Vorstellungen über die Entstehung von Göttern („Theogenese"), des Weltalls („Kosmogenese") und des Menschen („Antropogenese"), wohl um die Gegenwart besser interpretierbar und die Zukunft besser vorhersagbar zu machen (Schönpflug, 2000, 43).

griech. „mythos": Erzählung

Insbesondere die so genannte **Anthropomorphisierung** der Welt dürfte Ängste reduziert und eine subjektive Handlungssicherheit geschaffen haben. Die Möglichkeit, sich in Götter, Geister oder auch Dämonen einzufühlen und mit ihnen auf diese Weise irgendwie zu kommunizieren, bot offenbar subjektive Chancen, ihre Unterstützung zu erflehen oder sie zu besänftigen.

Die Anthropomorphisierung bezeichnet eine Weltsicht, bei der hinter Naturereignissen Götter, Dämonen oder Geister mit menschlichen Eigenschaften vermutet werden.

Bekanntlich ist Religiosität auch eine Hilfe bei der Bewältigung der menschlichen **Urangst vor dem Tod** als unvermeidliches Endstadium des Daseins. Hier beruhigt der Glaube an eine unsterbliche Seele, die nach dem Ableben des Körpers in einer anderen Welt

(„Jenseits") oder in einem anderen Körper („Seelenwanderung") weiterexistiert.

Angesichts der permanenten Erfahrungen von Ungerechtigkeit im Leben tröstet wohl auch die Hoffnung auf eine ausgleichende **Gerechtigkeit** in einer anderen Welt (Ägypten: „Totengericht"; Judentum, Islam und Christentum: „Paradies"; indische Religionen: „Nirwana") und motiviert zu sozialen („guten") Handlungen. Daneben fördern religiöse Praktiken Sozialkontakte, Gruppenbildung und Gemeinschaftsgefühl und dienen so den sozialen Bedürfnissen des Menschen. Dass andererseits Religion und Glaube oft auch Unrecht schufen und zur Sicherung von Macht missbraucht wurden, liegt im Wesen aller Ideologien und Glaubensinhalte.

Eine der wichtigsten psychologischen Wurzeln der Religionsausübung war jedenfalls sicher die Wahrnehmung von Hilflosigkeit und Angst angesichts der Schwierigkeit, die naturgesetzlichen Zusammenhänge im Kosmos, in der Natur und im eigenen Leben zu durchschauen, sie vorherzusagen und zu kontrollieren. Hier schafft der Glaube an ein allwissendes und allmächtiges Wesen Sicherheit.

Ein weiteres menschliches Bedürfnis ist jenes nach **Lebenssinn**. Ein Bündnis mit einem göttlichen Wesen („Theismus"), oder zumindest eine ideelle Verbundenheit mit einem allgemeinen höchsten Prinzip („Deismus"), kann dem oftmals als armselig empfundenen Dasein eine höhere Bedeutung und Zielsetzung verleihen.

Öfter als man üblicherweise bedenkt, stehen auch **innersubjektive Erfahrungen** mit der so genannten objektiven Realität in Widerspruch: Träume, Wahrnehmungsillusionen, Phantasien, Fieberdelirien, Rauschzustände, Halluzinationen, aggressive oder ängstliche Stimmungen dürften bereits dem Frühmenschen als Hinweise dafür gegolten haben, dass seelische Vorgänge gegenüber der materiellen Welt eine gewisse Autonomie aufweisen. Deshalb die „Ideenwelt" als eigenständige, mit der „Sinneswelt" manchmal konkurrierende Form der Existenz zu begreifen, lag also durchaus nahe.

Ein eher spekulativer Ansatz in dieser Richtung zur Erklärung des frühen Gottesglaubens stammt von Julian Jaynes, einem Psychologen der Universität Princeton. In seinem 1976 publizierten Werk „The Origin of Consciousness in the Breakdown of the Bicameral Mind" vertritt er die Meinung, dass der Mensch bis in die Zeit um 1000 v. Chr. noch kein reflexives (selbsteinsichtiges)

„Bicameral Mind" | Box 1.5

Julian Jaynes (Psychologieprofessor in Princeton) stellte aufgrund antiker Texte aus der Zeit von 3000 bis etwa 700 v. Chr. (Sumer, Babylon, Ägypten, Mayakultur, ...) die Hypothese auf, dass die damaligen Menschen noch kaum über ein introspektives (sich selbst wahrnehmendes) Bewusstsein verfügt hätten, sondern nur über eine „bikamerale" Psyche.

Darunter versteht Jaynes (1976/1993) eine relativ unabhängige Arbeitsweise beider Gehirnhälften, bei der die rechte Hälfte akustische oder visuelle Halluzinationen in die linke Gehirnhälfte projiziert, welche als „Stimmen" oder „Erleuchtungen" von Göttern interpretiert worden sein könnten. Jaynes bezeichnet solche halluzinierten „Götterstimmen" als neurologische Imperative, welche vielleicht erzieherische oder sittliche Anweisungen (soziale Kontrolle!) zum Ausdruck brachten.

Bewusstsein wie heute besaß, sondern nur eine so genannte „bikamerale Psyche" („bicameral mind"; Box 1.5).

Der Glaube an Gott oder Götter könnte schließlich sogar die evolutionäre Entwicklung der menschlichen Art mitbestimmt haben. Der Soziobiologe Edward O. Wilson (1980) fragt etwa in seinem Buch „Biologie als Schicksal – Die soziobiologischen Grundlagen menschlichen Verhaltens", ob nicht „Religion eine List der Gene" sei. Religiöse Einstellungen erbrächten **Überlebensvorteile** für die Menschheit, indem eine Festigung der persönlichen Identität erreicht, altruistisches Verhalten gefördert und individuelle Opferbereitschaft zugunsten der Gemeinschaft gestützt wird. Wilson meint daher: „Der menschliche Geist hat sich so entwickelt, dass er an Götter glaubt, nicht an Biologie" (Wilson, 2000, 348; s. auch Dawkins, 2006).

1.3 | Philosophie als Vorläuferin der Psychologie

Im frühen Griechenland galten Politik und Ökonomie als Lehrge-
biete zur Erlangung eines „guten Lebens", in Verbindung mit vielen praktischen Regeln für das „Haus" (griech. oikos) und für die
„Stadt" (griech. polis). Der Naturphilosoph Thales von Milet (625–
547 v. Chr.) kann als erster Philosoph im Sinne der abendländischen Denktradition gelten, da er Naturphänomene nicht mehr
mythisch, sondern rational zu erklären versuchte (z.B. Vorhersage
der Sonnenfinsternis im Jahre 585 v. Chr.). Er war einer der „Sieben
Weisen", die auch Regeln für eine vernünftige Lebensführung und
für die Einschätzung sozialer Situationen entwickelten.

Eine gute Lebensführung wurde in der Antike oft mit seelischer
Gesundheit in Verbindung gebracht, wie etwa bei den Pythago-
räern, die in klosterähnlichen Gemeinschaften in Süditalien lebten
und gemäß der „orphischen Lehre" den (minderwertigen) Körper
als Gefängnis der (höherwertigen) Seele betrachteten. Der Seele
wurde potentiell die Teilhabe an einer höheren ideellen, nicht an
die aktuelle Lebenswelt gebundenen Wirklichkeit zugeschrieben –
vorausgesetzt, sie gelangt zu Ordnung und Harmonie. Um dies zu
erreichen, glaubte man im Wesentlichen an vier Bildungswege:
1. Beschäftigung mit Mathematik und Astronomie („Theorie"),
2. Befassung mit Kunst und Musik, 3. Askese (Mäßigkeit im Trieble-
ben) und 4. die Pflege von Freundschaften (gemeinsame Verantwortung, Gemeinschaftseigentum). Je nach Qualität der Lebensführung im Sinne der angegebenen Regeln sollte der Mensch in
unterschiedlichem Ausmaß Zugang zum Göttlichen und zur absoluten Harmonie erreichen, mit der Chance auf eine (hochwertige)
Wiedergeburt (Capelle, 1953, zit. nach Schönpflug, 2000).

In weiterer Folge kam es im antiken Griechenland zu einer
philosophischen Blüte, in der bereits viele Erkenntnisse seelischer
Prozesse (z.B. Logik, Ethik) und etliche wissenschaftliche Grundfragen (z.B. nach dem „Erkenntnisursprung" und der „Erkenntnisgül-
tigkeit") vorweggenommen wurden. Die in psychologischer Hinsicht bedeutendsten Philosophen des Altertums waren Sokrates,
Platon und Aristoteles, von denen bis in die Neuzeit wichtige Denk-
anregungen für die Analyse geistiger und emotionaler Prozesse
ausgingen (Box 1.6).

Jahrhunderte später haben unter religiösem Vorzeichen Augustinus und Thomas von Aquin die antike Philosophietradition

Attische Philosophie	**| Box 1.6**

- **Sokrates** (470–399 v. Chr.): Vernünftiges Begreifen des menschlichen Lebens und der Tugend, „sokratisches Fragen" als Reflexionsmethode, „moralischer Intellektualismus"
- **Platon** (427–347 v. Chr.): Idee – Ding : Urbild – Abbild; Dinge sind sinnlich wahrnehmbar – Ideen nur durch Vernunft erkennbar, („Höhlengleichnis"); unsterbliche Seele „erinnert" sich des wahren Wesens der Dinge; Seelenteile: Begehren, Mut, Vernunft
- **Aristoteles** (384–322 v. Chr.): Schriften über Logik (Syllogismus), Erkenntnistheorie, Naturphilosophie („Physica"), Metaphysik, Ethik (Nicomachea), Politik, Rhetorik und Kunst; erster „Empiriewissenschaftler" („Peri psyches", „De anima"); Körper ist das Werkzeug der Seele, welche das Lebensprinzip („Entelechie") in den Lebewesen ist (vegetative, animalische, denkende Seelenteile)

weitergeführt, allerdings mit jeweils unterschiedlichem Ausgangspunkt im neoplatonistischen bzw. neoaristotelischen Ansatz (Box 1.7). Für den ursprünglich in Rhetorik geschulten, skeptizistisch eingestellten Augustinus war nach seiner christlichen Bekehrung die innere Erfahrung die letzte Gewissheit, während Thomas von Aquin – etwa 900 Jahre später – als wahrscheinlich bedeutendster Kirchenlehrer („doctor ecclesiae") stärker empiristisch und rationalistisch (intellektuell) orientiert war.

Die Neuzeit ist im Wesentlichen durch die Gegensätzlichkeit zwischen rationalistischer und empiristischer Erkenntnisorientierung geprägt, wobei Rene Descartes und Christian Wolff der ersteren und David Hume der zweiten Richtung zuzuordnen sind. Kant hat mit seiner Vermittlungsposition eine „kopernikanische Wende" in der Erkenntnistheorie eingeleitet, indem er nicht nur das, was erkannt werden soll, zu analysieren vorschlägt, sondern auch die Anschauungs- und Denkformen als die Voraussetzungen für Erkenntnisse. Der Verstand könne nichts begreifen, was nicht bereits zuvor in der sinnlichen Erfahrung gegeben gewesen sei.

Box 1.7 | Mittelalter

- **Augustinus**, Aurelius (354–430) (Neuplatonismus): Innere Erfahrung als einzige Erkenntnisgrundlage („Introspektion"); wahre Einsichten nur durch Erleuchtung möglich
- **Thomas von Aquin** (1225–1274) (aristotelische Orientierung): Lebenskraft (anima vegetativa), sinnliche Wahrnehmung (anima sensitiva), triebhaftes Streben (anima appetitiva), Bewegungsfähigkeit (anima motiva) und Verstand (anima rationalis) als Seelenvermögen; Erkenntnis entstünde durch Erfahrung, setze aber Intellekt voraus

Doch die Sinne allein könnten ohne Verstand ebenfalls keine Erkenntnisse liefern (Box 1.8).

Die Phase vor der Institutionalisierung der Psychologie in den Labors und an den Universitäten war durch die allgemeine Begeisterung der Wissenschaftler für die Fortschritte der Naturwissenschaften charakterisiert (Box 1.9).

Die Mathematik als Grundlagendisziplin naturwissenschaftlicher Fächer wurde immer stärker auch für die empirisch wissen-

Box 1.8 | Neuzeit

- **Descartes**, René (1596–1650; Rationalismus): „Cogito ergo sum"
- **Wolff**, Christian (1670–1754; Rationalismus): Psychologia rationalis – Psychologia empirica
- **Hume**, David (1711–1776; Empirismus): „Ich" als Bündel und Abfolge von Erlebnisinhalten
- **Kant**, Immanuel (1724–1804; Transzendentalphilosophie): Das „Ding an sich" kann nicht erfasst werden, sondern nur dessen sinnliche Erscheinungen („Phänomene") mit Hilfe der Vernunft als Erkenntnisinstrument

Allesch (2004)

19. Jahrhundert | Box 1.9

- **Herbart**, Johann Friedrich (1776–1841): „Lehrbuch der Psychologie" (1816), „Psychologie als Wissenschaft, neu gegründet auf Erfahrung, Metaphysik und Mathematik" (1825/26), Mathematisierung der Psychologie, erfahrungswissenschaftlicher Ansatz
- **Darwin**, Charles (1809–1882): „Der Ursprung der Arten durch natürliche Selektion" (1859), Genetische Mutation und der „Kampf ums Dasein" führe zum Überleben der Tüchtigsten, Widerspruch: Evolutionstheorie – Schöpfungsgeschichte
- **Fechner**, Gustav Theodor (1801–1887): „Elemente der Psychophysik" (1986), Rückführung psychischer Phänomene auf physikalische und physiologische Prozesse (z.B. „Weber-Fechnersches Gesetz": $E = k \cdot \log R$)
- **Wundt**, Wilhelm (1832–1920): „Grundzüge der physiologischen Psychologie" (1873), „Institutionalisierung" der Psychologie mit Laborgründung (1879)
- **Ehrenfels**, Christian (1859–1932): „Über Gestaltqualitäten" (1890), Begründer der Gestaltpsychologie
- **Dilthey**, Wilhelm (1833–1911): „Ideen über eine beschreibende und zergliedernde Psychologie" (1894), im Gegensatz zur Naturwissenschaft vertritt die geisteswissenschaftliche Psychologie die These: „Die Natur erklären wir, das Seelenleben verstehen wir"

Allesch (2004)

schaftliche Aufklärung psychischer Prozesse eingefordert, was sich klar in Herbarts und Fechners Lehrbüchern manifestiert. Ebenso bedeutend war in dieser Zeit der Aufschwung der Physiologie und der Medizin, so dass auch von dort wichtige Beiträge für eine Neukonzeption der bisher philosophisch dominierten Psychologie kamen. Wesentlich war schließlich Darwins „Evolutionstheorie" als denkrevolutionärer Ansatz zur Erklärung der

Merksatz

Seit etwa 2500 Jahren erfährt die Seele in der abendländischen Kultur eine religiöse Interpretation und wurde zunehmend auch als Gegenstand der philosophischen und wissenschaftlichen Analyse gesehen.

Menschheitsentwicklung, welche bis zu diesem Zeitpunkt nur religiös begründet werden konnte ("Schöpfungsgeschichte"). Der bei Wissenschaftlern vor dem 19. Jahrhundert noch stark verbreitete Widerstand, die Entstehung des Menschen und seine seelische Existenz (in Widerspruch zur Kirche) unabhängig von religiösen Glaubenspostulaten zu diskutieren ("Gottesbeweise"), wurde mit Darwin zunehmend aufgebrochen.

1.4 | Die Entwicklung der akademischen Psychologie

Dem Enthusiasmus über die neue Idee einer naturwissenschaftlichen Aufklärung psychischer Strukturen und Abläufe (Helmholtz, Fechner, Wundt) folgten Gegenreaktionen sowohl von geisteswissenschaftlicher Seite (z.B. Dilthey) als auch im Sinne einer stärkeren Betonung des dynamischen und intentionalen Charakters psychischer Prozesse (z.B. James).

Der wissenschaftliche Aufbruch der Psychologie hatte in den USA und in Europa die Gründung von psychologischen Zeitschriften (z.B. "American Journal of Psychology", 1887; "Zeitschrift für Psychologie", 1890), von psychologischen Vereinigungen ("American Psychological Association", 1892; "Gesellschaft für Experimentelle Psychologie", 1904) und von mehr als 40 Forschungs- und Lehreinrichtungen (Laboratorien, Institute, Seminare) zur Folge (Schönpflug, 2000).

Die frühen Dekaden des 20. Jahrhunderts (Box 1.10) waren durch gegensätzliche Forschungsansätze gekennzeichnet (Experimentalpsychologie, Psychoanalyse, Gestaltpsychologie, Behaviorismus), deren Vertreter sich in den 20er- und 30er-Jahren heftige Streitigkeiten lieferten. Dieser Wettbewerb verschiedener theoretischer Richtungen wurde von Karl Bühler (1927) in Wien als "Aufbaukrise" interpretiert, der er sein methodenpluralistisches Integrationskonzept entgegensetzte. Psychologische Forschung sollte sowohl kontrollierte Selbstbeobachtung, systematische Verhaltensbeobachtung als auch die hermeneutische Interpretation einbeziehen (Benetka und Guttmann, 2001, 129–131). In der Zeit nach dem Zweiten Weltkrieg (Box 1.11) setzte sich auch im deutschsprachigen Raum der angloamerikanische Trend zu einer naturwissenschaftlich orientierten, empirisch-statistischen Psychologie weiter fort (Haggbloom et al., 2002), welcher sich bis heute an den meisten ös-

Erste Hälfte des 20. Jahrhunderts | Box 1.10

- **Freud**, Sigmund (1856–1939): „Traumdeutung" (1900), Aufzeigen des Einflusses psychodynamischer Vorgänge (unbewusste Triebe, Konflikte) auf das menschliche Verhalten und psychische Störungen („Neurosen"). Begründung der Psychoanalyse
- **Watson**, John (1878–1958): „Psychology as a behaviorist views it" (1913), Ablehnung von Introspektion und aller damit verbundenen Begriffe (Bewusstsein, Wahrnehmung, Vorstellung, Wille etc.), ausschließliche Konzentration auf objektiv fassbare Reize und Verhaltensweisen sowie auf deren Zusammenhangsbeschreibung
- **Stern**, William (1871–1938): „Psychologie der frühen Kindheit" (1914), Entwicklung der Grundidee einer Messung von Intelligenz (IQ, Anfänge der Differentiellen Psychologie)
- **Bühler**, Karl (1879–1963): „Die Krise der Psychologie" (1927), Interpretation des Widerstreites der Schulen als „Aufbaukrise" und Vorschlag eines Methodenpluralismus in der Psychologie: 1. Beobachtung (Verhalten) – 2. Introspektion (Erleben) – 3. Interpretation (Deutung von Texten)
- **Skinner,** Borrhus (1904–1990): Seit Anfang der Dreißigerjahre grundlegende Publikationen über (operante) Konditionierung (Verstärkung, Löschung, Shaping), Begründer der Verhaltenstherapie und Verfechter eines konsequenten Einsatzes von Lerntheorien in der Pädagogik
- **Maslow**, Abraham (1908–1970): „A theory of human motivation" (1943), Motivationstheorie mit Bezügen zum Funktionalismus, zur Gestaltpsychologie und zur Tiefenpsychologie; Interpretation des Menschen als zielstrebiges Wesen, das sich an einer Hierarchie von Bedürfnissen orientiert
- **Rohracher**, Hubert (1903–1973): „Einführung in die Psychologie" (1946), Betonung des Experiments als psychologisch-wissenschaftliche Methode, Rückführung psychischer Prozesse auf spezifische neuronale „Erregungskonstellationen" im Gehirn

Box 1.11 | **Zweite Hälfte des 20. Jahrhunderts**

- **Rogers**, Carl (1902–1987): „Client-centered Therapy" (1951), Betonung der Einzigartigkeit, Autonomie und Eigenverantwortlichkeit des Menschen, humanistische Gegenposition zu Behaviorismus und Psychoanalyse
- **Lorenz**, Konrad (1903–1989): „Das sogenannte Böse" (1963), Interpretation auch der menschlichen Psyche als Produkt ihrer umweltbezogenen Anpassungsleistungen im evolutionären Entwicklungsprozess
- **Holzkamp**, Klaus (1927–1995): „Kritische Psychologie" (1972), neomarxistisch fundierte psychologische Forschung und Praxis; Hauptkritik: Die „bürgerliche" Psychologie betrachte das Individuum abgelöst von seinen gesellschaftlichen Bedingungen und ignoriere die bestehenden, bewusstseinsbestimmenden „Produktions- und Herrschaftsinteressen"
- **Lindsay**, Peter H. & **Norman**, Donald A.: „Human Information Processing. An Introduction to Psychology " (1977), konsistente Darstellung von Wahrnehmung, Aufmerksamkeit, Vorstellung, Lernen, Denken und Handeln als Ergebnisse neuronaler bzw. psychischer Informationsverarbeitung
- **Anderson**, John R.: „Cognitive Psychology and its Implications" (1980), Gesamtdarstellung einer *kognitionswissenschaftlichen* Sicht psychologischer Prozesse (*ACT-Modell* als Prototyp eines Gesamtmodells; s. 3.7.8)
- **Rumelhart**, David E. & **McClelland**, James L.: „Parallel Distributed Processing: Explorations in the Microstructure of Cognition" (1986), Hinweis auf simultane Verarbeitungsprozesse im Zentralnervensystem, Annahme überwiegend autonom arbeitender psychischer Module

terreichischen, deutschen und schweizerischen Universitätsinstituten erhalten hat.

Etwa ab 1960 löste dabei der **Kognitivismus** („Kognitive Wende") den vor allem in den USA dominierenden **Behaviorismus** ab. Das Verhalten des Menschen wird nun nicht mehr durch einfache „Reiz-Reaktions-Modelle" erklärt, sondern durch komplexe, hierarchische Regulationsprozesse eines kognitiven Systems, dem psychische Funktionen zugeschrieben werden (Interpretation, Klassifikation, Lernen, Denken, Urteilen etc.). Die Zeit zwischen 1960 und 1970 war durch den so genannten „Methodenstreit" innerhalb deutschsprachiger Psychologen gekennzeichnet, bei dem Erich Mittenecker, Peter Hofstätter, Gustav Lienert und Kurt Pawlik erfolgreich für die Anwendung eines statistischen Methodenkanons in der Psychologie eintraten, wie er durch die amerikanische Psychologie bereits vorgezeichnet war. Ab dieser Zeit kam es an deutschsprachigen Universitäten zu Zuwachsraten an Studenten im Ausmaß von 800 bis 1000 Prozent – übrigens meist ohne entsprechende Aufstockung des wissenschaftlichen Personals.

Neben dem vorherrschenden **wissenschaftlichen Paradigma** in der psychologischen Lehre behaupten sich – zumindest in praxisorientierten, pädagogischen und therapeutischen Nischen – auch einige mit dem „Mainstream" konkurrierende Strömungen der Psychologie, wie etwa die Psychoanalyse, die Humanistische Psychologie, die geisteswissenschaftliche und die Kritische Psychologie. Da sich in letzter Zeit Englisch weltweit als Wissenschaftssprache durchsetzt, steigt zudem auch innerhalb des Fachs Psychologie die Berücksichtigung und Bedeutungseinschätzung englischer und amerikanischer Veröffentlichungen.

> Wissenschaftliche Paradigmen sind normative disziplinspezifische Grundüberzeugungen über wissenschaftliche Praktiken, Methoden und Theorien.

Merksatz

Die Entwicklung der akademischen Psychologie begann vor etwa 120 Jahren und erfuhr in den letzten Jahrzehnten eine rasante Ausweitung in Forschung und Praxis.

Welche Bedeutung bestimmte Psychologinnen und Psychologen im 20. Jahrhundert auf die Entwicklung der modernen Psychologie hatten, lässt sich heute kaum objektiv abschätzen. Ein oft kritisierter Ansatz liegt darin, die Qualifikation von Wissenschaftlern auf Basis der Frequenz abzuschätzen, mit der sie in Fachpublikationen zitiert werden („Science Citation Index"). In einer amerikanischen Studie (Haggbloom et al., 2002) wurde der Versuch unternommen, die bekanntesten, einflussreichsten und anerkanntesten Psychologinnen und Psychologen des 20. Jahrhunderts so zu bestimmen, dass man verschiedene Kennwerte zusammenrechnete: die Häufigkeit der Zitate in Fachjournalen sowie in Einführungswerken, die von der Person geprägten Fachausdrücke („Eponyme"), die Anzahl von Ehrungen und das Ergebnis von Meinungsbefragungen unter amerikanischen Fachpsychologen. Auf die ersten fünf Plätze kamen dabei Burrhus Skinner, Jean Piaget, Sigmund Freud, Albert Bandura und Leon Festinger.

Zusammenfassung

Fast jeder Mensch bildet sich im Laufe seines Lebens gewisse psychologische Meinungen und Überzeugungen, oft in der Art von „Lebensweisheiten" oder dem subjektiven Gefühl von „Menschenkenntnis". Diese als Trivialpsychologie bezeichneten Einstellungen stehen aber nicht selten in Widerspruch zu wissenschaftlichen Ergebnissen. Hinzu kommt das Bedürfnis des Menschen, in Fragen der Lebens- und Menscheneinschätzung Recht zu behalten.

Für die Entwicklung von Seelenvorstellungen und religiösen Ideologien können eine Reihe möglicher Gründe angeführt werden: 1. Durch eine Anthropomorphisierung der Welt, in welcher Götter, Dämonen und Geister mit menschlichen Zügen existieren, wird diese leichter verstehbar und vermeintlich besser beeinflussbar. 2. Die Furcht vor dem Tod wird durch die Annahme einer unsterblichen Seele, des Weiterlebens im Jenseits oder die Vorstellung von einer Seelenwanderung gemindert. 3. Religiöse Vorstellungen fördern das Vertrauen in eine gerechte Welt und eine faire Lebensordnung, in der gute und schlechte Taten über ein Totengericht im Paradies oder Nirwana abgegolten werden. 4. Religionen haben zumeist auch eine gesellschaftliche und soziale Ordnungsfunktion (Stärkung sozialer Verbundenheit, Machtsicherung). 5. Subjektiver Lebenssinn wird erlangt durch das „Bündnis" mit (einem) höheren idealen Wesen. 6. Die Annahme einer Körper-Seele-Dichotomie liefert einfache Erklärungen für außergewöhnliche Erfahrungen (durch Träume, Fieberdelirien, Ekstase, Drogenerfahrungen, Schädelverletzungen). 7. Frühe gehirnorganische Entwicklungen könnten das Hören von Stimmen begünstigt haben („Bicameral Mind"). 8. Durch die Evolution hat sich möglicherweise eine genetische Disposition für Gottesglaube und Religiosität herausgebildet.

In der griechischen Philosophie vollzogen sich die ersten Schritte von einer spekulativen, mythischen und religiösen Auffassung der Seele in Richtung einer rationalistischen und empiristischen Betrachtungsweise. Vor allem aber die Philosophen der Neuzeit (z.B. Hume, Descartes, Kant) mit ihren verschiedenen Erklärungskonzepten für menschliche Erkenntnisgewinnung können als Wegbereiter einer wissenschaftlichen Analyse der Seele und des Bewusstseins gelten. Im vorletzten Jahrhundert schließlich, im Zuge des allgemeinen Fortschritts der Naturwissenschaften, entstanden in Europa und in Amerika die ersten psychologischen Labors und Institute. In den letzten hundert Jahren fand die empirische Psychologie als akademische Disziplin weltweit Eingang in die universitäre Forschung und Lehre und befindet sich derzeit in einem explosiven Wachstum, sowohl was die Studentenzahlen als auch was die psychologischen Tätigkeitsfelder betrifft.

Fragen

1. Wodurch unterscheidet sich „Volkspsychologie" bzw. „Laienpsychologie" von „Populärpsychologie"?
2. Wie verlässlich ist der „gesunde Menschenverstand"?
3. Weshalb müssen auch plausible und trivial erscheinende Phänomene des Alltags wissenschaftlich untersucht werden?
4. Welche Bedeutung hat Psychologie für alltägliche Lebenssituationen?
5. Welche Erklärungsansätze kommen für die Entstehung von Religiosität und Seelenvorstellungen in Frage?
6. Worauf bezogen sich die Wege zu Ordnung und Harmonie der Seele im antiken Griechenland?
7. Welche Auffassungen über das Wesen der Seele beherrschten das Mittelalter?
8. Welche gegensätzlichen Strömungen zur Aufklärung seelischer Prozesse kennzeichneten die Neuzeit?
9. Welche Wissenschaftsentwicklungen im 19. Jahrhundert förderten die Entstehung einer akademischen psychologischen Disziplin?

Literatur

Benetka, G. (2002). Denkstile der Gegenwart. Wien

Fernuniversität Hagen (2007). Interessante Links zur Psychologiegeschichte. http://psychologie.fernuni-hagen.de/PGFA/PGFASeiten/Links.html (16.11.2007)

Hinterhuber, H. (2001). Die Seele. Natur- und Kulturgeschichte von Psyche, Geist und Bewusstsein. Wien

Lück, H. E. (2002). Geschichte der Psychologie. Strömungen, Schulen, Entwicklungen. Stuttgart

Lück, H. E., Grünwald, H., Geuter, U., Miller, R. & Rechtien, W. (1987). Sozialgeschichte der Psychologie. Eine Einführung. Opladen

Schönpflug, W. (2000). Geschichte und Systematik der Psychologie. Ein Lehrbuch für das Grundstudium. Weinheim

Definition, Ziele und Positionen der Psychologie | 2

Inhalt

2.1 **Definitionen von Psychologie**

2.2 **Allgemeine Zielsetzungen wissenschaftlicher Psychologie**
Beschreiben
Erklären
Vorhersagen
Verändern

2.3 **Kontroversielle Grundannahmen der Psychologie**
Leib – Seele
Anlage – Umwelt
Vergangenheit – Gegenwart
Freier Wille – Determiniertheit
Bewusst – unbewusst
Allgemeingültigkeit – Einzigartigkeit
Wertfreiheit – Wertbekenntnis
Objektivität – Subjektivität
Zergliederung – Ganzheitlichkeit
Statik – Dynamik
Quantitativ – qualitativ

2.4 **Gegenwärtige Forschungsorientierungen der Psychologie**

Definitionen von Psychologie | 2.1

Das Wort **Psychologie** bedeutet, wie erwähnt, „Seelenkunde" oder „Seelenlehre" (griech. „psyche": Hauch, Leben, Seele; griech. „logos": Wort, Begriff). Die Auffassungen darüber, was unter Seele verstanden wird, unterscheiden sich jedoch ziemlich. Nachfolgend sollen einige innerhalb des Wissenschaftsfaches Psychologie verbreitete Definitionen und Umschreibungen für „Psychologie" präsentiert werden.

„Die Psychologie ist eine empirische Wissenschaft. ... Ihr Gegenstand ist das (zumeist menschliche) Erleben und Verhalten, ihr Ziel ist es, allgemeingültige Aussagen über diesen Gegenstand zu machen – ihn zu beschreiben, beobachtbare Regelmäßigkeiten und Zusammenhänge aufzudecken, diese zu erklären, und womöglich Vorhersagen zu machen" (Hofstätter & Wendt, 1974, 1). In ähnlicher Weise versteht Traxel (1974, 15) die Psychologie als Erfahrungswissenschaft, die als ein „System methodisch gewonnener Aussagen über einen bestimmten Gegenstand" zu definieren ist.

Merksatz

Psychologie untersucht die Zustände und Veränderungen des Verhaltens, des Erlebens und des Bewusstseins.

Als zentral für die Definition von Psychologie wird oft die Angabe des Forschungsgegenstands angesehen, mit dem sich das Fach zu beschäftigen hat. Bourne und Ekstrand (1992, 2) formulieren: „Die Psychologie ist die wissenschaftliche Erforschung von Verhalten". Bei dieser breiten Definition könnte das Missverständnis entstehen, es sei nur das „äußere" (beobachtbare) Verhalten gemeint. In Rohrachers international viel beachtetem Werk „Einführung in die Psychologie" gelten dagegen die bewussten Prozesse mit ihren Auslösern und Effekten als Hauptcharakteristikum des Forschungsfelds der Psychologie: „Psychologie ist die Wissenschaft, welche die bewußten Vorgänge und Zustände sowie ihre Ursachen und Wirkungen untersucht" (Rohracher, 1965, 7). Hier werden die zahlreichen unbewussten, automatisch ablaufenden psychischen Vorgänge noch vernachlässigt, zumindest aber ergibt sich eine Abgrenzung zu anderen Humanwissenschaften.

Zimbardo und Gerrig (1999, 2) definieren: „Gegenstand der Psychologie sind Verhalten, Erleben und Bewusstsein des Menschen, deren Entwicklung über die Lebensspanne und deren innere (im Individuum angesiedelte) und äußere (in der Umwelt lokalisierte) Bedingungen und Ursachen". Diese Definition ist bereits spezifischer. Die Bedeutung „innerer" (introspektiver) Prozesse für die psychologische Forschung – der europäischen Tradition entsprechend – wird ebenso angesprochen wie der Aspekt des „Interaktionismus" mit Einflüssen seitens der Umwelt.

Mandler (1979, 32) dagegen formuliert: **Psyche** ist ein komplexes, einem Individuum zugeschriebenes Informationsverarbeitungssystem, „das Input verarbeitet (einschließlich dem Input aus seinen eigenen Handlungen und Erfahrungen) und Output an die verschiedenen Subsysteme und die Außenwelt abgibt." In dieser Umschreibung des Forschungsfeldes der Psychologie wird Mandler sowohl den unbewussten als auch den bewussten Prozessen gerecht, indem er die *Psyche* als komplexes Regulationssystem definiert, innerhalb dessen dem *Bewusstsein* nur eine „Lupenfunktion" zukommt (s. unten).

Dörner und Selg (1996, 20) definieren im Sinne der Kybernetik: Psychologie ist die „Wissenschaft von den offenen oder variablen **Regulationen**". Als „offen" werden Regulationen dann bezeichnet, wenn sie „nicht genau durch genetische Vorprogrammierungen" festgelegt sind (Dörner & Selg, 1996, 20). Gemeint sind kybernetische Regelsysteme, die sich plastisch entwickeln können (z.B. Lern- und Denkvorgänge) und nicht genetisch fixiert sind (z.B. Reflexe oder *Erbkoordinationen*). Dass die Unterscheidung zwischen variablen und stabilen Regulationen auf empirischer Basis – zumindest bis heute – noch äußerst schwer fällt, erschwert allerdings die Anwendung dieser Definition.

> Regulation ist eine Steuerung, welche die Stabilität eines dynamischen Systems aufrechterhält.

> **Merksatz**
>
> **Psychologie ist eine Erfahrungswissenschaft, die in möglichst erschöpfender Breite und mit möglichst großer Realitätsnähe die Psyche bzw. ihre „Produkte" erforscht, nämlich das Verhalten, Erleben und Bewusstsein von Lebewesen.**

Dörner und Selg (1996, 24) formulieren weiter: „Gegenstand der Psychologie kann alles werden, was erlebbar ist und/oder sich im Verhalten äußert ...". Übereinstimmend mit einigen vorigen Definitionen werden hier introspektives Erleben und beobachtbares Verhalten als gleichwertige Datenquellen der Psychologie verstanden. Vorteilhaft an dieser breiten, aber pragmatischen Definition erscheint außerdem ihre Orientierung in Richtung **Interdisziplinarität** und **Transdisziplinarität**, ohne die eine erschöpfende und realitätsnahe Erklärung psychischer Phänomene kaum möglich ist.

> Interdisziplinarität ist die Zusammenarbeit verschiedener Wissenschaftsdisziplinen zur Lösung eines Problems. Transdisziplinarität erfordert den Einbezug von Praktikern in den wissenschaftlichen Diskurs.

Allgemeine Zielsetzungen wissenschaftlicher Psychologie | 2.2

In verbreiteten Einführungswerken der Psychologie (vgl. etwa Bourne & Ekstrand, 1992; Zimbardo & Gerrig, 2004; Ulich, 2000)

Box 2.1 | Häufige Artefakte bei Befragungen

- Unklarheiten in der Formulierung von Fragen (z.B. Mehrdeutigkeit, zu komplizierte Sätze)
- Fehlinterpretationen von Anweisungen („Instruktionen")
- *Sequenzeffekte* (Ermüdung, „Trainingseffekte")
- *Hawthorne-Effekt* (sich beobachtet oder analysiert zu fühlen, erhöht zumeist die Leistungsbereitschaft)
- Mangelnde Bereitschaft zur Selbstenthüllung (bei privaten Inhalten)
- Motive zur *Selbstdarstellung,* Effekt der *sozialen Erwünschtheit* (bei Interviewpartnern einer Befragung einen bestimmten Eindruck zu hinterlassen, sich nicht zu blamieren etc.)
- Befürchtung negativer Konsequenzen (Zweifel an anonymer Verarbeitung der Daten)
- *Sponsorship-Bias* (Vermutungen über die Absichten der Auftraggeber von Befragungen)
- *Kontext-Effekte* (z.B. Einfluss von Stimmungen)
- *Urteilsheuristiken* (pragmatische, zeitsparende und oft unlogische Art der Schlussfolgerungen)
- *Anwesenheitseffekte* (Beeinflussung des Antwortverhaltens durch anwesende Personen)

In Anlehnung an Bortz & Döring (1995)

finden sich – gut vergleichbar mit anderen empirischen Sozial- und Humanwissenschaften (wie etwa der Soziologie, der Ökonomie oder der Medizin) – vier Hauptziele für die Wissenschaftsdisziplin Psychologie:

2.2.1 | Beschreiben

Darunter versteht man das (möglichst) präzise, systematische und theoriegeleitete Erfassen von Informationen (*Daten*) über die zu untersuchenden psychischen Phänomene. Häufig verwendete Erhebungsverfahren sind *Selbst- und Fremdbeobachtungen*, *Befragungen*

(*Interviews*), *Experimente*, *Tests*, *nichtreaktive Verfahren* (z.B. Archive, Abnützungsgrad von Böden oder Gebrauchsgegenständen), *Textanalysen* (z.B. Tagebücher), *Inhaltsanalysen* (Häufigkeit und Bedeutung verwendeter Begriffe), *Skalierungen* (*Semantisches Differential* bzw. *Polaritätsprofil*), *Simulationen* (z.B. Computermodelle, Szenarien), *hirnelektrische Ableitungen* (z.B. *EEG*), *Messungen* (z.B. Reaktionszeiten) oder *Labordaten* (z.B. blutchemische Werte). Die Auswahl der Beschreibungsmittel von psychologischen Phänomenen richtet sich primär nach der wissenschaftlichen Grundorientierung der forschenden Person, nach der Art des Phänomens, und bei quantitativen Daten auch nach deren statistischer Verwertbarkeit.

Als **Objektivitätsproblem** bezeichnet man die Schwierigkeit, Daten unverfälscht zu erfassen (Box 2.1). Bei diagnostischen Verfahren zur Beschreibung von Störungsbildern oder Personenmerkmalen werden hohe *Gütekriterien* gefordert, die sinngemäß für alle psychologischen Datenerhebungen gelten (s. 3.6):

Merksatz

Die Beschreibung von Forschungsphänomenen in der Psychologie (Datenerhebung) geschieht hauptsächlich über Selbst- und Fremdbeobachtung, Befragung, Messung, Experiment, Test, Textanalyse, Inhaltsanalyse, Skalierung, Simulation oder Fallstudien, wobei einer verfälschungsfreien Erfassung der Daten besondere Beachtung geschenkt wird (Gütekriterien).

1. *Objektivität:* Sie ist umso größer, je ähnlicher die Daten bei unterschiedlichen datenerhebenden Personen sind.
2. *Reliabilität*: Die so genannte „Zuverlässigkeit" von Daten ist umso größer, mit je weniger Erhebungsfehlern sie überlagert sind.
3. *Validität*: Die „Gültigkeit" von Daten nimmt in dem Maße zu, in dem sie tatsächlich jene Eigenschaft beschreiben, die registriert werden soll (z.B. Intelligenz und nicht auch Konzentration oder Bildung).

Daneben sollten jedoch noch weitere Qualitätsanforderungen an psychologische Daten gestellt werden, nämlich bezüglich der *Skalierung* (Wiedergabe korrekter Quantitäten), der *Normierung* (Normen bzw. Bezugssysteme für Ergebnisse sollen vorhanden sein), der *Fairness* (Daten über verschiedene soziale Gruppen dürfen nicht systematisch verfälscht sein), der *Ökonomie* (der Aufwand der Datenerhebung soll vertretbar sein), der *Zumutbarkeit* (Konsequenzen für Probanden sowie deren Akzeptanz sind zu berücksichtigen), der *Unverfälschbarkeit* (Ergebnisse sollen nicht manipulierbar sein) und der *Nützlichkeit* (Daten sollen zwecksprechend sein).

2.2.2 | Erklären

Eine zweite wichtige Zielsetzung der Psychologie ist die Erklärung der beobachteten oder gemessenen Phänomene. Dies geschieht durch **Gesetze** oder durch deren Zusammenfassungen, die **Theorien**. Diese werden durch Ableitung von **Hypothesen** über zu erwartende Ergebnisse in empirischen Untersuchungen getestet. Die Resultate dieser Befragungen, Experimente oder Beobachtungen werden inhaltlich interpretierend (*qualitativ*) oder statistisch (*quantitativ*) auf Gesetzlichkeiten überprüft und mit den hypothetisch postulierten Zusammenhängen verglichen. Stimmen die empirisch gefundenen Zusammenhänge mit den erwarteten überein, dann spricht man von einer **Verifikation** der Hypothesen, im gegenteiligen Fall von deren **Falsifikation**. Eine solche Hypothesentestung setzt die Formulierung einer Theorie oder zumindest die Vorannahme einer Gesetzlichkeit voraus. In diesem Falle spricht man von einer **konfirmativen** (bestätigenden) Vorgangsweise, im Gegensatz zu einem **explorativen** Verfahren, wenn es darum geht, an einem Pool gewonnener Daten unbekannte Zusammenhänge erst zu finden.

Merksatz

Hypothesen sind wissenschaftlich begründete Annahmen (Wenn-dann-Aussagen) über Zusammenhänge von Ereignissen. Bestätigte Hypothesen nennt man Gesetze. Als Theorie bezeichnet man zumeist ein System von Gesetzen.

Gesetze und Hypothesen sind zumeist in Form von „Wenn-dann-Aussagen" formuliert und beziehen sich auf vermutete Kausalzusammenhänge in der Realität. Die „Wenn-Komponente" von Hypothesen beschreibt jeweils die Ursachen, Bedingungen oder Auslöser von Wirkungen, während die Effekte oder ausgelösten Veränderungen in der „Dann-Komponente" formuliert werden (Box 2.2; Westermann, 2000). Ein Beispiel eines Gesetzes aus der Kognitionsforschung (*Yerkes-Dodson-Gesetz*): Eine zu hohe oder zu niedrige psychophysiologische Aktivierung (Wenn-Komponente) verringert die Konzentrations-, Denk- und Gedächtnisleistungen (Dann-Komponente).

Merksatz

Wichtige Qualitätskriterien für Gesetze und Theorien sind ihr Grad an Repräsentativität, ihr Realitätsbezug sowie ihre zeitliche und situative Stabilität.

Ein grundlegendes Problem bei der Interpretation von Untersuchungsergebnissen, das so genannte **Repräsentativitätsproblem**, ist die Frage nach der Verallgemeinerbarkeit, nämlich danach, wie gut von den jeweils beobachteten Daten – den

Fällen der *Stichprobe* – auf die Grundgesamtheit bzw. *Population* zu schließen ist.

Eine andere Unsicherheit besteht darin, ob die abstrakt formulierten Theorien eine inhaltliche Entsprechung in den empirisch ausgewählten Untersuchungsverfahren finden: die Rede ist vom **Operationalisierungsproblem** bzw. **Validitätsproblem**. Hier geht es etwa darum, ob die *Intelligenz* eines Menschen (d.h. die abstrakte Annahme über die geistige Leistungsfähigkeit einer Person) tatsächlich durch spezielle Intelligenzaufgaben eines Tests erfassbar bzw. ob die theoretische Vorstellung über Intelligenz anhand von anschaulich-konkreten Daten überprüfbar ist.

Weiters ist im sozialwissenschaftlichen Bereich kaum davon auszugehen, dass eine einmal gefundene Gesetzmäßigkeit an allen möglichen Orten, zu allen möglichen Zeiten und unter allen möglichen Umständen gilt, was als **Reliabilitätsproblem** bezeichnet wird (Bortz & Döring, 1995; Schnell, Hill & Esser, 2005). Zur Überprüfung der *Reliabilität* von Ergebnissen bedient man sich verschiedener statistisch gestützter Methoden, bei denen zum Beispiel ein Test für eine psychische Eigenschaft bei gleichen Personen wiederholt eingesetzt wird („Retest-Reliabilität") oder die Ergebnisse verschiedener Tests zur gleichen Eigenschaft miteinander verglichen werden („Paralleltest-Reliabilität").

Reliabilität = bedingungsunabhängige Verlässlichkeit einer Datenerhebung

Vorhersagen

2.2.3

Die Formulierung von Gesetzen dient auch zur Erstellung von Prognosen. Wenn zum Beispiel über einen spezifischen Sachverhalt Informationen gegeben sind, dann können unter Verwendung der psychologischen Gesetze Rückschlüsse auf weitere nicht bekannte Merkmale des Sachverhalts gezogen werden (Box 2.2). In der Fachliteratur ist der Fundus an psychologischen Vorhersagen unüberschaubar groß, und die Prognosegüte für zahlreiche Praxissituationen ist vielversprechend (Frey, Hoyos & Stahlberg, 1992; Baumann & Perez, 1990, 1991; Schwarzer, 1997; Hellbrück & Fischer, 1999 usw.): Welche Erziehungsmaßnahmen fördern eine gesunde Entwicklung von Kindern und Jugendlichen? Welche häuslichen Bedingungen sind Voraussetzungen für gute Schulleistungen? Welche Kommunikationsformen erleichtern die berufliche Kooperation? Welche Einflüsse hat die Lebensumwelt auf das Wohlbefin-

Box 2.2 | Prognosen durch Gesetze

Bekannte **Vorinformationen** (Prämissen):
Person X ist sprachbegabt.
Person X ist lernmotiviert.
Person X hat gute Lernbedingungen.

Gesetze (Prämissen):
Wenn eine Person sprachbegabt und lernmotiviert ist sowie gute
Lernbedingungen vorfindet, dann erzielt sie höchstwahrscheinlich
gute Lernleistungen bei Fremdsprachen.

Schlussfolgerung (Konklusion): Person X wird sehr wahrscheinlich
gute Lernleistungen in Fremdsprachen erbringen.

Merksatz

Aus psychologischen Gesetzen können vielfältige Vorhersagen über psychische Strukturen oder Abläufe und über deren Abhängigkeit von Umweltbedingungen abgeleitet werden.

den? Wie kann man am besten Ängsten und Depressionen begegnen? Wie lernt man am schnellsten große Stoffmengen?

Grundsätzlich können Vorhersagen über die Struktur von psychischen Phänomenen (z.B. Intelligenzstruktur, Persönlichkeitsstruktur, Einstellungsprofil) und über deren Dynamik (z.B. Reifungsprozesse, geistige Entwicklung, Entstehung psychischer Störungen) getroffen werden. Ähnlich wie bei politischen Wahlprognosen hängt auch im psychischen Bereich der Erfolg der Vorhersagen wesentlich von der Güte der verwendeten Theorien und der mathematisch-statistischen Prognoseverfahren ab.

2.2.4 | Verändern

Eine dauerhafte Veränderung bzw. Optimierung menschlichen Erlebens und Verhaltens (die Veränderung von Gefühlen, Einstellungen, Motiven, Entscheidungen etc.) lässt sich in den meisten Fällen nicht allein durch Vermittlung von Einsichten (z.B. über Kindheitstraumen), durch Anwendung „psychologischer Tricks" (z.B. *parado-*

Arten psychologischer Intervention | Box 2.3

- Beobachtungen und Befragungen (haben an sich schon indirekte Auswirkungen, z.B. durch Reflektieren des eigenen Verhaltens oder durch Problematisieren von Befragungsinhalten)
- Kommunikationsstil (kann meinungsbildend, kommunikationsfördernd und konfliktlösend wirken, z.B. durch Maßnahmen der Moderation oder *Mediation*)
- Aufklärung und Bildung (vermittelt psychologisches Wissen und Können, z.B. über optimales Lernen, Möglichkeiten der Stressbewältigung)
- Beratung (Schulberatung, Berufsberatung, Erziehungsberatung, Coaching etc.)
- Training (z.B. Entspannungstechniken, Lerntechniken, Kommunikations- und Kooperationstraining, Elterntraining)
- Therapie (z.B. Kognitive Verhaltenstherapie, Gesprächstherapie)
- Umweltgestaltung und *Partizipation* (z.B. Mitwirkung bei Planungen für menschengerechtes Wohnen und Siedeln, für eine humane Arbeitsplatzgestaltung oder für eine zukunftsfähige Mobilität)

xe Intervention) oder durch einzelne suggestive Maßnahmen (z.B. *Hypnose*) bewerkstelligen, sondern es sind sehr oft komplexe Vorgangsweisen nötig. Dabei müssen nicht nur die Klienten, sondern auch deren soziale und physische Umfelder einbezogen werden. Der beratenden, pädagogischen oder therapeutischen Anwendung solcher Veränderungsprogramme gehen oft umfangreiche Studien an hunderten Versuchspersonen voraus, um den Erfolg unter möglichst vielen Bedingungen sicherzustellen.

Die Liste möglicher psychologischer Einflussnahmen ist relativ groß und beginnt schon damit, dass Personen sich anders verhalten, wenn sie sich beobachtet fühlen. Ein gutes Beispiel dafür ist der so genannte **Hawthorne-Effekt**, nach den amerikanischen „Western Electric Hawthorne Works" in Chicago benannt, einer Fabrik, in der in den Jahren 1924 bis 1927 Elton Mayo den Einfluss von Arbeitsbedingungen auf die Produktivität testete: Er kam zum Schluss, dass man mehr zu leisten bereit ist, wenn man sich (z.B. im Zuge einer wissenschaftlichen Untersuchung) beobachtet fühlt (Flick et al., 1991).

Der Kommunikationsstil ist in mehrfacher Weise von Einfluss: Kommunikationspsychologisch geschulte Moderatorinnen und Moderatoren können in Diskussionsrunden den Meinungsaustausch und die Konfliktbewältigung wesentlich dadurch fördern, dass sie eine partnerschaftliche Atmosphäre mit fairen Regeln für die Argumentation schaffen (Montada & Kals, 2001). Durch Kommunikationstechniken – wie dem „Partnerzentrierten Gespräch", dem „Kontrollierten Dialog" und der „Themenzentrierten Interaktion" – sinkt in Partnerschaften, Arbeitsgemeinschaften und Firmen die Streithäufigkeit, während die Kooperationsfähigkeit steigt.

Bereits wesentlich aufwändiger gestaltet sich der Einsatz psychologischen Wissens für Beratungtätigkeiten im Bildungs-, Arbeits- und Therapiebereich. Ähnlich wie in der Medizin werden hier vorerst die jeweiligen Ausgangsbedingungen erhoben (*Anamnese*) und die Probleme und Störungen festgestellt bzw. analysiert (*Diagnose*). In manchen Fällen sind umfangreiche Testungen, wie etwa zur Feststellung der Begabungsorientierung, der Interessenausrichtung, des Motivationsprofils oder der allgemeinen Problemsituation der Klientinnen und Klienten, nötig.

Merksatz

Auf Basis psychologischer Gesetze und Theorien konnte eine große Vielfalt von Maßnahmen (Interventionen) zur Veränderung problematischen Verhaltens, Erlebens und Bewusstseins entwickelt werden.

Besonders spezialisiert und auf die Art und Bedingtheit der behandelten Störung maßgeschneidert (s. Reinecker, 2003a) sind die in der empirischen Psychologie entwickelten Therapieverfahren (insbesondere Verhaltenstherapie, Gesprächstherapie, Familientherapie). Sie sind im Rahmen eines Psychologiestudiums aufgrund des hohen Übungsbedarfs und der nötigen Supervision nicht ausreichend lern- und trainierbar und müssen daher in anspruchsvollen Zusatzausbildungen nach dem Studium vermittelt werden (z.B. in Österreich die postgraduale Ausbildung für „Klinische und Gesundheitspsychologie" und/oder für „Psychotherapie").

Weitere nicht unwichtige Einflussmöglichkeiten der Psychologie liegen im Bereich der Evaluation (Wottawa & Thierau, 2003) und Intervention im Wohn-, Wirtschafts-, Arbeits- und Bildungsbereich. Über die so genannte „User Needs Analysis" (UNA), „Post Occupancy Evaluation" (POE) oder „Environmental Impact Analysis" (EIA) lassen sich zum Beispiel wichtige Lebensbedürfnisse des Menschen ermitteln und Vorschläge für deren Befriedigung erarbeiten sowie eine allgemeine Verbesserung der Lebensumstände schaffen (Harloff, 1993). In neuerer Zeit werden immer mehr moderne Technologien auf ihre psychologische Nutzbarkeit hin untersucht (EDV-Arbeitsplätze, Internet-Aktivitäten, E-Learning, Teleworking etc.).

Kontroversielle Grundannahmen der Psychologie | 2.3

Seit etwa 1960 hat sich an den universitären Psychologieinstituten im deutschen Sprachraum eine „Mainstream-Psychologie" durchgesetzt, nämlich jene mit naturwissenschaftlicher, empirisch-statistischer Orientierung. Vor knapp zwanzig Jahren meinte Hofstätter (1984, 103): „Die Konflikte zwischen den Richtungen und Schulen gehören fast überall in der Psychologie der Vergangenheit an" und begründete dies damit, dass kaum mehr der Anspruch erhoben werde, mit „gleichen Prinzipien die verschiedenen Problemfelder" der Psychologie aufzuklären. Tatsächlich ist seit den späten Sechzigerjahren die Heftigkeit der Auseinandersetzung zwischen den verschiedenen wissenschaftlichen Strömungen innerhalb der Psychologie erheblich zurückgegangen, was aber nicht gleichzeitig bedeutet, dass die wechselseitige Akzeptanz zugenommen hat. Immer noch bestehen zwischen Angehörigen des Faches – vor allem aber zwischen Praktikern und Forschern – erhebliche Meinungsunterschiede darüber, was unter wissenschaftlichem Vorgehen zu verstehen ist, welche Themen als forschungswürdig anzusehen sind und was als allgemein verbindlicher Wissensbestand der Psychologie zu betrachten ist.

Auch wenn sich Wissenschaftler zumeist nicht explizit zu ihren inhaltlichen oder methodischen Grundannahmen (Forschungsaxiomen) bekennen, so lassen sich Letztere doch aus den gewählten Fragestellungen und den verwendeten Methoden manchmal indirekt erschließen. Bourne und Ekstrand (1992) sowie Hofstätter (1984) zeigen eine Reihe solcher impliziter Grundannahmen innerhalb der Psychologie auf, die sich oft mit den inhaltlichen oder methodi-

> **Merksatz**
>
> **Wie in jeder anderen Wissenschaft können auch in der Psychologie die allgemeinen theoretischen Grundfragen nur ansatzweise und partiell überprüft werden.**

schen Grundfragen des Faches decken. Nachfolgend sollen einige davon angeführt und kurz charakterisiert werden.

2.3.1 | Leib – Seele

Bereits seit Jahrtausenden wird in der Philosophie und in der Religion die Beziehung zwischen Leib und Seele – mehr oder weniger dogmatisch – zu beantworten versucht (s. dazu etwa Jüttemann, Sonntag und Wulf, 1991; Hinterhuber, 2001). Offensichtlich handelt es sich hierbei um eine ontologische, grundsätzlich nicht lösbare Fragestellung, die am ehesten mit jener Frage in der Physik vergleichbar ist, ob das Licht aus Teilchen oder aus Wellen besteht. Hinsichtlich der Leib-Seele-Problematik können prinzipiell drei Auffassungen vertreten werden:

Merksatz

Zur Beziehung zwischen körperlichen und seelischen Prozessen gibt es verschiedene Auffassungen, die sich jedoch in der Praxis kaum auf die wissenschaftliche Erkenntnisgewinnung auswirken.

1. Neben einer materiellen Welt gibt es – parallel dazu – auch noch eine geistige Welt („Dualismus"), beide wirken aufeinander ein („Wechselwirkungslehre").
2. Alle beobachteten oder erlebten Phänomene bestehen nur aus einer Wesenheit, nämlich entweder aus materieller oder aus geistiger Substanz (Materialismus – Idealismus).
3. Geistiges und Körperliches sind nur zwei Seiten ein und derselben Wirklichkeit (Identitätslehre).

Der dritte Ansatz ist für die psychologische Forschung der fruchtbarste, weil er am ehesten die Gesetze der „inneren" und der „äußeren" Welt zusammenführt (s. dazu 4.1).

2.3.2 | Anlage – Umwelt

Die Frage, wie stark das Verhalten des Menschen durch seine Anlagen (endogen) oder durch seine Umwelt (exogen) beeinflusst wird, ist im Zeitalter der Gentechnik höchst aktuell. Sind Persönlichkeitseigenschaften, Intelligenz, Begabungen, männliches oder weibliches Rollenverhalten angeboren oder durch (frühe) Lernprozesse erworben?

Abb 2.1

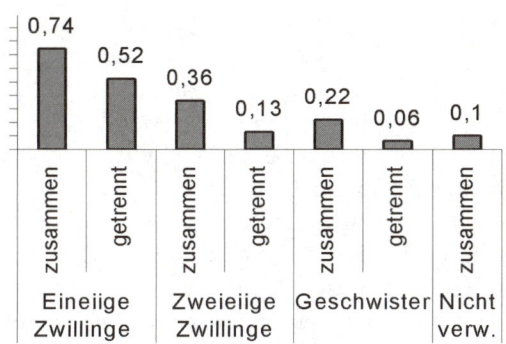

In einer umfangreichen Analyse von 111 Studien über die Intelligenzausstattung von Verwandten (Bouchard & McGue, 1981; zit. nach Bourne & Ekstrand, 1992) zeigte sich bei eineiigen Zwillingen (Personen mit gleichem Erbgut) eine Übereinstimmung in den Intelligenzleistungen von 74 %, wenn sie gemeinsam aufgewachsen sind, und von nur 52 %, wenn sie in unterschiedlichen Familien heranwuchsen. Bei anderen Verwandtschaftsbeziehungen stimmten die Intelligenzquotienten nur mehr zwischen 36 und 6 % überein.

Die Psychologie beschäftigt sich seit mehr als einem Jahrhundert mit diesen Fragen, besonders mit Hilfe der Zwillingsforschung, da bei eineiigen Zwillingen die genetischen Anlagen gleich sind und somit Unterschiede im Verhalten nur auf Umwelteinflüsse und Lernprozesse zurückgeführt werden können (Abb. 2.1). Auch Effekte von Förderungsprogrammen oder familiäre Häufungen von Begabungen (z.B. Familie Bach) waren Gegenstand von Studien. Das Hauptergebnis ist, dass eine Abschätzung der Dominanz von Anlage oder Umwelt pauschal nicht möglich scheint (s. etwa Olson et al. 2001), sondern dass je nach Alter, Persönlichkeitseigenschaften und Lebenssituation genetische oder situative Einflüsse in unterschiedlichem Ausmaß wirksam werden. Untersuchungen zu dieser Fragestellung werden in den folgenden Kapiteln noch genauer dargestellt.

Merksatz

In welchem Ausmaß Anlage oder Umwelt auf die Entwicklung des Menschen Einfluss nehmen, kann nicht pauschal beantwortet werden, sondern ist je nach Art der untersuchten Eigenschaft, dem Alter und der Lebenssituation einer Person unterschiedlich zu beurteilen.

2.3.3 | Vergangenheit – Gegenwart

In welchem Ausmaß sind wir durch unsere Vergangenheit determiniert? Wie stark legen bereits vergangene Erfahrungen (z.B. Kindheitserlebnisse) unsere gegenwärtige emotionale und geistige Konstitution fest, und wie veränderbar sind unsere erworbenen Einstellungen und Gewohnheiten?

Aus der entwicklungspsychologischen Forschung ist etwa bekannt, dass durch frühkindliche Verwahrlosung – zum Beispiel durch frühe mehrmonatige Heimaufenthalte (*Hospitalismus*) – schwerste Beeinträchtigungen in der Gefühls- und Sozialentwicklung entstehen können (s. auch *Bindungsstil*, 11.7). Ein ähnliches Phänomen konnte bei Schimpansen nachgewiesen werden (Harlow & Harlow, 1962). Sozial- und lernpsychologische Studien zeigten außerdem auf, dass große Teile unserer sozialen Verhaltensweisen wie auch Beziehungsmuster bereits in frühen Jahren „latent" durch Beobachtung erworben werden (s. 6.11). Aufgrund von Erfahrungen entwickeln wir zudem *Vorurteile* und *Stereotypien* (s. Kap. 10), und oft überschatten auch angstvolle oder aggressive Vorerfahrungen das private oder berufliche Leben (s. Kap. 11).

Allerdings bewies die psychologische Forschung gerade auch die Änderungs- und Lernfähigkeit des Menschen in allen diesen Bereichen. Der daraus resultierende „Milieuoptimismus", die Betonung der umweltbedingten Plastizität menschlichen Erlebens und Verhaltens, wird verständlicherweise weniger geteilt in Forschungsbereichen mit starkem medizinischen oder biologischen Einschlag.

Merksatz

Zweifellos sind Erleben und Verhalten stark durch vergangene Erfahrungen geprägt, deren Auswirkungen können jedoch durch neue Erfahrungen modifiziert werden.

2.3.4 | Freier Wille – Determiniertheit

Haben wir einen freien Willen? Kann es Freiheit überhaupt geben, wenn Verhaltensweisen kausal erklärt werden können? Wie kann dann allerdings jemand zur Verantwortung gezogen werden, wenn er seine Entscheidungen nicht frei treffen kann?

Prinz (2004, 201) kommt zu dem Schluss, dass aus naturwissenschaftlicher Sicht die Annahme eines Indeterminismus und der damit verbundene Erklärungsverzicht inakzeptabel sei und dass deshalb „für Willensfreiheit als theoretisches Konstrukt im Rahmen der wissenschaftlichen Psychologie kein Platz" sei. Aus dieser Sicht ist der freie Wille eine „Illusion, wenngleich vielleicht eine, die dem Menschen hilft, mit seiner Natur zurecht zu kommen" (Markowitsch, 2004, 167). Dagegen kann man einwenden, dass sich eine vollständig kausal determinierte Wirklichkeit mit ihren zahlreichen Wechselwirkungen und Rückkoppelungen zwar postulieren, aber nicht nachweisen lässt, weil Prozesse nicht beliebig genau registriert werden können („Chaostheorie"; Kriz, 1992).

Im Gegensatz zu radikal deterministischen Standpunkten könnte Freiheit allerdings auch das Erkennen von Handlungsalternativen bedeuten. Je mehr Möglichkeiten des Handelns bewusst erkannt werden, desto größer sind der Freiheitsgrad und die Selbstverantwortlichkeit beim jeweiligen Individuum. Goschke (2004, 188) meint dazu: „Im Laufe der Evolution unterschiedlicher Formen der Verhaltenssteuerung ist es zu einer zunehmenden *Abkoppelung* der Reaktionsselektion von der unmittelbaren Reizsituation und Bedürfnislage gekommen, womit gleichzeitig ein Zuwachs an *Freiheitsgraden* der Verhaltenskontrolle verbunden war", und weiter: „Die Freiheitsgrade, die sich aus der Fähigkeit zur antizipativen Verhaltensselektion und Selbstdetermination ergeben, begründen insofern die einzige Form von Willensfreiheit, die wir wollen können, wenn wir einem naturalistischen Weltbild verpflichtet sind". Die Handlungsfreiheit eines Menschen ist demnach umso größer, je mehr Einsicht

> **Merksatz**
>
> **Der Widerspruch zwischen der Annahme einer kausal determinierten Welt und dem subjektiven Empfinden eines freien Willens kann gelöst werden, indem Letzterer als Ausmaß der Einsicht in kognitiv begründete Entscheidungsalternativen und damit partieller Unabhängigkeit von situativen Zwängen interpretiert wird.**

er hat in die Voraussetzungen, Bedingungen und Konsequenzen seines Handelns. Ein solcher Standpunkt wird heute wahrscheinlich von den meisten Psychologinnen und Psychologen vertreten.

Von dieser Warte aus erscheinen die Annahmen eines freien Willens und einer kausal vollständig determinierten Welt logisch nicht widersprüchlich, weil es sich im einen Fall um die Selbstbeobachtungsperspektive und im andern Fall um die Fremdbeobachtungsperspektive handelt (Kuhl, 1996). Die Entscheidungen eines erwachsenen Individuums sind insofern prinzipiell frei, als sie mit dem Erreichen geistiger Reife und Mündigkeit bewusst reflektiert werden können (eine umfassende Diskussion dieser Thematik liefern Cranach & Foppa, 1996; auch Lukas, 2004).

2.3.5 | Bewusst – unbewusst

Viele Menschen sind davon überzeugt, ihr Verhalten sei überwiegend bewusst kontrolliert. In welchem Ausmaß steuern jedoch auch unbewusste psychische Prozesse unser Erleben und Verhalten? Wenn man wie der Physiologe Keidel (1963) lediglich die neuronale Ausstattung des Menschen betrachtet und die „Kanalkapazität" (Durchflussgeschwindigkeit) der menschlichen Informationsverarbeitung abschätzt, dann erhält man 10^9 bit/sec für Sinnesorgane, 10^7 bit/sec für die Verhaltensorgane, und nur etwa 10^2 bit/sec entfallen auf das Bewusstsein. Exaktere Untersuchungen über die kontrollierte versus automatisierte Verarbeitung von Informationen stammen von Schneider und Schiffrin (1977), die ebenfalls die engen Grenzen einer bewussten Steuerung menschlicher Lebensäußerungen aufzeigen. Wir müssen also allgemein davon ausgehen, dass die überwiegende Mehrheit psychischer Prozesse automatisch abläuft und dass sich nur dann das Bewusstsein einschaltet (als „psychische Lupe" nach Mandler, 1979), wenn die automatischen Programme nicht mehr zum gewünschten Ergebnis führen, wenn neue Aufgaben gelöst werden müssen oder wenn gespeicherte Erfahrungen einer geistigen Analyse unterzogen werden (s. dazu auch Kap. 4).

Merksatz

Der Großteil psychischer Informationsverarbeitung erfolgt automatisch und wird nicht bewusst kontrolliert. Bewusstsein wird dann eingeschaltet, wenn unbekannte Informationen auftreten, genauere Analysen von Kognitionen anstehen oder neue Handlungen zu entwerfen sind.

2.3.6 | Allgemeingültigkeit – Einzigartigkeit

Sind alle Menschen gleichartig strukturiert, so dass sich für alle allgemeinpsychologische Gesetze formulieren lassen, oder sind Menschen hinsichtlich ihrer Persönlichkeit, ihrer Einstellungen und ihrer Denkweise so unterschiedlich, dass für jede Person ein eigenes theoretisches Modell erstellt werden muss? Die erste Annahme entspricht eher der **nomothetischen**, die zweite der **ideographischen** Betrachtungsweise in der psychologischen Forschung, wobei die erste eher für die naturwissenschaftliche und die zweite eher für die geisteswissenschaftliche Richtung steht. Bortz und Döring (1995, 274) meinen allerdings: „Diese Begriffsbestimmung gilt heute als wenig hilfreich, da rein ideographisches Arbeiten nicht als wissenschaftlich bezeichnet werden kann" (wegen des geringen Grads an Verallgemeinerbarkeit der Ergebnisse). Umgekehrt kann man in der Psychologie auch nicht auf den ideographischen Aspekt verzichten, weil man sonst etwa in der Beratung oder in der Therapie den konkreten Menschen zu verlieren droht. Zum Beispiel sind Diagnosen, Gutachten und Behandlungsprogramme ideographische „Produkte", die allerdings unter Zuhilfenahme nomothetischer Kenntnisse entworfen werden.

nomothetisch: gesetzgebend, gesetzesfindend
ideographisch: das Einzelne beschreibend

Merksatz

Eine Beschreibung der psychischen Beschaffenheit des Menschen erfordert sowohl generalisierende als auch spezifizierende Vorgehensweisen.

Wertfreiheit – Wertbekenntnis

2.3.7

Die Diskussion der **Wertfreiheit** in der Wissenschaft hat mit dem so genannten „Werturteilsstreit" in der Soziologie zu Beginn des 20. Jahrhunderts eingesetzt und erfuhr eine Weiterführung in den späten Sechzigerjahren mit dem „Positivismusstreit" zwischen Anhängern der kritisch-rationalen und der kritisch-dialektischen Wissenschaftstheorie.

Die *positivistische* Haltung postuliert, dass Wissenschaftler nur Sachfragen aufgreifen und diese „ideologiefrei" beantworten sollen. Werturteile würden sich einer empirischen Begründung entziehen, die wissenschaftliche Objektivität verletzen und der Glaubwürdigkeit wissenschaftlicher Aussagen schaden.

Demgegenüber betonte man in der Kritischen Psychologie dialektisch-marxistischer Herkunft die Selbstbestimmung des Menschen und seine Fähigkeit, den bestehenden ungerechten „Herrschafts- und Produktionsverhältnissen" „emanzipatorisch" entgegenzuwirken. Obwohl die Kritische Psychologie das zweckrationale Vorgehen, die gesellschaftliche Instrumentalisierbarkeit und das experimentell-statis-

Merksatz

Die Meinung, Wissenschaft könne wertfrei betrieben werden („Wertneutralität"), wird heute kaum mehr ernsthaft verfochten, weshalb Forscher möglichst klar ihre Forschungsinteressen und Werthaltungen offenlegen und nach größtmöglicher Objektivität ihrer Erkenntnisse streben sollten.

tische Vorgehen der so genannten „Bürgerlichen Psychologie" heftig kritisierte, gelang es ihr nicht, den positivistisch ausgerichteten „Mainstream" der Psychologie zu verdrängen. Dennoch darf sie als erfolgreich gelten hinsichtlich einer Sensibilisierung der Psychologie für weltanschauliche und gesellschaftliche Einflüsse auf das Wissenschaftstreiben, wie sie etwa von Kuhn (1976) in seiner Analyse der Entstehung und Entwicklung von Wissenschaften näher beschrieben wurden.

2.3.8 | Objektivität – Subjektivität

Besonders die Phänomenologie – eine Philosophieströmung, in der eine unvoreingenommene, durch Denkgewohnheiten möglichst unverfälschte Herangehensweise an Erkenntnisobjekte gefordert wird – weist kritisch auf die Künstlichkeit der Subjekt-Objekt-Trennung in vielen human- und sozialwissenschaftlichen Untersuchungen hin (s. Slunecko, 2002). Die Kritik am Objektivitätsideal richtet sich auch hier wieder gegen die oft implizierte Annahme, dass Wissenschaftler nur als „reine" Beobachter auftreten könnten, die den untersuchten Prozess nicht beeinflussten, und somit keine Artefakte erzeugten (s. auch 2.2.1).

> **Merksatz**
>
> Der Gefahr, psychologische Phänomene „reduktionistisch" zu beschreiben, d.h. sie nur durch die Brille der jeweils vertretenen Theorie zu betrachten, sollte man durch wiederholte Versuche einer unmittelbaren, möglichst unvoreingenommenen Konfrontation mit den Phänomenen begegnen.

2.3.9 | Zergliederung – Ganzheitlichkeit

Hier geht es um die prinzipielle Frage, ob zur Aufklärung psychischer Phänomene diese in Einzelheiten zerlegt werden dürfen (z.B. Wahrnehmungen, Vorstellungen, Einstellungen, Emotionen, Motive) oder ob man den psychischen Phänomenen nur dann gerecht wird, wenn man sich ihnen ganzheitlich nähert, wie z.B. von Seiten der Gestaltpsychologie argumentiert wird.

Es ist kaum zu bestreiten, dass mit der ersten, der **analytischen** Methode, in der Physik, Chemie, Biologie, aber auch in der Biologischen Psychologie, Wahrnehmungspsychologie, Lernpsychologie und Denkpsychologie bahnbrechende Leistungen erzielt wurden (s. etwa Anderson, 1996). Eine zergliedernde Forschungsmethodik scheint sich in der Psychologie immer dann zu bewähren, wenn Systeme untersucht werden, die in weitgehend autonome Untersysteme unterteilbar sind, welche miteinander entweder parallel oder seriell interagieren.

> **Merksatz**
>
> Ob eher eine zergliedernde ("atomistische") oder ganzheitliche ("integrative") Herangehensweise an Forschungsphänomene angebracht ist, hängt vom Ausmaß ihrer Vernetzung bzw. Modularität ab.

Wenn man allerdings in der Forschung mit Phänomenen konfrontiert ist, in denen zahlreiche Wechselwirkungen und Rückkoppelungen wirksam sind ("autopoietische Realität" nach Schülein & Reitze, 2002), dann wird man kaum ohne Modelle auskommen können, die in stärkerem Ausmaß ganzheitlich orientiert sind. Man muss dabei allerdings nicht unbedingt den geisteswissenschaftlichen Weg mit dem Einsatz *qualitativer* Untersuchungsmethoden beschreiten (Phänomenologie, Hermeneutik etc.), sondern kann sich unter Verwendung entsprechender Computerprogramme auch einer kybernetischen Analyse psychischer Prozesse bedienen ("Kognitive Modellierung"; PSI-Programm, Dörner, 1999; ACT-Modell, Anderson & Lebiere, 1998).

Statik – Dynamik   2.3.10

Grundsätzlich können sich Gesetzmäßigkeiten auf strukturelle Zusammenhänge oder auf zeitliche Abläufe beziehen. Deshalb können auch psychologische Phänomene auf zweierlei Art analysiert werden: Einerseits lassen sich darüber Informationen an verschiedenen Sachverhalten sammeln (wie z.B. durch einmalige Vorgabe eines Intelligenztests bei verschiedenen Personen) oder andererseits an einzelnen Sachverhalten mehrmals zu verschiedenen Zeiten (wie z.B. bei der kontinuierlichen Ableitung von Gehirnströmen im Schlaf einzelner Personen). Im ersten Fall – bei *Querschnittanalysen* – erfährt man Näheres über das gesetzmäßige Nebeneinander der Merkmale von Phänomenen (z.B. über die Struktur von Intelligenzmerkmalen), während im zweiten Fall – bei *Längsschnittanalysen* – mehr das gesetzmäßige Nacheinander

> **Merksatz**
>
> Phänomene der Psychologie lassen sich sowohl hinsichtlich ihrer Merkmalsstruktur als auch hinsichtlich ihrer Merkmalsdynamik untersuchen.

der Zustände von Phänomenen zu erforschen ist (z.B. die Aufeinanderfolge von Schlafphasen oder Entwicklungsstadien).

2.3.11 | Quantitativ – qualitativ

Auch die Kontroverse zwischen den Befürwortern einer **quantitativen** Erfassung von psychischen Phänomenen einerseits und jenen
einer **qualitativen**, d.h. in diesem Zusammenhang eine nicht auf
Quantitäten basierende Erfassung andererseits, lässt sich in der
Psychologie über mindestens hundert Jahre zurückverfolgen. Sie
mündet in der Grundsatzfrage, ob sich psychische Phänomene
überhaupt quantifizieren oder nur sprachlich beschreiben lassen.
Dass in bestimmten Bereichen, wie etwa der Wahrnehmung, eine
Quantifizierung gelingt, hat bereits Fechner (1860) mit seinen Ergebnissen zur „Psychophysik" bewiesen. In welchem Ausmaß aber
auch komplexe kognitive Prozesse quantifizierbar sind, ist immer
noch Gegenstand von Forschungen. Eine moderne Variante des
Quantifizierungsansatzes sind mathematische Modelle zur Simulation psychischer Abläufe („kognitive Modellierung", engl. cognitive
modeling), die in Bereichen der Kognitiven Psychologie etwa bei
Denk-, Urteils- oder Handlungsmodellen erprobt werden (z.B. ACT-
R-Modell von Anderson, Matessa & Lebiere, 1997).

Die Vorteile qualitativer Erhebungsmethoden (z.B. durch sprachliche Schilderungen, Fotos, Videos) sind vor allem in folgenden
Punkten zu sehen:

- Sie verfremden die Befragungssituation weniger (als z.B. eine La-
  borsituation).
- Die Beobachtungen können uneingeschränkt gewonnen werden
  (z.B. ohne vorgegebene Antwortalternativen).
- Die Interaktionen zwischen Forschern und beforschten Perso-
  nen werden explizit gemacht.
- Die subjektiven Eindrücke der Wissenschaftler werden in die
  Auswertung miteinbezogen.

Es handelt sich hier um eine **hermeneutische**, d.h. sinn- und kontextbezogene, „verstehende" Art der Interpretation von Daten. Als
Nachteile qualitativer Methoden werden ein Mangel an Vergleichbarkeit mit anderen einschlägigen Untersuchungen, eine geringere *Generalisierbarkeit* der Ergebnisse und ein Mangel an *Objektivität*
angeführt, d.h. eine geringere Übereinstimmung von Interpretatio-

nen gleicher Daten durch verschiedene Forscher (s. Flick et al., 1991; Bortz & Döring, 2006). Eine pointierte Gegenüberstellung von Merkmalen quantitativer und qualitativer Methoden gibt Lamneck (1995), ein prononcierter Vertreter qualitativer Auswertungsverfahren.

Ähnlich wie Karl Bühler vor etwa achtzig Jahren eine methodische Integration für die Psychologie vorgeschlagen hat, empfehlen nun auch Bortz und Döring (1995, 281) – ein Autor und eine Autorin, die den quantitativen Methoden verpflichtet sind – in ihrem weithin beachte-

Merksatz

Der Gegensatz zwischen „quantitativer" und „qualitativer" Forschung dürfte sich im Sinne einer komplementären, einander ergänzenden Anwendung beider Ansätze immer mehr auflösen.

ten Werk „Forschungsmethoden und Evaluation" eine Zusammenführung quantitativer und qualitativer Forschungsmethoden. Nicht nur seien diese im Sinne eines interdisziplinären Arbeitens parallel einzusetzen, sondern es sollten auch Erhebungs- und Auswertungstechniken entwickelt werden, „die qualitative und quantitative Operationen vereinigen". Die vermehrte Nutzung von Computern und elektronischen Arbeitsmitteln in der Forschung fördert in der Tat nicht nur den Einsatz mathematisch-statistischer Verfahren (z.B. statistischer Programmpakete), sondern eröffnet auch für die Weiterentwicklung qualitativer Verfahren große Chancen (Beispiele für qualitativ orientierte Auswertungsprogramme: ATLAS.ti, NUD*IST, N6, MAXqda).

Gegenwärtige Forschungsorientierungen der Psychologie | 2.4

Innerhalb von Wissenschaften existieren zumeist unterschiedliche Grundkonzepte (*wissenschaftliche Paradigmen*) darüber, welche Forschungsfragen aufgegriffen, welche wissenschaftlichen Instrumente für Untersuchungen herangezogen und welche Erklärungsmodelle bevorzugt werden. Die häufigsten in der Fachliteratur genannten derartigen **Forschungsperspektiven** sind folgende:

Biologische Perspektive: Bei dieser Forschungsausrichtung werden psychologische Phänomene hauptsächlich durch die Funktionsweise der Gene, des Gehirns, des Nervensystems oder anderer biologischer Systeme erklärt.

Die Erforschung eines psychischen Phänomens kann aus verschiedenen Perspektiven erfolgen, die sich hinsichtlich der theoretischen Annahmen, der verwendeten Untersuchungsmethoden und der bevorzugten Erklärungsmodelle unterscheiden.

Psychodynamische Perspektive: Ein Erklärungsansatz, bei dem psychische Prozesse auf die Verarbeitung vergangener Erfahrungen (z.B. Kindheitserlebnisse, Elternbeziehungen), auf teils unbewusste motivationale Kräfte (Triebe) oder auf die Anpassung an soziale Zwänge zurückgeführt werden.

Behavioristische Perspektive: Ein auf das „objektiv" beobachtbare Verhalten (amerik.: behavior) des Menschen (und von Tieren) ausgerichteter Ansatz, bei dem die gesetzmäßige Aufklärung von Reiz-Reaktions-Beziehungen im Vordergrund steht und der auf Aussagen über „innere" – bewusste oder unbewusste – Prozesse verzichtet.

Humanistische Perspektive: Eine Strömung, welche den Menschen als freies und aktives Wesen interpretiert, das sich von selbst ent-

Abb 2.2

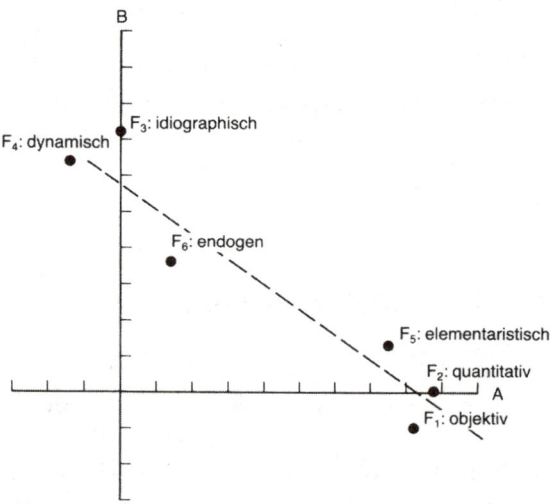

Von Coan (1968) wurden 34 Merkmale psychologischer Theorien so in einen geometrischen Raum projiziert, dass das Ausmaß ihrer inhaltlichen Verwandtschaft durch ihre räumliche Nähe wiedergegeben wird. Die Schwerpunkte von sechs Bündelungen solcher Merkmale wurden als „Faktoren" dargestellt, welche inhaltlich als oberbegriffliche Charakterisierungen der Merkmalsbündel aufzufassen sind. Diese sechs Faktoren konnten dann selbst wieder über zwei Faktoren (Koordinaten) beschrieben werden, von denen der eine (A) die naturwissenschaftliche und der andere (B) die geisteswissenschaftliche Forschungsorientierung symbolisiert.

wickelt, wenn man sich ihm nur wertschätzend, empathisch, ehrlich und „non-direktiv" zuwendet.

Kognitive Perspektive: Hier sind Wahrnehmung, Aufmerksamkeit, Lernen, Denken, Problemlösen, Emotion und Motivation als informationsverarbeitende Prozesse gesetzmäßig zu beschreiben („Computer-Metapher").

Evolutionäre Perspektive: Die Struktur der Psyche sowie ihre Dynamik werden als Resultat der evolutionsgeschichtlichen Entwicklung des Menschen betrachtet, bei der das Verhaltensrepertoire (z.B. *Erbkoordinationen*, *Ritualisierungen*) durch Selektion und Mutation an die jeweiligen (frühmenschlichen) Umweltbedingungen angepasst und genetisch weitergegeben wurde.

Kulturvergleichende Perspektive: Dabei stehen Einflüsse von Kulturen (z.B. ihre Normen, Medien, Religionen) auf das Erleben und Verhalten des Menschen im Zentrum der Betrachtung, eine Richtung, die auf fast alle psychischen Phänomene anwendbar ist.

Idealerweise sollten die Forschungsergebnisse der verschiedenen Ansätze zusammengeführt und zu einheitlichen Theorien integriert werden. Leider wird dieses Vorhaben durch die große Menge an empirischen Resultaten erschwert. Jährlich erscheinen weltweit nicht weniger als 2500 psychologische Zeitschriften und etwa 40.000 wissenschaftliche Publikationen zu psychologischen Themen (Schönpflug, 2000).

Zusammenfassung

Die Psychologie befasst sich mit menschlichem Verhalten, Erleben und Bewusstsein, deren Beschreibung, Erklärung, Vorhersage und eventuelle Veränderung sie anstrebt. Wie in jeder anderen Wissenschaft finden sich auch hier zwischen den Fachangehörigen Diskrepanzen hinsichtlich axiomatischer Annahmen (z.B. Leib-Seele-Dualismus, Anlage-Umwelt-Einfluss, Forschungsmethoden), aus denen sich unterschiedliche Präferenzen für theoretische Erklärungen und Forschungsthemen ergeben. Der Theorienraum der Psychologie lässt sich grob in eine naturwissenschaftliche und in eine geisteswissenschaftliche Orientierung gliedern, eine Unterscheidung, die sich auch in den gegenwärtigen Forschungsperspektiven widerspiegelt, die aber als wechselseitig befruchtend angesehen werden können.

Fragen

1. Woran orientieren sich Definitionsversuche für das Wissenschaftsfach Psychologie?
2. Wie lautet eine möglichst umfassende Definition der Psychologie, bei der auch die Hauptforschungsthemen berücksichtigt sind?
3. Wie lassen sich Psyche und Bewusstsein in ihrem Wechselbezug charakterisieren?
4. Welche allgemeinen Zielsetzungen gelten für die Psychologie als Wissenschaft?
6. Mit welchen Verfälschungen (Artefakten) muss man bei Befragungen rechnen?
7. Was versteht man in der Psychologie unter Objektivitäts-, Reliabilitäts- und Validitätsproblem?
8. Nennen Sie Möglichkeiten des Einsatzes psychologischen Wissens zur Veränderung und Optimierung menschlichen Erlebens und Verhaltens!
9. Welche gegensätzlichen Grundannahmen lassen sich in psychologischen Forschungsfeldern unterscheiden?
10. Beeinflussen die Gene oder die Umwelt stärker das Verhalten des Menschen?
11. Wie kann der „freie Wille" psychologisch interpretiert werden?
12. Wie unterscheiden sich die nomothetische und die ideographische Vorgangsweise in der psychologischen Forschung?
13. Können psychische Phänomene nur ganzheitlich untersucht werden?
14. In welchen Aspekten unterscheiden sich qualitative von quantitativen Forschungsmethoden?
15. Welche theoretischen und methodischen Perspektiven der Forschung finden sich gegenwärtig in der Psychologie?

Literatur

Bortz, J. & Döring, N. (2006). Forschungsmethoden und Evaluation für Human- und Sozialwissenschaftler. Berlin

Gerrig, R. J. & Zimbardo, P. G. (2008). Psychology and Life. Boston (www.learner.org/
resources/series138.html; 16.11.2007)

Hellbrück, J. & Fischer, M. (1999). Umweltpsychologie. Ein Lehrbuch. Göttingen

Hofstätter, P. R. (1984). Psychologie zwischen
Kenntnis und Kult. München

Lamnek, S. (1995). Qualitative Sozialforschung. Bd. 1, Methodologie. Weinheim

Myers, D. G. (2005). Psychologie. Heidelberg

Passer, M. W. & Smith, R. E. (2004). Psychology.
The science of mind and behavior. Boston

Reinecker, H. (2003a). Lehrbuch der Klinischen
Psychologie und Psychotherapie. Göttingen

Schwarzer, R. (1997). Gesundheitspsychologie.
Göttingen

Wottawa, H. & Thierau, H. (2003). Lehrbuch
Evaluation. Bern

Forschungsmethodik der Psychologie – Grundbegriffe der psychologischen Methodenlehre und Statistik | 3

Inhalt

3.1 **Wissenschaftlichkeit**

3.2 **Von der Empirie zur Theorie**

3.3 **Fälle und Variablen**

3.4 **Kausalität und Wahrscheinlichkeit**
Multikausalität und bedingte Kausalität
Indeterminismus und Wahrscheinlichkeitsschlüsse

3.5 **Relationen und Funktionen**

3.6 **Beschreibende und hypothesenprüfende Statistik**
Deskriptivstatistik – beschreibende Statistik
Inferenzstatistik – schließende und prüfende Statistik

3.7 **Forschungsmethoden der Psychologie**
Laborexperiment
Quasiexperiment
Feldforschung
Test und Rating
Beobachtung
Befragung (Interview)
Textanalyse
Simulationsstudie (Computersimulationen)

3.8 **Forschungsablauf**

3.1 | Wissenschaftlichkeit

Wissenschaftliches Handeln sollte sich an logisch begründeten, explizit formulierten und verbindlichen Kriterien orientieren. Nach Wohlgenannt (1969) und Konegen & Sondergeld (1985) sind dies folgende:

- Es sollen nur Aussagen über Sachverhalte gemacht werden, die wirklich vorhanden sind (Beobachtbarkeit bzw. Erlebbarkeit).

Wissenschaftliches Vorgehen will für Tatsachen (Fakten) ein möglichst widerspruchsfreies System von mehr oder weniger abstrakten, logisch verknüpften und intersubjektiv prüfbaren Aussagen bilden.

- Die Aussagen sollen ein System bilden und nach expliziten (wissenschaftsspezifischen) Regeln zustande kommen.
- Es müssen Regeln zur Definition von Fachausdrücken (Termini) vorhanden sein.
- Für das gegebene System von Aussagen müssen Ableitungsregeln gelten („induktive" und „deduktive" Schlussregeln).
- Das Aussagensystem muss widerspruchsfrei sein.
- Aussagensysteme mit empirischem Bezug (faktische Aussagen) dürfen sich nicht auf die Aufzählung von Fakten beschränken, sondern müssen auch Verallgemeinerungen enthalten.
- Faktische Aussagen müssen intersubjektiv prüfbar sein.

In ähnlicher Weise charakterisieren Bortz und Döring (1995, 7) aus Sicht der Psychologie wissenschaftliche Aussagen: „Wissenschaftliche Hypothesen sind Annahmen über reale Sachverhalte (empirischer Gehalt, empirische Untersuchbarkeit) in Form von Konditionalsätzen. Sie weisen über den Einzelfall hinaus (Generalisierbarkeit, Allgemeinheitsgrad) und sind durch Erfahrungsdaten widerlegbar (Falsifizierbarkeit)."

3.2 | Von der Empirie zur Theorie

Die Methoden einer wissenschaftlichen Disziplin sollen die korrekte und zweckmäßige „Abbildung" eines empirischen (konkreten) Systems in einem theoretischen (abstrakten) System erlauben.

Die Human- und Sozialwissenschaft Psychologie unterscheidet sich insofern grundlegend von den Naturwissenschaften, als hier die wissenschaftlichen Phänomene nicht direkt zugänglich sind, sondern oft indirekt erschlossen werden müssen. So sind etwa Persönlichkeit, Intelligenz oder Einstellungen theoretische Be-

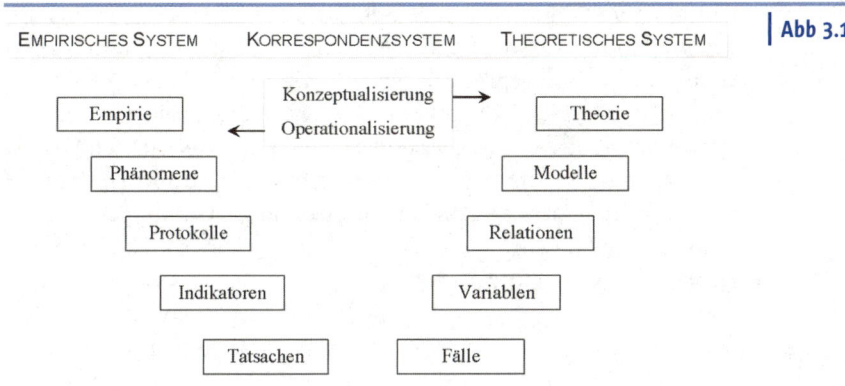

Abb 3.1

Die theoretische Beschreibung der Realität kann als deren abstrakte Abbildung in einem Symbolsystem (Sprache, Vorstellung, Programme ...) aufgefasst werden. Dabei wird ein vermittelndes, transformierendes Korrespondenzsystem benötigt, wodurch wissenschaftscharakteristische Vorschriften zur Gewinnung, Beschreibung, Erklärung und Interpretation der jeweiligen Systemelemente zur Verfügung gestellt werden.

griffe, die nur über Verhaltenstendenzen, Fertigkeiten oder Gefühlsreaktionen erfasst werden können. Der Weg von der Empirie zur Theorie ist daher in der Psychologie oft weit und erfordert viele Zwischenschritte. In der psychologischen Methodenlehre unterscheidet man zumeist ein **empirisches System,** das die Forschungsdaten liefert, und ein **theoretisches System**, das die Gesetze und Erklärungen zu formulieren gestattet, und bezeichnet die Vorgangsweisen, Methoden und Instrumente, die zwischen beiden eine Verbindung herstellen, als **Korrespondenzsystem**.

Die Schritte vom empirischen zum theoretischen System (Abb. 3.1) lassen sich wie folgt charakterisieren: Vorerst werden aus einer Vielzahl von Strukturen und Abläufen in der psychischen oder sozialen Realität – der so genannten **Empirie** – jene Phänomene identifiziert, die Gegenstand der wissenschaftlichen Untersuchungen werden sollen. Die jeweils zu erforschenden **Phänomene** (z.B. Denkprozesse, Lernformen, Stressverarbeitung) müssen exakt beschrieben werden, was sich in verbalen, bildlichen oder symbolischen Datenmengen bzw. **Protokollen** niederschlägt. Insbesondere in der quantitativen Forschung versucht man die Datenmenge auf jene Informationseinheiten zu begrenzen, die zur Beschreibung der Gesetzmäßigkeiten der Phänomene relevant erscheinen. Die Gesamtheit aller Ausprägungen von **Indikatoren** (zu einem untersuchten Phänomen) zu einer bestimmten Zeit und an einem bestimmten Ort sind jene einzelnen **Tatsachen**, die der empirischen Forschung als Grundeinheiten zur Gewinnung oder Überprüfung von (statistischen) *Hypothesen* zur Verfügung stehen.

Zu einem **Fall** des theoretischen Systems wird eine Tatsache dann, wenn die erfassten Eigenschaften der Indikatoren in Ausprägungen von **Variablen** umgewandelt werden. Ein Fall ist somit durch eine bestimmte Konfiguration von (empirischen) Variablen, genauer durch deren jeweilige Ausprägungen, definiert. Mittels statistischer Auswertungsverfahren werden auf Basis der zur Verfügung stehenden Fälle zwischen den Variablen entweder hypothetische **Relationen** (Funktionen, Beziehungen etc.) geprüft oder unbekannte Relationen gesucht. **Hypothesen** sind Annahmen über *Relationen* zwischen mindestens zwei (empirischen) Variablen. Wenn eine hypothetische Relation zufriedenstellend oft in verschiedenen, wissenschaftlich seriösen Untersuchungen empirisch bestätigt wurde, spricht man von einem **Gesetz**. Mehrere Gesetze (oder Hypothesen), die ein logisch konsistentes Erklärungsgerüst für ein bestimmtes Phänomen darstellen, werden zusammenfassend als **Modell** bezeichnet (z.B. Wahrnehmungs-, Lern-, Gedächtnis- und Handlungsmodelle). Der Übergang von Modellen zu Theorien ist fließend. Eine **Theorie** ist ein System von zusammenhängenden Gesetzen, die maximal abstrakt formuliert sind.

Um die Realität in Form von Gesetzen oder Theorien abbilden zu können, müssen *Begriffe* (*Konzepte*) zur Klassifikation empirischer Phänomene entweder vorhanden sein (Alltagsbegriffe) oder neu entwickelt werden (Fachbegriffe bzw. Ter-

---

Merksatz

Im theoretischen System werden anhand von Fällen Relationen zwischen Variablen gesucht, funktional zusammenhängende Relationen zu Modellen zusammengefasst und thematisch verwandte Modelle zu einer Theorie integriert.

Merksatz

Konstrukte sind speziell definierte, nicht direkt beobachtbare Begriffe einer psychologischen Theorie (z.B. Intelligenz, Motivation, Aggression), für die Operationalisierungen vorhanden sind oder entwickelt werden müssen.

mini). Diese **Konzeptionalisierung** („Konzeptspezifikation"; Schnell, Hill & Esser, 2005) der Wahrnehmungs- oder Erlebenswelt darf weder zu fein noch zu grob ausfallen, damit ein adäquater Auflösungsgrad für die untersuchten Phänomene gegeben ist. Für neu eingeführte theoretische Fachbegriffe, so genannte **Konstrukte** (d.h. theoretische Konstruktionen), ist die konkrete Bedeutung in der Welt unserer Erfahrungen mittels **Operationalisierungen** klarzulegen. Als solche Interpretationshilfen für theoretische Fachbegriffe können spezielle Beobachtungen, Testverfahren, Teile von Fragebögen oder sonstige Datenerfassungsverfahren herangezogen

werden. Mögliche Operationalisierungen von „Angst" sind etwa bei einem Versuchstier der körperliche Zustand in Erwartung elektrischer Schläge, die gemessene Herzfrequenz oder die motorische Unruhe. „Intelligenz" kann durch die Leistungen in einem bestimmten Intelligenztest, und „Glück" durch die Beantwortung von Fragen in einem Befindlichkeitstest operationalisiert werden. Das Korrespondenzsystem mit einschlägigen Konzeptualisierungen und Operationalisierungen ist Bestandteil des jeweiligen *wissenschaftlichen Paradigmas*.

Fälle und Variablen | 3.3

Als **empirische Einheiten** kommen in der Psychologie beliebige statische oder dynamische Systeme in Frage (z.B. Personen, Gruppen, Situationen, Abläufe), in denen sich psychische Gesetzmäßigkeiten äußern. Wie bereits erwähnt, wird die Beschreibung (*Protokoll*) eines *Phänomens* auf gesetzesrelevante Merkmale (*Indikatoren*) reduziert, so dass zuletzt nur mehr ein so genannter „Fall" mit phänomencharakteristischen Variablen übrig bleibt. *Fälle* sind also die – im Sinne einer wissenschaftlichen Fragestellung – maximal informationsreduzierten empirischen Einheiten, anhand derer Gesetze verifiziert oder falsifiziert werden sollen.

Da es in der Psychologie nur selten möglich ist, die gesamte **Population** bzw.

Grundgesamtheit empirischer Einheiten zu erfassen, für die ein Gesetz gelten soll, beschränkt man sich in der Forschung auf eine **Stichprobe** (engl. sample), deren Zusammensetzung in den gesetzesrelevanten Eigenschaften jener der Population möglichst ähnlich sein sollte, damit die auf Basis der Stichprobe gewonnenen Erkenntnisse berechtigt verallgemeinert werden können. Der Schluss von der Stichprobe auf die Population ist am ehesten dann gerechtfertigt, wenn die Stichprobe nach dem Zufallsprinzip aus der Grundgesamtheit ausgewählt wird (*Randomisierung*) und die Stichprobe entsprechend groß ist (s. auch Schnell et al., 2005).

Abb 3.2

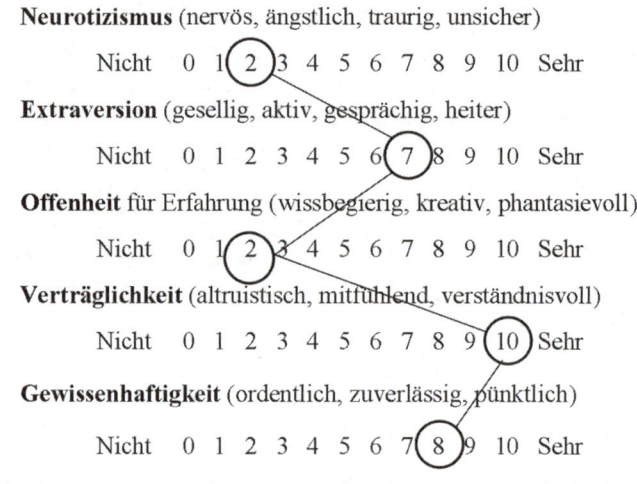

Neurotizismus (nervös, ängstlich, traurig, unsicher)

  Nicht   0   1   2   3   4   5   6   7   8   9   10   Sehr

Extraversion (gesellig, aktiv, gesprächig, heiter)

  Nicht   0   1   2   3   4   5   6   7   8   9   10   Sehr

Offenheit für Erfahrung (wissbegierig, kreativ, phantasievoll)

  Nicht   0   1   2   3   4   5   6   7   8   9   10   Sehr

Verträglichkeit (altruistisch, mitfühlend, verständnisvoll)

  Nicht   0   1   2   3   4   5   6   7   8   9   10   Sehr

Gewissenhaftigkeit (ordentlich, zuverlässig, pünktlich)

  Nicht   0   1   2   3   4   5   6   7   8   9   10   Sehr

Ein Beispiel für eine einfache, aber prägnante Charakterisierung von Personen (Fällen) ist jene nach Persönlichkeitsfaktoren (Variablen). Das Profil in der Abbildung kennzeichnet eine Person in den so genannten „Big-Five-Faktoren" („NEO Five-Factor Inventory" von Costa & McGrae, 1992).

Wenn die Ausprägungen relevanter Untersuchungsvariablen in einer Stichprobe mit jenen der Population annähernd übereinstimmen, darf von **Repräsentativität** der Stichprobe gesprochen werden. Im Forschungsalltag ist Repräsentativität aufgrund verschiedenster Forschungshemmnisse nur selten vollständig erreichbar (Kostenbegrenzung, Unerreichbarkeit von Personen, Teilnahmeverweigerung etc.), so dass häufig nur **Gelegenheitsstichproben** (z.B. Studentensamples) zur Verfügung stehen oder die Stichprobenselektion eher mittels **Quotaverfahren** (Vergleichbarkeit der Stichprobe mit der Population hinsichtlich der Verteilung einiger wichtiger Merkmale wie Geschlecht, Bildung, Beruf usw.), mittels **Schneeballverfahren** (Probanden vermitteln selbst wieder weitere Probanden) oder mittels **Klumpenverfahren** erfolgt („cluster sampling": Cluster von Fällen, z.B. Unternehmen, Organisationen, Branchen, werden zufällig ausgewählt und hierin alle Mitglieder untersucht). Leider erhöhen die letztgenannten Auswahlverfahren die Fehleranfälligkeit und mindern den Grad an Verallgemeinerbarkeit.

In der Mathematik sind **Variablen** („Platzhalter", „Leerstellen") jene Zeichen in Formeln, die für einzelne Elemente aus einer Menge möglicher Zahlen oder Symbole stehen. Die verschiedenen Belegungen von Variablen nennt man ihre **Ausprägungen** oder – wenn diese aus Zahlen bestehen – ihre **Werte**. Als **Wertebereich** einer Variablen bezeichnet man alle Zahlen vom Minimal- bis zum Maximalwert. Variablen charakterisieren Fälle hinsichtlich ihrer untersuchungsrelevanten Merkmale. In psychologischen Untersuchungen können diese äußerst vielfältig sein und schließen Beschreibungsmerkmale, Testergebnisse, Prozentschätzungen, physiologische Messwerte und andere Aspekte mit ein (Abb. 3.2).

Während in der Mathematik Zahlen definitionsgemäß eine quantitative Bedeutung haben, das heißt, dass bestimmte Rechenoperationen mit ihnen durchgeführt werden können (Addition, Multiplikation, Potenzierung etc.), kann dies bei Variablenwerten der psychologischen Empirie nicht vorausgesetzt werden. Hier können Zahlen zum Beispiel für Benennungen herangezogen werden (z.B. Abzählung von Personen in einer Gruppe), sie können eine Rangordnung symbolisieren (z.B. der 1., 2. oder 3. in einem Wettkampf) oder sie können ein Vielfaches von Grundeinheiten darstellen (z.B. Häufigkeiten). Aus diesem Grund werden die Ausprägungen von Variablen in der Psychologie hinsichtlich ihrer so genannten *Skalenqualität* (s. 3.6.1) unterschieden, wovon insbesondere die Anwendbarkeit statistischer Auswertungsverfahren abhängt.

Faktoren, denen innerhalb von Phänomenen ein Einfluss zugeschrieben wird, heißen in den empirischen Sozialwissenschaften (so wie in der Mathematik bei Funktionsgleichungen) **unabhängige Variablen (UV)**, während jene Faktoren, anhand derer ein Einfluss registriert wird, als

Hypothetische Ursachen werden in empirischen Untersuchungen mittels unabhängiger Variablen charakterisiert und hypothetische Wirkungen mittels abhängiger Variablen.

abhängige Variablen (AV) bezeichnet werden. In einer wissenschaftlichen *Kausalhypothese* (s. 3.4) stellt der Wenn-Teil die Ausprägungen der unabhängigen Variablen und der Dann-Teil die vorhergesagten Ausprägungen der abhängigen Variablen dar (Box 3.1). Auf diese Unterscheidung verzichtet man, wenn die Einflussrichtung zwischen den Variablen nicht spezifiziert ist oder als wechselseitig angenommen wird (z.B. bei *Korrelationsstudien*).

Von den eigentlichen Wirkvariablen unterscheidet man so genannte **Moderatorvariablen**, denen ein modifizierender Einfluss auf die funktionalen Beziehungen zwischen unabhängigen und abhängigen Variablen zugeschrieben wird (Box 3.1).

Da selbst bei bestens geplanten und genau kontrollierten Experimenten Einflüsse wirksam werden, die nicht erwünscht sind, existieren in allen empirischen Untersuchungen auch **Störvariablen**. Je mehr Störeinflüsse in einer Untersuchung vorhanden sind, desto vager und unschärfer werden die wissenschaftlichen Resultate. Von **konfundierenden Variablen** spricht man, wenn diese Wirkfaktoren den Einfluss der unabhängigen Variablen nicht zufällig, sondern systematisch verändern bzw. verfälschen. Gebräuchliche Maßnahmen gegen eine Verfälschung durch konfundierende Variablen oder Störvariablen sind deren

- „Elimination" (d.h. Versuch ihrer Ausschaltung),
- „Matching" (d.h. Gleichhaltung ihres Effektes bei den Ausprägungen der unabhängigen und abhängigen Variabeln) sowie
- *Randomisierung* (d.h. zufällige Aufteilung ihrer Quellen, wie etwa der Auswahl der *Probanden*).

Insbesondere bei modernen statistischen Modellen findet man häufig die Unterscheidung in **manifeste** und **latente Variablen**. Als manifest gelten alle durch direkte Erhebung (als Ergebnis der empirischen Datenerhebung) zustande gekommene Variablen, während latente Variablen theoretisch begründet sind und zur Erklärung der empirischen Resultate herangezogen werden. So etwa kann das *Konstrukt* Intelligenz durch eine latente Variable beschrieben werden, wenn diese als Summe aller gelösten Intelligenzaufgaben definiert wird. Die Ausprägungen latenter Variablen werden in der Forschungspraxis mittels mehr oder weniger komplexer mathematischer Prozeduren (z.B. über *Mittelwertsbildungen, lineare Funktionen, probabilistische Schätzungen*) aus den ihnen über die Operationalisierung zugeordneten manifesten Variablen errechnet.

---

lat. confundere: zusammengießen, vermischen, vermengen, verwirren

probabilistisch: wahrscheinlichkeitstheoretisch berechnet

Beispiel für eine Variablentypisierung | **Box 3.1**

Wenn etwa in einem Experiment der Einfluss des Alkoholkonsums auf die Fahrleistung in einem Fahrsimulator untersucht werden soll, dann könnte die Hypothese lauten: Wenn Verkehrsteilnehmer Alkohol trinken, dann begehen sie überdurchschnittlich viele Fehler im Simulator. Als *unabhängige Variable* fungiert der Alkoholgehalt des Blutes, welcher zumindest in zwei Ausprägungen vorliegen muss (z.B. 0,0 Promille Blutalkoholgehalt – 0,5 Promille Blutalkoholgehalt). Als *abhängige Variable* könnte in einer normierten Fahrleistungsprüfung die Anzahl an Fahrfehlern herangezogen werden. Als *Moderatorvariablen*, welche die Beziehung zwischen Alkoholisierungsgrad und Fahrleistung verändern könnten, wären die Fahrpraxis, die Alkoholtoleranz oder die Trinkgeschwindigkeit der Versuchspersonen einzubeziehen. Als *Störvariablen* können Messfehler bei der Blutalkoholbestimmung, Konzentrationsschwankungen der Probanden oder Ablenkungen in der Versuchssituation angenommen werden.

Kausalität und Wahrscheinlichkeit | 3.4

Die Annahme, dass Ereignisse der Realität einander gesetzmäßig beeinflussen, d.h. in einem Kausalzusammenhang zueinander stehen, wird implizit in jeder Wissenschaft vorausgesetzt. Würde die Welt nicht deterministischen oder zumindest probabilistischen Gesetzen (wie z.B. in der Quantenphysik) unterliegen, hätte das Betreiben von Wissenschaft keinen Sinn. Das **Kausal(itäts)prinzip**, nämlich die Annahme, dass jedes Ereignis eine oder mehrere Ursachen hat, ist eine grundsätzlich unbeweisbare These, die aber sowohl im Alltag als auch in der Wissenschaft dazu motiviert, immer wieder nach Ursachen und Wirkungen zu fragen. Im Vergleich zur oft trivial vereinfachten Kausalanalyse des täglichen Lebens (z.B.: Wer ist schuld an einer Scheidung? Was ist die Ursache eines Unfalls?) unterscheidet man in der Wissenschaft mehrere Arten von Kausalbeziehungen.

3.4.1 | Multikausalität und bedingte Kausalität

Eine wichtige Grundunterscheidung betrifft das direkte oder indirekte Zustandekommen von Effekten. Bei **direkten Kausalbeziehungen** können selbst wieder vier Arten unterschieden werden (Nowak, 1976; Abb. 3.3):

1. Die einfachste Variante, dass eine Ursache sowohl hinreichend (allein ausreichend) als auch notwendig ist (ohne diese Ursache käme es zu keiner Wirkung), stellt einen Kausaltyp dar, den wir in dieser Reinform in der Psychologie kaum vorfinden, am ehes-

---

Abb 3.3 |

1.   Hinreichende und notwendige Ursache

$$U \leftrightarrow W$$

2.   Hinreichende, aber nicht notwendige Ursache

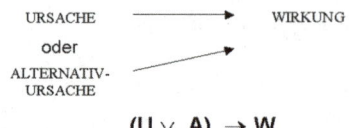

$$(U \lor A) \rightarrow W$$

3.   Notwendige, aber nicht hinreichende Ursache

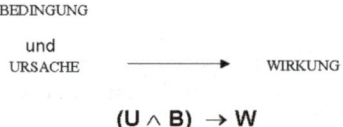

$$(U \land B) \rightarrow W$$

4.   Weder notwendige noch hinreichende Ursache

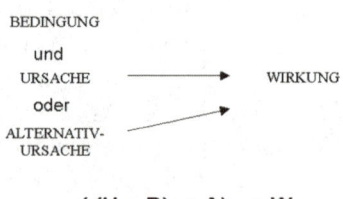

$$((U \land B) \lor A) \rightarrow W$$

Typisierung möglicher direkter Kausalbeziehungen nach Nowak (1976) unter Berücksichtigung bedingter Kausalität und Multikausalität. Die Pfeile symbolisieren die Wirkungsrichtung, die aussagenlogischen Formelzeichen $\land$, $\lor$, $\rightarrow$ und $\leftrightarrow$ bedeuten „und", „oder", „wenn - dann" sowie „wenn – dann und umgekehrt".

ten noch dann, wenn Gegebenheiten miteinander in Wechselwirkung stehen, wie etwa im Falle der gegenseitigen Anziehung zweier Menschen oder bei der symmetrischen Aufschaukelung der Aggression zweier Personen, so dass die Ursachen zugleich als direkte Wirkungen gesehen werden können.

2. Die weiteren Kausaltypen sind komplexer. So ist zum Beispiel Begabung für eine Prüfungsleistung eine hinreichende Ursache, sie ist aber nicht notwendig, weil auch noch andere Gründe (z.B. Schwindeln, Lernfleiß, Nervenstärke) für eine gute Leistung verantwortlich sein können.

3. Ursachen lösen oft nur unter bestimmten Bedingungen Effekte aus, indem etwa ein Stressor nur bei schwacher Stressresistenz zu psychischen und somatischen Störungen führt oder selbst die besten Argumente dann nicht einstellungsverändernd wirken, wenn sie aus Mangel an Aufmerksamkeit nicht gehört oder aufgrund zu geringen Vorwissens nicht verstanden werden. Die Ursache ist in diesen Fällen notwendig (d.h. ohne sie kein Effekt), aber nicht hinreichend.

4. Der vierte Typ von Kausalbeziehung ist schließlich jener, bei dem eine Ursache nur unter bestimmten Bedingungen wirksam wird, aber auch andere Ursachen die gleiche Wirkung hervorrufen. So lässt sich eine bestimmte Verhaltensweise eines Kindes durch Versprechen von Belohnung hervorrufen, dies aber nur dann, wenn beim Kind auch ein Bedürfnis nach der versprochenen Gratifikation vorhanden ist. Die gleiche Verhaltensweise kann aber auch durch körperliche Gewalt, durch Bestrafungsandrohung oder andere Faktoren provoziert werden. Da viele psychische Phänomene sowohl multikausal verursacht als auch nur unter bestimmten Voraussetzungen auslösbar sind, ist diese letzte (weder hinreichende noch notwendige) Kausalbeziehung in der Psychologie wohl am häufigsten anzutreffen.

Multikausale und **multieffektive Beziehungen** zwischen psychischen, sozialen oder physischen Ereignissen sind also eher die Regel als die Ausnahme. Als heuristischer Ansatz für eine solcherart komplexe, den realen Gegebenheiten entsprechende wissenschaftliche Ursachenanalyse wurde die INUS-Methode vorgeschlagen (s. Westermann, 2000). Das INUS-Schema postuliert, dass eine Ursache oft weiterer Bedingungen für die Auslösung einer Wirkung bedarf (**in**sufficent), dass die Bedingungen alleine ohne die Ursache jedoch nicht wirksam sind (**n**ecessary), dass auch noch andere Ursachen

Box 3.2 | **Beispiel für eine INUS-Analyse**

Ein psychologisches Gutachten kommt zum Schluss: Die wiederholte Neigung eines Jugendlichen zu Gewalttaten (Wirkung) in bestimmten Situationen (Bedingung) sei auf seinen langjährigen Heimaufenthalt (Ursache) als Kleinkind zurückzuführen.

- **Nicht hinreichend (I):** Der Heimaufenthalt allein würde nicht ausreichen, wenn nicht auch aktuelle Gelegenheiten gegeben wären (z.B. Streit mit körperlich unterlegenen Kontaktpersonen).
- **Notwendig (N):** Nur die Gelegenheiten allein, ohne kindlichen Heimaufenthalt, sollten zu keinen aggressiven Handlungen führen.
- **Nicht notwendig (U):** Heimaufenthalt und Gelegenheiten sind nicht die einzigen Möglichkeiten von Aggressionsauslösern (z.B. denkbar ist auch die Animation zu Gewalttaten durch einen aggressiven Freundeskreis).
- **Hinreichend (S):** Heimaufenthalt und Gelegenheiten gemeinsam reichen aber gemäß Hypothese aus, eine Tendenz zu Gewalttaten zu bewirken.

(Nach Westermann, 2000)

Merksatz

Um den komplexen Kausalbeziehungen der psychologischen Empirie gerecht zu werden, sollten diese nach direkter, indirekter, multipler, bedingter und scheinbarer Kausalität differenziert werden.

die gleiche Wirkung auslösen können (**unnecessary**) und dass die Ursache gemeinsam mit den Begleitumständen hinreichend ist (**sufficent**).

Neben den direkten Kausalbeziehungen treten in Phänomenen oft auch **indirekte Kausalbeziehungen** auf, bei denen sich Effekte über Wirkungsketten fortpflanzen. Ein Beispiel dafür sind die verschiedenen Instanzen neurologischer Verarbeitung, die durchlaufen werden müssen, damit eine akustische Wahrnehmung mit einem Wort benannt werden kann.

Schließlich sind noch **scheinbare Kausalbeziehungen** als Problem der Forschung zu erwähnen, bei denen eine (zumeist unbeachtete) Ursache zwei oder mehrere Ereignisse simultan so beeinflusst, dass der Eindruck entsteht, sie würden miteinander in einer wechselseitigen Kausalbeziehung stehen. Ein Beispiel aus dem Alltag: Viele Menschen glauben an den Einfluss der Sternenkonstellation auf den Charakter des Menschen, ohne zu berücksichtigen, dass beide vom Wandel der Jahreszeiten mitbestimmt sein könnten (s. zu dieser Thematik Hergovich, Willinger & Arendasy, 2005).

Indeterminismus und Wahrscheinlichkeitsschlüsse | 3.4.2

Die meisten psychologischen Gesetze sind also nicht deterministischer, sondern indeterministischer Natur. Das bedeutet, dass Effekte nur mit einer bestimmten Wahrscheinlichkeit vorhergesagt werden können. Bloß in wenigen Unterdisziplinen der Psychologie – wie etwa in der Physiologischen Psychologie oder in der Wahrnehmungspsychologie – kann man manchmal, ähnlich wie in der Physik, bereits aufgrund von Einzelbeobachtungen (im Sinne eines „experimentum crucis") auf das Vorliegen eines Gesetzes schließen. Bei den meisten anderen psychologischen Subdisziplinen ist jedoch für die Bestätigung von Gesetzen die Heranziehung wahrscheinlichkeitstheoretischer Überlegungen bzw. der Einsatz von Statistik notwendig.

Neben der erwähnten Multikausalität, die zu **Effektüberlagerungen** bei den untersuchten Phänomenen führt, ist hierfür noch ein weiterer Grund zu nennen (Steyer, 2003): die oft erhebliche **Fehlerüberlagerung** von Daten und Messwerten (*Messfehler*). Denn man ist in der Psychologie oft damit konfrontiert, dass Phänomene nur vage, verschwommen oder verzerrt registrierbar sind, und somit gezwungen, mittels *statistischer* Methoden die Messfehler oder Effektüberlagerungen auszufiltern (s. Abb. 3.4) und für Kennwerte oder Variablenbeziehungen Schätzwerte zu berechnen.

Allgemein kann man sagen, dass Einzelfälle für die *Verifikation* oder *Falsifikation* von psychologischen Gesetzen nur geringe Bedeutung besitzen und dass nur das überzufällig häufige Auftreten von Zusammenhängen zwischen Variablen

Merksatz

Da die meisten psychologischen Gesetze von Messfehlern und Fremdeffekten überlagert sind, können in der Psychologie fast nur Wahrscheinlichkeitsgesetze postuliert werden.

in der Erfahrungswelt ein akzeptabler Beleg für die Gültigkeit eines Gesetzes darstellt. „Wissenschaftliche Hypothesen im Bereich der Sozialforschung sind Wahrscheinlichkeitsaussagen (probabilistische Aussagen), die sich durch konträre Einzelfälle prinzipiell nicht widerlegen (falsifizieren) lassen" (Bortz & Döring, 1995, 11).

3.5 | Relationen und Funktionen

In welcher Weise ist es nun möglich, Beziehungen zwischen Variablen darzustellen oder quantitativ zu beschreiben? In der Mathematik wird hierfür der Begriff **Relation** verwendet. Wenn eine Variable A eine endliche Menge von Ausprägungen besitzt und ebenso eine Variable B, dann ist jede Menge paarweiser Zuordnungen zwischen den Ausprägungen von A und B eine Relation. Oder genauer nach Lipschutz (1980, 58): „Eine Relation R von A nach B ist eine Teilmenge von A x B", nämlich der Menge aller möglichen Kombinationen zwischen den Elementen von A und B.

Abb 3.4 |

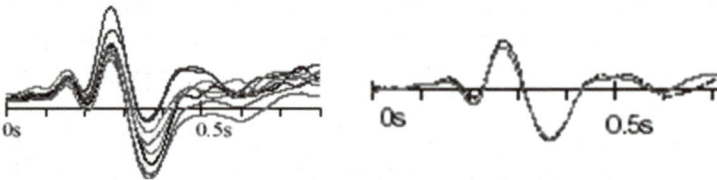

Die Ableitung der Gehirnströme bei Wahrnehmung eines Reizes („Sensorisch Evoziertes Potential") sieht im Einzelfall aufgrund von Störeinflüssen immer etwas anders aus, so dass man das für einen Reiz idealtypische Potential durch Mittelwertbildung über die einzelnen Ableitungen feststellt („Mittelungstechnik").

Abb 3.5 | *Eine Variablenrelation ist dann eine Variablenfunktion, wenn jeder einzelnen Ausprägung einer Variablen (A) nur genau eine Ausprägung einer anderen Variablen (B) zugeordnet ist.*

A	B	R
a	1	(a,2)
b	2	(b,1)
c	3	(c,3)
d		(d,3)
e	4	(e,4)

Als **Funktion** bezeichnet man eine Relation dann, wenn jeder Ausprägung einer Variablen („Definitionsmenge") nur genau eine Ausprägung einer anderen Variablen („Funktionsmenge") zugeordnet ist (Abb. 3.5). Viele quantitative Funktionen, d.h. Funktionen zwischen Zahlenmengen, können durch einfache Formeln beschrieben werden. Da man in der Psychologie aber neben *quantitativen* häufig auch nichtquantitative („qualitative") Merkmale berücksichtigen muss (z.B. Geschlecht, Beruf, Stimmung), werden Variablenbeziehungen im Bedarfsfall auch aussagenlogisch, mengentheoretisch oder tabellarisch dargestellt (Abb. 3.6).

Wie im vorigen Abschnitt ausgeführt, sind viele Phänomene der Psychologie multikausal oder nur bedingt verursacht, so dass für ihre Aufklärung oft mehrere Variablen einbezogen werden müssen. Relationen zwischen zwei Variablen heißen **bivariate**, zwischen mehreren Variablen **multivariate Variablenrelationen** (Box 3.3).

Wenn Variablen quantitativ interpretierbare Ausprägungen haben, kann man sich für die Darstellung von Variablenrelationen auch der analytischen Geometrie bedienen, indem Ausprägungskombinationen als Punkte oder als Vektoren (Pfeile) in einem Raum veranschaulicht werden (Abb. 3.7).

Da aber in der Empirie nur selten solche Relationen zwischen Variablen vorkommen, die eindeutig mit einer einfachen mathematischen Formel beschreibbar sind (z.B. Junktion, lineare Funktion, Kurve), bedient man sich – wie erwähnt – der *Statistik*, die auch für fehlerbehaftete, unscharfe oder einander überlagernde Variablenrelationen adäquate Beschreibungsmethoden anbietet.

A	B	$A \wedge B$	$A \vee B$	$A \rightarrow B$	$A \leftrightarrow B$	$A \times B$
0	0	0	0	1	1	0
0	1	0	1	1	0	1
1	0	0	1	0	0	1
1	1	1	1	1	1	0

| Abb 3.6

Zweistellige Aussagenrelationen („Junktionen"), wie etwa Konjunktion ($\wedge$: „A und B"), Adjunktion ($\vee$: „A oder B"), Implikation ($\rightarrow$: „wenn A dann B") oder Bijunktion ($\leftrightarrow$: „wenn A dann B und umgekehrt") kennzeichnen durch ihre „Wahrheitswerte" jene Paare von Ausprägungen der Variablen A und B (1, wenn gegeben, und 0, wenn nicht gegeben), die im Sinne der Relation auftreten können.

Box 3.3 | **Beispiel für eine multivariate aussagenlogische Beschreibung von Variablenzusammenhängen**

Inhaltliche Aussage (aus der Sozialpsychologie)

Kinder, die früher an Modellpersonen beobachten konnten, dass sich Aggression „lohnt", oder solche, die gerade von einem anderen Kind frustriert wurden, tendieren diesem gegenüber zu aggressivem Verhalten, wenn es eher als harmlos empfunden wird, wenn ihm gegenüber keine moralischen Hemmungen bestehen und wenn im Moment keine Strafdrohung von Aufsichtspersonen für aggressive Reaktionen zu erwarten ist.

Aussagenlogische Form

(MODELLLERNEN $\lor$ FRUSTRATION) $\land$
(HARMLOS $\land$ ~~MORALHEMMUNG~~ $\land$ ~~STRAFDROHUNG~~)
$\rightarrow$ AGGRESSION

(Eine Durchstreichung von Variablen soll jeweils die Negation der Variablenaussage symbolisieren. $\land$: „und"; $\rightarrow$: „impliziert"; $\lor$: „oder")

Nachfolgend sollen einige wichtige Aspekte dieser mathematischen Disziplin vorgestellt und deren Nutzungsmöglichkeiten aufgezeigt werden.

3.6 | Beschreibende und hypothesenprüfende Statistik

Die **Statistik** (engl. statistics) fungiert innerhalb der Psychologie als Hilfswissenschaft zur Auffindung und Beschreibung von nichtdeterministischen Gesetzen (Relationen). Wenn in der Nachrichtentechnik damit gerechnet wird, dass elektronische Signale von Störungen überlagert werden, dann sendet man gleiche Signale mehr-

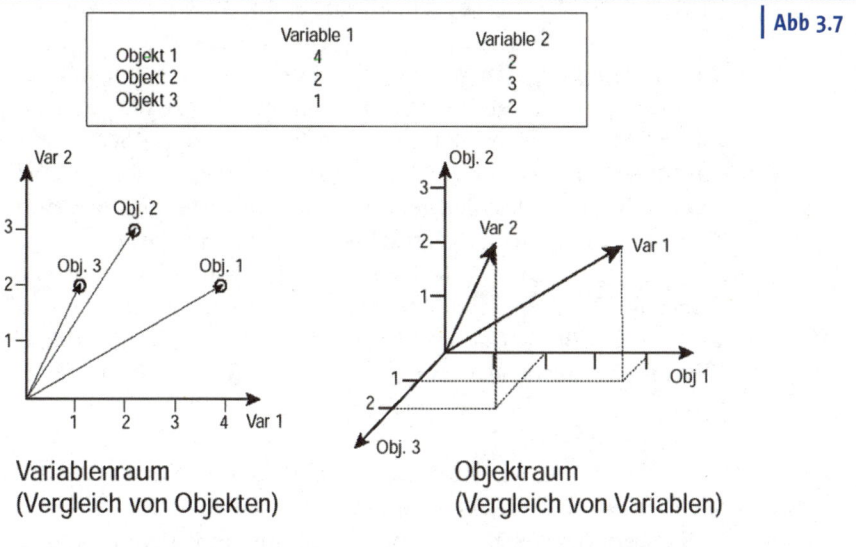

Abb 3.7

Variablenraum
(Vergleich von Objekten)

Objektraum
(Vergleich von Variablen)

Ähnlich wie physikalische Objekte in einem (euklidischen) Raum Positionen einnehmen können, lassen sich auch Fälle als „Datenobjekte" auffassen und in einen (multidimensionalen) Variablenraum projizieren. Die Datenobjekte sind einander umso näher, je ähnlicher ihre Variablenausprägungen sind. Ebenso lässt sich die Ähnlichkeit von Variablen in Objekträumen abbilden. Im Beispiel sind drei Objekte (z.B. Personen) im Zweivariablenraum (z.B. Gewicht und Größe) dargestellt und daneben die gleichen Variablen im Dreiobjekteraum.

mals hintereinander, um beim Empfang auf Basis ihres *Mittelwerts* (Durchschnitt) auf das ursprüngliche „wahre" Signal schließen zu können. Nach dem gleichen Prinzip werden in der Psychologie wiederholt oder simultan Daten über psychische Abläufe, Einstellungen oder Fähigkeiten gesammelt, um daraus Schätzungen über die untersuchten Phänomene ableiten zu können (s. Abb. 3.4). Die (klassische) **Testtheorie** postuliert diesem Prinzip gemäß, dass sich jeder **Messwert** (z.B. eine physiologische Ableitung, eine Fragebogenantwort, eine Prozentschätzung) aus einem **wahren Wert** und einem zufälligen **Fehlerwert** zusammensetzt und dass sich Fehlerüberlagerungen durch Heranziehung mehrerer Messwerte des gleichen Ereignisses „ausmitteln" lassen.

Merksatz

Mittels der Statistik als Hilfswissenschaft werden in der Psychologie verfügbare Daten beschrieben und auf vorhandene Gesetzmäßigkeiten untersucht.

3.6.1 | Deskriptivstatistik – beschreibende Statistik

Die deskriptive Statistik bietet charakteristische, formelhafte Beschreibungen oder graphische Darstellungen für eine große Zahl von Fällen, Variablen oder Variablenrelationen an. Wie schon erwähnt (Abb. 3.7), werden Fälle als Punkte in einem multidimensionalen Raum von Variablen gedacht, und ihre Verteilung wird durch **statistische Kennwerte** bzw. **Statistiken** näher charakterisiert. Eine Voraussetzung für eine solche Darstellung von Variablen (sowie ihres Einbezugs in komplexe statistische Auswertungsverfahren) ist, dass sie quantitativ interpretierbar sind, d.h., dass ihre Ausprägungen unterschiedliche Quantitäten einer Eigenschaft oder eines Merkmals von Fällen kennzeichnen (Backhaus et al., 2003).

Um die quantitative Bedeutung der Ausprägungen von Variablen einzustufen, werden diese hinsichtlich ihrer **Skalenqualität**, d.h. nach **Skalenniveau** bzw. **Messniveau** differenziert:

1. **Nominalskala**: Wenn eine Variable nur dieses Skalenniveau zugeschrieben bekommt, sind ihre Ausprägungen (Zahlenwerte) im Sinne von Klassifikationen zu verstehen. Gleiche Ausprägungen von zwei Fällen in einer solchen Variablen bedeuten, dass ihnen dieselbe Eigenschaftskategorie zugeschrieben wird. Es handelt sich also um Variablen, die nichtquantitative („qualitative") Eigenschaften, wie etwa Geschlecht, Beruf, Nationalität oder Haarfarbe, kennzeichnen.

Merksatz

Die quantitative Interpretierbarkeit von empirischen Variablen bzw. der durch sie beschriebenen Indikatorausprägungen wird durch die ihnen zugeschriebene Skalenqualität (Messniveau) charakterisiert.

2. **Ordinalskala** (Rangskala): Die Werte von Variablen mit ordinaler Skalenqualität gestatten nicht mehr bloß die Unterscheidung zwischen gleich- und ungleichartig, sondern erlauben zusätzlich die Erstellung einer Rangreihe der Fälle bezüglich der hypothetischen Variableneigenschaft. Dies bedeutet, dass ein „Mehr" oder „Weniger", ein „Stärker" oder „Schwächer", ein „Besser" oder „Schlechter" aus den Variablenausprägungen der Fälle ableitbar ist. Typische Ordinalvariablen sind Listen von Schulnoten oder Rangreihungen bei Wettbewerben.

3. **Intervallskala**: Für Variablen dieses Typs wird angenommen, dass ihre aufeinanderfolgenden Zahlenwerte die Zunahme einer variablenspezifischen Eigenschaftsquantität immer um den gleichen Betrag symbolisieren (der Quantitätszuwachs von 1 auf 2

ist der gleiche wie etwa von 4 auf 5). Variablen mit Intervallska-
lenbedeutung sind in der Physik die Temperaturskalen Celsius
und Fahrenheit, welche verschiedene Nullpunkte und Tempera-
tureinheiten aufweisen. Dies bedeutet, dass die Ausprägungen
solcher Variablen linear transformiert werden können (x' = a · x
+ b), ohne dass sich ihre quantitativen Bedeutungen ändern. In
der Psychologie erwartet man zumindest Intervallskalenniveau
von all jenen Variablen, die quantitative Abstufungen von individuellen Leistungspotentialen (z.B. Konzentration, Intelligenz)
oder von psychischen Dispositionen (z.B. Einstellungen, Persön-
lichkeitsdimensionen) zum Ausdruck bringen wollen.

4. **Verhältnisskala (Rationalskala)**: Variablen dieser Art sind gewissermaßen Intervallskalen mit einem fixen Nullpunkt. Beispiele aus
der Physik sind die Temperaturskala nach Kelvin (mit dem absoluten Nullpunkt von 273,16°) oder beliebige Längen- und Ge-
wichtsmaße. Wenn die quantitative Bedeutung solcher Variablen erhalten bleiben soll, müssen die Werte zweier gleichbe-
deutender Verhältnisskalen durch eine multiplikative Transformation umrechenbar sein (x' = a · x). In der Psychologie können
Verhältnisschätzungen für Wahrnehmungsreize diesem Skalen-
typ angehören oder bestimmte probabilistische Testkennwerte
(„Item-Respons-Modelle").

5. **Absolutskala**: So bezeichnet man Variablentypen, die ebenfalls
einen fixen Nullpunkt haben, d.h. mit der Zahl Null das Nicht-
vorhandensein einer empirischen Quantität symbolisieren, die
aber auch mit ihren (ganzen) Zahlenwerten „echte" Einheiten in
der Empirie beschreiben. Die Ausprägungen einer solchen Variablen können nun nicht mehr ohne Bedeutungsverlust in andere Wertebereiche transformiert werden. Zu diesem Typus zählen alle Variablen, die Häufigkeiten bzw. Frequenzen zum Ausdruck bringen (z.B. Schätzungen der Anzahl von Objekten oder
Personen).

Als quantitative Variablen im engeren Sinne zählen nur solche,
die als Intervall-, Verhältnis- oder Absolutskalen zu interpretieren
sind.

Eine empirische Variable hat noch eine weitere, für statistische
Auswertungen wichtige Eigenschaft: die **Verteilung** ihrer Ausprägungen bei der Darstellung der Anzahl von Werten je Wertebereich. Einige häufige Arten von Verteilungen sind in Abbildung 3.8
angeführt.

Abb 3.8

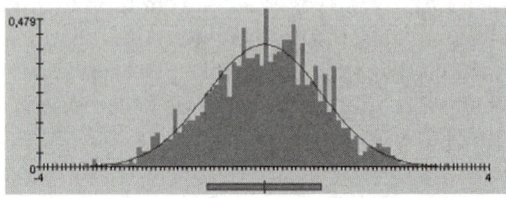

Normalverteilung

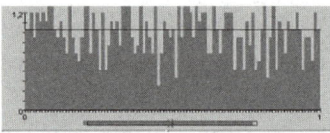

Gleichverteilung

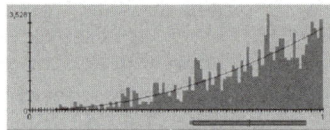

Betaverteilung

Histogramme (Frequenzdarstellungen) für einzelne Variablen zeigen an, mit welcher Häufigkeit bestimmte Zahlenwerte oder Zahlenbereiche vorkommen (schwarze Senkrechtbalken). Diese empirischen Verteilungen können oft annähernd durch theoretische Verteilungen (z.B. Normal-, Gleich- und Betaverteilung) bzw. deren mathematische Funktionen (Funktionsgraf) beschrieben werden. Bestimmte komplexe statistische Auswertungsverfahren erfordern zumeist eine Normalverteilung.

Die Betrachtung der Verteilung empirischer Variablen ist aus verschiedenen Gründen wichtig:

1. Aus ihr geht hervor, welche Zahlenwerte mit welcher Wahrscheinlichkeit in einer Population zu erwarten sind (z.B. Mess- oder Testergebnisse).

2. Sie kann Hinweise darüber geben, ob der Wertebereich einer Variablen für die Beschreibung eines empirischen Prozesses optimal gewählt wurde (z.B. nicht optimal bei „schiefen" Verteilungen, wenn sich die Werte bei den Minimal- oder Maximalwerten der Variablen häufen).

3. Ein weiterer Grund für die **Verteilungsprüfung** von Variablen liegt in den Verteilungsvoraussetzungen (z.B. dem Erfordernis der Normalverteilung von Fehlerkomponenten) bestimmter multivariater statistischer Auswertungsmethoden (z.B. der „Regressionsanalyse").

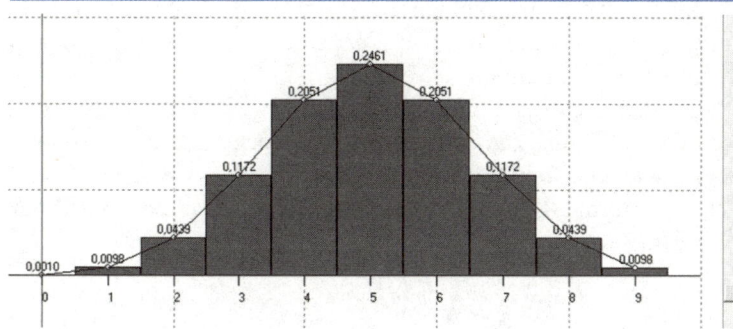

| Abb 3.9

Zur Illustration von Zufallsvariablen kann ein einfaches „Zufallsexperiment" mit nur zwei möglichen Elementarergebnissen herangezogen werden („Bernoulli-Experiment"): In einem Spiel sollen zehn (n = 10) 1-Euro-Münzen geworfen werden, und jene, die mit der Zahl nach oben zu liegen kommen (p = 0,5), dürfen als Gewinn entnommen werden. Wie groß sind die geschätzten relativen Häufigkeiten (h), dass man 0, 1, 2, ... Euro gewinnt? Für die Schätzung der relativen Gewinnhäufigkeiten („Zufallszahl") zieht man die Binomialfunktion heran, aus der sich $f_0 = 0{,}0010$, $f_1 = 0{,}0098$, $f_2 = 0{,}0439$, ... ergibt. Der Erwartungswert ($m = p \cdot n = 5$) ist die so genannte „Zentraltendenz" (Mittelwert), bei der die Verteilung ihren Schwerpunkt hat. Im Beispiel liegt dieser bei 5 Euro, die in etwa 25 % solcher Versuche gewonnen werden ($f_5 = 0{,}2461$).

Die besondere Bedeutung der Normalverteilung (oder „Gauß'-schen Glockenkurve") und der (mit ihr verwandten) **Binomialverteilung** in der Statistik ist darauf zurückzuführen, dass beide als Idealformen zufallsbedingter Verteilungsprozesse angesehen werden. Wie bereits erwähnt, wird bei empirischen Variablen angenommen, dass sich ihre Werte aus einer wahren Komponente und einer zufälligen Fehlerkomponente zusammensetzen.

Zufallsprozesse sind Abläufe, deren Ergebnisse nur mit einer bestimmten Wahrscheinlichkeit vorhergesagt werden können (z.B. Werfen einer Münze, Würfeln, Lotterie, Roulette). Wenn man die Ergebnisse von Zufallsprozessen mit Zahlen kennzeichnet (z.B. die Summe von Punkten beim Würfeln) und diesen Zahlen eine theoretisch berechnete oder empirisch beobachtete Auftrittswahrscheinlichkeit zuordnet, spricht man von **Zufallsvariablen** (Lipschutz, 1980; Abb. 3.9). Variablen mit einer zugeordneten Wahrscheinlichkeitsfunktion haben den Vorteil, dass die Wahrscheinlichkeitswerte summiert werden können, so dass die zu erwartenden Häufigkeiten für bestimmte Wertebereiche berechenbar sind. Dies ist insbesondere für die psychologische Testpraxis bedeutsam, um Leistungen oder Eigenschaften nach der Häufigkeit ihres Vorkommens identifizieren zu können.

Um den „Schwerpunkt" von Variablenwerten zu bestimmen, werden Maße der „Zentraltendenz" („Lageorientierung") herangezogen, wie etwa der **Mittelwert** (m) bzw. „Durchschnittswert", nämlich die Summe (Σ) aller Werte (x) dividiert durch die Anzahl der Werte (n):

$$m = \frac{1}{n} \cdot \sum x$$

Ebenfalls als Maß der Zentraltendenz gebräuchlich ist der „Median" (jener Wert, von dem aus etwa 50 % aller Werte größer oder kleiner sind).

Eine zweite wichtige Kennzeichnung von Variablen sind statistische Kennwerte, die den „Streubereich" („Dispersion") der Ausprägungen von Variablen aufzeigen. Maße dafür sind etwa die **Streubreite** (Bereich vom maximalen Wert bis zum minimalen Wert), die **Varianz**

$$v = \frac{1}{n} \cdot \sum (x - m)^2$$

oder die Standardabweichung:

$$s = \sqrt{v}$$

Die Varianz (v) ist als Durchschnittswert für die Abweichungsquadrate aller Werte (x) vom Mittelwert (m) definiert. Die Standardabweichung (s) als Wurzel der Varianz bezeichnet jene Abweichungen vom Zentrum der Normalverteilung, innerhalb derer etwa 68% aller Werte liegen.

Um nun Variablen (mit verschiedenen Mittelwerten und Streuungen) besser miteinander vergleichen und auf wechselseitigen Zusammenhang (*Korrelation*) überprüfen zu können, werden sie oft durch einen einfachen Rechenvorgang in so genannte **Standardvariablen** mit jeweils einem Mittelwert von 0,0 und einer Streuung von 1,0 umgewandelt (*Standardisierung*). Dies wird erreicht, indem alle Werte einer Variablen um ihren Mittelwert reduziert und durch die Streuung dividiert werden („lineare Transformation"):

$$z = \frac{x - m}{s}$$

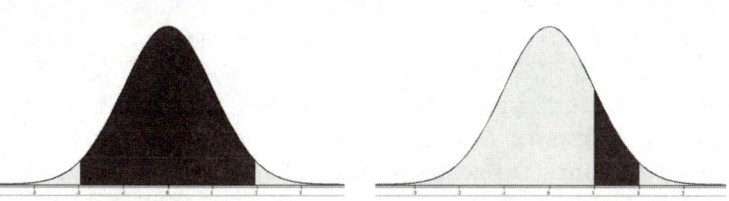

| Abb 3.10

Als Beispiel für die Nutzung standardisierter Variablen soll ein Intelligenztest (Wechsler) herangezogen werden, dessen Ergebnisse so normiert sind, dass sie um den Mittelwert von m = 100 mit einer Standardabweichung von s = 15 streuen. Wenn die Intelligenzwerte normalverteilt sind, dann liegen 95 % aller Testwerte von Personen zwischen -1,96 und +1,96 Einheiten der Standardnormalverteilung (linke Abb., dunkle Fläche), was IQ-Werten zwischen 71 und 129 entspricht. Wenn jemand einen Intelligenzquotienten (IQ) von 115 erreicht, entspricht dies einem z-Wert von 1,0 (z = (115-100)/15), und aufgrund der Normalverteilung können wir schließen, dass nur etwa 16 % der Bevölkerung einen solchen oder einen noch höheren Wert erreichen. Wir können aber auch die Frage stellen, ein wie hoher Prozentsatz der Bevölkerung einen IQ zwischen 115 und 130 hat, wofür wir auf Basis der Normalverteilung einen Wert von 13,6 % erhalten (rechte Abb., dunkle Fläche).

Ein positiver Standardwert bedeutet somit, dass er über dem Durchschnitt der Stichprobe liegt, ein negativer Standardwert, dass er darunter ist. Wenn nun außerdem angenommen wird, die standardisierten Variablen seien annähernd *normalverteilt*, dann können für die **Standardwerte** (z) einer solchen **Standardnormalverteilung** die zu erwartenden Häufigkeiten bzw. Wahrscheinlichkeiten berechnet werden (Abb. 3.10). Durch Standardisierung ist man somit in der Lage, die relative Position eines Messwertes (bezüglich des Durchschnittes und der Streuung der Messwerte) zu bestimmen. Aufgrund einer solchen „vereinheitlichenden" Transformation von Variablen können aber nicht nur Einzelwerte besser miteinander verglichen, sondern eben auch statistische Relationen zwischen verschiedenartigen quantitativen Variablen übersichtlich dargestellt werden, wie nachfolgend gezeigt werden soll.

Fälle oder Variablen lassen sich, wie erwähnt, als Punkte oder Vektoren in ein Koordinatensystem projizieren (s. Abb. 3.7). Aufgrund solcher Fallverteilungen in einem Zwei- oder Mehrvariablenraum kann mittels spezieller statistischer Berechnungsverfahren die Art und die Enge der statistischen Beziehung zwischen den Variablen erschlossen werden. Wenn jedem Wert einer Variablen

genau nur ein Wert einer anderen Variablen zugeordnet ist, dann
haben beide Variablen die engste Beziehung zueinander, nämlich
eine eindeutige (deterministische) Relation (*Funktion*), was wegen
der Fehlerüberlagerung bei empirischen Variablen allerdings
kaum je vorkommt. Deshalb wird der Verlauf von Punkteschwär-
men (Fällen im Variablenraum) zumindest annähernd durch eine
einfache mathematische Funktion beschrieben (z.B. eine lineare,
quadratische, logarithmische, tabellarische Funktion; s. Abb. 3.11).
Der Anpassungsgrad der Lage der Punkte an die erwarteten Funk-
tionswerte gilt als Hinweis auf die Enge der Variablenrelation. So

Abb 3.11

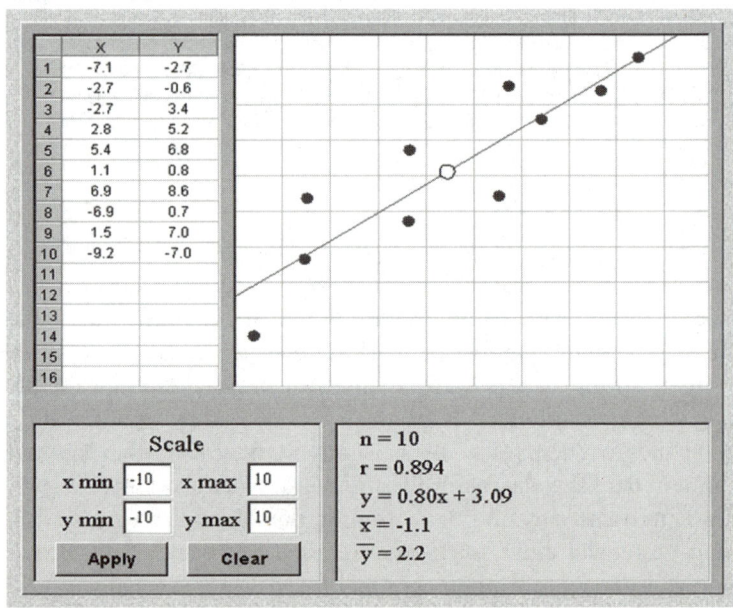

*Java-Applett zur Berechnung und Darstellung linearer Beziehungen zwischen Varia-
blen: Wenn man 10 Fälle (n = 10) entsprechend ihren Variablenwerten (x, y) im
zweidimensionalen Raum (Fläche) darstellt, ergibt sich ein Punkteschwarm, der
umso eher auf eine (unscharfe) lineare Funktion zwischen beiden Variablen schließen lässt, je enger die Punkte sich zu einer Geraden zusammenscharen.
m_x = -1.1, m_y = 2.2, y = lineare Funktion von x, r = Korrelation (s. Text)*

ist eine lineare Beziehung zwischen zwei Variablen in umso stärkerem Ausmaß gegeben, je mehr sich die Fälle im flächigen Variablenraum einer Geraden annähern (Abb. 3.11).

Um das Ausmaß der linearen „Ko-Relation" zwischen zwei Variablen abschätzen zu können, bedient man sich seit etwa hundert Jahren des Pearson'schen **Korrelationskoeffizienten** (r), der bei einem maximal positiven Zusammenhang zwischen den zwei Variablen den Wert +1,0 annimmt (wenn beide gleichsinnig zu- oder abnehmen). Bei Fehlen einer linearen Beziehung wird er 0,0, bei einem maximal gegensätzlichen Zusammenhang dagegen erhält man -1,0. Dieser in den Sozialwissenschaften häufig verwendete statistische Kennwert wird auch als „Produkt-Moment-Korrelation" bezeichnet und lässt sich für zwei Standardvariablen sehr einfach, nämlich als mittleres Produkt der z-Werte, bestimmen (gebräuchliche Formeln zur Berechnung einer **Korrelation** findet man in statistischen Lehrbüchern oder im Internet):

$$r = \frac{1}{n} \cdot \sum (z_y \cdot z_x)$$

(Σ = Summenzeichen, n = Anzahl der Fälle, z_y und z_x = Standardwerte der Variablen Y und X)

Eine praxisrelevante Nutzanwendung dieser Statistik besteht in ihrer Vorhersagefunktion für die Ausprägungen einer Variablen (Y), wenn die Werte einer anderen, mit ihr (linear) korrelierenden Variablen (X) bekannt sind:

$$z_y = r \cdot z_x$$

Da mittels dieser (linearen) Funktion die Werte einer Variablen auf jene einer anderen Variablen zurückgeführt werden, nennt man diese Bezugsherstellung **Regression** und das statistische Verfahren **Regressionsrechnung**. Mittels der Korrelation lässt sich somit der vermutete Einfluss einer Variablen auf eine andere Variable abschätzen. Das Ausmaß des statistischen Effektes einer Variablen auf eine oder mehrere andere Variablen wird als **Effektstärke** bezeichnet. Neben dem Korrelationskoeffizienten existieren noch weitere Kennwerte für Effektstärken (s. Bortz & Döring, 1995; Westermann, 2000).

lat. regredere: zurückgehen, zurückführen

Eine Besonderheit der geometrischen Betrachtungsweise von Variablen besteht darin, dass das Ausmaß ihrer linearen Beziehung (Korrelation) durch den Winkel ihrer Vektordarstellungen im Vari-

Abb 3.12

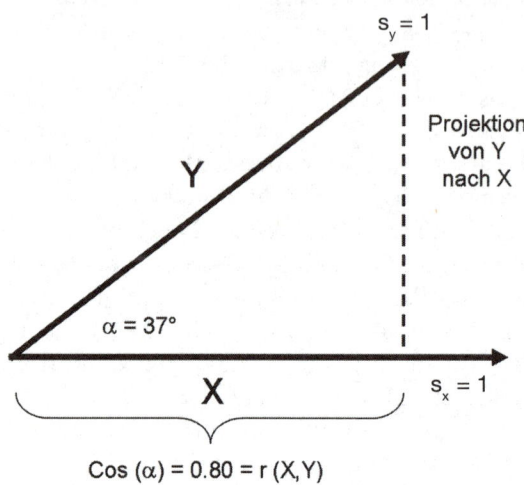

$$\text{Cos}(\alpha) = 0.80 = r\,(X, Y)$$

Wenn zwei Variablen (X, Y) durch zwei Einheitsvektoren symbolisiert werden (d.h. als Standardvariablen mit Standardabweichung von s = 1), und die Variablen miteinander im Ausmaß von r = 0,80 korrelieren, dann kann diese Relation durch einen Winkel von 37° zwischen den Vektoren $\bar{Y}$ und $\bar{X}$ im Variablenraum dargestellt werden: r = 0,80 = Cos (37°). Der Wert r entspricht somit der Abbildung einer Variablen auf eine andere.

ablen- bzw. Merkmalsraum dargestellt werden kann (Andres, 1996; Abb. 3.12). Da jeder Vektor eine variablenspezifische Eigenschaft symbolisiert und Bündelungen von Vektoren somit auf Eigenschaftsüberlappungen der entsprechenden Variablen hinweisen, können für solche Variablencluster gewissermaßen „Schwerpunktvektoren" berechnet werden, die man **Faktoren** nennt und die als oberbegriffliche Beschreibungen der durch die Variablen symbolisierten Eigenschaften aufzufassen sind (Abb. 3.13).

Mittels solcher faktorieller Beschreibungen kann man nicht nur komplexe Variablensysteme auf ihre „Hauptkomponenten" reduzieren, sondern auch den korrelativen Zusammenhang zwischen verschiedenen Gruppen von Variablen (mit ähnlicher Eigenschaftsbedeutung) bestimmen. Statistische Verfahren, die auf diesem Prinzip basieren, sind etwa die „Faktorenanalyse", „Multivariate Varianzanalyse", die „Kanonische Korrelation" oder die „Diskriminanzanalyse".

Abb 3.13

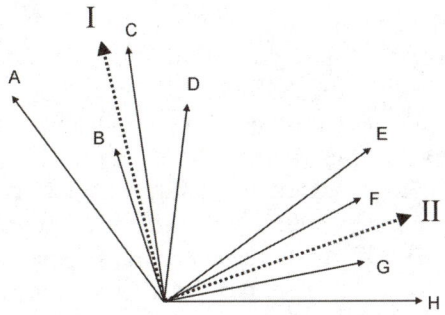

Das Prinzip der „Faktorenanalyse": Wenn zwischen je zwei dieser acht Variablen der Korrelationskoeffizient berechnet wird und die Variablen in den entsprechenden Winkeln zueinander graphisch dargestellt werden, können Bündel davon durch so genannte Faktoren (I, II) charakterisiert werden. Die vorliegenden acht Variablen lassen sich relativ gut in nur zwei Dimensionen darstellen, wobei die Länge der Variablenvektoren das Ausmaß ihrer Charakterisierbarkeit durch die beiden senkrecht zueinander stehenden Faktoren widerspiegelt. Im Beispiel könnten die vier Variablen A, B, C und D etwa die Eigenschaften schön, vielfältig, harmonisch und heiter von architektonischen Objekten symbolisieren und aufgrund ihrer vektoriellen Bündelung einen Faktor (I) beschreiben, den man Ästhetischer Eindruck nennen könnte.

Inferenzstatistik – schließende und prüfende Statistik | 3.6.2

Wie mehrfach erwähnt, müssen in der Psychologie Schlussfolgerungen über die allgemeine Gültigkeit von Gesetzen auf Basis von *Stichproben* gezogen werden. Dies geschieht zumeist unter Verwendung der **Wahrscheinlichkeitstheorie**, mittels derer man zu bestimmen versucht, ob die in den Daten festgestellten Variablenrelationen nur zufällig oder doch durch Einwirkung eines Gesetzes zustande gekommen sind.

Vereinfacht, aber sehr prägnant kann das Bestreben empirischer Sozialforschung anhand des mathematischen **Bayes-Theorems** illustriert werden:

$$p(H/D) = \frac{p(D/H) \cdot p(H)}{p(D)}$$

In empirischen Wissenschaften geht es um die Einschätzung der Wahrscheinlichkeit p(H|D) für die Gültigkeit einer Hypothese (H) unter der Bedingung, dass hypothesenbestätigende (oder widerlegende) empirische Daten (D) berücksichtigt werden. Die „Aposte-

dem, was nachher
kommt
lat. a priori: von vornherein, ohne Einbezug von
Erfahrungen

riori-Wahrscheinlichkeit" p(H|D) für eine Hypothese (d.h. nach Ein-
bezug der Daten) nimmt zu, wenn die „Apriori-Wahrscheinlichkeit" für die Hypothese p(H) größer wird und/oder wenn die Wahr-
scheinlichkeit p(D|H) für das Auftreten hypothesenbestätigender
Daten bei Geltung der Hypothese groß ist, sie nimmt hingegen ab,
wenn die hypothesenrelevanten Daten auch unabhängig von der
Hypothese häufiger auftreten, das heißt, wenn p(D) größer wird.

Die Plausibilität dieses Ansatzes kann am Beispiel einer medizinischen Diagnose über das Vorliegen eines grippalen Infektes illustriert werden: Die Annahme, dass eine Person an Grippe (G) erkrankt ist, wenn sie Fieber hat, stimmt umso eher, (1) je größer p(G)
ist, das heißt, je mehr Personen bereits an Grippe erkrankt sind
(z.B. bei einer Epidemie), (2) je größer p(F|G), die Wahrscheinlich-
keit von Fieber bei einer Grippeerkrankung, ist und (3) je kleiner
p(F) ist, nämlich die Erwartung des Auftretens von Fieber im Allgemeinen (s. auch 8.5.3).

Merksatz

**Die möglichst stabile Kennzeichnung von
Personen oder Personengruppen hinsichtlich wichtiger Eigenschaften, Einstellungen
oder Handlungsweisen („Punktschätzungen") ist eine zentrale sozialwissenschaftliche Zielsetzung.**

Eine zentrale sozialwissenschaftliche
Zielsetzung besteht in der möglichst stabilen Kennzeichnung von Personen oder
Personengruppen hinsichtlich wichtiger
Eigenschaften, Einstellungen oder Handlungsweisen („Punktschätzungen"). Da
solche Kennwerte immer fehlerbehaftet
sind, wird mittels statistischer Techniken
ein **Vertrauensintervall** bzw. **Konfidenzintervall**
für sie bestimmt, innerhalb dessen mit
95%iger (99%iger) Wahrscheinlichkeit der
„wahre" Kennwert (der *Population*) vermutet wird. Bei der Berechnung dieses Vertrauensintervalls wird von einer stichprobenspezi-
fischen **Fehlerstreuung**, d.h. einem **Standardfehler** (s_e, engl. standard
error) bzw. einem **Schätzfehler** ausgegangen, der mit dem z-Wert
1,96 (2,56) der Normalverteilung multipliziert wird, so dass zwischen seiner positiven und negativen Ausprägung 95 % (99 %) der
Fälle einer Normalverteilung zu liegen kommen (s. Abb. 3.10). Dieses Produkt ergibt zum jeweiligen statistischen Kennwert hinzuge-
rechnet den Maximalwert des Vertrauensintervalls, abgerechnet
den Minimalwert. Für einen Mittelwert (m) einer Stichprobe beträgt das Vertrauensintervall daher:

$$m \pm s_e \cdot 1.96(2.56)$$

Es ist leicht einzusehen, dass der *Schätzfehler* für einen statistischen Kennwert mit zunehmender Größe der Stichprobe immer kleiner wird und schließlich gegen Null geht, wenn alle möglichen Fälle in die Berechnung einbezogen sind (Abb. 3.14).

Abb 3.14

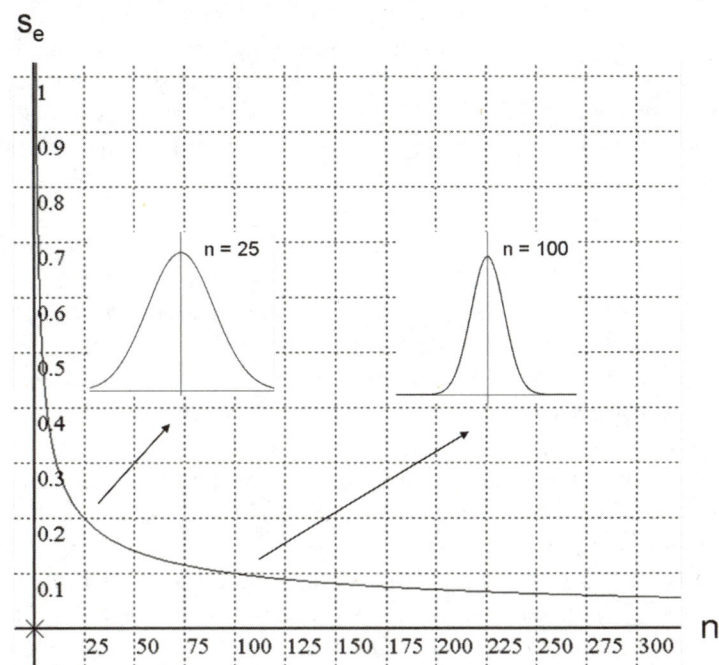

Der Schätzfehler (s_e) für die Bestimmung des Mittelwertes einer Population von Fällen aufgrund einer Stichprobe ist eine Funktion der Stichprobenstreuung (s) und des Stichprobenumfanges (n): $s_e = s/\sqrt{n}$. Je mehr Fälle für eine Schätzung zur Verfügung stehen, desto genauer wird die Vorhersage. Wenn etwa geschätzt werden sollte, wie viel Zeit Arbeiter durchschnittlich für einen bestimmten Arbeitsgang in einem Produktionsprozess benötigen, dann wird die Schätzung des Mittelwertes anhand einer Stichprobe von 100 Arbeitern eine nur halb so große Fehlerstreuung aufweisen (in Einheiten der Standardabweichung) wie jene auf Basis einer Stichprobe von 25 Arbeitern.

Die mathematisch begründeten Methoden der **Inferenzstatistik** sollen also eine Einschätzung erlauben, ob überhaupt und in wel-

lat. inferre: hineintragen

chem Ausmaß statistische Resultate von Stichproben auf die jeweilige Population übertragbar sind.

Wenn die Wahrscheinlichkeit dafür, dass bestimmte Variablenrelationen zufällig zu erklären sind, einen vereinbarten Wert unterschreitet (z.B. p = 0,05, P = 0,01 oder p = 0,001), dann spricht man von **statistischer Signifikanz** des Ergebnisses. Bortz und Döring (1995, 27) definieren statistische Signifikanz als ein „per Konvention festgelegtes Entscheidungskriterium für die vorläufige Annahme von statistischen Populationshypothesen". Wenn also ein statistisches Ergebnis nur mehr zu 5 % (oder weniger) durch Zufallsprozesse erklärt werden kann, wird es als statistisch signifikant angesehen. Die restliche, für eine Zufallserklärung verbleibende Unsicherheit von 5 % (oder weniger) nennt man **Irrtumswahrscheinlichkeit** („Fehler 1. Art", „Alpha-Fehler"), die dazugehörige den Zufallsprozess charakterisierende Annahme (über die Datenverteilung) heißt **Nullhypothese**. Anhand eines Java-Applets von „Online-Statistik" (Jeske und Gärtner, 2001) lassen sich solche inferenzstatistischen Kennwerte ohne viel Aufwand berechnen und in einer Grafik veranschaulichen (www.uni-konstanz.de/FuF/wiwi/heiler/os/vt-normtest.html; 3. 6. 2006).

Wenn es die wissenschaftlichen Fragestellungen erlauben, alternativ zur Nullhypothese auch Hypothesen über die Art des Zusammenhanges von Variablen zu formulieren, dann können auch solche **Alternativhypothesen** statistisch getestet werden. Das Ausmaß, in dem die Datenverteilung mit den Vorhersagen einer Alternativhypothese übereinstimmt, wird als **Teststärke** (engl. power) bezeichnet. Um diese berechnen zu können, ist es nötig, die jeweilige Alternativhypothese zu spezifizieren, etwa indem man die erwartete *Effektgröße* präzisiert (z.B. die in einem Test vermuteten Mittelwertsunterschiede zwischen Männern und Frauen). Der Vorteil einer solchen Vorgangsweise besteht vor allem darin, dass man nicht nur vage auf „Über- oder Unterzufälligkeit" von statistischen Ergebnissen schließt, sondern dass sogar die Wahrscheinlichkeit bestimmt wird, mit der die Daten für die Alternativhypothese sprechen.

Merksatz

Inferenzstatistische Verfahren zielen darauf ab, den Grad der Allgemeingültigkeit von Gesetzmäßigkeiten zu prüfen, die auf Basis von Stichproben gewonnen werden.

Forschungsmethoden der Psychologie | 3.7

Laborexperiment | 3.7.1

Mittels eines Experiments ist es möglich, hypothetische Wirkfaktoren gezielt zu manipulieren, um ihre Auswirkungen unter verschiedenen Bedingungen zu analysieren. Experimente werden bevorzugt zur Prüfung von Kausalhypothesen eingesetzt (Stapf, 1987). Im Experiment wird eine künstliche Realität konstruiert, um die vermuteten Einflussfaktoren in ihrer Wirksamkeit unter Abschirmung von möglichen Störeinflüssen zu untersuchen.

Häufig wird in psychologischen Experimenten der (den) **Experimentalgruppe(n)** (Versuchsbedingungen) eine **Kontrollgruppe** (Kontrollbedingung) gegenübergestellt. Den Fällen der Experimentalgruppen sind solche Ausprägungen der unabhängigen Variablen zugeordnet, von denen ein Effekt auf die abhängigen Variablen erwartet wird, während den Fällen der Kontrollgruppe Ausprägungen der unabhängigen Variablen zugeteilt sind, denen kein systematischer Effekt zugeschrieben wird. Diese Gruppe dient somit nur dazu, Veränderungen zu erfassen, die entweder auf natürliche Weise auftreten (Zeiteffekte, Gewöhnungsprozesse etc.) oder durch die experimentellen Umstände selbst zustande kommen, nämlich durch die künstliche Situation oder den Eindruck, beobachtet zu werden.

Die künstliche Realität des Experiments ist einerseits ein Vorteil, weil durch die Beseitigung von Störeinflüssen der Zusammenhang zwischen unabhängigen und abhängigen Variablen klarer erkannt werden kann (hohe „interne *Validität*"), andererseits aber auch ein Nachteil, weil die Ergebnisse nur mit Vorsicht auf den Alltag übertragbar sind (geringe „externe" bzw. „ökologische *Validität*").

Ein wesentliches Merkmal psychologischer Experimente ist die **Randomisierung**. Durch die Randomisierung sollen sich Störeffekte ausmitteln, die eventuell durch unausgewogene Stichproben zustande kommen. In der zuvor erwähnten Studie über die Wirkung des Alkohols auf das Fahrverhalten (Box 3.1) würden zum Beispiel die sich meldenden Versuchspersonen per Zufall den Gruppen mit unterschiedlicher Alkoholaufnahme zugewiesen werden.

Die **Störeffekte** in psychologischen Experimenten haben im Wesentlichen drei verschiedene Quellen (Gniech, 1976):

Randomisierung meint die zufällige Zuordnung von Personen (oder Gruppen) zu den jeweiligen Ausprägungen der unabhängigen Variablen.

1. **Versuchssituation**: Der so genannte „Aufforderungscharakter" eines experimentellen Umfelds, nämlich die Art der Information über den Zweck der Untersuchung, die Rahmenbedingungen, die Art der Instruktion, die gestellten Fragen und Ähnliches hinterlassen bei den Versuchspersonen Eindrücke, die ihr experimentell induziertes Verhalten beeinflussen können.

2. **Versuchspersonen**: Eine unüberlegte, nicht randomisierte Auswahl der Stichprobe kann Verfälschungen in den Ergebnissen bewirken. Ein nicht zu unterschätzendes Problem bei der Interpretation von Untersuchungsergebnissen ist zum Beispiel die oft notwendige Beschränkung der Teilnahme auf Freiwilligkeit und das Ausscheiden von Teilnehmern aus dem Experiment („drop out"), wodurch natürlich die erwünschte Zufallsauswahl einer Stichprobe beeinträchtigt ist. Personen, die sich freiwillig für ein Experiment melden, sind im Allgemeinen besser gebildet, haben einen höheren gesellschaftlichen Status, sind stärker sozial orientiert und haben ein stärkeres Bedürfnis nach Anerkennung (Rosenthal & Rosnow, 1975; zit. nach Gniech, 1976). Natürlich wirken sich auch Einstellungsunterschiede der Teilnehmer gegenüber der Untersuchung aus, je nachdem, ob es sich um kooperierende, sabotierende oder neutrale Versuchspersonen handelt.

3. **Versuchsleitung**: Von Seiten der Forscherinnen und Forscher sollten **beobachterabhängige Urteilsverzerrungen** (engl.: observer bias) beachtet werden, die durch persönliche Motive und Erwartungen entstehen. Besonders störend sind unbewusste Einflussnahmen (z.B. über nonverbale Kommunikation) im Sinne eigener theoretischer Vorstellungen („Erwartungseffekte", „Rückschaufehler", *Selbsterfüllende Prophezeiung*). In Experimenten mit Volksschulkindern (Box 3.4) konnte etwa nachgewiesen werden, dass Lehrer gegenüber fremden Kindern, die ihnen aufgrund von Testresultaten als angeblich begabt ausgewiesen wurden (als „Spätentwickler"), sich sympathischer, förderlicher und entgegenkommender verhielten, so dass sie mit ihrem Verhalten de facto dazu beitrugen, die Fähigkeiten der Kinder zu steigern (Rosenthal & Jacobson, 1968).

Dass Erwartungshaltungen, zum Beispiel hinsichtlich der Wirksamkeit eines Medikamentes, beachtliche Auswirkungen haben können, ist seit Langem aus der Medizin unter der Bezeichnung **Placebo-Effekt** bekannt. Darunter versteht man die positive Wirkung

lat. placebo: „Ich werde gefallen."

Selbsterfüllende Prophezeiung | **Box 3.4**

Die Selbsterfüllende Prophezeiung wird auch Pygmalion-Effekt genannt, nach dem Bildhauer der griechischen Mythologie, der die Statue einer perfekten Frau schuf („Galatea") und sie durch seinen festen Glauben und seine Sehnsucht nach ihr zum Leben erweckte (Göttin Aphrodite soll allerdings mitgeholfen haben).

In einem Experiment der Sechzigerjahre waren 18 Klassen einer Volksschule einbezogen. Bei allen Schülerinnen und Schülern wurde ein nonverbaler Intelligenztest durchgeführt, den man als Indikator für eine zu erwartende intellektuelle Entwicklung der Kinder in den nächsten acht Monaten ausgab. Aus allen Klassen wurden 20 % der Kinder zufällig(!) ausgewählt, die den Lehrpersonen mit dem Hinweis genannt wurden, dass von diesen Kindern aufgrund des durchgeführten Tests in der nächsten Zeit ein intellektueller Fortschritt zu erwarten sei. Nach acht Monaten zeigten die mit dem positiven Vorurteil bedachten Kinder im Intelligenztest deutliche Verbesserungen! Der gleiche Effekt konnte auch in Tierexperimenten nachgewiesen werden (Rosenthal, 2002).

auf Befinden oder Gesundheit ausgehend von medizinisch unwirksamen Substanzen – so genannten „Placebos" (z.B. Milchzucker, Stärke, Salzlösungen) –, allein durch Herstellung einer Erwartung von Wirksamkeit.

Um die genannten Artefakte in Experimenten zu reduzieren, werden **Doppel-blind-Verfahren** eingesetzt, bei denen weder die Versuchspersonen noch die unmittelbar das Experiment betreuenden Forscherinnen und Forscher über die Art der experimentell gesetzten Einwirkungen Bescheid wissen dürfen. Da natürlich auch in Blindstudien die Probanden über die Intention einer Studie Vermutungen entwickeln, müssen in der psychologischen Forschung manchmal auch **Täuschungen** eingesetzt werden. Selbstverständlich sind diese nach Ende des Experiments aufzuklären.

Experimente sowie andere Forschungsdesigns können sowohl als **Querschnittuntersuchung** (engl.: cross sectional study) als auch als **Längsschnittuntersuchung** (engl.: longitudinal study) durchgeführt werden. Bei der häufig eingesetzten Querschnittstudie werden an

Merksatz

In einem Experiment werden unter abgeschirmten Bedingungen die Effekte (abhängige Variablen) systematisch variierter Wirkfaktoren (unabhängige Variablen) registriert, wobei durch eine zufällige Zuteilung der Fälle zu den Bedingungen der Wirkfaktoren etwaige Verfälschungen der Ergebnisse minimiert werden sollen.

einzelnen Fällen (Personen, Gruppen, Situationen etc.) die interessierenden Variablen nur einmalig erhoben, so dass strukturelle Gesetze von Variablen analysiert werden können, während bei einer Längsschnittstudie zwei oder mehr Datenerhebungen zu den gleichen Variablen stattfinden und somit auch deren zeitliche Dynamik erfassbar ist. Ein großer Vorteil der Längsschnittmethode liegt auch darin, dass intraindividuelle Veränderungen beobachtet werden können und Verfälschungen durch unausgewogene Stichproben, wie sie bei der interindividuellen Querschnittmethode vorkommen, reduziert sind (Daumenlang, 1987). Nachteilig ist hingegen über einen längeren Zeitraum der Schwund an Versuchspersonen und die Problematik der mehrmaligen Anwendung gleichartiger Testverfahren (Gefahr von „Serialeffekten").

3.7.2 | Quasiexperiment

Merksatz

Ein Quasiexperiment gleicht vom Aufbau her einem Experiment – mit dem Unterschied, dass die Fallzuordnung zu den Bedingungen nicht zufällig erfolgt.

Diese Untersuchungstechnik gleicht vom Design her dem Experiment, nur verzichtet man auf eine zufällige Zuordnung der Versuchspersonen zu den Versuchs- bzw. Kontrollbedingungen und nimmt das Risiko von Stichprobeneffekten in Kauf. In manchen Forschungsbereichen ist eine zufällige Zuteilung zu den verschiedenen Bedingungen entweder nicht realisierbar oder ethisch nicht zu rechtfertigen; so etwa die zufällige Zuordnung von Schülern zu Schultypen, von Mitarbeitern zu Betrieben oder von Patienten zu Behandlungsverfahren. Um die aus dem Verzicht einer Randomisierung resultierenden **Artefakte** zu kompensieren, werden in solchen Untersuchungen einerseits größere Probandengruppen angestrebt und andererseits zusätzliche Personenmerkmale erhoben, denen ein direkter oder indirekter Einfluss auf die abhängigen Variablen zugeschrieben werden kann. Zu diesen gehören die **soziodemographischen Merkmale** (Geschlecht, Alter, Schulbildung, Beruf ...),

Artefakt: In Psychologie und Nachrichtentechnik steht dieser Ausdruck für verfälschte Ergebnisse.

aber auch andere individuelle Charakteristika, die aufgrund ihrer Ungleichverteilung in den Bedingungen der unabhängigen Variablen zu systematischen Verfälschungen von Ergebnissen führen könnten. Mittels statistischer Korrekturverfahren lassen sich einige solcher Verfälschungen kompensieren bzw. aus den Ergebnissen herausrechnen („auspartialisieren").

Feldforschung

3.7.3

Im Gegensatz zum Experiment versucht man in der Feldforschung, Phänomene unter möglichst natürlichen Bedingungen zu beobachten und zu erklären. Dem Vorteil der Natürlichkeit steht hier der Nachteil gegenüber, dass Störvariablen weniger gut kontrolliert werden können. Da Forschungsphänomene „im Feld" wesentlich komplexer in Erscheinung treten als im Labor, kommt bei der Feldforschung der Entwicklung von genauen und effizienten Beschreibungsmethoden sowie der Ausarbeitung von Verhaltensregeln zur optimalen Datengewinnung besondere Bedeutung zu (s. Flick et al., 1991).

> **Merksatz**
>
> Methoden der Feldforschung bezwecken eine Untersuchung von Phänomenen unter natürlichen Rahmenbedingungen bzw. unter minimierter versuchsbedingter Beeinflussung.

So genannte **Fallstudien** („single case studies") sind häufig erste Erfahrungsquellen und als solche nur Anregungen für weitere Forschungstätigkeiten. Obwohl Forschungsphänomene durch Fallstudien hervorragend konkretisiert und plastisch vorstellbar gemacht werden können, mangelt es ihren Ergebnissen logischerweise an Verallgemeinerbarkeit.

Einen Katalog möglicher Verhaltensweisen in natürlichen Umweltbedingungen nennt man in der Verhaltensforschung **Ethogramm**, innerhalb dessen ein „behavior mapping" charakterisiert, wer was wo tut (Hellbrück & Fischer, 1999).

Non-reaktive Verfahren bezwecken eine Analyse psychologischer Problemstellungen, ohne dass die untersuchten Personen bemerken, dass sie untersucht werden, was insbesondere bei **Inhaltsanalysen** von schriftlichen Dokumenten (z.B. Tagebüchern, Archiven), bei Auszählungen von Unfall-, Krankheits- und Fehlzeitstatistiken, Verkaufsstatistiken oder Abnützungen von Bodenbelägen, Pfaden oder Gebrauchsgegenständen („Spurenanalyse") gut gelingt.

In der Feldforschung werden häufig, aber nicht ausschließlich, qualitative Methoden verwendet, weil diese flexibler auf die Eigenarten von Personen oder von Situationen anzupassen sind.

3.7.4 | Test und Rating

Eine Standardisierung besteht aus Maßnahmen, die eine Vergleichbarkeit von verschiedenen Personen, Objekten, Situationen oder von Variablenwerten ermöglichen.

Ein Test ist ein wissenschaftlich normiertes und standardisiertes Prüfverfahren, welches stabile Eigenschaften eines komplexen Systems (Person, Gegenstand, Organisation) ermitteln soll. Unter **Standardisierung** versteht man Maßnahmen, aufgrund derer Situationen, Aktionen oder Objekte unter Bezugnahme auf Normen oder Regeln miteinander verglichen werden können. So etwa müssen in Experimenten Instruktionen und Rahmenbedingungen der Durchführung für alle Versuchspersonen standardisiert, d.h. maximal ähnlich sein; Gleiches gilt für die Diagnostik, wo Tests verschiedenen Kandidatinnen oder Kandidaten vorgegeben werden. Bei standardisierten Fragebögen müssen die Fragen immer den gleichen Wortlaut haben, auch die möglichen Antworten sind fix vorgegeben (z.B. in Form von Antwortalternativen). Bei statistischen Auswertungen gelten Variablen dann als standardisiert, wenn ihre Werte als Differenz zu ihrem *Mittelwert* und in Einheiten ihrer *Streuung* dargestellt werden (s. 3.6.1), wodurch auch inhaltlich sehr verschiedenartige Variablen miteinander in Relation gesetzt werden können. Bei Leistungs-, Intelligenz- oder Persönlichkeitstests bedeutet eine Standardisierung, dass die Ergebnisse der Probanden auf die Verteilungen von so genannten **Referenz-** oder **Normstichproben** bezogen sind (*Standardwerte*).

Eine Skala soll Ausprägungen einer spezifischen Eigenschaft eines empirischen Sachverhaltes exakt (anhand von Zahlen) charakterisieren.

engl. scale: Maßstab, Anzeige, Skala; ital. scala: Maßstab, Treppe, Leiter, Skala

Da die in einem Test zu erfassenden *Konstrukte* aus Teilaspekten bzw. verschiedenen Inhaltskomponenten bestehen, setzen sich Tests aus entsprechend vielen **Subtests** bzw. **Skalen** zusammen, die jeweils ein homogenes Merkmal feststellen oder „messen" sollen. Eine Skala ordnet somit empirischen Objekten (z.B. Personen) Zahlen zu, ähnlich wie dies bei der Längenmessung physikalischer Objekte anhand einer Meterskala geschieht (Niederée & Narens, 1996). Die Prüfung, ob zur Vermessung eines empirischen Objekts eine quantitative Skala akzeptiert werden kann, erfolgt auf Basis mathematisch-statistischer **Messtheorien** (s. auch 3.6.1, *Skalenqualität*).

Subtests oder Skalen bestehen selbst meist wieder aus zwei, drei oder mehr Elementen, den **Items**. Je nach inhaltlicher Orientierung des Tests oder der Skala können sich die Items aus Leistungsaufgaben, Fragen mit Antwortalternativen oder aus *Skalierungen*, nämlich Einschätzungen von Merkmalen anhand von Zahlen, zusammensetzen. Die Art der Reaktion einer Person auf ein Item wird über (Zahlen-)Symbole kodiert, welche unter Verwendung mathematisch-statistischer Modelle zu quantitativen Werten (z.B. Mittelwert über die einzelnen Items) für die einzelnen Skalen verrechnet werden. Je mehr Items für eine Skala zur Verfügung stehen, d.h., je mehr unabhängige elementare „Messinstrumente" für eine Eigenschaft vorliegen, desto größer ist im Allgemeinen die Zuverlässigkeit der entsprechenden Skala.

engl. item: Datenelement, Einheit, Einzelheit, Element, Punkt, Nummer

Eine Aufzählung nach Bühner (2004) soll illustrieren, in welch verschiedenen Bereichen psychologische Tests eingesetzt werden: Psychische und psychosomatische Störungen, Befindlichkeitsstörungen, Therapie- und Heilungsverlauf, Familien-, Ehe- und Erziehungsberatung, Berufsberatung und Personalauslese, Verkehrseignung (TÜV), Strafvollzug (Haftentlassung), Entwicklungsstörungen, Schulreife, Leistungsstörungen, Hochschuleignung, Produktbeurteilung, Einstellungs- und Motivationsmessung (Arbeitszufriedenheit, Leistungsmotivation) usw. „Die Auswahl und Interpretation von Test- und Fragebogenergebnissen zählen zu den Routineaufgaben in der späteren Berufspraxis" von Psychologinnen und Psychologen (Bühner, 2004, 11).

Die Genauigkeit, die Aussagekraft und der Vorhersageerfolg von Testergebnissen hängen von so genannten **Gütekriterien** der Tests ab. Allgemeine und unverzichtbare Gütekriterien von Datenerhebungsinstrumenten sind Objektivität, Reliabilität sowie Validität.

Die **Objektivität** eines Tests kennzeichnet die Unabhängigkeit seines Ergebnisses von der Person, die den Test durchführt. Sie ist besonders hoch, wenn verschiedene Testanwender zu gleichen Testergebnissen kommen. Dafür ist es allerdings nötig, dass die Anwenderinnen und Anwender fundierte testpsychologische Grundkenntnisse und Fertigkeiten besitzen (s. DIN-Norm 33430 für „Berufsbezogene Eignungsdiagnostik", Hornke & Winterfeld, 2004; Bühner, 2004). Objektivitätsmängel können sowohl durch fehlende Sorgfalt bei der Testdurchführung als auch durch Unterschiede bei der Auswertung oder Interpretation entstehen.

Reliabilität bedeutet Zuverlässigkeit und Genauigkeit eines Tests und ist gegeben, wenn bei wiederholter Anwendung des Tests bei gleichen Probanden auch weitgehend gleiche Ergebnisse zustande kommen. Hinweise auf die Zuverlässigkeit von Tests bekommt man, indem man (1) einen Test (falls möglich) wiederholt vorgibt und dessen Ergebnisse auf Übereinstimmung prüft („Retest-Methode"), oder indem man (2) so genannte Paralleltests, nämlich Tests mit gleicher Aussagekraft, entwickelt und deren Übereinstimmung bei ein und derselben Personengruppe kontrolliert („Paralleltest-Methode), oder indem man (3) die Teile eines Tests auf Homogenität, d.h. auf inhaltliche Ähnlichkeit prüft („Konsistenzmethode").

Die **Validität** (Gültigkeit), das wichtigste Gütekriterium eines Tests, gibt an, wie gut er in der Lage ist, das zu messen, was er zu messen vorgibt (z.B. Intelligenz, Motivation, Persönlichkeitsmerkmale). „Inhaltliche Validität" oder „Augenscheinvalidität" besitzt ein Test dann, wenn es aufgrund der Art der Testung (Fragen, Leistungen usw.) offensichtlich ist, welcher Aspekt sich im Testergebnis hauptsächlich niederschlägt (z.B. Additionstest für Rechenfertigkeit, Bildermerktest für Vorstellungsfähigkeit). Die empirische Validitätsprüfung eines Tests geschieht hauptsächlich durch Berechnung des statistischen Zusammenhanges (*Korrelation*) seiner Werte mit einem plausiblen Kennwert („Kriteriumsvalidität") oder mit einem anderen Test, der den gleichen Aspekt zu messen vorgibt („Konstruktvalidität"). Beispielsweise könnte bei Schülern für einen Test über rechnerische Intelligenz die Mathematiknote als Validitätskriterium oder ein ebenfalls auf Rechenleistungen bezogener anderer Test als Validitätskonstrukt herangezogen werden.

Zwischen den genannten drei Gütekriterien besteht allerdings eine Implikationsbeziehung: Wenn ein Test nicht objektiv ist, kann er nicht reliabel sein, und wenn er nicht reliabel ist, ist er nicht valide. Wenn nämlich bereits die Datenerhebung stark fehlerbehaftet ist, können bei wiederholten Messungen keine gleichen Resultate

Merksatz

Ein Test ist ein wissenschaftlich begründetes, normiertes und bestimmten Gütekriterien unterworfenes Verfahren mit dem Ziel einer quantitativen Erfassung von Merkmalen.

auftreten, und wenn Letzteres nicht gesichert ist, kann auch die zu messende empirische Eigenschaft nicht befriedigend von anderen Eigenschaften unterschieden werden.

Insbesondere bei der Konstruktion von Tests werden neben Objektivität, Reliabilität und Validität noch weitere, ebenfalls wichtige Gütekriterien überprüft (s. Kubinger, 2003): **Skalierung** (quantitative Interpretierbarkeit der Testwerte), **Normierung** (Vergleichsmöglichkeit mit Bevölkerungsgruppen), **Fairness** (Chancengleichheit für alle Bevölkerungsgruppen), **Ökonomie** (Minimum an Ressourcenverbrauch), **Zumutbarkeit** (Minimum an zeitlicher, emotionaler und psychischer Belastung der Probanden) und **Unverfälschbarkeit** (geringe Möglichkeit zur willkürlichen Beeinflussung der Testergebnisse durch die Testpersonen).

In der Philosophie den Tests sehr ähnlich und ebenfalls sehr verbreitet sind **Ratingverfahren**, mittels derer Eigenschaften von Personen, Objekten oder Situationen (z.B. Wahrnehmungen, Ausdruckswirkungen oder Einstellungsintensitäten) anhand von Zahlenzuordnungen quantitativ eingestuft werden. Ein Beispiel dafür ist das **Polaritätsprofil** („Semantisches Differential"; Tab. 3.1). In anderen Ra-

	sehr	ziemlich	eher	weder noch	eher	ziemlich	sehr	
SCHÖN	3	2	1	0	1	2	3	HÄSSLICH
RUHIG	3	2	1	0	1	2	3	LAUT
FREMD	3	2	1	0	1	2	3	VERTRAUT
TEUER	3	2	1	0	1	2	3	BILLIG
DUNKEL	3	2	1	0	1	2	3	HELL
GUT	3	2	1	0	1	2	3	SCHLECHT
VIELFÄLTIG	3	2	1	0	1	2	3	MONOTON
GROSS	3	2	1	0	1	2	3	KLEIN

Tab 3.1

Das Polaritätsprofil ist eine in der Psychologie sehr verbreitete Methode zur Erfassung einstellungsbezogener oder gefühlsmäßiger Reaktionen auf Objekte, Personen oder Situationen. Dabei wird von den Versuchspersonen eine Reihe von Eigenschaften oder Eigenschaftspaaren (ca. 5–25) hinsichtlich ihres Zutreffens zahlenmäßig eingestuft.

Box 3.4 | Gütekriterien von psychologischen Tests

- **Objektivität** ist in dem Ausmaß gegeben, in dem verschiedene Testleiter bei der selben Person zum gleichen Ergebnis gelangen.
- **Reliabilität** charakterisiert die Zuverlässigkeit und Exaktheit in der Merkmalserfassung.
- **Validität** als Kriterium der inhaltlichen Gültigkeit ist dann stark ausgeprägt, wenn ein Test jene Eigenschaft tatsächlich misst, die er messen soll.
- **Quantitatives Skalenniveau** ist gegeben, wenn der Test (im Sinne eines psychologischen Messinstruments) relevante Testverhaltensweisen (z.B. Leistungen) quantitativ adäquat in Zahlenrelationen (z.B. Messwerte) umwandelt.
- **Normierung** liegt vor, wenn die individuellen Testergebnisse auf ein Bezugsystem (Normen in Form statistischer Kennwerte einer Bevölkerungsgruppe) relativiert wurden.
- **Fairness** gilt für einen Test, wenn alle Bevölkerungsgruppen die gleiche Chance haben, entsprechend ihrer Eigenschaften korrekt charakterisiert zu werden (z.B. Schwarze – Weiße, Arbeiter – Angestellte).
- **Ökonomie** wird Tests zugeschrieben, bei denen ein Minimum an finanziellem Aufwand und zeitlichen Ressourcen verbraucht wird (ohne dadurch an Güte in den anderen Kriterien zu verlieren).
- **Zumutbarkeit** wird einem Test bescheinigt, der in Relation zu seinem Nutzen den Testpersonen so wenig wie möglich zeitlichen Aufwand, emotionale Belastung und psychische wie physische Anspannung bereitet.
- **Unverfälschbarkeit** ist umso mehr gegeben, je weniger Testpersonen in der Lage sind, die Ergebnisse des Tests zu ihrem Vorteil zu beeinflussen.

(In Anlehnung an Kubinger, 2003)

tings bzw. **Skalierungen** wird etwa der Grad an Zustimmung zu Meinungen in Prozentpunkten, die Bewertung von Objekten oder Aspekten in Schulnoten oder eine Präferenzentscheidung mittels Punktesystem angegeben.

Beobachtung

3.7.5

Die **Selbst-** und **Fremdbeobachtung** zählt zu den ältesten Forschungsinstrumenten der Psychologie. Die wissenschaftliche Beobachtung unterscheidet sich von jener des Alltags durch ihre Theoriegeleitetheit und Systematik. „Unter Beobachtung versteht man das systematische Erfassen von wahrnehmbaren Verhaltensweisen, Handlungen oder Interaktionen einer Person oder Personengruppe zum Zeitpunkt ihres Auftretens" (Ebster & Stalzer, 2003, 221). Grundsätzlich sollte die Beobachtung als Mittel der Informationsgewinnung in allen Untersuchungen zumindest begleitend eingesetzt werden, und auch die beschriebenen *Gütekriterien* von Tests sollten eigentlich für alle Datengewinnungsverfahren in der Psychologie gelten. So sind auch Beobachtungen einer Objektivitätsprüfung zu unterziehen, indem die Übereinstimmung verschiedener, unabhängiger Beobachterinnen oder Beobachter festgestellt wird.

Die **teilnehmende Beobachtung** ist ein Verfahren, bei dem die forschende Person selbst am untersuchten Geschehen teilnimmt und von den erforschten Personengruppen wie ihresgleichen behandelt werden möchte. Man erwartet sich dadurch sowohl eine lebensnähere Perspektive des beforschten Phänomens als auch tiefere Einblicke in die jeweilige Problematik. Bei **nichtteilnehmender Beobachtung** ist man als Forscher den Untersuchungspersonen gegenüber distanzierter eingestellt und an objektiven Ergebnissen interessiert. **Verdeckte Bobachtungen** haben den Vorteil, dass der beobachtete Prozess natürlich und ungestört ablaufen kann, aber unter Umständen ist mit Unmut (z.B. bei Täuschungen) und Verweigerung der Zustimmung zur Datennutzung zu rechnen (gemäß „Ethikrichtlinien" der Psychologie ist eine Einverständniserklärung durch die Betroffenen erforderlich). **Offene Beobachtungen** haben häufig den Nachteil, dass sich die Beobachteten imageorientiert, skeptisch, übertrieben oder sonst irgendwie unnatürlich verhalten. In einer frühen Forschungsphase, wenn noch keine konkreten Vorstellungen über gesetzmäßige Zusammenhänge im Forschungsfeld vorhanden sind, werden **unstrukturierte Beobachtungen** überwiegen, während bei zunehmender Klar-

> **Merksatz**
>
> **Wissenschaftliche Formen der Selbst- und Fremdbeobachtung sind theoriegeleitet, systematisiert und den allgemeinen Gütekriterien der Datenerhebung unterworfen.**

heit über die zu erwartenden Gesetzmäßigkeiten immer mehr zu **strukturierten Beobachtungen** übergegangen werden kann. Dies bedeutet dann, dass Schemata und Eintragslisten entwickelt werden, anhand derer Beobachterinnen und Beobachter ihre Wahrnehmungen steuern und kategorisieren können.

3.7.6 | Befragung (Interview)

Da die verschiedenen Varianten der Befragung zu den häufigsten Methoden der Datengewinnung in den Sozialwissenschaften zählen, werden sie auch manchmal als deren „Königsweg" bezeichnet (Ebster & Stalzer, 2003). „Befragung bedeutet Kommunikation zwischen zwei oder mehreren Personen. Durch verbale Stimuli (Fragen) werden verbale Reaktionen (Antworten) hervorgerufen: Dies geschieht in bestimmten Situationen und wird geprägt durch gegenseitige Erwartungen" (Atteslander, 2003, 120)

Ein wichtiges Unterscheidungsmerkmal von Befragungen ist der Grad ihrer *Standardisierung*. Hinsichtlich der Freiheitsgrade bei der Durchführung von Gesprächen mit Untersuchungspersonen unterscheidet man **standardisierte**, **teilstandardisierte** und **nichtstandardisierte Befragungen** (Interviews). Nichtstandardisierte Interviews (mit wissenschaftlicher Basis) werden auch als „qualitative Befragungsmethoden" zusammengefasst. Dazu zählen etwa das **Intensiv-** oder **Tiefeninterview**, das **Gruppeninterview**, das **narrative Interview** und die **qualitative Inhaltsanalyse** (Flick et al., 1991). Da bei diesen Befragungen nur wenige Einschränkungen für den Ablauf des Interviews gegeben sind (z.B. hinsichtlich der Thematik), laufen die Gespräche relativ ungezwungen und spontan ab, und es kommen viele Inhalte und Gedanken zur Sprache, die sonst kaum genannt worden wären. Allerdings erfordert diese Art von Datenerhebung beträchtliche kommunikative Fertigkeiten bei den interviewführenden Personen bzw. entsprechende Schulungen, da natürlich der Output des Interviews sowohl vom Inhalt als auch vom Umfang her durch das (auch nonverbale) Verhalten des Interviewers verfälscht werden kann (z.B. in Richtung eigener theoretischer Annahmen).

Merksatz

Die Befragung ist ein sehr häufig eingesetztes sozialwissenschaftliches Verfahren der Datenerhebung, welches in strukturierter Form auch einer statistischen Auswertung zugeführt werden kann.

Bei standardisierten (strukturierten) Befragungen hingegen sind die Formulierungen der Fragen fix vorgegeben, so dass alle Befragungspersonen zu den gleichen Inhalten Stellung nehmen müssen. Die Beantwortungen der Fragen können im **offenen Antwortmodus** erfolgen, das heißt, mit eigenen Worten. Dies bedeutet zwar einerseits (wie bei den qualitativen Befragungsmethoden) eine Chance auf mehr Information, ist aber andererseits mit größerem Auswertungsaufwand (z.B. Texttranskription) und erschwerter Vergleichbarkeit der Aussagen verbunden. Bei einem **geschlossenen Antwortmodus** sind für die einzelnen Fragen auch deren Antwortmöglichkeiten vorgegeben und die befragten Personen müssen sich für eine oder mehrere davon entscheiden („multiple choice"). In diesem Fall ist die Objektivität der Ergebnisse fast immer höher, aber der unmittelbare Lebensbezug und die Spontaneität der Meinungswiedergabe reduziert. Ein wesentlicher Vorteil des geschlossenen Antwortmodus in Fragebögen ist allerdings auch seine bessere Verwertbarkeit für statistische Analysen, so dass sich in den letzten Jahrzehnten diese Form in vielen Bereichen der Sozialforschung durchgesetzt hat.

Texttranskription: Exakte schriftliche Protokollierung mündlicher Äußerungen

Textanalyse

3.7.7

In keiner Wissenschaft kann auf die Bedeutungsanalyse sprachlicher Aussagen verzichtet werden. Besonders trifft dies auf die Psychologie zu, wenn es um die Beschreibung spontaner Beobachtungen geht, wenn Schilderungen von Erlebnissen ausgewertet werden sollen, wenn schriftliches Material über Nachrichten oder Gespräche vorliegt (Mitschriften, Protokolle, Tagebücher, Archive, Zeitungsberichte etc.) oder wenn zur Diagnose von Störungen *Anamnesen* angefertigt werden.

Anamnese: Vorgeschichten einer seelischen oder körperlichen Erkrankung

Daten dieser Art können – wie aus der Kommunikationsforschung bekannt ist – sehr unterschiedlich interpretiert werden, so dass für die Bedeutungsanalyse unstrukturierter Texte Auswertungsmethoden entwickelt wurden, die auch die oben genannten *Gütekriterien* der Datengewinnung erfüllen sollten. Diesem Anspruch entsprechen insbesondere die **qualitative** und die **quantitative Inhaltsanalyse**, mittels derer der Bedeutungsgehalt von umfangreichen Textteilen in Form von prägnanten

Merksatz

Textanalysen bezwecken eine abstrakte und komprimierte Beschreibung des Aussagegehalts alltagssprachlicher Texte.

Aussagen („Propositionen") zusammengefasst oder aber eine Aus-zählung der am häufigsten vorkommenden Begriffe und Begriffs-kombinationen in den Textdaten vorgenommen werden kann. Diese quantitative Inhaltsanalyse wurde bereits in den Dreißiger-jahren zur Analyse von Massenmedien verwendet, etwa um die po-litische Orientierung in einem Land durch die Frequenz positiver oder negativer Charakterisierungen von Themen in Tageszeitun-gen zu belegen.

Für die Inhaltsanalyse von gespeicherten Texten stehen Compu-terprogramme zur Ver-fügung, die z. T. kosten-los als Demoversionen aus dem Internet zu beziehen sind (z.B. www.atlasti.de, www.winmax.de).

Die qualitative Inhaltsanalyse (s. Mayring, 2000) knüpft an diesen Ansatz an und versucht durch Einführung verbindlicher methodi-scher Regeln bei der Textanalyse deren Objektivität, Reliabilität und Validität zu verbessern. Dabei wird der Aussagegehalt von Sätzen oder Absätzen eines Textes mit Begriffen versehen, die entweder schrittweise aus dem Textmaterial herausentwickelt („induktive Kategorienentwicklung") oder aufgrund theoretischer Überlegun-gen und Auswertungsinteressen sukzessive an die Textinhalte angepasst werden („deduktive Kategorienanwendung"). Das Ergeb-nis solcher Analysen ist eine oberbegriffliche, abstrakte Darstellung des Aussagegehalts von Textmengen durch Begriffe, Begriffskombi-nationen oder einfache Aussagen („Propositionen"), welche bei Be-darf auch noch einer statistischen Auswertung (z.B. einer Häufig-keitsauszählung mit Computer) unterzogen werden können.

3.7.8 | Simulationsstudie (Computersimulationen)

Ein moderner wissenschaftlicher Ansatz für die Analyse komplexer Systeme ist die **Systemtheorie** (Bossel, 1992), „eine interdisziplinäre Wissenschaft, deren Gegenstand die formale Beschreibung und Er-klärung der strukturellen und funktionalen Eigenschaften von na-türlichen, sozialen oder technischen Systemen ist" (Bibliogr. Insti-tut & Brockhaus, 2002). Ihr theoretisches Gerüst wurde bereits in verschiedenen Bereichen erfolgreich erprobt und angewendet (z.B. in Politik, Biologie, Ökonomie, Technik, Verkehrsplanung, Flugver-kehrsleitung, Epidemiologie). Auf der Grundlage systemanalytisch konstruierter Modelle wurden Computersimulationen auch für komplexe Anwendungsbereiche erstellt, etwa: „Waldwachstum", „Mondlandung", „Ressourcennutzung", „Tourismus und Umwelt", „Lagerhaltung", ökologische Simulationsspiele wie „Ökolopoly", „Ökopolicy" (Vester, 1997), Entwicklungsmodelle für Länder (Bossel, Hornung & Müller-Reißmann, 1989) oder „Weltmodelle" (Meadows, Meadows & Randers, 1992).

Frühe **Simulationsmodelle** der Psychologie stammten aus dem Forschungsgebiet Denken und Problemlösen (Kap. 8) und dienten dazu, komplexe Problemsituationen des Alltags auch in Laborsituationen zu untersuchen. Putz-Osterloh und Lüer (1981) entwickelten eine Computersimulation eines Schneiderladens („Taylorshop"), anhand derer Versuchspersonen über die betriebswirtschaftliche Situation einer fiktiven Firma informiert wurden und in verschiedenen Durchgängen nach eigenem Ermessen betriebliche Maßnahmen setzen konnten. Ein wesentlich komplexeres Beispiel ist ein programmiertes Bürgermeisterspiel, in dem eine fiktive Kleinstadt namens „Lohhausen" von Versuchspersonen mit weitgehenden (diktatorischen) Vollmachten nach gewissen Zielkriterien (z.B. Wirtschaftsdaten, Bevölkerungszufriedenheit, Umweltsituation) zu regieren war (s. 8.2). Ein jüngeres Projekt des „Institutes für theoretische Psychologie" der Universität Bamberg ist „PSI", eine Computersimulation einer „beseelten Dampfmaschine", die „ihr schweres Leben" auf einer Insel in einer „labyrinthartigen Landschaft" nach menschlicher Logik fristet (Dörner & Schaub, 2006).

Die Übersetzung einer Theorie in ein Computerprogramm bedeutet eine präzise Prüfung der Widerspruchsfreiheit, Vollständigkeit und Nachvollziehbarkeit ihrer Annahmen (Box 3.5). Die simulierten Entscheidungen eines Computermodells menschlicher Informationsverarbeitung können mit jenen von Versuchspersonen in gleichen Situationen verglichen werden, um die zugrunde liegende Theorie zu verbessern (Dörner & Gerdes, 2003).

Computerprogramme und Simulationsmodelle, die für kognitionspsychologische Forschungszwecke eingesetzt werden, sind über das Internet kostenlos zu beziehen (z.B. ACT-R: „Adaptive Control of Thought"; COGENT: „Cognitive Objects within a Graphical EnviroNmenT"; SOAR: „States Operators And Results"; PSI: Eine psychologische Theorie als Computerprogramm). Das allgemeine Ziel solcher Programme und Konzepte darf darin gesehen werden, für kognitive und mentale Prozesse eine vereinheitlichende psychologische Theorie zu entwickeln.

Merksatz

Simulationsstudien in der Psychologie bezwecken eine formale, systemanalytische und kybernetische Beschreibung von Mensch- und Umweltsystemen.

Box 3.5 | **Entwicklungsschritte für Simulationsmodelle**

Bei der Entwicklung eines Simulationsmodells für ein empirisches System gelten im Wesentlichen folgende Schritte:

1. Das System im Detail verbal beschreiben („Wortmodell")
2. Für das System die Systemgrenzen bestimmen (zur Umwelt oder anderen Systemen)
3. Wichtige Untersysteme (Module) und ihre Wirkungsbeziehungen identifizieren
4. Die Wirkungsdynamik des Modells spezifizieren (Systemelemente und Beziehungen zwischen den Elementen und Variablen des Systems festlegen, Zustandsgrößen definieren, Rückkoppelungen erfassen, exogene Einflüsse bestimmen etc.)
5. Die Systemstruktur und die Systemdynamik in ein formales Modell übertragen (Erstellung des Computerprogramms)
6. Strukturgültigkeit des Modells überprüfen (z.B. den Grad der Übereinstimmung seiner Elemente und Elementrelationen mit jenen des empirischen Systems)
7. Verhaltensgültigkeit prüfen (die Modelldynamik soll robust sein und plausible Verläufe bei den Outputvariablen zeigen)
8. Empirische Modellgültigkeit testen (Zeitreihen des Modells werden mit solchen des abgebildeten Systems verglichen, Eingaben von bekannten, realistischen Szenarien müssen erwartete Ergebnisse liefern)

(In Anlehnung an Bossel, 1992)

3.8 | Forschungsablauf

Hinsichtlich der Entwicklung eines Forschungsprojekts werden grob drei Phasen unterschieden (Friedrichs, 1990; Atteslander, 2003):

(1) Die Phase des „Entdeckungszusammenhangs" kennzeichnet, in welcher Weise der Zugang zur Thematik gefunden wurde und welche Gründe für das Aufgreifen der Fragestellung maßgeblich waren.

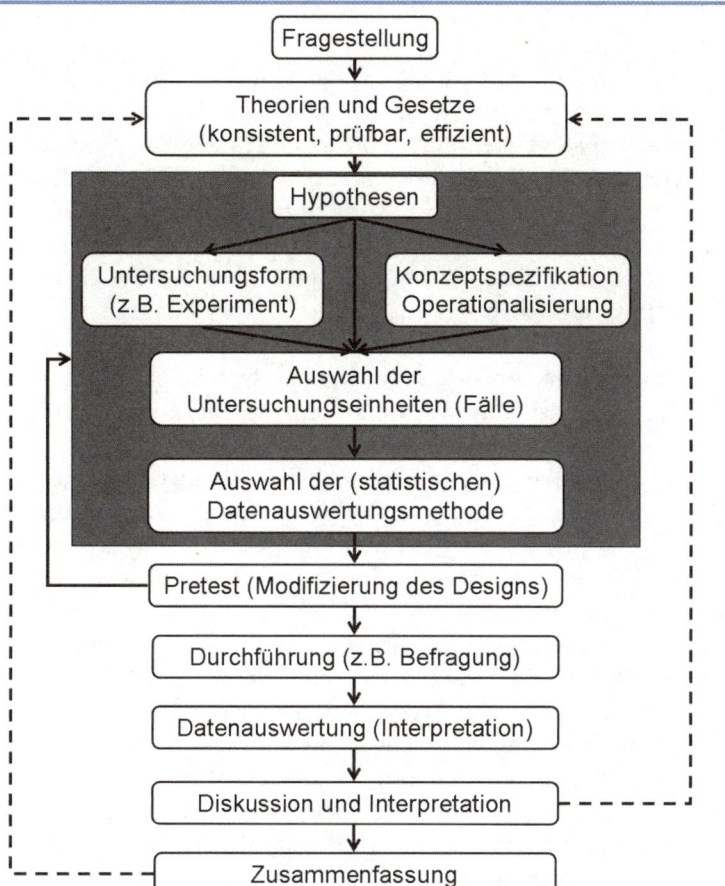

Abb 3.15

Der Forschungsablauf empirischer Untersuchungen lässt sich in verschiedene Stadien gliedern: Den Ausgangspunkt liefert die Fragestellung, die theoretisch oder praktisch begründet sein kann. Für die ausgewählte Thematik wird der bisherige wissenschaftliche Erkenntnisstand festgestellt und eine theoretische Basis in Form relevanter psychologischer Gesetze oder Theorien gesucht. Danach wird ein Forschungsdesign entworfen (dunkles Feld), indem für die theoretisch untermauerte Fragestellung empirisch überprüfbare Hypothesen, eine geeignete Untersuchungsform, konzeptspezifische Operationalisierungen, eine sinnvolle Fallstichprobe sowie eine datenadäquate Datenauswertungsmethode gefunden werden. In einem Vortest wird das Forschungsdesign auf Tauglichkeit überprüft und danach zumeist einer Revision unterzogen. Nun erst erfolgen die Durchführung der Untersuchung, die Datensammlung, Datenauswertung, die Diskussion und die Interpretation der Ergebnisse. Den Abschluss bildet die zusammenfassende Präsentation der Forschungsresultate in einer prägnanten und theoriebezogenen Form.

(2) In der Phase des „Begründungszusammenhanges" sollen die in der Fragestellung angesprochenen Gesetzmäßigkeiten einer empirischen Untermauerung zugeführt werden. Dabei geht man von bereits bewährten psychologischen *Theorien* und Gesetzmäßigkeiten aus, um für die Fragestellung ein solides theoretisches Konzept zu entwerfen, welches widerspruchsfrei (*konsistent*), empirisch prüfbar (*verifizierbar* oder *falsifizierbar*) und sparsam in der Erklärung (effizient) zu sein hat. Aufgrund fachwissenschaftlicher Erfahrungswerte über die Zweckentsprechung spezieller wissenschaftlicher Forschungsansätze und Forschungsmethoden wird sodann für die Fragestellung ein **Forschungsdesign** entworfen, welches die Hypothesenformulierung, die Wahl der Untersuchungsmethode, die Ausarbeitung der *Operationalisierungen* und die Stichprobenselektion inkludiert. Nachdem das Forschungsdesign in Voruntersuchungen auf seine Eignung getestet wurde, kommt es zur Durchführung der Untersuchung und zur (meist statistischen) Auswertung der gewonnenen Daten, wobei insbesondere auf *Verteilung* und *Skalenqualität* der Variablen zu achten ist. Nach der Interpretation der Auswertungsergebnisse sowie nach deren theoriebezogener Diskussion (z.B. über Widersprüche zu Annahmen, Verallgemeinerbarkeit der Ergebnisse, Gefahr von *Artefakten*) werden die wichtigsten Schlussfolgerungen aus der Untersuchung in theoretisch-abstrakter Form zusammengefasst.

(3) Die Phase des „Verwertungs- oder Wirkungszusammenhangs" schließlich bezieht sich auf die verschiedenartigen Nutzungsmöglichkeiten der Forschungsergebnisse, wie etwa auf deren Beitrag zur Verbesserung theoretischer Positionen, deren Verbreitung über Publikationen und Vorträge sowie deren Umsetzung im gesellschaftlichen Bereich.

Was die wissenschaftliche Qualität von Veröffentlichungen betrifft, so ergeben sich die Kriterien dafür zunächst aus den bisher beschriebenen formalen und inhaltlichen Anforderungen des Forschungsablaufs. In den letzten Jahrzehnten orientiert man sich bei der Bewertung von Publikationen – wie übrigens in den Naturwissenschaften auch – am fachlichen Image des Publikationsorgans. Besonders hoch bewertet werden dabei solche Zeitschriften, deren Artikel in der Fachwelt (*scientific community*) stark beachtet, d.h. häufig zitiert werden. Diese Betonung des Wahrheitskriteriums *Konsensus* drückt sich im so genannten **Impact Factor** einer Zeitschrift aus. Dieser gibt an, wie oft die Artikel einer bestimmten Zeitschrift der letzten beiden Jahrgänge im nachfolgenden Jahr in anderen Zeitschriften zitiert werden. Für eine solche statistische Analyse bedient man sich spezifischer Datenbanken, in denen nicht nur die Titel und die Autorenschaften von periodischen Veröffentlichungen gespeichert sind, sondern auch die in ihnen vorkommenden Verweise auf andere Publikationen („Social Sciences Citation Index" – SCI; „Science Citation Index" – SSI; „Web of Science"). Wenn Veröffentlichungen in Zeitschriften mit hohem *Impact Factor* erscheinen, haben sie eine größere Chance, zitiert zu werden und bei wissenschaftlichen Leistungsbeurteilungen zu punkten.

Zusammenfassung

Die wissenschaftliche Beschreibung und Erklärung menschlicher Erlebnisse, Bewusstseinsabläufe und Verhaltensweisen kann ganz allgemein als Versuch der Abbildung eines empirischen, konkreten Systems in ein theoretisches, abstraktes System verstanden werden. Die Überbrückungsfunktion leistet ein Korrespondenzsystem (Forschungsmethoden), mittels dessen ein Bezug zwischen den empirischen Tatsachen und den sie erklärenden psychologischen Gesetzen und Theorien hergestellt wird.

Ebenso wie in anderen empirischen Wissenschaften werden auch in der Psychologie Gesetzmäßigkeiten vorerst an Stichproben gewonnen und überprüft, um sie danach für die Grundgesamtheit von Sachverhalten (Population) verallgemeinern zu können. Gesetze werden statistisch als Relationen zwischen unabhängigen und abhängigen Variabeln formuliert, wobei diese Relationen oft durch Moderatorvariablen beeinflusst und durch Störvariablen verfälscht sind. Die vielfältigen Vernetzungen von Wirkungsbeziehungen im psychologischen Forschungsbereich können durch direkte oder durch indirekte Kausalbeziehungen erklärt werden, die beobachteten Effekte lassen sich zumeist auf mehrere Ursachen (Multikausalität) und/oder auf bedingt wirksame Ursachen zurückführen. Aufgrund der vielfältigen Effekt- und Fehlerüberlagerungen hat man es in der Regel mit multivariaten Wahrscheinlichkeitsgesetzen zu tun.

Die Deskriptivstatistik liefert statistische Kennwerte für die Verteilung von Variablenausprägungen und transformiert Variablen – zur besseren Vergleichbarkeit – in Standardvariablen mit gleichem Mittelwert und gleicher Streuung. Die statistischen Relationen zwischen Variablen können, in Abhängigkeit von ihrer quantitativen Interpretierbarkeit, mit Hilfe von Vektoren als graphische Darstellungen von Korrelationsbeziehungen charakterisiert werden. Bei Bedarf lassen sich komplexe Variablensysteme, etwa mittels Faktorenanalyse, auch in einfachere Strukturen überführen.

Um festzustellen, ob die anhand einer Stichprobe gewonnenen Variablenrelationen als Gesetze verallgemeinert werden können, benötigt man die Inferenzstatistik, welche unter Heranziehung von Wahrscheinlichkeits- oder Zufallsmodellen die statistische Signifikanz (Bedeutsamkeit) von Untersuchungsergebnissen feststellt. Die Inferenzstatistik wird also dafür eingesetzt, den Grad der allgemeinen Gültigkeit von Hypothesen anhand von Stichproben zu prüfen.

Die wichtigsten Forschungsmethoden sind das Experiment, das Quasiexperiment, die Feldforschung, Testverfahren, Ratings, die Beobachtung, die Befragung, die Textanalyse und die Computersimulation. Allen Datenerhebungsinstrumenten der Psychologie ist gemeinsam, dass sie wissenschaftlichen Gütekriterien genügen müssen (Objektivität, Reliabilität, Validität usw.).

Ein typisches Forschungsprojekt beginnt mit einer Fragestellung, für die thematisch angrenzende Theorien und Erklärungsansätze aus der Fachliteratur zu recherchieren sind. Für die Fragestellung wird jenes Forschungsdesign ausgewählt, das am ehesten eine empirische Evaluation der Fragestellung erlaubt. Vor- und Hauptuntersuchungen werden durchgeführt, die Daten statistisch ausgewertet, die Ergebnisse interpretiert, analysiert, diskutiert und schließlich in ihrer theoretischen und praktischen Bedeutung zusammenfassend dargestellt.

1. Welche allgemeinen Kriterien für Wissenschaftlichkeit werden von Wissenschaftstheoretikern vorgeschlagen?

2. Welche Schritte und Konzepte kennzeichnen in der empirischen Sozialforschung die wissenschaftliche „Abbildung" von Empirie in einer Theorie?

3. Was versteht man unter Konstrukten und unter Operationalisierungen?

4. Erklären Sie die Funktion von Stichproben in der Forschung und das Problem ihrer Repräsentativität!

5. Welche wichtigen Variablentypen gibt es in den empirischen Sozialwissenschaften?

6. Schildern Sie verschiedene Arten von Kausalbeziehungen und die INUS-Analyse!

7. Weshalb können die meisten psychologischen Gesetze nur wahrscheinlichkeitstheoretisch beschrieben werden?

8. Welche Schlüsse können aus dem Skalenniveau und aus der Verteilung von Variablen gezogen werden?

9. Welche Bedeutung haben statistische Kennwerte von Variablen und Standardvariablen?

10. Wie lassen sich Variablen räumlich darstellen?

11. Erklären Sie die Korrelation als statistisches Zusammenhangsmaß und ihre Nutzanwendungen!

12. Worauf zielen inferenzstatistische Verfahren ab?

13. Erläutern Sie wichtige Forschungsmethoden der Psychologie!

14. Was versteht man unter Randomisierung?

15. Welche drei Hauptgütekriterien sollten allgemein in Datenerhebungsverfahren der Psychologie beachtet werden?

16. Was ist ein psychologischer Test und welchen Anforderungen sollte er genügen?

17. Welche wissenschaftlichen Ziele werden in der Psychologie mit Computersimulationen verfolgt?

18. Welche wichtigen Stadien weist der empiriewissenschaftliche Forschungsablauf auf?

Literatur

Bortz, J. & Döring, N. (2006). Forschungsmethoden und Evaluation für Human- und Sozialwissenschaftler. Berlin

Bühner, M. (2004). Einführung in die Test- und
Fragebogenkonstruktion. München

Erdfelder, E., Mausfeld, R., Meiser, T. & Rudinger, G. (1996). Handbuch Quantitative Methoden. Weinheim

Flick, U., Kardorff, E., Keupp, H., Rosenstiel, L. &
Wolff, S. (Ed.) (1991). Handbuch qualitative Sozialforschung. Grundlagen, Konzepte, Methoden und Anwendungen. München

Kubinger, K. D. & Jäger, R. S. (Ed.) (2003).

Schlüsselbegriffe der Psychologischen Diagnostik. Weinheim

Lamnek, S. (1995). Qualitative Sozialforschung. Bd. 1: Methodologie. Weinheim

Rost, D. H. (2005). Interpretation und Bewertung pädagogisch-psychologischer Studien.
Weinheim

Schnell, R., Hill, P.B. & Esser, E. (2005). Methoden der empirischen Sozialforschung. München

Steyer, R. (2003). Wahrscheinlichkeit und Regression. Berlin

Westermann, R. (2000). Wissenschaftstheorie
und Experimentalmethodik. Göttingen

Psyche und Bewusstsein | 4

Inhalt

4.1 **Menschliche Informationsverarbeitung**

4.2 **Bewusstseinszustände**
Bewusstseinslage
Biologischer Rhythmus, Schlaf und Traum
Spezielle Bewusstseinszustände
Hypnose, Meditation und Trance

4.3 **Besondere Aspekte des Bewusstseins**
Psychische Selbstregulation
Selbstreflexivität (Ich-Bewusstsein)

Menschliche Informationsverarbeitung | 4.1

Die **Psyche** ist in ihrer Komplexität nicht beschreibbar. Sie lässt sich als die Gesamtheit aller zu einem Zeitpunkt ablaufenden Regelungsvorgänge im *Zentralnervensystem* interpretieren (s. 2.1). Welche allgemeine Grundstruktur diese Prozesse haben, kann bis heute nur vermutet werden. Nach psychologischen und neurophysiologischen Erkenntnissen ist die psychische Informationsverarbeitung durch vielfältige Kreisprozesse und Rückkoppelungen charakterisiert, so dass ein integratives kybernetisches Modell mit verschiedenen Hierarchieebenen als Erklärungsansatz passend erscheint (Abb. 4.1).

Das **Bewusstsein** hat innerhalb der Psyche die besondere Funktion, den Output aus verschiedenen Systemen zu integrieren, den Transfer in Langzeitspeichersysteme zu bewirken und Informationen an psychische „Filterprozessoren" (z.B. Aufmerksamkeit) oder

Abb 4.1

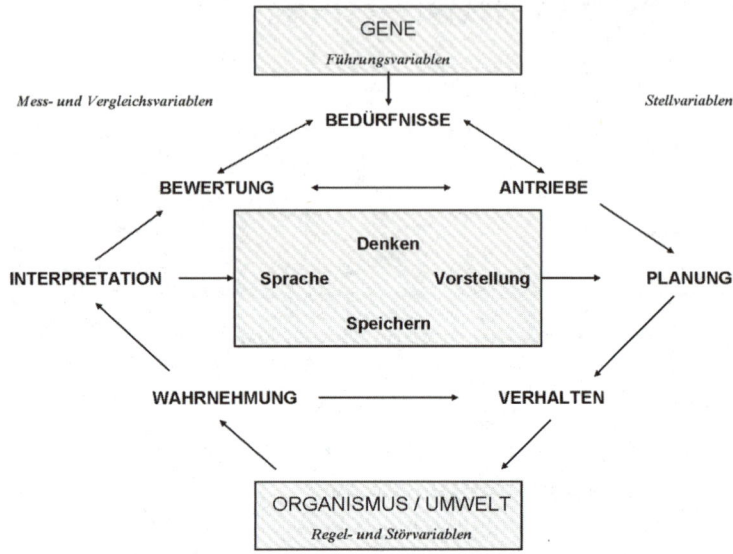

Die Psyche kann als zentralnervöses kybernetisches Regulationssystem angesehen werden. Das zu regelnde System ist die innere und die äußere Realität (Organismus und Umwelt), über deren Zustand die Sinnesorgane Informationen sammeln (Wahrnehmung, Interpretation), welche mit phylo- oder ontogenetischen Zielvorgaben verglichen werden (Bewertung, Bedürfnisse, Antriebe) und situationsbezogene Reaktionen auslösen (Planung, Verhalten).

Merksatz

Die Psyche kann als kybernetisches, neuronales Informationsverarbeitungssystem verstanden werden, dessen aufmerksamkeitsbesetzte Prozesse sich als Bewusstseinsinhalte manifestieren.

„Servomechanismen" (z.B. Sprachzentren) als modulare Informationsverarbeitungssysteme weiterzugeben. Als eine der wichtigsten Funktionen fällt dem Bewusstsein nach Mandler (1979, 78) „die Prüfung potentieller Handlungsmöglichkeiten und die Bewertung der situativen Gegebenheiten" zu. Nach Solso (2005, 150) scheint das Bewusstsein „der hauptsächliche Prozess zu sein, mit dessen Hilfe sich das Nervensystem an neuartige, herausfordernde und informative Ereignisse in der Welt anpasst".

Hinsichtlich des alltäglichen Sprachgebrauchs stellt Graumann (1968) nicht weniger als neun – einander teilweise überlappende – Bedeutungsinterpretationen von „bewusst" zusammen: belebt, beseelt, wach, empfindend, unterscheidend, mittelbar, bemerkend,

Formen des Bewusstseins | Box 4.1

Hilgard (1980) definiert in seinem Werk „Consciousness in Contemporary Psychology" Bewusstsein als Aufmerksamkeitsmechanismus und versucht auch andere häufig gebrauchte Bewusstseinsbegriffe auf diese Art zu präzisieren:

- **Bewusstes** = Erlebnisinhalte, auf die Aufmerksamkeit gerichtet ist
- **Nebenbewusstes** = nicht mit Aufmerksamkeit bedachte Inhalte
- **Unterbewusstes** = unter bestimmten Umständen abrufbare Inhalte (z.B. unter Hypnose)
- **Unbewusstes** = Inhalte, die interpretativ erschlossen werden müssen (z.B. durch Trauminterpretation)
- **Nichtbewusstes** = im psychischen System nicht vorhandene Inhalte

vorsätzlich und wissend. In der deutschen Sprache existiert das Adjektiv „bewusst" etwa seit dem 16. Jahrhundert, eigentlich als Partizip von „bewissen", was „sich zurechtfinden" hieß, und von „beweten", was „auf etwas sinnen" oder „um etwas wissen" bedeutete (Duden 1963, 64). In der Psychologie werden oft jene Prozesse, auf die sich die **Aufmerksamkeit** richtet, als bewusst und alle anderen als neben-, unter- oder unbewusst charakterisiert (Box 4.1).

Aus evolutionärer Sicht erklärt man sich die Entwicklung des *Bewusstseins* als Ergebnis der immer größer werdenden Komplexität kognitiver Funktionen, der Intensivierung sprachlicher Kommunikation sowie des Einbezuges von Sprache in Denkprozesse (Kiefer, 2002). Anatomisch ging diese Entwicklung mit einer Zunahme des *Vorderlappens* des Gehirns einher, dem heute von der Hirnforschung eine tragende Rolle bei der Aufmerksamkeitssteuerung und der Kontrolle des Verhaltens zugeschrieben wird (Hoffrage & Vitouch, 2002). Solcherart kann Bewusstsein neuropsychologisch als Spezialfunktion des Gehirns erklärt werden, welche die Verteilung der Aufmerksamkeit (*selektive Aufmerksamkeit*), den Abruf von Gedächtnisinformationen (*Langzeitgedächtnis*) und die aktuelle Informationsverarbeitung (*Arbeitsgedächtnis*) an gegenwärtige psychi-

Abb 4.2

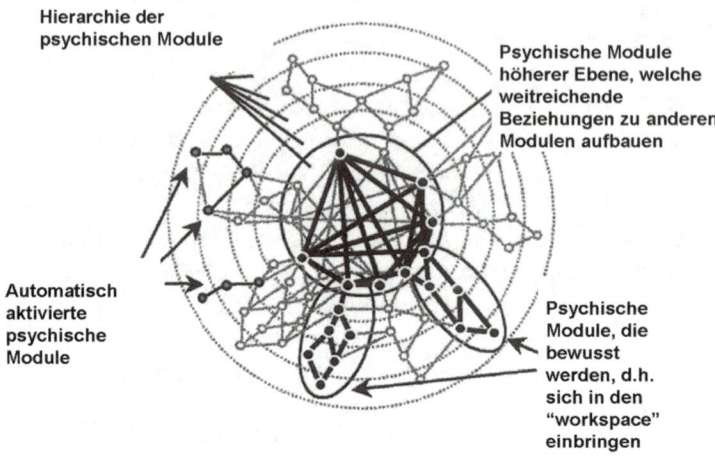

Hierarchie der
psychischen Module

Psychische Module
höherer Ebene, welche
weitreichende
Beziehungen zu anderen
Modulen aufbauen

Automatisch
aktivierte
psychische
Module

Psychische
Module, die
bewusst
werden, d.h.
sich in den
"workspace"
einbringen

Das Modell des globalen Arbeitsraumes (Baars, 1989) gibt die heutige Sicht des Gehirns als Gruppierung stark vernetzter, miteinander simultan interagierender Neuronensysteme wieder. Teile des Netzwerkes (Module) erfüllen Spezialleistungen (Wahrnehmung, Erinnerung, Bewertung, Aufmerksamkeit, Verhalten) und werden durch ein Verbindungsnetzwerk („global neuronal workspace") in ihren Aktivitäten gesteuert (Dehaene, Kerszberg & Changeeux, 1998). Die jeweils durch das Verbindungsnetzwerk simultan mobilisierten Informationsanteile der verschiedenartigen Module kortikaler Informationsverarbeitung werden als Inhalte des subjektiv erlebten Bewusstseins postuliert.

Merksatz

Das Bewusstsein als evolutionäre „Hilfsfunktion" psychischer Informationsverarbeitung ermöglicht eine differenzierte Analyse, Speicherung und Kontrolle der aufgenommenen, verarbeiteten und abzugebenden Information.

sche Ziele anpasst (Abb. 4.2). Die evolutionäre Entwicklung des Bewusstseins ermöglichte somit dem Menschen, in schwierigen Problemsituationen auf automatisierte, starre Reaktionen zunehmend zu verzichten und stattdessen situationsangepasste, flexible Verhaltensweisen einzusetzen.

Die Erforschung des Bewusstseins war seit jeher mit dem Problem konfrontiert, dass es dafür sowohl eine „Innenbetrachtung" als auch eine „Außenbetrachtung" gibt. Gewissermaßen von innen her erschließen wir das Bewusstsein *introspektiv* bzw. „phänomenalistisch", von außen her dagegen *behavioristisch* bzw. „physikalistisch". Gadenne (1996, 5) sieht aus heutiger Sicht sogar drei „Perspektiven bzw. Herangehensweisen für das Thema Bewusstsein": die „innere Erfahrung und Erlebnisbeschreibung", den „Zugang von den Neurowissenschaften" und die „Perspektive der Kognitiven Psychologie". Das jahrhundertealte *Leib-Seele-Problem* der Philosophie, die Frage nach der Beziehung zwischen Gehirn und Bewusstsein (s. 2.3.1), wird aus Sicht der naturwissenschaftlichen Psychologie pragmatisch gelöst, indem angenommen wird, dass physiologisch registrierbare Gehirnzustände kognitive Verarbeitungsprozesse bewirken und sich partiell im bewussten Erleben manifestieren (Gadenne, 1996, Abb. 4.3).

Eine Erklärung für das Zustandekommen der Aufeinanderfolge von Bewusstseinsinhalten liefert das so genannte ACT-Modell („Adaptive Control of Thought") von Anderson (1983a, b), wonach der menschliche Informationsspeicher als umfangreiches *semantisches Netzwerk* gedacht wird (Knoten = *Begriffe*; Kanten = *Assoziationen*), dessen Einheiten zu einem bestimmten Zeitpunkt verschieden stark aktiviert sein können. Je nach Art der geistigen Anforderung sind nämlich immer nur jene Netzwerkelemente aktiviert, die zur Bewältigung des momentanen Problems einen Beitrag leisten. Diese sich ständig verändernde „Erregungskonstellation" im Nervennetzwerk kann als kognitiver Arbeitsspeicher (*Arbeitsgedächtnis*) aufgefasst werden (s. oben), dessen wechselnde Inhalte (ähnlich wie bei der Konzeption des *globalen Arbeitsraumes*) intros-

| Abb 4.3

Bewusstsein			B_1		B_2			B_3
Informationsverarbeitung	I_1 →	I_2 →	I_3 →	I_4 →	I_5 →	I_6 →	I_7	
Gehirnzustände	G_1 →	G_2 →	G_3 →	G_4 →	G_5 →	G_6 →	G_7	

Die Verbindung dreier Perspektiven der Bewusstseinsbetrachtung: Nervöse und physiologische Prozesse im Gehirn (G) sind die Grundlage für die psychische Informationsverarbeitung (I), deren Ergebnisse sich teilweise im bewussten Erleben (B) widerspiegeln (Gadenne, 1996).

pektiv als Bewusstseinsstrom erfahren werden. Die Menge an Erlebnisinhalten, auf die man sich gleichzeitig konzentrieren kann, die so genannte *Aufmerksamkeitsspanne*, kann auch als „Weite des Bewusstseins" verstanden werden.

4.2 | Bewusstseinszustände

4.2.1 | Bewusstseinslage

Nach Keidel (1963) kann der Leistungszustand des Gehirns als „Kanalkapazität"eines informationsverarbeitenden Systems interpretiert werden. Bei Lebewesen ist diese umso größer, je besser sie in der Lage sind, Informationen über die innere und äußere Realität richtig aufzunehmen, richtig zu interpretieren und schließlich danach optimal zu handeln. Die Bewusstseinslage ist umso höher, je mehr Information innerhalb eines bestimmten Zeitraums korrekt bewusst verarbeitet werden kann. Demnach ist sie bei Tätigkeiten, die hohe Konzentration erfordern, am höchsten (z.B. Simultanübersetzen, Schachspielen), bei automatisierten Verhaltensweisen entsprechend niedriger (z.B. Autofahren, Arbeitsroutine) und bei zerstreuenden Aktivitäten (z.B. Fernsehen, Illustrierte lesen) sehr niedrig. Der Übergang zu noch tieferen Bewusstseinslagen ist fließend und führt von besonders entspannten Zuständen über das Tagträumen zum Schlaf, zur Ohnmacht und zum Koma (s. auch *Selbstreflexivität*, 4.3.2).

Merksatz

Mit Bewusstseinslage umschreibt man den Grad an bewusster Kontrolle psychischer Abläufe, der bei äußerster Konzentration im Wachzustand sein Maximum und im Tiefschlaf sein Minimum erreicht.

Als für die Bewusstseinslage hauptverantwortliche Gehirnstrukturen werden in der Hirnforschung der *Hirnstamm* (speziell die *Formatio retikularis*), der *Thalamus* (das „Tor zum Bewusstsein") und das *Stirnhirn* genannt, also jene Strukturen, die zahlreiche Verbindungen zu anderen Gehirnarealen aufweisen und somit deren Aktivität auch breit gestreut beeinflussen (Pritzel, Brand & Markowitsch, 2003). Da von der Bewusstseinslage entscheidend die geistige und körperliche Leistungsfähigkeit des Menschen abhängt, kommt einem sinnvollen „Aktivierungsmanagement" für den Alltag große Bedeutung zu (Box 4.2; vgl. auch *Coping*, 11.6).

„Aktivierungsmanagement" | Maßnahmen gegen Müdigkeit | **Box 4.2**

Stark wirksam:

1. Koffeinhältige Genussmittel (Kaffee, Tee, Softdrinks, Schokolade, Wirkung von 15 Minuten bis 5 Stunden)
2. Kurzschlafphasen („Schläfchen", die 10–15 Minuten, maximal aber 45 Minuten dauern sollten)
3. Kernschlaf (mindestens 4 Stunden Schlaf stabilisiert den Biorhythmus und fördert die geistige und körperliche Regeneration)

Begrenzt wirksam:

1. Nikotin (schnelle Aktivierungswirkung je nach Dosis eventuell bis 30 Minuten; reduziert Schlafqualität)
2. Temperaturreduktion und Ventilation (nur bei Sauerstoffmangel effektiv)
3. Bewegungsübungen (maximal 30 Minuten wirksam)
4. Hintergrundmusik, Konversation u.Ä. (reduziert kurzfristig vorhandene Monotonie)

(Ergebnisse einer Untersuchung des U.S. Department of Transportation an Beschäftigen im Transportwesen; McCallum et al., 2003)

Biologischer Rhythmus, Schlaf und Traum | 4.2.2

Viele Lebensprozesse werden vom Tag-Nacht-Rhythmus beeinflusst, so dass sich im Laufe der Evolution auch beim Menschen eine Art „innere Uhr" herausgebildet hat. Dieser **zirkadiane Rhythmus** (Biorhythmus) reguliert die Wachheit des Organismus in Phasen von „zirka" einem Tag (lat. dies: Tag), genauer 24–25 Stunden. Die kleinen individuellen Abweichungen des **Biorhythmus** vom realen 24-Stunden-Tagesrhythmus werden durch die verantwortlichen Steuerungszentren im Gehirn (Suprachiasmatische Kerne, Hypothalamus, Zirbeldrüse) aufgrund von Lichtwahrnehmungen und Tagesrhythmus (z.B. Essintervalle) korrigiert (Birbaumer & Schmidt, 2005). Bei regulärem Biorhythmus sinken in der Nacht die

Körpertemperatur, die Atemfrequenz, die Herzrate, die Sauerstoff-
aufnahme und der Appetit, hingegen nehmen die Ausschüttung
von Wachstumshormonen, die Schmerzempfindlichkeit, die Reaktionszeit und die Fehleranfälligkeit des Verhaltens zu (Abb. 4.4).

Abb 4.4

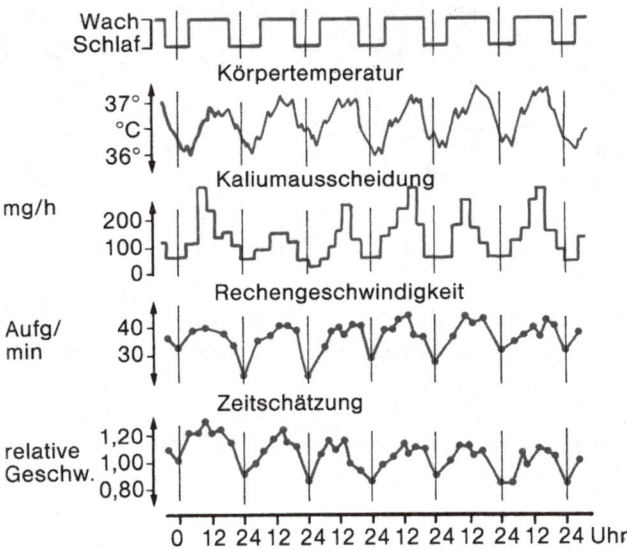

*Wach-Schlaf-Rhythmus einer Person, die bei gleichbleibender Beleuchtung jeweils
um 7 Uhr geweckt und um 23 Uhr zum Schlafen aufgefordert wurde, illustriert anhand zweier physiologischer und zweier psychologischer Messgrößen.*

In der Schlafforschung unterscheidet man zwischen dem **Kernschlaf** (core sleep, anchor sleep), der beim Erwachsenen etwa die ersten vier Stunden umfasst und als wichtig für die Regeneration des
Gehirns angesehen wird, sowie dem **Optionalschlaf** (optional sleep),
der eher der allgemeinen Erholung dient.

Die durchschnittliche (ungestörte) **Schlafdauer** beträgt bei Neuge-
borenen und Kleinkindern 14–16 Stunden, bei Jugendlichen 8–9
Stunden und bei Erwachsenen 6–7 Stunden. Nach Gallup-Umfra-

gen (Myers 2005, 291) schlafen 16 % der amerikanischen Erwachsenenbevölkerung nicht mehr als 5 Stunden, 27 % zwischen 5 und 6 Stunden, 28 % zwischen 6 und 7 Stunden und 28 % mehr als 8 Stunden. Die durchschnittliche Schlafdauer in Industriegesellschaften hat sich von 7,6 Stunden im Jahre 1942 auf nur mehr 6,7 Stunden im Jahre 2001 verringert, vielleicht mit der Konsequenz, dass in heutigen Meinungsumfragen oft mehr als die Hälfte der Befragten über Schlafmangel klagt.

Die psychischen, immunologischen und physiologischen Effekte von **Schlafmangel** werden oft unterschätzt: Bei kurzfristigem Schlafmangel zeigt sich häufig Reizbarkeit, Irritierbarkeit, Ablenkbarkeit, Perseveration, Unschlüssigkeit, geringeres Arbeitstempo, schlechtere Merkleistungen, verminderte Konzentration, Kreativitätsmangel, Ungeduld, Risikofreudigkeit, kindischer Humor, Motivationsverlust sowie eine Beeinträchtigung der Kommunikationsfähigkeit (s. Myers, 2005; Harrison & Horne, 2000; Foster & Wulff, 2005). Eine längere **Schlafdeprivation** (zum Beispiel eine durchwachte Nacht) senkt die Aktivität der natürlichen Killerzellen, reduziert Antikörperreaktionen und erhöht den die Immunabwehr beeinträchtigenden Cortisolspiegel (um fast 50 %). Zu beachten ist auch, dass die Verursachung von Verkehrsunfällen aufgrund von Schlafmangel („Mikroschlaf") auf etwa 20 bis 30 % geschätzt wird (Myers 2005, 293) und dass 27-stündiges Wachsein eine ähnliche kognitive Beeinträchtigung mit sich bringt wie 0,85 Promille Alkohol im Blut (Lamond & Dawson, 1999; zit. nach Foster & Wolff, 2005). Der wahrscheinlich längste künstlich herbeigeführte Schlafentzug betrug etwa 11 Tage, wobei die Versuchsperson ab dem dritten Tag unter Illusionen, Halluzinationen, und später auch Wahnideen litt, ohne dass allerdings danach dauerhafte körperli-

Perseveration: Verweilen bei einem Gedanken

Schlafdeprivation: teilweiser oder gänzlicher Schlafentzug

Merksatz

Kurzfristiger Schlafmangel manifestiert sich in Müdigkeit, Ablenkbarkeit und geringerer Leistungsbereitschaft, während langfristiger Schlafmangel (oder Schlafstörungen) nicht nur psychische, sondern auch physiologische Beeinträchtigungen und sogar körperliche Erkrankungen nach sich ziehen kann.

Merksatz

Der biologische Rhythmus (Biorhythmus) reguliert die vegetativen Funktionen des Wach-Schlaf-Zyklus des Menschen in Phasen von 24–25 Stunden. Weicht der Tag-Nacht-Rhythmus mehrere Stunden davon ab, ist vorübergehend mit psychischen und physiologischen Beeinträchtigungen zu rechnen.

che oder geistige Schäden bekannt geworden wären (Birbaumer & Schmidt, 1991).

Verschiebt sich der Biorhythmus im Vergleich zum Tagesrhythmus um mehrere Stunden, wie etwa bei **Schichtarbeit** oder beim **Jetlag** nach längeren Flugreisen, dann ist untertags mit Müdigkeit, Konzentrationsmangel, Verdauungsproblemen, Schwächung des Immunsystems, Unfallgefährdung und in Schlafzeiten mit Schlafstörungen zu rechnen (Abb. 4.5). Einige Studien zeigen (Klein & Wegmann, 1974; Lavie, 2001), dass solche biorhythmischen Verschiebungen besser verkraftet werden, wenn längere Anpassungszeiten gegeben sind (z.B. Nachtschichten anstatt Schichtwechsel). Beim Jetlag ist die benötigte Erholungszeit übrigens kürzer, wenn ein Tag gedehnt wird (z.B. bei einem Flug nach Westen: 2–4 Tage), als wenn es zu einer Tagesstauchung kommt (z.B. bei einem Flug

Abb 4.5

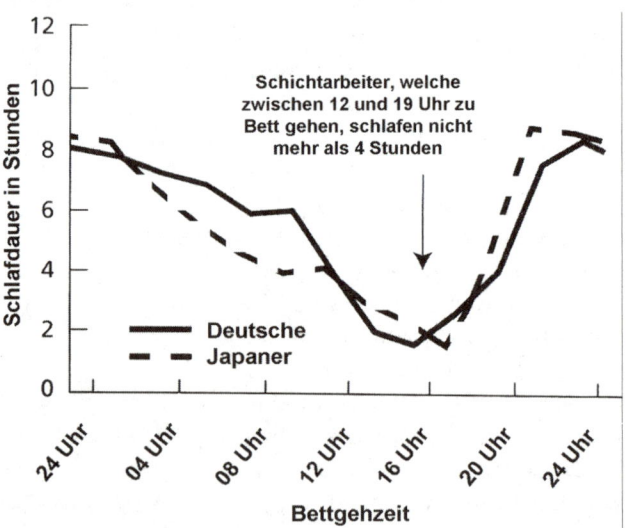

In einer Befragung von Kogi (1985, zit. nach Passer & Smith, 2004) wurden mehr als 2000 deutsche und mehr als 3000 japanische Schichtarbeiter gebeten, über ihre Bettgehzeit und ihre Schlafdauer Buch zu führen. Die Graphik zeigt, dass Schlafversuche am Nachmittag mit einer sehr geringen Schlafdauer verbunden waren.

Teufelskreis: Schlaf- und Aufputschmittel | Box 4.3

In einer neurowissenschaftlichen Studie zeigen Foster und Wulff (2005) jene physiologischen Probleme auf, die mit der Einführung künstlicher Beleuchtung und den daraus entstehenden Verschiebungen der Arbeitszeit verbunden sind. Forderungen nach Verfügbarkeit rund um die Uhr, Überstunden, Schichtarbeit und Abendvergnügungen kollidieren zumeist mit dem biologischen Rhythmus, so dass zu erzwungenen Wachzeiten aufputschende Mittel (z.B. Kaffee, Nikotin) und zu verbleibenden Schlafenszeiten dämpfende Substanzen (z.B. Alkohol, Schlafmittel) genommen werden, aus deren Wechselwirkung oft ein Teufelskreis entsteht. Einschlaf- oder Durchschlafstörungen sind in der Bevölkerung relativ weit verbreitet (ca. 20 %).

nach Osten: 6–9 Tage), weil man eher länger aufbleiben als zu früh schlafen gehen kann.

Obwohl die im Produktionsprozess auch heute weiter fortschreitende Einführung der **Schichtarbeit** – gemeinsam mit anderen Faktoren – eine Verkürzung der wöchentlichen Arbeitszeiten ermöglichte, scheint bisher eine flexible, auf den Arbeitsprozess abgestimmte Anpassung des Biorhythmus nicht gelungen zu sein. Dabei machen weitere Untersuchungen die gravierenden Langzeitfolgen von Schichtarbeit deutlich: Chronische Ermüdung, erhöhtes Unfallrisiko (z.B. Reaktorunfälle Tschernobyl und Tree Mile Island am frühen Morgen), Magengeschwürbildungen, Herz-Kreislauf-Erkankungen, Einschlafschwierigkeiten, Depressionen, Missbrauch von Suchtmitteln, soziale Isolation und familiäre Entwurzelung (Barton, 1994). Die Vor- und Nachteile der eingeführten Schichtmodelle sind leider noch nicht ausreichend wissenschaftlich untersucht (Foster & Wulff, 2005). Die biologische Umstellung auf Schichtarbeitszeiten, die nicht mit dem Tag-

> **Merksatz**
>
> Schlafstörungen, die seelisch, körperlich und umweltbedingt sein können, beeinträchtigen massiv die geistige und körperliche Leistungsfähigkeit im Wachzustand.

Nacht-Rhythmus übereinstimmen, könnte aber zumindest durch eine intensivere (tageslichtähnliche) Beleuchtung der Arbeitsplätze erleichtert werden.

Je nach Kultur können unterschiedliche Schlafgewohnheiten festgestellt werden: In Europa und in den USA dominiert der **Monophasenschlaf** (Nachtschlaf), in mediterranen Ländern (z.B. Italien, Spanien, Griechenland) hat sich der **Siesta-Schlaf** eingebürgert („Mittagsschlaf"), und in Teilen Afrikas und Asiens (z.B. Indien, China, Japan) wird ein kürzerer Nachtschlaf durch mehrere **Schläfchen** („Mikro-Schlaf", „Power-Nap", „Inemuri") wettgemacht, die auch in der Öffentlichkeit oder sogar bei der Arbeit stattfinden können.

Schlafstörungen („Insomnien") können biologische, umweltbedingte oder seelische Ursachen haben. Eine seltene, aber sehr belastende Schlafstörung ist die **Narkolepsie** (0,1 % der Bevölkerung), bei der die Betroffenen während des Tages vor allem in emotional erregenden Situationen abrupt erschlaffen, in Schlaf verfallen und sofort intensiv träumen können. Eine für etwa 3 % der Bevölkerung ebenfalls unangenehme Schlafstörung ist die **Schlafapnoe**, die extreme Tagesmüdigkeit, Kopfschmerzen und Konzentrationsschwäche nach sich zieht. Sie ist eine nächtliche Atemregulationsstörung, die durch lautes Schnarchen und Atempausen von mindestens zehn Sekunden begleitet wird und in der Nacht 10 bis 50 Mal pro Stunde auftreten kann. In 80 % der Fälle haben die Betroffenen Übergewicht und leiden an einer Verengung der oberen Atemwege.

Rhythmen finden sich nicht nur im Wach-Schlaf-Zyklus, sondern auch im Schlaf selbst. Im Laufe der Nacht werden wiederholt unterschiedliche **Schlafstadien** durchlaufen, welche anhand physiologischer Registrierungen (Elektroenzephalogramm/EEG, Augenbewegungen, Muskelaktivitäten, Herzrate, Atmung ...) relativ genau identifizierbar sind: Einem Stadium des Überganges vom entspannten Wachsein zum Einschlafen folgen das Einschlafstadium, das Stadium des leichten Schlafes, des mittleren Schlafes und (je nach Klassifikation) eine oder zwei Phasen des Tiefschlafes. Nach dem ersten Tiefschlaf werden die Stadien wieder in umgekehrter Reihenfolge bis zur ersten Traumphase durchlaufen (Phasenlänge etwa 90 Minuten). Die Traumphasen heißen **REM-Stadien** bzw. **REM-Schlaf**, weil in dieser Phase fast immer schnelle ruckartige Augenbewegungen auftreten, die in den übrigen Stadien, den

REM: rapid eye movement

NREM-Stadien (Nicht-REM) bzw. dem **NREM-Schlaf,** nicht vorkommen. In der ersten Hälfte des Schlafes dominiert der Tiefschlaf, in der zweiten Hälfte der mitteltiefe und der Traumschlaf. Schlafexperimente haben ergeben, dass nach einer Beeinträchtigung des Träumens und bei einem Mangel an morgendlichem Leichtschlaf Gedächtnisprozesse gestört sind (s. Walker & Stickgold, 2006, Foster & Wulff, 2005; Born & Plihal, 2000; 7.5.2).

Ein junger Erwachsener träumt etwa 20 % seiner Schlafdauer bzw. in Summe etwa 100–130 Minuten pro Nacht (einzelne Traumphasen dauern zwischen 10 und 50 Minuten). Da anhand physiologischer Ableitungen erkennbar ist, wann die **Traumphasen** beginnen, ist es auch möglich, Versuchspersonen am Träumen zu hindern („Traumdeprivation"). Im Unterschied zu jenen Versuchspersonen, die gleich oft, aber in Tiefschlafphasen geweckt werden, scheinen die traumdeprivierten Probanden in den Folgenächten ihr verlorenes Traumkontingent wieder aufzufüllen. Was die Traumerinnerungen betrifft, so weiß man meist nur den letzten Traum vor dem Aufwachen, wenn dieser nicht länger als fünf Minuten zurückliegt. Solcherart über die Nacht hinweg erhobene Traumberichte ergeben, dass frühe Träume eher realitätsbezogen und spätere Träume eher ungewöhnlich, bizarr und emotional intensiv ausfallen (Birbaumer & Schmidt, 1991). In neuropsychologischen Untersuchungen über die Durchblutung des Gehirns beim Träumen zeigen sich die *visuellen Assoziationszentren*, die *primärmotorischen Regionen* und das *Limbische System* stärker, der *präfrontale Kortex* schwächer aktiviert, woraus auf eine Dominanz visueller Trauminhalte, begleitet durch Bewegungsvorstellungen oder minimale Bewegungsimpulse, auf eine Gefühlsbetonung sowie auf eine geringe rationale Kontrolle beim Träumen geschlossen werden kann (Schwartz & Maquet, 2002).

Aus Schlafuntersuchungen geht weiters hervor, dass manche Personen sich während des Träumens bewusst sind, dass sie träumen, und während des Traumes den Fortgang des Traumgeschehens beeinflussen können, was man als **lucides Träumen** bezeichnet (LaBerge et al., 1990). Diese Fähigkeit lässt sich erfolgreich trainieren, indem mittels physiologischer Ableitungen (Gehirnströme

> **Merksatz**
>
> **Der Schlaf kann in Traumphasen und in Nichttraumphasen (teilweise Tiefschlafphasen) unterteilt werden, welche mittels physiologischer Messungen genau zu identifizieren sind.**

engl. lucid: bei klarem Verstand

oder Augenbewegungen) bei Schlafenden festgestellt wird, wann sie zu träumen beginnen, und ihnen dies mittels vereinbarter schwacher Licht- oder Tonreize (die sie nicht aufwecken dürfen) im Schlaf rückgemeldet wird.

4.2.3 | Spezielle Bewusstseinszustände ("Altered States of Consciousness")

Es gibt eine große Anzahl von Bedingungen und Einflüssen, die eine Änderung oder Störung des Wachbewusstseins bewirken (s. Kryspin-Exner & Jagsch, 1999; Pritzel et al., 2003; Vaitl et al., 2005):
- Körperliche oder psychische Erkrankungen, wie Gehirntumore, Gehirnblutungen, Gehirnentzündungen, Epilepsie, Infektionskrankheiten, Stoffwechselstörungen, hormonelle Störungen, Schizophrenie, Depression, Manie
- Psychische Praktiken, wie z.B. Hypnose, Meditation, Autogenes Training, religiöse Ekstase
- Physische und physiologische Auslöser, wie Hunger, Fasten, Hyperventilation, Kälte, Hitze, große sportliche Anstrengungen, Extrembergsteigen, Tauchen, Orgasmus, Sauerstoffmangel des Gehirns ("Nahtod-Erlebnisse")
- Soziale Bedingungen, wie z.B. Isolation, Massenhysterie

Hinzu kommen bestimmte Genussmittel, **Psychopharmaka** oder **Drogen** (s. Timmons & Hamilton, 1997; Addiction Science Network, 2006), welche massive, teilweise therapeutisch intendierte Erlebnisveränderungen herbeiführen können (Tab. 4.1):
- **Sedativa** (Beruhigungsmittel, "Tranquilizer"): Schlafmittel, Narkosemittel, Alkohol, Valium usw.
- **Narkotika** (Schmerz- und Betäubungsmittel): Morphium, Heroin, Methadon, Codein usw.

Merksatz

Verschiedenartige Erkrankungen, außergewöhnliche körperliche Zustände, spezifische mentale, soziale oder physische Bedingungen können veränderte Bewusstseinszustände auslösen, die mit Änderungen der Wahrnehmung, des Gedächtnisses, der Gefühle, der Motivation und des Verhaltens verbunden sind.

Merksatz

Besonders starke Auswirkungen auf das Bewusstsein gehen von psychoaktiven Substanzen aus, die entweder in der Therapie eingesetzt (z.B. Narkose) oder als Drogen konsumiert werden (z.B. Aufputschmittel, Rauschgifte).

Psychoaktive Substanzen (Genussmittel und Drogen) | Tab 4.1

Substanz	Wirkung (Stunden)	Häufige und extreme Effekte	Suchtgefahr
Alkohol	1–5	Wärmegefühl, gelöste Stimmung, Euphorie, Schläfrigkeit, Enthemmung, Redebedürfnis, Seh-, Geruchs- und Geschmacksbeeinträchtigungen, längere Reaktionszeit, Gedächtnisprobleme, Traumreduktion, motorische Störungen	mittel
Kaffee	3–5	Aufmerksamkeitssteigerung, Müdigkeitsreduktion, Stimmungshebung, Assoziationsanregung, Harnbildung, Erweiterung der Herzkranzgefäße, Verengung der Gehirngefäße; „Coffeinismus": Unruhe, Nervosität, Schlaflosigkeit, Kopfschmerzen, Magen-, Darm- und Herzbeschwerden, Schwindel, Angstzustände, Ohrklingen	niedrig–mittel
Nikotin	variabel	Gewöhnungs- und situationsabhängige Wirkung: entspannend oder stimulierend; Übelkeit, Zittern, Gefäßkontraktion, Verdauungsanregung, Bluthochdruck, Wohlgefühl, Krebsanfälligkeit	mittel–hoch
Kokain („Crack")	0,1–2	Aufmerksamkeitssteigerung, Hyperaktivität, geringeres Schlafbedürfnis, weniger Appetit, Euphorie, übertriebenes Selbstbewusstsein, stärkeres sexuelles Bedürfnis, Herzrhythmusstörungen, Halluzinationen, Angst, Depression, Aggression, Wahnvorstellungen	hoch
Cannabis (Marihuana, Haschisch)	2–4	Dosisabhängige und individualspezifische Wirkungen: Hochgefühle, Entspannung, Halluzinationen, Verzerrung von Raum und Zeit, Angst, Furcht, Verwirrung	niedrig–mittel
Opiate (Morphium, Heroin …)	3–6	Euphorie, Schmerzlinderung, Angstreduktion, Abflachung der Atmung, Übelkeit, Erbrechen, Hustendämpfung, Pupillenverengung, Verstopfung, Visionen	hoch

(Aus Neuroscience, 2004; Passer & Smith, 2004; Zimbardo & Gerrig, 2004; Pritzel et al., 2003)

- **Halluzinogene** (sinnestäuschende, psychosesimulierende Mittel): LSD (Lysergsäure-Diäthylamid), „magic mushrooms", Meskalin (im Peyote-Kaktus), Mystricin (in der Muskatnuss), Scopolamin (in der Tollkirsche, im Stechapfel), Cannabis, Psilocybin usw.
- **Stimulantia** (Aufputschmittel): Koffein, Nikotin, Kokain („Crack"), Amphetamin („Speed"), Ecstasy, Modafinil (Heilmittel gegen Schlafapnoe) usw.

Box 4.4 | Folgen von Drogenkonsum

Nach einer neun Jahre dauernden Untersuchung an 1634 Studie-
renden in Los Angeles kamen die Autoren (Stacy, Newcomb & Bent-
ler, 1991) zu folgenden Schlussfolgerungen:
- Etwa 10% der Studenten und Studentinnen nehmen regelmäßig
  Drogen zu sich, 10% sind völlig abstinent.
- Täglicher Drogenkonsum hat negative Auswirkungen auf die
  persönliche Entwicklung und die soziale Anpassung, fördert (ge-
  waltlose) Kriminalität und chaotisches Denken.
- Je früher der Einstieg in regelmäßigen Drogenkonsum erfolgt
  (Kindheit, Adoleszenz), desto mehr Gefahren für die Entwick-
  lung sind gegeben.
- Der Konsum harter Drogen (Aufputschmittel, Opiate) begüns-
  tigt Gedanken an Selbstmord und Selbstzerstörung, fördert
  Psychotizismus, mindert soziale Unterstützung und führt häufig zu Einsamkeit.
- Kokain stimuliert Streitigkeiten und schwächt enge Beziehungen.
- Die Umstände der Einnahme von Drogen sollten in die Gefah-
  renbeurteilung einbezogen werden (z.B. Lenken eines Fahrzeu-
  ges, kriminelle Gesellschaft, Berufsausübung).
- Massiver Drogenkonsum bei Jugendlichen geht oft mit einer
  „frühreifen" Entwicklung einher (Abbruch der Ausbildung,
  frühe Heirat, baldige Berufstätigkeit, Eheprobleme, Jobschwie-
  rigkeiten).
- Teenager, die keine anderen Drogen als Alkohol in mäßiger
  Dosis zu sich nehmen, sind gut sozial integriert und haben positives Selbstbefinden.

(Aus Zimbardo & Gerrig, 2004, 233, und Newcomb & Bentler, 1989)

- **Antidepressiva** (Depressionsheilmittel): Lithiumcarbonat, Reboxi-
  tin, Imipramin, Fluoxetin usw.
- **Antipsychotika** (Psychoseheilmittel, Neuroleptika): Chlorproma-
  zin, Haloperidol, Phenothiazine, Clozapin usw.
Viele der genannten psychoaktiven Substanzgruppen führen zu
psychischer oder physiologischer **Abhängigkeit** („craving") oder zu

Sucht (s. Kap. 13). Kontinuierlicher Konsum einer Droge erhöht die **Toleranz**, so dass immer größere Mengen benötigt werden, um den gleichen Effekt auszulösen. Bei Abhängigkeit von einem Stoff entsteht ein zunehmend unwiderstehlicher Drang danach, bei **Sucht** bewirkt das Absetzen des Stoffes **Entzugserscheinungen**, die sich in Konzentrationsmangel, Schläfrigkeit, Unruhe, Niedergeschlagenheit, emotionaler Labilität, Schlafstörungen, Angstzuständen, Ungeduld, vermehrter Aggression, Herzrasen, Schwitzen, Gänsehaut, Zittern, Benommenheit, Erbrechen oder sogar in tödlichen Komplikationen äußern können. Bei manchen Substanzen (z.B. Kokain) kann bereits die einmalige Einnahme zur **Sucht** führen (s. auch Box 4.4). Dass manche Drogen bei Jugendlichen bereits stark verbreitet sind, zeigen einschlägige Umfragen zum Drogenkonsum (s. Box. 4.5).

> **Merksatz**
>
> Die Abhängigkeit von Drogen oder anderen psychoaktiven Substanzen erklärt man sich durch ihre starke „Belohnungswirkung" auf das Gehirn sowie durch eine „Bestrafungswirkung" in Form von Entzugserscheinungen, wenn sie nicht mehr konsumiert werden.

Drogenkonsum in Deutschland | Box 4.5

Im Rahmen der europäischen Schülerbefragung im Jahr 2003 zu Alkohol und anderen Drogen (ESPAD) wurden auch in Deutschland 11.043 Jugendliche befragt: Von den 15- bis 16-jährigen Jugendlichen rauchten 36 % der Jungen und 35 % der Mädchen täglich bis zu zehn Zigaretten; 18 % der männlichen und 9 % der weiblichen Jugendlichen tranken mindestens jeden dritten Tag Alkohol (am häufigsten Alkopops), bis zum Alter von 16 Jahren hatten 80 % der Jugendlichen ein Rauscherlebnis; 33 % der Schülerinnen und Schüler hatten schon einmal eine illegale Droge probiert (Cannabis, Amphetamine, Ecstasy, LSD, Kokain oder Heroin), unter diesen konsumierten 14 % der Jugendlichen innerhalb der letzten 30 Tage Cannabis; zumindest einmal in ihrem Leben versuchten 11,3 % der Jugendlichen Schnüffelstoffe, 5 % hatten schon Amphetamine eingenommen, 4,9 % „magic mushrooms", 4,4 % Ecstasy, 3,4 % Kokain, 1,5 % Tranquilizer/Sedativa und etwa 1 % Heroin.

(Kraus et al., 2004)

Die Wirkung psychoaktiver Substanzen ist bedingt durch die Produktion, Ausschüttung oder Hemmung von **Neurotransmittern** (s. Kap. 5), also jenen Stoffen, die für die Übertragung elektrischer Impulse im Nervensystem verantwortlich sind. Das gesteigerte Bedürfnis nach psychoaktiven Substanzen (bei Abhängigkeit oder Sucht) erklärt sich nach derzeitigem Wissen durch ihre Wirkung auf das *Belohnungssystem* des Gehirns, wodurch über das *Vorderhirn* verhaltensverstärkende Effekte erzeugt werden. (Pritzel et al., 2003).

4.2.4 | Hypnose, Meditation und Trance

Hypnotische Trance ist ein besonderer Entspannungszustand mit stark (auf die hypnotisierende Person) eingeschränkter Aufmerksamkeit, der durch standardisierte Praktiken hervorgerufen wird und ungewöhnliche Veränderungen der Wahrnehmung, der Vorstellung, der Gefühle und des Verhaltens bewirkt.

Suggestion: Sprachliche Beeinflussung des Fühlens, Denkens und Handelns von Personen; lat. suggestio: Hinzufügung, Eingebung, Einflüsterung

Die Bekanntheit hypnotischer Praktiken dürfte mindestens bis in das 2. Jahrtausend v. Chr. zurückreichen, da Meditations- und Heilmethoden sowohl in hinduistischen Schriften, altägyptischen Papyri als auch im Alten Testament zu finden sind (Revenstorf & Prudlo, 1994). Die **Hypnose** (griech. hypnos: Schlaf) ist ein sehr entspannter Bewusstseinszustand mit speziell fokussierter Aufmerksamkeit, der von der Person selbst oder von anderen herbeigeführt werden kann und innerhalb dessen bestimmte **Suggestionen** Veränderungen der Wahrnehmung, des Gedächtnisses, der Motivation, des Gefühls oder des Verhaltens auslösen. Dieser außergewöhnliche Bewusstseinszustand, der nicht mit Schlaf zu verwechseln ist, wird auch als **Trance** bezeichnet (Box 4.6). Die **Hypnotisierbarkeit** einer Person kennzeichnet das Ausmaß, in welchem sie auf standardisierte Suggestionen mit hypnotischen Reaktionen antwortet, wofür auch Tests entwickelt wurden (z.B. die „Stanford Hypnotic Susceptibility Scale"). Hypnotisierbarkeit scheint nicht von Personenmerkmalen wie Leichtgläubigkeit, weibliches Geschlecht, *Introversion* und *emotionale Labilität* abhängig zu sein. Eine leicht hypnotisierbare Person (ca. 5–10 % der Bevölkerung) kann von jeder geübten (und akzeptierten) Person hypnotisiert werden, während bei nicht hypnotisierbaren Personen (ca. 5–10 %) auch der erfahrenste Hypnotiseur scheitert (Stark, 1993). Im Zustand

Einige Charakteristika hypnotischer Trance | Box 4.6

- Senkung der Muskelspannung, der Herzrate und des Blutdrucks, Erweiterung der Blutgefäße, gleichmäßigere und langsamere Atmung
- Lidschluss oder Defokussierung der Augen
- Geringere Ansprechbarkeit und Frequenz von Blinzel- und Schluckreflex
- Spezielle muskuläre Reaktionen (Erstarrung, Einnehmen einer bestimmten Haltung)
- Immobilität und „Sprechfaulheit"
- Mentale Wachheit (bei gleichzeitiger körperlicher Entspannung)
- Lebhafte Vorstellungen (Imaginationen, Halluzinationen)
- Verringerung externer Wahrnehmungen („Tunnelvision")
- Entfremdungsempfinden vom eigenen Körper mit „hypnotischer Analgesie" (Schmerzausschaltung)
- Zeitverzerrung (in der Regel Verkürzung um etwa 50 %)
- Gleichgültigkeit oder Amüsiertheit (über den Trancezustand)
- Amnesie (für Tranceinhalte)

(Nach Revenstorf & Prudlo, 1994; Revenstorf, 2003)

der Hypnose ist jedoch weder der Wille gebrochen, noch ist das moralische Urteilsvermögen eingeschränkt, wie oft geglaubt wird.

Hypnotherapie, der therapeutische Einsatz von Hypnose, kommt für verschiedenartige somatische, psychosomatische und psychische Therapieziele in Betracht (Revenstorf & Prudlo, 1994): Zur Verbesserung der Wundheilung, zur Schmerzbewältigung in der Chirurgie, in der Geburtshilfe, Zahnheilkunde und Tumorbehandlung (Steigerung der Widerstandskraft, Behandlung chronischer Schmerzen), sowie bei posttraumatischen Reaktionen. Bei einigen Indikationen (z.B. Rauchen und Übergewicht) hat sich auch die Verknüpfung mit *verhaltenstherapeutischen* Interventionen bewährt.

Merksatz

Als Hypnotherapie bezeichnet man den Einsatz der Hypnose für therapeutische oder psychotherapeutische Zwecke.

Box 4.7 | Übungsformeln des Autogenen Trainings

Die Übung wird im Sitzen oder Liegen mit geschlossenen Augen durchgeführt und beginnt nach Schultz mit der Formel: „Ich bin ruhig, ganz ruhig." Die nachfolgenden Parolen werden mehrmals wiederholt und jeweils mit der Formel „Ich bin ganz ruhig" abgeschlossen:

- **Schwereübung**: „Mein rechter (linker) Arm ist ganz schwer." Und später, wenn die Suggestion bereits Erfolg hatte: „Meine Arme und Beine sind angenehm schwer."
- **Wärmeübung**: „Mein rechter (linker) Arm ist ganz warm." (später: „Mein Körper ist angenehm warm.")
- **Herzübung**: „Mein Herz geht ruhig und gleichmäßig." (später: „Mein Herz geht ganz automatisch, von ganz alleine.")
- **Atemübung**: „Mein Atem geht ganz ruhig." (später: „Mein Atem geht von ganz alleine – es atmet mich.")
- **Sonnengeflechtübung**: „Mein Sonnengeflecht ist strömend warm."
- **Stirnübung**: „Meine Stirn ist angenehm kühl." (später: „Mein Kopf ist frei und klar.")

Da bei wirksamer Entspannungsinduktion auch der Blutdruck gesenkt wird, sollte danach – bevor man sich erhebt – die Entspannungssuggestion „zurückgenommen" werden: Anspannen der Muskeln, tiefes Durchatmen und Öffnen der Augen.

(Schultz, 1932/2003; vgl. Vaitl, 2004)

Der Erfolg ist unterschiedlich und vor allem auf dem Gebiet der Klinischen Psychologie in seiner Nachhaltigkeit umstritten. Jedenfalls können in Hypnose Bilder und Situationen in der Vorstellung lebendig hervorgerufen und mit so genannten **posthypnotischen Befehlen** gekoppelt werden (Anweisungen in der Hypnose, zu deren Befolgung im Wachbewusstsein ein Drang empfunden wird), die bestimmte erwünschte Verhaltensweisen anbahnen.

Außergewöhnliche Bewusstseinszustände entstehen auch durch **Meditation**. Teilweise jahrtausendealte Meditationsanweisungen empfehlen, sich in ungestörter Situation auf bestimmte Bilder, Worte, Körperbereiche, Ideen oder die Atmung zu konzentrieren, um das Bewusstsein als obersten Kontrolleur psychischer Informationsverarbeitung „ruhig zu stellen" (Lindsay & Norman, 1981; Gadenne, 1996). Somit wird die Chance erhöht, dass sich körperliche (vegetative) Prozesse optimal einregulieren, sich Aktivitäten mit größerer Konzentration entfalten (z.B. Bogenschießen bei Zen) und sich Einsichten über die eigene Person sowie über die richtige Lebensorientierung entwickeln (z.B. durch religiöse Offenbarungen). Die psychologisch oder physiologisch feststellbaren Auswirkungen von Meditationspraktiken sind nach Hagelin et al. (1999) ruhevolle Wachheit, Verringerung der Atmung, Senkung des Milchsäuregehaltes im Blut, Regulierung von Stresshormonen sowie ein verringertes Aggressionspotential. EEG-Untersuchungen bei meditativer Trance lieferten sowohl Hinweise auf eine gesteigerte kortikale Aktivierung (z.B. Anstieg des Gleichspannungspotentials) als auch auf eine kortikale Deaktivierung (Theta-Wellen, die in bestimmten Schlafphasen auftreten), was als „paradoxical arousal" bezeichnet wurde (Guttmann, 1992).

Als (autosuggestive) Methode zur „konzentrativen Selbstentspannung" ist das **Autogene Training** sehr verbreitet, welches in den 20er Jahren des letzten Jahrhunderts aus systematischen Beobachtungen von hypnotisierten Patienten entstanden ist (Schultz, 1932/2003). Es gliedert sich in eine Unterstufe, die auf eine Stabilisierung der psychovegetativen Grundregulation abzielt, und in eine Oberstufe, die tranceartige Zustände anstrebt und auch für therapeutische Interventionen eingesetzt wird (z.B. im Rahmen des „Katathymen Bilderlebens"). So genannte „formelhafte Vorsatzbildungen" sollen dabei im Sinne selbstverabreichter *posthypnotischer Befehle* die Konzentration auf individuelle Leitziele, auf gewünschte Verhaltensänderungen oder auf Aspekte der Persönlichkeitsreifung lenken.

Besondere Aspekte des Bewusstseins | 4.3

Psychische Selbstregulation | 4.3.1

Die Steuerung psychischer Prozesse sowie des Bewusstseinsablaufs erfolgt beim Menschen nicht nur über externen Input (Sinnesinformationen, physiologische Bedingungen), sondern in hohem Maße auch über internen Input, nämlich über Assoziationen, Vorstellungen und gedankliche Sprachabläufe (s. Tucker & Williamson, 1984). Viel stärker als bei anderen Lebewesen können daher die psychischen Prozesse des Menschen als **selbstdeterminiert** be-

Aufgrund der Eigengesetzlichkeiten von Sprache und Vorstellung ist menschliches Bewusstsein stark selbstdeterminiert und ermöglicht deshalb die intensive Nutzung vergangener und potentieller Erfahrungen.

zeichnet werden. Das bewusste Erleben ist sogar fast vollständig von „äußeren" Ereignissen abkoppelbar, wenn (zumindest für kurze Zeit) die Aufmerksamkeit ausschließlich auf Gedanken oder Vorstellungen gelenkt wird. Das Verhalten des Menschen wird damit nicht nur von der aktuellen, sondern auch von der potentiellen Wirklichkeit gesteuert. Antizipationen und Prognosen („Kann-Zustände") über Zustandsveränderungen der Realität können entweder konkret-vorstellungsmäßig oder abstrakt-logisch aus einer gegebenen Wahrnehmungssituation („Ist-Zustände") abgeleitet werden und Wünsche, Bedürfnisse oder Absichten („Soll-Zustände") hervorrufen (Maderthaner, 1988, 1992).

Dieses hohe Niveau an Funktionsautonomie des Bewusstseins wird wesentlich durch die evolutionären Entwicklungen der symbolischen Informationsverarbeitung, d.h. der **Sprache**, und der Produktion „innerer Bilder", d.h. der **Vorstellung** und Phantasie, erreicht. Die sprachsymbolische Informationsverarbeitung bedeutete in der Evolution besonders deshalb einen Selektionsvorteil, weil mittels Sprache Lebenssituationen analysiert werden können, ohne dass diese wahrgenommen werden müssen. Eine Nachverarbeitung der aufgenommenen Information (z.B. durch Denk- und Schlussfolgerungsprozesse) sowie eine Vorverarbeitung der abgegebenen Information bei der Handlungsvorbereitung (z.B. durch Planung und Phantasie) optimiert die zukünftigen Handlungsergebnisse im Sinne der Lebensinteressen.

Die Sprachzugangstheorien des Bewusstseins schreiben der (inneren) Sprache die Hauptkontrolle für die Dynamik von Bewusstseinsabläufen zu.

Bei den so genannten **Sprachzugangstheorien** des Bewusstseins wird der sprachlichen Kontrolle bewusster Prozesse – dem „inneren Sprechen" – eine besondere Bedeutung zugemessen, und damit auch der Rolle der linken („dominanten") Gehirnhälfte, die bei etwa 91 % der Bevölkerung für das Sprachverständnis und die Sprachproduktion verantwortlich ist. Von den rechtshändigen Personen (90 % der Bevölkerung) haben ca. 95 % das Sprachzentrum in der linken Hemisphäre, von den linkshändigen Personen (8 % der Bevölkerung) ca. 75 % (Springer & Deutsch, 1987; Premack, 2004).

Selbstreflexivität (Ich-Bewusstsein) | 4.3.2

Da wir spätestens seit Immanuel Kant (1724–1804) davon ausgehen können, dass unsere Einsichten in die Struktur- und Ablaufgesetzmäßigkeiten der Realität wesentlich von den eigenen Denkformen, Beurteilungskategorien und Schlussfolgerungsprozessen geprägt sind, wird auch die mögliche Fehlerhaftigkeit unserer Realitätserfahrungen erkennbar. Die Fähigkeit des Menschen zur **Selbstreflexion**, d.h. die gedankliche Analyse des eigenen Denkgeschehens, scheint eine eher späte Errungenschaft in der phylogenetischen Entwicklung des Menschen zu sein (Box 4.8). Als Konsequenz des (sprach- und vorstellungsgebundenen) Autonomiezuwachses von Bewusstseinsabläufen könnte beim Menschen im Laufe der Evolution zunehmend die Einsicht entstanden sein, dass die Vorgänge im Bewusstsein (z.B. Einstellungen, Motive, Denkprozesse, Entscheidungen) das eigene Handeln beeinflussen (*Internale Kontrollwahrnehmung*) und sich dadurch das „Ich-Erleben" und der Eindruck eines „freien Willens" herausgebildet haben (vgl. auch Jaynes, 1976/1993).

Ich-Bewusstsein im Experiment | Box 4.8

Zoologische Untersuchungen über das Vorhandensein eines Ich-Bewusstseins bei Lebewesen gehen häufig von der Frage aus, ob diese in der Lage sind, sich selbst in einem Spiegel zu identifizieren („Mirror Test"). Bisher konnte diese Fähigkeit nur bei Primaten nachgewiesen und bei Delphinen vermutet werden. Beim Menschen entwickelt sich dieses Ich-Bewusstsein kontinuierlich ab dem 6. bis zum 24. Lebensmonat, einhergehend mit der Identifikation von Objekten (*Objektpermanenz*), der Annahme einer stabilen Außenwelt sowie einer verstärkten Verwendung des Personalpronomens „ich". Wenn zum Beispiel Kindern zwischen einem und drei Jahren – unwissentlich und für sie selbst nicht sichtbar – ein roter Punkt auf die Nase gemalt wird und sie sich im Spiegel betrachten, berühren Kinder ab etwa 18 Monaten sofort die eigene Nase, während dies bei jüngeren Kindern noch wesentlich seltener der Fall ist.
(Bertenthal & Fischer, 1978)

Durch das Ich-Bewusstsein erfährt sich der Mensch als ein von der Objektwelt abgegrenztes, teilweise autonomes, die Realität veränderndes Wesen.

Volker Gadenne (1996, 69) sieht das **Ich-Bewusstsein** dagegen als Konsequenz der Leiblichkeit: „Zum einen erlebt man die körperlichen Empfindungen, wie Berührung, Wärme und Kälte, Lust und Schmerz deshalb als zentral in Bezug auf die eigene Person, weil man sich schwer von ihnen distanzieren kann, sie gehen einem buchstäblich ‚unter die Haut'. Zum anderen lernt man den Gebrauch des Wortes ‚ich' im Zusammenhang mit dem Ort, an dem sich der eigene Körper befindet."

Unter Bezug auf psychologische und physiologische Studien über Hypnose und Meditation schlägt Guttmann (1992) vor, die Klarheit des Ich-Erlebens ebenso wie die *Bewusstseinslage* quantitativ abzustufen: Demnach nimmt im Schlaf das Ich-Bewusstsein über die Schlafstadien vom Tiefschlaf bis zum Traumschlaf kontinuierlich zu und erreicht beim *luziden Träumen* seine höchste Ausprägung. Im Wachzustand hingegen ist es bei selbstbezogenen Aktivitäten oder Gedanken (z.B. autobiographische Erinnerungen) am stärksten ausgeprägt, bei intensiver Hingabe an faszinierende Tätigkeiten bereits reduziert, im Zustand des „Flow" und bei meditativer Trance (z.B. im Zen: „Satori") am schwächsten.

Die Psyche wird in der modernen Psychologie als komplexes kybernetisches Regelsystem gesehen, dessen Grundlage das Zentralnervensystem ist und dem als „phylogenetische Neuerung" das Bewusstsein mit einer „Lupenfunktion" für anspruchsvolle Problemlösungen zur Verfügung steht. So etwa lenkt das Bewusstsein die Aufmerksamkeit auf jene psychischen Prozesse, die gegenwärtig als relevant und nicht automatisch bewältigbar erscheinen („Akzentuierungsfunktion"). Es fördert das Einprägen und das Erinnern von Erlebnisinhalten durch deren Aufrechterhaltung im psychischen Arbeitsspeicher (Kurzzeitgedächtnis) und durch die intensive Assoziation mit anderen Bewusstseinsinhalten („Speicherfunktion"). Die ins Bewusstsein gerufenen Erlebnisinhalte können begrifflich klassifiziert und zwischen ihnen Vergleiche, Klassifikationen und logische Beziehungen hergestellt werden („Analysefunktion"). Schließlich erlaubt das Bewusstsein eine Verlagerung der Kontrolle des psychischen Geschehens von „außen" (Umwelt und Körpergeschehen) nach „innen" (Motive, Wünsche und Erwartungen), indem die psychischen Abläufe durch die Assoziationsstrukturen sowohl der Sprache als auch der Vorstellung gelenkt werden („Kontrollfunktion").

Als Bewusstseinslage bezeichnet man die aktuell vorhandene, vom zentralnervösen Aktivierungsniveau abhängige psychische Leistungsfähigkeit und das Ausmaß der bewussten Kontrolle psychischer Funktionen. Sie kann von äußerster Konzentriertheit bis zur Bewusstlosigkeit reichen. Die Bewusstseinslage wird wesentlich durch den so genannten zirkadianen Rhythmus (*Biorhythmus*, „innere Uhr") bestimmt, welcher biologisch auf „zirka" einen Tag eingestellt ist und durch Umwelteinflüsse (z.B. Tageslicht) modifiziert wird. Rhythmischen Gesetzmäßigkeiten ist auch der Schlaf unterworfen, der unter anderem in Traumphasen und Tiefschlafphasen unterteilbar ist. Anhand von physiologischen Indikatoren (Temperatur, Atmung, Herzschlag, Elektroenzephalogramm etc.) können die Phasen des zirkadianen Rhythmus, die Schlafphasen und die Traumaktivitäten klar identifiziert werden. Weicht der Tagesrhythmus vom zirkadianen Rhythmus mehrere Stunden ab, dann ist mit Einschränkungen der Leistungsfähigkeit und mit vegetativen Störungen zu rechnen („Jet-Lag-Syndrom").

Außergewöhnliche Bewusstseinszustände können durch erstaunlich viele alltägliche Erfahrungen (z.B. sensorische Deprivation, Hyperventilation, Beschallung), durch diverse Erkrankungen (z.B. Fieber, Epilepsie, Schizophrenie) sowie durch Medikamente oder Drogen (z.B. Alkohol, LSD, Morphium) ausgelöst werden. Bestimmte psychoaktive Substanzen wirken auf die Belohnungszentren des Gehirns und führen bei längerem Gebrauch zu Abhängigkeit und Sucht. Mittels hypnotischer Praktiken (z.B. in Hypnotherapie) kann ein intensiver Entspannungszustand mit eingeengter Aufmerksamkeit hervorgerufen werden, der auch therapeutisch nutzbar ist und in ähnlicher Weise durch fernöstliche meditative Techniken entsteht, als deren westliches Pendant das „Autogene Training" gelten kann.

Menschliches Bewusstsein zeichnet sich – (wahrscheinlich) im Gegensatz zum Bewusstsein anderer Lebewesen – durch Selbstreflexivität aus, d.h. durch die Fähigkeit, sich selbst zu analysieren und sich als teilweise autonomes Subjekt in einer Objektwelt zu erfahren. Sich seiner selbst bewusst zu sein (Ich-Bewusstsein) bedeutet aber auch, sich als körperliche Einheit zu erleben, über autobiographisches Wissen zu verfügen und sich als Ursache von Wirkungen in der Lebensumwelt zu erleben (Kontrollwahrnehmung). Eine Besonderheit der menschlichen Psyche ist auch die Tendenz zur Selbstregulation, d.h. eine Verringerung der Abhängigkeit von der aktuellen Reiz- und Erlebnissituation. Durch die psychischen „Hilfssysteme" Sprache und Vorstellung sind Problemsituationen unabhängig von der gegebenen Situation analysierbar und simulierbar, so dass dadurch Bewusstseinsinhalte eine geistige und emotionale Nachverarbeitung erfahren können.

1. Wie lässt sich Psyche aus psychologischer Sicht definieren?
2. Wie lassen sich Psyche und Bewusstsein in ihrem Wechselbezug charakterisieren?
3. In welcher Beziehung stehen bewusste Erlebnisse, psychische Vorgänge und Gehirnprozesse?
4. Was versteht man unter Bewusstseinslage?
5. Welche Bedeutung hat der zirkadiane Rhythmus für Bewusstseinsprozesse?
6. Wie teilt man Schlafphasen ein, und mit welchen Messungen können sie dargestellt werden?
7. Was wird unter „luzidem Träumen" verstanden?
8. Welche Bedingungen, Erkrankungen oder Substanzen können veränderte Bewusstseinszustände hervorrufen?
9. Wie erklärt man sich das Zustandekommen von Abhängigkeit und von Sucht bei Drogen?
10. Welche psychoaktiven Substanzen (Genussmittel oder Drogen) sind allgemein bekannt und welche Suchtgefahr geht von ihnen aus?
11. Wie kann Hypnose definiert werden und wodurch äußert sich hypnotische Trance?
12. Mit welchen Praktiken werden meditative Bewusstseinszustände herbeigeführt?
13. Erklären Sie Selbstreflexivität bzw. Ich-Bewusstsein als Charakteristikum menschlichen Bewusstseins!
14. Auf welche zwei Prozesse lässt sich im Wesentlichen die hohe Selbstregulationsfähigkeit der Psyche zurückführen?

Literatur

Baars, B. J. (1989). A cognitive theory of consciousness. Cambridge

Dehaene, S. & Naccache, L. (2001). Towards a cognitive neuroscience of consciousness: basic evidence and a workspyce framework. Cognition, 79, 1–37.

Gadenne, V. (1996). Bewußtsein, Kognition und Gehirn. Bern

Guttmann, G. & Langer, G. (1992). Das Bewusstsein. Multidimensionale Entwürfe. Wien

Hinterhuber, H. (2001). Die Seele. Natur- und Kulturgeschichte von Psyche, Geist und Bewusstsein. Wien

Jaynes, J. (1993). The Origin of Consciousness in the Breakdown of the Bicameral Mind. Boston (Origin. 1976)

Martin, G. N., Carlson, N. R. & Buskist, W. (2007). Psychology. Harlow (England)

Neuroscience of psychoactive Substance use and dependence. (2004). Geneva

Passer, M. W. & Smith, R. E. (2004). Psychology. The science of mind and behavior. Boston

Spitzer, M. (1996). Geist im Netz. Modelle für Lernen, Denken und Handeln. Heidelberg

Solso, R. L. (2005). Kognitive Psychologie. Heidelberg

Wahrnehmung und Interpretation $\quad$ |5

Inhalt

5.1 $\quad$ Psychophysik

5.2 $\quad$ Biologische Grundlagen visueller Wahrnehmung

5.3 $\quad$ Raumwahrnehmung

5.4 $\quad$ Objektwahrnehmung

5.5 $\quad$ Gesichtswahrnehmung

5.6 $\quad$ Bewegungswahrnehmung

5.7 $\quad$ Farbwahrnehmung

5.8 $\quad$ Akustische Wahrnehmung

5.9 $\quad$ Andere Sinne

Die Wahrnehmung über die **Sinnesorgane** ist das Bindeglied zur uns umgebenden Realität (Tab. 5.1). Von ihrer Funktion hängt es ab, ob und in welcher Weise sich Lebewesen in ihrer Umwelt behaupten und weiterentwickeln. Die Spezialisierungen im Wahrnehmungssystem eines Lebewesens verraten somit die evolutionäre Bedeutung bestimmter Informationsbereiche in dessen Umwelt. Bezogen auf die pro Zeiteinheit aufgenommene **Informationsmenge** trägt beim Menschen zum Beispiel die visuelle Wahrnehmung – mit vermutlich mehr als 80 % des gesamten Inputs – am meisten zur Erstellung eines „inneren Modells" der Realität bei. Sie soll daher in diesem Kapitel genauer als die anderen Wahrnehmungsleistungen dargestellt werden.

| Tab 5.1 | Wesentliche Eigenschaften der Sinnessysteme des Menschen |

Sinne	Reize	Sinnesorgan	Rezeptoren	Empfindungen
Sehen (Visuelles System)	Lichtwellen	Auge	Stäbchen, Zapfen in der Retina	Farben, Formen, Gestalten, Räumlichkeit
Hören (Akustisches System)	Schallwellen	Ohr	Haarzellen in der Basilarmembran	Töne, Klänge, Geräusche
Geruchssinn (Olfaktorisches System)	Riechstoffe	Nase	Riechzellen im Riechepithel der Nase	Düfte (blumig, faulig, stechend, moschusartig, ätherisch, kampferartig, minzig, ...)
Geschmackssinn (Gustatorisches System)	Geschmacksstoffe	Zunge	Geschmacksknospen der Zunge	Geschmacksempfindungen (süß, sauer, bitter, salzig, ...)
Hautsinne (Somatosensorisches System)	Berührung	Haut	Nervenenden in der Haut	Berührung, Schmerz, Wärme, Kälte
Gleichgewichtssinn (Vestibuläres System)	Krafteinwirkungen (Schwerkraft, Fliehkräfte)	Innenohr	Haarzellen in den Bogengängen des Ohres	Bewegung im Raum, Empfindung der Schwerkraft
Bewegungssinn (Kinästhetisches System)	Muskelbewegungen	Muskeln, Sehnen und Gelenke	Nervenfasern im Bewegungsapparat	Bewegung und Orientierung von Körperteilen im Raum

(Modifiziert aus Zimbardo & Gerrig, 1999)

5.1 | Psychophysik

In diesem ältesten Forschungsgebiet der Psychologie, verbunden mit den Namen Ernst Heinrich Weber (1795–1878) und Gustav Theodor Fechner (1801–1887), steht die Wahrnehmung von Reizen im Vordergrund. Speziell geht es dabei um die Relation zwischen einem Reiz und der durch ihn ausgelösten Empfindung. Von besonderem Interesse waren seit jeher die Wahrnehmungsschwellen in den verschiedenen Sinnesgebieten, und zwar sowohl die **Intensi-**

tätsschwellen („untere" und „obere absolute Wahrnehmungsschwellen") als auch die **Unterschiedsschwellen**, die aufzeigen, bei welcher Reizdifferenz zwei Reize (z.B. verschiedener Lautstärke) auch verschiedene Empfindungen bzw. einen „eben merklichen Unterschied" auslösen. Bereits vor etwa 200 Jahren wurde erkannt, dass jede Art der Reizung spezifischer Sinnesorgane zu sinnesspezifischen Empfindungen führt (z.B. auch ein Schlag auf das Auge führt zu einer Lichtempfindung).

Eine frühe Erkenntnis war auch, dass die Unterschiedsschwelle von der Intensität der verglichenen Reize abhängt. Im **Weber'schen Gesetz** wurde postuliert, dass bei intensiveren Reizen („Stimuli") auch die Unterschiede immer größer werden müssen, damit sie als solche wahrgenommen werden können (Tab. 5.2).

Für die untersuchten Reizarten, wie etwa Tonhöhe, Helligkeit oder Lautstärke, wurde zunächst die Relation zwischen Reizstärke (S) und Empfindungsstärke (E) – auch **psychophysische Funktion** ge-

> **Merksatz**
>
> **In der Psychophysik werden die Beziehungen zwischen Reizen und den von ihnen ausgelösten Empfindungen untersucht und funktional beschrieben.**

Die „Weber'sche Konstante" (k) drückt aus, um welchen Wert (DS) ein „Ankerreiz" (S) vergrößert oder verkleinert werden muss, damit ein Vergleichsreiz" (S ± DS) als unterschiedlich wahrgenommen wird („Weber'sches Gesetz": DS/S = k). Im Vergleich zu einem Ton von 1000 Hertz muss also ein Ton 1003 Hertz haben, um als höher empfunden zu werden.   **Tab 5.2**

Art des Reizes	Zunahme in Prozenten (= k · 100)
Tonhöhe (Schallfrequenz)	0,3 %
Lautstärke (Schallenergie)	9,0 %
Helligkeit	1,6 %
Länge von Linien	2,5 %
Gewichte (gehoben)	2,0 %
Gewichte (Druck auf die Haut)	15,0 %
Geschmack von Salzlösungen	25,0 %

(Aus Herkner 1986, nach verschiedenen Quellen)

Abb 5.1

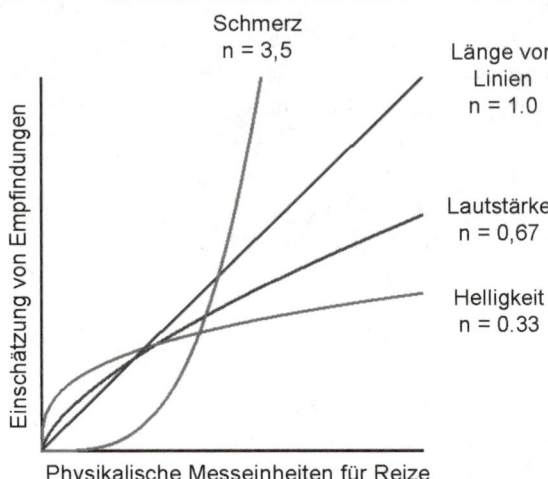

Die Intensität einer Empfindung nimmt nur bei wenigen Reizen (z.B. Längenschät-
zung) linear mit der Intensität der Sinnesreize zu. Nach Stevens (1957) können die
Empfindungsstärken als Potenzfunktionen der Sinnesstärken berechnet werden: E =
S^n. So etwa kann das Ausmaß des empfundenen Schmerzes anhand der Stromstärke
eines Elektroschocks (am Finger) nach der Funktion E = S$^{3.5}$ berechnet werden. Je
nach Empfindungsart sind andere Potenzwerte (n) heranzuziehen. Die Potenzfunk-
tion für Helligkeitseinstufungen zeigt, dass die Differenzierungsfähigkeit in unteren
Bereichen der Lichtintensität wesentlich größer ist als in oberen Bereichen. Beim
Schmerz ist es umgekehrt.

nannt – als logarithmische Funktion dargestellt: E = log S. Etwa 100
Jahre später überprüfte Stevens (1957) in breit angelegten Experimenten auf verschiedenen Sinnesgebieten den funktionellen Zusammenhang zwischen Reiz und Empfindung anhand der „Grö-
ßenverhältnisschätzmethode", bei der die Empfindung für einen
Ankerreiz die Zahl 100 zugewiesen bekommt und die Versuchspersonen gebeten werden, die Empfindungen von Vergleichsreizen
mittels einer Vergleichszahl zum Ausdruck zu bringen (z.B. „halb
so groß": 50; „dreimal so laut": 300). Stevens konnte nachweisen,
dass die psychophysische Funktion für jede Modalität (z.B. visuelle,
akustische, taktile) sehr treffend als Potenzfunktion beschrieben
werden kann (Abb. 5.1, Tab. 5.3).

Tab 5.3

Nach der psychophysischen Funktion von Stevens (1957, 1961) lässt sich die Empfindungsstärke (E) für Reize verschiedener Modalität und Intensität (S) mittels einer Potenzfunktion beschreiben: $E = a \cdot (S - S_0)^n$ (a = Multiplikative Konstante für die Maßeinheit des Sinnesreizes, S = Größe, Frequenz oder Intensität des Sinnesreizes, S_0 = untere Schwelle des Sinnesreizes, n = sinnesspezifischer Exponent).

Tonhöhe	Exponent n
Lautstärke (Schallenergie)	0,67
Helligkeit	0,33
Länge von Linien	1,00–1,10
Gewicht	1,45
Schmerz (elektr. Schläge)	3,50
Geschmack (süß)	1,30
Fläche (von Quadraten)	0,90–1,15
Wärme (am Arm)	1,40
Kälte (am Arm)	1,00
Zeitdauer (Geräusch)	1,10

Biologische Grundlagen visueller Wahrnehmung | 5.2

Licht als physikalischer Reiz für optische Wahrnehmungen dringt durch die schützende Hornhaut in das **Auge** (Abb. 5.2). Die Lichtmenge wird von der Pupille reguliert und von der Linse so gebündelt, dass auf dem Augenhintergrund, der **Netzhaut** (Retina), ein scharfes (umgekehrtes) Bild des visuellen Reizes entsteht. In der Netzhaut finden sich etwa 120 Millionen **Stäbchen** und etwa 6 Millionen **Zapfen**, wobei Erstere auf Hell-Dunkel-Wahrnehmungen und Letztere auf die Farbwahrnehmung spezialisiert sind. Die visuelle Information beider Augen wird über die (teilweise kreuzenden) Sehnerven in den *Thalamus* (Nuclei corporis geniculati laterales) geleitet und mündet danach über die so genannte „Sehstrahlung" in den **primären Sehcortex** (Calcarina), in dem linkshemisphärisch das rechte Gesichtsfeld und rechtshemisphärisch das linke Gesichtsfeld abgebildet wird. Von den Sehnerven zweigen Nervenbahnen

Abb 5.2

Nachdem das Licht die Hornhaut passiert hat, wird es in der Linse gebrochen und fällt auf die Netzhaut, die in der Fovea centralis den Ort des schärfsten Sehens, beim Austritt des Sehnervs dagegen einen „blinden Fleck" (Lamina cribrosa) aufweist.

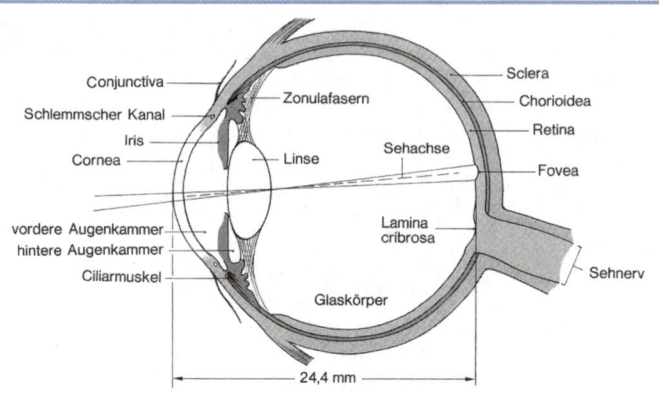

ab, welche in jene Kerngebiete des *Hirnstammes* führen (prätektale Region, Vierhügelplatte, pontine Retikulärformation), die gemeinsam mit dem prämotorischen Frontalcortex die Augenbewegungen regulieren (Birbaumer & Schmidt, 1991).

Die visuelle Information läuft über verschiedene Untersysteme und Pfade, die im Wesentlichen parallel arbeiten und aus der Gesamtinformation die Merkmale Form, Farbe, **Bewegung** und Tiefe extrahieren (Abb. 5.3; Müsseler, 2002; Eysenck & Keane, 2003; Myers, 2005). Wie diese separat gewonnenen Informationsanteile wieder zu einem einheitlichen Bild über die Außenwelt integriert werden, stellt heute noch ein ungelöstes Rätsel dar („Binding"-Problem). Untersuchungen an Affengehirnen (z.B. Makaken; Abb. 5.4) und Studien über neurologische Erkrankungen oder Verletzungen beim Menschen legen nahe, dass die visuelle Information von der Sehrinde über zwei verschiedene Pfade zur Weiterverarbeitung

Abb 5.3

Visuelle Information wird im Kortex parallel nach den Aspekten Farbe, Bewegung, Form und Tiefe verarbeitet.

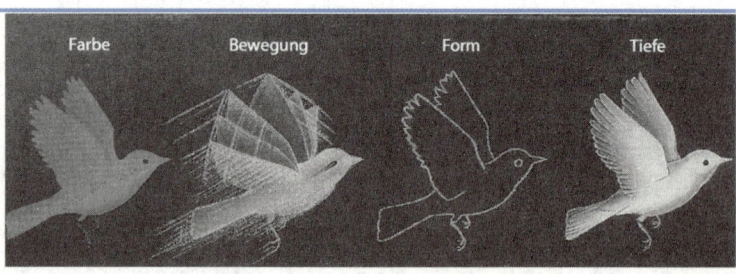

| Abb 5.4

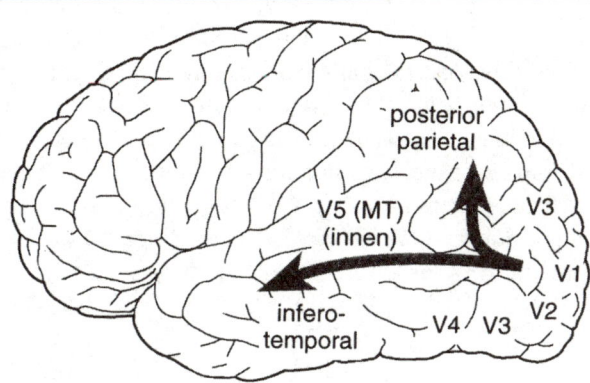

Simultan ablaufende kortikale Verarbeitung visueller Reize mit einem parietalen Pfad zur Lokalisation des Reizgeschehens und einem temporalen Pfad zu dessen Interpretation. V1, V2, V3 und V4 sind primäre, sekundäre und tertiäre visuelle Projektionsfelder im Cortex, V5 (MT: mediotemporales Areal) ist ein Areal zur Richtungs- und Geschwindigkeitsbestimmung.

weitergeleitet wird: Der **parietale Pfad**, der in Richtung sensomotorischer Hirnareale führt, liefert die Daten für Leistungen der Reizlokalisation („Wo"-Pfad), während der **temporale Pfad**, der hin zu den akustischen Zentren und zum perzeptiven Sprachzentrum führt, die Grundlage für die Reizerkennung schafft („Was"-Pfad).

In der Wahrnehmungsforschung werden direkte und indirekte Wahrnehmungstheorien unterschieden, je nachdem, ob stärker eine „Bottom-up-Verarbeitung" oder eine „Top-down-Verarbeitung" der aufgenommenen Information konzipiert wird. Beim ersten Verarbeitungsmodell wird die Wahrnehmung vorwiegend als „aufsteigender", datengesteuerter Prozess verstanden, während beim zweiten Modell die Informationsaufnahme als wesentlich durch „absteigende", kognitive Prozesse reguliert gesehen wird. Eysenck und Keane (2003) erklären diese konträren theoretischen Positionen teils durch die Präferenz für spezielle experimentelle Designs (z.B. ob lange oder kurze Reizdarbietungen verwendet werden) und teils durch die verschiedene Auffassung über den Haupt-

Die visuelle Information aus beiden Augen wird über die Sehnerven an den Thalamus weitergeleitet, erreicht über die Sehstrahlung die primären, sekundären und tertiären Rindenfelder des Kortex und erzeugt in weiterer Folge Form-, Farb-, Bewegungs- und Tiefeninterpretationen.

zweck des Wahrnehmungsprozesses („perception for action" – „perception for recognition"). In den meisten neueren Einführungswerken (s. etwa Myers, 2005) wird davon ausgegangen, dass in Alltagssituationen beide Prozesse eine Rolle spielen (wohl mit zeitweise unterschiedlicher Beteiligung), nämlich sowohl die datengesteuerte Strukturanalyse der aufgenommenen sensorischen Information als auch deren kognitive Überformung und Kontrolle im Zuge einer emotional oder motivational bedingten Akzentuierung oder Ausfilterung von Informationsanteilen.

Abb 5.5

Texturgradienten als monokulare Tiefenhinweise in flächigen Strukturen.

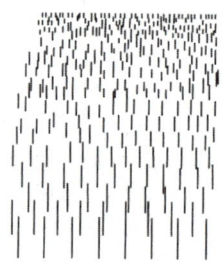

Abb 5.6

Bereits 1934 zeichnete der schwedische Künstler Oscar Reutersvärd diese im Raum unmögliche Anordnung von Kuben („impossible figures").

Abb 5.7

Die Struktur ist bezüglich der horizontalen Mittelachse exakt symmetrisch, dennoch erscheinen Kreise, deren obere Hälfte hell ist, nach vorne ausgebaucht, und solche, die im Bereich hell sind, als Kuhlen. Wenn man die Seite auf den Kopf dreht, kehren sich diese Wahrnehmungen um.

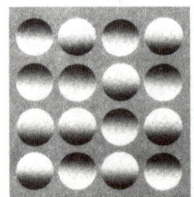

Abb 5.8

Ein unmöglicher Treppenverlauf, der durch zweidimensionale Konturenverbindungen zustande kommt, die im dreidimensionalen Raum nicht existieren könnten (Eschers Lithografie „Treppauf und treppab").

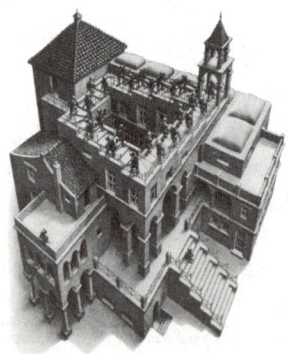

Raumwahrnehmung | 5.3

Eine lebenswichtige Wahrnehmungsfunktion ist die Transformation zweidimensionaler Netzhautbilder in eine dreidimensionale Interpretation der Wahrnehmungswelt. Aus der Wahrnehmungsforschung wissen wir, dass für die räumliche Interpretation von visuellen Eindrücken sowohl spezielle Hinweisreize in den flächigen Bildern als auch Rückmeldungen aus dem Wahrnehmungsvorgang herangezogen werden. *Monokular* sind dabei jene Indikatoren, die auch einäugig wirksam werden, während die *binokularen* Tiefenhinweise nur über beide Augen zustande kommen.

Monokulare Tiefenhinweise: Ein seit Langem erforschter monokularer Hinweisreiz auf räumliche Tiefe sind die so genannten **Texturgradienten** (Abb. 5.5), die zum Beispiel aus sich nach oben verengenden Punktemustern bestehen und dadurch den Eindruck zunehmender Entfernung erwecken. Weitere Indikatoren für die zunehmende Distanz von Wahrnehmungsobjekten sind deren Reduktion in **Kontrast** (Farben werden blasser) und **Schärfe** (Konturen verschwimmen zunehmend), ebenso die **Überdeckung** von Gegenständen im Hintergrund durch solche im Vordergrund (Abb. 5.6), die Ausrichtung des **Schattens** von Gegenständen (Abb. 5.7) sowie die wahrgenommene **Größe** von Gegenständen, deren tatsächliche Größe bekannt ist (Abb. 5.8).

Außerdem nützen wir für die Rauminterpretation auch die **Bewegungsparalaxe**, das ist die – geometrisch begründete – stärkere Verschiebung der Objekte im Vordergrund verglichen mit jenen im Hintergrund, wenn wir uns quer zu ihnen bewegen (z.B. beim Blick aus einem Zugfenster). Ähnlich wirken die konzentrischen **optischen Flussmuster** („optic flow patterns", Abb. 5.9), die bei der Annäherung an einen zentralen Punkt im Raum oder bei der Entfernung von diesem zustande kommen. Schließlich ist noch die **Akkomodation** zu nennen, die Scharfstellung des Netzhautbildes durch Kontraktion der Augenlinse, die bis zu einer Distanz von ca. drei Metern als Entfernungsindikator wirksam wird.

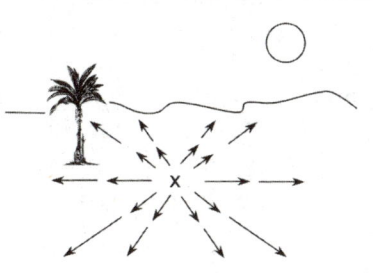

| **Abb 5.9**

Wenn man sich auf einen Punkt im Raum zubewegt, verändern sich alle anderen Punkte in zentrifugaler Richtung (optisches Flussmuster).

Abb 5.10

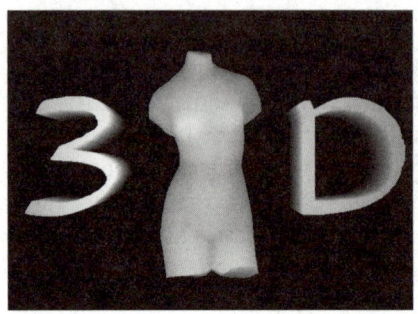

Beispiel eines Musters in einem so genannten „magischen Bild" (Abb. 5.11), in dem mittels Computerprogramm Punkte oder Konturen einer Füllgrafik (z.B. Kacheln) so verändert wurden, dass jedes Auge im flächigen Muster genau solche Bildinformationen herauslesen kann, die auch beim zweiäugigen Betrachten eines Körpers entstehen würden.

Binokulare Tiefenhinweise: Ein physiologischer Mechanismus, der sich nur für die Einschätzung naher Distanzen (etwa bis zu zwei Metern) eignet, ist das Ausmaß der **Konvergenz** der Augenachsen in Richtung eines fixierten Objekts. Je stärker die Augenachsen von der parallelen Ferneinstellung in eine konvergierte Naheinstellung überwechseln müssen, als desto näher wird das Objekt empfunden. Ein zweiter Hinweis auf die räumliche Tiefe eines Objekts stammt von den unterschiedlichen Perspektiven beider Augen bzw. von den in beiden Augen unterschiedlichen Netzhautbildern für nahe Gegenstände, was auch als **retinale Disparität** oder als „binokulare Querdisparation" bezeichnet wird. Die etwas unterschiedlichen linksäugigen und rechtsäugigen Abbildungen naher Gegenstände werden vom Gehirn für die Berechnung einer Räumlichkeitsinterpretation genützt, was am Beispiel so genannter „magischer Bilder" eindrucksvoll demonstriert werden kann (Abb. 5.10 und 5.11). Diese und andere **optische Täuschungen** lassen sich durch den Versuch des Wahrnehmungssystems erklären, flächige Darstellungen unter Heranziehung von Tiefenhinweisen räumlich zu interpretieren.

5.4 | Objektwahrnehmung

Die Wahrnehmung von Figuren, Gestalten oder Objekten erfordert eine Strukturierung bzw. **Segmentierung** der gesamten visuellen Information im Sinne einer Abgrenzung und Identifikation von Elementen. Einander überlappende Flächen und zusammenhängende Konturverläufe müssen so in Untereinheiten aufgeteilt werden,

Abb 5.11

Ein so genanntes „magisches Bild" („Autostereogramm") lässt sich als dreidimensionale Struktur erkennen, wenn man es ganz knapp an die Augen heranführt, so dass es nicht mehr scharf gesehen werden kann, und es dann wieder (langsam) von den Augen entfernt. Eine andere Technik besteht darin, einen vorgestellten Punkt hinter dem Bild zu fixieren, um das Gehirn zu einer räumlichen Interpretation zu zwingen.

dass daraus auf Objekteinheiten geschlossen werden kann. Dabei handelt es sich um einen Prozess, der uns in seiner Komplexität kaum bewusst wird, der aber immer noch von Kleinkindern besser bewältigt wird als von den derzeit leistungsfähigsten Computern! Die Bedeutung der Segmentierung für eine schnelle, störungsfreie Wahrnehmbarkeit zum Beispiel schriftlicher Sequenzen (durch Großschreibung, Wortabstände, Interpunktion), lässt sich am nachfolgenden Satz mit irreführender Strukturierung erahnen: „diES, erS AtZ Is tsCHwI – eRIgz ulES en".

Von vielen Wahrnehmungstheoretikern wie zum Beispiel von David Marr (1982) oder von Irving Biederman (1987) werden verschiedene aufeinanderfolgende Phasen der kognitiven Konstruktion bzw. Rekonstruktion von Objekten postuliert (siehe z.B. Eysenck & Keane, 2003):

Abb 5.12

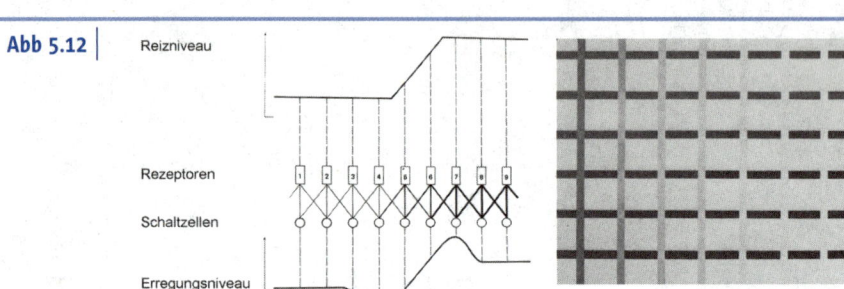

Laterale Inhibition: Intensitätsunterschiede zwischen Reizpunkten oder Konturgrenzen werden durch Hemmung des Inputs der benachbarten Zellen verstärkt (links). Der daraus resultierende Effekt kann anhand der „Spillmann-Täuschung" (rechts) illustriert werden: Die Kreuzungspunkte erscheinen heller aufgrund mehr benachbarter schwarzer Felder (überprüfbar durch deren Abdeckung mittels zweier Papierblätter).

Abb 5.13

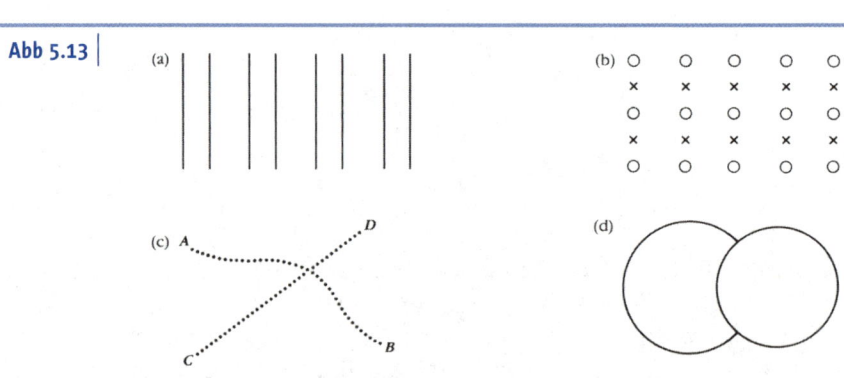

Das Gestaltgesetz der Nähe lässt die Striche als Säulen erscheinen (a), jenes der Ähnlichkeit die Kreuze und Kreise als waagrechte Balken (b), das Gestaltgesetz der Kontinuität verbindet die Punkte von A nach B und die Punkte von C nach D (c) und das Gesetz der „guten Gestalt" hebt Kreise, Dreiecke und andere regelmäßige Verläufe als Einheiten heraus (d).

1. Die Kodierung von Ecken im visuellen Bild stellt eine wichtige Segmentierungsleistung dar. Ihr geht die Erfassung von Konturen, Richtungen und Balken voraus, die im Zusammenwirken zwischen „rezeptiven Feldern" im Auge (Hubel, 1972), dem Mechanismus der „lateralen Inhibition" (Abb. 5.12) und den „kortikalen Detektoren" im primären Sehzentrum des Kortex erschlossen werden.

2. Es folgt die Gruppierung der genannten Konturelemente nach bestimmten Merkmalen (Nähe, Ähnlichkeit, Kontinuität, Flächen, Farben, Bewegung etc.) zu **Gestalten** oder komplexeren Mustern. Hinweise auf jene Eigenschaften von Stimuli, die zur Zusammenfassung von Wahrnehmungselementen zu Wahrnehmungseinheiten führen, liefern die **Gestaltgesetze**, die erstmals vor etwa hundert Jahren von den Vertretern der Gestaltpsychologie formuliert wurden („Kohärenzfaktoren"): Als zusammengehörig werden zunächst einander nahe liegende Ele-

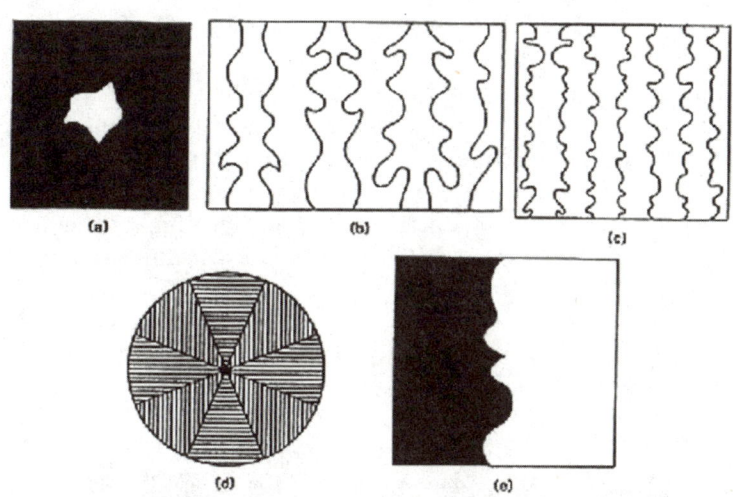

| Abb 5.14

Umschlossenheit hebt eine Gestalt aus einem „Hintergrund" heraus (a), ebenso Symmetrie (b) und Ausbauchungen, d.h. Konvexität (c); quer gestreifte Muster werden oft als vorgerückt wahrgenommen (d), ebenso helle Flächen (e).

mente empfunden (Abb. 5.13a), ebenso Elemente, die eine **Ähnlichkeit** aufweisen (Abb. 5.13b). Gestaltbildend wirken aber auch Einzelelemente, die ein so genanntes **gemeinsames Schicksal** haben (z.B. in die gleiche Richtung laufen oder sich in die gleiche Richtung bewegen; Abb. 5.13c), sowie solche, die miteinander verbunden sind und/oder zusammen eine **gute Gestalt** bilden (Abb. 5.13d). „Visuelle Szenen werden mit Hilfe der Gestaltgesetze der Wahrnehmungsorganisation in Objekte gegliedert" (Anderson, 1996, 45).

3. Danach kommt es zu einem Vergleich der extrahierten Muster mit strukturellen und dynamischen Speicherinhalten, nämlich mit den gespeicherten Vorstellungen von Formen (s. etwa 5.15), und ihren Veränderungsmöglichkeiten, wie etwa ihrer Farb- und Helligkeitsverteilung, ihrer Schattierung, ihrer Bewegungsweise etc.

4. Schließlich werden die visuellen Wahrnehmungsmuster mit den akustischen, sensorischen, geruchlichen und geschmacklichen Speicherinhalten sowie mit semantischen Wissensinhalten in Verbindung gesetzt (Kategorisierungen, Merkmalsdimensionen, Begriffen, Schemata etc.). Sie können nun als Objekte in ihrer vollen Bedeutung interpretiert werden (z.B. „Das ist ein Wiener Schnitzel").

Eine Ergänzung zu obiger Stufe 2, der Entdeckung und Erkennung von Objekten im Wahrnehmungsfeld, liefern so genannte **Figur-Grund-Relationen**, worunter Charakteristika von Linien, Konturen und Flächen verstanden werden, die eine räumliche Schichtung nach Vordergrund und Hintergrund erlauben: Umschlossenheit von Flächen, Symmetrie von Elementen, Ausbauchungen gegen-

Abb 5.15

Beim ersten Anblick bewirkt die Umschlossenheit der schwarzen Flächen, dass man die weißen Buchstaben dazwischen („THE") nicht erkennen kann.

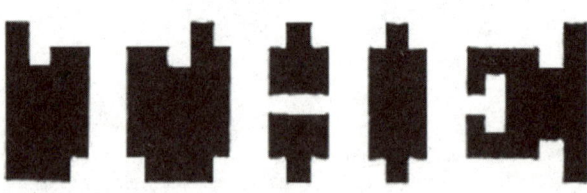

überliegender Konturen, Querschraffuren oder Helligkeitsunter-
schiede tragen dazu bei, dass solche Strukturen perzeptiv als potentielle „Objekte" aus einem „Hintergrund" herausgelöst werden
(Abb. 5.14). Ein bekanntes Beispiel für das gestaltartige Hervor-
springen umschlossener Flächen und das damit verbundene Übersehen bekannter Muster zeigt die Abbildung 5.15.

Ein zur dritten Phase der Objektwahrnehmung konzipiertes Er-
klärungsmodell, speziell für die Wahrnehmung und Speicherung
von Körpern, stammt von Marr und Nishihara (1978, „computational model", Abb. 5.16) und wurde von Biederman (1987, „recognition-by-components model") ausgebaut. Dabei wird davon ausgegangen, dass die Wiedererkennung von Objekten durch eine Kombination von einfachen geometrischen Komponenten zustande
kommt, die Biederman (1987) als „Geons" („geometric ions") bezeichnet. Er nimmt an, dass es 36 solcher Elemente eines Alphabets
für Objektwahrnehmungen gibt, die ähnlich den 44 Grundelemen-
ten der Sprache, den „Phonemen", als elementare Bausteine von
beliebigen Gegenstandswahrnehmungen fungieren. Hinsichtlich
der *Segmentierung* eines Objektschemas wird den Verknüpfungsstel-
len dieser geometrischen Elemente und den konkaven Bereichen
im Konturverlauf besondere Bedeutung zugeschrieben (z.B. Ecken,
Einschnitte, Einbuchtungen, Einschnürungen).

| Abb 5.16

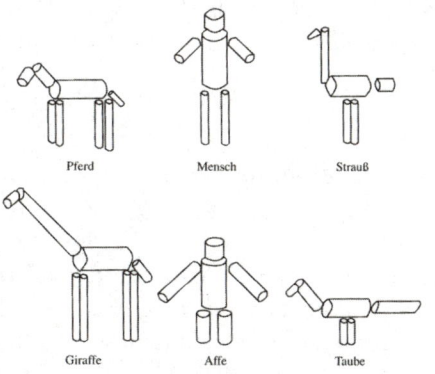

*Kombinationen elementarer geometrischer Formen (Mann & Nishihara, 1978) könn-
ten im Wahrnehmungsprozess dazu eingesetzt werden, komplexe Körper mit mini-
malem Kodierungsaufwand zu symbolisieren.*

Die (visuelle) Wahrnehmung von Objekten setzt eine Strukturierung (Segmentierung) der Sinnesinformation voraus, wobei diese vorerst („bottom-up") in eine Menge von informativen Wahrnehmungselementen zerlegt (z.B. Kanten, Ecken, Konturverläufen) und anschließend („top-down") – unter Nutzung des Gedächtnisses – zu komplexen Einheiten (Figuren, Gestalten, Objekten) zusammengefasst wird.

Der Anblick von Gegenständen ändert sich jedoch mit der Tageszeit, Beleuchtung, Perspektive und Entfernung. Damit sie dennoch konstant als die gleichen identifiziert werden können, müssen ihre möglichen situativen Veränderungen in Helligkeit, Farbigkeit, Größe und Betrachtungswinkel bekannt sein. So kann das aktuelle Wahrnehmungsbild korrigiert werden. Durch diese Leistungen der **Wahrnehmungskonstanz** werden entfernte Erwachsene nicht als Kinder gesehen, Bäume werden in der Dämmerung immer noch als grün erlebt, und bekannte Formen (z.B. Kreise, Rechtecke, Säulen) können trotz perspektivischer Verzerrung erkannt werden.

Für die **Größeneinschätzung** von Gegenständen, deren absolute Ausdehnung nicht bekannt ist, wird die Größe des Netzhautbildes mit der geschätzten Entfernung (Tiefenwahrnehmung) in Beziehung gesetzt. Ein gutes Beispiel dafür ist die jedem aus eigener Erfahrung bekannte, bereits früh erforschte Mondtäuschung (Kaufman & Rock, 1972). Sie besteht darin, dass der Mond am Horizont um etwa 50 % größer erscheint als im Zenith. Dies ist damit zu erklären, dass er am Horizont aufgrund der dazwischen liegenden Landschaftselemente als weiter weg eingestuft wird als am Zenith. Je nachdem also, ob ein Objekt als eher nah oder als eher fern erscheint, wird es vergleichsweise als kleiner oder als größer eingeschätzt.

5.5 | Gesichtswahrnehmung

Das Erkennen von Gesichtern ist eine wichtige soziale Wahrnehmungsleistung des Menschen. Gesichter sind insofern eine besondere Art von Wahrnehmungsschemata, als sie singulär identifiziert werden müssen, während bei vielen Alltagsobjekten eine Klassenzuordnung genügt. Unterschiedliche Sitzgelegenheiten werden als „Stuhl" und unterschiedliche Bauwerke als „Haus" klassifiziert, aber das Erkennen eines Gesichts verlangt die Einprägung sowohl von konkreten Merkmalen (z.B. Länge der Nase) als auch von deren

Abb 5.17

Bei so genannten „Thatcher-Gesichtern" (Margaret Thatcher war britische Regierungschefin 1979–1990) werden Gesichtsaufnahmen auf dem Kopf stehend dargeboten, während der Mund und zumeist auch die Augen in normaler Position (d.h. um 180° gedreht) in das Gesicht projiziert sind. Wie man sich überzeugen kann, erscheint das vom Original (links) angefertigte Thatcher-Gesicht (rechts) trotz falscher Orientierung des Mundes beinahe normal, solange das Blatt nicht umgedreht wird.

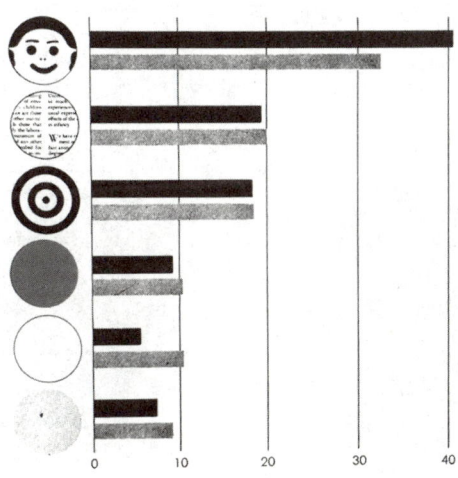

Abb 5.18

Prozentsatz an Fixationszeit

Wenn Kindern im Alter von zwei bis drei Monaten (schwarze Balken) und solchen von über drei Monaten (graue Balken) verschiedene Vorlagen gezeigt werden, dann fixieren sie schematische Gesichter wesentlich länger als andere Strukturen.

Relationen (z.B. Augenabstand). Wie wichtig die Konfiguration von Merkmalen für das Wiedererkennen von Gesichtern ist, konnten Leder und Bruce (2000) nachweisen, indem sie verschiedene Gesichter einprägen ließen und sie anschließend aufrecht und auf dem Kopf stehend abprüften („Gesichtsinversionseffekt"; Abb. 5.17). Nicht alle Gesichtseigenschaften konnten in umgekehrter Position schlecht erkannt werden, sondern vor allem die Relationen zwischen den Merkmalen (s. auch Carlson & Leder, 2006).

Abb 5.19

 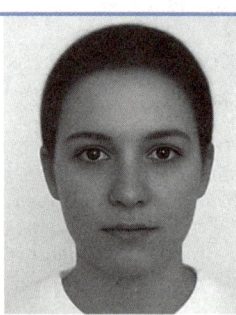

Mittels spezieller Computerprogramme („Morphing-Software") können die Proportionen und Distanzen von Gesichtsmerkmalen aus Einzelphotographien statistisch verrechnet und in Form künstlicher Durchschnittsgesichter ausgegeben werden. Die beiden Gesichter wurden aus 64 Frauen- bzw. 32 Männergesichtern (im Alter zwischen 17 und 29 Jahren) hergestellt und werden allgemein als attraktiver beurteilt als die meisten der ursprünglichen Einzelgesichter.

Abb 5.20

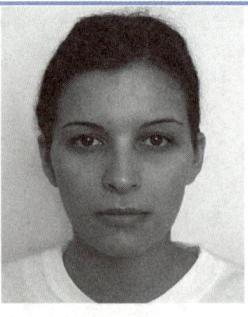 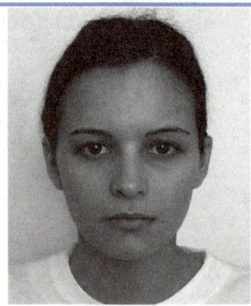

Die meisten Frauengesichter, deren Proportionen mittels Computerprogramm einem Kindchenschema angenähert werden, nehmen an Attraktivität zu. Dies gilt sogar für Frauengesichter, die vorher schon als schön beurteilt werden. Die linke Abbildung zeigt das Original, das rechte Bild das gleiche Gesicht mit 50%-iger Verzerrung in Richtung des Kindchenschemas.

Aus der Gehirnforschung ist bekannt, dass bei Verletzung oder Schädigung bestimmter Kortexareale bekannte Gesichter nicht mehr identifiziert werden können („Prosopagnosie"). Entwicklungspsychologische Experimente (z.B. Fantz, 1972) zeigen außerdem, dass Kleinkinder und besonders Neugeborene Gesichtern besondere Aufmerksamkeit zuwenden (Abb. 5.18). Dies können Hinweise darauf sein, dass die menschliche Gesichtserkennung in einer rudimentären Form angeboren ist, das heißt, dass die für Gesichtswahrnehmung zuständigen kortikalen Rindenfelder auf konfigurale Gesichtsmerkmale spezialisiert sind und auf das Schema eines Gesichts automatisch reagieren.

Interessanterweise werden solche Gesichter als besonders schön empfunden, die aus vielen Photographien mittels Computer als so genannte **Durchschnittsgesichter** erzeugt wurden (Rhodes, 2006), wobei die Ausmaße der einzelnen Gesichtsmerkmale (Augen, Nase, Mund, Stirn) und deren Abstände gemittelt sind (Abb. 5.19). Eine besonders umfangreiche deutsche Untersuchung zur **Attraktivität** von Gesichtern (Braun et al., 2001) hat darüber hinaus noch weitere Einflussfaktoren aufgezeigt, die für beide Geschlechter gelten: 1. Bräune und Reinheitsgrad der Haut, 2. ein eher schmales Gesicht, 3. geringer Fettansatz, 4. volle Lippen, 5. dunkle Augenbrauen und dunkle Wimpern (unabhängig von der Haarfarbe), 6. eher hohe Wangenknochen, 7. nur bei Frauengesichtern: eine Annäherung an das *Kindchenschema* (s. 6.1: größere gewölbte Stirn, größere runde Augen, kleinere kürzere Nase, runde Wangen, kleines Kinn; s. Abb. 5.20).

Hinsichtlich der Auswirkungen der Attraktivität eines Gesichtes auf die Beurteilung der Persönlichkeit zeigte sich in der zuvor genannten Untersuchung ein massiver Vorurteilseffekt (*Halo-Effekt*): Attraktiveren Gesichtern wurde mit 60 bis 80 % Wahrscheinlichkeit auch eine positivere Eigenschaftsstruktur zugeschrieben (erfolgreicher, sympathischer, intelligenter, zufriedener, aufregender, kreativer ...).

> **Merksatz**
>
> Die Wahrnehmung von Gesichtern ist von großer sozialer Bedeutung und dürfte durch spezialisierte Kortexfelder unterstützt werden.

5.6 | Bewegungswahrnehmung

Während wir ein Wahrnehmungsbild scheinbar ruhig betrachten, reizen die optischen Muster kaum länger als Bruchteile von Sekunden dieselben Netzhautbereiche; verschiedenartige unwillkürliche und willkürliche Augenbewegungen ("Drift", "Nystagmus" und "Sakkaden") erzeugen vielmehr laufend Veränderungen in der Bildprojektion. Sobald durch experimentelle Kunstgriffe ein stabiles Netzhautbild erzeugt wird – wie zum Beispiel durch Lähmung der Augenmuskeln oder durch Aufbringen eines Kleinstdiaprojektors auf die Haftschale eines Auges –, löst sich das optische Bild noch innerhalb von Sekunden auf und wird vom so genannten "subjektiven Augengrau" abgelöst (Prichard, 1972).

Drift: Das Auge gleitet stetig minimal vom Fixationspunkt ab.
Nystagmus: "Augenzittern", unkontrollierbare, rhythmische Bewegung
Sakkaden: schnelle, willkürliche Blickbewegungen

Damit also von unserer Umwelt trotz ständiger **Kopf-** und **Augenbewegungen** ein stabiler visueller Wahrnehmungseindruck entsteht, muss das Gehirn die bewegungsbedingten Veränderungen im Bild kompensieren. Es verrechnet hierfür einerseits nervöse Signale aus dem Gleichgewichtsorgan (welches bei Extremreizungen optische Störungen auslöst, wie etwa Drehschwindel nach Walzertanzen) und nützt andererseits die neuronalen Begleitinformationen von willkürlich oder unwillkürlich ausgelösten Augen- und Körperbewegungen (so etwa erzeugt eine vorgetäuschte Augenbewegung, durch seitlichen Druck mit dem Finger auf den Augapfel, eine ruckartige Verschiebung des visuellen Bildes). Diese bewegungsorientierten Kompensationsleistungen sowie die Fähigkeit, bewegte oder statische Objekte kontinuierlich mit den Augen zu fixieren, gewährleisten hauptsächlich der **optokinetische** und der **vestibulookuläre Reflex** (Pritzel et al., 2003).

Da die Wahrnehmung von Bewegungen für höher entwickelte Organismen eine lebensrelevante Bedeutung besitzt, haben sich dafür im Laufe der evolutionären Entwicklung einige relativ starre – und deshalb auch täuschungsanfällige – Wahrnehmungsmechanismen herausgebildet. Eine solche **Bewegungstäuschung**, die bereits von den Gestaltpsychologen vor etwa hundert Jahren untersucht wurde, besteht darin, dass zwei in Nachbarschaft kurz hintereinander aufleuchtende Lichtpunkte als ein bewegter Punkt wahrgenommen werden ("Phi-Phänomen"). Diese Täuschung entsteht auch dann, wenn nicht Lichtpunkte, sondern Bildelemente ihre Position schrittweise von einer Darstellung zu anderen verändern, was bekanntlich die Voraussetzung für die Entwicklung der Film-

| Abb 5.21

Personen, die mit schwarzem Trikot be-
kleidet sind, an Rumpf und Extremitä-
ten 12 schwach leuchtende Lämpchen
angebracht haben und sich in einem
völlig abgedunkelten Raum herumbe-
wegen, können von Betrachtern inner-
halb von Sekunden als Mensch in Bewe-
gung identifiziert werden.

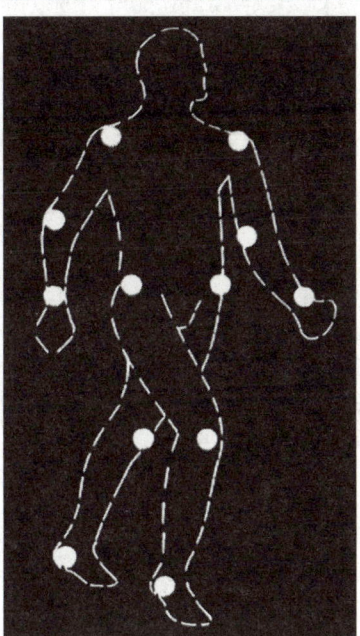

technik war: Bewegte Szenen, die mit 24 Bildern pro Sekunde photographiert wurden, lösen bei gleichermaßen schnell aufeinanderfolgender Darbietung einen natürlichen Bewegungseindruck aus.

Ein aufschlussreiches Experiment von Johansson (1986) zeigt auf, dass im Gehirn nicht nur statische Muster für Objekte gespeichert sind, sondern auch **dynamische Eigenschaften** (mögliche Veränderungsmuster). Er befestigte schwach leuchtende Lämpchen an den „zwölf wichtigsten Gelenken" von Personen, die in schwarze Trikots gekleidet waren, und ließ sie durch einen völlig abgedunkelten Raum gehen oder miteinander tanzen (Abb. 5.21). Wenn die gefilmten Lichtspuren Versuchspersonen gezeigt wurden, konnten diese innerhalb von Sekunden erkennen, dass es sich hier um Menschen in Bewegung handelt. Solche Gesetzmäßigkeiten, nach denen sich Menschen oder Tiere aufgrund ihrer Anatomie bewegen („biological movements"), sind offenbar in Form von Transformationsmustern im Wahrnehmungssystem gespeichert (eventuell als vektorielle Graphiken) und ermöglichen somit eine bewegungsbasierte Identifikation bestimmter Objektklassen (nicht nur im Dunkeln). Johansson verweist auf die Ähnlichkeit solcher Leistungen mit der Funktion der bereits erwähnten *optischen Flussmuster* (s. 5.3), die bei Annäherung oder Entfernung von Punkten im Raum entstehen.

Die dynamischen Eigenschaften von Objekten und von Situationen sind als Transformationsmuster im Wahrnehmungssystem gespeichert und können zur Identifikation von Objekten und zur Einschätzung von Abläufen genutzt werden.

Beim Erlernen von Fertigkeiten (Schreiben, Klavierspielen, Tennis, Jonglieren, Hochspringen etc.) müssen Verhaltenskomponenten zum richtigen Zeitpunkt ausgelöst und visuell koordiniert werden, wofür vor allem die korrekte Einschätzung der Distanz (s. 5.3) von Objekten wichtig ist. Für die **Einschätzung der Geschwindigkeit** sich nähernder Objekte („time to contact") – insbesondere in Situationen, bei denen kaum andere Tiefenhinweise zur Verfügung stehen und in denen schnell auf Reize reagiert werden muss (z.B. beim Bremsen im Verkehr, Fangen von Gegenständen, Landen von Flugzeugen) – scheinen jedoch nur die Größenveränderungen der sich nähernden Reize im Netzhautbild genutzt zu werden (Lee, 1976).

Abb 5.22

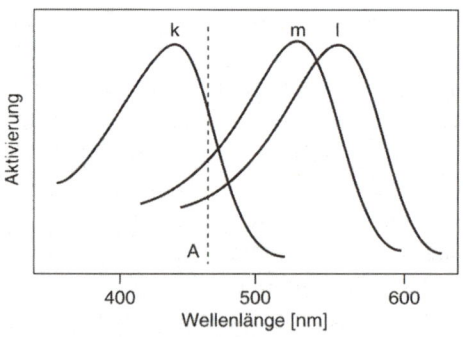

Darstellung der wellenlängenbezogenen Empfindlichkeit der drei Farbrezeptoren des Auges (k = Kurzwellenrezeptor für Blau, m = Mittelwellenrezeptor für Grün und l = Langwellenrezeptor für Rot). Bei Lichtapplikation der Wellenlänge A (ca. 465 nm) sprechen zum Beispiel alle drei Rezeptortypen in unterschiedlichem Ausmaß an (nm = Nanometer = 10^{-9} m). Wahrnehmungsergebnis: Grünliches Blau.

Farbwahrnehmung 5.7

Die Lichtsensitivität des Menschen erlaubt die Wahrnehmung von Farbunterschieden in der Umwelt, was im Laufe der phylogenetischen Entwicklung vermutlich Selektionsvorteile mit sich brachte (z.B. bei der Einschätzung des Reifegrades von Früchten). Dementsprechend sind im Auge neben den Photorezeptoren für Helligkeiten, den *Stäbchen*, auch solche für Farbe vorhanden, die *Zapfen*, die sich in der Fovea centralis (Stelle des schärfsten Sehens) konzentrieren.

Seit mehr als zweihundert Jahren ist bekannt, dass sich das gesamte Farbenspektrum durch Mischung von drei Grundfarben erzeugen lässt. Bereits in der **Dreifarbentheorie** von Thomas Young (1737–1829) und Hermann von Helmholtz (1821–1894) wurden drei Arten von Zapfen in der Retina (Netzhaut) vermutet, aufgrund deren unterschiedlich starker Reizung alle möglichen Farbvariationen wahrnehmbar sind. Tatsächlich entdeckte man später drei Zapfenarten („trichromatisches Farbsehen"), die bevorzugt auf kurze (419 nm), mittlere (531 nm) oder lange Wellenlängen (558 nm) reagieren, so dass aus den jeweils zugeordneten Empfindungen „Blau", „Grün" und „Rot" alle anderen Farbempfindungen kombiniert werden können. Wie genetische Studien zeigen, dürfte die Zapfendifferenzierung bei den Primaten vor 9 bis 35 Millionen Jahren stattgefunden haben (s. Abramov & Gordon, 1994; Gegenfurtner, 2003; Bruce et al., 2003). Unter den Säugetieren weisen nur die Primaten drei Zapfenarten auf, während zum Beispiel Hunde und Rinder lediglich über zwei Zapfenarten und somit über keine Grün-Rot-Differenzierung verfügen. Viele Vögel haben allerdings mehr als drei Zapfenarten.

Wird rotes, grünes und blaues Licht mit jeweils unterschiedlicher Intensität übereinander geblendet, lassen sich daraus alle Farbnuancen erzeugen, was man als **additive Farbmischung** bezeichnet. Ebenfalls das gesamte Farbspektrum kann durch **subtraktive Farbmischung** erzeugt werden, indem man aus weißem Licht mittels Farbfilter Farbkomponenten in jeweils unterschiedlichem Ausmaß herausfiltert.

Mit der Dreifarbentheorie allein sind allerdings nicht alle Phänomene erklärbar, etwa nicht die **Farbenblindheit** (korrekter: die **Farbenfehlsichtigkeit**), die mangelnde Unterscheidungsfähigkeit zwischen Rot und Grün oder Gelb und Blau (betrifft ca. 1 bis 8 % der

Die Farbwahrnehmung des Menschen basiert auf drei Rezeptortypen, deren spezifische Erregungen die Farbeindrücke Blau, Grün und Rot auslösen und deren Informationsanteile in nachgeschalteten Gehirnregionen so verrechnet werden, dass sich daraus Zweifarbenfehlsichtigkeit und gegenfarbige Nachbilder erklären lassen.

männlichen Bevölkerung, ca. 0,01% der Frauen), und ebenso nicht die **farbigen Nachbilder**, die sich in den gleichen Farbkombinationen äußern: Nach Betrachten einer roten Fläche oder Figur für die Dauer etwa einer Minute erscheint auf weißem Untergrund ein grünes Nachbild. Bis vor einem Jahrzehnt behauptete sich daher bei der Erklärung von Farbeindrücken neben der Dreifarbentheorie auch die **Gegenfarbentheorie** von Ewald Hering (1834–1918), bei der drei andere Arten von Photorezeptoren angenommen wurden, nämlich Rot-Grün-Rezeptoren, Blau-Gelb-Rezeptoren und Hell-dunkel-Rezeptoren.

Die moderne **Zweiprozesstheorie** („Dual Process Theory"; s. Passer & Smith, 2004) verbindet die beiden klassischen Ansätze und nimmt an, dass gemäß der Dreifarbentheorie im Auge drei Zapfenarten mit unterschiedlichen Wellenlängenempfindlichkeiten existieren, dass deren nervöse Erregungen jedoch im *Thalamus* (und eventuell auch im Kortex) additiv oder subtraktiv verrechnet werden. Daraus ergeben sich sekundär Gegenfarbeneffekte und Zweifarbenfehlsichtigkeiten (Abramov & Gordon, 1994).

5.8 | Akustische Wahrnehmung

Wie die visuelle Wahrnehmung zählt auch die akustische Wahrnehmung zu den „Fernsinnen", das heißt, sie vermittelt Informationen über körperferne Umweltbereiche. Sie dient somit einer frühzeitigen Orientierung und bahnt sehr effektiv (oft reflexartig) die Aufmerksamkeit durch „Richtungshören".

Das organische System, von welchem die akustischen Empfindungen ausgehen (Abb. 5.23), besteht aus dem Außenohr (Ohrmuschel, Gehörgang), dem Mittelohr mit den Gehörknöchelchen, dem Innenohr (Cochlea), den nervösen Bahnen zur Weiterleitung der akustischen Informationen (Hörbahn mit etwa sieben Schaltkernen) und dem entsprechenden Projektionsgebiet im Neocortex („Hörrinde" bzw. „Heschel'sche Windung").

Physiologisch betrachtet werden beim Hören Schallreize (Luftschwingungen) in Empfindungen, nämlich in Töne, Geräusche oder Klänge, umgewandelt. Einzelne sinusförmige Luftschwingungen, die sich nach Intensität (Reizstärke) und Frequenz (gemessen in Hertz, Hz) unterscheiden, werden als **Töne** wahrgenommen. Eine Kombination ungeordneter Luftschwingungen erzeugt die Empfindung eines **Geräusches**. Von einem **Klang** spricht man bei einem Schallreiz, der aus einem „Grundton" (tiefster Ton) und aus höherfrequenten „Obertönen" (Teiltönen mit ganzzahligen Frequenzverhältnissen) besteht. Die meisten Musikinstrumente (Ausnahmen sind Schlaginstrumente) lassen sich durch ihre charakteristischen Klänge, gemeinsam mit ihren „Einschwingcharakteristiken", eindeutig identifizieren (s. Herkner, 1986).

Man unterscheidet Schallempfindungen im Wesentlichen nach ihrer **Lautstärke**, **Tonhöhe** und **Klangfarbe**. Die empfundene Lautheit hängt primär von der Schallintensität ab (gemessen in Dezibel, dB), die Tonhöhe von der Schallfrequenz und die Klangfarbe von jenem Frequenzspektrum an Tönen, aus denen sich die Klänge zusammensetzen. Einige alltägliche Schallquellen mit ihren durchschnittlichen Dezibelwerten sind in Tabelle 5.4 dargestellt.

Jedes Geräusch und jeder Klang kann mittels **Spektralanalyse** („Fourieranalyse") – das ist die Zerlegung von Schwingungen in Sinuskomponenten – auf Frequenz und Intensität seiner Schwingungs-

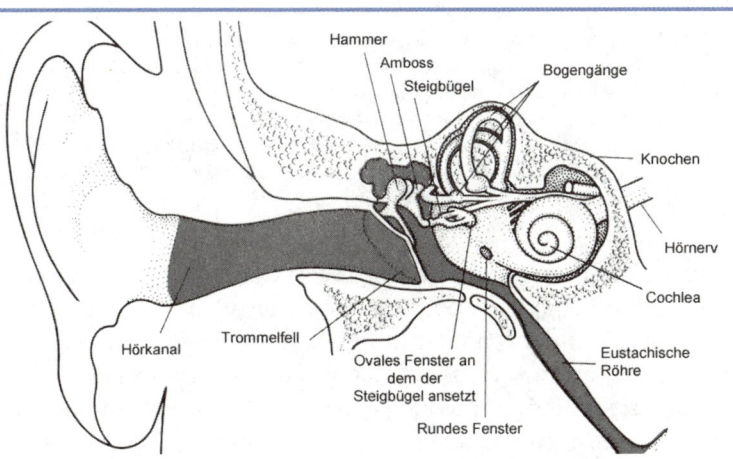

| Abb 5.23

Anatomische Darstellung des menschlichen Gehörorgans mit Ohrmuschel, äußerem Gehörgang, Trommelfell, Eustachischer Röhre (Tubus), Gehörknöchelchen, Cochlea, dem abzweigenden Hörnerv sowie dem Gleichgewichtssystem (Bogengänge).

Tab 5.4	Dezibel (dB)	Schallquelle
	180	Start einer Rakete (in 25 m Entfernung)
	140	Düsenflugzeug (25 m), Schmerzschwelle
	130	Großes Orchester in voller Lautstärke
	120	Lauter Donner, Rockband
	110	Presslufthammer, Propellerflugzeug (7 m)
	100	U-Bahn (7 m), brüllender Redner
	90	In der U-Bahn, Rasenmäher (10 m)
	80	Straßenecke mit viel Verkehr (7,5 m)
	70	Innengeräusch eines Autos
	60	Normale Unterhaltung, „Zimmerlautstärke" (1 m)
	50	Unterhaltung im Restaurant, Bürolärm
	40	Ruhiges Büro, Schulklasse, Kirche
	30	Spitalzimmer, Schlafzimmer bei Nacht
	20	Leises Flüstern (1,5 m)
	0	Absolute Hörschwelle (Ton mit 1000 Hz)

Der Schalldruck (p) wird in Paskal (Pa) gemessen, das ist der Druck einer Kraft von einem Newton (N) auf eine Fläche von einem m². Bei 1000 Hz wird ein Druck von $2 \cdot 10^{-5}$ Pa benötigt (p_0), damit eine Hörempfindung entsteht (Hörschwelle). Als Lausstärkemaß wird der Schalldruckpegel in Dezibel (dB = 1/10 Bel) verwendet: 20 log(p/p_0). Eine Zunahme von 6 dB entspricht einer Verdoppelung, eine von 20 dB einer Verzehnfachung des Schalldruckes. Ab etwa 85 dB Dauerbelastung durch Schalleinwirkung ist mit Hörbeeinträchtigungen wie Lärmschwerhörigkeit und „Tinnitus" (subjektive Ohrgeräusche) zu rechnen. Der Schalldruck vermindert sich mit dem Abstand r im Verhältnis von 1/r. (Goldstein, 2002; Zimbardo & Gerrig, 2004; Mayers, 2005; Passer & Smith, 2005)

komponenten untersucht werden („Spektrogramm", „Sonagramm"). Enthält ein Schallreiz alle Frequenzkomponenten in gleichem Ausmaß, spricht man von „weißem Rauschen", bei unterschiedlicher Verteilung von Frequenzkomponenten von „farbigem Rauschen".

In den meisten technischen Musikwiedergabegeräten und Verstärkeranlagen sind Filter eingebaut („Equaliser"), die eine selektive Verstärkung oder Abschwächung bestimmter Frequenzbereiche während der Musikwiedergabe bewirken. Der vom Menschen wahrnehmbare Frequenzbereich reicht etwa von 20 bis 20.000 Hz.

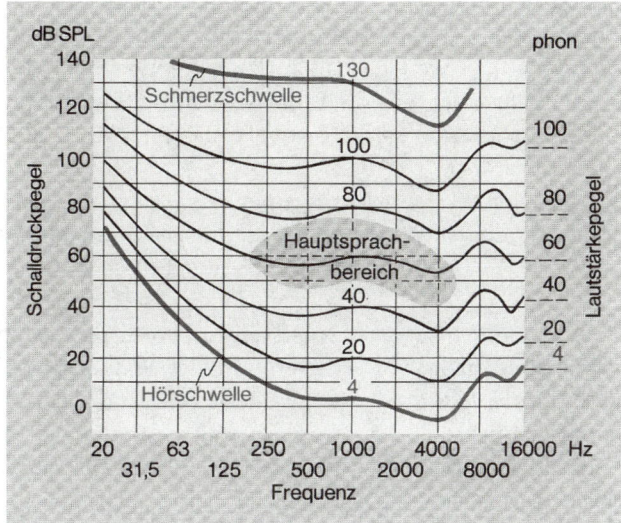

| Abb 5.24

Hör- und Schmerz-schwellen für ver-schiedene Tonfrequen-zen und Verläufe sub-jektiv gleicher Laut-stärkeeinstufungen (Phon-Werte) für das gesamte hörbare Fre-quenzspektrum. Ein Ton mit 4000 Hz und 10 dB Intensität hat 20 Phon, ebenso viel hat ein Ton von 20 Hz und knapp 80 dB (SPL = Schalldruckpe-gel).

| Abb 5.25

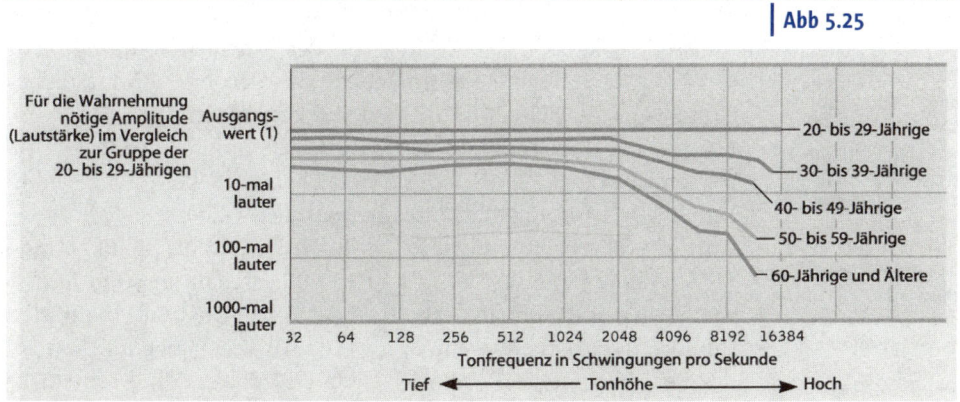

Hörniveau bei verschiedenen Altersgruppen bezogen auf verschiedene Frequenzen des Hörspektrums (Audiogramm). Ab etwa 1000 Hz nimmt die Hörleistung mit dem Alter ab, so dass bei Personen ab 60 Jahren Töne mit mehr als 3000 Hz um das 100-fache stärker sein müssen, um wahrgenommen zu werden.

Die Empfindlichkeit des menschlichen Ohrs ist für Frequenzen zwischen 1000 und 5000 Hz besonders hoch, so dass bei Schall-messungen oft nur dieser Frequenzbereich berücksichtigt (A-Filter) und der gemessene Schallpegel in dB(A) bzw. dB_A angegeben wird.

Da sich die Hörschwellen und die Lautheitseinschätzungen für verschiedene Frequenzen unterscheiden (tiefe Töne haben höhere Schwellen), verwendet man auch das frequenzrelativierte Lautstärkemaß **Phon**, bei dem die Lautstärkenstufen für die verschiedenen Frequenzbereiche an die Dezibelskala bei 1000 Hz angepasst werden (Abb. 5.24).

Als **Lärm** bezeichnet man einen Schall von zumeist höherer Intensität, der subjektiv unangenehm bzw. unerwünscht ist. Bekanntlich hängt diese Wahrnehmung von verschiedenen psychischen Faktoren ab: Schall wird zum Beispiel als umso störender empfunden, je überraschender er einsetzt, d.h. je weniger er vorhersagbar ist, je weniger positiv-emotionaler Bezug zu ihm vorhanden ist (z.B. Diskomusik im Vergleich zu Verkehrslärm), je geringer die Kontrolle darüber ist (z.B. nicht verhinderbarer Industrielärm) und je mehr er die Aufmerksamkeit auf sich zieht (z.B. lautes Streiten in der Nachbarwohnung). Für Wohngebiete werden in vielen Städten Grenzwerte für Schallintensitäten von durchschnittlich 55–60 dB$_A$ für den Tag und 45–50 dB$_A$ für die Nacht empfohlen (Wiener Umweltanwaltschaft, 2005). Leider sind aber auch bei erwünschtem Schall (z.B. Diskomusik) Probleme, nämlich Gehörschäden, zu erwarten, wenn er über längere Zeit hinweg mehr als 85 dB beträgt. Bei Rockkonzerten werden bis zu 130 dB erreicht (in 50 m Entfernung von den Boxen), in Diskotheken zwischen 90 und 110 dB. Man nimmt an, dass nicht weniger als etwa 10 % der Jugendlichen bei der Benützung eines Walkman oder MP3-Players eine Lautstärke von ca. 100 dB einstellen.

Zur Prüfung der Hörleistung wird eine **Audiometrie** („Schwellen-Audiometrie") durchgeführt, bei der Töne verschiedener Lautstärke und Frequenz in zufälliger Abfolge dargeboten werden und von der Testperson identifiziert werden müssen. Das **Audiogramm** gibt den Verlauf der akustischen Schwellen für die einzelnen Frequenzen graphisch wieder (Abb. 5.25). Je nachdem, ob der Schall über Kopfhörer oder über einen Schwingkörper hinter dem Ohr verabreicht wird, kann auch der Ort einer Störung eingegrenzt werden (Außenohr – Mittelohr – Innenohr). Mittels Ableitung von Gehirnströmen

Merksatz

Akustische Wahrnehmungen werden nach Lautstärke, Tonhöhe und Klangfarbe klassifiziert. Das Ausmaß von empfundenem Lärm als unerwünschte Schallbeeinträchtigung hängt nicht nur von der Schallintensität ab – wobei ab 85 dB Dauerbelastung mit Gehörschäden zu rechnen ist –, sondern auch von psychischen Faktoren.

von der Kopfhaut („Evoked Response Audiometrie", ERA) kann sogar bei Säuglingen und Kleinkindern eine so genannte „objektive Audiometrie" durchgeführt werden, bei der allein auf Basis der elektroenzephalographischen Reaktion des Hörzentrums auf Töne das Hörvermögen beurteilt werden kann (s. etwa Guttmann, 1982).

Andere Sinne | 5.9

Die Sinneszellen können danach eingeteilt werden, welche Art von Informationen sie liefern: **Exterozeptoren** sind Sinneszellen, die Informationen über die Außenwelt liefern (über Auge, Ohr, Nase); **Propriozeptoren** registrieren Hinweise über die Lage und Bewegung des Körpers sowie über die Spannung oder Dehnung der Muskeln (Stellungssinn, Bewegungssinn). Biochemische Prozesse im Körper, wie etwa Temperatur, Blutdruck, Sauerstoffsättigung des Blutes, und andere körperinterne Veränderungen werden über so genannte **Entero-** oder **Interozeptoren** rückgemeldet (Birbaumer & Schmidt, 1991).

Der **Geruchssinn** („olfaktorisches System") dürfte phylogenetisch das älteste Sinnessystem sein und ist bei vielen Tierarten (Hunde, Robben, Haie, Lachse etc.) extrem leistungsfähig. Das „olfaktorische Sinnessystem" (Prizel et al., 2003) unterstützt unser Gedächtnis bei der Identifikation vital bedeutsamer Situationen (z.B. hinsichtlich Essen, Erotik), lässt uns die Reaktionslage von Mitmenschen erkennen (z.B. Angst) und löst zumeist unbewusst Stimmungen aus (z.B. durch „Pheromone" als sexuelle Lockstoffe). Die etwa 10–20 Millionen Geruchsrezeptoren im ca. 22 cm^2 großen Riechepithel der Nasenhöhle des Menschen (bei großen Hun-

Merksatz

Geruchs- und Geschmackssinn des Menschen haben wesentlichen Einfluss auf seine Handlungsregulation sowie auf die Gefühlsfärbung von Lebenssituationen und unterstützen sich gegenseitig in der Wahrnehmungsleistung.

den: bis zu 200 Millionen in 7 m^2) enthalten etwa 1000 Rezeptortypen für Gerüche (Doty, 2001) und leiten ihre Informationen über den Riechkolben (ohne Zwischenschaltung im Thalamus) direkt an das *Limbische System* weiter (Amygdalae), das bezeichnenderweise auch für die Gefühlsregulation verantwortlich ist. Jeder Mensch hat seinen Eigengeruch, dem insbesondere für die Partnerwahl eine wichtige Bedeutung zugeschrieben wird und der wohl auch zu dem Ausspruch geführt hat, „jemanden nicht riechen zu können". In Blindstudien (z.B. McCoy & Pinito, 2002) zeigte sich, dass Männer und Frauen, die sich mit Sexualduftstoffen besprühen (im Vergleich mit anderen Duftstoffen), offenbar eine größere Anziehungskraft auf das andere Geschlecht ausüben, da sie daraufhin von mehr Verabredungen und erotischen Kontakten berichten. Bekanntlich ist das geschmackliche Differenzierungsvermögen des Menschen stark herabgesetzt, wenn etwa durch Schnupfen die Riechfähigkeit beeinträchtigt ist. Im Allgemeinen ist die Geruchsdifferenzierung bei Frauen besser ausgeprägt als bei Männern und nimmt mit dem Alter ab (Doty et al., 1984). Einige Studien zeigen, dass der Ausfall der Geruchswahrnehmung („Anosmie") bei manchen Erkrankungen ein Begleitsymptom ist (z.B. HIV, Altzheimer, Alkoholismus, Drogenmissbrauch, Schizophrenie; Doty, 2001).

Der **Geschmack** („gustatorisches System") wird über die „Geschmackspapillen" der Zunge wahrgenommen, in denen die Geschmacksknospen und in diesen wiederum die „Geschmackssinneszellen" eingelagert sind. Außer den seit Langem bekannten Geschmacksqualitäten süß, sauer, salzig und bitter gibt es vermutlich noch „umami", nämlich den Glutamatgeschmack (Pritzel et al., 2003). Von den Geschmackssinneszellen leiten drei *Hirnnerven* (Nervus facialis, Nervus glossopharyngeus, Nervus vagus) die Erregungen in den *Thalamus* und in geruchsverarbeitende Areale des Gehirns weiter (Pons, Limbisches System, Geschmackszentrum im Kortex). Ähnlich wie die Geruchs- dürften auch die Geschmackswahrnehmungen eine überlebenswichtige Bedeutung für den Frühmenschen gehabt haben. Dies zeigt sich sowohl im engen Zusammenwirken des olfaktorischen mit dem gustatorischen System als auch in ihren gemeinsamen Projektionsgebieten im *Limbischen System* (z.B. Amygdala, Hypothalamus) sowie in den durch Geschmack auslösbaren emotionalen Reaktionen (z.B. bei der sehr schnell einsetzenden aversiven Geschmackskonditionierung; s. Abschn. 6.7). Geschmackswahrnehmungen sind selbst wiederum dem Einfluss kognitiver, emotionaler und motivationaler Prozesse unterworfen, was auch in Spruchweisheiten wie „Das Auge isst mit" oder „Hunger ist der beste Koch" zum Ausdruck kommt.

Die **Körperwahrnehmung**, ermöglicht durch das so genannte „somatosensorische System" (Pritzel et al., 2003), unterscheidet je nach Quelle der Wahrnehmungen zwei verschiedene Herkunftsbereiche, die somatische („Oberflächensensibilität" für die Haut, „Tie-

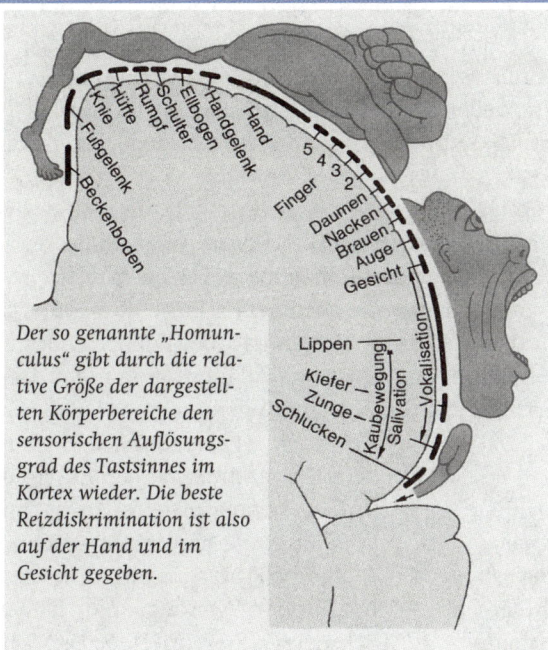

| Abb 5.26

Der so genannte „Homun-
culus" gibt durch die rela-
tive Größe der dargestell-
ten Körperbereiche den
sensorischen Auflösungs-
grad des Tastsinnes im
Kortex wieder. Die beste
Reizdiskrimination ist also
auf der Hand und im
Gesicht gegeben.

fensensibilität" für Muskeln, Gelenke und Knochen) und die visze-
rale Sensibilität (Eingeweide). Die an der Körperwahrnehmung
beteiligten Rezeptoren, nämlich **Mechanorezeptoren** (Berührung,
Druck), **Chemorezeptoren** (Glukose, pH-Wert), **Thermorezeptoren** (Hitze,
Kälte), **Propriozeptoren** (Gelenkstellung,
Kraft, Richtung) und **Nocizeptoren**
(Schmerz), leiten ihre Information
wieder über thalamische Zwischenschaltung in die Projektionszentren
des Kortex (postzentrale Gehirnwin-
dungen) weiter. Die somatosensorischen Kortexareale sind entsprechend
der Rezeptorendichte auf der Haut
und der daraus folgenden Dichte der
im Zentralnervensystem einlangenden nervösen Informationen für verschiedene Körperbereiche unter-

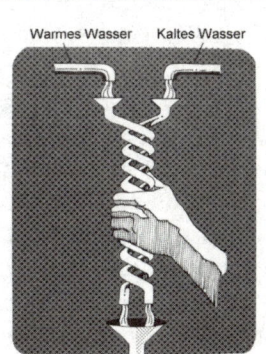

| Abb 5.27

Eine paradoxe Tem-
peraturempfindung
im Experiment:
Wenn kaltes (0–5 °C)
und warmes Wasser
gleichzeitig durch ge-
wundene Metallrohre
fließt, dann löst dies
beim Umgreifen der
Leitungen eine bren-
nend heiße Empfin-
dung aus.

schiedlich groß angelegt („Homunkulus", Abb. 5.26). Die Kälterezeptoren der Haut reagieren zwischen etwa 5 und 31° C, die Wärmerezeptoren zwischen 36 und 45 °C, dazwischen liegt ein neutraler Bereich (weder warm noch kalt). Über 45 °C werden Temperaturreize im Wesentlichen über die Schmerzrezeptoren signalisiert (Abb. 5.27).

Rezeptoren für **Schmerz** (*Nocizeptoren*) kommen außer im Gehirn und in der Lunge fast überall im Körper vor und liefern Informationen über eventuell gesundheitsbedrohliche Prozesse im Inneren und über möglicherweise schädigende Einwirkungen von außen. Im Gegensatz zu anderen Sinnen tritt bei Wiederholung oder Andauern von Schmerzreizen keine Adaptation ein (gewöhnungsbedingte Verringerung der Empfindungsintensität), sondern eher das Gegenteil: Bei häufiger Reizung von Schmerzrezeptoren (oder Entzündung des umliegenden Gewebes) muss mit deren *Sensibilisierung* gerechnet werden, so dass schließlich auch Reize als schmerzhaft empfunden werden, die früher keine Schmerzen hervorriefen. Die Schmerzrezeptoren sowie die schmerzleitenden Nerven können bei Entzündung auch selbst zu intensiven Schmerzerlebnissen führen („Neuralgien"). Schmerzempfindungen können sich sogar verselbständigen, so dass auch nach der Amputation von Gliedmaßen immer noch Schmerzen in ihnen lokalisiert werden („Phantomschmerzen"). Das Schmerzerleben ist besonders durch kognitive und emotionale Prozesse beeinflusst, zum Beispiel durch die Einstellung gegenüber der Schmerzquelle oder gegenüber dem Schmerzerleben an sich („Schmerzempfindlichkeit"). Auf plötzlich eintretenden Schmerz wird immer reflexiv abwehrend reagiert, während chronischer Schmerz automatisch Entlastungs- und Schonreaktionen hervorruft. Die Behandlung von Schmerzzuständen kann durch Medikamente („Analgetika", z.B. Opiate), durch physikalische Interventionen (z.B. Kältepackungen, Gymnastik), aber auch durch psychologische Maßnahmen erfolgen (z.B. Entspannungsverfahren, Bewältigungsstrategien, Hypnose).

Gewissermaßen als körpereigene Schmerzbekämpfung darf die Ausschüttung von körpereigenen Opiaten, so genannten **Endorphinen**, angesehen werden, die bei Verletzungen oder großen körper-

Merksatz

Körperwahrnehmung und Schmerzwahrnehmung erlauben eine Lokalisation und Einschätzung von Körperzuständen, Körperveränderungen und Körperbeeinträchtigungen.

lichen Belastungen (z.B. Marathonlaufen, Extrembergsteigen) eine Stimmungsaufhellung und größere Schmerztoleranz bewirken. Detaillierte physiologische Analysen des somatosensorischen Systems haben ergeben, dass nicht nur Informationen von der Peripherie zum Gehirn fließen, sondern auch umgekehrt. Dies bedeutet etwa für die Schmerzwahrnehmung, dass sie durch Tastwahrnehmungen im selben Körperbereich oder durch Ablenkung der Aufmerksamkeit (z.B. in Hypnose) teilweise bis vollständig unterbunden werden kann („Filter-Kontrolltheorie" bzw. „Gate-Control-Theorie"; Melzack & Wall, 1965).

Das Sinnesorgan für die Erhaltung des **Gleichgewichts** („vestibuläres System") befindet sich in enger Nachbarschaft zum akustischen System, nämlich im Innenohr (s. Abb. 5.23). Die Haarzellen in den drei Bogengängen reagieren auf Beschleunigungen und Drehungen des Kopfes und vermitteln diese Informationen über den Nervus vestibularis, der sich mit dem Nervus cochlearis (Hörnerv)

> **Merksatz**
>
> Der Gleichgewichtssinn liefert – in Kooperation mit dem visuellen und dem kinästhetischen System – wichtige Hinweise für die Koordination von Körperbewegungen und kann bei Überforderung zu erheblichen Befindlichkeitsstörungen führen.

zum Nervus statoakustikus verbindet, an den *Hirnstamm*, von dem aus eine Weiterleitung in mehrere andere Gehirnbereiche erfolgt (Kleinhirn, Thalamus, Tectus opticus).

Im Hirnstamm werden aber auch Informationen aus der **Kinästhetik** verarbeitet, zum Beispiel über den Spannungsgrad der Muskeln oder über den Zustand der Gelenke. Nur durch diese komplexen neuronalen Verrechnungen sowohl von sensorischen als auch von motorischen Informationen ist eine optimale Bewegungssteuerung durch Abstimmung des Bewegungsapparates mit den fast ununterbrochen stattfindenden Lage- und Orientierungsveränderungen des Körpers möglich. Eine Irritation des Gleichgewichtssinnes (z.B. nach Achterbahnfahrten) kann zu massiven Befindlichkeitsstörungen führen (z.B. Übelkeit, Schwindel) und dauert bei anhaltenden Koordinationsproblemen (z.B. bei Seefahrt) mehrere Tage an. Als Beifahrer bei kurvenreichen Autofahrten sollte man aus dem Fenster blicken, um dem Gehirn zumindest über die optische Wahrnehmung Anhaltspunkte für die Lageorientierung zu liefern.

Zusammenfassung

Die Sinnesleistungen des Menschen, die ab dem 60. Lebensjahr progressiv abnehmen, liefern existenziell wichtige Informationen über die externen und internen Lebensbedingungen. Die Sinnespsychologie gehört zu den ältesten Forschungsgebieten der Psychologie. Als Hauptquellen von Sinnesempfindungen gelten das Sehen, Hören, Riechen, Schmecken und Tasten, während in der physiologischen Forschung noch genauer nach der Art der involvierten Rezeptoren und der zugehörigen sensorischen Subsysteme unterschieden wird, zu denen auch das vestibuläre, kinästhetische und nociceptive System gehören. Die Psychophysik erforscht die funktionale Beziehung zwischen Reiz und Empfindung und hat für viele Sinnesmodalitäten und einfache Reizarten wie zum Beispiel Helligkeit und Lautstärke Potenzfunktionen mit unterschiedlichen Exponenten nachgewiesen. Die Wahrnehmung erscheint oberflächlich betrachtet als „bottom up"-Prozess, ist aber in allen Sinnesbereichen durch „top down"-Prozesse, nämlich durch Aufmerksamkeit, Kognitionen oder Emotionen, beeinflusst, was sich in einer Ökonomisierung der Informationsaufnahme, aber auch in Wahrnehmungseinschränkungen, -täuschungen oder -verzerrungen manifestiert.

Fragen

1. Was versteht man unter Psychophysik?
2. Welchen Zusammenhang beschreibt die psychophysische Funktion?
3. Auf welchen physiologischen Prozessen basiert die visuelle Wahrnehmung?
4. Was sind monokulare und was binokulare Tiefenhinweise?
5. Wie lassen sich optische Täuschungen erklären?
6. Welche Reizeigenheiten tragen dazu bei, dass Gestalten und Figuren wahrgenommen werden?
7. Geben Sie eine Erklärung für die „Mondtäuschung"!
8. Wie kann man den Inversionseffekt für die Erforschung der Gesichtserkennung verwenden?
9. Nennen Sie die Besonderheiten der Gesichtswahrnehmung!

10. Welche Bedeutung hat die Koordination von Augen- und Kopfbewegungen für die visuelle Wahrnehmung?
11. Erklären Sie die Wahrnehmung von Bewegungen und Geschwindigkeiten!
12. Welche Theorien zur Farbwahrnehmung gibt es?
13. Worin unterscheiden sich Töne, Klänge und Geräusche?
14. Was versteht man unter Dezibel und was unter Phon?
15. Wie definiert man Lärm, und welche Faktoren steigern die Lärmbelästigung?
16. Welche Sensoren tragen zur Körperwahrnehmung bei?
17. Wie wird Schmerz wahrgenommen?

Literatur

Bruce, V., Green, P. R. & Georgeson, M. A. (2003). Visual Perception. Hove

Carlson, N. R., Heth, C. D., Miller, H., Donahoe, J. W., Buskist, W. & Martin, G. N. (2007). Psychology. The Science of Behaviour. Boston

Eysenck, M. W. & Keane, M. (2003). Cognitive Psychology. A Student's Handbook. New York

Gegenfurtner, K. R. (2003). Gehirn und Wahrnehmung. Frankfurt/M.

Goldstein, E. B. (2002). Wahrnehmungspsychologie. Heidelberg

Martin, G. N., Carlson, N. R. & Buskist, W. (2007). Psychology. Harlow (England) Müsseler, J. & Prinz, W. (Ed.). (2002). Allgemeine Psychologie. Heidelberg

Myers, D. G. (2005). Psychologie. Heidelberg

Pritzel, M., Brand, M., & Markowitsch, H. J. (2003). Gehirn und Verhalten. Ein Grundkurs der physiologischen Psychologie. Heidelberg

Solso, R. L. (2005). Kognitive Psychologie. Heidelberg

Lernen und Anpassung   6

Inhalt

6.1   Umwelt und Verhalten

6.2   Aktivierung und Lernen

6.3   Speicherstrukturen des Gehirns

6.4   Neuronale Netzwerkmodelle

6.5   Habituation

6.6   Prägungsartiges Lernen

6.7   Klassische Konditionierung – Signallernen

6.8   Instrumentelles Konditionieren – Erfolgslernen

6.9   Fertigkeiten – Motorisches Lernen

6.10   Kognitives Lernen – Kategorien, Begriffe und Schemata

6.11   Imitationslernen – Beobachtungslernen – Modelllernen

Lernen ist eine erfahrungsbedingte, dauerhafte, aber modifizierbare Anpassung von Wahrnehmungen, Vorstellungen, Denkprozessen, Gefühlen, Motivationen oder Verhaltensweisen an Lebensbedingungen. Diese Anpassung ist also nicht auf Ermüdung, Reifung oder andere nicht erfahrungsbedingte Prozesse zurückzuführen. Lernen ist zudem stets mit einer Funktionsveränderung neuronaler Strukturen verbunden.

Empirische Hinweise über lernbedingte Strukturveränderungen im Zentralnervensystem (ZNS) können anhand von Hirnverletzungen („Hirnläsionen"), Hirnreizungen („Hirnstimulationen") und mittels Aktivitätsmessungen am Gehirn gewonnen werden (z.B.

Lernen ist eine durch Erfahrung hervorgerufene dauerhafte, aber modifizierbare Anpassung von psychischen Strukturen und Reaktionen (Wahrnehmung, Denken, Verhalten, ...).

Elektroenzephalogramm/EEG, Positronen-Emmissions-Tomographie/PET, funktionale Magnet-Resonanz-Tomographie/fMRT). Die Ergebnisse der meisten Lernprozesse lassen sind allerdings nicht im neuronalen Substrat direkt nachweisen, sondern müssen indirekt an Veränderungen der Wahrnehmung, des Denkens oder des Verhaltens abgelesen werden.

6.1 | Umwelt und Verhalten

Die Evolutionstheorie (Darwin, 1859) zeigt auf, wie sich Organismen über Jahrmillionen durch Mutation und Selektion an wechselnde Umwelten angepasst haben (Buss, 2004). Die **Verhaltensforschung** bzw. **Ethologie** konnte nachweisen, dass diese Umweltadaptation nicht nur das Aussehen (Morphologie), sondern auch das regelhafte Verhalten der Lebewesen verändert hat. Insekten, Käfer und Spinnen verfügen bereits über Reflexe (Reiz-Reaktions-Koppelungen) und Reaktionsketten sowie über ein Instinktrepertoire (z.B. Brutpflege- und Fortpflanzungsinstinkte). Dadurch gelingen erstaunlich komplexe Anpassungen ihrer Lebensabläufe an die Um-

Abb 6.1 |

Erbkoordinationen (Angeborene Auslösermechanismen/AAM) sind reizabhängige Verhaltensprogramme, die nicht durch individuelle Erfahrungen erworben werden, sondern in einem bestimmten Alter des Lebewesens ausreifen. Als angeborener Auslöser darf das so genannte Kindchenschema gelten (Lorenz, 1943), auf welches der Mensch (und andere Säuger) gefühlsmäßig reagiert („süß", „herzig", „niedlich") und mit „Pflegereaktionen" antwortet (z.B. streicheln, liebkosen). In Cartoons und bei Puppen werden die typischen Merkmale (relativ großer Kopf, große Augen, pummelige Gliedmaßen) zur Steigerung des Effektes oft übertrieben dargestellt.

welterfordernisse, insbesondere bezüglich Nahrungsaufnahme, Schlaf, Brutpflege und Sexualität. Lebewesen mit höher entwickeltem Zentralnervensystem, wie etwa Vögel und Säugetiere, steuern ihr Verhalten nicht mehr nur mittels solcher relativ starrer angeborener Mechanismen (wie zum Beispiel durch *Erbkoordinationen* und *Ritualisierungen*, Abb. 6.1 und 6.2), sondern auch durch erworbene Verhaltensanpassungen wie Prägung (s. 6.6, Abb. 6.14) und Lernen. Beim Menschen geschieht die Anpassung überwiegend durch Lernprozesse und Denken.

Menschliches **Verhalten** kann aus kybernetischer Sicht als doppelt-hierarchische Organisation bezeichnet werden, bestehend aus einer bewusst kontrollierten Willkürmotorik ("Top-down-Kontrolle") und den Automatismen ("Bottom-up-Kontrolle"), nämlich vor allem den Reflexen, den Gewohnheiten, den Triebreaktionen und der Stütz- und Gangmotorik (Pritzel et al., 2003). In jedem Verhaltensablauf sind beide Kontrollinstanzen integriert, das heißt, sowohl die willkürlich gesteuerten Aktivitäten werden der Körperhaltung, dem Körpertonus und den reflektorischen Aktionen angepasst als auch umgekehrt die unwillkürlich ablaufenden Regulationen den intendierten Handlungsmustern. Angeborene Reflexe (z.B. Kniesehnen- oder Speichelflussreflex, Husten-, Nies- oder Schluckreflex), erworbene Automatismen (z.B. erlernte Angstreaktionen, Sprechen, Schreiben, Spielen eines Musikinstruments) oder Willkürverhalten werden zwar auf unterschiedlich komplexen Regulationsebenen gesteuert, sind aber bei einem voll funktionstüchtigen Organismus gut aufeinander abgestimmt. Viele unwillkürliche Verhaltensweisen (Fertigkeiten, Gewohnheiten, Routinetätigkeiten) werden zunächst schrittweise und willkürlich kontrolliert aufgebaut, um dann später weitgehend ohne bewusste Kontrolle ausgeführt zu werden.

Kybernetik: Wissenschaft von der Struktur komplexer Systeme

Merksatz

Menschliches Verhalten ist das komplexe Resultat einer unwillkürlichen Steuerung (durch Reflexe, Erbkoordinationen, Automatismen) und einer willkürlichen Steuerung (durch bewusste Handlungsentwürfe).

6.2 | Aktivierung und Lernen

Im Laufe der Evolution des Lebens war die Fähigkeit zu lernen eine der wichtigsten phylogenetischen Umweltanpassungsleistungen der Lebewesen. Lernen als Instrument der Lebensbewältigung musste aber effizient sein, das heißt, der Nutzen eines Lernprozesses musste in einem vernünftigen Verhältnis zu seinen Kosten stehen, damit biologische Ressourcen (z.B. Speicherkapazität des Zentralnervensystems) nicht vergeudet wurden. Lernfähige Lebewesen benötigten daher ein verlässliches Kriterium zur Auswahl einprägenswerter Erlebnisse bzw. korrespondierender Umweltereignisse.

Als ein solcher biologischer Indikator für die Bedeutsamkeit eines Erlebnisses dürfte sich bereits früh die Erregungszunahme im Zentralnervensystem herausgebildet haben. Tatsächlich ist es

Abb 6.2 |

Ritualisierungen sind zweckentfremdete Erbkoordinationen, die in der phylogenetischen Entwicklung ursprünglich einem biologischen Zweck und danach der Sicherung des sozialen Zusammenhaltes innerhalb der Art dienten. So etwa entwickelte sich aus der Fütterung des Jungtieres das Schnäbeln oder Küssen erwachsener Tiere.

| Abb 6.3

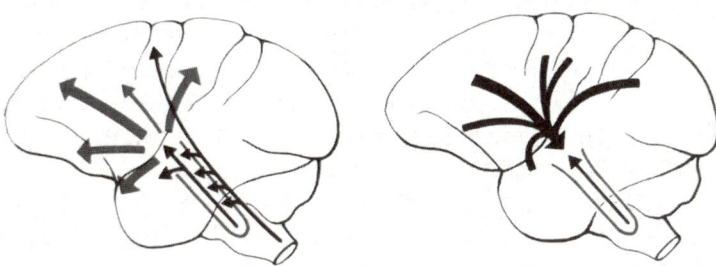

Aufsteigendes retikuläres Aktivierungssystem (ARAS): Stark schematisierte Darstellung der von der Formatio reticularis (netzartiges Gebiet im Hirnstamm) zum Kortex aufsteigenden und der zu ihr absteigenden Nervenbahnen, durch welche eine Steuerung des (tonischen) Aktivierungsniveaus erfolgt (am Beispiel des Affenhirns).

so, dass immer dann, wenn organismusinterne oder -externe Reize auftreten, die vermutlich oder tatsächlich Lebensrelevanz besitzen (z.B. Umweltveränderungen, Anblick von Nahrung, Schmerzen, Bedrohungen), sich das Niveau der allgemeinen **Aktivierung** (engl. arousal) im Zentralnervensystem erhöht und damit einhergehend die Intensität der neuronalen Informationsverarbeitung.

Bei den meisten höher entwickelten Lebewesen befindet sich im Stammhirn ein entsprechendes **Aktivierungssystem** (engl. activating system; Abb. 6.3), welches sowohl auf Veränderungen in der Umwelt (Wahrnehmungssituation) als auch auf Änderungen im Organismus (Bedürfnislage) anspricht und eine Steigerung der Aktivierungslage im Zentralnervensystem auslöst („Orientierungsreaktion"). Eine elektrische Stimulation dieses Aktivierungszentrums

Das Yerkes-Dodson-Gesetz (Yerkes & Dodson, 1908) besagt, dass weder ein zu niedriges noch ein zu hohes, sondern ein mittleres Aktivierungsniveau die beste Voraussetzung für geistige Leistungen ist (s. auch Hebb, 1955). Daher werden im Allgemeinen schwere (anspannende) Aufgaben bei relativ niedriger Aktivierung und leichte Aufgaben bei höherer Aktivierung besser bewältigt.

| Abb 6.4

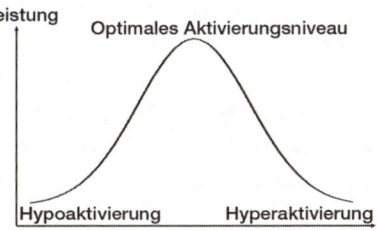

bewirkt eine Verschärfung der Wahrnehmung, Steigerung der Aufmerksamkeit, Beschleunigung der Informationsverarbeitung und eine Erhöhung der Reaktionsgeschwindigkeit, während dessen eine Schädigung (z.B. als Folge von Encephalitis lethargica) oder Zerstörung (z.B. durch Verletzung) befristete bzw. dauerhafte Schlafzustände auslöst (Guttmann, 1972).

Encephalitis lethargica: „Europäische Schlafkrankheit", Form der Gehirnentzündung

Der Aktivierungszustand des Nervensystems verändert sich im Laufe des Wachzustandes sowohl tonisch (im Grundpegel) als auch phasisch (in Fluktuationen). Eine sehr hohe, aber auch eine sehr niedrige tonische Aktivierung (Hyperaktivierung – Hypoaktivierung) ist für kognitive Leistungen kontraproduktiv (Abb. 6.4). Optimal ist ein mittleres Aktivierungsniveau, im Bereich dessen vor allem das Ausmaß des Aktivierungsabfalls (Erleichterung, Entspannung, Befriedigung) darüber entscheidet, ob und in welchem Ausmaß die zuvor erlebten Eindrücke und Handlungen eingespeichert werden (Abb. 6.5, Abb. 6.6).

Merksatz

Überraschende und vital bedeutsame Ereignisse lösen Aktivierungsveränderungen im Zentralnervensystem aus und erhöhen damit die Wahrscheinlichkeit ihrer Speicherung.

Das Aktivierungssystem stellt allerdings nur einen groben Regulationsmechanismus zur biologischen Bewertung von Lebensumständen dar, so dass sich in der Phylogenese komplexer Lebensformen (Säugetiere) bald auch ein differenzierteres zentralnervöses **Bewertungssystem**, nämlich das *Limbische System*, herausbildete. Dieses nimmt laufend einen Vergleich zwischen Ist- und Sollwerten im biologischen und psychischen Bereich vor und stellt fest, ob die gegebene Situation grundsätzlich eher als günstig oder als ungünstig einzuschätzen ist. Führt dieser Vergleich zu einem positiven Ergebnis, dann manifestiert sich dies subjektiv in einem **positiven Gefühl** (Zufriedenheit, Freude, Glück, ...), verbunden mit der Tendenz, den vorhandenen Zustand aufrechtzuerhalten und die gerade ausgeübte Tätigkeit fortzusetzen oder in Zukunft zu wiederholen (z.B. Essen, wenn etwas schmeckt). Weichen jedoch die Ist- von den Sollwerten zu stark ab, dann kommt es zu einem **negativen Gefühl**, wie

Merksatz

Sowohl ein zu hoher als auch ein zu niedriger zentralnervöser Aktivierungsgrad sind für kognitive Leistungen (Wahrnehmen, Einprägen, Erinnern, Problemlösen, Urteilen, ...) nachteilig. Bewusstseinsinhalte haben eine umso größere Chance auf Einprägung, je deutlicher sie zunächst von einem zentralnervösen Aktivierungsanstieg und darauffolgend von einem Aktivierungsabfall begleitet sind.

etwa Unruhe, Angst oder Aggression, verbunden mit der Tendenz, den vorhandenen Zustand zu verändern und in Zukunft zu vermeiden. In die Bewertung der Situation fließt auch die Wahrnehmung des eigenen Aktivierungsniveaus mit ein, wobei sowohl sehr niedrige Aktivierung (Langeweile) als auch sehr hohe Aktivierung (Stress) negativ erlebt werden, während sich bei mittlerem Aktivierungsniveau oft positive Emotionen und Stimmungen einstellen (z.B. Interesse, Leistungsmotivation, Unternehmungslust).

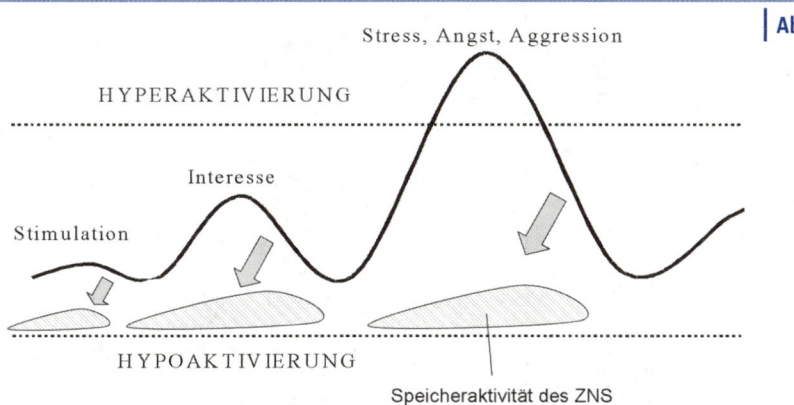

| Abb 6.5

Bei höher entwickelten Lebewesen führen überraschende oder bedeutsame Ereignisse zu einem Anstieg des Aktivierungspegels im Zentralnervensystem. Wenn sich danach die Situation als ungefährlich herausstellt, sie in ihrem Bedeutungsgehalt durchschaut wird oder wenn sie auf beliebige Weise bewältigt wird, sinkt das Aktivierungsniveau wieder. Die Zunahme zentralnervöser Aktivierung und deren nachfolgende Reduktion gelten somit als Indikatoren dafür, dass die vorangegangenen Erlebnisse einerseits potentiell wichtig waren und andererseits erfolgreich gemeistert wurden, so dass sie aus biologischer Sicht einspeicherungswürdig sind.

Routtenberg (1968) kommt aufgrund neuropsychologischer Befunde zu dem Schluss, dass positive Erlebnisse jeglicher Art (z.B. Triebbefriedigungen, Erfolgserlebnisse, „Aha-Erlebnisse") die Belohnungszentren im *Limbischen System* ansprechen lassen, welche ihrerseits das Aktivierungssystem hemmen und auf diese Weise zu einer Reduktion unspezifischer Erregung und gleichzeitig zu einer Verstärkung lernspezifischer Neuronenverbindungen im Zentralnervensystem führen (s. Birbaumer, 1975). Bei diesem aktivierungsbezogenen Speichermechanismus könnte es sich um ein biologisches Grundprinzip des Lernens handeln, welches den meisten Lernformen zugrunde liegt (z.B. *Signallernen*, *Verstärkungslernen*, *kognitives Lernen*; s. auch Guttmann & Bauer, 1984).

Abb 6.6

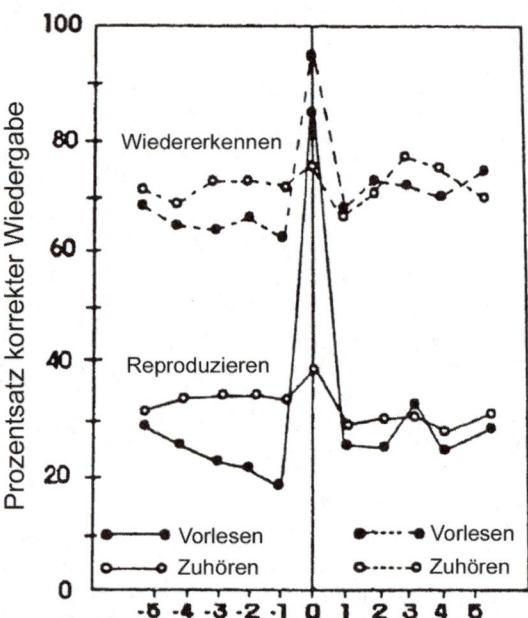

Position relativ zur vorlesenden Person

In einem von Brenner (1973) eingeführten experimentellen Design zur Gedächtnisprüfung sitzen im Kreis 11 Paare von Probanden, von denen jeweils einer ein Drei-bis Zwölfbuchstabenwort vorzulesen hat und der zweite nur zuhören muss. Die Versuchspersonen haben die Aufgabe, sich alle vorgelesenen Worte (d.h. auch jene der anderen) zu merken. Wie erwartet, lag beim Wiedererkennen die durchschnittliche Erinnerungsleistung höher (ca. 75 %) als beim Reproduzieren (ca. 30 %). Die Worte, die von den vorangehenden Personen (Positionen -5 bis -1) vorgelesen worden waren, bevor die Person selbst an die Reihe kam (Position 0), wurden schlechter gemerkt („next-in-line effect"). Eine enorme Einprägungswirkung ergab sich jedoch sogar beim Reproduzieren für die Worte, die die Probanden selbst vorgelesen hatten (ca. 85 bzw. 95 % beim Wiedererkennen). Erklärbar wäre dies durch die Aktivierung beim Vorlesen und die nachfolgende Entspannung, die der passive Partner kaum miterlebt.

Speicherstrukturen des Gehirns | 6.3

Sehr frühe Erkenntnisse über die Auswirkungen von Gehirnprozessen auf seelische Abläufe hatten bereits die Ägypter (ca. 2500 v. Chr.). Griechische Gelehrte entdeckten ca. 500 v. Chr. die kreuzweise Zuständigkeit der Hirnhälften für die muskuläre Kontrolle der Körperhälften (Finger, 1994). Im 19. Jahrhundert wurden elektrische Gehirnreizungen im Tierexperiment eingesetzt, erste Funktionskartierungen der Kortexoberfläche von Hunden erarbeitet und Sprachstörungen als Folge von Gehirnschädigungen in bestimmten Kortexbereichen aufgedeckt (Broca'sches und Wernickes Sprachzentrum). Nachdem 1906 Camillo Golgi und Santiago Ramón y Cajal für ihre Arbeiten über Nervenzellen und deren weitläufige Vernetzungen ("Neuronendoktrin") den Nobelpreis bekommen hatten, intensivierte sich im 20. Jahrhundert die neurologische und neuropsychologische Forschung, nicht zuletzt durch den breiten Einsatz von Computern, so dass heute zumindest grobe Modelle über die Funktionsweise des Gehirns vorliegen (Abb. 6.7).

Einfache regulatorische Anpassungsprozesse finden pausenlos im zentralen und periphären Nervensystem statt (z.B. Ausdifferenzierung von Nervenzellfortsätzen, Produktion von „Neurotransmittern"). Komplexe Anpassungen hingegen, wie wir sie beim Lernen vermuten können, sind im Wesentlichen an drei miteinander in enger Beziehung stehende Systemkomplexe des Gehirns gebunden (Abb. 6.8): **Hirnstamm** (Aktivierungssystem), **Limbisches System** (Bewertungssystem) und **Großhirn** (Speichersystem). Den drei genannten Gehirnregionen kommen im Wesentlichen folgende Funktionen zu (Birbaumer & Schmidt, 2006):

> **Merksatz**
>
> Zu den wichtigsten Gehirnstrukturen für Lernprozesse zählen: 1. Hirnstamm (Aktivierungsregulation, vegetative Reaktionen), 2. Limbisches System (emotionale Reaktionen, Konsolidierung), 3. Großhirn (Speicherung und Klassifikation von Lerninhalten, Aufmerksamkeitssteuerung, Abrufung von Speicherinhalten).

Hirnstamm (Mittelhirn, Hinterhirn, Nachhirn): Diese Region kontrolliert das allgemeine Aktivierungsniveau und viele vegetative Basisfunktionen (Herzschlag, Atmung, Blutdruck, Verdauung, Wärmeregulation, Schlaf) und ist zudem der Ursprung von zehn „Hirnnerven" (sensorische und motorische Kontrolle des Kopfes und des Halses: Auge, Ohr, Mund, Kehlkopf, ...) einschließlich des Nervus vagus („Parasympaticus"). Ebenso sind dem Hirnstamm Instinktregelungen der Selbsterhaltung zuzuschreiben, wie etwa das Auslö-

Abb 6.7

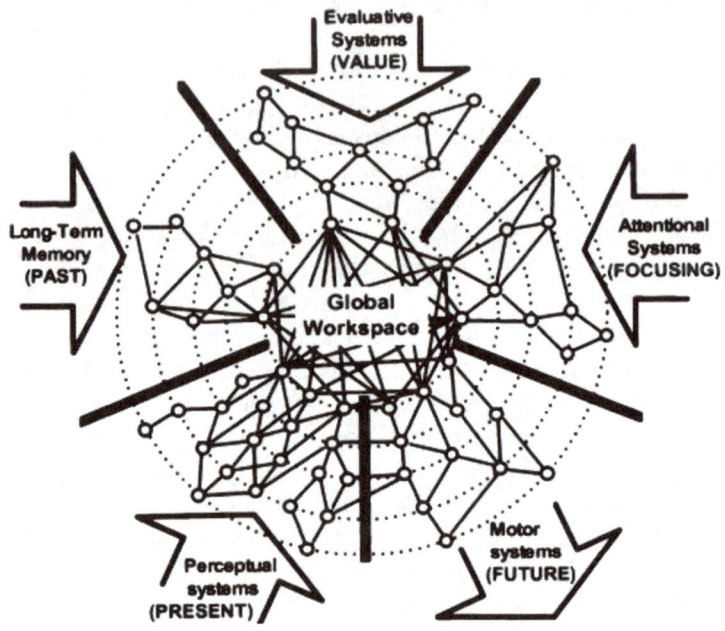

Das Modell des globalen Arbeitsspeichers gibt die heutige Sicht des Gehirns als Gruppierung stark vernetzter, miteinander simultan interagierender Neuronensysteme wieder. Teile des Netzwerkes (Module) erfüllen Spezialleistungen (Wahrnehmung, Erinnerung, Bewertung, Konzentration, Verhalten) und werden durch ein Verbindungsnetzwerk („Global Workspace") in ihren Aktivitäten gesteuert.

sen von Kampf- oder Fluchtreaktionen, Impulse zum Territorialverhalten, soziales Dominanzverhalten. Die vom Hirnstamm ausgehenden Verhaltensprogramme sind allerdings noch weitgehend autonom und entsprechend starr.

Limbisches System (Zwischen- und Endhirnanteile): Diese Gehirnareale sind untereinander sowie mit den übrigen Gehirnbereichen stark vernetzt und werden auch als „emotionales Gehirn" bezeichnet, weil sie wesentlich an der Entstehung von Gefühlen, der Bewertung von Lebenssituationen und der Verstärkung von Verhaltenstendenzen beteiligt sind. Die Funktionstüchtigkeit des Hippocampus, einer Teilstruktur des *Limbischen Systems*, ist Voraussetzung für das dauerhafte Einprägen von Erlebnissen und Wissensinhalten (*Konsolidierung*).

| Abb 6.8

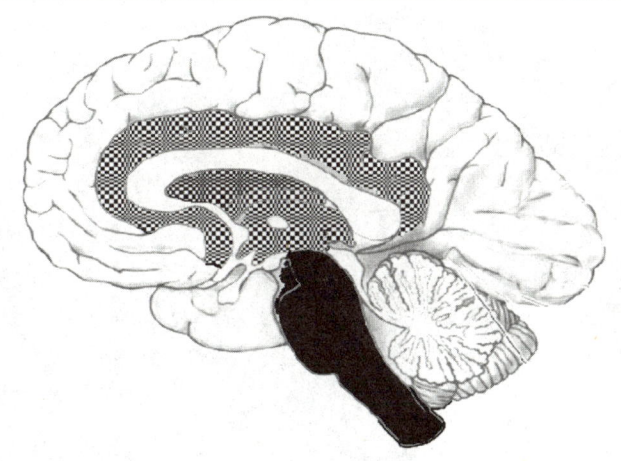

Aktivierungssystem (Hirnstamm – schwarz), Bewertungssystem (Limbisches System – kariert) und Speichersystem (Großhirn, Kleinhirn – weiß). Während die ersten beiden Systeme die Selektion, Einprägung und Wiedergabe von Lerninhalten steuern, obliegt dem dritten System deren Klassifikation, Vernetzung und langfristige Speicherung.

Großhirn bzw. **Neocortex**: Dieser Teil des Gehirns hat beim Menschen und bei anderen Primaten das größte Volumen. Vor etwa 100 Jahren entstanden die ersten Neocortex-Kartierungen, die den vier **Gehirnlappen** (Stirnlappen/Frontallappen, Scheitellappen/Parietallappen, Schläfenlappen/Temporallappen, Hinterhauptslappen/Okzipitallappen) und ihren Windungen spezielle Funktionen und Aufgaben der Informationsverarbeitung zuschrieben, was inzwischen bestätigt wurde (Abb. 6.9). Allerdings darf nicht mehr davon ausgegangen werden, dass Merkinhalte oder Fertigkeiten ausschließlich an einer Stelle des Großhirns lokalisiert sind. Neurologische Befunde bei Gehirnverletzungen (Gehirnläsionen) lassen deutlich erkennen, dass viele Einprägungen an verschiedenen Stellen des Neocortex gespeichert sind und auch die Kontrolle psychischer Prozesse nur selten von einem Gehirnareal allein ausgeht.

Ebenso jedoch, wie sich für die Gehirnlappen eine Funktionsspezialisierung erkennen lässt, gibt es eine solche auch für die linke und rechte **Gehirnhemisphäre** (Gehirnhälfte). Während in der so

Abb 6.9

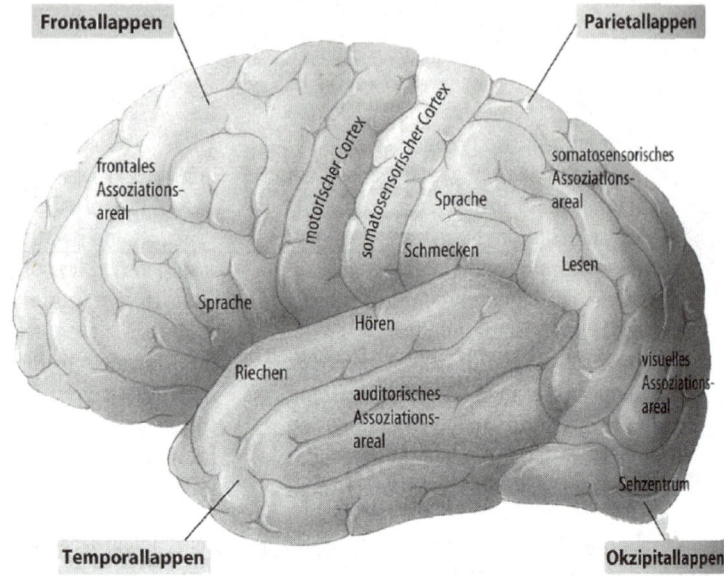

Frontallappen   Parietallappen

frontales
Assoziations-
areal

motorischer Cortex

somatosensorischer Cortex

Sprache

Schmecken

somatosensorisches
Assoziations-
areal

Lesen

Sprache

Hören

Riechen

auditorisches
Assoziations-
areal

visuelles
Assoziations-
areal

Sehzentrum

Temporallappen   Okzipitallappen

Die Orte der Speicherung des Faktenwissens (deklaratives Gedächtnis) liegen je nach
Wahrnehmungsmodus (Tastsinn, Geschmack, Gehör, Geruch, Sehsinn) im Scheitel-,
Schläfen- oder Hinterhauptlappen. Das Handlungswissen (prozedurales Gedächtnis),
Handlungsorientierungen (Werthaltungen) und die Handlungskontrolle (Aufmerk-
samkeit, Denkprozesse) sind überwiegend im Vorderlappen des Großhirns lokali-
siert.

Merksatz

**Die linke Großhirnhälfte kontrolliert über-
wiegend die Speicherung, Verarbeitung
und Produktion sprachlicher Signale, während die rechte Großhirnhälfte zumeist
stärker auf die Speicherung, Verarbeitung
und Produktion von Vorstellungsinhalten
spezialisiert ist.**

genannten „dominanten" Hemisphäre
schwerpunktmäßig Sprachverständnis,
Sprachproduktion und sprachgebundenes
logisches Denken gesteuert werden, ist die
nichtdominante Hemisphäre vorwiegend
für Vorstellungsleistungen, musisches
Verständnis und vorstellungsgebundenes
logisches Denken verantwortlich (Abb.
6.10). Bei etwa 95 % aller rechtshändigen
Personen ist die linke Hemisphäre dominant, die linksseitige **Hemisphärendominanz**
gilt jedoch auch bei ca. 75 % aller Links-
händer (Springer & Deutsch, 1987).

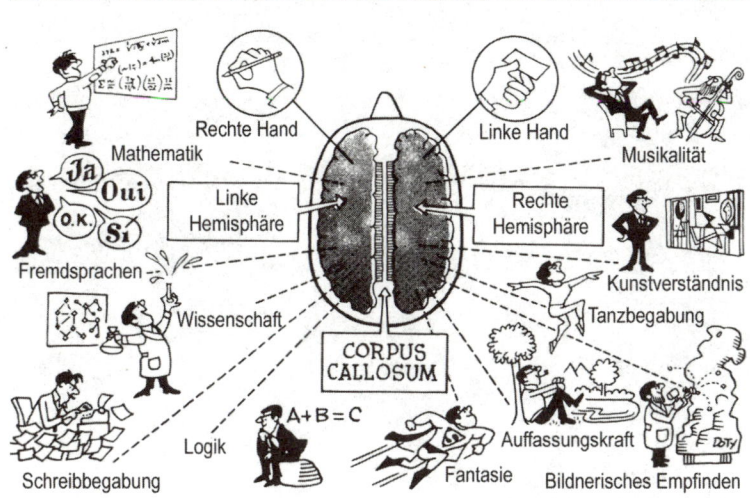

| Abb 6.10

Eine stark pointierte Darstellung funktionaler Unterschiede zwischen linker und rechter Gehirnhemisphäre, die sich aufgrund von klinischen Erfahrungen (Gehirnverletzungen), neurologischen Studien (z.B. Split-Brain-Forschung) und neuropsychologischen Experimenten (z.B. dichotisches Hören) vermuten lassen (Springer & Deutsch, 1987). Trotz solch tendenzieller Lateralisierungen von Funktionen werden zweifellos die meisten Gehirnfunktionen von beiden Hemisphären beeinflusst und kontrolliert.

Neuronale Netzwerkmodelle | 6.4

Die vermutlich 25 Milliarden Nervenzellen des Menschen (Birbaumer & Schmidt, 1991) zeichnen sich außer durch ihre herausragende elektrochemische Erregbarkeit (zur Impulsweiterleitung) auch durch ihr Potential an Verbindungsfähigkeit aus. Eine einzige Nervenzelle kann bis zu 10.000 Kontakte zu anderen Nervenzellen entwickeln, und diese Kontakte können unterschiedlich stark ausgeprägt sein. Das heißt, es ergeben sich fast unendlich viele Konfigurationen von unterschiedlichen Vernetzungen als Ergebnis von Lernprozessen oder sonstigen Anpassungsleistungen. Nervenzellen modifizieren ihre Kontakte zueinander sowohl durch Vermehrung oder Verbreiterung der Kontaktstellen (Dendriten, Synapsen) als auch durch Änderung der Impulsübertragung (Ausschüttung von *Transmitterstoffen*).

Abb 6.11

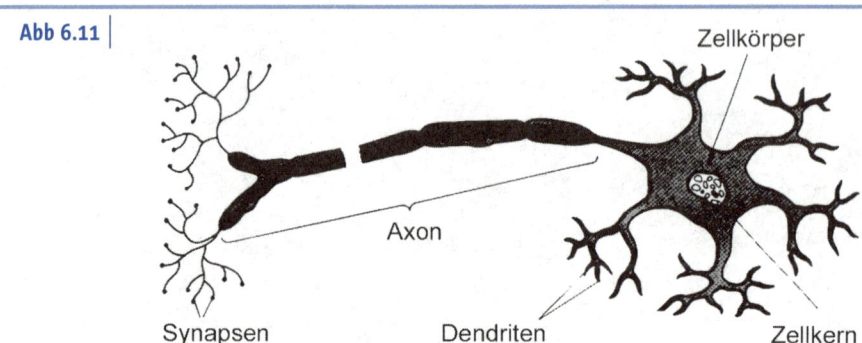

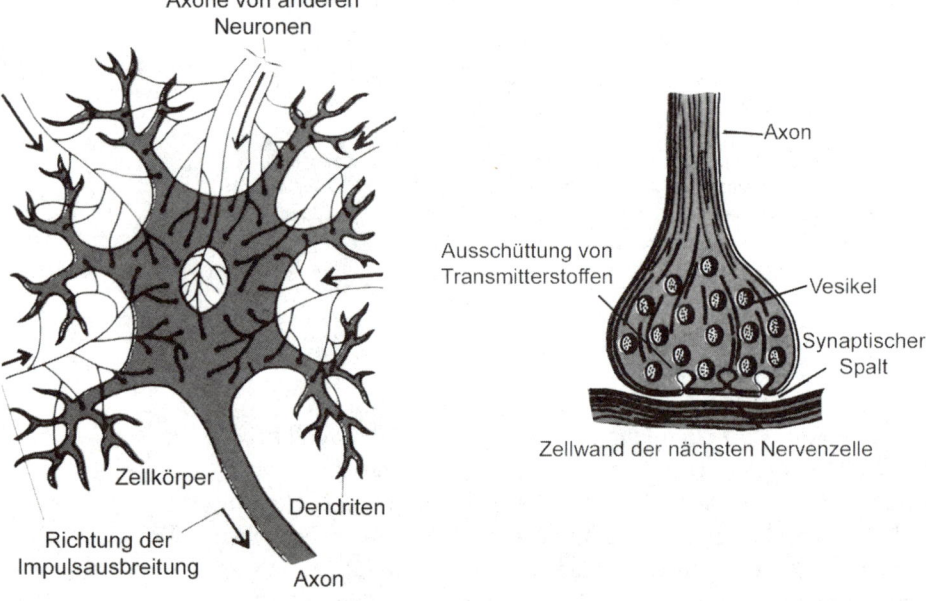

Die Grundbausteine des Nervensystems, die Nervenzellen, bestehen aus einem Zellkörper und einem Zellkern, welche beide für den Stoffwechsel zuständig sind, sowie
aus zahlreichen, manchmal bis zu einem Meter langen Nervenzellfortsätzen, von
denen die Dendriten auf die Aufnahme und die Axone („Neuriten") auf die Abgabe
von Information spezialisiert sind. Wenn eine Nervenzelle an ihren Dendriten oder
am Zellkörper mechanisch, elektrisch oder chemisch erregt wird, dann pflanzt sich
der elektrische Impuls bis zum Ende des Axons fort, wo an dessen Endknöpfchen,
den Synapsen, Transmitterstoffe mit erregender oder hemmender Wirkung für die
folgende Nervenzelle ausgeschüttet werden.

Input   Output

Abb 6.12

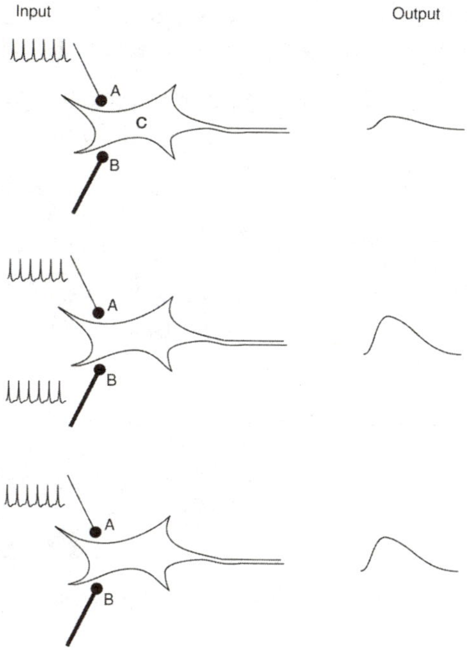

Das Phänomen der Langzeitpotenzierung (LTP) besagt, dass die Verbindung zwischen Nervenzellen dann verstärkt wird, wenn beide gleichzeitig erregt sind („Hebb'-sche Lernregel"): Wenn beispielsweise ursprünglich eine Synapse der Nervenzelle A bei der Nervenzelle C einen geringen Output auslöst, diese anschließend gleichzeitig durch eine zweite Nervenzelle B stärker erregt wurde, dann löst später die Reizung A bei C ebenfalls einen stärkeren Impuls aus.

Ein wichtiger Mechanismus der Modulation von Verbindungen zwischen Nervenzellen ist die **Langzeitpotenzierung** (Abb. 6.12). Darunter versteht man die Verstärkung der Impulsübertragung zwischen Nervenzellen, die zur gleichen Zeit erregt sind. Hebb (1949) vertrat die Auffassung, dass die zahlreichen Querverbindungen zwischen Neuronen kreisförmige Erregungen auslösen, welche zur dauerhaften Festigung (*Konsolidierung*) der entsprechenden Erregungskonstellationen und damit zur langzeitigen Gedächtniseinprägung führen.

Die Einblicke in die Funktionsweise von Nervennetzen bei Lernprozessen haben zur Entwicklung von Theorien und technischen

Modellen geführt, die als neuronale **Netzwerkmodelle** bekannt wurden und als Theorienrichtung unter dem Oberbegriff **Konnektionismus** zusammengefasst werden. Man versteht darunter die ideal-

Abb 6.13

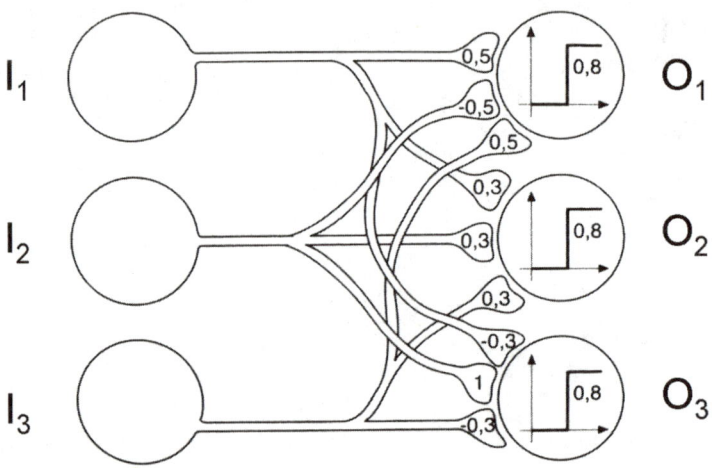

Am Beispiel eines einfachen künstlichen neuronalen Netzwerkes (Spitzer, 2002) mit nur drei Input- und drei Outputneuronen kann selbstorganisiertes Lernen, das prinzipiell auch im Zentralnervensystem stattfindet, demonstriert werden. Vor dem Lernprozess sind die Kontaktstellen („Synapsen") zwischen den Input- und Outputneuronen des Netzwerkes nur mit kleinen positiven oder negativen Zufallswerten für die Verbindungsstärke besetzt. Wenn dann in wiederholten Durchgängen etwa immer wieder die gleichen drei Muster von Inputelementen aktiviert werden (z.B. I_1 + I_3 oder I_1 + I_2 + I_3 oder I_2) und das Outputneuron für das 1. Muster die Bezeichnung O_1, jenes für das 2. O_2 und jenes für das 3. O_3 bekommt, wird die Differenz zwischen der jeweils zustande kommenden Gewichtssumme an den Kontaktstellen der Outputneuronen und ihrer Idealaktivierung (= 1,0) errechnet. Gemäß diesem „Fehler" werden die Gewichtswerte jeweils um einen bestimmten kleinen Betrag angepasst („Backpropagation"). Nach 300–500 Lerndurchgängen erfolgt zumeist eine zufriedenstellende Unterscheidung der drei Muster. In der Abbildung sind die nach einem derartigen Lernprozess erhaltenen Gewichtswerte an den Kontaktstellen zu den Outputneuronen eingetragen, die erst ab einem Schwellenwert von 0,8 ansprechen:
O_1 reagiert nur noch bei Aktivität von I_1 und I_3:
$I_1(0,5)$ + $I_3(0,5)$ = $O_1(1,0)$
O_2 nur noch bei Aktivität von allen drei Inputelementen:
$I_1(0,3)$ + $I_2(0,3)$ + $I_3(0,3)$ = $O_2(0,9)$
O_3 nur noch bei Aktivität von I_2:
$I_2(1,0)$ = $O_3(1,0)$

typische Simulation von Netzwerken, die dem Nervensystem nachempfunden sind und bestimmte Lernleistungen (z.B. Mustererkennung, Wissensspeicherung) selbstorganisiert bewältigen. Die Modelle bestehen aus Mengen von Funktionseinheiten („Neuronen"), die zumeist in Schichten aufgeteilt (z.B. Input-, Zwischen- und Outputschicht) und vielfältig miteinander in Beziehung gesetzt sind. Durch Anwendung spezieller Rechenregeln („Lernalgorithmen") werden die Verknüpfungen zwischen den Einheiten so verstärkt oder geschwächt, dass sich die angestrebten Lernleistungen optimal ausbilden (Abb. 6.13).

Komplexere neuronale Netzwerke (z.B. solche mit hunderten Neuronen und mehreren Zwischenschichten) vollbringen heute bereits aufwendige Adaptations- und Klassifikationsleistungen, die im industriellen Bereich (Steuerungsanlagen, Expertensysteme) und in der Forschung (Simulation kognitiver Leistungen, statistische Prognosen) erfolgreich und effizient eingesetzt werden (s. etwa „Neuronal Connection 2.0", SPSS-Statistiksoftware (1996)).

Habituation | 6.5

Eine der ältesten Formen der Anpassung von Lebewesen an die Umwelt ist die Habituation, nämlich die Gewöhnung an diejenigen häufig auftretenden Umweltreize, die mit der Zeit als irrelevant eingestuft werden. Neue, unerwartete Reize lösen üblicherweise eine Aktivierungssteigerung aus („Orientierungsreaktion"), die mit einer Aufmerksamkeitszuwendung verbunden ist. Wenn dem Reiz danach aber weder positive noch negative Konsequenzen regelmäßig folgen, kommt es zu einer Habituation.

Das zunehmende Nichtreagieren auf irrelevante Umgebungsmerkmale entlastet die Informationsverarbeitung und hält die geistigen und körperlichen Ressourcen frei für wichtigere Erfahrungen. Adaptationen dieser Art finden sich bereits bei vielen einfachen Lebewesen, wie Schnecken, Würmern oder Insekten. Habituationsreaktionen beim Menschen weisen folgende Charakteristika auf (Mazur, 2004):

Merksatz

Wenn Lebewesen auf Reize, die normalerweise eine Aktivierungssteigerung oder eine Aufmerksamkeitszuwendung bewirken, nicht mehr reagieren, spricht man von Gewöhnung oder Habituation.

- Je anhaltender oder häufiger ein Reiz auftritt, desto schneller gewöhnt man sich an ihn.
- Der Gewöhnungseffekt ist anfangs am größten und nimmt dann kontinuierlich ab.
- Wenn ein habituierter Reiz längere Zeit nicht auftritt, löst er später wieder eine Orientierungsreaktion aus.
- Wenn eine Gewöhnung erworben und danach „verlernt" wurde, kann sie später schneller wieder reaktiviert werden.
- An intensive Reize gewöhnt man sich langsamer als an schwache Reize.
- Die Gewöhnung an einen bestimmten Reiz überträgt sich auch auf andere ähnliche Reize.

Die Habituationsforschung leistete einen wichtigen Beitrag bei der Entwicklung moderner Angsttherapien (*Verhaltenstherapie*), bei denen die Prinzipien des „Konfrontierens" und des „Floodings" (massierte Konfrontation mit Angstreizen) eine wichtige Rolle spielen (Box 11.5).

6.6 | Prägungsartiges Lernen

In der Verhaltensforschung („Ethologie") wird seit Lorenz (1935) jener Vorgang als **Prägung** bezeichnet, durch den sich in der frühen Entwicklung vor allem bei „Nestflüchtern" (Hühner, Enten, Gänse) bestimmte Verhaltensweisen irreversibel ausbilden. Prägungen können sich auf Nachfolgereaktionen (**Nachlaufprägung**), den Gesang („Gesangsprägung"), auf Sexualpartnercharakteristiken oder auf Eigenschaften des Territoriums („Heimatprägung") beziehen (Abb. 6.14). Charakteristisch für Prägungen sind folgende Merkmale (s. Eibl-Eibesfeldt, 1999, Hess, 1972):

- Prägungen können nur in einer sensiblen Periode, zumeist in frühen Entwicklungsstadien des Lebewesens stattfinden (z.B. wenige Stunden nach dem Schlüpfen von Küken).
- Prägungen sind irreversibel bzw. „therapieresistent" (z.B. sexuelle Prägungen, wie etwa die „Menschenperversität" von Gänsen).

| Abb 6.14

Der österreichische Nobelpreisträger Konrad Lorenz (1903–1989), Mitbegründer der vergleichenden Verhaltensforschung, demonstriert die Nachlaufprägung bei Entenküken, die nach dem Schlüpfen nicht die Entenmutter, sondern ihn gesehen hatten.

- Prägungen beziehen sich nicht auf individuelle Reize, sondern auf Reizklassen (z.B. Menschen, Tierarten, Gesangsart, Lebensräume).
- Geprägt wird nur eine bestimmte Reaktion bzw. ein Rollenverhalten (z.B. Eltern- oder Geschlechtsrolle).
- Prägung kann schon stattfinden, wenn sich das zu prägende Verhalten noch gar nicht zeigt (z.B. Gesang, Sexualverhalten).

Die Frage, ob es beim Menschen (als „Nesthocker") ebenfalls zu Prägungsphänomenen kommen kann (z.B. Prägungen auf Sexualpräferenzen), wird von den meisten Psychologen verneint. Klix (1971) vertritt allerdings die Ansicht, dass sich beim Menschen zumindest prägungsartiges (d.h. fast irreversibles) Verhalten herausbilden könnte, wenn im Stadium eines hohen Trieb- oder Aktivierungszustandes (*Stress*, sexuelle Erregung) bestimmte Verhaltensweisen (Fluchtreaktionen, sexuelle Praktiken) zu einem massiven

Entspannungszustand führen und somit stabil eingeprägt werden. Denkbar wäre etwa, dass in einem jugendlichen Entwicklungsstadium ein extrem erhöhter sexueller Triebzustand durch eine besondere Art der Befriedigung zu einer sexuellen Fixierung (z.B. „Fetischismus") führen könnte. Die meisten Lernforscher sind jedoch überzeugt, dass es sich hierbei nicht um Prägung, sondern nur um eine intensive *Konditionierung* handelt, die durch konkurrierende neue Erfahrungen oder innerhalb eines psychotherapeutischen Prozesses wieder verändert werden können.

6.7 | Klassische Konditionierung – Signallernen

Der russische Physiologe Iwan Pawlow (1849–1936) entdeckte das Phänomen so genannter „psychischer Sekretionen" als Zufallsbefund bei seinen Untersuchungen zum Verdauungsprozess von Hunden, die ihm später den Nobelpreis (1904) einbrachten. Er beobachtete bei seinen Versuchstieren, dass der durch Futterdarbietung ausgelöste Speichelreflex auch auf andere Auslösereize übertragbar ist, sofern diese dem Anblick von Futter vorausgingen (z.B. Öffnen der Labortüre, Hereinkommen des Tierpflegers). Diese Form des Lernens manifestiert sich auch in zahlreichen Alltagssituationen des Menschen immer dann, wenn Reize oder Situationen das nachfolgende Auftreten lebensrelevanter Erlebnisse signalisieren (z.B. Reflexverhalten, Triebbefriedigung, Schmerz, Angst). Angesichts der assoziativen Koppelung von ursprünglich neutralen mit bedeutungsvollen Reizen wird diese Lernform auch als **Signallernen** oder „Lernen vom Typ S" (Reiz: engl. stimulus) bezeichnet.

US: engl. unconditioned stimulus
UR: engl. unconditioned response
CS: engl. conditioned stimulus
CR: engl. conditioned response

Allgemein wird die klassische Konditionierung durch folgende Begriffe charakterisiert: Ein unkonditionierter Stimulus US löst eine angeborene Reaktion UR aus, zum Beispiel: Futterdarbietung → Speichelfluss, Lichtblitz → Pupillenkontraktion, Pistolenschuss → Schreckreaktion, Luftstoß → Lidschlussreflex. Geht nun dem US regelmäßig ein anderer Reiz voraus und kündigt ihn damit an, dann löst dieser später auch alleine als CS eine ähnliche Reaktion wie die UR aus, welche als CR bezeichnet wird (Abb. 6.15).

Für die Lernform der klassischen Konditionierung sind folgende Aspekte bedeutsam (vgl. Anderson, 2000):

• **Koppelungsanzahl** und **Zeitdifferenz**: Bei den meisten Konditionierungen reichen 10–50 Koppelungen zwischen CS und US aus,

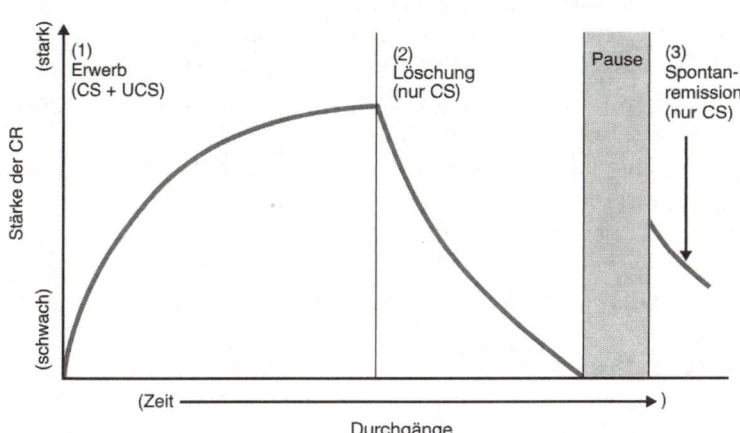

| Abb 6.15

Phasen klassischer Konditionierung:
Erwerb: Mit der Anzahl an Koppelungen zwischen CS und US wird die konditionierte Reaktion (CR) stärker.
Löschung: Wenn später nur der CS (ohne nachfolgenden US) dargeboten wird, kommt es zu einer Abschwächung der CR.
Spontanerholung: Das Wiederauftreten einer gelöschten konditionierten Reaktion nach einer Pause.

um eine deutliche CR hervorzurufen. Je größer die Zeitdifferenz ist, mit der ein CS einem US vorausgeht, desto schwieriger ist der Aufbau einer Konditionierung auf diesen CS, wobei das wirksame Zeitintervall zwischen CS und US von der Geschwindigkeit der Reaktion abhängt (z.B. 0,3 bis 1,0 sec beim Lidschlag, 10 sec bei Angst, bis zu mehreren Stunden bei Geschmackskonditionierungen).

- **Kontingenz**: Nicht nur raumzeitlich benachbartes Auftreten („Kontiguität"), sondern vor allem zeitliches Nacheinander („Kontingenz") zwischen CS und US ist entscheidend für das Konditionierungslernen: Je besser ein Reiz einen anderen vorherzusagen gestattet, desto stärker wirkt er als Signalreiz bei einer Konditionierung (Abb. 6.16).
- **Reizintensität** und *Auffälligkeit*: Die Intensität und die Auffälligkeit eines CS erhöhen seine Wirksamkeit als Signal.
- **Informativität**: Wenn bereits ein CS_1 (z.B. Ton) als Signal für einen US aufgebaut wurde und ein weiterer, zur Vorhersage des US

unnötiger Reiz CS$_2$ (gleichzeitig) hinzu kommt, wird dieser ignoriert und löst später keine CR aus („Blockierung").

- **Generalisation** und **Diskrimination**: Die Auslösequalität eines CS für eine CR überträgt sich auch auf andere Reize im Ausmaß ihrer Ähnlichkeit mit dem ursprünglichen CS. Diese Ausweitung der Signalwirkung eines Reizes kann aber durch ein Unterscheidungstraining eingeschränkt werden.
- **Konditionierung höherer Ordnung**: Für einen bereits konditionierten Reiz CS$_1$ kann vorher oder nachher ein anderer Reiz CS$_2$ als Signal erlernt werden („preconditioning", „second-order conditioning").

Alltagsbeispiele für klassische Konditionierungen sind äußerst zahlreich und beziehen im Grunde alle Reaktionsbildungen mit ein, bei denen Reflexe, physiologische Prozesse, Gefühle oder Triebauslöser durch Signale angekündigt werden. Wenn uns beim Sprechen über Lieblingsspeisen „das Wasser im Mund zusammenläuft", wenn wir

Abb 6.16

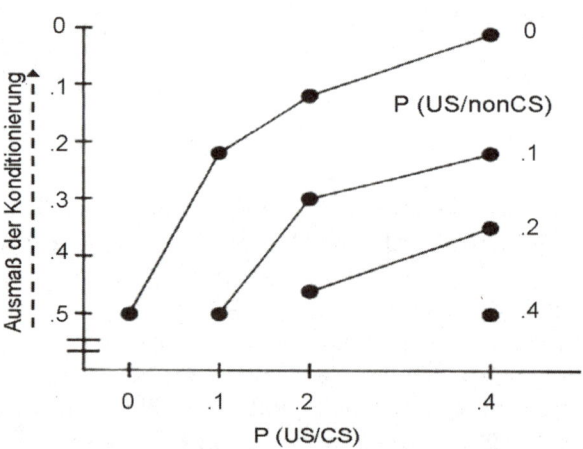

Nur wenn der konditionierte Reiz (CS) den unkonditionierten Reiz (US) verlässlich vorherzusagen imstande ist, kann Konditionierung stattfinden. Rescorla (1968) testete die Wirksamkeit unterschiedlicher bedingter Wahrscheinlichkeiten p(US|CS) sowie p(US|nonCS) auf die Stärke der Konditionierung (Abzisse: p für US, wenn vorher CS auftrat; Funktionen: p für US wenn CS nicht auftrat). Der Effekt war umso größer, je eindeutiger vom Signal auf den US geschlossen werden konnte, z. B. wenn die Wahrscheinlichkeit für den US bei Auftreten des CS 0,4 und bei Nichtauftreten des CS nur 0,0 war.

uns beim Eintritt in ein uns bekanntes Prüfungszimmer plötzlich unbehaglich fühlen oder wenn wir beim Anblick bestimmter Gesten plötzlich – für andere unerklärlich – ärgerlich werden, haben wir es mit emotionalen Konditionierungen zu tun („conditional emotional response", CER), die manchmal bis in unsere Kindheit nachzuverfolgen sind.

Auf dem Gebiet der Angstkonditionierung ist die Entdeckung von Seligman (1970, 1971) bedeutsam, dass nicht alle Reize gleichermaßen einfach und nachhaltig (löschungsresistent) angstkonditionierbar sind, sondern dass im Laufe der menschlichen Evolution bestimmte Reize eine **Prädisposition** als Angstauslöser erworben haben („preparedness"), wie etwa der Anblick von Schlangen, Spinnen, Ungeziefer, Tiefe und Weite, im Gegensatz zum Anblick von Steckdosen oder Autos, die nicht minder gefährlich sind.

Instrumentelles Konditionieren – Erfolgslernen | 6.8

E. L. Thorndike formulierte 1898 mit seinem „Gesetz des Effektes" (engl. „law of effekt") als Erster das Grundprinzip der instrumentellen Konditionierung: Verhalten ändert sich durch den Effekt, den es auslöst, belohnende Konsequenzen stärken die Verhaltenstendenz, bestrafende Konsequenzen schwächen sie (Box 6.1). Während bei der klassischen Konditionierung die Koppelung von zwei (oder mehreren) Reizen erlernt wird (S – S), sind es bei der instrumentellen Konditionierung Reize und Reaktionen (S – R), die miteinander verknüpft werden. Erlernt wird, unter welchen Bedingungen welche Reaktion zu welcher Konsequenz führt bzw. welches Verhalten erfolgreich ist.

Als „operant" wurde diese Lernform von B. F. Skinner (1904–1990) deshalb bezeichnet, weil dabei Verhaltensweisen als Operationen zur Veränderung der inneren und äußeren Realität aufgefasst werden. Das englische „operant" bezeichnet ein weitgehend spontanes Verhalten, das nicht (wie bei der klassischen Konditionierung) reflexartig durch einen Reiz ausgelöst wird. Die von Skinner als Forschungsprogramm eingeführte „experimentelle Verhaltensanalyse" bezweckte eine möglichst exakte Beschreibung des

Box 6.1 | Skinners Vier-Felder-Schema

Seit Burrhus F. Skinner (1904–1990) werden in einem Vier-Felder-Schema die vier grundsätzlich möglichen Verhaltenskonsequenzen dargestellt, die unterschiedliche Wirkungen auf das zukünftige Verhalten ausüben:

	Positive Konsequenz	Negative Konsequenz
Eintreten der Konsequenz	(1) Positive Verstärkung Effekt: Verstärkung	(3) Bestrafung (Typ I) Effekt: Verhaltens-blockierung
Ausbleiben der Konsequenz	(4) Bestrafung (Typ II) Effekt: Löschung	(2) Negative Verstärkung Effekt: Verstärkung

Beispiele:
(1) Kinder entwickeln jene Fähigkeiten, für die sie regelmäßig gelobt werden.
(2) Schlechte Gewohnheiten, wie Rauchen, Naschen, Alkoholtrinken, dienen meist der Reduktion von Anspannung, Stress oder Frustration.
(3) Verkehrsstrafen können Fehlverhalten im Verkehr reduzieren.
(4) Gegenüber Personen, die sich für Hilfeleistungen nicht bedanken, verliert man seine Hilfsbereitschaft.

Einflusses von Umweltbedingungen auf die Auftrittswahrscheinlichkeit von Verhaltensformen.

Allgemein findet instrumentelles Lernen dann statt, wenn wiederholt eine bestimmte Situation wahrgenommen wird („diskriminativer Hinweisreiz"; SD), in der bestimmte Verhaltensweisen (R) zu bestimmten Konsequenzen führen (K). Wenn die Konsequenz die Auftrittswahrscheinlichkeit des Verhaltens erhöht, spricht man von **Verstärkung**, wenn sie die Auftrittswahrscheinlichkeit senkt, spricht man von **Bestrafung**

Merksatz

Instrumentelles Lernen findet dann statt, wenn ein Individuum wiederholt eine bestimmte Situation wahrnimmt, in der bestimmte Verhaltensweisen zu bestimmten Konsequenzen führen.

(Box 6.1 und Box 6.2). Wie bei der klassischen Konditionierung unterscheidet man eine Phase des *Erwerbs*, der *Löschung* und der *Spontanerholung*. Folgende Aspekte kennzeichnen zusätzlich das instrumentelle Konditionieren als Lernform:

• **Situations-** und **Reizkontrolle**: Situationen, Personen oder Objekte erlangen als diskriminative Hinweisreize einen „Aufforderungscharakter" zur Ausübung der belohnten Handlungen, wenn sie regelmäßig im Kontext der Verhaltensweisen mit Belohnungs-

---

„Sinnvolles Bestrafen" | **Box 6.2**

Anhand seiner Forschungsergebnisse betonte Skinner immer wieder, dass Mensch und Tier hauptsächlich durch Belohnung lernen und dass Bestrafung nicht einfach die umgekehrte Wirkung von Belohnung hat. Auch spätere Lernforscher bestätigten, dass Belohnung eher dem Verhaltensaufbau und Bestrafung eher der Verhaltensblockierung dient, zumindest solange die Bestrafung real droht. Hinzu kommen die negativen emotionalen und sozialen Nebenwirkungen von Bestrafung, die ja oft eine Form sozialer Aggression darstellt (Schläge, Verbote, Drohungen, Kritik, Vorwürfe etc.). Für einen sinnvollen und dosierten Einsatz von Bestrafung haben Lernforscher Regeln aufgestellt (s. Zimbardo & Gerrig, 2004; Bourne & Ekstrand, 1992). Demnach sollten Bestrafungen ...

• unangenehm, schnell und kurz sein (Wirksamkeit)
• unmittelbar nach der unerwünschten Reaktion erfolgen (Kontingenz)
• dem Fehlverhalten angepasst sein (Intensitätsbegrenzung)
• als natürliche Konsequenzen des schadenverursachenden Verhaltens verstehbar sein
• sich auf das (veränderbare) Verhalten und nicht auf die Persönlichkeit beziehen (Verhaltensorientierung)
• auf die gegenwärtige Situation beschränkt bleiben (Situationseingrenzung, Aktualisierung statt Pauschalierung)
• keine körperlichen Schmerzen verursachen
• für die Zukunft ein Alternativverhalten nahelegen (z.B. als Vorschlag einer Wiedergutmachung oder einer zukünftigen Verhaltensänderung)

wirkung auftraten. Ein Sportplatz animiert Sportler zum Training, ein bestimmter Lehrer löst im Vergleich zu anderen Lehrern bei Kindern undiszipliniertes Verhalten aus, eine bestimmte Musik reizt zum Tanzen. Auch ein „Hemmungscharakter" bestimmter Reize und Situationen wird auf diese Weise gelernt: So
verhält man sich in Anwesenheit mancher Personen von vornherein zurückhaltender als gegenüber anderen Personen.

- **Kontingenz**: Je regelmäßiger und eindeutiger eine positive oder
  negative Konsequenz auf ein Verhalten wahrgenommen wird,
  desto schneller wird gelernt („Kontingenzregel").
- **Generalisation** und **Diskrimination**: Die Prozesse der Verallgemeine-
  rung und der Spezifizierung können sich auf die Situationen,
  auf die Reaktionen sowie die Konsequenzen beziehen. In manchen sozialen Situationen müssen zum Beispiel für die Auswahl
  eines erfolgreichen Verhaltens spezielle Bedingungen beachtet
  werden, für die eine gute *soziale Wahrnehmung* Voraussetzung ist.
  Ebenso können dem Erfolg enge Verhaltensgrenzen etwa im
  Sinne *sozialer Kompetenz* gesteckt sein. Aber auch angenehme
  Konsequenzen wirken auf manche Menschen nur in differenzierter Form (z.B. Lob nur, wenn nicht schulmeisterlich), während etwa Geld als generalisierter (erlernter) Verstärker gelten
  kann.
- **Shaping** (Verhaltensformung): In allen Lebensbereichen (Schule,
  Beruf, Privatleben) müssen Verhaltensweisen, die Erfolg bringen
  oder Misserfolg vermeiden helfen, erst erworben und „trainiert"
  werden. Die „richtigen" Reaktionsweisen sind oft aus schwachen Verhaltensansätzen heraus zu entwickeln, was üblicherweise durch selektive Verstärkung der tendenziellen Reaktionen
  geschieht. Dieses Prinzip des Shapings (Abb. 6.17) wird von be-
  gabten Eltern in der Erziehung intuitiv genützt, wenn es etwa
  um den Erwerb von Pünktlichkeit, Ordnungssinn, Ehrlichkeit
  usw. durch das Kind geht. Diese Eltern ignorieren möglichst das
  unerwünschte Verhalten und nehmen alle Ansätze des er-
  wünschten Verhaltens verstärkend wahr. Der Prozess des Shapings kann durch Vorbildwirkung (*Beobachtungslernen*) und verbale Aufforderungen oder Bitten unterstützt werden.
- **Primäre** und **sekundäre Verstärker**: Konsequenzen können entweder
  von vornherein angenehm (oder unangenehm) sein, oder sie er-
  werben diese Eigenschaft erst durch Koppelung mit anderen
  Verstärkern (*Signallernen*). Primäre, also unmittelbare Verstärker

Abb 6.17

Shaping: Lange vor der wissenschaftlichen Erforschung des Konditionierens wussten Tierhalter, wie das Verhalten von Tieren durch den selektiven Einsatz von Belohnungen geformt werden kann. Für eine gelähmte Frau konnte zum Beispiel ein Äffchen dazu trainiert werden, ihre Haare zu kämmen, sie zu füttern, Buchseiten umzublättern etc.

sind etwa Triebbefriedigungen, wie Essen, Trinken oder sexuelle Aktivitäten, sekundäre (erlernte) Verstärker dagegen sind Geld, Schulnoten, Lob oder Statussymbole.

Das instrumentelle Konditionieren bzw. Verstärkungs- oder Erfolgslernen zeigt sich im Alltag auf Schritt und Tritt und erklärt eine Vielzahl unserer beobachtbaren automatisierten oder bewussten Verhaltensweisen, insbesondere wenn man dabei auch die Wirksamkeit „verdeckter" Verstärker in Betracht zieht. Verdeckte Verstärker sind symbolische oder gedankliche Operationen mit stellvertretender Belohnungswirkung, wie sie von den *kognitiven Lerntheorien* (z.B. Bandura, 1977b) weiterentwickelnd beschrieben wurden (s. 6.11). Weniger bekannt dürfte sein, dass auch unwillkürliche physiologische Reaktionen wie Muskelentspannung oder Blutdruck durch Belohnungsrückmeldungen trainierbar sind, was therapeutisch etwa beim Einsatz von **Biofeedback** genutzt wird (Abb. 6.18).

Abb 6.18

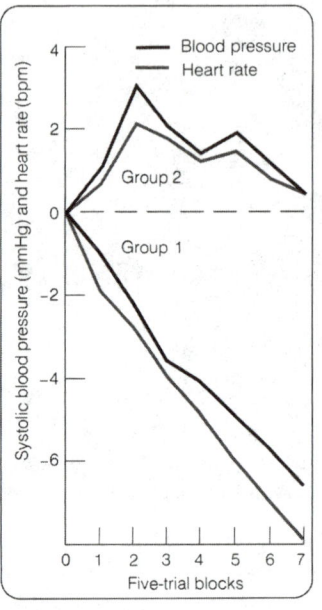

Als Biofeedback bezeichnet man die zumeist elektronische Registrierung und optische oder akustische Rückmeldung von physiologischen Reaktionen (z.B. Herzschlag, Blutdruck, Muskelspannung). Damit werden im physiologischen System Funktionsveränderungen trainierbar, die sonst nicht willkürlich steuerbar sind. Beispiel: Männliche Versuchspersonen bekamen in einem Experiment (Schwartz, 1975) immer dann ein Licht und einen Ton präsentiert, wenn durch natürliche Schwankungen die Herzrate und der Blutdruck minimal sanken (Gruppe 1) oder anstiegen (Gruppe 2). Nach jeweils zwölf sukzessiven „Erfolgen" bekamen sie als Belohnung Dias mit schönen Landschaften und hübschen Frauen zu sehen und erhielten zusätzlich einen Geldbonus. Nach 20–30 Durchgängen zeigte sich bei Gruppe 1 eine deutliche und konsistente „Entspannungsreaktion", während bei Gruppe 2 das Antrainieren höherer Blutdruck- und Herzratenwerte nicht so gut gelang.

6.9 | Fertigkeiten – Motorisches Lernen

Sprechen, Laufen, Radfahren, Autofahren, Klavierspielen, Turnen, Balletttanzen und Operngesang sind Beispiele für komplexe Fertigkeiten, die durch Übung erworben werden. Für alle Höchstleistungen an Geschicklichkeit gilt die Regel: „Ohne Fleiß kein Preis" (engl. „No pain, no gain"). Untersuchungen an hochbegabten Personen („Genies") im Bereich der Musik, der Wissenschaft und des Schachspiels ergaben, dass niemand seinen überragenden Leistungsstand erreicht hatte ohne mindestens zehn Jahre intensiven **Trainings** (s. Anderson, 1996).

Beim Erwerb von Fertigkeiten können folgende Phasen unterschieden werden:

- **Geistige Vorbereitungsphase**: Parolen mit Handlungsanweisungen werden gebildet und dienen als vorläufige Anleitung zum Aus-

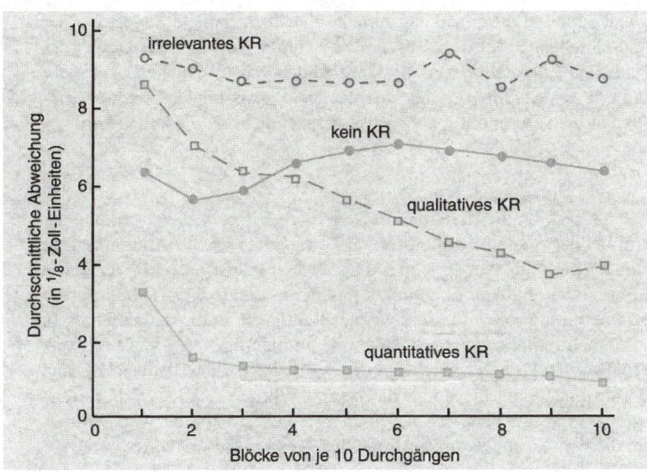

In einem Experiment sollten Versuchspersonen mit verbundenen Augen eine drei Zoll lange Linie zeichnen (Towbridge & Cason, 1932). Die 1. Gruppe bekam keine Rückmeldung über die Länge der tatsächlich gezeichneten Linie (kein KR: „Knowledge of Result"), die 2. Gruppe erhielt nutzloses Feedback (irrelevantes KR), die 3. Gruppe hörte nur „richtig" oder „falsch" (qualitatives KR) und die 4. Gruppe bekam die quantitative Abweichung zu einer Drei-Zoll-Linie rückgemeldet (quantitatives KR). Am schnellsten lernten die Personen mit quantitativem Feedback.

führen von Verhaltenskomponenten (z.B. „Auskuppeln" – „Gang einlegen" – „Gas geben" – „Kupplung kommen lassen").

- **Verkettungsphase**: Motorische Verhaltenseinheiten werden so aneinander gereiht, dass sie nacheinander umsetzbar sind (z.B. Tennis: Laufen zum Ball, Ausholen des Schlägers, Schritt zum Ball, Treffen des Balls, Ausschwung des Schlägers).
- **Automatisierungsphase**: Die Handlungen laufen bereits ohne bewusste Kontrolle ab und werden immer schneller ausführbar. Die Zunahme des Lernerfolgs lässt sich wie bei den meisten Lernprozessen durch eine Potenzfunktion (s. 7.1.2) beschreiben.
- **Schematisierungsphase**: Wenn der Verhaltensablauf bereits gut automatisiert ist, kann er auch auf neue Situationen angepasst und übertragen werden („transfer of learning").

Sehr wichtig für die Optimierung motorischer Fertigkeiten („tuning") sind präzise Rückmeldungen über die Abweichung des Verhaltensergebnisses vom Verhaltensziel, welches auch als **Ergebniswissen** („knowledge of result") bezeichnet wird. Wenn dieses Feedback über die Zielerreichung verfälscht, ungenau oder verzögert ist, kommt es zu erheblichen Beeinträchtigungen im Lernprozess (Mazur, 2004; Abb. 6.19). Die Störwirkung einer verfälschten Ergebnisrückmeldung wird unmittelbar erfahrbar, wenn man mit Spiegel zu schreiben versucht (die schreibende Hand ist nicht direkt, sondern nur in einem Spiegel zu sehen) oder beim Sprechen über Kopfhörer eine verzögerte Rückmeldung erhält. Für die langfristige Beherrschung einer Fertigkeit ist es günstig, nicht bei jedem Lernversuch (z.B. durch den Trainer) ein Feedback zu erhalten, sondern dazwischen auch selbst Gelegenheit zu gewinnen, einzuschätzen, wie groß jeweils die Abweichung vom Zielverhalten ist (Winstein & Schmidt, 1990). Neben dem Ergebniswissen ist für das Training von Fertigkeiten aber auch das **Performanzwissen** („knowledge of performance") bedeutsam, nämlich eine nähere Kenntnis darüber, wie die Teilbewegungen einer Fertigkeit korrekt ausgeübt werden sollen (z.B. günstiger Winkel beim Baseballwurf, Armhaltung beim Golfschlag, Ballaufwurf beim Tennisservice).

Viel Aufmerksamkeit wurde in der Vergangenheit dem so genannten **mentalen Training** von Fertigkeiten gewidmet, worunter man die Verbesserung eines Bewegungsablaufs durch dessen Übung in der Vorstellung versteht. Seine Effektivität wurde für verschiedene Sportarten, für das Spielen von Musikinstrumenten, für die Behandlung von Verhaltensstörungen (Fritsche & Maderthaner, 1981; s. Kap. 11) und für Trainingsziele in der Rehabilitation nachgewiesen. Voraussetzung dafür ist allerdings, dass die Trainingspersonen (s. Felz & Landers, 1983)
- Vorerfahrungen im entsprechenden Verhaltensbereich besitzen,
- über eine gute Vorstellungsfähigkeit verfügen und dass
- die Trainingsaktivitäten nicht nur reinen Krafteinsatz oder Muskeleinsatz erfordern, sondern geistiger Vorbereitung und Regulation bedürfen.

Kognitives Lernen – Kategorien, Begriffe und Schemata

| 6.10

Nachdem vor etwa 50 Jahren mit der Entwicklung der Kybernetik auch die Computermetapher in die Psychologie eingeführt wurde, entwickelte sich der „Informationsverarbeitungsansatz" zum dominanten wissenschaftlichen Paradigma der Psychologie (s. 4.1). Informationsverarbeitung findet durch kognitive Prozesse statt. Unter kognitiven Prozessen versteht man Denkprozesse und alle psychischen Abläufe, die Voraussetzungen oder Folgen von Denkprozessen sind.

kognitiv: lat. cognoscere: bemerken, erkennen

Denkprozesse können jedoch nur dann stattfinden, wenn vorher der komplexe Informationsinput der Wahrnehmung gefiltert und klassifiziert wurde (s. auch 7.1.1). Eine wesentliche Komplexitätsreduktion der aufgenommenen Information leistet vor allem die Ausbildung von *Kategorien* und *Begriffen*.

Wie viele und welche **Kategorien** (Klassen) zur Gliederung von Wahrnehmungen, Vorstellungen oder sonstigen Bewusstseinsinhalten herangezogen werden, hängt vom Differenzierungsvermögen der Wahrnehmung, von der Komplexität der Inhalte und von

Begriffe sind mentale Repräsentationen einer bestimmten Konfiguration von Merkmalen, die mit einem Namen versehen sein können. Der mit „Kaffeetasse" bezeichnete Begriff kombiniert Merkmalskomponenten der Form, Farbe, Oberflächenbeschaffenheit, Zerbrechlichkeit, aber auch der Wärme, des Geruches und Geschmacks von Kaffee sowie von Empfindungen und Bewegungen, die damit verbunden sind.

| Abb 6.20

der Brauchbarkeit der Kategorien in der Lebenspraxis des Individuums ab. **Kategorisierungen** von psychischen Inhalten dürfen insbesondere dann als optimal angesehen werden, wenn sie kausale Zusammenhänge erschließen helfen, wenn sie eine effiziente Verhaltenskontrolle gewährleisten und wenn sie kommunizierbar sind (Waldmann, 2002).

Die mentalen Repräsentationen von Kategorien werden **Begriffe** oder **Konzepte** („concepts") genannt (Abb. 6.20, Abb. 6.21), über deren Speicherung im Langzeitgedächtnis unterschiedliche theoretische Ansätze existieren. In der frühen Begriffsbildungsforschung sah man einen Begriff im Wesentlichen durch seine charakteristischen Merkmale und deren Relationen zueinander bestimmt (z.B. Klix, 1971). Experimente zeigten, dass Begriffe umso schwieriger zu speichern sind, je mehr Merkmale sie umfassen und je komplexer deren Beziehungen zueinander sind, seien es statische (z.B. Tisch, Obst, Auto) oder dynamische Begriffe (z.B. Explosion, Lachen, Geburt). Bei natürlichen Begriffen sind allerdings die Merkmale

Abb 6.21

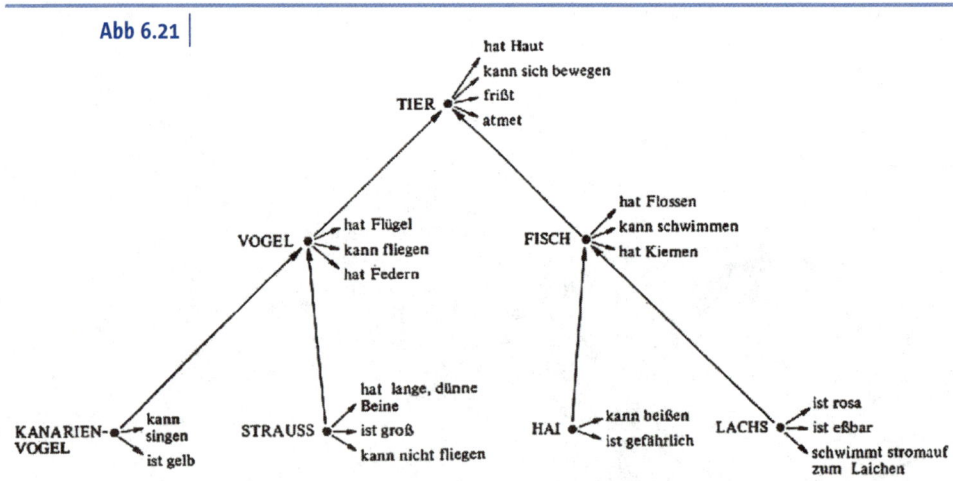

Begriffe zur Kategorisierung von Erlebnisinhalten (Wahrnehmungen, Vorstellungen, Emotionen, ...) können als Bündel von Merkmalen mit oberbegrifflicher Zugehörigkeit definiert werden (Collins & Quillian, 1969), wobei die Merkmale der Oberbegriffe meist an die Unterbegriffe weitergegeben werden (Ausnahme z.B.: Strauß ist zwar ein Vogel, kann aber nicht fliegen).

und deren Beziehungen zueinander oft nur vage bestimmbar. Ob zum Beispiel ein Gefäß als Tasse oder als Schüssel empfunden wird, lässt sich nur unscharf in Abhängigkeit von seinen Dimensionen und kaum losgelöst vom Kontext der Beurteilung vorhersagen (Labov, 1973). Noch schwieriger gelingt eine verbindliche Definition abstrakter Begriffe, wie etwa Gerechtigkeit, Begabung oder Glück.

Ein weiterer Erklärungsansatz zur Repräsentation von Begriffen im Langzeitgedächtnis geht davon aus, dass die für bestimmte Erfahrungen häufig zutreffenden Eigenschaften kombiniert als so genannte **Prototypen** abgespeichert werden und dass jede neue Erfahrung mit diesen verglichen und bei Ähnlichkeit danach klassifiziert wird. So wird ein Lebewesen üblicherweise als „Fisch" bezeichnet, wenn es einen stromlinienförmigen Körper besitzt, im Wasser lebt und schwimmen kann.

Wenn man Begriffe als Kombinationen quantitativer Eigenschaftsausprägungen begreift, dann lassen sie sich als Punkte in einem mehrdimensionalen **semantischen Raum** darstellen, in dem jene Begriffe einander umso näher sind, in je mehr Eigenschaften sie übereinstimmen. Konkrete Begriffe im Schwerpunkt eines solchen semantischen Raumes für Begriffsmengen können als deren Prototypen interpretiert werden.

Andere Begriffsbildungsmodelle, nämlich die **Exemplartheorien**, gehen davon aus, dass einzelne, häufig vorkommende reale Erfahrungen gespeichert vorliegen (z.B. Schwalbe, Buchfink, ...) und dann gemeinsam zur oberbegrifflichen Kategorisierung (z.B. Vogel) von neuen Erfahrungen herangezogen werden. Unklar ist also bis heute, ob Kategorisierungen auf Basis fix gespeicherter Merkmalskonfigurationen (Begriffe) erfolgen oder ob sie eher das Ergebnis eines aktuellen, situationsbezogenen Beurteilungsprozesses sind.

In neuerer Zeit werden – wie bei Lernprozessen allgemein (s. 6.4) – **neuronale Netzwerke** auch zur Erklärung von Kategorisierungsprozessen vorgeschlagen, wobei Eigenschaften mit unterschiedlicher Gewichtung (als Funktion der Aufmerksamkeit) den Input liefern und begriffli-

> **Merksatz**
>
> **Elementares kognitives Lernen besteht in der Ausbildung von Begriffen bzw. Konzepten, welche als abstrakte mentale Repräsentationen von Erlebnis- und Erfahrungsinhalten angesehen werden können. Sie symbolisieren gesetzmäßige Zusammenhänge der Erfahrungswelt und gewährleisten eine effiziente Klassifikation, Weiterverarbeitung und Weitergabe der Information.**

che oder oberbegriffliche Kategorisierungen das Ergebnis sind (Waldmann, 2002). Begriffe können somit auch als stabile Gedächtnisprodukte von Kategorisierungen gesehen werden, die sowohl automatisch (*implizites Lernen*) als auch bewusst und sprachgestützt (*explizites Lernen*) erworben werden. Die sprachliche Verankerung von Begriffen durch ihre Benennung („labeling") verbessert ihre Stabilität, erleichtert den Zugriff und ermöglicht ihre Kommunikation.

Als **Schemata** werden zumeist kognitive begriffsähnliche Strukturen bezeichnet, die Abstraktionen verschiedenartiger komplexer Erlebnisstrukturen oder Erlebnisabläufe charakterisieren. Sie können als kondensierte Wissensinhalte über komplexe Sachverhalte unserer Lebenswelt angesehen werden. Schematisiert wird etwa der Charakter von Menschen (Typologien), typische Lebensentwicklungen (Karrieren, Schicksale) oder regelhafte Handlungsabläufe. Letztere werden auch als **Skripts** bezeichnet. Der Skript „Restaurant" ist beispielsweise durch die Folge Eintreten in das Lokal – Platznehmen – Bestellen – Konsumieren – Bezahlen umschrieben (s. 7.5.3).

6.11 | Imitationslernen – Beobachtungslernen – Modelllernen

Albert Bandura (1965) zeigte auf, dass das Lernen am Modell bei Kindern die vielleicht wichtigste Lernform ist, besonders im Bereich des Sozialverhaltens. In einem berühmten Experiment geht es um die **Imitation** aggressiven Verhaltens durch vierjährige Kinder. Jedes Kind sah zunächst einen Kurzfilm, in dem ein Erwachsener aggressive Verhaltensweisen und Verbalisierungen gegenüber einem aufblasbaren Stehaufmännchen zeigte. Die erwachsene Modellperson bekam dafür im Film entweder Belohnungen wie Limonade, Süßigkeiten und anerkennendes Lob, oder sie wurde getadelt und bekam einen Klaps, oder aber es folgten keine beobachteten Konsequenzen. Danach wurde jedes der Kinder mit der Puppe alleine gelassen und hinter einer Einwegscheibe beobachtet (Abb. 6.22). Nach der Beobachtung eines aggressiven Modells zeigten die Kinder viele ähnliche aggressive Verhaltensweisen und Kommentare (wobei Jungen allgemein aggressiver waren als Mädchen). Jene Kinder allerdings, die beobachtet hatten, wie das Modell für sein Verhalten bestraft wurde, zeigten deutlich weniger Aggressionen.

Imitation und Aggression: Nach dem Betrachten eines Kurzfilms mit aggressiven Handlungen eines Erwachsenen gegen eine Puppe zeigten Kinder ähnliche Aggressionen gegen die Puppe, sobald sie sich alleine glaubten. Kinder, die den Kurzfilm nicht zu sehen bekommen hatten, behandelten die Puppe wesentlich weniger aggressionsgeladen (Bandura, 1965).

| Abb 6.22

Bandura (1977b) spricht hier von einem „stellvertretenden" instrumentellen Konditionieren und entwickelte eine **sozial-kognitive Lerntheorie**, die besagt, dass es auch bei der Prozedur des klassischen und instrumentellen Konditionierens nicht eigentlich die beobachtbaren Reaktionen sind, die gelernt werden, sondern in Wirklichkeit die verdeckten, inneren Erwartungen und Bewertungen, die zwischen Reiz und Reaktion „vermitteln". Wichtig ist dabei die Unterscheidung zwischen **Erwerb** („acquisition") und **Ausführung** („performance") des gelernten Verhaltens: Eine Verhaltensweise kann durch Beobachtung innerlich („latent") gelernt worden sein und erst dann offen („manifest") zutage treten, wenn dafür Anreize und günstige Verstärkungsbedingungen vorhanden sind.

Ein gutes Beispiel hierfür ist erneut das Erlernen von aggressiven Reaktionsweisen. Viele Untersuchungen zeigen, dass Menschen, die als Kind misshandelt wurden, später als Erwachsene selbst zu körperlichen Strafen tendieren, wobei sie gegenüber den aggressiven Eltern ursprünglich meist nicht aggressiv waren, wohl aber gegenüber Schwächeren (vgl. Abb. 6.23). Auch wenn Eltern die Aggressionen von Kindern bestrafen und damit kurzfristig hemmen, ist ein langfristiger Lerneffekt nicht zu verhindern (Mazur, 2004). In Deutschland verzichten gemäß Befragung (BMFSFJ, 2003) 28 % der Eltern weitestgehend auf Körperstrafen, 54 % setzen neben körperfreien Strafen leichte körperliche Strafen ein, und 17 % sanktionieren mit schweren Körperstrafen.

Merksatz

Verhaltensweisen, welche unmittelbar über Signallernen, Erfolgslernen oder kognitives Lernen zustande kommen, können meist auch (stellvertretend) durch Beobachtungslernen erworben werden.

Das Nachahmen von Verhaltensweisen wird besonders gefördert (Mischel, 1971; Bandura, 1977b) wenn ...

• wahrgenommen wird, dass das beobachtete Verhalten erfolgreich ist und angenehme Konsequenzen zeitigt,
• die Modellperson als mächtig erlebt wird oder über „Belohnungswirkung" verfügt (z.B. Eltern, Lehrer, ...),
• das Modell als positiv, beliebt und respektiert empfunden wird,
• das Modell in einer gesellschaftlichen Gruppe Dominanz zeigt,
• die Modellperson dem Lernenden ähnlich ist (Geschlecht, Alter, Interessen etc.) oder wenn
• das Vorbild ernsthaft und seriös erscheint.

Kinder imitieren also nicht nur Rollenverhalten, moralische Standards und Arbeitseinstellungen, sondern eben auch Aggressions-, Angst- und Suchtverhalten, so dass stärker die vorgelebten Verhaltensweisen und schlechten Gewohnheiten der Eltern und weniger

Abb 6.23

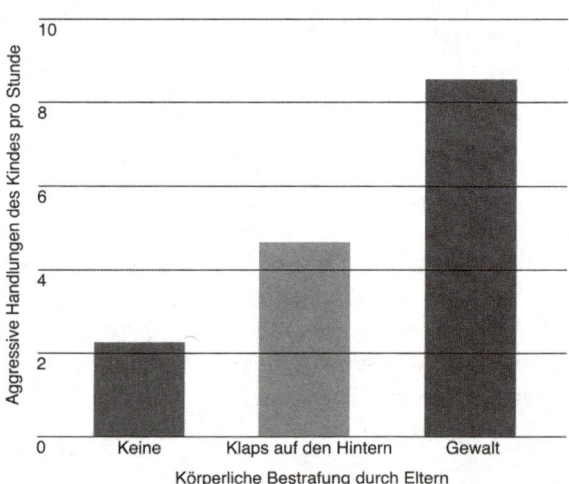

In einer Studie in den USA mit 273 Kindergartenkindern wurde erhoben (Strassberg et al., 1994), wie viele der Kinder nach Angaben der Mutter niemals körperlich bestraft wurden (6 %), ab und zu einen Klaps auf den Po erhielten (68 %) oder stärkeren Formen körperlicher Bestrafung ausgesetzt waren (26 %). Ein halbes Jahr nach der Befragung der Mütter wurden die aggressiven Handlungen der Kinder gegenüber Gleichaltrigen gezählt. Kinder, die geschlagen wurden, zeigten viermal mehr Aggressionen als Kinder, die keine körperliche Bestrafung erhielten.

deren Ratschläge, Predigten und Verbote Wirkung zeigen. In der *Verhaltenstherapie* wird mit Elementen des Modelllernens (zum Beispiel in der Gruppe) der Abbau von Ängsten, die Überwindung von Stresssituationen und die Entwicklung sozialkompetenten Verhaltens unterstützt (s. Kap. 11).

Zusammenfassung

Lernen ist eine erfahrungsbedingte, modifizierbare und relativ dauerhafte Anpassung der Informationsverarbeitung, die mit charakteristischen Veränderungen im Zentralnervensystem verbunden ist. Erlebnisse oder Handlungen, die als lebensrelevant empfunden werden, lösen Aktivierungsschwankungen im Zentralnervensystem aus und fördern damit die Einprägung der vorangegangenen psychischen Abläufe und Zustände. Sowohl ein zu hohes als auch ein zu niedriges Aktivierungsniveau ist für kognitive Leistungen (Wahrnehmen, Lernen, Problemlösen, Urteilen ...) nachteilig. Für die Aufnahme, Verarbeitung und Speicherung von Lerninhalten sind im Wesentlichen der Hirnstamm (Aktivierung), das Limbische System (Bewertung) und das Großhirn (Speicherung) verantwortlich. Den Hemisphären des Großhirns werden unterschiedliche Funktionen zugeschrieben, der linken eher die Sprachverarbeitung, der rechten eher Vorstellungsleistungen. Mittels computererzeugter neuronaler Netzwerke kann die Funktionsweise des Nervensystems mit seinen Lern-, Klassifikations- und Organisationsleistungen annähernd simuliert werden. Als Lernformen werden in der Forschung Habituation (Gewöhnung), Signallernen (klassische Konditionierung), Erfolgslernen (instrumentelle Konditionierung), Fertigkeiten (motorisches Lernen), kognitives Lernen und Beobachtungslernen (Imitationslernen) unterschieden.

1. Wie unterscheidet sich Lernen von anderen Anpassungsleistungen bei Lebewesen?
2. Was versteht man unter Erbkoordination und was unter Ritualisierung?
3. Wie beeinflussen Aktivierungsveränderungen im Zentralnervensystem das Lernen?
4. Wie wirkt sich ein niedriges, mittleres oder hohes Aktivierungsniveau im Zentralnervensystem auf Lernen und andere kognitive Leistungen aus?
5. Welche Gehirnstrukturen sind für Lernprozesse von besonderer Bedeutung?
6. Welche Funktionsaufteilung wird den Hemisphären des Großhirns zugeschrieben?
7. Mittels welcher Modellvorstellungen erklärt man sich lernbedingte Strukturänderungen im Zentralnervensystem?
8. Was versteht man unter Habituation bzw. Gewöhnung?
9. Durch welche Merkmale ist Prägung charakterisiert?
10. Welche Phasen unterscheidet man bei Konditionierungsprozessen?
11. Welche Merkmale kennzeichnen Signallernen?
12. Welche Eigenschaften kommen dem Erfolgslernen zu?
13. Welche Aspekte sollte man bei Bestrafungen berücksichtigen?
14. Was versteht man unter Shaping?
15. Zu welchem Zweck wird Biofeedback eingesetzt?
16. Wodurch wird die Nachahmung des Verhaltens anderer Personen gefördert?
17. Welche Funktion in der Realitätserfassung erfüllen Begriffe bzw. Konzepte?
18. Wie unterscheiden sich die theoretischen Ansätze über die Einspeicherung von Begriffen bzw. Konzepten?

Literatur

Anderson, J. R. (2000). Learning and memory. An integrated approach. New York

Birbaumer, N. & Schmidt, R. F. (2005). Biologische Psychologie (6. Aufl.). Berlin

Buss, D. M. (2004). Evolutionäre Psychologie. München

Eibl-Eibesfeldt, I. (1999). Grundriß der vergleichenden Verhaltensforschung. Ethologie. München

Mazur, J. E. (2004). Lernen und Gedächtnis. München

Müsseler, J. & Prinz, W. (Ed.). (2008). Allgemeine Psychologie. Heidelberg

Pritzel, M., Brand, M. & Markowitsch, H. J. (2003). Gehirn und Verhalten. Ein Grundkurs der physiologischen Psychologie. Heidelberg

Spitzer, M. (2002). Lernen. Gehirnforschung und die Schule des Lebens. Heidelberg

Springer, S. P. & Deutsch, G. (1998). Linkes Rechtes Gehirn. Funktionelle Asymmetrien. Heidelberg

Winkel, S., Petermann, F. & Petermann, U. (2006). Lernpsychologier. UTBbasics. Paderborn

Gedächtnis und Wissen $|7$

7.1	**Einprägen und Vergessen**	
	Einprägen als psychische Abbildung der Wirklichkeit	
	Lern- und Vergessenskurven	
	Vergessenstheorien	
7.2	**Kurzzeitspeicherung**	
	Ultrakurzzeitgedächtnis (UKZG) – Sensorisches Gedächtnis (SG)	
	Kurzzeitgedächtnis (KZG)	
	Arbeitsgedächtnis	
7.3	**Langzeitspeicherung**	
7.4	**Komponenten des Langzeitgedächtnisses**	
7.5	**Stadien der Gedächtnisbildung**	
	Aufnahme von Wissen (Enkodierung, Akquisition)	
	Festigung von Wissen	
	Abruf von Wissen	
7.6	**Gedächtnisregeln**	
7.7	**Die PQ4R-Methode**	

Welche Informationen in welcher Form gespeichert sind, wie lange die Einprägungen gespeichert bleiben und wie die Speicherinhalte wieder reproduziert werden können, sind Grundfragen der Gedächtnisforschung. Sehr allgemein kann **Gedächtnis** als jene Instanz eines biologischen Systems verstanden werden, die die Aufgabe hat, verfügbare Information zu speichern und wiederzugeben. Da Gedächtnisprozesse schon beim Verhaltenslernen die Grundlage

Gedächtnis ist die mentale Fähigkeit, Informationen aufzunehmen, zu speichern und wiederzugeben.

bildeten, stellt dieses Kapitel sozusagen die Fortsetzung des vorigen Kapitels über das Lernen dar und richtet den Blick auf spezifische Aspekte der Informationsspeicherung, die im Alltag besonders im Zusammenhang mit Wissen interessant sind. Die gleichen Gesetzmäßigkeiten gelten jedoch grundsätzlich auch – sofern nicht ausdrücklich differenziert wird – für das implizite Wissen, welches nicht verbal abrufbar ist, sondern sich nur in Verhaltensänderungen manifestiert (Buchner & Brandt, 2002).

7.1 | Einprägen und Vergessen

7.1.1 | Einprägen als psychische Abbildung der Wirklichkeit

Als biologischer Zweck des Lernens im Allgemeinen und des **Einprägens** von Wissen im Besonderen kann die Entwicklung organismusinterner Modelle von Lebensumwelten gelten, die damit besser vorhergesagt und kontrolliert werden können. Die Speicherkapazität des Gehirns wäre jedoch überfordert, wenn die gesamte über die Sinne einströmende Informationsmenge (ca. 10^9 bit/sec) dauerhaft eingeprägt werden müsste (das wären ca. 7200 Gigabyte/16-Stunden-Tag).

Es haben sich daher im Laufe der evolutionären Entwicklung im Nervensystem viele Filtermechanismen und Speicherstrategien herausgebildet, die auf eine sparsame und dennoch leistungsfähige Informationsverarbeitung abzielen. Diese besteht im Wesentlichen darin, dass aus den wechselnden Erscheinungsweisen unserer Wirklichkeit weitgehend konstante räumliche oder zeitliche Muster extrahiert werden, die in gespeicherter Form für die Selektion und Klassifikation von Ereignissen eingesetzt werden. Solche Muster betreffen Konfigurationen von Merkmalen (*Gestalten*), regelmäßige Aufeinanderfolgen von Reizen und Reaktionen bzw. Reiz-Reiz- und Reiz-Reaktions-Kombinationen (*Konditionierungen*), Ketten von Verhaltenselementen (*Fertigkeiten)* und abstrakte geistige Ordnungen (*Begriffe*, *Schemata* oder *Schlussfolgerungen*). „Gegeben ist jeweils die Erfahrung (also eine Teilmenge aller möglichen Erfahrungen der Realität), und gesucht (d.h. für den Organismus zu lernen) ist

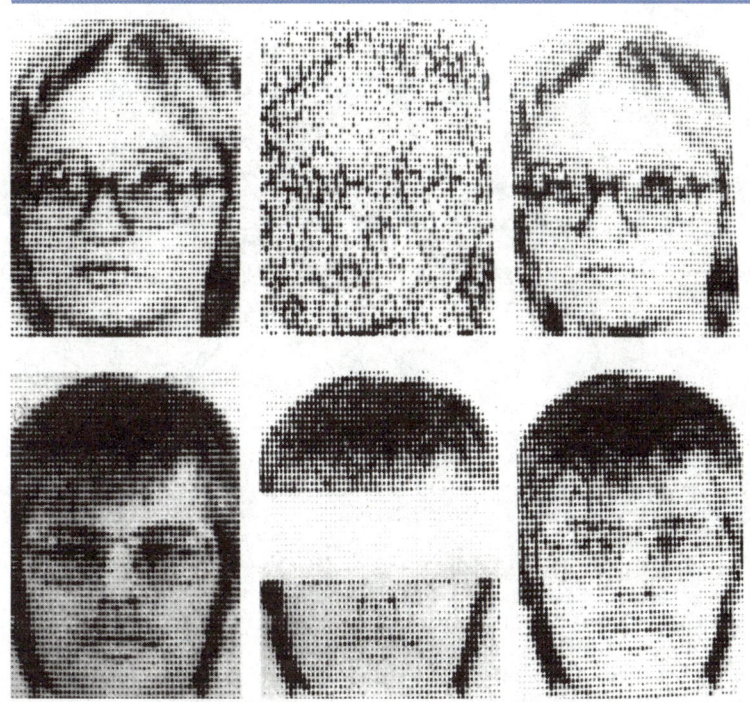

Abb 7.1

In so genannten assoziativen Netzwerken („Hopfield-Netzwerke"), einer speziellen Form künstlicher neuronaler Netzwerke, kann jedes Element mit jedem anderen Verbindungen aufbauen. Dies geschieht durch Einsatz der „Hebb'schen Lernregel", nach welcher die wechselseitige Aktivierung zweier Neuronen in dem Maße gefördert wird, in dem sie zuvor gleichzeitig aktiviert waren. Werden nun verschiedene Bilder in Form von Neuronenaktivitätsmustern wiederholt eingegeben (z.B. Gesichter), dann speichert das Netz die inputcharakteristischen Hell-Dunkel-Muster (linke Bilder). Nach dem Lernprozess kann das Netzwerk auch bei reduzierter Informationseingabe (z.B. bei einem Fragment oder einer groben Bildstörung wie hier in der Mitte) das wahrscheinlichste Bild erzeugen (Bilder rechts). Die in einem künstlichen neuronalen Netzwerk maximale Zahl fehlerfrei speicherbarer unterschiedlicher Konfigurationen liegt etwa bei 13–15 % der Neuronenanzahl. In ähnlicher Weise könnten auch Vorstellungsleistungen des Gehirns zustande kommen (Palm, 1988).

die für den Organismus beste Abbildung der Realität" (Spitzer, 1996, 58). Wie von McClelland, McNaughton und O'Reilly (1995) hervorgehoben wird, hat diese Zielsetzung starke Ähnlichkeit mit der Schätzung von Parametern (z.B. von Mittelwerten) in der Statistik (s. Kap. 3).

Abb 7.2

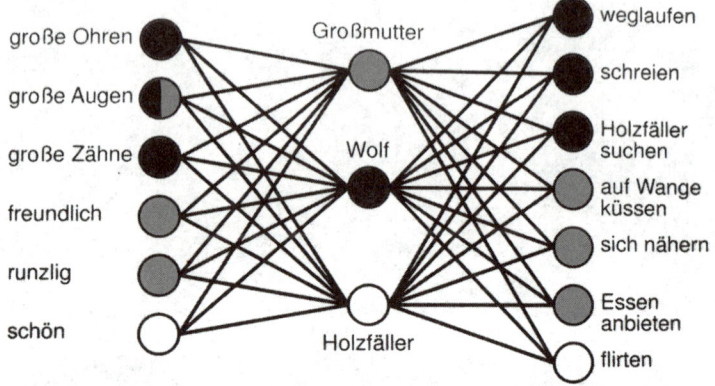

Jones und Hoskins (1987) trainierten ein neuronales Netzwerk mit einer Input- und einer Outputschicht auf das Verhalten von Rotkäppchen im Wald: Hat jemand große Ohren, große Augen und große Zähne („Wolf"), dann sollte es weglaufen, schreien und den Holzfäller suchen; ist hingegen jemand freundlich, runzelig und hat ebenfalls große Augen („Großmutter"), dann sollte es sich nähern, auf die Wange küssen und Essen anbieten. Wenn nun bei einem solchen künstlichen neuronalen Netzwerk zwischen Input- und Outputschicht eine weitere Schicht Neuronen („hidden layer") eingezogen und das Netzwerk in obiger Weise (ebenfalls wieder durch Fehlerrückmeldungen) trainiert wird, dann bilden sich in den Zwischenneuronen die zu lernenden Eigenschaftskonfigurationen auch begrifflich ab.

Viele dieser Leistungen biologischer Speicher können mittels *künstlicher neuronaler Netzwerke* (s. 6.4) erforscht werden, so etwa durch Simulation von **Vorstellungen** (Abb. 7.1), von **Eigenschaftsräumen** im Kortex, von Reiz-Reaktions-Prozessen (Abb. 7.2) oder von **Klassifikationsprozessen** (Abb. 7.2).

7.1.2 | Lern- und Vergessenskurven

Nach welchen Kriterien arbeitet nun ein **biologischer Speicher**, um aus dem enormen Informationsinput jene stabilen Gesetzmäßigkeiten einzuprägen, die biologische Relevanz besitzen (s. 6.2), sowie hinreichend genau und trotzdem modifizierbar sind?

Da zu speichernde Erfahrungen und Wissensinhalte umso größere Lebensrelevanz besitzen, je häufiger sie in Erlebnisfolgen vorkommen, lösen dichte Wiederholungen von Erfahrungen einen ra-

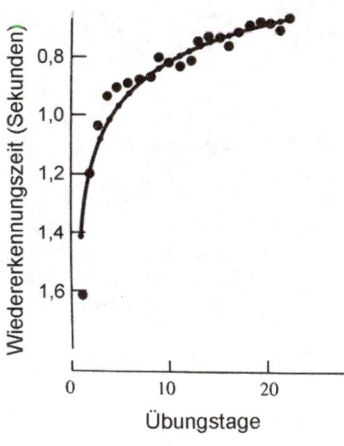

In einem Experiment von Pirolli & Anderson (1985) lernten Versuchspersonen über 25 Tage hinweg je zwei Stunden pro Tag 15 einfache Sätze, wie etwa „Der Doktor hasste den Rechtsanwalt", „Der Matrose erschoss den Friseur" usw. Überprüft wurde das Wissen täglich durch Vorgabe von korrekten Sätzen und solchen, die aus den Elementen der Lernsätze neu gebildet worden waren (z.B. „Der Doktor erschoss den Friseur"). Gemessen wurde die Zeit, wie schnell die Probanden mit Knopfdruck entscheiden konnten, ob der Satz zum Lernmaterial gehörte oder nicht. Die Reaktionszeit (Z) – als inverses Lernkriterium – nahm mit der negativen Potenz der Übungstage (T) ab: Z = 1,40 · T$^{-0,24}$ (die Y-Achse ist zwecks Illustration des Lernfortschrittes umgedreht).

| Abb 7.3

schen Lernprozess aus. Tatsächlich lies sich sowohl bei einfachen als auch bei komplexen Lernvorgängen (z.B. Silbenlernen, Addieren, mathematisches Beweisen, schriftstellerische Fertigkeit) der erzielte Lernfortschritt mittels einer positiven Potenzfunktion beschreiben (0,0 < Exponent < 1,0; Anderson, 2000). Dieses **Potenzgesetz des Lernens** („power law of learning"; Newell & Rosenbloom, 1981) besagt, dass erste Wiederholungen von gleichartigen Erfahrungen relativ schnell zur Einprägung führen und die nachfolgenden immer langsamer (Abb. 7.3).

In analoger Weise sollte nach den erwähnten Speicherprinzipien die Löschung von „statistisch unnützen" Einprägungen erfolgen, das sind solche, die nicht durch besondere Speicherfaktoren, wie zum Beispiel durch Aktivierung oder Emotionalität gefestigt werden. Tatsächlich lässt sich bei vielen Lerninhalten auch der Vergessensprozess annähernd durch eine Potenzfunktion charakterisieren – nun aber mit negativem Exponenten (Abb. 7.4).

Dieses **Potenzgesetz des Vergessens** („power law of forgetting") bedeutet, dass eingeprägte Gedächtnisinhalte anfangs sehr rasch und dann immer langsamer vergessen werden. Der biologische Speicher hat also die Tendenz, alles wieder zu löschen, was nicht per-

Abb 7.4

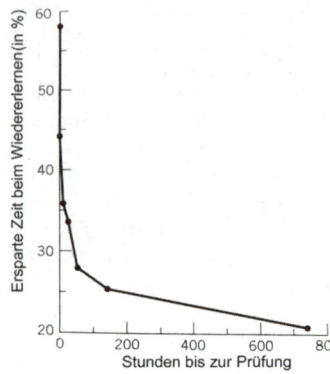

Der Begründer der Gedächtnisforschung, Herrmann Ebbinghaus (1850–
1909), lernte dreizehn „sinnlose Silben"
(z.B. DAX, TUF, NUP) auswendig, bis er
sie zweimal fehlerfrei aufsagen konnte.
Dann testete er, wie viel der ursprünglichen Lernzeit (in Prozenten) er sich er-
sparte (E), wenn er zu verschiedenen
Zeitpunkten danach (S) die Liste wieder
fehlerfrei lernen wollte. Diese „Vergessenskurve" lässt sich, wie viele andere
auch, als Potenzfunktion darstellen: $E = 47{,}56 \cdot S^{-0{,}126}$.

Merksatz

**Die Geschwindigkeit des Einprägens und
Vergessens von Lerninhalten kann in vielen
Fällen durch positive bzw. negative Potenz-
funktionen beschrieben werden.**

manent in seiner Lebensrelevanz bestätigt
wird. Anderson (2000, 233) sieht die Ursache für diese schnelle Vergessensbereit-
schaft in der evolutionären Anpassung des
Gedächtnissystems an die jeweilige „statistische Struktur der Realität". Als Indiz
für diese Annahme führt er die Themen in den Headlines von Zei-
tungen an, deren Wahrscheinlichkeit, an einem bestimmten Tag in
der Zeitung vorzukommen, sich relativ exakt über die (negative)
Potenzfunktion ihres Erscheinens in vorangegangenen Zeitungs-
ausgaben errechnen lässt.

Bei verschiedenen Beeinträchtigungen des Gehirns (z.B. durch
Traumen, Infarkte, Drogenmissbrauch, Mangelernährung etc.) zeigen sich massive Gedächtnisausfälle (Pritzel et al., 2003). So etwa
kann chronischer Alkoholmissbrauch zu einer Mangelernährung
(Vitamin-B1-Mangel) und dieser zu einer Gehirnschädigung führen.
Bei diesem so genannten **Wernicke-Korsakoff-Syndrom** treten neben
anderen Symptomen (Bewegungs-, Denk- und Sprechstörungen) relativ massive Gedächtnisausfälle bzw. **Amnesien** auf. Die Erinne-
rungsstörungen reichen dabei sowohl in die Vergangenheit, z.B.
erkennt der Patient berühmte Persönlichkeiten nicht wieder („ret-
rograde Amnesie"), als auch in die Zukunft, so dass keine neuen
Erlebnisse mehr eingeprägt werden können („anterograde Amnesie"). Allerdings betrifft diese Merkstörung nur das *explizite*, nicht

Amnesie: Gedächtnisver-
lust, der durch Verlet-
zung, Krankheit, Drogen-
missbrauch oder andere
Gehirnbeeinträchtigun-
gen hervorgerufen wer-
den kann.

Amnesie | Box 7.1

Eine operative Entfernung der *Hippocampi* (basale Anteile des *Limbi-schen Systems*) hat eine (anterograde) Amnesie zur Folge. Ein be-kanntes Beispiel ist der zu zweifelhafter Berühmtheit erlangte Pa-tient H. M., dem wegen schwerer epileptischer Anfälle Teile beider Temporallappen entfernt worden waren, mit der Folge einer voll-ständigen und dauerhaften Einprägungsstörung – bei ansonsten erhaltender Intelligenz (Milner, 1954, 1970). Ab dem Zeitpunkt der Operation konnte sich der Patient an keine neuen Eindrücke mehr erinnern, wie etwa an den späteren Tod seines Vaters, an die neue Adresse seiner Familie oder an neue Bekanntschaften. Nach Aussa-ge des Patienten konnte jeder gegenwärtige Moment klar erlebt werden, er sagte aber, er wisse überhaupt nichts darüber, was zuvor passiert sei, so dass er den Eindruck hätte, gerade aus einem Traum erwacht zu sein. Interessanterweise konnten aber weiterhin andere kognitive Leistungen (wie z.B. Gesellschaftsspiele) und Fer-tigkeiten erlernt werden, wenn auch die Situation des Erlernens selbst jeweils nicht mehr erinnert wurde (s. dazu Birbaumer & Schmidt, 1991).

aber das *implizite Gedächtnis*, so dass gelernte Vokabeln zwar nicht reproduziert oder wiedererkannt werden, aber bei teilweiser Dar-bietung der Worte zumindest richtig ergänzt werden können (im „Wortergänzungstest").

Vergessenstheorien

In der psychologischen Fachliteratur werden für Vergessensprozes-se (Abb. 7.5) im Wesentlichen drei Arten von Ursachen angeführt:
1. **Verfall**: Ebenso wie bei physikalischen Speichern mit der Zeit die Magnetisierung schwächer wird, nimmt auch in biologischen Systemen mit der Zeit die Ausprägungsstärke von Nervenver-

Abb 7.5

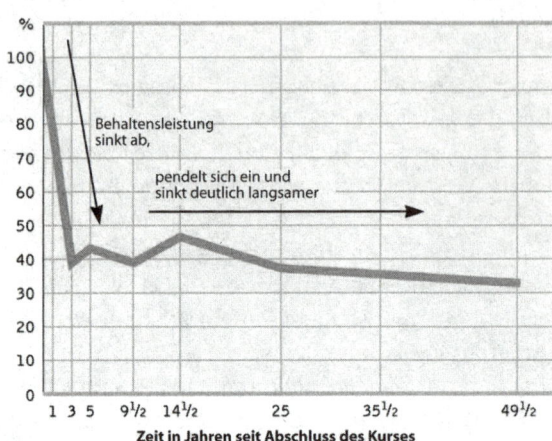

Bahrick (1984) überprüfte die Vokabelkenntnisse von High-School- und Collegeabsol-venten nach einem Spanischkurs über viele Jahre hinweg. Drei Jahre nach dem Kurs beherrschen Testpersonen nur mehr etwa 40 % der Vokabeln, dann aber blieb das Wortschatzniveau über viele Jahrzehnte weitgehend gleich, um 50 Jahre danach immer noch bei 30 % zu liegen.

bindungen ab. Dieser Zerfall von nervösen Gedächtnisspuren im Gehirn („Engrammen") kann als Folge des neuronalen Stoff-wechsels, des Absterbens von Nervenzellen oder von unsystema-tischen Stör- und Wechselwirkungen im Nervensystem erklärt werden.

2. **Interferenzen**: Im Zentralnervensystem werden überaus große Mengen von Information sowohl zeitgleich (aus verschiedenen Sinnessystemen) als auch nacheinander gespeichert, so dass sich Informationsanteile überlappen und wechselseitig beeinflussen. Solche Interferenzen sind dann geringer, wenn zwischen den verschiedenen Speicherprozessen Pausen gemacht werden oder die einzelnen Lernmaterialien nicht verwechselbar sind, damit deren „postmentale" Erregungen (Rohracher, 1968) sich in Ruhe, nämlich ungestört durch weitere Speicherprozesse, *konso-lidieren* können (s. 7.5.2).

interferieren: sich überla-gern

3. **Abrufstörung**: Auch wenn Wissensinhalte optimal aufgenommen und gut gefestigt sind, können sie oft nicht wiedergegeben werden. Dies ist dann der Fall, wenn zwischen Abrufinhalten (z.B. der Art der Fragen) und gespeicherten Wissensinhalten keine passenden assoziativen Verknüpfungen vorhanden sind. Ein gutes Beispiel dafür ist das „Tip-of-the-tongue"-Phänomen, bei dem einem ein Wort „auf der Zunge liegt". Am leichtesten gelingt der Abruf aus dem Gedächtnis dann, wenn der **Kontexteffekt** stark ist, das heißt, wenn zwischen der Situation des Einprägens und jener der Prüfung eine möglichst große Übereinstimmung der psychischen und physischen Merkmale gegeben ist (Abb. 7.6).

> **Merksatz**
>
> **Vergessen wird im Wesentlichen auf drei Ursachen zurückgeführt: 1. Zerfall des nervalen Engramms, 2. Interferenzen zwischen Speicherungen, 3. Abrufstörung.**

Abb 7.6

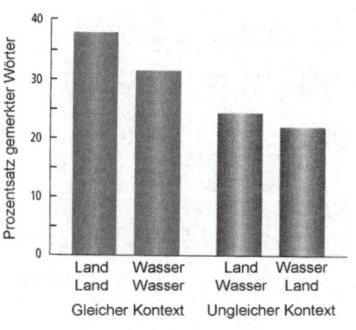

Im Experiment von Godden und Baddeley (1975) hatten Taucher Listen von Worten sowohl an Land als auch im Wasser zu lernen. Geprüft wurden sie im jeweils gleichen oder in verschiedenem Kontext. Die Reproduktionsleistungen waren bei Übereinstimmung zwischen Lern- und Prüfsituation um 10–12 % der Gesamtlernleistung besser als bei Nichtübereinstimmung.

7.2 | Kurzzeitspeicherung

Da in der psychologischen Gedächtnisforschung der Behaltensdauer von Merkinhalten besondere Aufmerksamkeit gewidmet wurde, hat sich in psychologischen Einführungswerken die Unterscheidung in *Ultrakurzeitgedächnis*, *Kurzzeitgedächnis* und *Langzeitgedächtnis* eingebürgert, obwohl dadurch der falsche Eindruck entstehen kann, dass es sich um drei voneinander abgegrenzte Strukturen im Gehirn handle.

Abb 7.7 |

Bei etwa zehn Prozent vorwiegend jüngerer Personen (meist Kinder) hat das ikonische Gedächtnis eine Dauer von vielen Sekunden. In diesem Fall spricht man von einem eidetischen oder „photographischen" Gedächtnis. Eine Person mit dieser Begabung betrachtet das obige Beispielbild eine halbe Minute lang und kann danach aus der Vorstellung die meisten der dargestellten Figuren wahrnehmungsgleich beschreiben.

Ultrakurzzeitgedächtnis (UKZG) – Sensorisches Gedächtnis (SG)

7.2.1

Wenn wir intensiven visuellen oder akustischen Wahrnehmungen ausgesetzt sind, kommt es danach häufig noch zu Nachbildern bzw. Nachklängen. Dies lässt erkennen, dass die aufgenommene Information in den primären sensorischen Gehirnarealen kurzfristig gespeichert bleibt, sie wird aber zumeist durch die nachfolgenden Wahrnehmungen überdeckt („maskiert") und somit schnell wieder gelöscht.

Forschungen zum ultrakurzen, sensorischen Gedächtnis beschränken sich weitgehend auf den visuellen und den akustischen Sinn. Experimente von Sperling (1960) zum (visuellen) **ikonischen Gedächtnis** zeigen, dass dessen Speicherkapazität zwar relativ groß ist, seine Dauer aber bei den meisten Menschen nicht mehr als 0,5 Sekunden beträgt. Vom (akustischen) **echoischen Gedächtnis** nimmt man an, dass es bis in den Sekundenbereich reicht, so dass es sich nur unscharf vom stabileren *Kurzzeitgedächtnis* abgrenzen lässt. Die Sonderbegabung weniger Personen, optische Wahrnehmungseindrücke auch noch nach vielen Sekunden detailreich aus der Vorstellung wiederge-

> **Merksatz**
>
> **Das sensorische Gedächtnis oder Ultrakurzzeitgedächtnis hat zwar eine hohe Speicherkapazität, vermag aber im Allgemeinen die Speicherinhalte nur maximal eine Sekunde zu behalten.**

ben zu können, nennt man **Eidetik** oder **fotografisches Gedächtnis** (Abb. 7.7). Untersuchungen aus der Frühzeit der Psychologie lassen vermuten, dass diese Fähigkeit bei Kleinkindern stärker ausgeprägt ist als bei Erwachsenen und mit der Zunahme des begrifflichen Denkens verloren geht.

Kurzzeitgedächtnis (KZG)

7.2.2

Die spontane Aufrechterhaltung von Bewusstseinsinhalten über eine Zeitspanne von bis zu zehn Sekunden (Abb. 7.8) wird der Leistung des Kurzzeitgedächtnisses zugerechnet. Dies ist zumeist auch jene Zeitspanne, innerhalb derer Bewusstseinsinhalte noch als „gegenwärtig" erlebt werden („Präsenzzeit"). Was die genaue zeitliche Erstreckung des Kurzzeitgedächtnisses betrifft, so variieren die

Abb 7.8

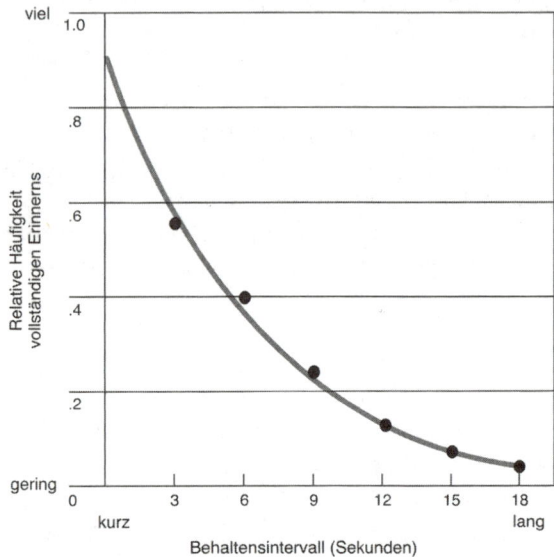

Im Experiment von Peterson und Peterson (1959) wurden Probanden einzelne Dreierkombinationen von Konsonanten zum Merken dargeboten (z.B. FCV, RNL) und danach zu verschiedenen Zeitpunkten geprüft. Damit die Versuchspersonen die Tripletts in der Zwischenzeit nicht wiederholen konnten, mussten sie währenddessen dreistellige Zahlen nach rückwärts zählen („Distraktoraufgabe"). Bis zu einer Dauer von vier Sekunden konnten 50 % der bedeutungslosen Tripletts noch vollständig erinnert werden.

Angaben darüber in der psychologischen Literatur beträchtlich je nach Art der Experimente und Art der Merkinhalte (Silben, Worte, Bilder, ...), nämlich von wenigen Sekunden bis zu einer halben Minute (vgl. Herkner, 1986).

Der Speicherumfang des Kurzzeitgedächtnisses kann mit etwa fünf bis neun Informationseinheiten (Miller, 1956: „magical number 7 ± 2") angegeben werden, wobei diese Einheiten sowohl elementare Inhalte (z.B. Ziffern, Objekte) als auch so genannte **Chunks** sein können, d.h. assoziativ verbundene Konfigurationen von Einzelheiten. So etwa merkt man sich eine Auto- oder Telefonnummer etwas leichter, wenn man sie nicht als lange Ziffernfolge, sondern als Folge von zwei- oder dreistelligen Zahlen genannt bekommt (z.B. 478 – 23). Durch Bildung von Chunks (z.B. bei Zahlen: 222 – 567 – 369), für deren Zusammensetzung beliebige Gesetzmäßigkeiten gefunden werden können (Ähnlichkeit, Nähe, Zahlenrelatio-

engl. chunk: Brocken

nen, ...), ergeben sich wesentliche Einprägungserleichterungen, und zwar auch dann, wenn die einzuprägende Kombination früher bereits in anderem Zusammenhang verknüpft war (z.B. „Nine Eleven" als Datum des Terroranschlags auf das World Trade Center).

Das KZG ist im akustischen Wahrnehmungsmodus länger ausgedehnt als im visuellen, geruchlichen oder geschmacklichen Bereich, aber es gibt von Person zu Person, je nach Begabung, Vortraining, Konzentration etc., erhebliche individuelle Unterschiede, zum Beispiel bezüglich der Merkfähigkeit für Melodien.

Wie Baddeley und Mitarbeiter (1975) nachweisen konnten, hängt die Behaltensleistung des Kurzzeitgedächtnisses nicht nur von der Menge an Informationseinheiten (*chunks*), sondern auch von deren Benennungslänge ab. Je länger die Symbolketten bzw. Worte sind, mit denen die Informationseinheiten charakterisiert sind, desto weniger können davon gemerkt werden. Vier Informationseinheiten, deren Benennung insgesamt nicht länger als etwa 1,5 Sekunden dauert, können meist zu 100 % wiedergegeben werden (Box. 7.2).

> **Merksatz**
>
> **Die Speicherkapazität im Kurzzeitgedächtnis wird auf etwa fünf bis neun Informationseinheiten geschätzt. Wenn kein Memorieren (Wiederholen) der Merkinhalte stattfindet, sind die Inhalte des Kurzzeitgedächtnisses nach etwa fünf Sekunden zu 50 % und nach etwa 20 Sekunden zu 100 % vergessen.**

Wortlängeneffekt | Box 7.2

Da die Kapazität des Kurzzeitgedächtnisses begrenzt ist, wirkt sich auch die Länge der Worte oder der Benennungen für Lerneinheiten auf die (kurzfristige) Speicherleistung aus: Den Versuchspersonen im Experiment von Baddeley und Mitarbeitern (1975) wurden in verschiedenen Durchgängen jeweils fünf kurze Worte einmalig dargeboten (z.B. Tschad, Burma, Laos, Kuba, Malta), wovon sie sich sofort danach noch durchschnittlich 4,17 Worte merkten. Waren es hingegen längere Worte (z.B. Griechenland, Nicaragua, Afghanistan, Niederlande, Großbritannien), konnten nur mehr 2,8 Worte im Mittel behalten werden.

7.2.3 | Arbeitsgedächtnis

In neuerer Zeit wird anstelle des Begriffs Kurzzeitgedächtnis eher das weitere Konzept **Arbeitsgedächtnis** (Computermetapher: Arbeitsspeicher) bevorzugt, in dem Informationen aus den Bereichen Wahrnehmung, Erinnerung, Emotion und Motivation zusammenfließen und entsprechend den aktuellen Handlungsanforderungen integrativ verarbeitet werden (Abb. 7.9). Baddeley (1986) formulierte drei Komponenten des Arbeitsgedächtnisses, nämlich eine so genannte **zentrale Exekutive**, die für die Kontrolle der Aufmerksamkeit (d.h. der selektiven Aktivierung bestimmter Bewusstseinsinhalte) verantwortlich ist, eine **phonologische Schleife** und einen **visuell-räumlichen Notizblock**, die Funktionen des akustischen bzw. visuellen Memorierens erfüllen (d.h. der absichtlichen Aufrechterhaltung von Bewusstseinsinhalten im Arbeitsgedächtnis).

Die Leistungen des Arbeitsgedächtnisses werden im Wesentlichen im Frontallappen des Gehirns lokalisiert. Zugrunde liegt die

Abb 7.9 |

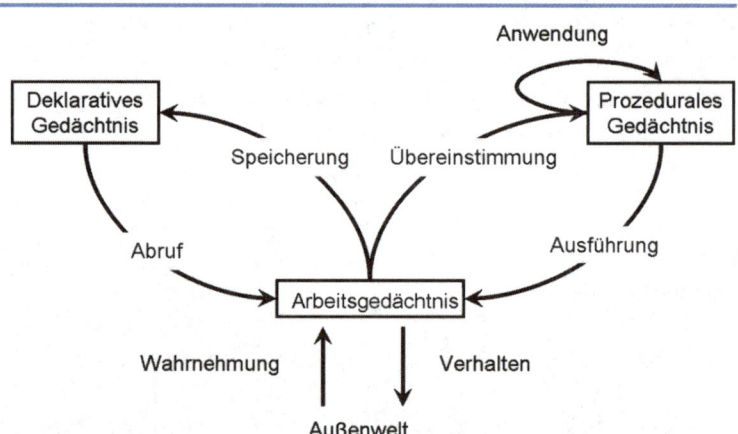

Das Arbeitsgedächtnis (AG) hat nach Anderson (1983a) folgende Funktionen: Es übernimmt Daten aus der Außenwelt, interpretiert diese durch Abruf von Begriffen, Fakten und Episoden aus dem deklarativen Gedächtnis und übergibt diesem erneut Daten zur Speicherung. Wenn Informationsmuster im Arbeitsgedächtnis mit Auslösern der im prozeduralen Gedächtnis gespeicherten Fertigkeiten übereinstimmen, dann werden Ausführungsimpulse an das AG rückgemeldet und dieses entscheidet, ob Verhaltensweisen ausgelöst werden. Zusätzlich können innerhalb des prozeduralen Gedächtnisses durch Verkettungen von Abläufen (Anwendungen) komplexere Wenn-dann-Produktionen erzeugt werden.

Beobachtung, dass bei Verletzungen des Frontallappens oder auch bei dessen mangelhafter Ausreifung (bei Kindern bis zum Alter eines halben Jahres) vorgegebene Objekte, die nach kurzer Betrachtung mehrere Sekunden verdeckt werden (z.B. wenn eine Spielzeugeisenbahn in einem Tunnel verschwindet), nicht am richtigen Ort erwartet werden können (mangelnde „Objektpermanenz").

Wie schon erwähnt (Kap. 6.3) geht man inzwischen davon aus, dass das Zentralnervensystem eher einem stark verbundenen Gesamtnetzwerk gleicht („Modell des globalen Arbeitsspeichers") als einer Ansammlung von autonomen Modulen mit streng getrennten Funktionszuweisungen. Das Ausmaß der neuronalen Aktivierung in einem Unterbereich des Gesamtnetzwerkes gibt die momentane mentale **Konzentration** auf die entsprechenden Wahrnehmungen, Gedanken, Erinnerungen oder Handlungen wieder. Aus neuropsychologischer Sicht kann daher der Arbeitsspeicher als jener fluktuierende Teilbereich des gesamten zentralen Speichernetzwerkes aufgefasst werden, dessen Neuronenaggregate zum jeweiligen Zeitpunkt gerade am stärksten aktiviert sind.

> **Merksatz**
>
> **Das im Vergleich zum Kurzzeitgedächtnis theoretisch weitere Konzept des Arbeitsgedächtnisses schließt neben einer zentralen Exekutive (Aufmerksamkeitssteuerung) noch zwei Untersysteme zur Zwischenspeicherung akustischer und visueller Inhalte mit ein.**

Langzeitspeicherung | 7.3

Das **Langzeitgedächtnis** (LZG) enthält dauerhaft gespeicherte Erfahrungen und Erlebnisse, die nicht mehr im Kurzzeitgedächtnis (KZG) präsent sind bzw. aus diesem nicht mehr abrufbar sind. Darunter fallen im Allgemeinen jene Bewusstseinsinhalte, die länger als zehn Sekunden zurückliegen und nicht bewusst durch Wiederholen bzw. „Memorieren" aufrechterhalten werden.

Bei den Speicherinhalten des LZG handelt es sich um eine nahezu unendliche Vielfalt von Informationen aus den Bereichen der Wahrnehmung, des Denkens und des Verhaltens: Gesichter, Tiere, Landschaftsformen, physikalische und chemische Gesetzmäßigkeiten, Lautgestalten und Schriftbilder von Worten und Sprachen, Melodien und Musikstücke, Gedichte, Sachverhalte und Erlebnisse, Begriffsinhalte, mathematische Algorithmen, berufliche Fertigkei-

Abb 7.10

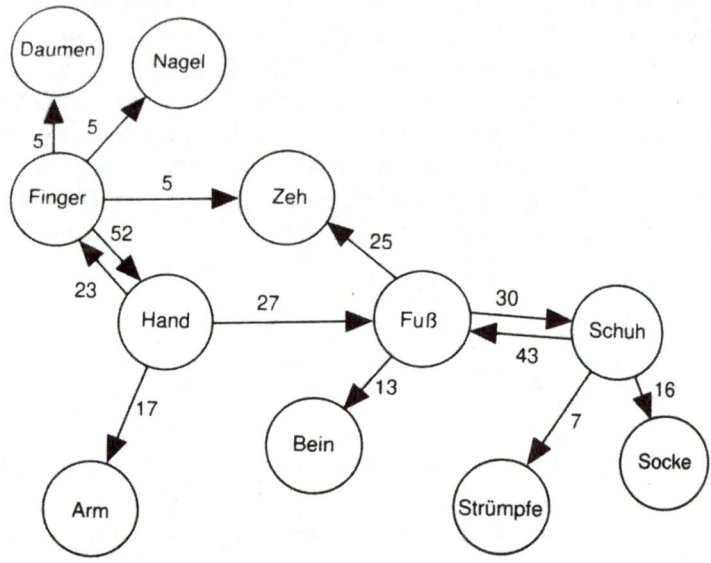

In einer Untersuchung an etwa tausend Studentinnen und Studenten ermittelten Palermo und Jenkins (1964) die durchschnittliche Assoziationshäufigkeit zwischen verschiedenen Begriffen. Das resultierende semantische Netzwerk illustriert die (mittleren) Wahrscheinlichkeiten, mit denen in freier Assoziation (ohne Handlungsdruck) ein bestimmter Begriff (z.B. Finger) einen anderen (z.B. Hand) ins Bewusstsein ruft (z.B. p = 0,52).

ten und viele andere perzeptive, geistige oder motorische Zusammenhänge. Aufgrund neuropsychologischer Forschungen darf man annehmen, dass ein Großteil der psychischen Abbilder der inneren und äußeren Realität des Menschen in den Neuronennetzwerken des *Großhirns* (Neokortex), des *Kleinhirns* und des *Zwischenhirns* niedergelegt ist (s. 6.3).

Die Speicherinhalte sind miteinander vernetzt und beeinflussen sich gegenseitig in vielfacher Weise (Abb. 7.10). So etwa kann an bereits gespeicherten Begriffsstrukturen durch Umlernprozesse eine Veränderung in den Ähnlichkeitsrelationen nachgewiesen werden (Maderthaner & Kirchler, 1982) oder durch Anreicherung von Begriffen anhand von immer mehr Assoziationen ("Fächer-Effekt",

Anderson, 1996) ein Verarbeitungskonflikt erzeugt werden (*Interferenz*), der die Wiedergabe von Einprägungen beeinträchtigt. Bei Stimulation des neuronalen Gedächtnisnetzwerks durch konkrete Wahrnehmungen, Vorstellungen oder andere Kognitionen entstehen spezifische neuronale Aktivierungsmuster („Erregungskonstellationen", Rohracher, 1965, 57), die sich in Richtung der stärksten assoziativen Verbindungen ausbreiten („Theorie der Aktivierungsausbreitung", Collins & Loftus, 1975; Abb. 7.10). Auf Basis solcher Netzwerke entsteht ein dynamisches „inneres Modell" der Realität, aufgrund dessen für jeden Zeitpunkt antizipiert wird, welche Veränderungen in der Wahrnehmungswelt zu erwarten sind. Empirische Hinweise auf solche Voraktivierungen im psychischen System lieferten Experimente zum **Priming**, die zeigen, dass auf beliebige

engl. prime: vorbereiten, fertig machen

Priming | Box 7.3

Als „assoziatives Priming" bezeichnet man das Phänomen, dass Begriffe, die miteinander assoziiert sind, einander wechselseitig in der Reproduktion fördern, sofern einer davon zeitlich vor dem anderen wahrgenommen oder gedacht wurde. So etwa beschleunigt sich das Klassifikationsurteil, ob ein Wort der deutschen Sprache angehört oder nicht, wenn vorher (oder gleichzeitig) mit diesem Wort ein mit ihm häufig assoziiertes Wort dargeboten wird. Von den nachfolgend dargebotenen Wortpaaren aus dem Experiment von Meyer und Schvaneveldt (1971) steht das eine in starker und das zweite in schwacher assoziativer Verbindung. Die unter den Wortpaaren angeführte (durchschnittliche) Reaktionszeit lässt erkennen, wie rasch Versuchspersonen entscheiden können, ob es sich bei den beiden Worten um deutsche Vokabeln handelt: Ein Wort kann dann schneller beurteilt werden, wenn es bereits vorher durch ein assoziiertes Wort semantisch voraktiviert wurde.

	starke Assoziation	geringe Assoziation
1. Wort	Brot	Krankenschwester
2. Wort	Butter	Butter
Reaktionszeit	0,86 sec	0,94 sec

Reize (Bilder, Worte, ...) schneller richtig reagiert werden kann, wenn vorher an ähnliche Reize oder an mit ihnen assoziierte Inhalte gedacht wurde (Box 7.3).

7.4 | Komponenten des Langzeitgedächtnisses

Derzeit existieren einige Konzepte zum Langzeitgedächtnis, die unterschiedliche Einteilungen treffen, je nachdem, ob sie sich mehr an der Art der Inhalte oder an deren Entstehung orientieren (Tab. 7.1). So unterscheidet man häufig **episodische** Inhalte, welche sich auf konkrete Erlebnisse und deren Aufeinanderfolge beziehen, von **semantischen** Inhalten, die Abstraktionen der Erlebniswelt repräsentieren, nämlich Merkmalsdimensionen, Begriffe und Klassifikationsschemata, was auch als kontextfreies Faktenwissen bezeichnet wird. Episodische Erinnerungen sind zumeist analog bzw. **imaginativ**, also in Form von Vorstellungen gespeichert, während semantische Inhalte eher **propositionalen** Charakter haben, d.h. in Aussageform gespeichert sind. Als **deklarative** Gedächtnisinhalte gelten (episodische) Erinnerungen und (semantisches) Wissen über Sachverhalte bzw. Fakten („Gewusst was"), während **prozedurale** (nichtdeklarative) Einprägungen jene geistigen oder motorischen Operationen zusammenfassen, die zu Veränderungen der inneren oder äußeren Realität führen („Gewusst wie"; s. auch Abb. 7.9). Schließlich wird oft **explizites** von **implizitem** Gedächtnis unterschieden, wobei im einen Fall ein bewusster Zugang zu den Wissensinhalten besteht, sie also formulierbar und erinnerbar sind, während sie im anderen Fall sich nur im Denken oder Verhalten manifestieren (Walla et al., 2001). Da es allerdings möglich ist, dass Wissen sowohl explizit wiedergegeben werden kann als auch sich in Verhaltensänderungen niederschlägt (z.B. bei *Priming, Konditionierungen*), sollte eher von „expliziter" oder „impliziter Testung" als von unterschiedlichen Gedächtnisformen gesprochen werden.

Eine spezielle Variante des Langzeitgedächtnisses ist das **Ultralangzeitgedächtnis** (ULZG, „very long-term memory"), welches vorwiegend anhand von Tagebuchuntersuchungen erforscht wurde und sich oft auf Sprachkenntnisse (s. Abb. 7.5) oder auf autobiographische Inhalte bezieht (Abb. 7.11). Solche Untersuchungen zeigen, dass langjährige Gedächtnisleistungen im Wesentlichen von geeigneten Erinnerungshilfen abhängen (s. auch Abb. 7.22) und dass

Auswahl an verbreiteten Typisierungen des Langzeitgedächtnisses, bei denen entweder von der Art gespeicherter Inhalte oder ihres Zustandekommens ausgegangen wird.		**Tab 7.1**
episodisch (räumlich und zeitlich definierte Erlebnisse)	semantisch (Begriffe, Klassifikationen, Begriffsnetzwerke)	Tulving (1972, 2002)
deklarativ (Sachverhalte, Wissen)	prozedural (Reiz-Reaktions-Folgen, Fertigkeiten)	Anderson (1976)
epistemisch (bildhaft)	heuristisch (aufgabenbezogen)	Dörner (1976)
propositional (aussagenlogisch, prädikatenlogisch)	analog/imaginativ (Vorstellungen, kognitive Landkarten)	Kosslyn, Ball & Reiser (1978), Paivio (1971)
implizit (automatisch Gelerntes)	explizit (absichtsvoll Gelerntes)	Graf & Schacter (1985)
deklarativ (Fakten, Sachverhalte)	nicht-deklarativ (Abläufe, Aktionen)	Squire (1987)

20–30 % konkreter Inhalte (z.B. Erlebnisse) oder lebensnah trainierter Sprachinhalte (z.B. Vokabeln) auch über Jahrzehnte erhalten bleiben können.

In der modernen Gedächtnisforschung strebt man einerseits nach einer Integration aller experimentell bestätigten Gedächtnisformen (Abb. 7.12) und versucht andererseits die Gehirnareale ausfindig zu machen, die für die einzelnen Gedächtniskomponenten zuständig sind (s. etwa Squire, 1987; Pritzel et al., 2003). Die Repräsentation von Gestalten und Schemata wird im Wesentlichen den unimodalen und polymodalen Projektionsfeldern des Kortex zugeschrieben. Episodische Inhalte werden überwiegend in den Assoziationszentren der rechten, semantische Inhalte überwiegend in jenen der linken *Gehirnhemisphäre* vermutet, während das *Limbische System* (Hippocampus, Amygdalae) eher für den Aufbau des Gedächtnisses und der frontale und temporale Kortex eher für den Abruf wichtig zu sein scheint. Die Basalganglien (Striatum, Pallidum), die prämotorische Region im *Vorderhirn* und das *Kleinhirn* dürften sowohl den Aufbau, die Konsolidierung und den Abruf von geistigen und motorischen Fertigkeiten steuern (s. auch 6.2).

Unimodale Projektionsfelder sind nur für eine Sinnesart (visuell, akustisch, ...) zuständig, polymodale für mehrere.

Abb 7.11

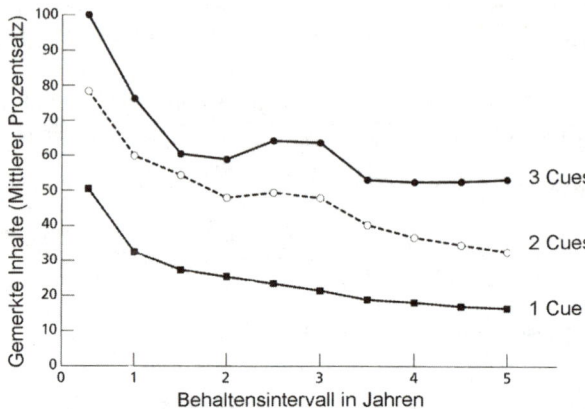

Über einen Zeitraum von fünf Jahren notierte Wagenaar (1986) über 2000 Ereignisse in seinem Leben und vermerkte dazu, wer dabei war, wo es stattfand, wann es war, wie selten es war, den Emotionalitätsgrad usw. In halbjährlichen Zeitabständen zog er nach dem Zufall eine Ereignisbeschreibung und versuchte sich aufgrund einzelner Merkmale („cues") an die Gesamtsituation (andere „cues") zu erinnern. Nach fünf Jahren lag die Erinnerungsleistung mit einer Gedächtnishilfe bei 20 %, unter Zuhilfenahme von drei „cues" immerhin bei 60 %.

Abb 7.12

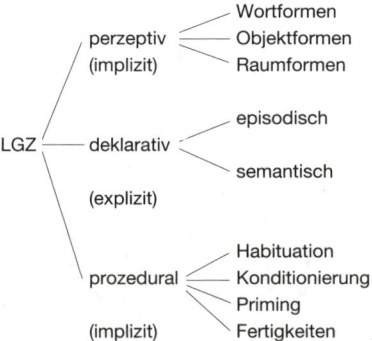

Gliederung der verschiedenen, in der psychologischen Fachliteratur vorgeschlagenen Typisierungen von Strukturkomponenten des Langzeitgedächtnisses. Im perzeptiven Gedächtnis vermutet man Gestalt- und Strukturinformationen über die Wahrnehmungswelt, im deklarativen Gedächtnis die Speicherung von Erlebnissen, Fakten und Begriffen, und im prozeduralen Gedächtnis alle Arten kognitiver oder verhaltensbezogener Programme, wie zum Beispiel erworbene Reiz-Reaktions-Muster und angelernte Denk- und Verhaltensketten.

Stadien der Gedächtnisbildung | 7.5

Die Leistung des Langzeitgedächtnisses hängt davon ab, wie die zu speichernde Information aufgenommen wurde, ob und wie sie sich in gespeicherter Form verändert und wie sie wieder aus dem Speichermedium zurückgewonnen werden kann. Hinsichtlich dieser drei Phasen der Gedächtnisbildung konnten in der psychologischen Forschung verschiedene systematische Einflüsse bzw. Effekte nachgewiesen werden.

Aufnahme von Wissen (Enkodierung, Akquisition) | 7.5.1

Entscheidend für die Gedächtnisleistung ist die Form, in welcher Informationen dem Gedächtnis zugeführt werden (z.B. als Melodien, sprachliche Inhalte, Vorstellungen, Gedanken usw.), und die Bedingungen, unter denen dies geschieht (z.B. Aufmerksamkeit, Bedürfnislage, Kontext, Gliederung der Inhalte, Reihenfolge der Einprägung usw.). Wie erwähnt, geht jeder Enkodierung von Speicherinformation bereits eine Filterung voraus, die durch Gestaltbildung, Aufmerksamkeitsausrichtung und Begriffskategorisierung zustande kommt, wobei auch irrelevant wirkende Details Einfluss ausüben, wie etwa die jeweilige Stimmung, der räumliche Kontext, verbale Kommentare oder Ähnliches (Abb. 7.13).

> **Merksatz**
>
> **Der Erwerb und die Nutzung von Wissen werden durch die Form und die Bedingungen der Informationsaufnahme, mögliche Veränderungen im Speicher und durch die Art ihres Abrufs bestimmt.**

Für die Aufnahme von Gedächtnismaterial in das Langzeitgedächtnis können zumindest fünf relevante Effekte unterschieden werden:

Arousal-Effekt: Wie schon im Abschnitt Aktivierung und Lernen (6.2) dargestellt, werden Lern- und Einprägungsprozesse sowohl durch ein mittleres (tonisches) Aktivierungsniveau als auch durch Aktivierungsschwankungen bei der Informationsaufnahme gefördert (phasische Aktivierung). Insbesondere steigt die Wahrscheinlichkeit für die Speicherung von Bewusstseinsinhalten, wenn sie eine psychische Stimulation oder Aktivierung auslösen (Interesse, Aufmerksamkeit, Emotion, Motivation) und danach positive Konsequenzen (Aha-Erlebnis, Entspannung, Verstärkung, Lernpause) im

Zu merkende Figuren — **Wiedergabe bei Wortliste 1** — **Wiedergabe bei Wortliste 2**

Brille / Hanteln
Sanduhr / Tisch
Sieben / Vier
Gewehr / Besen

In einem Experiment von Carmichael, Hogan und Walter (1932) wurden 86 Studenten 12 Figuren vorgegeben, mit der Aufgabe, sie nachher aus dem Gedächtnis nachzuzeichnen, wobei jedoch die gleichen Figuren mit unterschiedlichen Worten kommentiert wurden, wie z.B. „Diese Figur ähnelt einer Brille" (Wortliste 1) oder „... ähnelt Hanteln" (Wortliste 2). Die danach produzierten Zeichnungen hatten zu etwa 75% eine Ähnlichkeit mit den Wortbedeutungen, im Vergleich zu 45 % bei einer Kontrollgruppe ohne Begleitworte.

Sinne einer zentralnervösen Desaktivierung nachfolgen (Kleinsmith & Kaplan, 1963). Dass manchmal bei aktivierenden Merkinhalten unmittelbar nach dem Lernen schlechtere Merkleistungen zustande kommen, wird mit dem Andauern eines intensiven Konsolidierungsprozesses erklärt (s. nächster Abschnitt), der offenbar einen sofortigen Zugriff auf die Speicherinhalte erschwert („perseverative consolidation").

Distinctiveness-Effekt: Die Originalität (Einmaligkeit, Besonderheit, Eigentümlichkeit, Exklusivität) von Speicherinhalten bzw. deren Unähnlichkeit zu anderen Speicherinhalten ist eine weitere Einprägungshilfe. Je markanter das Eigenschaftsprofil von Informationseinheiten subjektiv hervortritt, desto klarer (weniger verwechselbar) prägt sich dessen Inhalt im Gedächtnis ein. Die akzentuierte Verarbeitung bzw. „distinktive Enkodierung" eines Wortes, eines Bildes oder einer Aussage kann etwa dadurch gesteigert werden, dass unverwechselbare Charakteristika für die Merkinhalte herausgefunden werden müssen (Abb. 7.14). Wenn Versuchspersonen selbst jene Charakteristika erarbeiten, die sie für die jeweiligen Lerneinheiten als besonders typisch ansehen (und diese auch als Wiedergabehilfen einsetzen), sind die Merkleistungen wesentlich besser, als wenn Merkhilfen anderer Personen verwendet werden.

| Abb 7.14

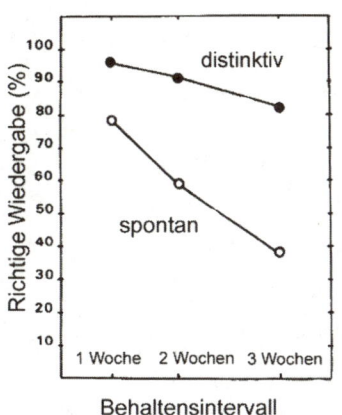

Richtige Wiedergabe (%)

distinktiv

spontan

1 Woche 2 Wochen 3 Wochen

Behaltensintervall

Die Merkleistung bei Wissensinhalten lässt sich erheblich stei-gern, wenn zu ihrer Kennzeichnung und später für ihren Abruf aus dem Gedächtnis distinkte, d.h. unverwechselbare Charakteris-tika verfügbar sind. Mäntylä und Nilsson (1988) ließen 24 Pro-banden für 30 Substantive (z.B. Admiral, Ballett, Zirkel) spontan drei charakteristische Beschreibungsmerkmale ausdenken, die ihnen (was sie vorher nicht wussten) nach einer, drei oder sechs Wochen als Erinnerungshilfen für die Abprüfung der Substantive vorgegeben wurden. Weitere 24 Probanden hatten die gleiche Auf-gabe, wurden aber darauf fokussiert, drei distinktive, d.h. zu an-deren Begriffen möglichst unterschiedliche Charakteristika zu fin-den. Die Gruppe mit distinktiven „recall cues" schnitt um 15–45 % besser ab als jene mit spontan entwickelten Merkhilfen. Sogar nach sechs Wochen konnte noch mehr als 80 % des distinktiv en-kodierten Materials erinnert werden.

So etwa können unter Nutzung von drei selbst generierten distink-ten Beschreibungsmerkmalen mehr als 500 Worte unmittelbar nach dem Lernen zu mehr als 90 % und sieben Tage danach immer noch zu 65 % korrekt wiedergegeben werden. Bei Verwendung von Beschreibungsmerkmalen anderer Personen sind es hingegen nur 55 bzw. 43 % (Mäntylä, 1986).

Positionseffekt: Eine frühe experimentelle Entdeckung war auch die Bedeutung der Reihenfolge aufgenommener Informationen. Der so genannte **Primacy-Effekt** besteht darin, dass Worte, Bilder oder Gedanken, die nach einer Pause in der Informationsaufnahme als Erste ins Bewusstsein kommen, eine größere Chance haben, langzeitlich gespeichert zu werden, als solche inmitten anderer In-halte. Der **Recency-Effekt** hingegen beschreibt die bessere Wiederga-be von Lerninhalten, die am Ende einer Lernserie stehen und sofort danach geprüft werden, gewissermaßen lediglich als Auswirkung des noch andauernden Kurzzeitgedächtnisses (Abb. 7.15).

Gliederungseffekt: Empirisch gut bestätigt ist auch die plausible Regel, dass Lernmaterial dann besser behalten wird, wenn es sprachlich, begrifflich oder assoziativ klar geordnet ist. Je besser Merkinhalte sprachlich formuliert sind (Abb. 7.16), oberbegrifflich kategorisiert werden können oder assoziativ miteinander zu-sammenhängen, desto leichter lassen sie sich speichern, wieder auffinden oder logisch rekonstruieren. Besonders effektiv sind des-

Abb 7.15

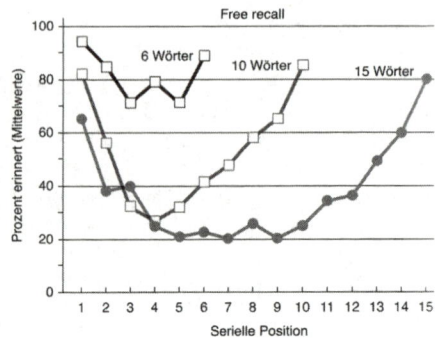

Im Experiment von Jahnke (1965) wurden 48 Studierenden unterschiedlich lange Wortlisten einmalig präsentiert, mit der Aufgabe, danach alle Worte, die erinnert werden konnten, wiederzugeben. Es wurde immer festgehalten, an welcher Position die reproduzierten Worte in der Liste standen: Sowohl die ersten als auch die letzten Elemente in den Serien konnten bis zu viermal besser gemerkt werden als die mittleren Elemente.

Abb 7.16

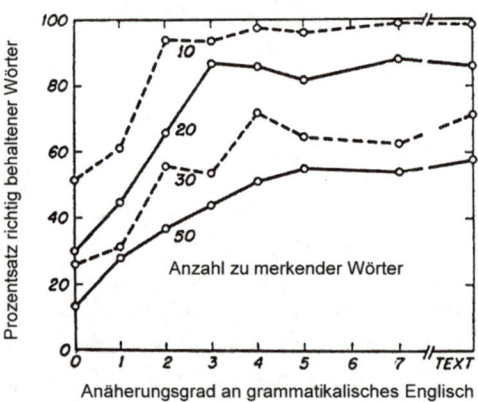

Miller und Selfridge (1950) gaben ihren Versuchspersonen verschieden lange Wortketten (10–50 Worte) zum Lernen vor, deren grammatikalischer Ordnungsgrad kontinuierlich abgestuft war. Beginnend mit zufälliger Auswahl von Worten aus dem Englischen (Grad 0), über zufällige Wortpaare (Grad 1), Worttripel (Grad 2), Wortquartupel (Grad 3) usw. bis zu korrekt formulierten Sätzen (Text). Die Reproduktionsleistung nahm erwartungsgemäß von 10-Wort-Ketten bis zu 50-Wort-Ketten ab, aber innerhalb der gleich langen Wortketten nahm die Merkfähigkeit mit dem Grad der Annäherung an die grammatikalische Struktur der Sprache um 40–50 % zu.

| Abb 7.17

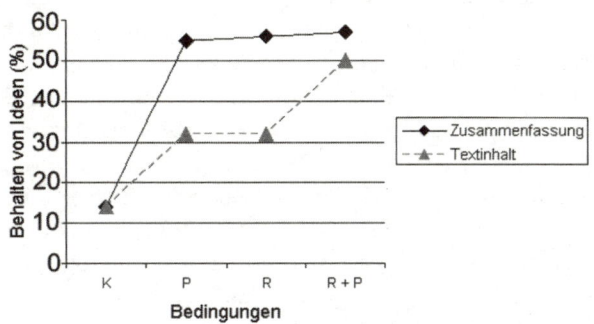

Lernstoff beim vorliegenden Experiment (Glover, Bruning & Plake, 1982) war eine Abhandlung (800 Worte) über das Sonnensystem, die sich in 16 Absätze gliederte, von denen jeder durch einen Schlusssatz zusammengefasst wurde. Die im Gesamttext und in der Zusammenfassung enthaltenen Wissenseinheiten („Ideen") wurden auf eine bis zwei begrenzt und dienten bei der Wissensabfrage als Kriterium für die Einschätzung der Behaltensleistung (Zusammenfassung/Text). Verglichen mit einer Kontrollgruppe
(K, Bloßes Lesen und Lernen) schnitt die Gruppe, die den zusammenfassenden Satz in eigenen Worten zu wiederholen hatte (P, Paraphrasieren), oder jene Gruppe, die den absichtlich orthographisch falsch geschriebenen Schlusssatz zu korrigieren hatte (R, Redigieren), sowohl beim Merken der Zusammenfassung (ca. 55 %) als auch beim Merken des Textes (ca. 30 %) besser ab. Der Textinhalt wurde aber dann am besten behalten, wenn beide elaborativen Vorgangsweisen zur Anwendung kamen.

halb auch Lernstrategien bzw. **Mnemotechniken**, bei denen ursprünglich isolierte Lerneinheiten in Reimform gebracht, in eine Geschichte eingebaut (z.B. Bower, Clark, Lesgold & Winzenz, 1969) oder in der bildlichen Vorstellung assoziativ miteinander verbunden werden. Auf die Vorteile des *Imagery-Effekts*, als besondere Form der assoziativen Gliederung, wird nachfolgend noch genauer eingegangen werden.

Elaborationseffekt: Das bloße Wiederholen von Wissensinhalten, ohne darüber intensiver nachzudenken, ist als Lerntechnik heute veraltet. Craik & Lockhart (1972) heben die Bedeutung der „Tiefe der Verarbeitung" („levels-of-processing theory") für die Speicherung hervor und verstehen darunter das Reflektieren über die Bedeutung der Inhalte und über deren Anbindung an bereits aufgenommenes Wissen. Je mehr der gesamte Bedeutungsumfang neuer Information bewusst wird, je lebendiger die davon ausgelösten Vorstellungen sind und je mehr Assoziationen zu anderen Wissensinhalten geweckt werden, desto größer ist die Chance, dass diese Informationen langzeitlich abgelegt werden. Künstlich kann man die Elaboration des Stoffes in Experimenten etwa dadurch steigern, dass absichtlich falsch geschriebener Text korrigiert werden muss oder dass ersucht wird, eigene Formulierungen für die aufzunehmenden Wissensinhalte zu bilden (*Paraphrasieren*; Abb. 7.17). Eine spezielle Bedeutung hat dabei auch der Bezug zur eigenen Person. Je mehr Assoziationen die lernende Person von den Wissenseinheiten zu ihren eigenen Erlebnissen und Erfahrungen herstellen kann, desto größer ist der **Selbstbezugseffekt** und damit die Einprägungswahrscheinlichkeit für das jeweilige Lernmaterial (Abb. 7.18).

Imagery-Effekt: Der Spruch „Bilder sagen mehr als tausend Worte" kann durch Ergebnisse der Gedächtnisforschung bestätigt werden: Konkrete Objekte werden besser behalten als Abbildungen von diesen, und diese wieder besser als abstrakte Worte (Bevan & Steger, 1971). Paivio (1971) wies darauf hin, dass verbale Inhalte und Bildinhalte zwei komplementäre Quellen der Informationsaufnahme darstellen und dass viele Gedächtnisinhalte sowohl verbal-semantisch in Form von *Propositionen* als auch visuell-anschaulich in Form von

Abb 7.18

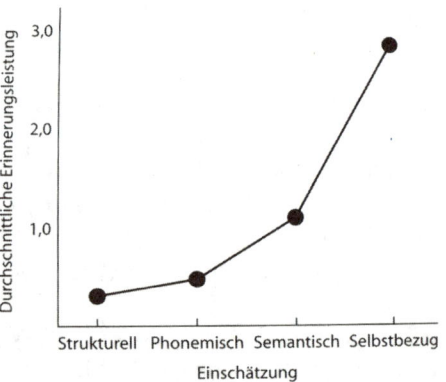

Im Experiment von Rogers, Kuiper und Kirker (1977) stuften Probanden 40 Worte von Eigenschaften entweder nach deren geschriebener Wortgröße, nach möglicher Reimbildung, nach Bedeutungsübereinstimmung mit einem anderen Wort oder nach dem Selbstbezug der jeweiligen Eigenschaft ein. Danach wurden sie (überraschend) gebeten, so viele Eigenschaftswörter wie möglich wiederzugeben. Verglichen mit den Bedingungen einer oberflächlichen Beschäftigung mit dem Lernmaterial (strukturell, phonemisch) war die Leistung besser, wenn zuvor über die Bedeutung der Worte nachgedacht werden musste (semantische Bedingung), am besten war sie aber, wenn die Eigenschaften vorher selbstbezogen zu reflektieren waren.

Vorstellungen gespeichert sind („Theorie der dualen Kodierung"). Ebenso wie die Verknüpfung von verbalen Elementen (Worte) zu größeren Einheiten (Sätze, Reime, Geschichten) die Merkleistung verbessert (*Chunking*), trifft dies auch für visuelle Elemente zu (Box 7.4).

Aufgrund der besonderen Assoziierbarkeit visueller Vorstellungen wurde in der Antike bereits die so genannte **Loci-Technik** („Technik der Orte") als Gedächtnisstütze von Rednern (z.B. Simonidis, Cicero) verwendet, indem sich diese eine gut bekannte Lokalität, wie etwa eine Straße, vorstellten und das erste Thema mit dem ersten Haus bzw. dessen Bewohner assoziierten, das zweite Thema mit dem zweiten Haus usw. Beim Vortrag riefen sie sich dann die zu merkenden Themen durch geistiges Abgehen der Orte ins Gedächtnis.

Eine ganz ähnliche Mnemotechnik ist die **Hakenmethode** („pegword technic"), bei der vorausgehend eine fixe Koppelung von Ziffern mit Hakenwörtern, die man sich gut vorstellen kann, erlernt werden muss (z.B. 0 = Ei, 1 = Kerze, 2 = Schwan, 3 = Dreizack, 4 = Kleeblatt, 5 = Hand usw.). Die zu merkenden Inhalte (z.B. Objekte einer Einkaufsliste) werden dann mit den Hakenwortbildern interaktiv verknüpft (wenn z.B. der erste Einkaufsgegenstand ein Brot ist, wird dieses mit einer Kerze darauf vorgestellt; Abb. 7.19). Diese mnemotechnische Nutzung des Imagery-Effektes kann aber auch zur besseren Speicherung von Zahlen verwendet werden: Die Zahl

---

Verknüpfen in der Vorstellung | **Box 7.4**

Bower (1972) konnte zeigen, dass bei Merkaufgaben, in denen 5 x 20 Paare von konkreten Worten miteinander assoziiert werden mussten (je Paar 5 sec. Lernzeit), bei einer Standardinstruktion (z.B. „Wenn das linke Wort gezeigt wird, versuchen Sie bitte das rechte Wort wiederzugeben") nur 50 % der Wortpaare erinnert werden konnten, im Gegensatz dazu aber 80 % der Wortpaare, wenn die Personen beim Lernen aufgefordert wurden, die Worte visuell miteinander zu verbinden. Die gut vorstellbaren Bedeutungen der Worte, wie zum Beispiel Hund und Fahrrad, mussten dabei „interaktiv" verbunden werden, wie etwa durch die Vorstellung, wie der Hund auf dem Rad herumfährt. Welche interaktive Vorstellung gewählt wurde, blieb den Probanden vorbehalten.

5024 zum Beispiel könnte vorgestellt werden als eigene Hand (= 5), in der ein Ei (= 0) liegt, auf dem ein Schwan (= 2) sitzt, der ein Kleeblatt (= 4) im Schnabel hat. Die Produktion solcher Vorstellungen kostet zwar zunächst Zeit, „amortisiert" sich aber später durch eine beträchtliche Einsparung an Wiederholungen bzw. Lernaufwand. Durch mnemotechnische Methoden der genannten Art lässt sich ein Lerngewinn von mindestens 20 bis 30 % erzielen, bei intensiverem Training auch mehr (z.B. Furst-Methode).

7.5.2 | Festigung von Wissen

Nach der Aufnahme der Informationen werden diese in den Speichersystemen meist noch nachverarbeitet und umstrukturiert: Erlebnisse werden durch Erzählen sprachlich nachformuliert und geistig nachgeformt, neues Wissen in vorhandenes Wissen eingepasst, logische Zusammenhänge werden hergestellt und Widersprüche geglättet, verbale Nachrichten in Vorstellungen transformiert usw. Hinsichtlich der Stabilisierung von kognitiven Einprägungen sind zumindest drei Einflussquellen hervorzuheben:

Konsolidierungseffekt: Die lange bekannte positive Wirkung des Schlafs auf Gedächtnisprozesse wird auch durch aktuelle Untersuchungen bestätigt. In der ersten Nachthälfte scheinen vor allem deklarative Gedächtnisinhalte gefestigt zu werden (Episoden, Fak-

Abb 7.19 |

In einem Paarlernexperiment zur mnemotechnischen Nutzung der Hakenwort-Technik fanden Wollen, Weber und Lowry (1972) bei visueller Vorstellung von Worten allein eine Merkleistung von 36 %, bei Verknüpfung der Vorstellungen aber eine Reproduktion von 74 % (z.B. für die Wortkombination Klavier und Zigarre). Spätere Untersuchungen (McDaniel et al., 1995) ergaben, dass humorige, absonderliche oder bizarre (d.h. distinkte) Vorstellungskombinationen (wie links unten) besser eingeprägt werden als realistische (wie links oben).

tenwissen), in der zweiten eher die prozeduralen Speicherinhalte (z.B. Konditionierungen, Fertigkeiten). Eine wesentliche Rolle spielen dabei offenbar die Stresshormone (z.B. Cortisol), deren Ausschüttung im Tiefschlaf gehemmt ist und im Traumschlaf zunimmt (Born & Plihal, 2000, Abb. 7.20). Auch aus anderen Bereichen der Forschung (z.B. Stressforschung) weiß man, dass in Stresssituationen deklarative, nicht aber prozedurale Gedächtnisleistungen beeinträchtigt sind.

Wiederholungseffekt: Der überwiegende Anteil unseres Wissens wird nicht durch einmalige Präsentation behalten, sondern durch Wiederholungen. Hinsichtlich der zeitlichen Verteilung der Wiederholungen bis zur Prüfung ist der **Spacing-Effekt** zu berücksichtigen, welcher besagt, dass das Wissen dauerhafter eingeprägt wird, wenn Wiederholungen nicht sofort hintereinander erfolgen, sondern über einen längeren Zeitraum verteilt sind (Abb. 7.21).

Wenn beispielsweise fünfzig Spanischvokabeln entweder an einem Tag fünfmal oder an fünf aufeinanderfolgenden Tagen jeweils einmal wiederholt werden, dann sind es im ersten Fall 68 % und im zweiten Fall 86 %, die beim Test nach 30 Tagen noch gewusst werden (Bahrick, 1984). In einer zusammenfassenden Auswertung von 254 Studien („Metaanalyse") zu diesem Thema schätzen Cepeda und Mitarbeiter (2006), dass bei solcherart **verteiltem Lernen** eine um durchschnittlich 10 % bessere langfristige Reproduktionsleistung als bei massiertem Lernen gegeben ist,

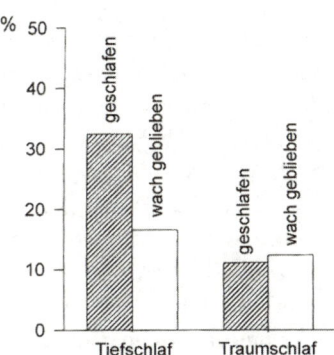

Um die Konsolidierungswirkung von Schlaf auf das Gedächtnis zu untersuchen, ließen Born und Plihal (2000) Gruppen von Probanden Wortpaar-Assoziationen entweder um 23 Uhr – vor dem frühen Schlaf (Tiefschlaf) – oder um 2 Uhr – vor dem späten Schlaf (Traumschlaf) – lernen und prüften das Behalten jeweils etwa drei Stunden später. Eine Kontrollgruppe lernte das gleiche Material, blieb aber zwischen Lernen und Testung wach. Nach dem Tiefschlaf war eine Leistungssteigerung von 15 % zu verzeichnen, der Effekt des Traumschlafes unterschied sich bei dieser Aufgabe nicht von der Wachbedingung.

Abb 7.20

Abb 7.21 |

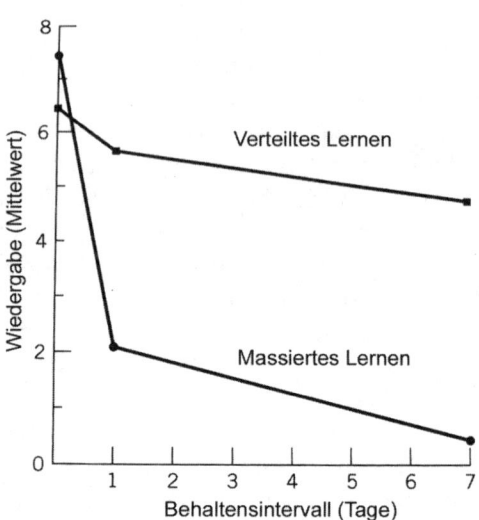

Wie sich die Verteilung von Lerninhalten über bestimmte Zeiträume auf die Behaltensleistung auswirkt, überprüfte Keppel (1964) mittels Assoziationslernen. Bei einer Gruppe von Probanden gab es acht Lerndurchgänge an einem Tag (verdichtetes Lernen), bei der zweiten Gruppe je zwei Lerndurchgänge an vier aufeinanderfolgenden Tagen (verteiltes Lernen). Unmittelbar nach den Lernphasen war zwar die Gruppe mit massiertem Lernen etwas besser, fiel aber bereits nach einem Tag auf etwa ein Drittel der Leistung der Gruppe mit verteiltem Lernen ab.

und empfehlen die Aufteilung von Wissensstoff auf zumindest zwei Lernphasen.

Interferenz-Effekt: Auf den möglichen störenden Einfluss der Interferenz auf Wissensbestände wurde bereits bei den Vergessenstheorien hingewiesen (7.1.3). Wenn, wie im Zentralnervensystem, viele Speicherinhalte knapp hintereinander aufgenommen und nebeneinander abgelegt werden, kommt es notwendigerweise zu Wechselwirkungen und Störungen zwischen den Wissensinhalten. Bei knapp aufeinanderfolgenden Lernprozessen ist sowohl mit einer **proaktiven Interferenz** zu rechnen, bei der die Konsolidierungsprozesse der früheren Lernprozesse die Einprägung der späteren Lernvorgänge stören, als auch mit einer **retroaktiven Interferenz**, bei der die Konsolidierung gegenwärtig ablaufender Lernprozesse durch nachfolgende Lernaktivitäten beeinträchtigt wird. Um somit gemäß dem (Hubert Rohracher zugeschriebenen) Spruch „das Gehirn lernt länger als das Bewusstsein" der Nachverarbeitung von Speicherprozessen Rechnung zu tragen, sollten zwischen Lerninhalten möglichst viele kurze Pausen eingelegt und verwechselbare Lernstoffe in deutlichem Abstand voneinander gelernt werden.

Rekonstruktionseffekt: Neben diesen Formen der negativen Interferenz gibt es natürlich auch positive Wechselwirkungen zwischen Lerninhalten (Bradshaw & Anderson, 1982), etwa wenn sie die gleiche Grundstruktur haben (da z.B. die Funktionsweise eines Fernsehers jener eines Radios ähnlich ist, lässt sie sich danach gut lernen), wenn sie in einer Ursache-Wirkungs-Beziehung stehen oder wenn eine Oberbegriffsbeziehung vorhanden ist. Solche wechselseitigen Beziehungen zwischen Wissensmaterialien ermöglichen bei Vergessen von Einzelelementen oder Teileinheiten deren logische Rekonstruktion ("reconstructive and inferential memory").

Abruf von Wissen | 7.5.3

Auch in der dritten Phase der Gedächtnisprozesse, bei der Wiedergewinnung des gespeicherten Wissens, sind mehrere Aspekte von Bedeutung:

Abrufmodus-Effekt: Die Art, wie die gespeicherten Inhalte abgefragt bzw. angewendet werden, entscheidet über die zu erwartenden Gedächtnisleistungen. Auf die Differenzierung zwischen *implizitem* und *explizitem Gedächtnis* wurde schon hingewiesen. Eine implizite Testung von Wissen bedeutet dessen Nutzung in der Wahrnehmung (z.B. durch Musterergänzen), im Denken (z.B. durch assoziatives *Priming*) oder im Verhalten (z.B. beim Signallernen, Fertigkeiten), womit also im weitesten Sinne seine **Verhaltensumsetzung** gemeint ist (z.B. Schachspielen, Gutachten erstellen, Sprechen einer Fremdsprache). Die explizite Testung von Wissen kann einerseits durch **Wiedererkennen** ("recognition") erfolgen oder durch **Wiedergabe** ("recall"). Wie schon mehrfach erwähnt, fällt es leichter zu entscheiden, ob der Speicherinhalt einer Erfahrung auf eine neue Erfahrung zutrifft, als die Speicherung selbst zu reproduzieren (Bruce & Cofer, 1967): Bei bloßem Wiedererkennen von Speicherobjekten sind also im Allgemeinen höhere Leistungen zu erwarten als bei aktiver Wiedergabe, bei Letzterer kann ohne ("free recall") oder mit ("cued recall") leistungsverbessernden Erinnerungshilfen gearbeitet werden (s. etwa Abb. 7.11).

Retrieval-Cue-Effekt: Entsprechend dem **Encoding-Specificity Principle** von Tulving & Tompson (1973) werden Gedächtnisinhalte dann besser reproduziert, wenn in der Prüfsituation die gleichen Merkmale als Abrufhilfen herangezogen werden, die auch bei der Aufnahme der Information als deren Charakteristika wahrgenommen wurden (s. schon Abb. 7.6). Dies kann man auch im Alltag beobachten, wenn man zum Beispiel beim Gehen in ein anderes Zimmer eine beabsichtigte Tätigkeit vergessen hat und sich bei der Rückkehr in die ursprüngliche Situation wieder daran erinnert. Besonders wirksame Retrieval-Cues sind solche, die in enger logischer oder kausaler Beziehung zu den Merkinhalten stehen und bereits in der Einprägungssituation mit diesen assoziiert waren (Abb. 7.22).

Abb 7.22

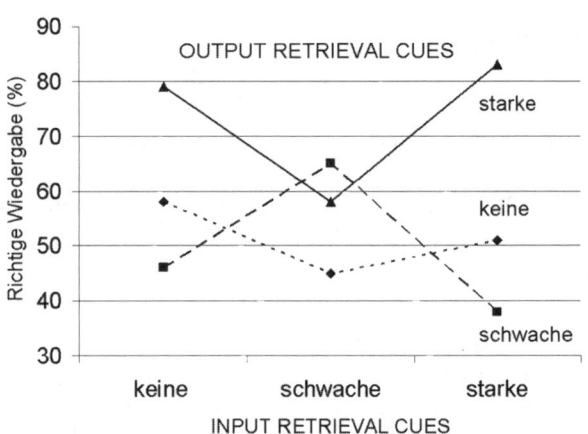

Um die Wirksamkeit von Erinnerungshilfen (retrieval cues) zu untersuchen, ließen Thomson und Tulving (1970) 24 Wörter unter drei Bedingungen lernen: Worte allein, gemeinsam mit einem schwachen oder gemeinsam mit einem starken Hilfswort (welches entweder einen geringen oder einen starken Assoziationsbezug zu den Merkworten hatte, z.B. Merkwort: MANN, schwacher Cue: HAND, starker Cue: FRAU). Anschließend wurde die Liste wieder unter diesen drei Bedingungen geprüft (keine, schwache oder starke Erinnerungshilfe). Wenn die Abrufhilfe stark und auch die Einprägungshilfe stark war, konnten 83 % der Worte wiedergegeben werden, aber fast ebenso viele (79 %) bei starker Abrufhilfe und überhaupt keiner Einprägungshilfe. Bei schwacher oder fehlender Abrufhilfe dagegen sank die Leistung auf etwa 50 % bis maximal 65 % (im Falle schwacher, aber immerhin gleicher Erinnerungshilfe).

Schwerwiegende Probleme können in Zusammenhang mit Zeugenaussagen vor Gericht entstehen, weil die Art zu fragen („Suggestivfragen") die Antwort in eine bestimmte Richtung lenkt (Abb. 7.23). Fisher, Geiselman & Amador (1989) haben für Zeugenbefragungen ein „kognitives Interview" entwickelt, dessen Anwendung in Befragungssituationen die Anzahl an brauchbaren Zeugenauskünften im Vergleich zu üblichen Kreuzverhörtechniken um fast 50 % erhöht und die Verfälschung von Aussagen nachweislich reduziert. Die Kriterien dabei sind: Vermeidung von Angst und Stress, Unterlassen von beurteilenden und persönlichen Kommentaren, sprachliches Nachvollziehen (*Paraphrasieren*) und offenes Interpretieren, Pausen zwischen den Befragungen, Anpassung der Sprache etc.

Schematisierungseffekt: Die Reproduktion von Speicherinhalten im Gedächtnis ist nicht mit der Abrufung von Daten im Computer zu verwechseln, sondern gleicht eher einem kreativen Rekonstruktionsprozess. Alle durch die Frage angesprochenen Speicherinhalte müssen reaktiviert und unter Zuhilfenahme von Altwissen miteinander verknüpft werden. Erlebnisse, die nur teilweise gemerkt und eventuell nur verbal formuliert abgespeichert sind, müssen bei Bedarf aus den Erinnerungsfragmenten, zumeist nach einem logischen **Schema**, abgeleitet werden. Bereits in den Dreißigerjahren hatte Frederic Bartlett (1886–1969) in Experimenten festgestellt, dass Kurzgeschichten beim Wiedererzählen systematisch verzerrt werden, indem man sie vereinfacht („Nivellierung"), Details her-

| **Abb 7.23**

Bei der Befragung von Zeugen kann die Formulierung der Frage beträchtliche Verfälschungen hervorrufen. Loftus und Palmer (1974) ließen Studenten einen kurzen Film über einen Zusammenstoß zweier Autos sehen und befragten sie anschließend über die vermutete Geschwindigkeit. Die Schätzungen der Personen sind zu den Frageformulierungen in Klammern hinzugefügt: „How fast were the two cars going when they smashed into (66 km/h)/collided with (62 km/h)/bumped into (61 km/h)/hit (54 km/h)/contacted (50 km/h) each other?"

vorhebt und überbetont („Akzentuierung") oder sie dem eigenen Verständnis und Hintergrundwissen anpasst („Assimilation"). Je komplexer die zu erinnernden Episoden sind und je länger sie zurück liegen, desto stärker sind die rekonstruktiven Anteile (Abb. 7.24). Ein Beispiel für dynamische Schemata sind die schon erwähnten **Skripts**, in denen häufig erlebte Sequenzen von Erfahrungen gespeichert sind. So dient das schon beschriebene „Restaurant-Skript" (Eintreten – Platz Suchen – Hinsetzen – Bestellen –

Abb 7.24

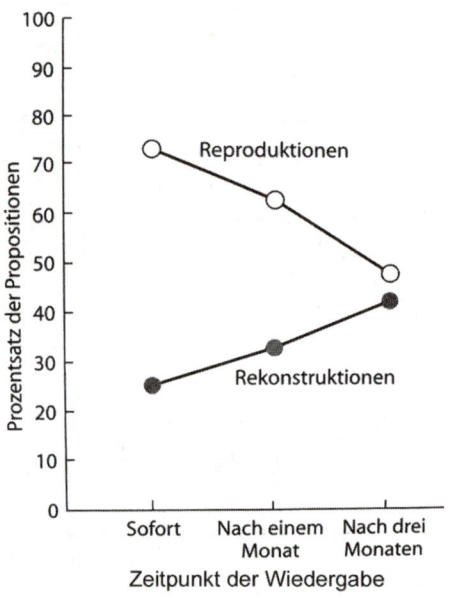

In einer sehr umfangreichen Studie (Kintsch & van Dijk, 1978) zum Textverstehen hatten Studenten eine Abhandlung von 1300 Wörtern zu lesen, die danach in einem Bericht wiederzugeben war. Um den semantischen Gehalt quantifizieren zu können, wurden der Text und die Berichte in ihre semantische Einheiten (Propositionen) zerlegt. Dadurch konnte erfasst werden, welche Inhalte bei den Erinnerungsberichten richtig reproduziert und welche nur rekonstruiert wurden. Im Vergleich zur sofortigen Wiedererzählung gehen bei der Testung nach drei Monaten die Reproduktionen von 72 auf 48 % zurück, während die Rekonstruktionen (logische und plausible Schlussfolgerungen aus dem Text) von 25 auf 44 % ansteigen.

Konsumieren – Bezahlen) bei der Schilderung eines weit zurück-
liegenden Restaurantbesuches zur Rekonstruktion vergessener
Teilerlebnisse.

Gedächtnisregeln | 7.6

Zum Zwecke des optimalen Einprägens, Behaltens und Abrufens
(z.B. in Prüfungssituationen) lassen sich die Erkenntnisse des vorliegenden Kapitels zu einer Liste einfacher Gedächtnisregeln zusammenfassen:

1. Aktivierung: Der Lerninhalt soll Interesse hervorrufen und geistig stimulieren. Das allgemeine Aktivierungsniveau beim Lernen darf weder zu hoch (Nervosität) noch zu niedrig (Mattigkeit)
   sein. Wenn der aufgenommenen Information eine Pause, Entspannung oder Verstärkung nachfolgt, wird besser gespeichert.
2. Distinktheit: Je origineller, exklusiver oder unverwechselbarer
   der Lerninhalt ist, desto leichter gelingt die Einprägung und
   desto geringer ist die Gefahr einer Ver-
   fälschung durch andere Speicherinhalte. Um die Distinktheit zu erhöhen,
   kann man zum Beispiel den Bedeutungsgehalt und die unverwechselba-
   ren Charakteristika im Lernmaterial
   in eigenen Worten formulieren.

> **Merksatz**
>
> **Viele Faktoren beeinflussen das Einprägen, Behalten und Abrufen, durch einfache Gedächtnisregeln lassen sich Lernerfolge optimieren.**

3. Position: Der Anfang von Lerneinheiten oder Präsentationen
   wird schneller und länger gemerkt als Informationen, die zwischen anderen eingebettet sind. Jede Pause, die eingelegt wird,
   lässt für das nachfolgende Lernmaterial einen gewissen Primacy-Effekt erwarten. Das Ende von Informationseinheiten wird
   ebenfalls besser behalten, aber nur sehr kurzfristig.
4. Gliederung: Je klarer Nachrichten sprachlich formuliert sind,
   je eindeutiger sie begrifflich kategorisiert werden können und
   je enger die Nachrichteninhalte (logisch, kausal, zeitlich etc.)
   assoziativ miteinander verbunden sind (*Chunking*), desto einfacher gelingt die Einprägung und der spätere Abruf aus dem Gedächtnis. Schriftliche Lernmaterialien sind klar und übersichtlich zu gliedern, zum Beispiel auch durch Unterstreichungen,
   Highlighter-Markierungen und Randbemerkungen.

5. Elaboration: Durch Reflektieren der Lerninhalte hinsichtlich ihrer Zusammenhänge sowohl untereinander als auch mit bereits vorhandenem Wissen und mit dem eigenen Leben verankert sich die Information im Gedächtnis.

6. Vorstellung: Hilfreich sind konkrete und bildliche Veranschaulichungen der Gedächtnisinhalte und eine möglichst originelle Verknüpfung dieser Vorstellungen. Verschiedene mnemotechnische Verfahren (z.B. Hakenwort-Methode) erzielen dabei einen Lernerfolg.

7. Konsolidierung: Ruhephasen, wie Schlaf, Entspannung oder Pausen, ermöglichen eine Festigung des vorangehend Gelernten. Es lohnt sich daher, besonders wichtige oder schwer einzuprägende Inhalte als letzte Eindrücke in den Schlaf oder in die Pause mitzunehmen.

8. Wiederholung: Je trockener und abstrakter der Lernstoff ist, desto mehr Wiederholungen sind für seine Einprägung nötig. Erste Wiederholungen des Lernstoffes sollten bald stattfinden – so lange noch ein Großteil des Wissens vorhanden ist – um es mit relativ geringem Aufwand wieder zu vervollständigen. Da man jedoch rasch vergisst, werden bald weitere Wiederholungen notwendig, die in immer größeren Abständen erfolgen sollten. Dabei ist es wichtig zu wissen, dass verteiltes Lernen („spacing") insbesondere für langfristiges Behalten mehr bringt als massiertes Lernen.

9. Interferenz: Um Einprägungsstörungen zu vermeiden, sollten ähnliche Stoffe nicht nacheinander gelernt werden, es sei denn, sie stehen in direktem inhaltlichen Zusammenhang oder bauen aufeinander auf. Der Einschub von Pausen dient auch in dieser Hinsicht der Lernorganisation.

10. Rekonstruktion: Bereits in der Einprägungsphase sollten logische und kausale Wechselbezüge zwischen den Einprägungsinhalten bewusst gemacht und Hauptaussagen zusammenfassend formuliert werden („Metaaussagen"). Auf Basis eines solcherart mitgespeicherten logischen Gerüsts können später in der Wiedergabephase vergessene Details leichter rekonstruiert werden.

11. Abrufart: Beim Erwerb von Wissen sollte stets die Art der wahrscheinlichen Nutzung mitbedacht (und mitgedacht) werden. Für eine spätere aktive Wiedergabe (z.B. bei einer mündlichen Prüfung) ist mehr Lernaufwand nötig als für das Wiedererken-

nen von Inhalten (z.B. in einem Multiple-choice-Test). Wo es um das Erlernen von geistigen oder motorischen Fertigkeiten geht (z.B. Rechenoperationen, Simultanübersetzen, Seiltanzen), macht jedoch nicht nur das Wissen, sondern vor allem die Übung den Meister.

12. Erinnerungshilfen: In dem Ausmaß, in dem sich die Lernsituation von der Prüfungssituation unterscheidet, sind schlechtere Leistungen beim Gedächtnisabruf zu erwarten. Wenn das Wissen in Zukunft kontextunabhängig, nämlich jederzeit und allerorts abrufbar sein soll, dann muss es auch unter variierten Bedingungen gelernt bzw. wiederholt werden. Allgemein gilt die Regel, dass mit zunehmender Anzahl von Merkhilfen die Reproduktionsleistung steigt, sofern diese wesentliche Charakteristika der Gedächtnisinhalte enthalten.

13. Schematisierung: Je besser sich Inhalte in ein gültiges allgemeines Struktur- oder Ablaufschema bringen lassen, desto leichter können sie gemerkt und wieder abgegeben werden. Allerdings kommt es dadurch, vor allem nach längeren Zeiträumen, auch zu Erinnerungsverfälschungen. Einzelheiten, die sich schwer in das Schema einordnen lassen, werden eher vergessen als dazupassende, und gleichzeitig werden Erinnerungslücken entsprechend dem Schema (unbemerkt) aufgefüllt.

Die PQ4R-Methode | 7.7

Die lernpsychologisch begründete PQRRRR-Methode beschreibt zusammenfassend jene Phasen, die bei der Erarbeitung und Einprägung von schriftlichen Materialien zu beachten sind. Die einzelnen Schritte sind in ihrer Aufeinanderfolge gut zu merken und in vielen alltäglichen Lernsituationen einsetzbar (Thomas & Robinson, 1972):

Preview: Anhand des Inhaltsverzeichnisses, der Einleitung sowie der Zusammenfassung sollte man sich einen Überblick über die Thematik verschaffen. Auch ein oberflächliches Durchblättern des Textes kann hilfreich sein, mit Beachtung des Schreibstils, der Art der Abbildungen sowie der enthaltenen Inhaltsbereiche.

Questions: Um für den Text Interesse zu wecken und inhaltliche Spannung zu erzeugen, sollten bereits anhand des Überblicks Fragen über den zu erwartenden Inhalt gestellt und eventuell notiert werden. Günstig wäre es dabei, den Bezug zum eigenen Vorwissen abzuklären und die persönliche Relevanz festzustellen. Bei Schwierigkeiten mit der Fragenformulierung können einfach die Abschnittsüberschriften in Frageform umformuliert werden.

Read: Vor dem Lesen bzw. Lernen des Stoffes sollte überprüft werden, ob ein Teil- oder ein Global-Lernverfahren angebracht ist. Wenn die Inhalte aufbauend sind, ist es besser, die Kapitel der Reihe nach zu erarbeiten, wenn sie hingegen aufeinander bezogen sind, dann ist wiederholtes Lesen des Gesamtwerks zu bevorzugen. Die eingangs gestellten Fragen können nun vielleicht beantworten werden, oder sie sind zu präzisieren bzw. müssen durch neue Fragen ersetzt werden. Ist es notwendig, Inhalte vollständig zu beherrschen, um alles Weitere zu verstehen (z.B. mathematische oder physikalische Formeln), dann müssen Wiederholungen in kurzen Abständen erfolgen.

Reflect: Inhalte reflektieren, das bedeutet, sowohl über deren innere semantische Struktur nachzudenken und die Worte und Sätze richtig zu interpretieren als auch ihre Beziehung zu anderen Wissensinhalten zu überprüfen, indem im vorhandenen Wissen nach inhaltlichen Parallelen, kausalen Begründungen und Anwendungsbereichen des Lernstoffes gesucht wird.

Recite: Auch wenn subjektiv der Eindruck vorhanden ist, dass das Lernmaterial beherrscht wird und einem beim Durchblättern der schriftlichen Unterlagen alles bekannt vorkommt, kann es passieren, dass bei einer mündlichen Prüfung oder einer Präsentation der Inhalte „die Worte fehlen". Die Umsetzung in das eigene Sprachsystem gelingt am besten, wenn man alle wichtigen Inhalte mit eigenen Worten formuliert, verbale Zusammenfassungen erstellt und schließlich den Stoff in Probevorträgen (in der gewünschten Länge) wiedergibt.

Review: Der Rückblick soll gewissermaßen den Kreis schließen und das erlernte Wissen seinem Umfang nach und in seiner subjektiven Bedeutung erkennen lassen. Am besten geschieht dies durch Bezug auf die eingangs gestellten Fragen, die nun mit dem erworbenen Wissen beantwortet werden.

Merksatz

Bei der Erarbeitung und Einprägung von schriftlichen Materialien sind nach der PQ4R-Methode folgende Schritte zu beachten: Überblick, Fragen über den zu erwartenden Inhalt, Lesen bzw. Lernen, Reflexion der Inhalte, Formulierung in eigenen Worten, Rückblick.

Zusammenfassung

Das Gedächtnis als die mentale Fähigkeit, Informationen aufzunehmen, zu speichern und wiederzugeben, kann in seinen Funktionen mittels künstlicher neuronaler Netzwerke erforscht und simuliert werden. Sowohl die Lern- als auch die Vergessensgeschwindigkeit ist durch eine (positive bzw. negative) Potenzfunktion beschreibbar. Die Lernkurve für Wiederholungen von Lernmaterial zeigt, dass am Anfang des Lernprozesses schneller gelernt
wird als gegen Ende, und die Vergessenskurve bei wiederholter
Wissensprüfung lässt erkennen, dass auch nach einem erfolgreichen Einprägungsprozess anfänglich schneller vergessen wird als
später. Als Erklärungen für das Vergessen, dem die wichtige Funktion einer Speicherbereinigung von irrelevanten Inhalten zugeschrieben wird, werden in der Gedächtnisforschung der Zerfall von
Engrammen (Gedächtnisspuren), die gegenseitige Störung von
Speicherprozessen und Schwierigkeiten beim Abruf der Gedächtnisinhalte angeführt.

Entsprechend der Speicherdauer unterscheidet man das Ultrakurzzeitgedächtnis, das Kurzzeitgedächtnis oder Arbeitsgedächtnis und das Langzeitgedächtnis, wobei Letzteres im Wesentlichen
nach seinen Inhalten differenziert wird (z.B. perzeptive, deklarative
und prozedurale Inhalte). Die Gedächtnisbildung wird in verschiedene Stadien gegliedert: Aufnahme, Festigung und Abruf von Wissen. Die experimentelle Psychologie konnte zahlreiche Einflussfaktoren nachweisen, die sich letztlich auch in Form praktischer Lern-
und Gedächtnisregeln niederschlagen.

Fragen

1. Wie kann Gedächtnis definiert werden?
2. Wie kann die die Lern- und Vergessensgeschwindigkeit charakterisiert werden?
3. Was versteht man unter Amnesie?
4. Welche Ursachen werden für das Vergessen von Gedächtnisinhalten verantwortlich gemacht?
5. Was versteht man unter dem Kontexteffekt?

6. Wie groß ist die Speicherdauer bzw. der Speicherumfang des Kurzzeitgedächtnis?
7. Wie unterscheidet sich das Arbeitgedächtnis vom Kurzzeitgedächtnis?
8. Zählen Sie einige Konzepte des Langzeitgedächtnisses auf, die eine Unterscheidung zwischen Gedächtnisinhalten treffen?
9. Wie könnte eine Integration verschiedener Konzepte zum Langzeitgedächtnis aussehen?
10. Von welchen drei Stadien der Gedächtnisbildung wird in der psychologischen Forschung ausgegangen?
11. Effekte, welche die Wissensaufnahme beeinflussen?
12. Was versteht man unter Mnemotechnik?
13. Welche Effekte tragen zur Festigung des Wissens bei?
14. Auf welche Einflüsse ist beim Abruf des Wissens zu achten?
15. Welche Gedächtnisregeln lassen sich aus der Gedächtnisforschung ableiten?
16. Die Phasen der PQ4R-Methode?
17. Welche vierstellige Zahl wollten Sie sich anhand der Hakenworte merken, wenn sie wissen, dass die erste Ziffer eine 5 (= Hand) war. Zur Rückübersetzung der eingeprägten Vorstellungsinhalte: Ei = 0, Kerze = 1, Schwan = 2, Dreizack = 3, Kleeblatt = 4, Hand = 5)

Literatur

Anderson, J. R. (2000). Learning and memory. An integrated approach. New York

Mandl, H. & Friedrich, H. F. (Ed.). (2006). Lernbuch Lernstrategien. Göttingen

Metzig, W. & Schuster, M. (2006). Lernen zu lernen - Lernstrategien wirkungsvoll einsetzen. Berlin

Müsseler, J. & Prinz, W. (Ed.). (2002). Allgemeine Psychologie. Heidelberg

Pritzel, M., Brand, M. & Markowitsch, H. J. (2003). Gehirn und Verhalten. Ein Grundkurs der physiologischen Psychologie. Heidelberg

Spitzer, M. (2002). Lernen. Gehirnforschung und die Schule des Lebens. Heidelberg

Stanek, W. & Zehetmaier, H. (2005). Gedächtnistraining. Das Erfolgsprogramm für Neues Lernen und gegen mentales Rosten. München

Winkel, S., Petermann, F. & Petermann, U,. (2006). Lernpsychologie. Paderborn

Problemlösen – Denken – Intelligenz |8

Inhalt

8.1   **Definition von Problemen**

8.2   **Problemkategorisierung und Problemräume**

8.3   **Förderliche und hinderliche Einflüsse auf das Problemlösen**
Güte der mentalen Repräsentation von Problemen
Analogietendenz (Fixierung, funktionale Gebundenheit)
Einsicht und Expertise
Reduktives Denken
Fehleinschätzungen des Zeitverhaltens

8.4   **Denken und Schlussfolgern**
Induktives Denken
Deduktives Denken

8.5   **Entscheidungsfindung und Urteilsbildung**
Ähnlichkeitsurteile
Urteilsheuristiken und Urteilsrahmung
Wahrscheinlichkeitsurteile
Risikowahrnehmung

8.6   **Intelligenz – Geistige Leistungsfähigkeit**
Intelligenzdiagnostik
Formen der Intelligenz
Genetische Veranlagung und Umweltfaktoren der Intelligenz

8.1 | Definition von Problemen

Allgemein lässt sich ein Problem als eine Situation beschreiben, für deren gewünschte Überführung in eine andere Situation ein psychischer oder physischer Aufwand zu erbringen ist (z.B. Lösung eines Rätsels). Die zu überwindenden Hindernisse bestehen entweder im Unwissen bezüglich der Möglichkeit einer Veränderung der Problemsituation, in der Unkenntnis geeigneter Überführungsaktionen oder im Mangel an geeigneten Mitteln zur Veränderung, wie Kraft oder Geschicklichkeit (Abb. 8.1).

Merksatz

Ein Problem ist eine Situation, deren gewünschte Überführung von der Ist- in eine Soll-Situation mit Aufwand verbunden ist.

Eine Problemsituation kann in abstrakter Weise als **System** beschrieben werden (s. Bossel, 1992), welches aus einer Menge von Elementen und einer Menge von Wirkungsbeziehungen zwischen diesen besteht. Die Dynamik eines Systems besteht damit in sei-

Abb 8.1 |

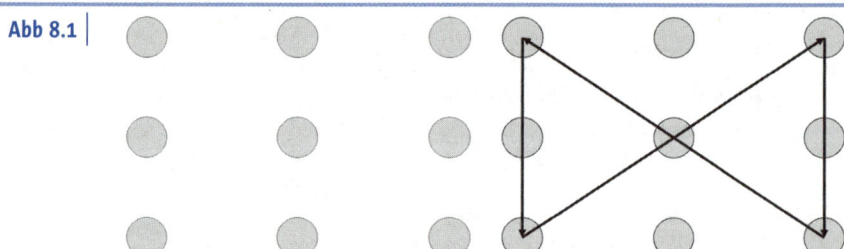

Beim so genannten Neun-Punkte-Problem (links) von Scheerer (1963) sind von einem Punkt vier gerade Striche durchgehend so zu ziehen, dass alle neun Punkte nur einmal überstrichen werden. Ein Fehlversuch ist rechts eingezeichnet (Lösung siehe Abb. 8.2).

Abb 8.2 |

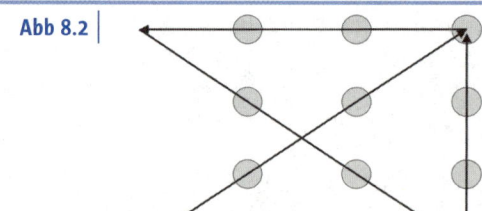

Für die Lösung des Neun-Punkte-Problems muss beim Ziehen der Striche der durch die Punkte ursprünglich suggerierte Problemraum verlassen werden.

nem Übergang von einem Zustand in den nächsten, was anhand seiner „Zustandsgrößen" verfolgt werden kann.

In der Mathematik ist eine lineare Gleichung ein Problem, dessen Zustandsvariablen („Unbekannte") so verändert werden müssen, dass die Gleichsetzung zwischen beiden Seiten der Formeln richtig ist. In der Medizin ist eine Krankheit ein Problem, welches durch gezielte Einflussnahme auf den Zustand des Kranken (mittels Medikamenten, Anweisungen, Operationen etc.) und durch Herbeiführung eines weniger belastenden Zustandes gelöst werden soll.

Tab 8.1

Zustand	Linkes Ufer			Fluss	Rechtes Ufer		
1	MMM	KKK	Boot				
2	MMM	K			Boot	KK	
3	MMM	KK	Boot			K	
4	MMM				Boot	KKK	
5	MMM	K	Boot			KK	
6	M	K			Boot	KK	MM
7	MM	KK	Boot			K	M
8		KK			Boot	K	MMM
9		KKK	Boot				MMM
10		K			Boot	KK	MMM
11		KK	Boot			K	MMM
12					Boot	KKK	MMM

Ein Beispiel für ein gut definiertes Problem ist die Missionare-Kannibalen-Denkaufgabe: Drei Missionare und drei Kannibalen sollen mit einem Boot vom linken zum rechten Ufer eines Flusses transportiert werden, wobei aber nur zwei im Boot Platz nehmen und nie mehr Kannibalen als Missionare an einem der beiden Ufer sein dürfen (weil es sonst zu einem Festschmaus käme). Eine mögliche Lösung des Problems zeigt die obige Tabellenversion des Bootsverkehrs mit Ausgangszustand (1) und Endzustand (12).

8.2 | Problemkategorisierung und Problemräume

Aus der Alltagserfahrung weiß man, dass „gut definierte" Probleme leichter lösbar sind als „schlecht definierte". Eine gute **Problemdefinition** ist dann gegeben, wenn sowohl der Anfangszustand („Ist-Zustand"), der Endzustand („Soll-Zustand") als auch die zur Verfügung stehenden Maßnahmen (Operationen, Prozeduren, Aktionen etc.) im Detail bekannt sind.

Ein Beispiel für ein gut definiertes Problem ist die Missionare-Kannibalen-Denkaufgabe (Tab. 8.1): Drei Missionare und drei Kannibalen sollen mit einem Boot vom linken zum rechten Ufer eines Flusses transportiert werden, wobei aber nur zwei im Boot Platz nehmen und nie mehr Kannibalen als Missionare an einem der beiden Ufer sein dürfen (weil es sonst zu einem Festschmaus käme). Eine mögliche Lösung des Problems zeigt die obige Tabellenversion des Bootsverkehrs mit Ausgangszustand (1) und Endzustand (12).

Als Beispiele für gut definierte Probleme können Kinder- und Gesellschaftsspiele gelten (z.B. Sackhüpfen, Kartenspiele, Schach), in denen nicht nur der Beginn und das Ende (z.B. Gewinnsituation) verbindlich vereinbart sind, sondern auch die im Spiel erlaubten Vorgangsweisen (Spielinstruktionen). Bei Problemen des Alltags hingegen (z.B. Krankheiten, Autopannen, Lernschwierigkeiten) weiß man zwar oft, welche Zustände unerwünscht sind, aber nicht immer, welche Ziele erstrebenswert und welche Mittel für deren Erreichung geeignet sind.

Nach Dörner (1976) sollte bei der Lösung komplexer Problemsituationen vor allem auf acht Aspekte Bedacht genommen werden, nämlich auf die Komplexität (Vernetztheit) des Systems, seine Dynamik (inklusive Zeitverhalten), seine Transparenz sowie auf die Wirkungsbreite, Reversibilität, den Anwendungsbereich, die Wirkungssicherheit und die Effizienz der Problemlösemaßnahmen. Beim schulischen Leistungsproblem eines Jugendlichen würde man etwa überprüfen, wo und bei wem die Lernschwierigkeiten auftreten, wie häufig und in welchen Abständen sie vorkommen und ob alle relevanten Einflüsse auf das Lernverhalten bekannt sind (wie etwa eine Demotivation durch bestimmte Lehrer, Ablenkung durch Schulkameraden, Begabungsmangel). Die möglichen Lösungsmaßnahmen müssten daraufhin überprüft werden, ob sie allgemein wirksam sind (z.B. nicht nur in der Schule) und ob sie eventuell mit unerwünschten Nebenwirkungen verbunden sind

(z.B. Verlust des Selbstvertrauens, Verlust an Sozialkontakten, Auflehnung gegen Erziehungsperson), ob sie die zukünftige Berufsent-
wicklung nicht unwiderruflich einschränken (z.B. bei Wechsel des
Schultyps), ob die Maßnahmen nur kurzfristig greifen (z.B. bei Bestrafung für schlechte Leistungen), ob nicht in anderer Form die
gleichen Probleme wieder auftreten würden (z.B. bei Versetzung in
eine andere Klasse) und ob sich der zeitliche oder finanzielle Aufwand auch tatsächlich lohnt (z.B. bei Nachhilfeunterricht).

Die alternativen Entwicklungsmöglichkeiten eines Problemzu-
stands in Richtung einer Lösung werden in der Forschung häufig
als Pfade („Trajektorien") in einem **Problemraum** beschrieben (Newell
& Simon, 1972). Unter diesem versteht
man die Gesamtheit jener Zustände, die
ein System vom **Ausgangszustand** („initial
state") bis zum **Zielzustand** („goal state")
einnehmen kann, wenn jeweils nur die
zugelassenen **Transformationen** (Aktionen,

| Abb 8.3

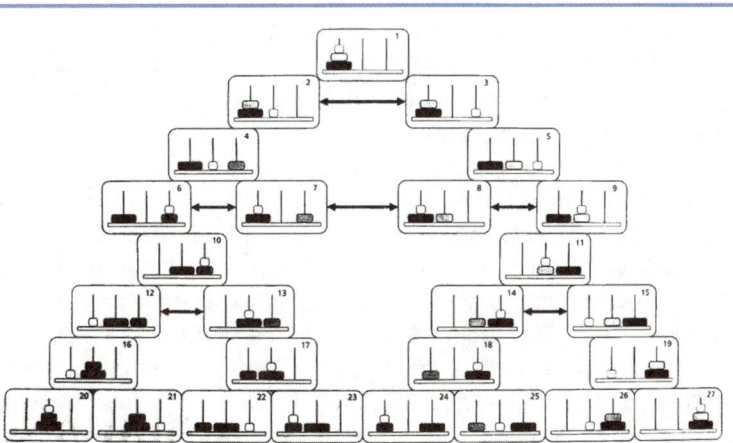

*Das Denkspiel „Turm von Hanoi" besteht in der Aufgabe, drei Scheiben unterschied-
licher Größe von einem Stab auf einen anderen so umzustecken, dass immer nur
eine Scheibe bewegt wird und nie eine größere Scheibe auf einer kleineren zu liegen
kommt. Im dargestellten Problemraum sind die Problemzustände (hier: Scheiben-
konstellationen), die mittels erlaubter Operationen überführbar sind, untereinander
angeordnet oder mit Pfeilen verbunden.*

Algorithmen, Operationen etc.) zur Anwendung kommen (Abb. 8.3). Der Problemraum ist somit die abstrakte Struktur eines Problems (Eysenck & Kaene, 2003).

Beim Schachspiel etwa ergibt sich der Problemraum aus allen möglichen Stellungen der Figuren, die unter Einhaltung der Spielregeln von Beginn an möglich sind. Für einen Touristen, der in einer Stadt eine Sehenswürdigkeit aufsuchen möchte, sind alle von seinem Hotel aus erreichbaren Positionen in der Stadt sein Problemraum. Wenn er auf seinem Weg zum Ziel nur an zehn Kreuzungen vorbeikommt und sich jeweils für eine von drei Straßen entscheidet, besteht der Problemraum (vorausgesetzt, dass die Routen einander nicht überlappen) aus 147.622 Straßen (= $1 + 3^1 + 3^2 + 3^3 + ... + 3^{10}$). Die Wahrscheinlichkeit, in solchen Situationen durch bloßes Versuchs-Irrtum-Verfahren erfolgreich zu sein, ist also relativ gering. Außerdem gibt es für viele Lebensprobleme nicht nur eine einzige, sondern mehrere Lösungen, so dass im Alltag „Optimierungsverfahren" zur Problemlösung notwendig sind.

Dazu ist jedoch zunächst eine *psychische Repräsentation* der Problematik notwendig. Der Ausgangszustand eines Problems wird durch den **Problemkenntnisstand** („initial knowledge state") kognitiv abgebildet, der Zielzustand durch den **Zielkenntnisstand** („goal knowledge state"), die Transformationen in Form kognitiver Operationen („mental operators"). Es muss also ein *mentales Modell* über die gegebene Problemsituation konstruiert oder aus dem Gedächtnis abgerufen werden, anhand dessen die Übergänge vom Ausgangszustand zum Zielzustand geistig simuliert werden können.

Wenn für einen Problemtyp keine sichere Lösungsstrategie verfügbar ist („Algorithmus"), dann muss mittels **Heuristiken** eine schrittweise Annäherung an Zielzustände versucht werden. Um allerdings einschätzen zu können, ob und wie stark man sich dem Ziel nähert, ist den Zuständen im Problemraum eine **Bewertungsfunktion** zuzuordnen (z.B. Einschätzung der Entfernung zu einem gesuchten Ziel, Chanceneinschätzung für einen Gewinn, Attraktivität einer Situation). Ein vom Prinzip her auch in der Mathematik und Statistik eingesetztes heuristisches Verfahren zur Optimierung von Zuständen ist die „Methode der Unterschiedsreduktion", bei der jener Pfad im Problemraum ausgewählt wird, der schrittweise mit der größten Bewertungszunahme verbunden ist (Abb. 8.4).

Bei allen Problemlösungen, die Einflussnahmen auf Personen, technische Aggregate oder Gesellschaftssysteme beinhalten, ist

Heuristik: Lehre von den Methoden zur Auffindung neuer Erkenntnisse

| Abb 8.4

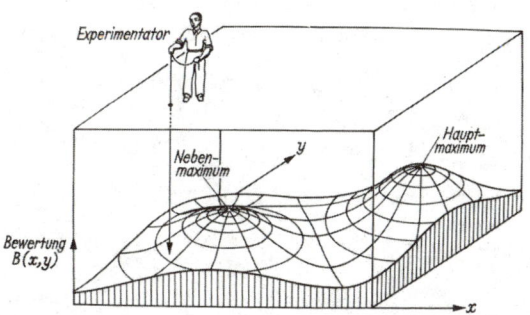

Die Zeichnung soll einen zweidimensionalen Problemraum mit überdeckender Bewertungsfunktion illustrieren, der vom Problemlöser punktuell abgetastet werden kann. Gesucht wird die höchste Erhebung auf der Bewertungsfunktion („Hauptmaximum"), indem bei der Auslotung immer in jene Richtung gegangen wird, die den höchsten Anstieg hat („hill climbing"). Enthält die Bewertungsfunktion auch noch weitere Erhebungen („Nebenmaxima"), dann kann der Suchprozess bei ungünstigem Startpunkt zu früh enden. Um dies zu vermeiden, könnte man den Optimierungsprozess von verschiedenen zufällig gewählten Ausgangspunkten starten lassen.

auch die **Eigendynamik** dieser „Systeme" mit zu berücksichtigen. Diese bewirkt nämlich, dass bestimmte Zustände im System mit größerer Wahrscheinlichkeit angestrebt werden als andere („Attraktoren"), so dass der Aufwand für Problemlösungen umso geringer wird, je besser es gelingt, die Eingriffe im System auf dessen Eigendynamik abzustimmen. Beim Menschen sind diesbezüglich seine angeborenen oder erworbenen Anpassungsmechanismen (z.B. Reflexe, Erbkoordinationen, Konditionierungen, Gewohnheiten) einzubeziehen sowie seine Tendenz zum Aufsuchen positiver Gefühlslagen („Hedonismus"). Bei vielen menschlichen Problemlösungen muss trotzdem leider oft mit beträchtlichem Aufwand gegen die emotionale oder triebbedingte Eigendynamik angekämpft werden. Die Neigung zum bequemen Auto erschwert zum Beispiel die Lösung von Verkehrsproblemen, der Hang zum Fernsehen oder Computerspielen behindert die Lösung schulischer Probleme, und Suchttherapien gelingen oft erst nach Entwicklung alternativer Befriedigungsmöglichkeiten.

Da mit der Entwicklung immer leistungsfähigerer Computer eine elektronische Simulation von Problemlösungsprozessen realisierbar erscheint, existieren bereits zahlreiche Computermodelle über Denk- und Problemlösungsprozesse aus den verschiedensten

Abb 8.5

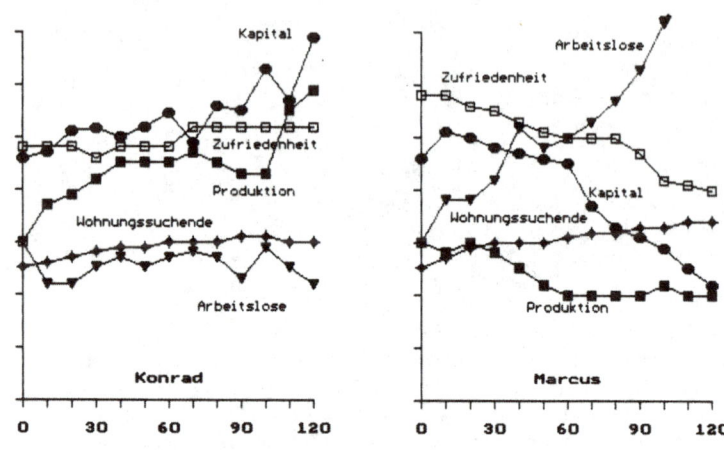

In einer Computersimulation („Lohhausen") mit mehr als 2000 Variablen (Dörner et al., 1983) wurden soziale, politische und wirtschaftliche Bedingungen einer fiktiven Kleinstadt simuliert. 48 Versuchspersonen spielten über 120 virtuelle Monate Bürgermeister und hatten mehr als 170 Eingriffsmöglichkeiten. Anhand von 17 kritischen Variablen (z.B. Zufriedenheit der Bevölkerung, Produktion, Arbeitslosigkeit, Kapitalbestand) wurde der Erfolg der Regenten evaluiert und mit verschiedenen Strategien des Problemlösens in Verbindung gebracht. „Vernetztes Denken" war ein wichtiges Kriterium, anhand dessen erfolgreichere (z.B. Konrad) oder weniger erfolgreiche Personen (z.B. Marcus) unterschieden werden konnten.

Lebensbereichen, wie etwa AIRPORT, EPIDEMIE, KÜHLHAUS, LOHHAUSEN (Abb. 8.5), MONDLANDUNG, ÖKOSYSTEM, SCHNEIDERWERKSTATT, PLANT (s. Funke, 2003, 2004b).

Das übergeordnete Forschungsgebiet der **kognitiven Modellierung** (Schmid & Kindsmüller, 1996; Schmid, 2002; Macho, 2002) setzt Computermodelle zur Simulation psychischer Strukturen und Prozesse ein, wozu eine Reihe von Programmen – auch frei verfügbar im Internet – angeboten werden (z.B. PSI, SOAR, ACT-R, COGENT, PDP++). Mit Bezug zur Umweltproblematik und Umweltforschung wurden auch Computerspiele entwickelt (z.B. Ökolopoli bzw. Ökopolicy), bei denen ein Ökosystem mit komplex vernetzten Variablen durch gezielte Eingriffe über mehrere Durchgänge am Leben erhalten werden soll.

Merksatz

Unter kognitiver Modellierung versteht man die Simulation kognitiver Strukturen und Abläufe in Form von Computerprogrammen.

Förderliche und hinderliche Einflüsse auf das Problemlösen | 8.3

Güte der mentalen Repräsentation von Problemen | 8.3.1

Damit ein Problem durch geistige Aktivität gelöst werden kann, muss es zuvor in Form einer **mentalen Repräsentation** (als *Problemkenntnisstand*) vorliegen. Diese Leistung wird dem *Arbeitsgedächtnis* zugeschrieben, in dem nicht nur – über die *phonologische Schleife* und über den *räumlich-visuellen Notizblock* – kognitive Inhalte im Bewusstsein aufrecht erhalten, sondern auch miteinander in Beziehung gesetzt werden, nämlich über die *zentrale Exekutive* (6.22 und 7.2.3). Wie erwähnt werden die Leistungen des Arbeitsgedächtnisses dem *präfrontalen Cortex* zugeschrieben, dessen Ausweitung im Laufe der Entwicklungsgeschichte des Menschen mit einem unvergleichlichen Zuwachs an geistiger Leistungsfähigkeit verbunden war (Hoffrage & Vitouch, 2002).

Für das Zustandekommen von problemlösenden Schlussfolgerungen auf Basis dieser mentalen Repräsentationen gibt es verschiedene theoretische Konzepte: Die **mentale Logiktheorie** (Braine & O'Brien, 1991) postuliert eine von der Art der Denkinhalte weitgehend unabhängige mentale Logik, die im Wesentlichen den Grundzügen der mathematischen *Aussagenlogik* entspricht. Die Theorie der **mentalen Modelle** (Johnson-Laird, 1999) geht davon aus, dass bei *konditionalen Schlüssen* (solchen mit Wenn-dann-Aussagen) die vorhandenen Aussagen (*Prämissen*) – ihren Bedeutungen entsprechend – im *Arbeitsgedächtnis*

> **Merksatz**
>
> **Als mentale Repräsentation eines Problems versteht man die Gesamtheit der zu einem Problem vorhandenen kognitiven Informationen.**

zu einem oder mehreren komplexen mentalen Modellen zusammengefügt und auf Basis solcher zusammenhängender *Propositionen* schließlich die Ableitungen (Dann-Aussagen) durchgeführt werden (Abb. 8.6).

Schematheoretische Ansätze zum Problemlösen (z.B. Cheng & Hoyloak, 1985) unterscheiden sich von den beiden Modellkonzepten nur dadurch, dass sie für verschiedene Wissens- und Lebensbereiche auch verschiedene Modelle und Logiken annehmen ("pragmatic reasoning schemata").

Abb 8.6

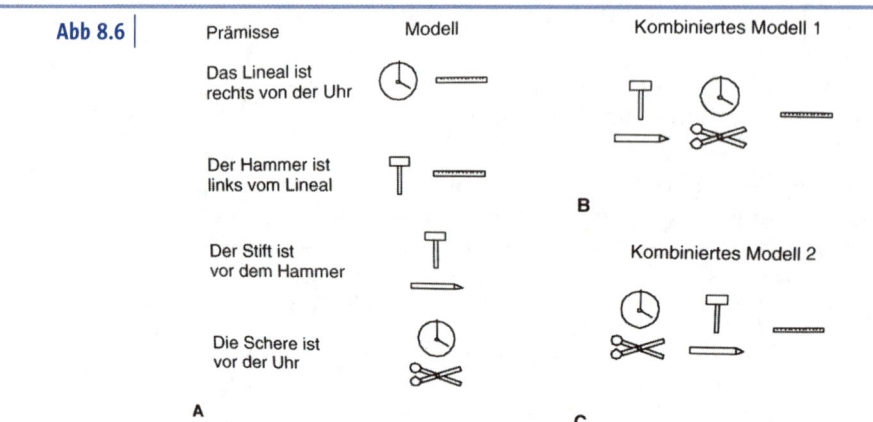

Die Theorie mentaler Modelle von Johnson-Laird (1999) lässt sich am besten an Aufgaben des räumlichen Schließens illustrieren: Prämissenaussagen werden in Einzelvorstellungen („Modelle") umgewandelt, die unter Erhaltung der Objektrelationen zu Gesamtstrukturen verknüpft werden („Kombinierte Modelle"). Aus diesen lassen sich dann Aussagen („Schlüsse") ableiten, die innerhalb der einzelnen Prämissen nicht enthalten sind. Zum Beispiel: „Das Lineal ist rechts von der Schere". Wenn allerdings zu wenig Prämissen vorhanden sind (wie oft in Alltagssituationen), ist das Gesamtmodell nicht eindeutig bestimmt.

Abb 8.7

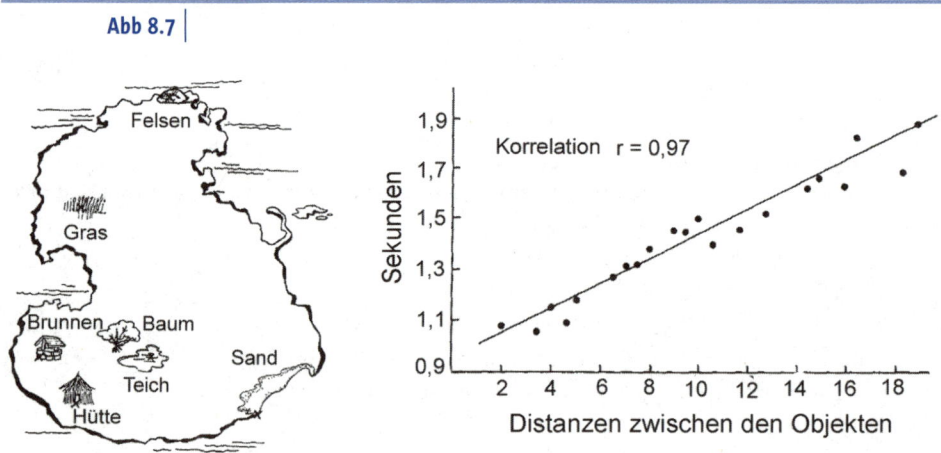

In einem Experiment zur analogen Repräsentation von Wahrnehmungsinhalten (Kosslyn, Ball & Reiser, 1978) wurde eine Landkarte einer fiktiven Insel mit sieben Objekten (Hütte, Baum, Felsen etc.) zum fehlerfreien Auswendigzeichnen vorgegeben. Die Probanden wurden dann gebeten, sich ein Objekt auf der Insel vorzustellen und von dort aus jeweils ein anderes Objekt in der Vorstellung zu suchen. Wenn sie es gefunden hatten, sollten sie einen Knopf drücken. Bei 21 Paarungen (rechte Graphik) nahmen die Zeiten linear mit der realen Distanz der Objekte auf der Insel zu.

Was speziell die Leistungen des räumlichen Problemlösens betrifft, so werden sie als Folge **analoger Repräsentationen** (im Gegensatz zu propositionalen Repräsentationen) im Gedächtnis erklärt (Shepard & Metzler, 1971). In Experimenten, in denen Bildobjekte in unterschiedlichem Ausmaß mental rotiert werden mussten, brauchten die Probanden dafür umso länger, je größer das Ausmaß der erforderlichen Drehung war. Auch in anderen Experimenten mit so genannten **kognitiven Landkarten** („cognitive maps") konnte die Annahme einer topologischen Repräsentation von visuellen Raumwahrnehmungen bestätigt werden (Abb. 8.7).

Analogietendenz (Fixierung, funktionale Gebundenheit) | 8.3.2

Wenn sich für einen Aufgabentyp eine Lösung bereits bewährt hat, dann tendieren wir dazu, in ähnlichen Situationen wieder die gleiche Strategie zu verwenden. Dies oft sogar dann, wenn sich kein Erfolg damit einstellt oder wenn es einfachere erfolgreiche Vorgangsweisen gibt. Diese funktionale Gebundenheit an einen bestimmten Lösungsvorgang ergibt sich durch die Gebundenheit an eine spe-

| Abb 8.8

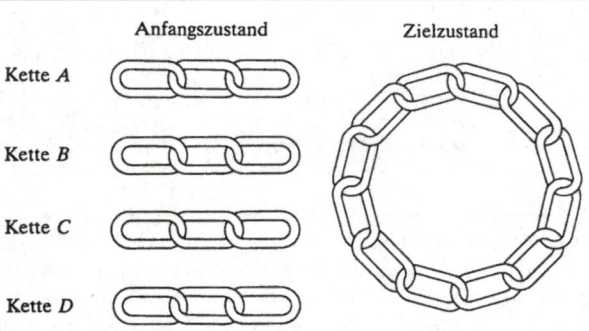

Beim Denkproblem der „billigen Halskette" von Wickelgren (1974) sollen vier Teilketten zu einer einzigen Kette verbunden werden, und zwar so, dass die geringste Zahl an Kettengliedern geöffnet wird. Zumeist versuchen Probanden die vier Enden der Teilketten zu öffnen und miteinander zu verbinden. Die „billigste" Lösung besteht aber darin, eine Teilkette zu zerlegen und die übrigen Teilketten mit den drei Gliedern zu verknüpfen. In einem Experiment fanden 55 % der Probanden in einer halben Stunde die Lösung.

zielle Sichtweise der Problemsituation, bei der sich bestimmte Lösungsmethoden entweder sichtbar anbieten (Abb. 8.8) oder als bewährte Lösungsmethoden automatisiert sind (Tab. 8.2).

So beeindruckend manche Denkfehler auch sein mögen, die aus dieser **Analogietendenz** resultieren, so erspart doch immerhin die Bevorzugung bereits bewährter Problemlösestrategien unnötigen Aufwand und entspricht somit dem psychischen Ökonomieprinzip.

Tab 8.2

Problem	Fassungsvermögen von			geforderte Menge
	Krug A	Krug B	Krug C	
1	21 Tassen	127 Tassen	3 Tassen	100 Tassen
2	14 Tassen	163 Tassen	25 Tassen	99 Tassen
3	18 Tassen	43 Tassen	10 Tassen	5 Tassen
4	9 Tassen	42 Tassen	6 Tassen	21 Tassen
5	20 Tassen	59 Tassen	4 Tassen	31 Tassen
6	23 Tassen	49 Tassen	3 Tassen	20 Tassen
7	15 Tassen	39 Tassen	3 Tassen	18 Tassen
8	28 Tassen	76 Tassen	3 Tassen	25 Tassen
9	18 Tassen	48 Tassen	4 Tassen	22 Tassen
10	14 Tassen	36 Tassen	8 Tassen	6 Tassen

Im Umfüllexperiment von Luchins (1942) bekamen die Versuchspersonen die Vorstellungsaufgabe, unter Verwendung von drei Gefäßen durch Um- und Wegschütten der jeweiligen Gefäßinhalte ein bestimmtes Ergebnis zu erzielen. Wie leicht erkennbar ist, lassen sich die fünf ersten Probleme durch das Lösungsmuster B-2C-A bewältigen (aus Krug B zweimal Krug C füllen und dann einmal Krug A), und ebenso alle weiteren (mit Ausnahme von 8). Obwohl für die Probleme 6 bis 10 auch einfachere Lösungen möglich sind (A+C oder A-C), folgten dennoch etwa 80 % der Versuchspersonen der zuvor automatisierten Lösungsstrategie. Von den Teilnehmern der Kontrollgruppe, die nur die zweite Hälfte der Aufgaben lösen mussten, verwendete nur etwa 1 % die umständlichere Vorgangsweise. (Nach Anderson, 1996, 212)

Einsicht und Expertise | 8.3.3

Es liegt auf der Hand, dass die Wahrscheinlichkeit für eine Problemlösung umso größer ist, je genauer die Dimensionen des *Problemraumes* bekannt sind und je verlässlicher die Alternativen im Problemraum beurteilt werden können. Bereits in frühen gestaltpsychologischen Untersuchungen wurde auf das so genannte „Aha-Erlebnis" hingewiesen, welches bei verschiedenen Aufgabenstellungen – offenbar durch Verbesserung der **Einsicht** in relevante Aspekte der Problemsituation – schlagartig zu einer Lösung führt (Abb. 8.9). Oft ist es das plötzliche Bewusstwerden von Veränderungen der Situation (die bisher übersehen wurden) oder die Erwägung von Maßnahmen, die im vorliegenden Kontext selten eingesetzt werden (s. auch Abb. 8.2 und 8.8), was zu einer dramatischen Verbesserung des Problemkenntnisstandes führt.

| Abb 8.9

Typ	Problem	Lösung
A	VI = VII + I	VII = VI + I
A	IV = III + III	VI = III + III
B	I = II + II	I = III – II
B	IV = III – I	IV = III = I
C	III = III + III	III = III = III
D	XI = III + III	VI = III + III

Als „Streichholzalgebra" bezeichnet man die Richtigstellung von Gleichungen aus Streichhölzern, in einer Weise, dass genau nur ein Streichholz in seiner Lage verändert wird. Am schnellsten ergibt sich dabei die Einsicht, dass eine Lösung durch Änderung der Zahlenwerte erreichbar ist (Typ A), während erst später auch die Veränderung der Rechenzeichen (Typ B und C) in Betracht gezogen wird.

| Abb 8.10

In Experimenten können Meister und Großmeister bei 5-Sekunden-Darbietung einer realistischen Schachstellung fast alle (22) Figuren richtig wiedergeben, im Vergleich zu einem durchschnittlichen Spieler, der trotz 9-Sekunden-Darbietung nur vier bis sieben Figuren nachstellen kann. Bei diesen Reproduktionsaufgaben wird erkennbar, dass die Experten stets größere Gruppen von Figuren, die aufeinander bezogen sind, gemeinsam aufstellen (Chunks). Wenn andererseits im Experiment Zufallsstellungen nachzustellen sind, merken sich die Schachmeister ebenso wenige Figurpositionen (ca. drei bis fünf) wie die Durchschnittsspieler. (Chase und Simon, 1973)

Durch Erfahrungsgewinnung über viele gleichartige Problemsituationen erwirbt man **Expertise**. Der Hauptunterschied zwischen einem Laien und einem Experten besteht wohl darin, dass Letzterer über einen bestimmten Erfahrungsbereich eine große Anzahl von möglichen Zuständen und Veränderungsmöglichkeiten im Langzeitgedächtnis gespeichert hat. Für einen vergleichsweise relativ einfachen Erfahrungsbereich, nämlich für das Schachspielen, schätzten Psychologen aufgrund von Experimenten mit Großmeistern die Menge an gespeicherten Schachstellungen (d.h. Problemsituationen) auf etwa 30.000 bis 50.000. Mit all diesen Schachpositionen sind bestimmte Entwicklungstendenzen der Figuren sowie Bewertungen des entsprechenden Spielverlaufes (in Form von *Chunks*, Abb. 8.10) mit eingeprägt (s. Ross, 2007). Experten für bestimmte Wissens- und Praxisgebiete unterscheiden sich somit von Laien vor allem durch die Menge an gebietsspezifisch gespeicherten Erfahrungen, die es ihnen ermöglicht, die Übergangswahrscheinlichkeiten von Problemzuständen besser einzuschätzen.

> **Merksatz**
>
> Einsicht in ein Problem entsteht, wenn relevante Problembedingungen erkannt werden. Expertise erwirbt man durch zahlreiche wiederholte Erfahrungen mit spezifischen Problemsituationen.

8.3.4 | Reduktives Denken

Komplexe Problemsituationen des Alltags können kaum je zur Gänze durchschaut werden. Daher neigt der Mensch dazu, sie auf nur eine hauptverantwortliche Ursache zurückzuführen. Dörner (1989) nennt diese Primitivannahmen **reduktive Hypothesen**. Für unerklärliche Wirtschaftsflauten, soziale Probleme und internationale Krisen wurden immer wieder „Sündenböcke" gefunden („Weltjudentum", „Sozialschmarotzer", „Schurkenstaaten", ...), die Krankheit AIDS wurde als „Strafe Gottes" interpretiert, und für das Scheitern von Ehen werden sogar die Sternzeichen als Erklärung bemüht. Solche oft ideologisch verbrämten Erklärungen stehen einer erfolgreichen Lösungsfindung deswegen so hartnäckig im Wege, weil sie aufgrund ihres Erklä-

> **Merksatz**
>
> Reduktives Denken besteht in der kurzschlüssigen Rückführung komplexer Problemsituationen auf einzelne Ursachen.

rungsumfanges Ganzheitlichkeit vortäuschen, meist durch Beispiele kurzschlüssig belegt werden können und sie in komplexen
Problemsituationen subjektive Sicherheit schaffen.

Fehleinschätzungen des Zeitverhaltens | 8.3.5

In vielen Problemsituationen des täglichen Lebens müssen zeitliche Abläufe richtig eingeschätzt werden, ob dies die Bremsdauer
eines Autos, der Ausbruch einer Krankheit oder die benötigte Zeit
zur Fertigstellung von Projekten ist. Im Allgemeinen sind linear
verlaufende Prozesse einfacher einzuschätzen, während nicht-line-
are Entwicklungen (z.B. Ausbreitung von Krankheiten, Zinseszins-
zuwächse, radioaktive Kettenrektionen) meist in ihrer Geschwindigkeit unterschätzt werden. Dörner (1989, 163) erinnert in diesem
Zusammenhang an die Anekdote über den Erfinder des Schachspiels, der sich als Belohnung „nur" jene Menge Reis wünschte, die
– beim ersten Feld des Brettes mit einem Reiskorn beginnend –
durch jeweilige Verdopplung der Reiskörner bis zum letzten Feld
entsteht: $1 + (1+1) + (2^2) + (2^3) + ... + 2^{62} + 2^{63}$. Allein die Menge des Rei-
ses auf dem letzten Feld (9.223.372.036.854.775.808 Körner) würde
bei einem Gewicht von 0,015 g pro Korn etwa 138 Milliarden Ton-
nen Reis ausmachen, wozu noch die Reismengen der anderen Felder kämen. Dass sogar Experten manchmal exponentielle Entwicklungen unterschätzen, zeigte die Atomreaktorexplosion in
Tschernobyl 1986, bei der neben einer Reihe von Bedienungsfeh-
lern auch eine Fehleinschätzung der Geschwindigkeit von Ketten-
reaktionen vorlag (Reason, 1994).

Ebenfalls schwierig zu durchschauen sind Wirkungsübertra-
gungen, in denen **Totzeiten** (Verzögerungen) vorkommen, was für
nahezu alle komplexen Lebens-, Wirtschafts- und Umweltsysteme
zutrifft: Ärgergefühle kumulieren und
entladen sich später scheinbar unbe-
gründet in Aggressionsausbrüchen,
Steuererhöhungen bewirken Monate
später erst Konsumrückgänge, Umwelt-
gifte werden aufgrund von Anreicherun-
gen oder Wirkungsketten erst nach Jahren oder Jahrzehnten entdeckt. Wenn
hier auch die Problemlösungsmaßnah-

Merksatz

Systeme, deren Verhalten durch Totzeiten
gekennzeichnet ist, oder solche, in denen
Wachstums- und Vermehrungsprozesse
stattfinden, werden in ihren Veränderungs-
tendenzen oft falsch eingeschätzt.

Abb 8.11

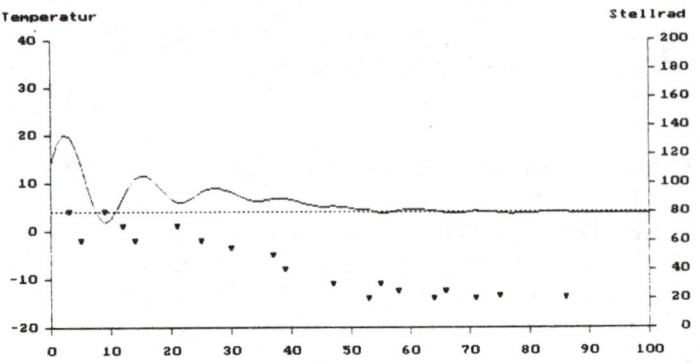

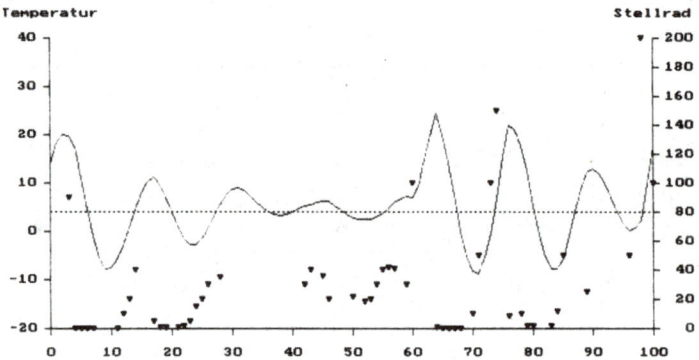

Im „Kühlhausexperiment" von Reichert und Dörner (1988) sollte die Schwierigkeit demonstriert werden, in dynamische Systeme einzugreifen, bei denen die Regeleffekte zeitversetzt, also erst mit einer Totzeit, wirksam werden. Die Aufgabe für 52 Versuchspersonen bestand darin, die Temperatur in einem fiktiven Kühlhaus mittels Stellradeinstellungen (Dreiecksymbole) auf 4°C zu regeln. Die optimale Strategie (für komplexe dynamische Systeme im Allgemeinen) wäre es, die Eigendynamik des Systems und das Schwankungsniveau der zu regelnden Größe vorerst zu beobachten, um dann dosiert darauf Einfluss zu nehmen (Beispiel oben). Wenn nämlich das Vertrauen in die Kontrollmöglichkeiten des Systems verloren geht (aufgrund der verzögerten Regeleffekte) und zu massive Eingriffe gesetzt werden, kommt es zu schwer kontrollierbaren Aufschaukelungen und rhythmischen Reaktionen (Beispiel unten).

men erst verzögert wirksam werden, kann es zu Aufschaukelungen oder zu einem Schwingungsverhalten in den regulierten Systemen kommen, wodurch stabile Problemlösungen erschwert

werden (Abb. 8.11). Durch die Aufschaukelung bedingte Übersteu-
erungsreaktionen im täglichen Leben finden sich etwa beim
Duschen durch hektischen Heiß-kalt-Wechsel, beim Übersteuern
eines ins Schleudern geratenen Autos oder bei sich negativ auf-
schaukelnden E-Mails („Flaming").

Denken und Schlussfolgern | 8.4

Wie bereits mehrfach erwähnt, besteht geistiges Problemlösen im
zielgerichteten Einsatz von mentalen Operationen zur Transformation von psychischen Zuständen. Bei den dabei involvierten
Denkprozessen handelt es sich im Wesentlichen um zwei Formen
des Schlussfolgerns, nämlich um das **induktive** und das **deduktive**
Denken. Bei Ersterem geht es darum, aus Einzelheiten (z.B. Sachverhalten) allgemeine Regeln (*Gesetze*) abzuleiten, bei der zweiten Form
um den Schluss vom Allgemeinen (z.B. Menge von Annahmen) auf
das Besondere (z.B. Konsequenzen daraus).

Induktives Denken | 8.4.1

Beim **Begriffslernen** (s. 6.10) sollen für Gruppen von Objekten, Situationen oder Prozessen jene Merkmale und Merkmalsrelationen
herausgefunden werden, die ihnen gemeinsam sind. Der Prozess
ist vergleichbar mit jenem in der *Inferenzstatistik* (s. 3.6.2), wo von
Fällen mit variierenden Variablenausprägungen auf einen gesetz-
mäßigen Zusammenhang der Variablen geschlossen wird.

Die Ausbildung von Begriffen ist einerseits als kontinuierlicher
Lernprozess vorstellbar – wie bei der Mustererkennung (z.B.
McClelland & Royers, 2003; Jones & Hoskins, 1987; s. Abb. 7.1) –
und andererseits als rückmeldungsgesteuerter Prozess des **Hypo-**
thesentestens, bei dem vorerst Annahmen über Merkmale und deren
Zusammenhänge gebildet und diese Hypothesen danach auf Basis
von Erfahrungen überprüft werden. Bei Ersterem bilden sich Begriffe nur aufgrund der statistischen Beziehungen zwischen ihren
Merkmalen (z.B. Korrelationen) – quasiautomatisch – aus, beim
zweiten Prozess hingegen wird die hypothetische Begriffsstruktur
anhand von Fallbeispielen verifiziert oder falsifiziert. Die Hypothese zum Beispiel, ob ein handgeschriebener Buchstabe ein A ist oder

nicht, wird durch entsprechendes Feedback vom Schreiber bestätigt oder verworfen.

Eine deutlich ausgeprägte, wahrscheinlich für viele Fehlleistungen des Alltags verantwortliche Denkneigung betrifft die Bestätigungstendenz beim Prüfen von Hypothesen. Wenn wir allgemeine Aussagen (z.B. Meinungen, Vorurteile) im Kopf haben, testen wir üblicherweise positiv, das heißt, wir suchen Beispiele, die der Annahme entsprechen, und nicht Gegenbeispiele, die Chancen für eine Widerlegung böten. Wason (1960) konnte diesen **Bestätigungsfehler** („confirmation bias") auch bei einfachen Hypothesen über Gesetzmäßigkeiten in Zahlenreihen überzeugend nachweisen.

8.4.2 | Deduktives Denken

„Logisches oder schlussfolgerndes Denken bezieht sich auf den Prozess, durch den der Mensch von schon Bekanntem zu weiterem Wissen gelangt" (Anderson, 1996, 303). Fast immer können aus einem explizit formulierten komplexen Wissensbestand auch implizite (indirekt erschließbare) Wissensinhalte abgeleitet werden. Wenn man zum Beispiel weiß, dass Gehirnerkrankungen das geistige Leistungsvermögen beeinträchtigen können, und wenn Enzephalitis eine Gehirnerkrankung ist, dann weiß man, dass diese Erkrankung eine intellektuelle Schädigung hervorrufen kann. Während in der Logik korrekt durchgeführte deduktive Schlüsse („Syllogismen") immer wahr sind, trifft dies für „psycho-logische" Schlüsse nicht unbedingt zu. Vielmehr gibt es mehrere Möglichkeiten, wie psychologische Ableitungen zustande kommen können (Oberauer, 2006; Johnson-Laird, 1999):

1. Ableitungen können auf Tatsachenwissen basieren, das Vorhersagen über die Wahrscheinlichkeit des Überganges von einem Realitätszustand in einen anderen gestattet (kognitive Modelle: „Produktionssysteme"). Beispiel: Wenn brennbare Substanzen entzündet werden, dann entwickelt sich Hitze.

2. Ableitungen können – ähnlich wie in der Aussagenlogik – als formaler Prozess ablaufen („abstract-rule theory"). Beispiel: Die Aussage „A impliziert B" ist wahr, „A" ist wahr, daher ist „B" ebenfalls wahr.

3. Ableitungen können als Folge der situationsspezifischen Konstruktion eines mentalen Modells im *Arbeitsgedächtnis* verstan-

den werden („model theory", s. auch Abb. 8.6). Beispiel: Das Burgtheater in Wien ist gegenüber dem Rathaus, die Universität befindet sich rechts vom Rathaus (wenn man frontal davor steht),
daher ist die Universität links vom Burgtheater zu finden, wenn
man frontal vor diesem steht.

Kognitionspsychologische Untersuchungen zum deduktiven Denken beziehen sich vor allem auf konditionale und kategoriale Schlüsse. **Konditionale Schlüsse** sind jene spezielle Klasse von *aussagenlogischen*
Schlussfolgerungen, bei denen Wenn-dann-Formulierungen (*Implikationen*) verwendet werden. Ein aussagenlogischer Schluss besteht
im Allgemeinen aus **Prämissen** (Voraussetzungen), aus denen unter
Verwendung von **Schlussformen** (Ableitungsoperationen) **Schlüsse**
(Konklusionen) gezogen werden (Tab. 8.3).

Tab 8.3

Konditionalschluss				Beispiele		
Konklusion zulässig	Modus ponens	P1:	Wenn P dann Q	P1:	Wenn Karin vor der Tür steht, dann ist Hans glücklich.
		P2:	P	P2:	Karin steht vor der Tür.
		K:	Q	K:	Hans ist glücklich.
	Modus tollens	P1:	Wenn P dann Q	P1:	Wenn Karin vor der Tür steht, dann ist Hans glücklich.
		P2:	nicht Q	P2:	Hans ist nicht glücklich.
		K:	nicht P	K:	Karin steht nicht vor der Tür.
Konklusion nicht zulässig	Bestätigung des Hinterglieds	P1:	Wenn P dann Q	P1:	Wenn Karin vor der Tür steht, dann ist Hans glücklich.
		P2:	Q	P2:	Hans ist glücklich.
		K:	P	K:	Karin steht vor der Tür.
	Verneinung des Vorderglieds	P1:	Wenn P dann Q	P1:	Wenn Karin vor der Tür steht, dann ist Hans glücklich.
		P2:	nicht P	P2:	Karin steht nicht vor der Tür.
		K:	nicht P	K:	Hans ist nicht glücklich.

*Darstellung von zwei erlaubten und zwei unerlaubten Schlussformen, worunter man gebräuchliche geistige
Operationen versteht, um aus Prämissen Schlüsse zu ziehen. (Modifiziert aus Knoblich, 2002, 673)*

Eine sehr gebräuchliche Schlussform ist der **Modus ponens**, bei dem von einer Wenn-dann-Gesetzmäßigkeit und einer gegebenen Wenn-Bedingung auf die Gültigkeit einer Dann-Bedingung geschlossen wird. Diese Schlussform wird im Alltag häufig eingesetzt und wird allgemein sehr gut beherrscht.

Wesentlich weniger im Denken genützt und nicht so gut in seiner Logik durchschaut ist der **Modus tollens**. In ihm wird ebenfalls eine gültige Wenn-dann-Gesetzmäßigkeit vorausgesetzt, und man schließt (korrekterweise) von einer nicht gegebenen Dann-Bedingung auf das Nichtvorliegen der Wenn-Bedingung (Tab. 8.3). Wenn Schlüsse des logisch korrekten Modus tollens zur Beurteilung vorgegeben werden, stimmen nicht 100 %, sondern nur circa 50 bis 60 % der Versuchspersonen seiner Gültigkeit zu. Aber auch logische Schlüsse, die nur manchmal, aber nicht immer richtig sind („Bestätigung des Konsequens" oder „Ablehnung des Antecedens") erhalten in Experimenten immerhin zwischen 20 und 30 % unbedingte Zustimmung (Rips & Marcus, 1977). Die geringere Akzeptanz des Modus tollens als korrekte Schlussfolgerungsfigur lässt vermuten, dass logische Schlüsse immer dann schwer fallen, wenn in ihnen Verneinungen vorkommen. Offenbar um die Kanalkapazität des Arbeitsgedächtnisses nicht zu überfordern, scheinen in mentale Modelle (als Basis von Schlüssen) hauptsächlich solche Propositionen einbezogen zu werden, die als wahr gelten, während verneinende eher unbeachtet bleiben (Johnson-Laird, 1999). Allgemein kann man außerdem sagen, dass logische Ableitungen umso weniger fehleranfällig sind, je öfter sie in alltäglichen Schlussfolgerungen vorkommen, wie Abb. 8.12 zeigt („domain-specific-rule theories").

Kategoriale Schlüsse sind bereits aus der Antike bekannt. Sie enthalten in den Prämissen so genannte **Quantoren** (Mengenangaben: Allquantor, Existenzquantor usw.) und basieren auf Operationen der Prädikatenlogik. Ein Beispiel für einen richtigen Schluss mit den Quantoren „kein" und „alle" ist demnach:

Kein Rechteck ist ein Kreis.

Alle Quadrate sind Rechtecke.

Es folgt: Alle Quadrate sind keine Kreise.

Abstrakte Wenn-dann-Regel: "Wenn auf einer Seite der Karte ein Vokal abgebildet ist, dann steht auf der anderen Seite eine gerade Zahl"

| Abb 8.12

Konkrete Wenn-dann-Regel: "Wenn eine Person Bier trinkt, dann muss sie älter als 19 Jahre sein"

In der Auswahlaufgabe („selection task") von Wason (1966)mussten die Probanden eine abstrakte Wenn-dann-Regel (oben) auf ihre Gültigkeit prüfen, indem sie bei Vorlage von vier Karten mit zwei möglichen Buchstaben auf der einen und zwei möglichen Ziffern auf der anderen Seite so wenige Karten wie möglich umdrehen sollten. Etwa 90 % drehen richtigerweise die E-Karte um, weil eine 7 auf der anderen Seite die Regel falsifizieren würde. 62 % schauen unnötigerweise hinter die 4, so-wohl ein E als auch ein K stehen könnte. Nur 25 % entscheiden sich richtigerweise für die 7, weil auf ihrer Rückseite kein E sein dürfte. Formuliert man die Aufgabe als konkretes „Erlaubnisschema" (unten), dann wählen 74 % der Versuchspersonen die beiden richtigen Karten, nämlich „Trinkt Bier" und „16 Jahre alt" (Oaxford & Chater, 1994).

Mengenrelationen und die darauf basierenden Schlussfolgerun-gen werden häufig in Form von „Venn-Diagrammen" illustriert, wodurch die den Prämissen innewohnenden Mengenaussagen leichter überschaubar und besser nachvollziehbar sind (Abb. 8.13).

Systematisch auftretende Fehler beim deduktiven Schlussfol-gern können auf unterschiedliche Ursachen zurückgeführt werden (s. etwa Mayer, 1979; Anderson, 1996):

1. Vergessen von einzelnen Annahmen (bzw. von „Modellen" gemäß der *Theorie mentaler Modelle*, s. Abb. 8.6), vor allem wenn mehrere oder komplexe Prämissen gegeben sind.

Abb 8.13

Mittels „Venn-Diagrammen" lassen sich die Quantoren (alle, einige, einige nicht, kein) von kategorialen Schlüssen graphisch durch Mengenrelationen darstellen. Beispielsweise ist die Aussage „einige A sind B" mehrdeutig interpretierbar, weil ihr vier Mengenrelationen zugeordnet werden können, während die Behauptung „kein A ist B" nur durch die einander ausschließenden Mengen A und B darstellbar ist.

2. Missinterpretation von logischen Relationen, wie etwa wenn einseitige Wenn-dann-Beziehungen auch umgekehrt interpretiert werden („Konversionsfehler"), was in realen Situationen sogar zu richtigen Schlüssen führen kann (z.B. „Person A findet Person B sympathisch").

3. Logische Gesetzmäßigkeiten werden zum Teil zu Recht nicht mit 100 %, sondern nur mit einer bestimmten Wahrscheinlichkeit als gültig angesehen, weil viele Ereignisse im Alltag tatsächlich mehrere Ursachen und Voraussetzungen haben (z.B. „Wenn jemand Grippe hat, dann bekommt er wahrscheinlich Fieber"; s. auch 3.4).

4. Logische Bezeichnungen werden im Alltag anders interpretiert als in der Mathematik. So etwa versteht man in der Logik unter dem *Quantor* „einige" eine Menge von einem bis zu allen Elementen, während umgangssprachlich damit häufig zwischen zwei und fünf gemeint sind.

5. Wenn Schlussaufgaben nicht mehr gut durchschaut werden können und den-

Beim induktiven Denken wird aus einzelnen Erfahrungen auf ihnen zugrunde liegende allgemeine Regeln geschlossen. Beim deduktiven Denken werden aus postulierten allgemeinen Regeln implizit enthaltene Konsequenzen abgeleitet.

noch ein Urteil abzugeben ist, lassen sich Versuchspersonen oft zu gleichen Formulierungen verleiten (wie etwa „keine", „einige", „alle"), wie sie auch in den Prämissen vorkommen („Atmosphärenfehler").

6. Insbesondere bei Schlussfolgerungen im Alltag spielt auch die Erwünschtheit von Konsequenzen für ihre Richtigkeitsbeurteilung eine Rolle, insbesondere wieder dann, wenn die Struktur logischer Annahmen eher komplex und unüberschaubar ist („Hedonistischer Bias").

Entscheidungsfindung und Urteilsbildung | 8.5

Urteils- und Entscheidungsprozesse sind Phasen des Denkens und Problemlösens und lassen sich begrifflich kaum scharf voneinander abgrenzen. Da Urteile in allen Bereichen unseres Alltags weitreichende und mitunter sogar gefährliche Konsequenzen haben, fanden in der psychologischen Forschung insbesondere jene Effekte großes Interesse, die zu einer systematischen Verfälschung von Urteilen führen.

Ähnlichkeitsurteile | 8.5.1

Das Zustandekommen eines Ähnlichkeitsurteils ist nur scheinbar auf eine einfache Übereinstimmung in den Merkmalsausprägungen der Vergleichsobjekte zurückzuführen. Tversky (1977) konnte nachweisen, dass bei unterschiedlicher Gruppierung von Objekten diese als unterschiedlich ähnlich erlebt werden (Abb. 8.14). Ebenso konnte er zeigen, dass man beim **Ähnlichkeitsurteil** stärker die Gemeinsamkeiten von Objekten beachtet, während beim **Unähnlichkeitsurteil** die Unterschiede stärker gewichtet werden. Allgemein nimmt das Ähnlichkeitsurteil für zwei Objekte in dem Ausmaß zu, in dem ihnen gleiche Merkmale zugeschrieben werden und es ihnen an verschiedenartigen Merkmalen mangelt, wobei allerdings die Auffälligkeit und subjektive Gewichtung der Merkmale eine Rolle spielt (z.B. Intensität, Bekanntheit, *Prototypikalität*, Informationsgehalt).

Abb 8.14			
Schweden 49 %	Polen 15 %	Ungarn 36 %	Österreich
Schweden 14 %	Norwegen 26 %	Ungarn 60 %	Österreich

Zwei Objekte können als sehr unterschiedlich ähnlich beurteilt werden, je nach Art ihrer Gruppierung. Teversky (1977, 343) präsentierte 70 Versuchspersonen Kombinationen von vier Ländern mit der Aufforderung, jeweils für ein Land (z.B. Österreich) aus drei anderen Ländern jenes auszuwählen, welches am ähnlichsten ist. Das Beispiel zeigt, dass bei der ersten Vergleichsgruppe 49 % der Probanden Österreich und Schweden als einander am ähnlichsten einstuften (im Kontrast zu damals kommunistischen Ländern), während sich bei der zweiten Gruppe (nun mit Norwegen statt Polen im Set) 60 % für Ungarn als ähnlichstes Land entschieden (offenbar in Abgrenzung zu den skandinavischen Ländern).

8.5.2 | Urteilsheuristiken und Urteilsrahmung

Heuristiken sind „Urteilsstrategien, die relativ schnell und mit vergleichsweise geringem Aufwand Erklärungen, Vorhersagen und Schlussfolgerungen ermöglichen" (Strack, 1985). Sie sind notwendige Instrumente unserer Denkökonomie, weil im Alltag kaum genug Informationen und Zeit für streng logische Urteile zur Verfügung stehen. Vor allem drei solcher Urteilsheuristiken („judgmental heuristics") waren häufig Gegenstand von Untersuchungen (s. Strack & Deutsch, 2002):

> **Merksatz**
>
> **Heuristiken sind notwendige Instrumente unserer Denkökonomie, weil im Alltag kaum genug Information und Zeit für streng logische Urteile zur Verfügung steht.**

Die **Verfügbarkeitsheuristik** („availability heuristic") bewirkt, dass wir für Denk- und Urteilsprozesse jene Informationen heranziehen, die im Moment kognitiv verfügbar sind. Das können auffällige Wahrnehmungen, schnell aktivierbare Gedächtnisinhalte und logisch leicht reproduzierbare Denkergebnisse sein. Alles, was uns leicht in den Sinn kommt (s. *Priming*), wird bevorzugt für Urteilsprozesse verwendet. So etwa werden Personen mit auffallenden Eigenschaften (z.B. Kleidung, Hautfarbe, Bewegung) oder in auffallender Position (z.B. Sitzordnung, Beleuchtung) als einflussreicher wahrgenommen als andere. Todesrisiken, die in Presse oder Fernsehen oft genannt oder gezeigt werden, werden überschätzt (z.B. Mord, Sturmflut, Flugzeugabsturz) und kaum erwähnte Risiken unterschätzt (Herzkrankheiten, Krebs, Diabetes; s. 8.5.4).

Die **Repräsentativitätsheuristik** („representativeness heuristic") wird dann wirksam, wenn ein Erfahrungsinhalt (z.B. ein Objekt, ein Vorgang) in ein kognitives Schema passt (z.B. Begriff, Kausalprozess) und somit von diesem repräsentiert wird. Dies ist etwa der Fall, wenn eine Person als repräsentativ (typisch) für ihre Nationalität, eine Handlung als repräsentativ für den Handelnden oder eine *Stichprobe* als repräsentativ für eine *Population* empfunden wird (Box 8.1). Unsere kognitive Repräsentation von Zufallsfolgen lässt uns etwa die Serie 1, 2, 3, 4, 5, 6 aus dem Glücksspiel „6 aus 45" als weniger zufällig erscheinen als etwa die Folge 29, 4, 35, 17, 41, 18.

Missachtung der Grundrate | Box 8.1

In dem Ausmaß, in dem eine kognitive Repräsentation (z.B. Klassifikation, *Schema*, *Skript*) auf einen Erfahrungsinhalt zutrifft, werden auch die in der Repräsentation gespeicherten Gesetzmäßigkeiten als gegeben angenommen. Je mehr zum Beispiel vorhandene Symptome einer bestimmten Krankheit entsprechen, desto eher wird diese als gegeben angenommen, und zwar auch dann, wenn die Auftrittswahrscheinlichkeit für die Krankheit (*Prävalenz*) eigentlich sehr gering ist. Gegen diese so genannte Missachtung der Grundrate („base rate fallacy") bei der Einschätzung von Störungen sind nicht einmal Ärzte gefeit, wie folgendes Experiment zeigt: Mediziner in verschiedenen Ausbildungsstufen der Harvard Medical School sollten für einen Patienten die Wahrscheinlichkeit für das Vorliegen einer bestimmten Erkrankung einschätzen. Anzunehmen war, (1) dass ein krankheitsspezifischer Labortest positiv ansprächte und dass dieser bei Vorliegen der Krankheit zu 100 %, aber auch bei Gesunden in 5 % der Fälle positiv ist und (2) dass die Krankheit in der Bevölkerung mit einer relativen Häufigkeit von 0,001 aufträte. Die richtige Antwort, nämlich etwa 2 % Erkrankungswahrscheinlichkeit (s. 8.5.3) wurde verblüffenderweise nur von 18 % der befragten Mediziner geschätzt, während die meisten 95 % als Erkrankungswahrscheinlichkeit angaben (Cascells, Schoenberger & Graboys, 1978). Das heißt, dass sich auch medizinische Fachleute von der Repräsentativität eines Symptoms (Tests) dazu verleiten lassen, in ihrem Urteil die Auftrittshäufigkeit der Krankheit zu ignorieren.

Eine dritte, viel verwendete und automatisierte Urteilsheuristik ist die **Anker-** oder **Anpassungsheuristik** („anchoring", „adjustment"). Wie aus der Bezeichnung hervorgeht, führt sie zu einer Anpassung von Urteilen an vorhandene Orientierungsrichtlinien. Dies mag zwar die Einschätzungsprozesse oft beschleunigen, stellt aber umgekehrt wieder eine Quelle für „kognitive Täuschungen" dar (z.B. Hell, Fiedler & Gigerenzer, 1993). Eine ankerbedingte Verfälschung von Urteilen kann mittels einer einfachen Multiplikationsrechnung demonstriert werden, sobald die Probanden nur fünf Sekunden Rechenzeit haben und ihnen nur eine grobe Schätzung des Ergebnisses möglich ist. Im diesbezüglichen Experiment von Tversky und Kahneman (1974) kamen die Versuchspersonen bei der Vorgabe von

$$8 \times 7 \times 6 \times 5 \times 4 \times 3 \times 2 \times 1$$

auf ein mittleres Produkt von 2250 („Median"), bei der Vorgabe der gleichen Zahlen, jedoch in ansteigender Reihenfolge

$$1 \times 2 \times 3 \times 4 \times 5 \times 6 \times 7 \times 8$$

im Mittel nur mehr auf 512. In der ersten Bedingung bilden die Produkte der ersten Zahlen einen wesentlich größeren Anker (z.B. $8 \times 7 = 56$, $56 \times 6 = 336$ usw.) als in der zweiten Bedingung (z.B. $1 \times 2 = 2$, $2 \times 3 = 6$ usw.). Die erhebliche Unterschätzung des richtigen Ergebnisses, nämlich 40.320, zeigt außerdem, dass arithmetische Reihen ähnlich wie exponentielle Funktionen in ihrer Entwicklung schlecht vorhergesagt werden können.

Eine andere Art von Ankerheuristik ist die so genannte **Rahmung** („framing"), bei der eine Urteilssituation so beschrieben wird, dass in ihr bereits richtungsweisende Bezugsgrößen für eine Schätzung oder Klassifikation enthalten sind (Box 8.2). Eine solche Rahmung kann durch die Formulierung von Konsequenzen einer Entscheidung erzeugt werden (Kahneman & Tversky, 1983): Wenn zum Beispiel Patienten mit Krebs sich für eine bestimmte Behandlungsform (Operation oder Strahlentherapie) entscheiden sollen, wird ihre Entscheidung davon beeinflusst, ob die jeweiligen Risiken anhand der Überlebensrate (z.B. 95 %) oder anhand der Mortalitätsrate (z.B. 5 %) angegeben werden.

Die **Prospekttheorie** (Tversky & Kahneman, 1981) erklärt viele Rahmungseffekte durch Annahme einer nichtlinearen *psychophysischen*

Merksatz

Unter Rahmung eines Urteils versteht man die Beschreibung einer Urteilssituation, in der die Richtung des Urteils bereits eingegrenzt ist.

Rahmung von Problemsituationen | **Box 8.2**

Die *Rahmung* von Problemsituationen hat wesentlichen Einfluss
auf die Art von Entscheidungen, die getroffen werden: Kahneman
und Tversky (1983) ersuchten Versuchspersonen (n = 152), sich in
der Rolle als Gesundheitsbeauftragte im Kampf gegen eine gefährliche Infektionskrankheit mit 600 möglichen Todesopfern für eine
von zwei Strategien zu entscheiden:

Konsequenzen des Gesundheitsprogramms	Zustimmung
Strategie A: 200 Personen werden gerettet	72 %
Strategie B: Mit 1/3 Wahrscheinlichkeit werden alle 600 gerettet und mit 2/3 Wahrscheinlichkeit wird niemand gerettet	28 %

Weiteren Versuchspersonen (n = 155) wurde eine andere Beschreibung des gleichen Problems vorgelegt:

Konsequenzen des Gesundheitsprogramms	Zustimmung
Strategie C: 400 Personen werden sterben	22 %
Strategie D: Mit 1/3 Wahrscheinlichkeit wird niemand sterben, und mit 2/3 Wahrscheinlichkeit werden alle 600 sterben	78 %

Wenn also, wie im ersten Beispiel, die Aufmerksamkeit auf Gewinn
gelegt wird (Strategie A), dann wird eher die sichere Alternative gewählt, wenn das gleiche Ergebnis als Verlust beschrieben wird
(Strategie C), entscheidet man sich lieber für die riskante Alternative. Gewinnrahmung macht risikoscheu und Verlustrahmung risi-
kofreudig. Wie spätere Experimente zeigten, schwächt sich dieser
Effekt ab, wenn statt 600 nur 60 oder nur 6 Personen gerettet werden können und wenn es sich bei den Betroffenen um nahe Verwandte handelt.

Wertfunktion: Der subjektive Nutzen nimmt nicht linear mit der
Größe eines Gewinnes zu, sondern schwächt sich immer mehr ab,
was ebenso auf den subjektiven Schaden bei Verlusten zutrifft. Die
Praxisrelevanz der Prospekttheorie zeigten Wong und Kwong

(2005) am Beispiel der Evaluation von Beschäftigten auf, wo bei Verwendung kleiner Zahlen (z.B. Abwesenheitsrate von 10 %) individuelle Unterschiede größer erschienen, als wenn große Zahlen herangezogen wurden (z.B. Anwesenheitsrate von 90 %). Für seine Beiträge zur Wirtschaftstheorie erhielt übrigens der Psychologe Daniel Kahneman im Jahr 2002 den Nobelpreis für Wirtschaftswissenschaften.

8.5.3 | Wahrscheinlichkeitsurteile

Eine wesentliche Aufgabe unseres kognitiven Systems ist die Bildung und Änderung unserer Meinungen über die Realität durch Auswertung einschlägiger empirischer Erfahrungen. Aufgrund der Komplexität unserer Wirklichkeit können wir oft keine eindeutigen Urteile fällen, sondern müssen uns mit Wahrscheinlichkeitsurteilen begnügen. Wie wahrscheinlich ist es zum Beispiel, dass ein Mensch lügt oder dass eine schwere Krankheit vorliegt?

Solche Schätzungen sollten einerseits die so genannte **Apriori-Wahrscheinlichkeit** (*Grundrate*, p(H)) der jeweiligen Hypothese (H) berücksichtigen, d.h. die Auftrittswahrscheinlichkeit der postulierten Gesetzmäßigkeit allgemein (z.B. dass eine Person überhaupt ein Lügner ist), und andererseits – bei Hinzukommen neuer Daten (D) – auch die **bedingte Wahrscheinlichkeit** p(D/H), mit der eine hypothesenkonforme Erfahrung bei Gültigkeit der Hypothese auftritt (z.B. wie wahrscheinlich es ist, dass ein Lügner lügt). Die Wahrscheinlichkeit für eine Hypothese nach deren Revision aufgrund neuer Erfahrungen nennt man **Aposteriori-Wahrscheinlichkeit** p(H/D). Das **Bayes-Theorem** verbindet diese Wahrscheinlichkeiten und erlaubt wahrscheinlichkeitstheoretisch korrekte Schätzungen über die Gültigkeit von Hypothesen:

> **Merksatz**
>
> **Annahmen über die Realität manifestieren sich in Wahrscheinlichkeitsurteilen, die durch Einbeziehung neuer Realitätserfahrungen modifiziert werden.**

Thomas Bayes (1702–1761): britischer Mathematiker und Geistlicher

$$p(H/D) = \frac{p(H) \cdot P(D/H)}{p(D)} = \frac{p(H) \cdot p(D/H)}{p(H) \cdot p(D/H) + p(\overline{H}) \cdot p(D/\overline{H})}$$

Wenn zwei Hypothesen in ihrem Wahrscheinlichkeitsverhältnis überprüft werden sollen (z.B. wie viel wahrscheinlicher ist H_1 im Vergleich zu H_2), kann p(D) weggekürzt werden, und man erhält:

$$\frac{p(H_1/D)}{p(H_2/D)} = \frac{p(H_1)}{p(H_2)} \cdot \frac{p(D/H_1)}{p(D/H_2)}$$

(Der Index kennzeichnet die Wahrscheinlichkeiten für Hypothesen 1 und 2.)

Wenn sich in Denk- und Schätzprozessen die in den obigen Formeln aufgezeigten Verhältnisse zumindest annähernd abbilden, spricht man auch von **statistischem Denken** oder von **Bayes-Logik** („Bayesian reasoning"). Die Alltagserfahrung und einschlägige psychologische Experimente zeigen jedoch, dass es in der Praxis durch Missachtung der Wahrscheinlichkeitsgesetze mitunter zu drastischen Fehleinschätzungen der Wahrscheinlichkeit von Ereignissen kommt (s. auch 8.5.2). Die Fehleranfälligkeit des menschlichen Denkens lässt sich an verschiedenartigen Urteilseffekten demonstrieren. Die Bedingungen hierfür suchten Gigerenzer und Hoffrage (1995) – im Gegensatz zu anderen Autoren – jedoch gerade in der Leistungsfähigkeit und der Entwicklungsgeschichte unseres Denkens und Urteilens. Sie meinen, dass die kognitiven Denkmuster in der evolutionären Entwicklung des Menschen nicht auf den Umgang mit Wahrscheinlichkeiten zugeschnitten waren, sondern auf Häufigkeiten (Kleiter, 1994; „natural sampling"). Sie überprüften 15 häufig in Urteilsuntersuchungen verwendete Beispiele und konnten zeigen, dass die Versuchspersonen bei Vorgabe der Probleme im **Häufigkeitsformat** zu etwa 48 % die logisch korrekte Bayes-Logik verwendeten, während im **Wahrscheinlichkeitsformat** nur etwa 22 % wahrscheinlichkeitstheoretisch richtige Schätzungen abgaben (s. Abb. 8.15).

Die einfache, allgemeine Regel für eine praxisgerechte Revision der Wahrscheinlichkeit von Hypothesen (H) aufgrund von hypothesenkonformen oder hypothesendiskrepanten Häufigkeitsdaten (D) lautet nach Gigerenzer und Hoffrage (1995) wie folgt:

$$p(H/D) = \frac{f(H \cap D)}{f(H \cap D) + f(\overline{H} \cap D)}$$

$$Treffer - Frequenz{:}f(H \cap D)$$

$$Falscher - Alarm - Frequenz{:}f(\overline{H} \cap D)$$

$$Hypothesen - Negation{:}\overline{H}$$

Ein praktisches Beispiel könnte die Einschätzung des bedingten Risikos eines Unfalles (H) bei Trunkenheit (D) sein: Wie groß ist die Wahrscheinlichkeit, dass ein alkoholisierter Autofahrer einen Verkehrsunfall verursacht, wenn man weiß, dass früher 55 Betrunkene einen Unfall (H∩D) und 500 Betrunkene keinen Unfall (H̄∩D) verschuldet haben? Bei Missachtung anderer Einflussfaktoren kann nach obiger Formel mit einer Wahrscheinlichkeit von p ≅ 0,10 (= 55/[55+500]), d.h. mit einer relativen Häufigkeit von 10 % das Auftreten eines Unfalles durch Alkoholisierung vermutet werden.

Abb 8.15

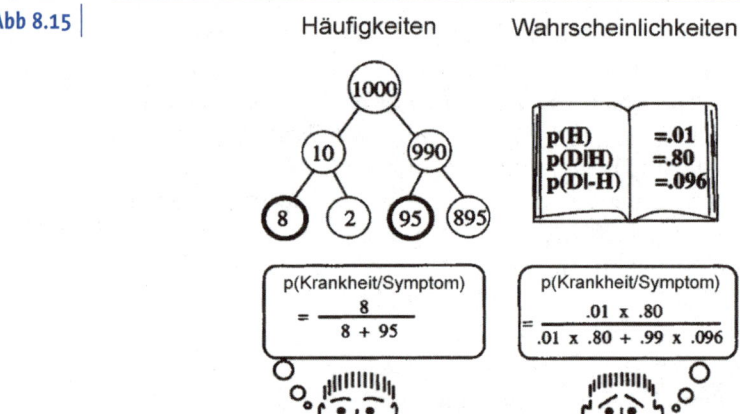

Das in vielen Urteilsexperimenten verwendete „Mammographie-Problem" kann im Häufigkeitsformat und im Wahrscheinlichkeitsformat dargeboten werden. Annahme: Bei etwa 10 von 1000 Frauen (p = 0,01) im Alter von 40 Jahren wird bei einer Routineuntersuchung Brustkrebs festgestellt. Bei 8 von den 10 Frauen, die Krebs haben, ist auch der Mammographie-Befund positiv, von jenen 990 Frauen, die nicht Krebs haben, ist aber bei 95 der Mammographie-Befund ebenfalls positiv. Wie wahrscheinlich ist es, dass eine Frau mit positivem Untersuchungsbefund Brustkrebs hat? Wie die Graphik anschaulich zeigt, ist die Wahrscheinlichkeitsberechnung komplizierter als die Häufigkeitsberechnung, führt aber zum selben Ergebnis, nämlich 7,8 % bzw. p = 0,078. Im Häufigkeitsformat muss nur der Quotient zwischen richtig diagnostizierten Kranken (8) zur Gesamtanzahl aller positiv (d.h. der 8 richtig und 95 falsch) diagnostizierten Personen (103) in Bezug gesetzt werden (Gigerenzer & Hoffrage, 1995).

Ein anderes Beispiel betrifft die Vorhersage von Krankheit (H) durch Stress (D): Wie gut kann von einer Stressbelastung auf das spätere Auftreten einer Infektionskrankheit geschlossen werden, wenn sich bei einer Person bisher in acht Fällen nach psychischen Belastungen eine Erkältungskrankheit einstellte und in drei Fällen nicht? Nach der Bayes-Logik kann ein stressbedingter Krankheitsfall mit einer Wahrscheinlichkeit von $p \cong 0{,}727$ (= 8/[8+3]) bzw. 73 % vermutet werden.

Risikowahrnehmung | 8.5.4

Die Risikoeinschätzung von Gefahren unterscheidet sich von Person zu Person oft erheblich, sowohl bezüglich ihrer Auftrittswahrscheinlichkeit als auch bezüglich ihrer Folgen. Während Laien die Folgen von Risiken eventuell aufgrund konkreter Erfahrungen oft wesentlich differenzierter sehen als Experten, sind umgekehrt

| Abb 8.16

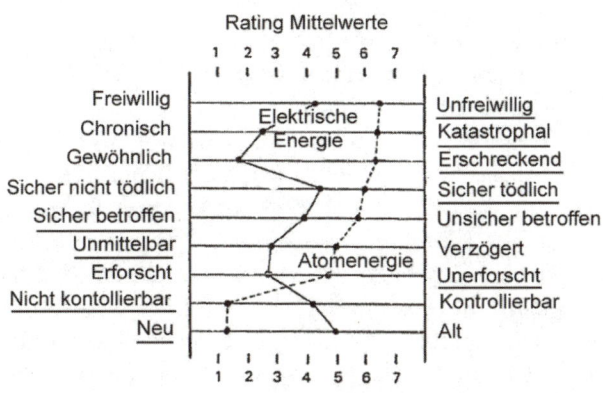

Risiken werden sowohl hinsichtlich ihrer Auftrittswahrscheinlichkeit als auch bezüglich ihres Schadenspotentials subjektiv unterschiedlich beurteilt (z.B. Atomkraft – elektrische Energie). Mittels Risikocharakteristika oder Risikodimensionen sollen daher individuelle und öffentliche Reaktionen auf Bedrohungen besser vorhersagbar gemacht werden. Slovic, Fischhoff und Lichtenstein (1985) fanden als subjektiv risikosteigernd zusätzlich zu den neun unterstrichenen Polaritäten auch die Aspekte „Bedrohung späterer Generationen", „globale Katastrophe", „zunehmende Gefahr", „ungerechte Risikostreuung", „schwierige Reduzierbarkeit" und „geringe präventive Kontrolle".

Letztere aufgrund ihres statistischen Zuganges oft genauer in der Einschätzung der Wahrscheinlichkeit von Risiken. Untersuchungen zur Risikowahrnehmung von Slovic, Fischoff und Lichtenstein (1980, 1985; Slovic, 1987) ergaben insgesamt 18 differenzierende Charakteristika zur Klassifikation von Risiken mit interessanten Rückschlüssen auf die Risikoeinschätzung in der Bevölkerung. Mit erhöhter Risikoeinschätzung verbunden waren insbesondere folgende Merkmale (s. auch Abb. 8.16):

- **Unfreiwilligkeit** („involuntary"): Freiwillig eingegangene Risiken werden in der Regel als weniger gefährlich eingestuft.
- **Katastrophenartigkeit** („catastrophic"): Ereignisse, die mit übermäßig großen Verlusten einhergehen, wirken bedrohlicher.
- **Ungewöhnlichkeit** („dread"): Seltene, furchtbesetzte Vorfälle oder Szenarien werden – obzwar nicht immer rational nachvollziehbar – als hoch riskant eingeschätzt.
- **Tödlichkeit** („certainly fatal"): Je mehr Tote durch ein Risiko zu erwarten sind, desto höher die subjektive Risikoeinschätzung.
- **Betroffenheit** („known to exposed"): Ereignisse, die einen selbst betreffen können, erscheinen gefährlicher.
- **Unmittelbarkeit** („effect immediate"): Plötzlich zu erwartende Ereignisse wirken bedrohlicher.
- **Unerforschtheit** („not known to science"): Je weniger erforscht die Risiken scheinen, desto bedrohlicher wirken sie.
- **Unkontrollierbarkeit** („not controllable"): Eine Situation erscheint umso riskanter, je weniger man darauf Einfluss zu haben scheint (z.B. als Beifahrer im Auto oder als Fluggast).
- **Neuheit** („new risk"): Unbekannte Gefahren (z.B. Vogelgrippe) werden mehr gefürchtet als bekannte (z.B. Lungenentzündung).

Hinsichtlich der Einschätzung des Auftretens von Risiken wirkt sich besonders die erwähnte *Verfügbarkeitsheuristik* verfälschend aus: Jene Gefahren, über die häufig gesprochen oder in den Massenmedien berichtet wird (wie Tornados, Flutkatastrophen, Geburtskomplikationen, Impfungen usw.), werden als wahrscheinlicher eingestuft, während triviale Bedrohungen (wie Herzkrankheiten, Krebs, Schlaganfall, Diabetes usw.) um das 10- bis 15-fache unterschätzt werden (Slovic, Fischoff & Lichtenstein, 1980). Auch jene Aktivitäten oder Technologien, welche am häufigsten für Todesfälle verantwortlich sind, werden drastisch unterschätzt (z.B. Rauchen, Alkohol, Kraftfahrzeuge, Handfeuerwaffen, Elektrizität, Motorräder, Schwimmen etc.).

Hinsichtlich der Einschätzung der subjektiven Gefährdung scheint überdies ein so genannter **Risiko-Optimismus** wirksam zu sein. In einer Befragung von Ruff (1990) schätzten die Probanden ihre eigene Gefährdung durch Krebs, Herzinfarkt, AIDS, Arbeitslosigkeit, Verkehrsunfall, Überfall, Umweltverschmutzung und Atomkrieg jeweils geringer ein als jene der übrigen Bevölkerung. Eine Untersuchung der Risikobeurteilung von Atomkraftwerken (Maderthaner et al., 1978) hat überdies ergeben, dass die dauernde Konfrontation mit einem Gefahrenobjekt (in diesem Fall durch die Nähe des Wohnortes) eine Abwertung des Risikos zur Folge hatte (vgl. dazu auch die *Theorie der kognitiven Dissonanz*, Kap. 10).

Einen anderen Einfluss auf das Urteilsverhalten zeigen Tversky und Köhler (1994) mit ihrer **Support-Theorie** auf, welche besagt, dass die subjektive Wahrscheinlichkeit einer Gefährdung auch wesentlich von der Beschreibung der Ereignisse abhängt: Je detaillierter die Gefahren geschildert oder subjektiv vorgestellt werden, desto höhere Wahrscheinlichkeiten werden ihnen in Summe zugeschrieben. Die Auswirkungen des expliziten Beschreibens von Ereignissen („unpacking") zeigte etwa folgende Studie: Natürliche und unnatürliche Todesursachen (Vorkommenshäufigkeit: 92 % bzw. 8 %) wurden von den Probanden zunächst auf 58 % bzw. auf 32 % geschätzt (ohne die Summierbarkeit auf 100 % zu beachten). Wenn nun die Todesursachen aufgeschlüsselt zu beurteilen waren, betrug plötzlich die Summe der subjektiven Wahrscheinlichkeiten für die natürlichen Todesursachen 73 % (Einzelschätzungen: Herzkrankheiten: 22 %, Krebserkrankungen: 18 %, andere natürliche Erkrankungen: 33 %) und für die unnatürlichen Todesursachen 53 % (Unfall: 32 %, Mord: 10 %, andere unnatürliche Ursachen: 11 %).

Intelligenz – Geistige Leistungsfähigkeit | 8.6

Intelligenz lässt sich definieren als „Fähigkeit, aus Erfahrung zu lernen, Probleme zu lösen und Wissen einzusetzen, um sich an neue Situationen anzupassen" (Myers, 2005, 460). Als im Jahre 1905 der französische Bildungs- und Erziehungsminister zur Entwicklung besserer Lehrmethoden für Kinder mit Entwicklungsstörungen aufrief, waren der ursprüngliche Jurist und spätere Psychologe Alfred Binet (1857–1911) und der Arzt Theophile Simon (1873–1961) überzeugt, dass zunächst die Möglichkeit einer Selektion der Kin-

Intelligenz ist ein theoretisches Konstrukt, das die geistige Leistungsfähigkeit einer Person charakterisiert: die erfolgreiche Verarbeitung von Information, der erfolgreiche Einsatz von Lernprozessen und die Nutzung von Wissen zur Lösung von Problemen.

der nach ihrer geistigen Leistungsfähigkeit geschaffen werden müsse. Dies war der Beginn der wissenschaftlich begründeten **Intelligenzdiagnostik** (s. Vanecek, 2003) und der *psychologischen Diagnostik*, welche im „Einsatz festgelegter Testverfahren zur Bewertung von Fähigkeiten, Verhaltensweisen und Persönlichkeitseigenschaften von Personen" besteht (Zimbardo & Gerrig, 2004, 399). Die eingesetzten Testverfahren müssen heute strengen *Gütekriterien* (s. 3.7.4) genügen, und ihre Weiterentwicklung erfordert daher einen erheblichen zeitlichen und finanziellen Aufwand (Aufgabenbeispiele: Abb. 8.17 und Abb. 8.18).

Abb 8.17

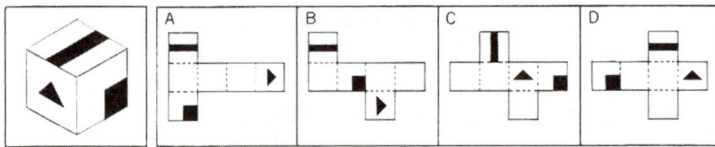

Beispiel einer Intelligenztestaufgabe zur Raumwahrnehmung: Welches der vier Muster (A, B, C oder D) entsteht, wenn der Würfel aufgefaltet wird? (Lösung s. S. 295)

Abb 8.18

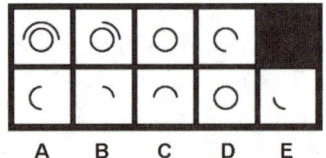

Beispiel einer Intelligenzaufgabe zum logischen Schlussfolgern: Welches der Bilder in der unteren Bildreihe stellt eine logische Fortsetzung der obigen Bildfolge dar? (Lösung s. S. 295)

8.6.1 | Intelligenzdiagnostik

Binet (1911) ging mit seiner „Binet-Simon-Intelligenzskala" ursprünglich davon aus, altersgerechte Intelligenzaufgaben für normal leistungsfähige Kinder zwischen 3 und 15 Jahren zu finden.

Die Lösung der Aufgaben einer bestimmten Altersgruppe erlaubte die Zuordnung des entsprechenden „mentalen Niveaus" bzw. **Intelligenzalters**, welches mit dem Lebensalter in Bezug gesetzt wurde (Herle, 2003). Je größer die Differenz zwischen Intelligenzalter und Lebensalter war, desto mehr wich die Intelligenzleistung vom Durchschnitt der Altersgruppe ab. Da aber bei einem dreijährigen Kind eine Differenz von zwei Jahren mehr bedeutet als bei einem fünfzehnjährigen Jugendlichen, schlug William (alias Wilhelm) Stern (1911/1994) den **Intelligenzquotienten** vor:

$$IQ = \frac{IA}{LA} \cdot 100$$

(Die Multiplikation mit hundert soll ganze Zahlen ermöglichen.)

Nachdem weiters festgestellt worden war, dass ab dem frühen Erwachsenenalter bestimmte Intelligenzleistungen wieder abnehmen, musste schließlich auch dieses Intelligenzmaß ersetzt werden durch einen altersrelativierten **Abweichungsquotienten**, wie er bereits von Lewis Terman (1877–1956) in seinem 1916 publizierten „Stanford-Binet-Test" eingeführt worden war. Dieser bis heute gültige Quotient bezieht die Abweichung der individuellen Testleistung vom Mittelwert auf die Streuung aller Testleistungen der altersentsprechenden Bevölkerung:

$$IQ = 100 + \frac{(Punktewert - Punktemittelwert)}{Punktestreuung} \cdot 15$$

Damit wird also eine gruppenbezogene Normierung der Intelligenzwerte vorgenommen. Ein IQ von 100 bedeutet, dass 50 % der altersspezifischen Bevölkerung besser und 50 % schlechter abschneiden (s. Abb. 8.19), und ein IQ-Wert von 70, dass nur etwa 2,5 % der entsprechenden Altersgruppe noch geringere Leistungen aufweisen („Intelligenzminderung" bzw. „geistige Behinderung").

Ein interessantes Phänomen ist der **Flynn-Effekt**, der lineare Anstieg in den Intelligenzleistungen seit Beginn der Intelligenzmessung in mindestens 14 Ländern, der bis zu 25 IQ-Punkte von einer Generation zur anderen (30 Jahre) beträgt. Dieser Trend zeigt sich besonders bei kulturunabhängigen Intelligenzleistungen (z.B. *fluid intelligence*) und wird teilweise mit der Verbesserung der Ernährung, der Hebung der Schulbildung, mit zunehmender Umwelt-

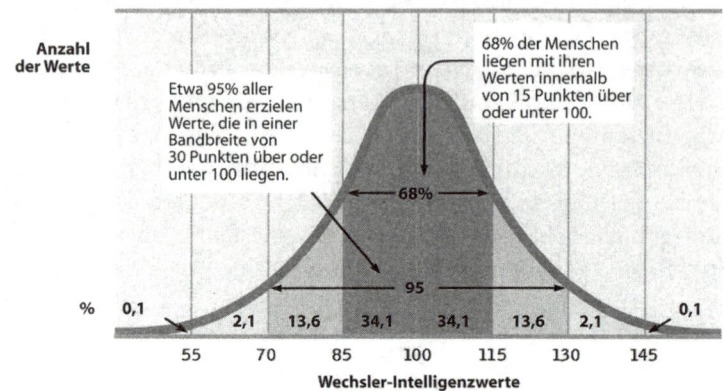

Abb 8.19

Anzahl der Werte

Etwa 95% aller Menschen erzielen Werte, die in einer Bandbreite von 30 Punkten über oder unter 100 liegen.

68% der Menschen liegen mit ihren Werten innerhalb von 15 Punkten über oder unter 100.

68%

95

% 0,1   2,1   13,6   34,1   34,1   13,6   2,1   0,1

55   70   85   100   115   130   145

Wechsler-Intelligenzwerte

Da es bei den meisten Leistungs- und Eignungstests keine absoluten, d.h. allgemein gültigen Leistungsniveaus gibt, werden die individuellen Ergebnisse mit jenen anderer Personen verglichen. Dafür wird eine große Stichprobe aus der Gesamtbevölkerung getestet und deren (Normal-)Verteilung zur Bestimmung von Standard- oder Normwerten verwendet (Normierung; s. 3.7.4). Die Abweichung der individuell erreichten Testpunktzahl vom Mittelwert der Bezugsgruppe dividiert durch die Standardabweichung der Verteilung ergibt den Standardwert einer Person (s. 3.6.1) und damit ihre relative Position auf dem allgemeinen Leistungskontinuum. Der Mittelwert aller Intelligenztestwerte ist mit 100 festgelegt und die Streuung mit 15 (oder 10). Aufgrund der angenommenen Normalverteilung der Werte können Prozentsätze für die Intelligenzbereiche bestimmt werden.

komplexität und Urbanisierung sowie mit ansteigender Testvertrautheit erklärt (Flynn, 1987).

Im deutschsprachigen Raum sind folgende beiden Intelligenztests sehr gebräuchlich, die jeweils mehrere *Intelligenzformen* bzw. *Intelligenzdimensionen* einbeziehen (Herle, 2003):

- Hamburg-Wechsler-Intelligenztest für Erwachsene (HAWIE-R)
- Intelligenz-Struktur-Test 2000 R (IST 2000 R)

Einige andere Tests berücksichtigen nur einzelne Intelligenzdimensionen, wie etwa:

- Raven-Matrizen-Test (Standard Progressive Matrices; SPM)
- Dreidimensionaler Würfeltest (3DW)
- Multifactor Emotional Intelligence Scale

Merksatz

Mittels Intelligenztests wird eine quantitative und auf die Altersgruppe normierte Schätzung der geistigen Leistungsfähigkeit angestrebt. Vor einer Überinterpretation des globalen Intelligenzquotienten in einer Weise, als handle es sich um eine genetisch fixierte, angeborene Eigenschaft, muss dringend gewarnt werden.

Wichtig ist es, im Auge zu behalten, dass geistige Leistungsfähigkeit immer nur für einen bestimmten Zeitpunkt und nur für bestimmte Intelligenzformen erfasst werden kann. Die psychische Verfassung spielt dabei eine große Rolle. Zum Beispiel drückt Angst, Stress und vor allem Depression die Messwerte unweigerlich nach unten. Vor einer Überinterpretation des globalen Intelligenzquotienten in einer Weise, als handle es sich um eine genetisch fixierte, angeborene Eigenschaft kann daher nicht eindringlich genug gewarnt werden. Manche Forscher (z.B. Guthke, 2003) unterscheiden überhaupt zwischen „Intelligenzanlage" (den genetischen Voraussetzungen), „Intelligenzstatus" (dem momentan erfassbaren Leistungsniveau) und „Intelligenzpotenz" (potentiell entwickelbare intellektuelle Leistungsfähigkeit).

Um auch die vielfältigen Bedingungen und Voraussetzungen für intellektuelle Leistungen richtig einschätzen zu können („interaktionistische" Sicht individueller Begabungen; s. 2.3.2), ist für eine zuverlässige Intelligenzdiagnostik auch die zusätzliche Erhebung von leistungsbezogenen Persönlichkeits- und Einstellungsmerkmalen nötig, wie zum Beispiel emotionale Labilität, Belastbarkeit und Leistungsmotivation.

Das in neuerer Zeit bevorzugte computergestützte Testen („computer adaptive/assisted testing", CAT) machte es möglich, die Testaufgaben von Leistungstests nicht mehr strikt in der gleichen Sequenz vorzugeben, sondern flexibel und maßgeschneidert (und damit zeitsparender) auf das Fähigkeitsniveau der Probanden anzupassen, wie dies etwa beim AID 2 („Adaptives Intelligenz Diagnostikum 2") von Kubinger & Wurst (2000) der Fall ist. Voraussetzung dafür ist allerdings eine probabilistische Testentwicklung („Item-Response-Theory") mit einer wahrscheinlichkeitstheoretischen Berechnung von Test- und Personenkennwerten („Itemparameter" und „Personenparameter", s. Roskam, 1996; Fischer & Molenaar, 1995).

Formen der Intelligenz | 8.6.2

Für diagnostische Zwecke wird fast immer ein **Intelligenzprofil** erstellt, das die für die jeweilige Fragestellung (z.B. Berufseignung) interessierenden Stärken und Schwächen einer Person enthält. Die vollständige Erfassung aller intellektuellen Qualitäten eines Men-

schen ist weder theoretisch noch praktisch möglich. Die bis heute
psychologisch analysierten Intelligenzformen sind äußerst vielfältig und reichen von einem durch Charles Spearman (1863–1945)
postulierten „Generalfaktor" bis zum „Intelligenzstrukturmodell"
von Guilford (1897–1988) mit 120 Intelligenzaspekten. Für viele
solcher Intelligenzbereiche existieren auch psychometrisch entwickelte Testverfahren mit statistisch begründeten **Intelligenzdimensionen**. Häufig eingesetzte Methoden zur Gewinnung statistisch fun-
dierter „Mess- und Strukturmodelle" (Erdfelder et al., 1996) sind die
linearkombinatorische *Faktorenanalyse* („Intelligenzfaktoren";
s. 3.6.1) und in neuerer Zeit die erwähnten wahrscheinlichkeitstheoretischen Testmodelle („Item-Response Theory"; Fischer & Molenaar, 1995).

Eine bereits in den Dreißigerjahren entwickelte, statistisch fundierte Intelligenzkonzeption beruht auf der Idee so genannter **Pri-**

Tab 8.3	„Primary Mental Abilities" (Thurstone & Thurstone, 1963)
Benennung der Fähigkeit	**Aufgabenart**
1. Verbales Verständnis – Verbal comprehension	Erfassen von Wortbedeutungen (Synonyme)
2. Wortflüssigkeit – Word fluency	Lösen von Anagrammen, Bilden von Reimen
3. Rechenfähigkeit – Number	Erkennen korrekter oder inkorrekter Additionen
4. Räumliches Vorstellungsvermögen – Space	Erkennen von zweidimensionalen gedrehten Figuren
5. Merkfähigkeit – Memory	Auswendig lernen von Paarbildungen (Buchstaben und Ziffern)
6. Wahrnehmungsgeschwindigkeit – Perceptual speed	Wiedererkennen von Figuren, Bildvergleiche
7. Schlussfolgerndes Denken – Reasoning	Fortsetzen von Buchstabenreihen (Regeln erkennen)

*Dieses historische Modell der so genannten „Primärfaktoren" der Intelligenz wurde
erstmals im Jahre 1934 an der University of Chicago durch statistische Analyse (Kor-
relations- und Faktorenanalyse) der Daten von 240 Personen anhand von 56 Testaufgaben postuliert.*

märfähigkeiten oder **Primärfaktoren** der Intelligenz („primary mental abilities"), von denen angenommen wird, dass sie in unterschiedlicher Beteiligung die intellektuelle Leistungsfähigkeit des Menschen charakterisieren (Tab. 8.3). Bis zu 20 und mehr solcher Primärfähigkeiten wurden postuliert (Visualisierungskapazität, Informationsverarbeitungsgeschwindigkeit, Einprägungsfähigkeit, Ein-

---

Multiple Intelligenzen | **Box 8.3**

Ausgehend von der Beobachtung, dass bei Gehirnschäden oft sehr spezifische Ausfälle stattfinden, dass bei geistiger Minderbegabung manchmal außergewöhnliche Spezialfähigkeiten in eng begrenzten Bereichen auftreten (z.B. Musik, Rechnen, Raumvorstellung) und dass in Testungen zahlreiche unkorrelierte Intelligenzdimensionen nachgewiesen werden konnten, geht Howard Gardner (2000) von zumindest acht voneinander unabhängigen Intelligenzformen aus:

- Sprachliche Intelligenz (Sprachverstehen, Schreiben, Reden und Lesen)
- Logisch-mathematische Intelligenz (logisches Schlussfolgern, Gleichungen Lösen)
- Visuell-räumliche Intelligenz (Stadtpläne Interpretieren, Gegenstände Ordnen)
- Musikalische Intelligenz (Musikverständnis, Rhythmusgefühl, Gehör, Musizieren, Komponieren)
- Motorisch-kinästhetische Intelligenz (Geschicklichkeit, Körperkontrolle, Tanzen, Turnen, Ballspiele)
- Interpersonale Intelligenz (Einfühlung, Kommunikation)
- Intrapersonale Intelligenz (Selbstverständnis, Kenntnis der eigenen Stärken und Schwächen)
- Naturalistische Intelligenz (Klassifikation und Verständnis von Strukturen und Vorgängen in der Natur)

Obwohl dieses Konzept plausibel erscheint und in viele pädagogische Programme eingeflossen ist, wird es bis heute noch nicht als ausreichend empirisch evaluiert angesehen (Sternberg & Kaufman, 1998).

fallsreichtum usw.) und – ausgehend von ihren internen *Korrelationen* – zu Fähigkeitsdimensionen höherer Ordnung zusammengefasst („Comprehensive Ability Battery"; Hakstian & Cattell, 1978).

Zwei solcher Hauptfaktoren fanden in der Intelligenzforschung besondere Beachtung: Die **kristalline Intelligenz** („crystalized intelligence"), welche kulturabhängige Fähigkeiten erfasst (verbale und motorische Fertigkeiten, Expertenwissen), und die **fluide Intelligenz** („fluid intelligence"), welche sich auf die weitgehend kulturunabhängige kognitive Grundausstattung der geistigen Leistungsfähigkeit bezieht (z.B. induktives, kombinatorisches und figurales Denken).

Eine Ausweitung dieses Konzepts unabhängiger *Intelligenzdimensionen* stellt die **Theorie der Multiplen Intelligenzen** von Gardner, 2000) dar (Box 8.3), bei der auch Fähigkeitsbereiche einbezogen wurden, die bisher in Intelligenztests kaum als solche Berücksichtigung fanden (z.B. Musikverständnis, Selbstkenntnis, Geschicklichkeit).

Merksatz

Geistige Leistungsfähigkeit manifestiert sich in sehr verschiedenen, voneinander weitgehend unabhängigen Bereichen, für die derzeit nur teilweise Testinstrumente zur Verfügung stehen.

Ein häufig geäußerter Kritikpunkt an klassischen Intelligenztests war ihre relativ geringe Prognoseleistung (ca. 25 %) für schulischen oder beruflichen Erfolg (Neisser et al., 1996) und ihre geringe Korrelation mit komplexen Problemlöseleistungen (z.B. Dörner, 1989). Eine besondere Annäherung der Intelligenzmessung an Alltagserfordernisse bezweckt das Konzept der **Erfolgsintelligenz** („Theory of Successful Intelligence") von Sternberg (1997). Sie wird definiert als

• Fähigkeit, im persönlichen Rahmen innerhalb des soziokulturellen Kontextes Erfolg zu haben,

• als Begabung zur Nutzung eigener Stärken und zur Kompensation eigener Schwächen,

• und erfordert eine Balance zwischen *analytischer* (schulischer, akademischer), *kreativer* und *praktischer* Intelligenz (Abb. 8.20).

Einen ebenfalls lebensnahen, in klassischen Intelligenztests kaum berücksichtigten Aspekt beschreibt der Begriff der **emotionalen Intelligenz** (Goleman, 1996), welcher die Geschicklichkeit charakterisieren soll, einerseits die eigenen Emotionen richtig einzuschätzen, mit ihnen vernünftig umzugehen und sie unmissverständlich mitzuteilen, und andererseits auch die Emotionslage anderer richtig zu interpretieren und erfolgreich zu beeinflussen.

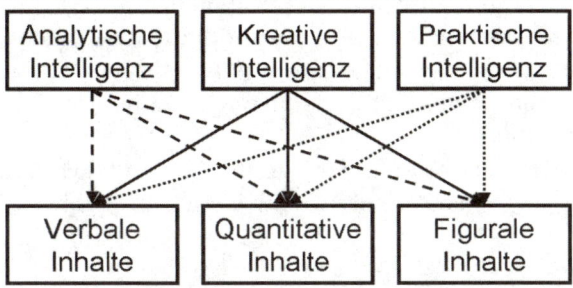

Abb 8.20

In der triarchischen Theorie der Intelligenz („Triarchic Theory of Intelligence") von Sternberg und Kaufmann (1998) wird von drei selbst wieder aus anderen Unterkomponenten bestehenden Intelligenzformen ausgegangen, die sich in je drei Inhalts- bzw. Präsentationsebenen manifestieren. Mittels einer entsprechenden Testbatterie („Sternberg Triarchic Abilities Test", STAT) konnten diese (neun) Faktoren an einer internationalen Stichprobe von mehr als 3000 Probanden gut bestätigt werden (Sternberg et al., 2001). Die analytische Intelligenz einer Person (der Hauptaspekt konventioneller Intelligenztests) wird durch kreative und praktische Fähigkeiten („tacit knowledge") hier ergänzt gesehen, welche nach Sternberg in vielen Lebensbereichen mindestens ebenso wichtig sind.

Dass bisher kaum Formen emotionaler, sozialer oder praktischer Intelligenz in gängigen Intelligenztests vorkamen, lag wohl weniger an der Unterschätzung ihrer Alltagsrelevanz durch die Psychologen, sondern eher an den Schwierigkeiten ihrer Erhebung. Die in den entsprechenden Tests verwendeten Aufgaben (z.B. Erkennen von Stimmungen, Einfühlung in andere, Bewältigung sozialer Konfliktsituationen) lassen oft keine eindeutige Bewertung der Antworten zu und verursachen damit Probleme der *Objektivität*, *Reliabilität* und *Validität* (s. 3.7.4).

Genetische Veranlagung und Umweltfaktoren der Intelligenz

8.6.3

Die **Erblichkeitsschätzung** (Ausmaß des genetischen Einflusses auf ein Persönlichkeitsmerkmal) für Intelligenz ist von einigen verwerflichen und folgenschweren Entgleisungen in der Frühzeit der Intelligenzforschung geprägt. Ohne die Umwelt- und Kulturabhängigkeit von intellektuellen Leistungen zu beachten, wurden zum Beispiel in den USA Immigranten jüdischer, italienischer und russischer Herkunft, aber auch Latinos und Schwarze aufgrund angeblich niedrigerer Intelligenzwerte diskriminiert und als genetisch „minderwertig" eingestuft, was im Jahre 1924 zu entsprechenden Einwanderungsbeschränkungen („Immigration Restriction Act") führte.

Nachdem nicht nur unter nationalsozialistischer Herrschaft, sondern auch später immer wieder ideologisch gespeiste Vermu-

Abb 8.21

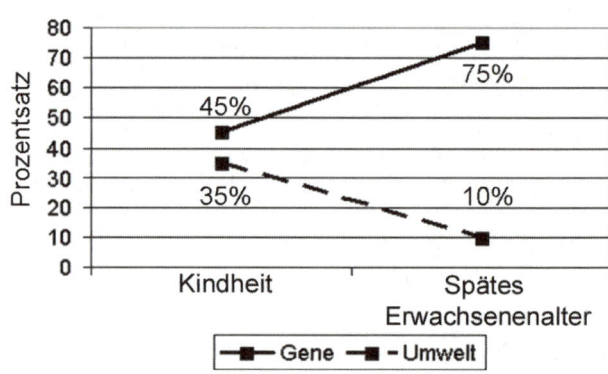

Die Einflüsse der Gene und der Umweltfaktoren (Familie, Bildung, Beruf) auf Intelligenzleistungen können mittels statistischer Verfahren geschätzt werden. Vergleiche zwischen Eltern und Adoptivkindern, Eltern und leiblichen Kindern, Geschwistern sowie eineiigen Zwillingen (unähnliches, ähnliches, gleiches Erbgut) in übereinstimmenden oder getrennten Lebensbedingungen erlauben eine Schätzung des Ausmaßes genetischer und umweltbedingter Effekte auf die Variation von Intelligenzmessungen. Nach Neisser und Mitarbeitern (1996, 85) nimmt der Einfluss der Umwelt mit dem Alter ab (35 % → 10 %) und jener der genetischen Disposition zu (45 % → 75 %).

tungen über angeblich konstante, ethnisch spezifizierbare Intelligenzausstattungen des Menschen auftauchten, hat eine Arbeitsgruppe von Intelligenzforschern („Board of Scientific Affairs") der American Psychological Association (APA) in einem wissenschaftlichen Überblicksartikel zu wesentlichen Aspekten der geistigen Leistungsfähigkeit Stellung bezogen (Neisser et al., 1996). Demnach sind die Unterschiede im IQ zwischen US-Amerikanern asiatischer, hispanischer, indianischer und afrikanischer Herkunft minimal (bis zu 10 Punkten) und gleichen sich im Laufe der kulturellen Eingliederung weitgehend an jene der „weißen" Bevölkerung an.

Was die allgemeine Frage der genetischen Determiniertheit von Intelligenz betrifft, so wird aus Zwillings- und Geschwisterstudien geschlossen (s. auch Abb. 2.1 in 2.3.2), dass der Anteil an Erblichkeit für die Leistung in Intelligenztests etwa 50 % beträgt und jener für familiäre oder Umwelteinflüsse etwa 25 % (Rest ist Zufall). Allerdings nimmt mit dem Alter der Einfluss der genetischen Ausstattung zu und jener der Umwelt ab (Abb. 8.21). Dies wird dadurch erklärt, dass mit dem Alter die Selbständigkeit wächst und somit die Chance, sich jene Umweltbedingungen auszusuchen oder zu schaffen, die der zugrunde liegenden genetischen Ausstattung bzw. den erblich bedingten Neigungen am besten entsprechen („genotyp-environment correlation"; Plomin & Spinath, 2004).

Merksatz

Der Anteil an Erblichkeit für die Leistung in Intelligenztests beträgt etwa 50 %, jener für familiäre oder Umwelteinflüsse etwa 25 %. Mit dem Alter nimmt der Einfluss der genetischen Ausstattung zu und jener der Umwelt ab.

Frauen und Männer unterscheiden sich in Gesamt-IQ-Werten im Allgemeinen nicht, sind aber in einigen Intelligenzaufgaben differenzierbar (Abb. 8.22). Insgesamt werden die gefundenen **ge-**

| Abb 8.22

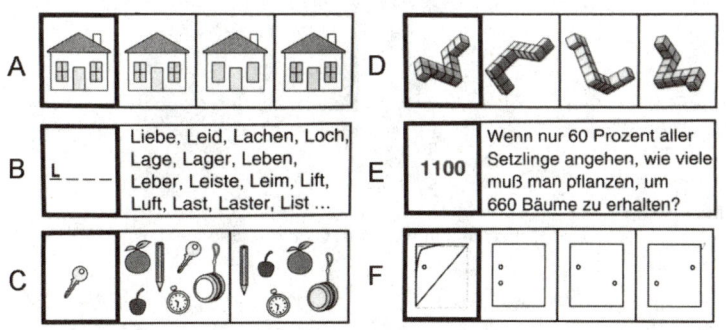

Frauen sind durchschnittlich im schnellen Identifizieren von Bildern (A), im Finden von Worten (B) und Vergleichen von Objektlisten (C) besser, während Männer im Allgemeinen besser rotierte Figuren identifizieren (D), mathematische Schlussfolgerungen lösen (E) und Strukturveränderungen erkennen (F).

schlechtsspezifischen Intelligenzdiskrepanzen oft übertrieben interpretiert und übermäßig verallgemeinert: Frauen schneiden tendenziell in Verbal- und Kommunikationsleistungen besser ab (Lesen, Rechtschreibung, Ideen- und Wortflüssigkeit, Interpretation der Körpersprache) und weisen weniger Lese- und Sprachstörungen auf, während Männer tendenziell bessere visuell-räumliche und mathematische Leistungen zeigen (Rotation von Strukturen in der Vorstellung, Kartenlesen, mechanische Probleme lösen; Kimura, 1993; Neisser et al., 1996).

Neben den bereits genannten Verfälschungsmöglichkeiten von Leistungstestkennwerten (z.B. durch Kulturabhängigkeit, Trainingseffekte, Umweltstimulation, nicht repräsentative Stichprobenauswähl) sind auch soziale Einflussfaktoren gefunden worden, wie etwa die Hemmung von Leistungen durch ein gesellschaftliches **Stereotyp**. Stereotype sind Kategorisierungen von Personengruppen, wobei bestimmte Konfigurationen von Eigenschaften als typisch angenommen werden. Mehr oder weniger eingestanden

Abb 8.23

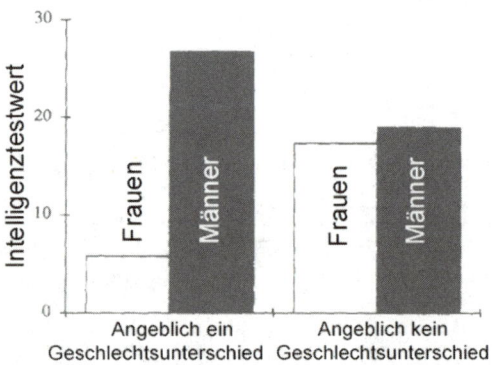

In einem Experiment (Steele, 1997) nahmen Schülerinnen und Schüler einer Highschool teil, die alle als gleich gut und gleich interessiert in Mathematik angesehen werden konnten. Sie bekamen einen schwierigen Mathematiktest vorgelegt, wobei einer Gruppe gesagt wurde, dass in diesem Test Männer im Allgemeinen besser abschnitten als Frauen, während in einer zweiten Gruppe keine geschlechtsspezifischen Unterschiede suggeriert wurden. Die Ergebnisse zeigten, dass Frauen dann schlechter abschnitten, wenn sie erwarten konnten, dass der Test ihre stereotypiebedingten Schwächen erkennen ließe.

existieren solche Auswirkungen *impliziter Persönlichkeitstheorien* für alle Bevölkerungsgruppen, oft in Form gegensätzlicher Stereotype: Männer – Frauen, Schwarze – Weiße, Fremde – Einheimische etc. Stimmen nun bestimmte Eigenschaften (z.B. Mathematikfähigkeit) bei einer Person (z.B. einer Frau) nicht mit jenen überein, die hinsichtlich des einschlägigen Stereotyps erwartet werden (z.B. „Frauen sind schlecht in Mathematik"), dann resultiert für die Person eine subjektive Bedrohung der Zugehörigkeit zu ihrer Bezugsgruppe. Sie wird infolgedessen entweder ihre Leistungen den stereotypen Erwartungen anpassen oder eine Abschwächung der Identifikation mit dem Leistungsbereich vornehmen (Steele, 1997). Leistungshemmungen, die durch solche **Stereotypbedrohungen** („stereotype threats") erklärbar sind, konnten bei Frauen in Mathematik und bei Afroamerikanern in Verbaltests eindeutig nachgewiesen werden (Steele, 1997; Steele & Aronson, 1995; Abb. 8.23). Sie treten aber wahrscheinlich in allen Situationen auf, in denen aufgrund sozialer Stereotype negative Leistungserwartungen erzeugt werden.

Zusammenfassung

Der Zweck jeglichen menschlichen Handelns ist im Grunde die kurzfristige oder langfristige Adaptation an Umweltgegebenheiten. Probleme können daher psychologisch als Situationen definiert werden, in denen die gewünschte Überführung von einem Ist- in einen Soll-Zustand mit Aufwand verbunden ist. Die Lösung eines Problems wird durch Informationen über die Problemsituation und ihre Veränderungsmöglichkeiten (über den Problemraum) erleichtert. Theoretisch werden als Grundlage des Problemlösens mentale Repräsentationen (kognitive Abbildungen) des Problemraumes angenommen, um korrektes oder fehlerhaftes Problemlöseverhalten zu erklären.

Wichtige psychische Teilprozesse des Problemlösens sind Schlussfolgerungen, welche entweder induktiv ablaufen, indem aus Einzelerfahrungen auf Regeln geschlossen wird, oder deduktiv, indem aus Prämissen implikative Ableitungen durchgeführt werden. Letztere unterteilen sich wieder in Konditionalschlüsse

(Wenn-dann-Formulierungen) und in Kategorialschlüsse (Mengen-aussagen). Schlussfolgerungen sind fehleranfällig, besonders wenn Aussagen verneint sind, wenn das Schlussergebnis unerwünscht ist, wenn zu viele Annahmen (Prämissen) gemerkt werden müssen und wenn Implikationen (wenn A, dann B) fälschlicherweise auch umgekehrt verstanden werden (wenn B, dann auch A).

Eine spezielle Variante von Schlussfolgerungen sind Urteils- und Einschätzungsprozesse, welche Problemlösungen häufig vorausgehen. So ist etwa die Beurteilung der Ähnlichkeit von Objekten oder von Situationen Voraussetzung für Kategorisierungsprozesse aller Art (z.B. Begriffsklassifikation) und orientiert sich an der Menge gemeinsamer sowie verschiedenartiger Merkmale. Urteile müssen im Alltag oft unter Zeitdruck und mit einem Minimum an Information gefällt werden, so dass sich ontogenetisch (lebensgeschichtlich) und vermutlich auch phylogenetisch (artgeschichtlich) gewisse „Daumenregeln" (Heuristiken) dafür herausgebildet haben, die gleichzeitig auch Fehlerquellen darstellen. So beeinflusst die Art der Formulierung einer Urteilssituation (Rahmung) das resultierende Urteil oft erheblich, Risiken und Gefahren werden durch bestimmte Bedingungen überschätzt (z.B. durch Nachrichtendichte in den Medien), durch andere wieder unterschätzt (wie etwa durch Gewöhnung oder durch den Eindruck von Kontrolle). Hinzu kommt, dass beim Menschen die Einschätzung von Wahrscheinlichkeiten allgemein fehlerhaft ist und schwerer fällt als jene von Häufigkeiten.

Seit etwa einem Jahrhundert versucht man Intelligenz – als hypothetisches Potential geistiger Leistungsfähigkeit – mittels Tests zu messen. Das Ergebnis waren verschiedene Gesamtmaße von Intelligenz (Intelligenzquotienten) und Einzelmaße für unterschiedliche, voneinander unabhängige Intelligenzdimensionen. Weitgehend unbestritten ist die Unterscheidung in eine fluide und eine kristalline Intelligenzdimension, womit einerseits Fähigkeiten zur Lösung neuer, bisher unbekannter Probleme gemeint sind und andererseits solche, die durch Aneignung von Wissen oder Fertigkeiten zustande kommen.

Als Hauptkritikpunkt an der Intelligenzforschung wurde bisher vorgebracht, dass neben wichtigen erfassten Intelligenzformen (wie schlussfolgerndes Denken, verbales Verständnis, Rechenfähigkeit, Raumvorstellung) andere für die Lebenspraxis ebenfalls bedeutsame Leistungspotentiale weitgehend unberücksichtigt blieben (z.B. emotionale, soziale und praktische Intelligenz). Die immer wieder mit voreiligen Abstempelungen verbundene Frage nach der genetischen Veranlagung von Intelligenz kann aus heutiger Sicht mit einer Schätzung von etwa 50 % beantwortet werden, wobei klargestellt ist, dass selbst die beste Begabung ohne entsprechende Förderung wirkungslos bleibt, und umgekehrt.

Auflösung von Abb. 8.17: D; Abb. 18: C

Fragen

1. Wie kann ein Problem psychologisch definiert werden?
2. Was versteht man unter einem Problemraum?
3. Welche Aspekte sollten bei guter Definition eines Problems einbezogen werden?
4. Was versteht man unter Heuristiken?
5. Was wird mit einer kognitiven Modellierung bezweckt?
6. Welche psychologischen Konzepte des Schlussfolgerns gibt es?
7. Welche Einflüsse wirken sich förderlich, welche hemmend auf das Problemlösen aus?
8. Worin unterscheiden sich Schachmeister (Experten) von Durchschnittsspielern (Laien)?
9. Welche Fehler treten beim Lösen komplexer Probleme häufig auf?
10. Wie unterscheidet sich induktives von deduktivem Denken?
11. Was wird unter dem Bestätigungsfehler verstanden?
12. Erklären Sie konditionale Schlüsse: Modus ponens und Modus tollens!
13. Geben Sie Beispiele für richtige und falsche kategoriale Schlüsse an!
14. Welche systematischen Fehler können beim deduktiven Schlussfolgern auftreten?
15. Welche Gruppierungseffekte beim Ähnlichkeitsurteil gibt es?
16. Was sind Urteilsheuristiken und Rahmungseffekte?

17. Was besagt das Bayes-Theorem?
18. Welche Faktoren erhöhen und welche senken die Risikowahr-
    nehmung von Gefahren?
19. Wie wird Intelligenz psychologisch interpretiert und was ver-
    steht man unter dem IQ?
20. Welche Erkenntnisse über die verschiedenen Formen der Intel-
    ligenz liegen bislang vor?
22. Welcher Beitrag zur Vorhersage von IQ-Werten wird den gene-
    tischen Anlagen und welcher den Umgebungs- und Entwick-
    lungsbedingungen zugeschrieben?
23. Wie können sich Gruppen-Stereotype auf die Leistungen von
    Personen auswirken?

Literatur

Dörner, D. (1989). Die Logik des Mißlingens. Strategisches Denken in komplexen Situationen. Reinbek bei Hamburg

Dörner, D. (1999). Bauplan für eine Seele. Reinbek bei Hamburg

Funke, J. & Vaterrodt-Plünnecke, B. (1998). Was ist Intelligenz? München

Funke, J. (2003). Problemlösendes Denken. Stuttgart

Hell, W., Fiedler, K. & Gigerenzer, G. (Ed.) (1993). Kognitive Täuschungen. Fehlleistungen und Mechanismen des Urteilens, Denkens und Erinnerns. Heidelberg

Myers, D. G. (2005). Psychologie. Heidelberg.

Solso, R. L. (2005). Kognitive Psychologie. Heidelberg

Zimbardo, P. G., & Gerrig, R. J. (2004). Psychologie. München

Emotion – Motivation $\quad$ | 9

9.1	Affekte – Gefühle – Stimmungen
9.2	Funktionen von Emotionen
9.3	Emotionstheorien
9.4	Phasen und Komponenten von Emotionen
9.5	Klassifikation von Emotionen
9.6	Motivation – Bedürfnisse – Motive
9.7	Hunger
9.8	Aggression und Dominanz
9.9	Leistungs- und Arbeitsmotivation

Inhalt

Affekte – Gefühle – Stimmungen $\quad$ | 9.1

Obwohl Emotionen eine tragende Rolle im Leben des Menschen spielen, sind sich die Forscher bis heute über eine allgemeine Definition nicht einig geworden, ebenso nicht über die Anzahl eventuell fundamentaler Emotionsqualitäten (z.B. Freude, Trauer, Zorn), über die genetische Veranlagung und kulturelle Universalität emotionalen Ausdrucks sowie über das Ausmaß des Einflusses von Emotionen auf kognitive Prozesse (LeDoux, 1995). In der psychologisch-wissenschaftlichen Terminologie wird **Emotion** häufig als Oberbegriff für eine wertende, integrative und komplexe Reaktion des Organismus auf eine gegebene Situation oder einen auslösenden Reiz verwendet. Lazarus (1991) schlägt eine „Cognitiv-Motivational-Rela-

Als Affekt wird ein eher kurzer Erlebnis-inhalt bezeichnet, der als entweder positiv, negativ, aktivierend oder deaktivierend empfunden wird und häufig von kogniti-ven, physiologischen und motorischen Re-aktionen begleitet ist.

tional Theory of Emotion" vor, die besagt, dass in einer Emotion sowohl Informatio-nen über die Umwelt als auch individuelle Einschätzungen der Situation enthalten sind, wobei in Letzteren auch bedürfnis-orientierte Ziele zum Ausdruck kommen. Insgesamt kennzeichnet also eine Emotion die momentane Person-Umwelt-Relation, die entweder als vorteilhaft oder als nach-teilig empfunden wird.

Eine kurzfristige, eher undifferenzierte Emotion wird oft als **Affekt** (affect) bezeichnet, eine langfristige, aber schwach ausgeprägte Emotion dagegen als **Stimmung** (mood). (Zu be-achten ist, dass in der Psychopathologie Emotionsstörungen unter

Abb 9.1

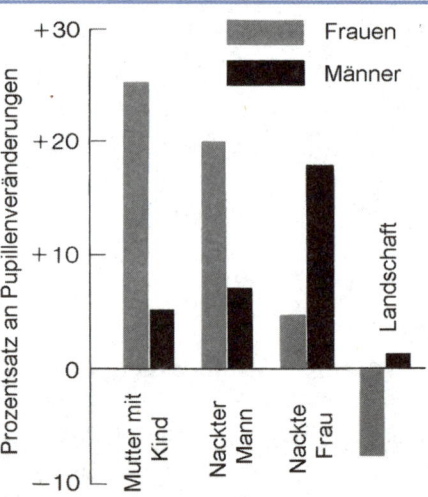

Affektive Reaktionen, als Bestandteile von Emotionen, sind oft von Aktivierungsän-derungen begleitet, die über den Sympathikus und den Parasympathikus physiologi-sche Veränderungen auslösen (z.B. Zunahme der Herzfrequenz, Senkung des Haut-widerstandes, Erweiterung der Pupillen). Mittels „Pupillometrie" können Durchmes-serveränderungen der Pupille des Auges gemessen werden, wenn bestimmte emo-tionsauslösende Bilder (mit gleicher Lichtstärke!) präsentiert werden. So riefen in der Untersuchung von Hess und Polt (1960) Landschaftsbilder bei beiden Geschlech-tern nur geringe, zum Teil deaktivierende Veränderungen hervor, doch zeigten Frau-en bei Bildern nackter Männer oder einer Mutter mit Kind eine deutliche Aktivie-rungsreaktion, ebenso wie Männer, wenn ihnen nackte Frauen gezeigt wurden.

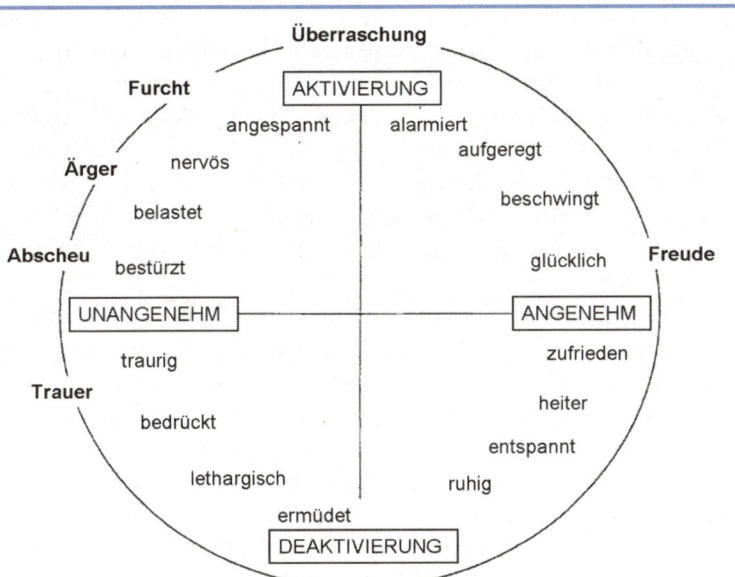

Abb 9.2

Um die Bedeutungssphäre von Gefühlsreaktionen zu erkunden, werden in der Regel zwischen 20 und 200 Worte mit Gefühlsbedeutung zur Klassifikation ihrer Ähnlichkeit vorgegeben, um danach mittels komplexer statistischer Verfahren („Multidimensionale Skalierung") die Dimensionen des Emotionsraumes zu bestimmen. Anhand dieser Methode erklärten Russell, Jewicka und Niit (1989) die Ähnlichkeitsbeziehungen zwischen 28 Emotionsworten durch ein „Circumplex-Modell", in welchem die Gefühlsausprägungen entlang eines Kreises angeordnet sind. Das Modell wurde auch in interkulturellen Studien (z.B. Polen, Griechenland, China) zufriedenstellend bestätigt. Einige der so genannten Grund- oder Primäremotionen (prototypical emotional episodes) ließen sich in diesem zweidimensionalen Affektraum mit den Dimensionen angenehm/unangenehm und Aktivierung/Deaktivierung gut einordnen: Trauer, Abscheu, Ärger, Furcht, Überraschung und Freude.

dem Oberbegriff der „Affektstörungen" zusammengefasst sind.) Bisweilen wird in der Fachliteratur (s. Sokolowski, 2002) das subjektive Erlebnis einer Emotion auch als **Gefühl** (feeling) charakterisiert.

Als integrative psychische Reaktionen können Emotionen deshalb bezeichnet werden, weil sich in ihnen eine Interaktion zwischen den Informationen aus der Umwelt und jenen aus dem Subjekt abbildet und weil sie sowohl kognitive als auch physiologische und motorische Effekte haben. So etwa löst eine gefährliche Verkehrssituation aufgrund von Unachtsamkeit beim Autofahren ein intensives Schreckerlebnis aus, welches von einem vegetativen

Arousal (z.B. Steigerung der Herzfrequenz, Schweißausbruch, Abb. 9.1) und verschiedenen Verhaltensreaktionen (Reflexbewegungen, Angstausdruck im Gesicht etc.) begleitet ist. Manchmal folgt noch eine nachträgliche geistige Beschäftigung mit der Problemsituation (Ursachenanalyse, Einschätzung des Gefahrenpotentials etc.).

Emotionen unterscheiden sich somit von rein kognitiven Bewusstseinsinhalten im Wesentlichen dadurch, dass sie

- entweder als angenehm oder als unangenehm erlebt werden und/oder
- mit einem über- oder unterdurchschnittlichen Grad an zentralnervöser oder physiologischer Aktivierung verbunden sind.

Im zweidimensionalen **Emotionsraum** (Abb. 9.2) ergibt sich daraus eine kreisförmige Anordnung der verschiedenartigen emotionalen Reaktionen (Russell & Barrett, 1999; Barrett et al., 2007). Ob tatsächlich die Angenehm-unangenehm-Bewertung sowie die Über- und Unteraktivierung als voneinander unabhängige Dimensionen des flächigen Emotionsraumes gelten können (s. dazu Ergebnisse in Abb. 9.3), oder ob nicht vielleicht Positivbewertungen und Negativbewertungen zwei unabhängig voneinander ablaufende Stellungnahmen mit manchmal ambivalentem Ergebnis sind, ist weitgehend ungeklärt (Watson et al., 1999).

Angesichts der Vielfalt an Ursachen und Auswirkungen von Emotionen sollte deren Erforschung nach Cacioppo und Gardner (1999) in interdisziplinärer Kooperation zwischen Kognitionspsychologen, Entwicklungspsychologen, Klinischen Psychologen, Sozialwissenschaftlern und Neurowissenschaftlern erfolgen.

9.2 | Funktionen von Emotionen

Emotionen können also definiert werden als integrativ bewertende, verhaltensregulierende Stellungnahmen eines Lebewesens hinsichtlich seiner psychischen und körperlichen Befindlichkeit in einer bestimmten Situation bzw. gegenüber einem bestimmten Objekt (Russell, 2003). Die Hauptfunktion von Emotionen im psychischen Geschehen ist nach Rolls (1999) die Vorbereitung auf gegenwärtiges und zukünftiges Handeln, woraus verschiedene Teilfunktionen resultieren:

Merksatz

Emotionen sind integrativ bewertende, verhaltensregulierende Stellungnahmen gegenüber Situationen oder Objekten und dienen vor allem der Vorbereitung auf gegenwärtiges und zukünftiges Handeln.

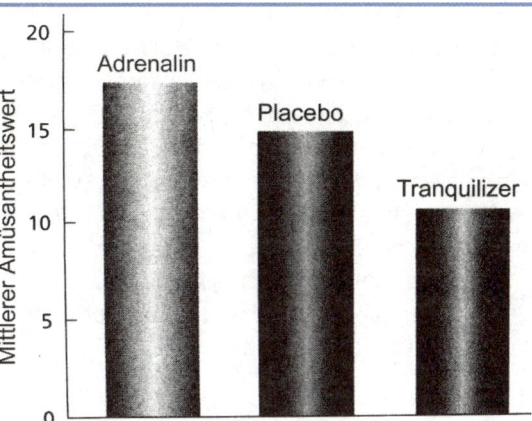

Abb 9.3

Im Experiment von Schachter & Wheeler (1962) wurden den Versuchspersonen entweder eine aktivierende (Adrenalin), eine beruhigende (Tranquilizer) oder eine Placebo-Injektion verabreicht. Danach wurde ihnen ein humorvoller Film gezeigt. Die Einschätzung des Unterhaltungswerts des Filmes nahm mit dem Ausmaß an künstlich induzierter Aktivierung zu.

- Positive oder negative Charakterisierung (hinsichtlich eines subjektiven Nutzens oder Schadens) von gegebenen, erinnerten oder erwarteten Situationen, Ereignissen, Objekten oder Handlungen
- Steigerung der Aufmerksamkeit für relevante (d.h. emotionskonforme) Stimuli (Bower, 1981)
- Auslösung reizbezogener zentralnervöser Aktivierungsveränderungen sowie vegetativer und hormoneller Reaktionen (z.B. Erhöhung der Reaktionsbereitschaft in Stresssituationen)
- Förderung der Einprägung relevanter (d.h. positiv oder negativ empfundener) Erlebnisse im episodischen und deklarativen Gedächtnis
- Selektive, affekt-kongruente Abrufung von Gedächtnisinhalten: In positiver Stimmung fallen mehr angenehme Erinnerungen ein als in negativer Stimmung – und umgekehrt („mood-state-dependent memory"; Bower, 1981)
- Intensivierung der kognitiven Verarbeitung von Situationen und Objekten in Form von Einschätzungen, *Attributionen* und Verhaltensorientierungen. Positive Affekte fördern insbesondere die Kreativität, die Gedächtniskonsolidierung und die Problemlösungsleistung (Ashby, Isen & Turken, 1999; Lyubomirsky, King & Diener, 2005).

- Steigerung von Motivation und Ausdauer
- Kommunikation der individuellen Affekt- oder Stimmungslage im Ausdrucksverhalten (Mimik, Gestik und Körperhaltung)
- Regulation zwischenmenschlicher Beziehungen durch Ausbildung von Sympathie und Antipathie, Einfühlungsbereitschaft oder Fürsorge. So erhöhen im Allgemeinen positive Stimmungen das Vertrauen zwischen Personen, während es durch negative Stimmungen eher reduziert wird (Dunn & Schweitzer, 2005). Auch von den Gefühlen Schuld, Scham und Stolz wird zum Beispiel angenommen, dass sie zur Optimierung sozialer Beziehungen beitragen (Leary, 2007).

9.3 | Emotionstheorien

Die in vielen psychologischen Einführungswerken (s. etwa Zimbardo & Gerrig, 2004; Myers, 2005) zitierten traditionellen Emotionstheorien sollen hier nur kurz erwähnt werden:

- Die **James-Lange-Theorie** erklärte Emotionen als Folge körperlicher und vegetativer Reaktionen (z.B. Weinen, Herzempfindungen) auf charakteristische Situationen (z.B. Schmerz, Bedrohungen).
- In der **Cannon-Bard-Theorie** wurden Emotionen als Vermittlungsprozesse zwischen Reizen und Reaktionen gesehen, die im Wesentlichen vom *Thalamus* ausgehen.
- Die **Aktivationstheorie** schrieb der *Formatio reticularis* im Hirnstamm eine emotionssteuernde Rolle zu.
- In der **Zweikomponenten-Theorie** (Schachter & Singer, 1962) wurden Emotionen als Ergebnis des Zusammenwirkens zweier Komponenten, nämlich der physiologischen Erregung (Aktivierung) und der kognitiven Bewertung einer Situation (Interpretation), erklärt (Abb. 9.3).

Keine dieser Theorien konnte als allein gültige empirisch bestätigt werden, doch erfasste jede einen speziellen Ausschnitt jener Erklärungsfaktoren, die sich auch in den aktuellen Emotionstheorien wiederfinden.

Für die Emotionsentstehung und Emotionsregulierung wird in der modernen Forschung das **Limbische System** (Abb. 9.4) –

Merksatz

Moderne Emotionstheorien basieren auf neurophysiologischen Erkenntnissen über das limbische System, dem eine erlebnisbewertende und verhaltensregulierende Funktion zugeschrieben wird.

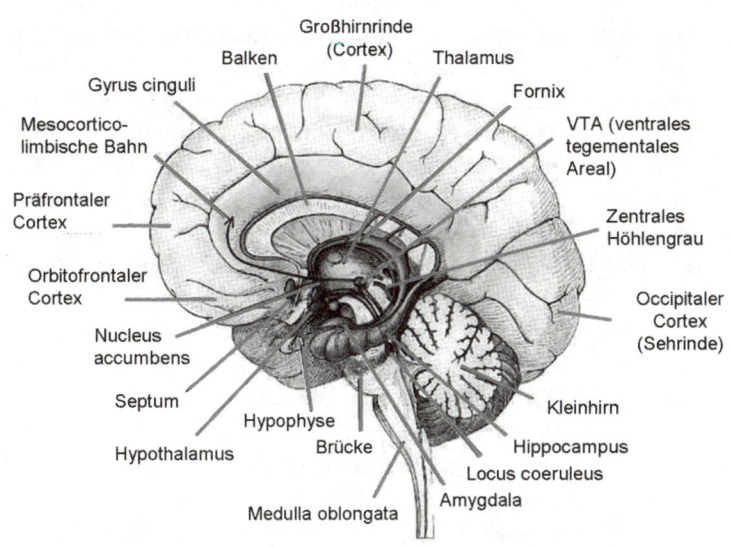

| Abb 9.4

Das Limbische System ist Ort der Entstehung von positiven Affekten (VTA, Nucleus accumbens, ...) und von negativen Affekten (Zentrales Höhlengrau, Amygdala, ...), es organisiert deklarative und episodische Gedächtnisprozesse (Hippocampus), steuert Aufmerksamkeits- und Bewusstseinsprozesse (Orbitofrontaler Cortex, Präfrontaler Cortex, Gyrus cinguli, Thalamus, ...) und initiiert motorische, vegetative und hormonelle Reaktionen (Hypothalamus, Locus coeruleus, Hypophyse, Medulla oblongate, ...). Nach Barrett und Mitarbeitern (2007) ermittelt die Amygdala die angeborene und erlernte Wertigkeit einer Wahrnehmung, der vordere Inselbereich (nicht abgebildet) repräsentiert den gegebenen Körperzustand, und der orbitofrontale Cortex liefert nicht nur eine kontextbezogene Bewertung der Wahrnehmung, sondern erzeugt auch einen spezifischen Motivationszustand.

populärwissenschaftlich auch „Emotionalgehirn" (s. auch Kap. 6) – als hauptverantwortlich angesehen (Roth, 2003). Da eine wichtige Funktion von Emotionen in der Bewertung von Situationen und in der Handlungsvorbereitung liegt, überrascht es nicht, dass den limbischen Strukturen auch bei der Einspeicherung von episodischem und semantischem Gedächtnismaterial eine entscheidende Rolle zugesprochen wird (s. Pritzel et al., 2003; Roth, 2001, 2003).

• Ein moderner emotionstheoretischer Ansatz stammt von Le-Doux (1994), welcher der **Amygdala** bei vielen Emotionen eine ausschlaggebende Bedeutung zuschreibt. Da diese paarigen

Kerne des Zwischenhirns Informationen sowohl aus dem Körperinneren, aus der Umwelt als auch aus den Speichersystemen des Gehirns verarbeiten, sind sie für eine bewertende Istwert-Sollwert-Analyse von Erlebnissituationen besonders prädestiniert. Als Resultat dieser Analyse bewirken sie durch ihren Output an den Cortex (bewusst erlebte) positive oder negative Gefühlsregungen sowie bedürfnisgerechte Handlungsimpulse, außerdem sorgen ihre Verbindungen mit dem Hypothalamus und dem Hirnstamm für schnelle motorische, vegetative und hormonale Affektreaktionen.

- Bei Panksepp (1998) steht die allgemeine emotionsbewirkte Verhaltensadaptation im Vordergrund („Erwartungssystem"), die grundsätzlich entweder in einer **Annäherung** (approach) oder in einer **Vermeidung** (avoidance) von Umweltreizen besteht. Die neuronale Steuerung dieser Prozesse im Gehirn wird einerseits dem **Belohnungssystem** (Tegmentum, Nucleus accumbens, ...) und andererseits dem **Bestrafungssystem** (Zentrales Höhlengrau, Amygdala, Septum, Hippocampus, ...) zugeschrieben. Angenehme Konsequenzen bzw. Belohnungen führen üblicherweise zu einer Fortführung bzw. späteren Wiederausführung des aktuellen Verhaltens („behavioral activation system"), während negative Konsequenzen bzw. Bestrafungen dieses hemmen („behavioral inhibition system").

- Die im Wesentlichen auf Erfahrungen mit Frontalhirnschädigungen basierende Emotionstheorie von Damasio (1999) hebt für die Emotionsentstehung wiederum die Bedeutung der **Amygdala** und der vorderen Teile des **Frontalcortex** hervor (ventromedialer und orbitofrontaler Cortex), welche beide gemeinsam die aktuellen Situationen in der Weise prüfen, dass unter Einbeziehung angeborener oder erlernter Assoziationen die zu erwartenden Konsequenzen prognostiziert und Entwürfe von situationsangepassten Handlungsalternativen erstellt werden. Wenn Hirnschädigungen in den erwähnten Arealen auftreten, kommt es daher bei den betroffenen Personen zu massiven Einbußen ihrer Emotional- und Sozialintelligenz (Bar-On et al., 2003).

Die Abbildung 9.5 soll einen Eindruck von den derzeitigen Sichtweisen neuronaler Regulation affektiver und emotionaler Prozesse in den erwähnten Gehirngebieten geben. Eine ausführliche Beschreibung neurowissenschaftlicher Emotionskonzepte ist bei Pritzel et al. (2003) und bei Roth (2003) zu finden.

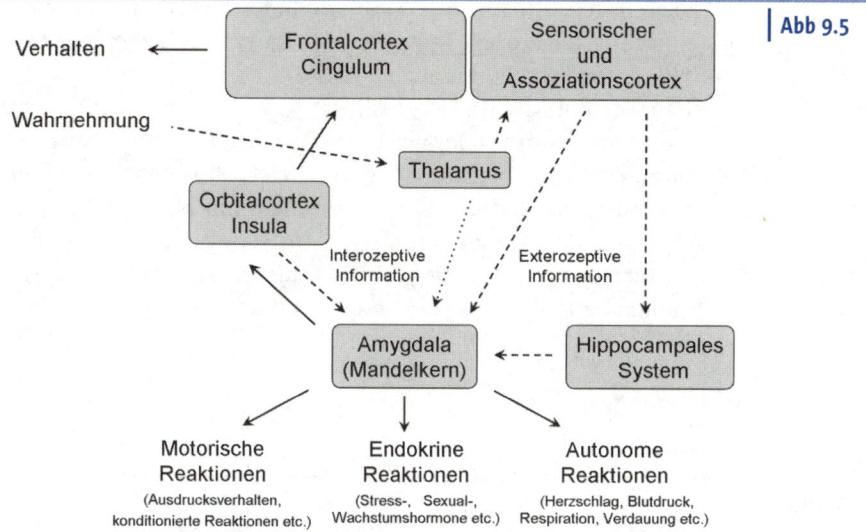

| Abb 9.5

Externe emotionsauslösende Wahrnehmungen werden zuerst im Thalamus vorverarbeitet und dann sowohl direkt (punktiert) als auch indirekt (strichliert) über den Cortex und den Hippocampus an die Amygdalae weitergeleitet. Diese können als wichtigste Schaltstellen für die Entstehung von Gefühlen gelten, da in ihnen sowohl (exterozeptive) Umwelt- als auch (interozeptive) Körperinformationen zusammenlaufen. Je nach Art des entstandenen Affekts (z.B. Angst, Zorn) kommt es zu entsprechenden motorischen, hormonellen und vegetativen Reaktionen. Die Bewertung einer einlangenden Information wird aber auch an den Orbitalcortex und den Frontalcortex weitergegeben, über welche die Aufmerksamkeit gesteuert wird, soziale und moralische Einschätzungen stattfinden und Motivation für Handlungen erzeugt wird. (Viele weitere vorhandene Verbindungen zwischen den Zentren sind im Schema nicht eingezeichnet!)
(In Anlehnung an LeDoux, 1995, Derryberry & Tucker, 1992, Barrett et al., 2007 und Bechara et al., 2000)

Phasen und Komponenten von Emotionen | 9.4

In der modernen Emotionsforschung wird versucht, Ergebnisse aller Forschungsmethoden in die Theorienbildung einzubeziehen (Eid & Diener, 1999), so etwa aus der bildgebenden Analyse (z.B. EEG, fMRT) von Aktivierungsveränderungen emotionsspezifischer Gehirnareale, aus der Erforschung physiologischer Reaktionsmuster, subjektiver Gefühlskategorisierungen, mimischen Ausdrucksverhaltens und kognitiver Situationscharakterisierungen.

Wie schon deutlich wurde, lässt sich Emotion als mehr oder weniger komplexer Prozess begreifen, der im Wesentlichen aus zwei Komponenten besteht, nämlich aus

- einer Affekt-Reaktion („core affect", s. 9.1) mit unterschiedlich intensiver positiver oder negativer Erlebnisqualität und aus
- vorangehenden, begleitenden und nachfolgenden kognitiven Prozessen. Hier handelt es sich vor allem um die kognitive Einschätzung der wahrgenommenen Auslösesituation (z.B. Gefahreneinschätzung), um die Wahrnehmung und Einschätzung der eigenen Befindlichkeit (z.B. Grad an Aufregung) und um die Prü-

Abb 9.6

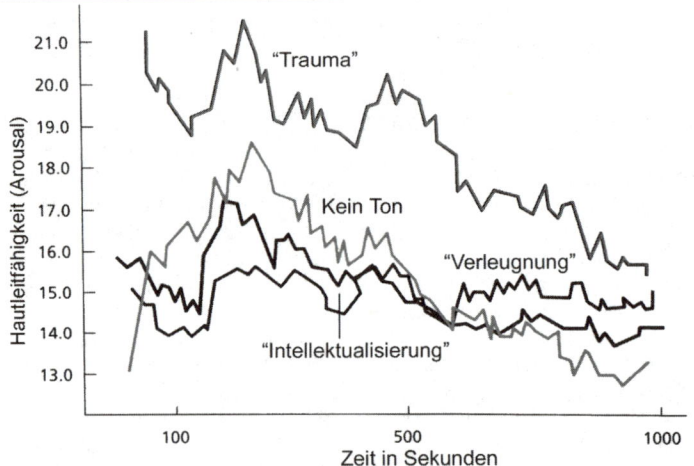

Um in einer experimentellen Situation die Auslösung und Reduktion von Stress zu untersuchen, wurde von Speisman und Mitarbeitern (1964) ein Film über Beschneidungsriten in Afrika gezeigt und mit unterschiedlichem Filmton unterlegt: „Trauma" (drastische, schmerzbetonende Schilderung), „Verleugnung" (Bagatellisierung der Schmerzen), „Intellektualisierung" (rationaler, die traditionelle Rolle der Riten hervorhebender Kommentar) und eine Version ohne Ton. Als Indikator für den hervorgerufenen Stress wurden Veränderungen des Hautleitwiderstandes im Verlauf des Filmes gemessen. Der Trauma-Kommentar mit der dramatisierenden Einschätzung des Geschehens rief eine wesentlich stärkere vegetative Aktivierung hervor als die „entemotionalisierenden" Beschreibungen und die kommentarlose Fassung. Der Hautleitwiderstand oder psychogalvanische Reflex (PGR) wird über zwei Elektroden an der Handinnenfläche registriert; seine Senkung signalisiert sympathikotone Erregung (Hautschweiß).

fung affektbezogener Verhaltensmöglichkeiten (z.B. Bewältigungsmöglichkeiten).

Als *Emotionen* im eigentlichen Sinne, oder als „emotionale Episoden", werden jene affektiven Reaktionen klassifiziert, die von komplexen kognitiven Aktivitäten (z.B. Situa-
tionsanalysen, Eigen- und Fremdbeobachtungen, Einschätzungen, Attributionen) eingeleitet und begleitet werden
und die ihnen nachfolgen (LeDoux, 1995;
Russell & Barrett, 1999; Barrett et al.,
2007). Damit muss die frühere Streitfra-

Merksatz

Als (komplexe) Emotionen werden häufig
jene Affektreaktionen klassifiziert, bei
denen kognitive Prozesse, wie etwa Einschätzungen und Attributionen, vorausgehen, begleiten oder nachfolgen.

| Abb 9.7

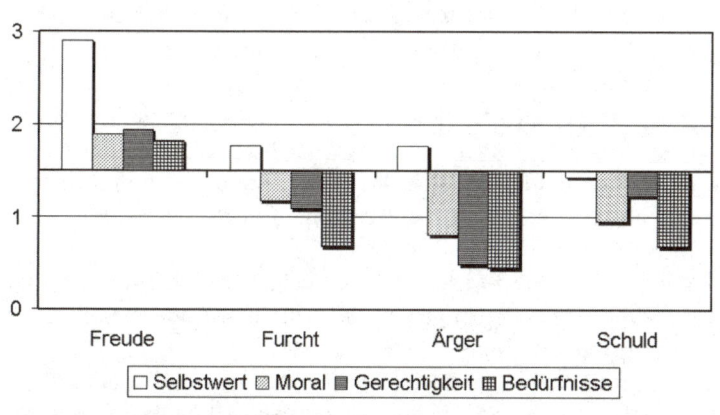

Um die wichtigsten emotionsentscheidenden kognitiven Prozesse herauszufinden, ko-
ordinierte Scherer (1997) eine interkulturelle Untersuchung in 37 Ländern (n = 2921),
in denen die Versuchspersonen sich an sieben eindeutige Emotionserlebnisse zu erinnern hatten (Freude, Ärger, Furcht, Trauer, Ekel, Scham, Schuld), um danach die
emotionsauslösenden Situationen anhand einer Liste möglicher Auslösefaktoren einzuschätzen. Als besonders relevant für die Entstehung der untersuchten Gefühle er-
wies sich – neben der wahrgenommenen positiven oder negativen Affektintensität –
die Einschätzung der Situation hinsichtlich ihres Einflusses auf den Selbstwert, auf
die Erreichung der eigenen Ziele und Bedürfnisse sowie hinsichtlich der empfundenen Gerechtigkeit der Konsequenzen und der implizierten moralischen Normen. Die
Abbildung zeigt den Beitrag dieser Auslösefaktoren bei vier Emotionen: Die auslösen-
de Situation wird bei Freude als überwiegend selbstwertsteigernd eingeschätzt, bei
Ärger als besonders ungerecht, als bedürfnishemmend und nicht moralkonform, bei
Schuld ebenfalls als bedürfnishemmend und moralverletzend (Neutralwert bei 1,5).

ge, ob Affekte auch ohne Kognitionen möglich sind, aus heutiger Sicht zwar bejaht werden („On the primacy of affect", Zajonc, 1984), doch weisen die meisten Emotionen (z.B. Freude, Überraschung, Neid) kognitive Komponenten auf („On the primacy of cognition", Lazarus, 1984). Um aus einer Affektreaktion eine emotionale Episode bzw. komplexe Emotion werden zu lassen, ist es nach Russell (2003) notwendig, dass einige der nachfolgend angeführten kognitiven Komponenten oder Verhaltensweisen gegeben sind:

1. Bewusste Wahrnehmung der Affektreaktion als spezifisch positiv oder negativ bzw. als spezifisch aktivierend oder deaktivierend (Wahrnehmungen oder „Fehlattributionen" des Herzschlags, der Transpiration, des Rotwerdens etc.)
2. Ursächliche Erklärungen für eine vorhandene Affektreaktion bzw. die *Attribution* des Affekts auf ein auslösendes Objekt, eine Person, eine Situation oder ein Ereignis (s. Weiner, 1985)
3. Einschätzung der Situation, von der ein Affekt ausgegangen ist, hinsichtlich ihrer Auswirkung auf die individuellen Bedürfnisse oder Ziele (s. „primary appraisal", Lazarus, 1968)
4. Verhaltenstendenzen, wie zum Beispiel Annäherungs- oder Vermeidungsverhalten, die durch den Affekt ausgelöst werden (s. „secondary appraisal", Lazarus, 1968)
5. Einschätzung der sozialen Bedeutung des eigenen emotionalen Zustandes (z.B. Furcht nicht zeigen zu dürfen, ernst bleiben zu müssen)
6. Versuche der Emotionskontrolle (z.B. Bemühen um Entspannung oder soziale Unterstützung), die mehr oder weniger zielführend sein können

Wie sehr die kognitiven Prozesse das Arousal der Affektreaktion verändern, zeigt eine Vielzahl von Stressexperimenten (s. Abb. 9.6, Folkman & Lazarus, 1988). Auch die Positiv-negativ-Einstufung von Objekten lässt sich experimentell beeinflussen. Bei den Effekten des **Mere Exposure** (Zajonc, 1968) oder „Mere Thinking" konnte etwa gezeigt werden, dass allein schon eine häufige perzeptive oder gedankliche *Konfrontation* mit Personen, Objekten oder Situationen – ohne dass daraus weitere Vor- oder Nachteile entstünden – diese als sympathischer oder angenehmer erscheinen lässt.

engl. mere exposure: hier im Sinne von „bloßem Betrachten"

Die mit einer Emotion einhergehende Aktivierung kann aber auch eine nachfolgende andere Emotion im Auftreten begünstigen oder intensiver erleben lassen. So kann ein intensives Angstgefühl in Aggression umschlagen, in einen Weinkrampf – bei Wegfall der

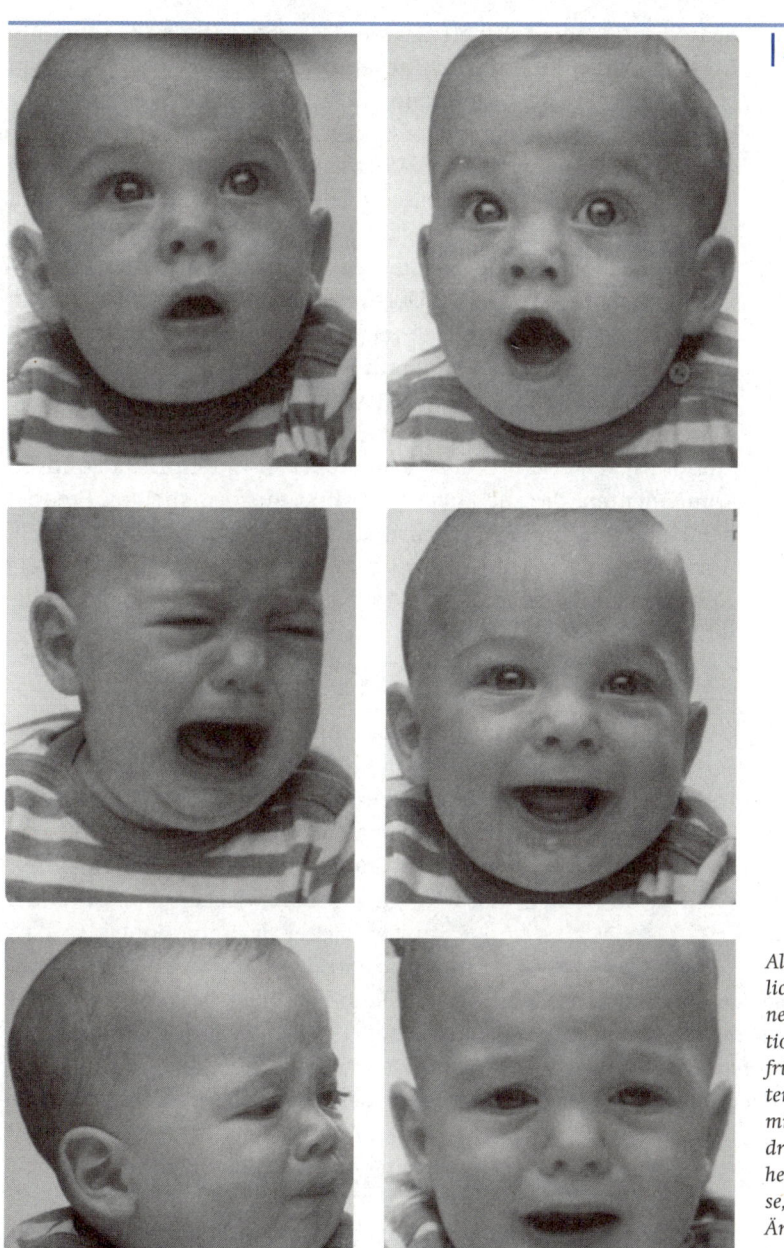

Abb 9.8

Als Hinweis auf möglicherweise angeborene emotionale Reaktionsweisen wird das frühkindliche Auftreten von spezifischen mimischen Ausdrucksformen angesehen (z.B. hier: Interesse, Überraschung, Ärger, Freude, Ekel und Trauer), welche auch in unterschiedlichen Kulturen gleich interpretiert werden.

Bedrohung – oder in übertriebenes Gelächter. Dieser so genannte **Erregungstransfer** konnte auch experimentell nachgewiesen werden (z.B. Cantor, Bryant & Zillmann, 1974): Probanden, denen emotional erregende, aber nicht witzige Geschichten zum Lesen vorgegeben wurden, fanden danach Witze und Cartoons amüsanter als jene, die davor gleichartige, aber weniger aufregende Geschichten gelesen hatten.

Emotionsforscher stellten fest, dass es gewisse mimisch-emotionale Ausdrucksweisen gibt, die bereits in früher Kindheit auftreten (Abb. 9.8), im Kulturvergleich einigermaßen ähnlich interpretiert werden und somit angeboren sein könnten. Elfenbein und Ambady (2002) schätzen auf Basis einer Metaanalyse (von 182 Studien, in 42 Nationen) die interkulturelle Übereinstimmung für etwa sieben Emotionskategorien auf 58 % (Näheres siehe unten). Die kognitiven Komponenten, die zur Entstehung und Ausformung von Emotionen beitragen, sind jedoch normalerweise je nach Person, nach Situation und nach Kultur sehr verschieden, so dass nur selten die gleiche Situation auch die exakt gleiche Emotion hervorruft (Scherer, 1997).

9.5 | Klassifikation von Emotionen

Lange Zeit beschäftigte man sich mit der Frage, ob es eindeutige Abgrenzungen zwischen emotionalen Zuständen gibt bzw. ob man so genannte **Basis-**, **Primär-** oder **Grundemotionen** annehmen kann. Je nach theoretischem Ansatz ergaben sich zwischen zwei und über zwanzig solcher Basisemotionen, so dass manche Forscher die Sinnhaftigkeit derartiger Klassifikationen bezweifeln (Ortony & Turner, 1990). In mimischen Ausdrucksuntersuchungen jedenfalls (s. auch Abb. 9.8) wurden kulturübergreifend zwischen sechs und sieben Grundemotionen relativ übereinstimmend klassifiziert (Elfenbein & Ambady, 2002, 224): Glück/Freude (79 %), Trauer (68 %), Überraschung (68 %), Ärger (65 %), Ekel (61 %), Furcht (58 %) und Verachtung (43 %). Kulturintern sind die Werte zutreffender Emotionseinschätzung um etwa zehn Prozentpunkte besser. Ebenfalls als Grundemotionen vorgeschlagen wurden von

Merksatz

Insbesondere aus der Ausdrucksforschung stammt die Annahme von sechs bis sieben Basis-, Primär- bzw. Grundemotionen: Freude, Trauer, Überraschung, Interesse, Ärger, Furcht und Ekel.

| Abb 9.9

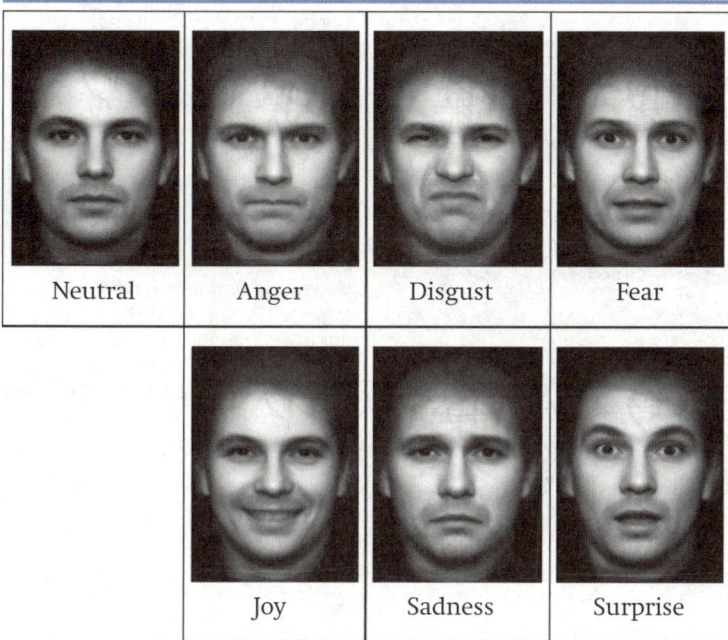

| Neutral | Anger | Disgust | Fear |
| Joy | Sadness | Surprise |

Wenn viele unterschiedliche Personen angewiesen werden, jene Muskeln im Gesicht anzuspannen, die für bestimmte emotionale Ausdrücke nach dem Kodiersystem FACS typisch sind (Ekman & Friesen, 1978), können aus den resultierenden Fotos per Computer emotionstypische Durchschnittsgesichter hergestellt werden.

verschiedenen Forschern Interesse, Schmerz, Mut, Verzweiflung, Schuld, Scham, Hass, Erleichterung, Bedauern, Neid, Enttäuschung, Zorn, Verwunderung und Hoffnung.

Für den mimischen Ausdruck wurden so genannte Kodier- bzw. Dekodiersysteme entwickelt (z.B. FACS: „Facial Action Coding System", Ekman & Friesen, 1978), die sich bei der Analyse von Gesichtsausdrücken an der selektiven Aktivierung von Gesichtsmuskeln („Action Units") orientieren. Aus der Kombination bestimmter einzelner Muskelkontraktionen ließen sich nicht nur Basisemotionen wie Freude, Trauer, Ekel, Ärger, Überraschung und Furcht eindeutig zuordnen (Abb. 9.9), sondern auch andere, manchmal widersprüchliche Ausdrucksformen erzeugen.

Bei der **Facial-Feedback-Hypothese** geht man davon aus, dass das Erleben von Gefühlen auch wesentlich durch Rückmeldungen aus

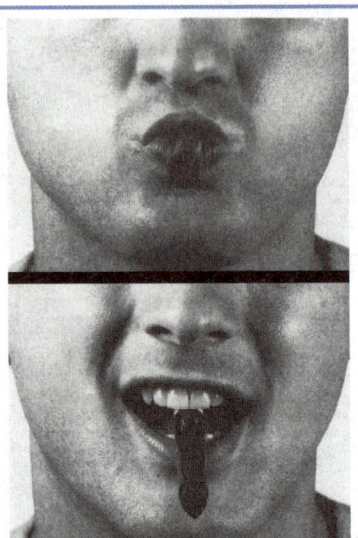

Abb 9.10

Um die Annahmen der „Facial-Feed-back-Hypothese" zu prüfen, gaben Strack, Martin & Stepper (1988) vor, psychomotorische Geschicklichkeit testen zu wollen. 92 Versuchspersonen wurde ein Schreibstift entweder nur mit den Zähnen (Lachmuskeln angespannt) oder nur mit den Lippen zu halten gegeben (Lachmuskel entspannt), um damit einfache Aufgaben zu erledigen (z.B. Striche ziehen). In einer Aufgabe war eine Reihe von Zeitungscartoons zu lesen und mit dem Stift auf einer Skala anzukreuzen, als wie witzig sie empfunden wurden: Bei Anspannung der Lachmuskeln wurden die Cartoons tatsächlich als amüsanter eingestuft.

dem Körper beeinflusst wird und dass daher Körperhaltungen und Grimassen, die normalerweise mit bestimmten Gefühlsausprägungen auftreten, einen gefühlsverstärkenden oder gefühlsschwächenden Effekt haben, und zwar auch dann, wenn sie künstlich herbeigeführt werden. Zum Beispiel kann ein momentanes Gefühl von Selbstbewusstsein nachweislich dadurch verstärkt werden, dass man sich aufrichtet und einen ernsten Gesichtsausdruck zeigt. Schlechte Laune lässt sich durch „Aufsetzen" eines freundlichen Gesichts etwas verbessern, und ein sehr zorniger Gesichtsausdruck kann aggressive Gefühle noch weiter steigern (s. Duclos et al., 1989).

Der renommierte Emotionsforscher James A. Russell (2003) geht davon aus, dass Emotionen – als Interaktionen zwischen Affektreaktionen und kognitiven Situationsinterpretationen – pausenlos entstehen, sich verändern und auflösen. Die Begriffe Freude, Furcht, Ärger usw. sind für ihn bloße Klassifikationen für emotionale Reaktionen, die kaum je in Reinform vorkommen, weil sich sowohl die affektiven Reaktionen als auch die kognitiven Situationseinschätzungen ständig ändern.

Motivation – Bedürfnisse – Motive | 9.6

Menschen streben im Allgemeinen positive Emotionslagen an und vermeiden negative („Affektoptimierung", Puca & Langens, 2002), was als Grundmuster psychischer Verhaltensregulation angesehen werden kann. Der Fachbegriff Motivation überlappt sich daher inhaltlich mit den Begriffen *Affekt* und *Emotion*, auch hier geht es um Aktivierung, Bewertung und spezifische Verhaltenstendenzen.

Unter **Motivation** versteht man die „aktivierenden und richtungsgebenden inneren Prozesse, die für die Auswahl, Stärke und Ausdauer der Aktualisierung von Verhaltenstendenzen bestimmend sind" (Becker-Carus, 2003, 438). Von **Trieben** (und „Instinkten") spricht man, wenn Verhaltenstendenzen vorwiegend biologisch reguliert sind, wie dies etwa bei Hunger, Durst, Sexualität, der „Brutpflege", dem „Balzverhalten" oder anderen Phänomenen der Fall ist. Während diesbezüglich im Tierreich (wie etwa bei Insekten oder Vögeln) starre Verhaltenssequenzen dominieren (*angeborene Auslösermechanismen;* s. Eibl-Eibesfeldt, 1999), sind die Triebe beim Menschen mehr oder weniger durch kognitive Prozesse und durch Lernprozesse überformt. Um einen stabilen inneren Zustand des Lebewesens zu gewährleisten, bedarf es eines Regelungssystems, durch welches Soll-Zustände mit Ist-Zuständen verglichen und bei Diskrepanzen eine Angleichung durch entsprechende Operationen in die Wege geleitet werden („Homöostase-Theorien"). So etwa bewirken physiologische Mangelzustände (Hunger, Durst, …) einen inneren Spannungszustand, der durch zweckmäßige Verhaltenstendenzen aufzulösen ist. Die Befriedigung eines Triebes erfordert oft viele Zwischenschritte und Zwischenziele, welche entsprechend ihres Signalcharakters für Triebkonsumation (*klassische* und *operante Konditionierung*, s. Kap. 6) eine sekundäre positive oder negative Bedeutung erhalten.

Positiv oder negativ besetzte Zielsetzungen nennt man **Motive**. Eine wichtige Unterscheidung von motivationalen Prozessen bezieht sich auf den Ort ihrer Auslösung: Ist das motivierte Verhalten hauptsächlich von der Umwelt ausgelöst (z.B. durch Entlohnung, Strafandrohung, Bewunderung), spricht man von **extrinsischer Motivation**, ist es hingegen stärker durch die Einstellungen, Werthal-

> **Merksatz**
>
> **Motivation ist ein psychischer Zustand, der die Auswahl, Stärke und Ausdauer einer spezifischen Verhaltenstendenz bestimmt.**

Homöostase:
Selbstregulation

Motive oder Bedürfnisse sind mentale Repräsentationen (Vorstellungen) wertbesetzter zukünftiger Zustände, die angestrebt oder vermieden werden bzw. verhaltensregulierend wirksam sind.

tungen oder Stimmungen der Person bedingt (z.B. durch Interesse, Bewegungsdrang, ethische Normen), von **intrinsischer Motivation** (s. 9.9). Interne Faktoren drängen den Organismus gewissermaßen zu einem bestimmten Verhalten („Push-Effekt"), während externe Faktoren eher anziehend wirken („Pull-Effekt").

Jene Signale, die auf Ziele oder Bedingungen hinweisen, die in der Umwelt angestrebt oder vermieden werden, nennt man auch positive oder negative **Anreize**. Wie stark sich ein Anreiz motivierend auswirkt und sich im Verhalten niederschlägt, hängt davon ab, welche Bedeutung dem angestrebten Zielzustand zugeschrieben und für wie wahrscheinlich sein Auftreten eingeschätzt wird. Die so genannten **Erwartung-Wert-Theorien** postulieren, dass die Motivation – z.B. für eine finanzielle Entscheidung – aus dem Pro-

Abb 9.11

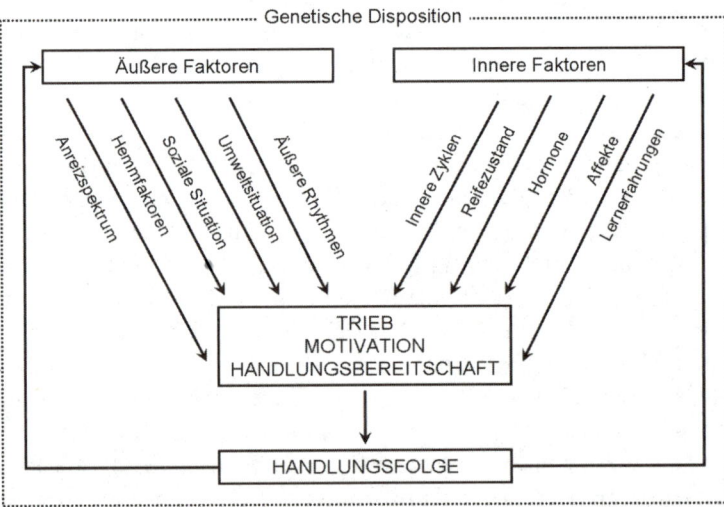

Der Antrieb zu bestimmten Handlungen hängt von einer Vielzahl innerer und äußerer Faktoren ab, die in den Kontrollzentren des Gehirns integrativ verarbeitet werden, mit dem Ziel, eine der inneren und äußeren Situation adäquate Verhaltensoptimierung auszulösen.

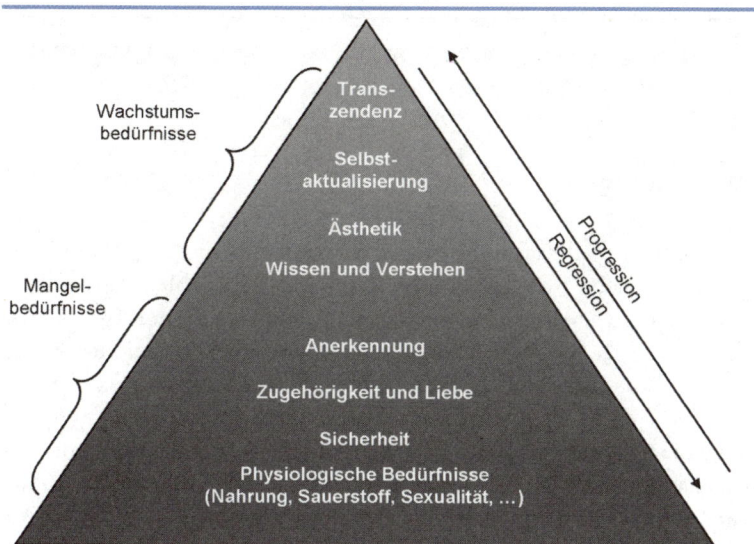

| Abb 9.12

Maslow (1943), ein Vertreter der humanistischen Psychologie, wollte das Spektrum menschlicher Motivation nicht nur auf biologische oder überlebenswichtige Bedürfnisse beschränkt sehen, sondern bezog auch kulturelle und geistige Triebkräfte mit ein. Er postulierte eine Bedürfnishierarchie, der gemäß die unteren bzw. Basisbedürfnisse („Mangelbedürfnisse") weitgehend erfüllt sein müssen, bevor die höheren Bedürfnisse wirksam werden („Wachstumsbedürfnisse"). Auch wenn der empirische Nachweis einer solchen Rangreihung kaum zu führen ist, entspricht diese doch der Alltagserfahrung und der Lebensweisheit, dass ohne ausreichende Befriedigung der vitalen Grundbedürfnisse sich die „höheren" Motive kaum entwickeln können.

dukt Erwartung x Wert geschätzt werden kann. Die Motivation erreicht ihr Minimum, wenn entweder die subjektive Chance zur Erlangung des angestrebten Zustands oder dessen subjektiver Wert gegen Null geht.

Jene Motive, die in unterschiedlicher Stärke auch gleichzeitig vorhanden sein können, werden oft als **Bedürfnisse** bezeichnet. Schaefer (1992) unterscheidet diesbezüglich physische (z.B. Nahrung, Freizeit), mentale (z.B. Liebe), soziale (z.B. Freunde) und Umweltbedürfnisse (z.B. gute Luft). Ein Beispiel für eine Klassifikation von Bedürfnissen hinsichtlich ihres Stellenwerts für das Überleben des Menschen ist die weithin bekannte **Bedürfnispyramide** (Abb. 9.12) von Maslow (1943; Maslow & Lowery, 1998). Nachfolgend sollen die Forschungsbereiche Hunger, Aggression und Leistungsmotivation herausgegriffen und etwas näher dargestellt werden.

9.7 | Hunger

Der Trieb, dem Körper Nahrung zuzuführen, wird beim Menschen und bei vielen Tieren über zwei Areale des Hypothalamus reguliert, über das so genannte **Fresszentrum** (lateraler Hypothalamus) und das **Sättigungszentrum** (ventromedialer Kern). Wenn bei Versuchstieren das Fresszentrum elektrisch gereizt wird, regt dies das Essverhalten dramatisch an und das Tier wird bald übergewichtig, während eine Zerstörung dieses Areals zu einem Appetitverlust und infolgedessen zu rapidem Gewichtsverlust führt. Genau umgekehrt verhält es sich mit dem so genannten Sättigungszentrum, dessen elektrische Reizung zum Einstellen der Nahrungsaufnahme, dessen Verletzung jedoch zu Fettleibigkeit führt. Beide Zentren hemmen einander, so dass keine widersprüchlichen Verhaltenstendenzen ausgelöst werden. Eine Vielzahl von Informationen aus der Umwelt und aus dem Körperinneren laufen in diesen Regulationszentren zusammen (Abb. 9.13) und werden miteinander verrechnet.

Neben den physiologischen Regulationsmechanismen spielen auch kognitive Prozesse bei der Nahrungsaufnahme eine große Rolle: So etwa die Akzeptanz der eigenen Körperproportionen, das herrschende Schlankheitsideal (z.B. in Modejournalen, Model-Maße), die subjektive Bewertung des Essens (z.B. wenn „Liebe durch den Magen geht"), die Verbindlichkeit der Essenszeiten und familiäre Zwänge (z.B. „Was auf den Teller kommt, wird gegessen"), um nur einige zu nennen.

Zur Bestimmung von Unter-, Normal- oder Übergewichtigkeit zieht man zumeist den Body-Maß-Index heran (BMI = Gewicht in kg / [Größe in m]²), der das Gewicht auf die Körpergröße bezieht, wobei allerdings weder der Muskelanteil noch der Fettansatz adäquat berücksichtigt sind. Von **Untergewicht** spricht man bei einem BMI von

Merksatz

Hunger ist ein homöostatisch regulierter Trieb, der durch innere und äußere Wahrnehmungen ausgelöst und durch Nahrungsaufnahme befriedigt wird.

Zur Selbstbestimmung des BMI siehe etwa: www.uni-hohenheim.de/ wwwin140/info/interaktives/bmi.htm

weniger als 18,5, von **Übergewicht** bei mehr als 25 und von **Adipositas** (Fettleibigkeit) bei mehr als 30. In den letzten 30 Jahren hat in Westeuropa die Kalorienzufuhr über die Nahrungsmittel kontinuierlich zugenommen, jedoch auch gleichzeitig die sitzende Lebensweise und der Bewegungsmangel, so dass sich der Prozentsatz an Übergewichtigen stark erhöhte (um ca. 50 %). Diesbezügliche Spitzenreiter bei den europäischen Nationen sind Großbritannien, Deutschland und Griechenland, während sich Norwegen, Schweiz und Frankreich am unteren Ende der Skala befinden (Eurostat, 2002; Ehrsam et al., 2004). Übergewicht nimmt fast linear mit dem Alter zu (20-Jährige: 15 %, 60-Jährige: 65 %), ist bei westeuropäi-

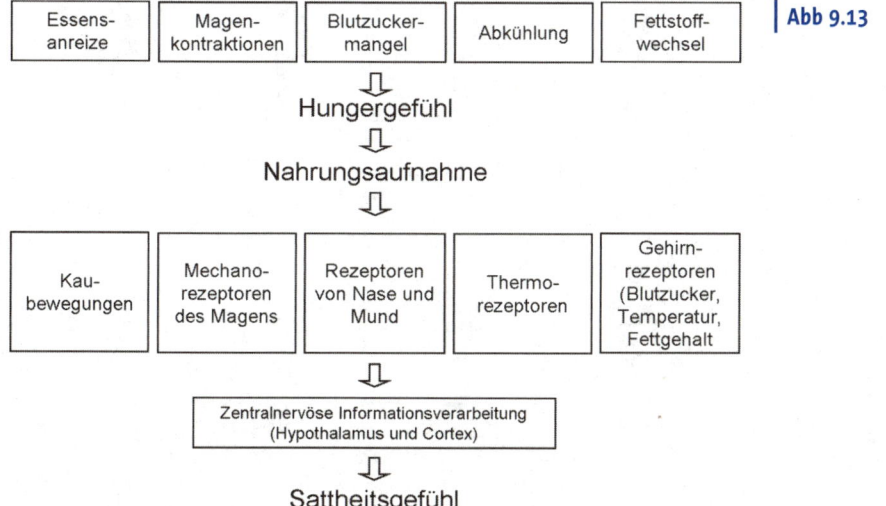

| Abb 9.13

Hungergefühl bzw. die Motivation zur Nahrungsaufnahme – in schwächerer Form auch als Appetit bezeichnet – wird von vielen Faktoren beeinflusst: Der Anblick guten Essens, ein großes Angebot an verschiedenen Speisen, ein leerer Magen, vorangehende körperliche Anstrengungen, Kälte, die Auflösung von Fettdepots im Körper, Durst, Essenszeiten, andere essen zu sehen und die Veränderung der Blutkonzentration von „Appetithormonen" (Insulin, Leptin, Orexin usw.). Die Aufnahme von Nahrung geht mit Kaubewegungen einher, führt zur Magendehnung, stimuliert Rezeptoren in Nase, Mund und Darm, erhöht den Blutzuckergehalt, hebt etwas die Körpertemperatur und steigert die Blutfettwerte. Aus dem Vergleich physiologischer und psychischer Soll-Werte (z.B. schlanker werden zu wollen) mit der jeweiligen Ist-Situation resultiert das Ausmaß an angenehm empfundener Sättigung.

schen Frauen etwas schwächer ausgeprägt (ca. 10–15 % weniger als bei Männern) und kommt in niedrigeren Bildungsschichten häufiger vor. Neben Nikotin und Alkohol zählt Übergewicht zu den größten gesundheitlichen Risikofaktoren in den Industrieländern (verbunden mit Diabetes, Bluthochdruck, Arteriosklerose, Krebs, sozialer Abwertung; Gibbs, 1996)).

Andere Essstörungen, wie etwa die **Magersucht** (Anorexia nervosa; BMI < 17,5 kg/m²) oder die **Ess-Brechsucht** (Bulimia nervosa), kommen vorwiegend bei jungen Frauen vor (*Prävalenz*: ca. 1–3 %) und

Abb 9.14

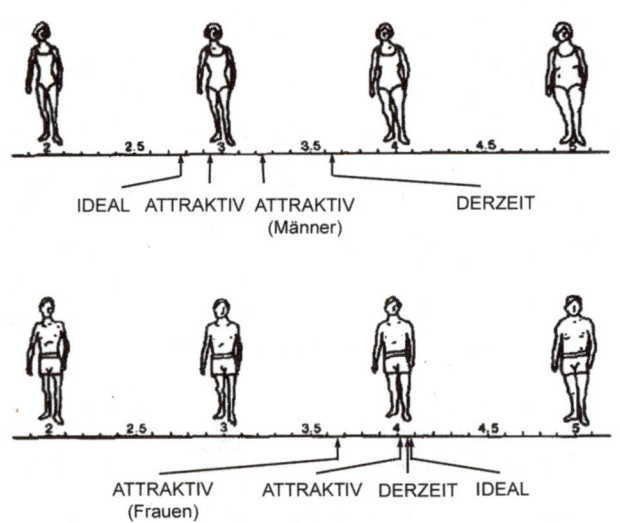

In einer amerikanischen Studie (Fallon & Rozin, 1985) wurden 475 junge Studentinnen und Studenten gebeten, ihre derzeitigen Körperproportionen auf einer Skala von 1 (am dünnsten) bis 9 (am dicksten) einzustufen, ebenso ihre Idealfigur und jene Körperproportion, von der sie glaubten, dass sie vom anderen Geschlecht als attraktiv eingestuft würde; zusätzlich schätzten die befragten Personen auch jene Körperfülle ein, die ihnen beim jeweils anderen Geschlecht am besten gefallen würde. Bei den jungen Männern zeigte sich, dass ihre derzeitige Figur recht nahe bei der Idealfigur und bei der ihrer Meinung nach von Frauen bevorzugten Figur lag, dass sie allerdings nach den Wünschen der Frauen noch etwas schlanker sein könnten (unten). Die jungen Frauen hingegen schätzten sich wesentlich dicker ein, als es ihrem Ideal und ihrer Attraktivitätsvermutung entsprach, allerdings auch molliger, als sich junge Männer die Frauen tatsächlich wünschten (oben).

können ebenfalls erhebliche Gesundheitsschäden verursachen (Untertemperatur, Haarausfall, Darminfektionen, Ausbleiben der Regel, Osteoporose, ...). Sie nehmen nicht selten eine lebensbedrohliche Entwicklung (Mortalität: 15–20 % innerhalb von 20 Jahren). Die Heilungschance wird auf etwa 50 % geschätzt (Herzog, 2004). In schweren Fällen (BMI < 15 kg/m²) und bei Gesundheitskomplikationen ist eine stationäre Notaufnahme notwendig (de Zwaan & Müller, 2003), wobei die Betroffenen oft keine Krankheitseinsicht zeigen. Auslöser sind häufig (modebedingte) „Körperschemastörungen" (s. dazu Abb. 9.14), eine perfektionistische und zwanghafte Persönlichkeitsorientierung (Essen wird als Kontrollverlust empfunden), ein kontrollierendes, leistungs- und erfolgsorientiertes Familienklima und – wie oft vermutet wird – eine unbewusste Ablehnung der Frauenrolle und der Sexualität (Laessle, 2003).

Aggression und Dominanz | 9.8

Als **Aggression** bezeichnet man jene Motivation, die sich gegen Individuen oder Objekte richtet, um sie zu schädigen, während **Dominanz** das Bedürfnis kennzeichnet, das Verhalten anderer Menschen zu beeinflussen.

Wie für Hunger lassen sich auch für Aggression spezifische Zentren im *Limbischen System* lokalisieren (Hypothalamus, Amygdala, ...), deren elektrische Reizung oder Verletzung Veränderungen im Aggressionserleben und Aggressionsverhalten hervorrufen. Aggressivität wird aber auch von der Hormonlage im Organismus gesteuert. In Tierexperimenten wurde (vor allem bei Nagern) eine aggressionssteigernde Wirkung des Sexualhormons **Testosteron** festgestellt. Beim Menschen dürfte ein hoher Testosterongehalt im Blut vor allem die Tendenz zu dominantem Verhalten steigern, welche nicht notwendigerweise auch mit aggressiven Handlungen verbunden ist. So etwa steigt der Testosteronspiegel bei Männern vor einem sportlichen Wettkampf an, nimmt danach bei den Siegern weiter zu, sinkt aber bei den Verlierern ab (s. Mazur & Booth, 1998). Männer mit hohen Testosteronwerten haben früher sexuelle Kontakte, neigen mehr zu sexuellen Übergriffen, haben mehr Eheprobleme, geraten eher in Handgreiflichkeiten, lächeln weniger und werden als weniger sympathisch empfunden (Puca & Langens, 2002).

Im Tierreich hat Aggression innerhalb einer Spezies die Funktion, das vorhandene Territorium gleichmäßig aufzuteilen und den dominanteren Individuen eine bessere Fortpflanzungschance zu ermöglichen („Selektionsvorteile"). Aus Sicht der menschlichen Evolutionspsychologe sieht Buss (2004, 369–372) daher aggressives Verhalten als Mittel zur aktiven Lösung von Problemen und als Hilfe dabei, den Lebensraum optimal zu gestalten bzw. zu sichern. Er hebt sechs Hauptmotive hervor:

1. Aneignung von Ressourcen (Güter, Reviere, ...)
2. Abschreckung (Imponiergehabe, Drohgebärden, ...)
3. Verteidigung (Gegenaggression, ...)
4. Sexuelle Rivalität (95 % aller gleichgeschlechtlichen Morde werden von Männern an Männern begangen)
5. Erlangung von Dominanz und Status (Rangkämpfe, ...)
6. Verhinderung sexueller Untreue (Eifersucht, ...)

Merksatz

Aggression kennzeichnet die Motivation, andere Individuen oder Objekte zu schädigen. Sie hängt von den aggressionsspezifischen Erfahrungen einer Person, ihrem gegenwärtigen emotionalen Zustand und von den vorhandenen situativen Aggressionsauslösern ab.

Wesentlich allgemeiner begründet sieht Berkowitz (1990) die Auslösung von Ärger und Zorn, nämlich in beliebigen negativen Emotionen (z.B. Frustration, Angst, Traurigkeit, Depression), die alle bei gegebenem Anlass in Aggression umschlagen können. Die andernorts (s. 6.11) erwähnte *Soziale Lerntheorie* (Bandura, 1977) verweist auf den instrumentellen Charakter von Aggression, indem sie Aggression als Mittel zur Erreichung bestimmter Ziele ansieht, und auch auf die Imitationseffekte, die bei der Beobachtung aggressiver Modellpersonen (z.B. Eltern, Lehrer, Idole) entstehen (s. Abb. 6.22, 9.15). Ein besonderes Untersuchungsfeld für Aggressionsforscher bieten die Massenmedien, denen vorgeworfen wird, dass einerseits das häufige Vorkommen aggressiver Darstellungen zur emotionalen Abstumpfung der Zuschauer beiträgt und andererseits aggressive Handlungsschemata (*scripts*) als Lösung sozialer oder gesellschaftlicher Konflikte angeboten werden.

Anderson und Bushman (2002) präsentieren einen Integrationsversuch der verschiedenen Erklärungsmodelle für Aggression, indem sie drei entscheidende Phasen für die Entstehung und Modifikation von Unmut, Ärger, Zorn, Hass und ähnlichen Gefühlen annehmen: In der „Input-Phase" nimmt eine Person mit aggressions-

spezifischem Einstellungs- und Persönlichkeitsprofil (z.B. Misstrau-
en, Dominanz) bestimmte Aggressionsauslöser in der Situation
wahr (z.B. Provokation, Bedrohung), in der zweiten Phase trifft der
„Input" auf den vorhandenen psychischen und physischen Zustand
(z.B. Enttäuschung, Stress), in der dritten Phase kommt es zur Einschätzung der Gesamtsituation („appraisal") und zur Planung aggressiver Aktionen (Abb. 9.15). Folgende Faktoren sind in Untersuchungen als aggressionsförderlich nachgewiesen worden (Anderson & Bushman, 2002): Soziale Provokation (z.B. Ungerechtigkeit,
Hohn, Beschimpfung), Frustration im Sinne enttäuschter Erwartung, empfundener Mangel an Respekt, unwiderstehliche Verlo-
ckung zu besitzen, positive Einstellung gegenüber Gewalt, erlernte
aggressive Rollenschemata (*scripts*) zum Beispiel aus Film und Fernsehen, Aggressionsbesetztheit der Situation (z.B. Präsenz von Waf-
fen), eigene aggressive Mimik, Haltung oder Gestik (*facial feedback*),
psychische Belastung durch Schmerzen, Hitze, Lärm oder Gestank,
Konsum größerer Mengen an Alkohol oder Kaffee und negative
Emotionen im Allgemeinen (z.B. Angst, Depression, Neid).

Die Kontrolle oder Unterbindung aggressiven Verhaltens kann
in jeder Phase erfolgen, etwa durch Besinnung auf moralische Prin-

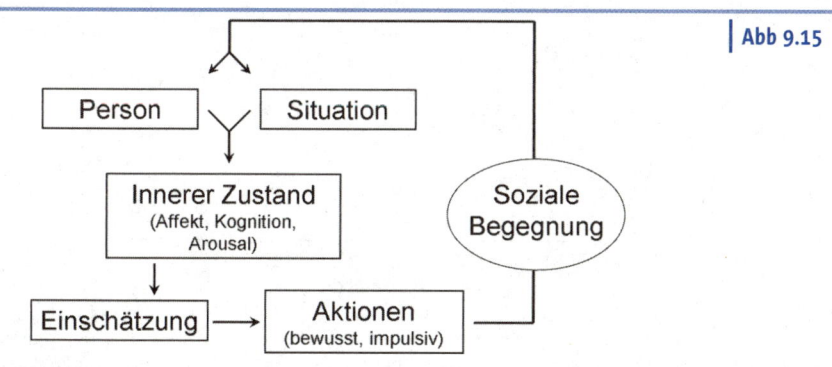

| Abb 9.15

Anhand des so genannten „General Aggression Model" (GAM) beschreiben Anderson
und Bushman (2002) die wichtigsten Stationen für die Entstehung, Veränderung
und Bewältigung von aggressivem Verhalten: Personen haben bestimmte Aggres-
sionsdispositionen, werden mit einer aggressionsauslösenden Situation konfrontiert,
verarbeiten diese entsprechend ihres affektiven und kognitiven Zustands und entwickeln nach Einschätzung der Gesamtsituation ein mehr oder weniger aggressives
Verhalten. Dieses löst in der sozialen Situation Veränderungen aus, die ebenfalls
wieder registriert und verarbeitet werden.

zipien, durch Ablenkung von aggressiven Reizen oder durch den Versuch, sich zu entspannen. Experimente zeigten, dass vor allem die subjektive Einschätzung und die soziale Bewertung der Aggressionsopfer durch die möglichen Aggressoren die Häufigkeit und Intensität der Aggressionen bestimmen (Abb. 9.16). Jegliche Abwertung von Menschen wie durch Beschimpfung, Stigmatisierung als Feind oder Gleichsetzung mit Tieren stimuliert nicht nur aggressive Aktivitäten, sondern lässt diese auch subjektiv als gerechtfertigter und angemessener erscheinen.

Abb 9.16

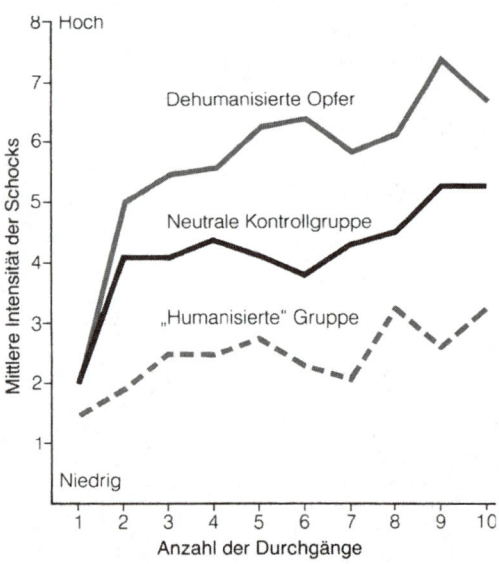

In einem Laborexperiment von Bandura, Underwood und Fromson(1975) glaubten die Versuchsteilnehmer, es würde der Einfluss von Bestrafungen auf die Entscheidungsfindung einer Gruppe untersucht werden, und sie hätten die Aufgabe, bei Fehlern je nach subjektiver Angemessenheit leichte bis starke elektrische Schocks zu setzen. In einer Versuchsbedingung hörten die Probanden gewissermaßen zufällig, dass es sich um eine „tüchtige und verständige Gruppe" handle, in der anderen, dass die Gruppe eine „primitive verdorbene Bande" sei (Dehumanisierung), in der Kontrollbedingung gab es keine wertende Charakterisierung. Es zeigte sich, dass bei aufwertender („humaner") Beschreibung der „Opfer" die Bestrafungen wesentlich weniger intensiv ausfielen als in der Kontrollbedingung, während die abwertende Beschreibung einen stark aggressionsenthemmenden Effekt hatte (Haslam, 2006).

Leistungs- und Arbeitsmotivation | 9.9

Nicht nur die Befriedigung primärer (z.B. physiologischer), sondern auch jene sekundärer (z.B. kognitiver) Bedürfnisse erfordert in der Regel die Erreichung von Zwischenzielen durch vermittelnde Aktivitäten. In diesem Sinne sind Leistungen eine Vorbedingung menschlicher Existenzsicherung und können als unverzichtbarer Bestandteil des gesellschaftlichen Lebens gelten.

Die meisten kognitionspsychologischen Motivationstheorien sind naturgemäß komplex. In manchen modernen Handlungstheorien wird außerdem zwischen dem Prozess der **Motivation** – welcher mit der Entscheidungsfindung für ein bestimmtes Motiv oder eine Verhaltensausrichtung endet – und jenem der **Volition** unterschieden, in dem die situationsangepasste Steuerung und Regelung des Verhaltens zur Erreichung der motivationalen Zielsetzungen abläuft. Wenn jemand in der Lage ist, Volitionsprozesse im

Volition: Willensbildung, von lat. volere: wollen

| Abb 9.17

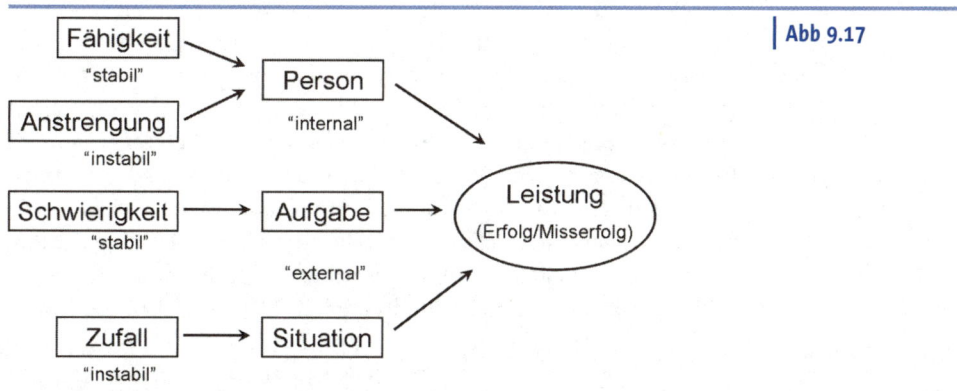

Die in den letzten 30 Jahren meistzitierte Attributionstheorie von Weiner (1985) klassifiziert die Ursachen für das Zustandekommen von Leistungen nach dem internen oder externen „Ort der Kontrolle", nach der „Stabilität" von Einflüssen sowie nach deren Kontrollierbarkeit (nicht dargestellt).

Sinne des vorgenommenen Zieles zu steuern, spricht man im Alltag von „Willensstärke" (s. auch 2.3.4).

Die wissenschaftliche Psychologie betrachtet das Verhalten einer Person grundsätzlich als Funktion (f) ihrer eigenen Merkmale

(P) und jener ihrer Umwelt (U): V = f (P,U). Nachdem dabei das Verhalten selbst wieder auf die Umwelt rückwirkt und gleichzeitig auch die Person (z.B. ihre Einstellungen) verändert, geht man realistischerweise von einem „reziproken Determinismus" aus.

Ob ein Verhalten nun im Sinne der Intentionen erfolgreich ist oder nicht, kann also prinzipiell von einem selbst abhängen, von der jeweiligen Situation oder von beidem. Im täglichen Leben bilden wir uns darüber Ursachenzuschreibungen bzw. **Attributionen**. Als **internale Attribution** gilt, wenn ein Verhalten oder eine Leistung im Wesentlichen sich selbst zugeschrieben wird, wenn jedoch überwiegend andere Faktoren verantwortlich gemacht werden (Aufgabe, Situation), spricht man von **externaler Attribution** (Abb. 9.17). Es ist plausibel, dass man sich Erfolge gerne selber zuschreibt und Misserfolge eher der Situation. Unterscheidbar ist allerdings nicht nur der „Ort der Kontrolle" (internal – external), sondern auch die Stabilität der persönlichen oder umweltlichen Einwirkungen. So etwa ist die **Fähigkeit** der Person ein relativ stabiler Faktor, während die **Anstrengung** von Mal zu Mal variieren kann. Bei den externen Verursachern können Erfolge oder Misserfolge in der (stabilen) **Schwierigkeit** eines Problems liegen oder durch den (instabilen) **Zufall** der Begleitumstände bedingt sein. Nach Weiner und Kuhla (1970) beziehen leistungsmotivierte (d.h. oft auch erfolgreiche) Personen einen Erfolg eher auf hohe Begabung und Misserfolg auf Pech, während Misserfolgsmotivierte dazu neigen, ihren Erfolg auf Glück und ihr Versagen auf mangelnde Fähigkeit zu attribuieren.

Die Beeinflussbarkeit und Intensität von Motivationsprozessen hängt natürlich auch von der Art der angestrebten Ziele ab: Werden diese Motive um ihrer selbst willen angestrebt, weil sie für die Person interessant oder mit angenehmen Tätigkeiten verbunden sind, dann spricht man von **intrinsischer Motivation**. Sind es hingegen die mit den Zielen verbundenen (externen) Konsequenzen, die erreicht werden sollen, dann handelt es sich um eine **extrinsische Motivation** (Abb. 9.18). Die intrinsische

---

Merksatz

Der Erfolg oder Misserfolg von Leistungen kann entweder personeninternen (Fähigkeit, Anstrengung) oder personenexternen Ursachen (Aufgabenschwierigkeit, Zufall) zugeschrieben werden (internale oder externale Attribution).

Merksatz

Die Motivation für eine Leistung kann in der Tätigkeit selbst begründet sein (intrinsisch) oder in den Konsequenzen, die darauf zu erwarten sind (extrinsisch).

Motivation kann dann besonders hoch werden, wenn die Fähigkeiten der Person den jeweiligen Anforderungen der Leistungssituation entsprechen. Sollte es sich in diesem Fall auch noch um wichtige Bedürfnisse der Person handeln, dann entsteht nach Csikszentmihalyi (1996) ein Glücksgefühl, ein so genanntes **Flow-Erlebnis**, welches durch totales Engagement für die Aufgabe, durch Selbstvergessenheit und durch das Gefühl, volle Kontrolle über die Tätigkeit und die Begleitumstände der Situation zu haben, gekennzeichnet ist. Je besser der Mensch in der Lage ist, die Aufmerksamkeit auf bestimmte Absichten zu legen und die Begleitumstände im Sinne der Zielerreichung zu beeinflussen, desto größer ist die Befriedigung bei der Ausführung der entsprechenden Handlungen. Absichten sind jene psychischen Kräfte, die den Bewusstseinsstrom in bestimmte Richtungen leiten: „Die Ereignisse, die das Bewusstsein ausmachen – die ‚Dinge' die wir sehen, fühlen, denken und wünschen –, sind Informationen, die wir manipulieren und benutzen können" (Czikszentmihalyi, 1996, 45).

Bandura (1977a) sieht einen engen positiven Zusammenhang zwischen den Leistungsergebnissen einer Person und der Wahrnehmung ihrer **Selbstwirksamkeit** („Effizienzerwartung", self-efficacy), d.h. ihrer Überzeugung, in bestimmten Situationen erfolgreich handeln zu können. Das Vertrauen in die eigene Leistungsfähigkeit ist nach Bandura (1977a) im Allgemeinen umso größer,
* je häufiger die Person positive Erfahrungen im entsprechenden Leistungsbereich machen konnte,

engl. flow: fließen

Quellen der Motivation		Tab 9.1
Extrinsische Motivation („extern")	Lob, Anerkennung, Geld, Beförderung	
Intrinsische Motivation („intern")	Ergebnis (Problemlösung) Selbstwert (Stolz) Betätigung (Spaß, z.B. Sport) Interesse (Thema)	

Wenn eine Person für eine Handlung positive Konsequenzen aus der Umwelt erwartet, gilt sie als extrinsisch motiviert, sind hingegen innere Motive handlungsleitend, dann spricht man von intrinsischer Motivation. Sowohl die Qualität von Leistungen als auch die Ausdauer steigen im Allgemeinen bei intrinsischer Motivation.

- je geringer in der Situation die emotionale Übererregung ist,
- je mehr Aufmunterung durch relevante Kontaktpersonen vorhanden ist und
- je mehr erfolgreiche „Modellpersonen" bereits beobachtet wurden.

Insbesondere für Kinder ist es wichtig, von den Eltern, Lehrpersonen oder Gleichaltrigen adäquat gefordert zu werden. Das heißt, die Problem- und Situationsanforderungen (Tab. 9.1) sollten für das Kind jeweils eine mittlere Erfolgswahrscheinlichkeit aufweisen, damit es lernen kann, einerseits welche Situationen mit *Anstrengung* bewältigbar sind und dass andererseits der Einsatz eigener Kompetenzen Erfolg bringt (s. auch Dreher, 2007). Nehmen die Misserfolgserfahrungen überhand, dann sinkt in der Regel auch die Selbstwirksamkeitsüberzeugung (in Richtung *erlernter Hilflosigkeit*), es kommt zu ängstlichen und depressiven Verstimmungen, pessimistischen Gedanken und zu reduziertem Selbstbewusstsein (Schwarzer & Scholz, 2000).

Ausgehend von der Annahme, dass Menschen sowohl nach Stimulation (Selbstbetätigung) als auch nach Kompetenz (Selbstverursachung) streben, postulierten Ryan und Deci (2000) eine **Selbstde-terminations-Theorie**, der zufolge anspruchsvolle Tätigkeiten besonders dann intrinsische Motivation auslösen, wenn die Person sich weitgehend autonom und selbstbestimmt fühlt.

Eine spezielle Form der Leistungsmotivation, nämlich die **Arbeitsmotivation**, wird von Latham und Pinder (2005) als Ergebnis

---

Tab 9.2 | **Bereiche, in denen die Selbstwirksamkeitseinschätzungen von Kindern unterschiedlich ausgeprägt sein können:**

1. Schulisches Lernen (z.B. für einzelne Unterrichtsgegenstände)

2. Selbstreguliertes Lernen (z.B. hinsichtlich der Fähigkeit, die Umwelt lernoptimal zu organisieren)

3. Freizeitstrukturierung (z.B. bezüglich Sport, Vereine)

4. Soziale Autonomie (z.B. Widerstand gegen Gruppendruck von Mitschülern)

5. Soziale Beziehungen (z.B. Freundschaftserhalt und Konfliktbewältigung)

6. Soziale Durchsetzungsfähigkeit

7. Erfüllen sozialer Erwartungen (z.B. von Seiten der Eltern, Lehrer, Mitschüler)

(Aus Pastorelli et al., 2001, 89)

| Abb 9.18

ARBEITSMERKMALE   EINSTELLUNGEN   FOLGEN

Variabilität
Ganzheitlichkeit }   Erlebte
Bedeutung   Sinnhaftigkeit

                                             Arbeitsmotivation
                                             Arbeitsqualität
Autonomie   Erlebte   Arbeitszufriedenheit
                      Verantwortlichkeit   Arbeitsdisziplin

Feedback   Erlebte eigene
                      Effizienz

Eine Auswahl gewissermaßen objektiver Faktoren für die Arbeitsmotivation und Arbeitszufriedenheit wurde im „Job Characteristics Model" von Hackman & Oldham (1976) getestet. Dabei zeigte sich, dass die erlebte Sinnhaftigkeit von der Vielfalt der zu erledigenden Aufgaben, deren Bedeutungszuschreibung sowie deren Ganzheitlichkeit (Herstellung eines „Endproduktes") abhängt. Die im Arbeitsprozess gewährte Autonomie führt zu Verantwortlichkeit, das Feedback über den Erfolg der eigenen Tätigkeit zu Effizienzerlebnissen. Das prognostizierte Motivationspotential errechnet sich aus dem Produkt von Sinnhaftigkeit, Verantwortlichkeit und Effizienzeinschätzung, so dass es immer dann gegen null geht, wenn einer der drei Faktoren nicht gegeben ist (s. auch Judge, 2001).

der Interaktion zwischen arbeitendem Individuum und seiner Arbeitsumwelt gesehen, und zwar abhängig von vielen verschiedenen Bedingungen. Um gute Prognosen für die Arbeitsmotivation von Personen erstellen zu können, müssen gleichzeitig persönliche (z.B. Bedürfnisse, Autonomie), soziale (z.B. Feedback) und physische Faktoren (z.B. Aufgabenart, Arbeitsplatz) einbezogen werden (s. Tab. 9.2).

Zusammenfassung

Obwohl unter Fachleuten eine allgemein akzeptierte Definition für Emotionen bis heute noch nicht vorliegt, ist man sich weitgehend darüber einig, dass es sich dabei um bewertende integrative Stellungnahmen des Organismus gegenüber einer Situation oder einem Reiz handelt. Von bloßen Kognitionen unterscheiden sich Emotionen durch ihre positive oder negative Erlebnisqualität und durch eine über- oder unterdurchschnittliche psychische Aktivierung. Die Hauptbedeutung von Emotionen kann in ihren handlungsvorbereitenden Funktionen gesehen werden, indem sie die Aufmerksamkeit für bestimmte Reize verändern, Gedächtnisprozesse steuern, Motivation und Ausdauer von Handlungen beeinflussen und zwischenmenschliche Beziehungen regulieren. Moderne Emotionstheorien beziehen sehr stark neurophysiologische Erkenntnisse mit ein, aus denen klar die emotionssteuernde Rolle des Limbischen Systems hervorgeht. Emotionen bestehen zumeist aus einem affektiven Anteil (Positiv-negativ-Erlebnis, Aktivierungsgrad) und aus einem kognitiven Anteil (Einschätzungen, Attributionen), welcher im Wesentlichen für die große Vielfalt komplexer Emotionen verantwortlich ist (Freude, Überraschung, Furcht, Ärger, Abscheu, Trauer, Schuld, Scham, Liebe etc.). Allerdings bestimmen nicht nur Kognitionen die affektive Färbung der Situation, sondern etwa auch wiederholte Konfrontation (mere exposure) oder vorangehende Affekte (Erregungstransfer). In der psychologischen Ausdrucksforschung werden oft sechs bis sieben Basis-, Primär- bzw. Grundemotionen postuliert (Freude, Trauer, Überraschung, Interesse, Ärger, Furcht und Ekel), denen auch spezifische Gesichtsausdrücke zugeordnet werden.

Unter Motivation versteht man jene aktivierenden und richtungsgebenden psychischen Prozesse, welche die Auswahl, Stärke und Ausdauer von Verhaltenstendenzen bestimmen. Mentale Repräsentationen verhaltensregulierender Zielvorstellungen werden Motive oder Bedürfnisse genannt. Den Trieben liegen biologische (primäre) Motive zugrunde (z.B. Hunger, Durst, Fortpflanzung), sie sind aber häufig durch kognitive (sekundäre, tertiäre, ...) Motive vermittelt. Die Reihenfolge der Befriedigung von Bedürfnissen wird als gesteuert durch eine Bedürfnishierarchie angenommen, an deren Basis die vitalen, lebensnotwendigen Bedürfnisse liegen, während als anspruchsvollstes Bedürfnis die Selbstverwirklichung gilt. Der Hunger, als Bedürfnis zur Nahrungsaufnahme, wird durch eine Vielzahl von Umgebungs- und Körperfaktoren beeinflusst und neigt in wirtschaftlich hoch entwickelten Gesellschaften zur Fehlregulation. Die Motivation zur Aggression ist ebenso vielfältig verursacht (z.B. durch Nachahmung oder Frustration). Für die soziale Funktion der Aggression können evolutionstheoretische Begründungen gefunden werden. Gute oder schlechte Leistungen werden auf vier Ursachen zurückgeführt: Fähigkeit, Ausmaß an Anstrengung, Schwierigkeit der Aufgabe oder Zufall. Wenn die Person einen Erfolg sich selbst zuschreibt (internale Attribution, Selbstwirksamkeitswahrnehmung), dann erhöht dies die zukünftige Erfolgserwartung und auch ihre Leistungsmotivation. Die Arbeitsmotivation, als spezielle Form der Leistungsmotivation, hängt von vielen verschiedenen Bedingungen ab, als besonders relevant haben sich die Sinnhaftigkeit der Tätigkeit, die verspürte Verantwortlichkeit und die erwartete Effizienz herausgestellt.

Fragen

1. In welcher Hinsicht unterscheiden sich Emotionen von Kognitionen?
2. Wodurch unterscheidet sich ein Affekt von einer Stimmung?
3. Welche Dimensionen kennzeichnen den Affekt- oder Emotionsraum?
4. Welche psychischen Funktionen werden Emotionen zugeschrieben?
5. Welchem Bereich des Zentralnervensystems wird die Regulation emotionaler Prozesse zugeschrieben?
6. Welche zwei Hauptkomponenten von Emotionen werden unterschieden?
7. Welche Bestimmungsmerkmale sind für komplexe Emotionen bzw. emotionale Episoden relevant?
8. Was versteht man unter „mere exposure"?
9. Wie wirkt sich der Erregungstransfer auf Emotionen aus?
10. Was sind Basis-, Primär- oder Grundemotionen?

11. Was besagt die Facial-Feedback-Hypothese?
12. Wie kann Motivation definiert werden?
13. Wodurch unterscheidet sich intrinsische von extrinsischer Motivation?
14. Welche Motive beschreibt die Bedürfnispyramide von Maslow (1954)?
15. Durch welche Faktoren werden das Hungergefühl und das Sättigungsgefühl beeinflusst?
16. Wie beeinflusst Imitation aggressives Verhalten?
17. Welche individuellen oder situationsbezogenen aggressionsförderlichen Faktoren gibt es?
18. Was versteht man unter Dehumanisierung?
19. Auf welche Arten von Ursachen werden Leistungen häufig zurückgeführt?
20. Erklären Sie die Begriffe Selbstwirksamkeit und Leistung!
21. Welche Determinanten der Arbeitsmotivation sind bekannt?

Literatur

Dalgleish, T. & Power, M. J. (Ed.). (2005). Handbook of Cognition and Emotion (Online). New York

Eccles, J. S. & Wigfield, A. (2002). Motivational beliefs, values, and goals. Annual Review of Psychology, 53, 109–132

Passer, M. W. & Smith, Ronald E. (2004). Psychology. The science of mind and behaviour (Chapter 9). Boston

Roth, E. (2003). Fühlen, Denken, Handeln. Wie das Gehirn unser Verhalten steuert. Frankfurt/M.

Schwarzer, R. (Ed.). (1992). Self-efficacy: Thought control of action. Washington D.C.

Weiner, B. (1994). Motivationspsychologie. Stuttgart

Soziale Prozesse | 10

Inhalt

10.1   Soziale Wahrnehmung

10.2   Einstellungen

10.3   Einstellungsänderung und sozialer Einfluss

10.4   Autorität und Gehorsam

10.5   Soziale Beziehungen

10.6   Kommunikation

10.7   Gruppenprozesse

Im Alltagsdenken – aber auch in der älteren Psychologie – wird oft davon ausgegangen, dass menschliches Verhalten hauptsächlich von Einstellungen, Werthaltungen oder Willensakten determiniert sei, wobei der Einfluss der physischen oder sozialen Situation vernachlässigt wird (*fundamentaler Attributionsfehler*, Ross, 1977). Begabung und Anstrengung werden als Erklärung für gute Leistungen herangezogen, Aggressionsneigung für die Entstehung von Streitigkeiten oder ein hohes ethisches Niveau für selbstlose Hilfeleistungen. Die Untersuchungsergebnisse der Sozialpsychologie weisen allerdings nach, dass unser Verhalten mehr von situativen und sozialen Bedingungen abhängt als gemeinhin angenommen.

10.1 | ## Soziale Wahrnehmung

Die Aufnahme von sozialen Informationen wird besonders durch die Aufmerksamkeitsausrichtung und die **Auffälligkeit** der Reize gesteuert. So etwa werden in Diskussionen Personen, die besser beleuchtet oder auffälliger gekleidet sind, häufiger beachtet und infolgedessen als einflussreicher im Diskussionsprozess angesehen (Taylor & Fiske, 1975). Auch sind seltene Ereignisse oder Merkmale im Allgemeinen auffälliger als häufige, so dass ihnen bei kognitiven Urteilen mehr Gewicht zukommt. Dies trifft insbesondere auf negative Personenmerkmale zu, die wahrscheinlich aufgrund der gesellschaftlichen Höflichkeitsregeln in Gesprächen seltener zum Ausdruck kommen und deshalb bei Personenbeschreibungen mehr Wirkung zeigen („Negativitätsbias").

Die Auffälligkeit von Reizen wird aber natürlich nicht nur von äußerlichen Merkmalen oder deren Auftrittswahrscheinlichkeit bestimmt, sondern auch von deren subjektiver Bedeutung. Einzeleigenschaften von Menschen oder Gruppen, die einen entscheiden-

Abb 10.1 |

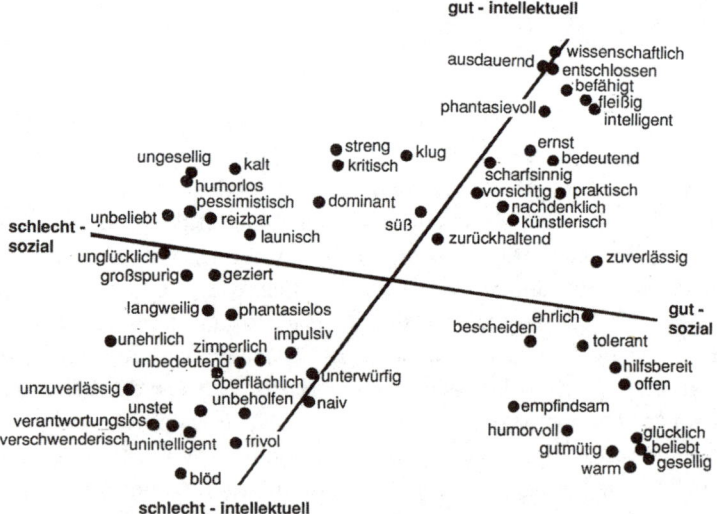

Welche Beziehungen zwischen Persönlichkeitsmerkmalen angenommen werden, kommt in so genannten impliziten Persönlichkeitstheorien zum Ausdruck. Die Darstellung von Rosenberg, Nelson & Vivekananthan, (1968) zeigt, dass die von Studenten assoziierten Eigenschaften durch die korrelierenden Dimensionen intellektuell und sozial kategorisiert werden können.

den Einfluss auf die Gesamtbeurteilung ausüben, nennt man **zentrale Merkmale**, im Gegensatz zu so genannten **peripheren Merkmalen**. Die Assoziationsnähe zwischen Personenmerkmalen (z.B. die Erwartung eines gemeinsamen Auftretens von „herzlich", „glücklich" und „gutmütig") erklärt man durch so genannte **implizite Persönlichkeitstheorien**, das sind subjektive Annahmen über das gemeinsame Vorkommen von Personeneigenschaften (Abb. 10.1). Die allgemein beobachtbare Tendenz, vom Vorliegen positiver Eigenschaften (z.B. intelligent) auf weitere positive Eigenschaften (z.B. sympathisch) zu schließen – und ähnlich im negativen Sinne –, nennt man **Halo-Effekt**.

> **Merksatz**
>
> **Die Auffälligkeit sozialer Informationen, ihre Bedeutung sowie ihre Reihenfolge beeinflussen die soziale Wahrnehmung.**

engl. halo: Hof um den Mond

Hinsichtlich der Personenwahrnehmung ist auch der von den Gedächtnisprozessen her bekannte **Positionseffekt** zu berücksichtigen, nämlich die Tendenz, sich die ersten Informationen langfristig und die letzten Informationen kurzfristig besser einzuprägen. Wenn etwa in einer Personenbeschreibung (Luchins, 1957; zit. nach Forgas, 1987) zuerst die Eigenschaften freundlich, gesellig, sozial und offen genannt werden und erst nachfolgend die Eigenschaften schüchtern, zurückgezogen und unfreundlich, dann wird die Person später eher als „extravertiert" eingestuft, bei umgekehrter Reihenfolge hingegen eher als „introvertiert" (*Primacy-Effekt*). Ähnlich verhält es sich in Leistungssituationen bei Personen, die in Summe gleich gute Leistungen erbringen: Hier werden dennoch jene, die anfangs besser abschneiden, als leistungsfähiger eingestuft als jene, die sich erst später verbessern (Jones et al., 1968). Werden allerdings die Beurteiler aufgefordert, alle Informationen möglichst gleichgewichtig zu beachten, oder wird zwischen den Informationsanteilen eine Pause eingeschoben, dann hebt dies den Primacy-Effekt auf oder es ergibt sich sogar eine stärkere Wirksamkeit der letzten Informationsanteile (*Recency-Effekt*). Die kognitive Verfügbarkeit (s. Kap. 8) von Informationen hat also auch auf soziale Urteile und Entscheidungsprozesse einen erheblichen Einfluss.

Da in kaum einer sozialen Situation alle relevanten Informationen über Personen oder Situationen verfügbar sind, ist der Mensch immer auch auf seine Interpretationen oder **Attributionen** (Ursachenzuschreibungen) angewiesen (s. auch Kap. 9). Eigenschaften von Personen werden im Wesentlichen aus ihren sprachlichen Äu-

Abb 10.2

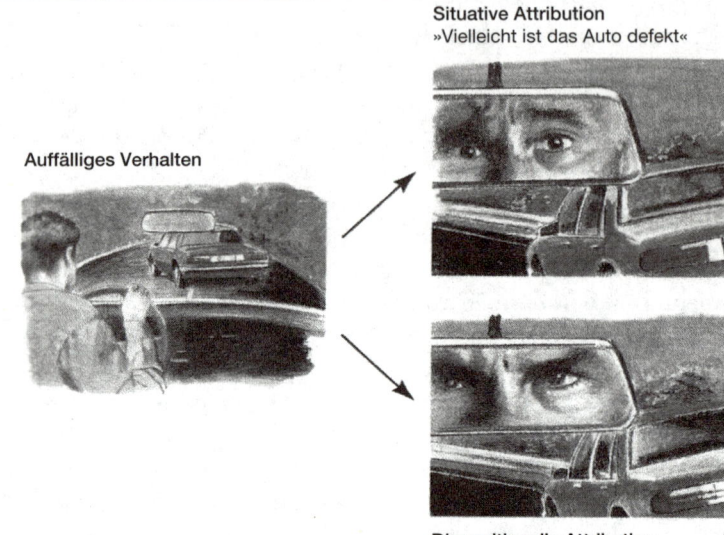

Auffälliges Verhalten

Situative Attribution
»Vielleicht ist das Auto defekt«

Dispositionelle Attribution
»Rücksichtsloser Fahrer«

Plötzliches Ausscheren eines Autofahrers kann entweder situativ oder dispositionell erklärt bzw. attribuiert werden. Nur die subjektive Art der Attribution des zweiten Fahrers entscheidet über dessen eventuell folgenschwere aggressive Reaktion.

ßerungen erschlossen oder aus Beobachtungen ihres Verhaltens. Nur teilweise wird dabei berücksichtigt, dass verlässliche Rückschlüsse vom Verhalten auf zugrunde liegende Einstellungen nur dann gezogen werden können, wenn sich die beurteilte Person frei verhalten kann und nicht unter physischem, sozialem oder psychischem Druck steht.

Aus Handlungen, die überraschend und erwartungswidrig erscheinen, wird meist mit großer Überzeugung auf korrespondierende Einstellungen oder Werthaltungen geschlossen (Walster, Aronson & Abrahams, 1966). Zum Beispiel gelingt es Schülern, die eine strengere Notengebung befürworten, leicht, als qualitätsehrgeizig zu erscheinen; einem Firmeninhaber, der freiwillig die Sozialleistungen für seine Arbeiter und Angestellte erhöht, schreibt man sofort eine sozialethische Werthaltung zu; und eine Person, die einmal für das Wohl anderer ihre eigenen Interessen vernachlässigt, gilt schnell als altruistisch. Sehr wohl gibt es je-

Das Verhalten von Personen kann eher als situativ (durch Umweltbedingungen) oder eher als dispositionell (durch Personeneigenschaften) bedingt angesehen werden.

doch auch Einschränkungen: Lassen sich nämlich Handlungen sehr gut durch Situationsaspekte (z.B. Höflichkeit, Bezahlung, Bedrohung, *Gruppendruck*) erklären, dann wird weniger auf die Disposition geschlossen („Abschwächungsprinzip", Herkner, 1991).

Untersucht wurde auch die Interpretation von Mitteilungen, aus denen grundsätzlich Sachinformationen (z.B. Merkmale eines Sachverhaltes) oder Personeninformationen (z.B. Eigenheiten eines Kommunikanden) abgeleitet werden können. Wenn etwa beobachtet wird, dass Person A die Leistungen von Person B negativ bewertet, kann dieses *Feedback* als sachlich (objektiv) gerechtfertigt erscheinen, womit eine **Sachattribution** oder **Stimulusattribution** vorliegt, oder es kann auf die Eigenschaften der kritisierenden Person zu-

Die Attributionstheorie von Kelley (1967) | Box 10.1

Wie ein wahrgenommenes Verhalten attribuiert wird, lässt sich am Beispiel einer wahrgenommenen Aussage demonstrieren. Die Interpretation hängt nach Harold Kelley von drei Arten von Informationen ab (s. auch Orvis, Cunningham & Kelley, 1975), nämlich davon, wie viele Personen mit der Aussage übereinstimmen (Konsensus), auf wie viele Objekte bzw. Stimuli sich die Aussage bezieht (Distinktheit) und zu wie vielen Zeitpunkten sie gleichartig wiederholt wurde (Konsistenz). Aussagen, die kaum wiederholt werden (geringe Konsistenz), schreibt man den Umständen zu (Zufall). Werden gleiche Aussagen häufig gehört, dann scheinen sie entweder „objektiv" eine Sache zu charakterisieren, wenn sich nämlich viele Personen dazu spezifisch äußern (hoher Konsensus, hohe Distinktheit), oder einzelne Personen, wenn nur diese (geringer Konsensus) zu verschiedenen Inhalten (geringe Distinktheit) gleichartig Stellung nehmen (Herkner, 1980, 18).

Attribution	Konsensus	Distinktheit	Konsistenz
Stimulus	Hoch	Hoch	Hoch
Person	Gering	Gering	Hoch
Umstände	Gering	Hoch	Gering

rückgeführt werden (z.B. sehr hohes Anspruchsniveau), was als **Personenattribution** bezeichnet wird (s. Box 10.1). Meinungen sieht man vorwiegend dann als sachlich begründet an, wenn sie wiederholt („Konsistenz"), von verschiedenen Personen („Konsensus") und möglichst spezifisch („Distinktheit") geäußert werden, während man sie dann eher als subjektiv begründet wahrnimmt, wenn sie wiederholt von einer Person über verschiedene Sachverhalte (unspezifisch) gleichartig geäußert werden.

Da die eigene Meinung bei Übereinstimmung mit anderen (sachkundigen) Personen besser abgesichert erscheint, überschätzen wir häufig den Bevölkerungsanteil, von dem wir glauben, dass er mit uns gleicher Meinung ist, was als **falscher Konsensuseffekt** bezeichnet wird (Ross, Greene & House, 1977).

Neben Auffälligkeit, Bedeutung und Attribution spielen auch die Umstände bzw. Bedingungen, in denen die Informationsverarbeitung stattfindet, eine wichtige Rolle. So etwa kann sich gute oder

Abb 10.3

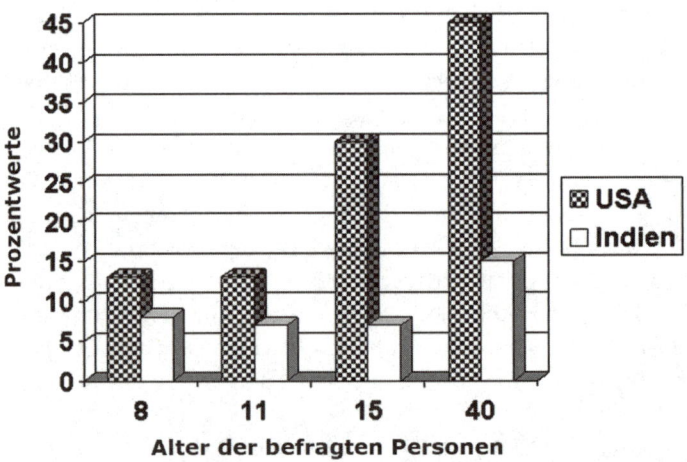

In der kulturvergleichenden Untersuchung von Miller (1984, 967) zeigte sich, dass US-Amerikaner bei der Erklärung von Verhaltensweisen ihnen bekannter Personen stärker zu Dispositionsattributionen neigen als Inder (Hindus) – besonders mit zunehmendem Alter –, und zwar sowohl bei der Beurteilung von prosozialem als auch von sozial abweichendem Verhalten.

schlechte **Stimmung** auf die Selbst- oder Fremdbeurteilung positiv oder negativ auswirken (Forgas, Bower & Krantz, 1984; Forgas, 1995).

Aber auch die Perspektive der Betrachtung eines sozialen Prozesses oder die Rolle, die man selbst darin einnimmt, hat einen Einfluss auf die Ursachenzuschreibung: Die **Akteur-Beobachter-Verzerrung** besteht darin, dass Personen, die aktiv in einen sozialen Prozess (z.B. eine Diskussion) eingebunden sind, ihr eigenes Verhalten eher durch Situationseinflüsse erklären, während Beobachter des gleichen Prozesses diesen eher durch Dispositionseinflüsse (Persönlichkeit, Einstellung, Motivation) verursacht sehen (Storms, 1973). Aus der Perspektive der Mitarbeiter (Akteure) werden somit eher Situationsinformationen (z.B. Arbeitsbedingungen) zur Interpretation von Misserfolgen herangezogen, aus der Perspektive des Vorgesetzten (Beobachters) hingegen eher Dispositionsinformationen (z.B. Unfähigkeit). Die Akteur-Beobachter-Verzerrung bewirkt auch Diskrepanzen in der Einschätzung der Handlungsfreiheit, indem etwa die Beobachter stärker als die Akteure vermuten, dass Letztere sich in Zukunft ebenso verhalten werden wie bisher (Nisbett et al., 1973), oder indem Vorgesetzte ihren eigenen Freiheitsspielraum wesentlich eingeschränkter sehen als ihre Untergebenen (Gurwitz & Panciera, 1975). Aus Kulturvergleichen kann der Schluss gezogen werden, dass zumindest zwischen Ost und West („Kollektivismus" – „Individualismus") ebenfalls unterschiedliche Tendenzen in der Ursachenzuschreibung existieren (Abb. 10.3).

Einstellungen

| 10.2

Einstellungen sind das Ergebnis kognitiver oder emotionaler Stellungnahmen gegenüber Objekten, Personen, Tätigkeiten oder Situationen. „Die Einstellungsforschung ist neben der Kleingruppenforschung das klassische Thema der soziologischen und psychologischen Sozialpsychologie" (Witte, 1994, 361). Die Messung

Merksatz

Einstellungen sind kognitive oder emotionale Bewertungsergebnisse für Objekte, Personen, Tätigkeiten oder Situationen.

von Einstellungen mittels Fragebögen und Skalierungen wurde häufig zur Vorhersage von Verhaltensintentionen und tatsächlichem Verhalten verwendet. Da die Verhaltensorientierung eines

Menschen aber nicht nur von seinen Meinungen, Einstellungen oder Werthaltungen abhängt, sondern auch noch von anderen Merkmalen seiner Persönlichkeit und von situativen Bedingungen, darf nicht überraschen, dass in Experimenten die erhobenen Einstellungen allein oft nicht mehr als 25 % (ganz selten mehr als 50 %) des tatsächlichen Verhaltens prognostizieren konnten. Je mehr allerdings eine Person bestimmten Einstellungen Bedeutung zuschreibt, je weniger sie sich sozial beeinflussen lässt und je mehr sie an die Durchsetzbarkeit ihrer eigenen Meinungen glaubt (s. *internale Attribution*), desto größer ist auch die beobachtbare **Einstellungs-Verhaltens-Konsistenz**, bzw. desto mehr stimmt ihr Verhalten mit den geäußerten Einstellungen überein (s. etwa Herkner, 1991).

Die aus der sozialen Wahrnehmung gewonnenen Eindrücke von Personen oder Personengruppen sind mehr oder weniger tendenziös. Unter einem **Stereotyp** versteht man die „verallgemeinernde (manchmal richtige, oft aber übergeneralisierende) Überzeugung über eine Gruppe von Menschen", als **Vorurteile** dagegen bezeichnet man „ungerechtfertigte (und in der Regel negative) Einstellungen gegenüber einer Gruppe und ihren Mitgliedern", aus denen entsprechende Gefühle und Verhaltenstendenzen resultieren (Myers, 2005, 635). Je nachdem, ob man der gleichen Gruppe („Ingroup") oder einer anderen Gruppe („Outgroup") angehört, unterscheiden sich die Stereotype erheblich. Die eigene soziale (religiöse, ethnische, kulturelle, ...) Gruppe wird in der Regel positiver, die Fremdgruppe negativer gesehen. Die Tendenz zur Stereotypisierung besteht nicht nur gegenüber größeren Bevölkerungsschichten (z.B. Männer/Frauen, Inländer/Ausländer, Schwarze/Weiße), sondern auch gegenüber kleineren sozialen Einheiten (z.B. Nachbarn, Sippen, Cliquen, Arbeitsgruppen). Vorurteile bilden immer auch die Grundlage für soziale Anfeindungen und die Entstehung von Außenseitern, Mobbingopfern und „Sündenböcken".

Einstellungen lassen sich als Netzwerke kognitiver Elemente auffassen, deren Wechselbeziehungen auch kognitive und affektive Widersprüche enthalten können: Einer Person werden nicht selten gegensätzliche Eigenschaften zugeschrieben, so zum Beispiel kann ein Mensch sowohl sympathische als auch unsympathische

Merksatz

Stereotype sind stark verallgemeinerte Meinungen über Gruppen von Menschen. Ungerechtfertigte, gruppenbezogene Einstellungen werden als Vorurteile bezeichnet.

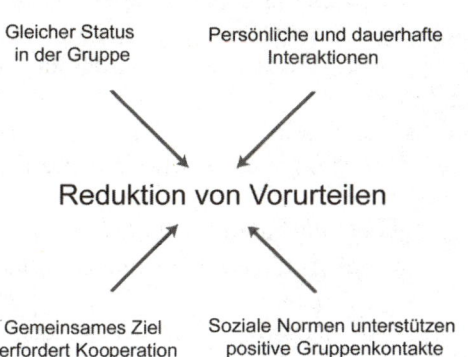

Abb 10.4

Nach Allport (1954) tragen vor allem vier Bedingungen des Sozialkontaktes zum Abbau von Vorurteilen zwischen Gruppen bei: Gemeinsames Ziel, Gleichberechtigung, häufige Begegnungen und kooperative Gruppennormen können ein Klima wechselseitiger Dependenz und korrekter sozialer Wahrnehmung schaffen.

Züge aufweisen, und auch Berichte über „Tatsachen" können einander widersprechen. Wie solche Inkonsistenzen kognitiv verarbeitet werden, versuchen **kognitive Theorien** der Sozialpsychologie aufzuklären („Balancetheorie", „Kongruenztheorie", *Dissonanztheorie, Theorie der Selbstwerterhaltung*, ...).

Viel Beachtung fand bisher die **kognitive Dissonanztheorie** von Festinger (1957), mittels derer Widersprüche zwischen Kognitionen analysiert wurden (s. Frey & Irle, 2001). So etwa die Unvereinbarkeit zwischen dem Wissen, dass einerseits Rauchen der Gesundheit schadet (Einstellung), dass man aber andererseits selbst raucht (Verhalten). Die Dissonanztheorie geht davon aus, dass zwischen widersprüchlichen Einstellungs- und Verhaltenskognitionen – ähnlich wie bei Musikstücken – eine Spannung bzw. Dissonanz entsteht, die umso größer ist, für je wichtiger die betreffenden Kognitionen gehalten werden und je mehr Widersprüche zwischen ihnen existieren. Die Auflösung dieser kognitiven Spannung kann verschiedenartig erfolgen:

Merksatz

Die kognitive Dissonanztheorie erklärt Verhaltens- und Einstellungsveränderungen durch das menschliche Bedürfnis nach Konsonanz im kognitiven System.

- Veränderung der Einstellung (z.B. Bagatellisierung der Gesundheitsbedrohung durch Rauchen)
- Änderung des Verhaltens (z.B. Reduktion des Rauchens oder Entwöhnung)
- Hinzufügen weiterer konsonanter Kognitionen (z.B. „Rauchen fördert die Entspannung", „Rauchen erleichtert es, schlank zu bleiben")
- Beseitigung dissonanter Kognitionen (z.B. Ignorieren oder Verdrängen von Berichten über die Gesundheitsgefahren des Rauchens)

Im Allgemeinen wird jene Auflösung des Widerspruches bevorzugt, die den geringsten Aufwand verursacht („Ökonomieprinzip"), so dass Gewohnheitsraucher wahrscheinlich eher ihre Einstellung über das Rauchen ändern als ihre Rauchgewohnheiten. Dissonanzeffekte treten vor allem im Zusammenhang mit solchen Handlungen auf, nach welchen negative Konsequenzen eintreten oder dro-

---

Abb 10.5

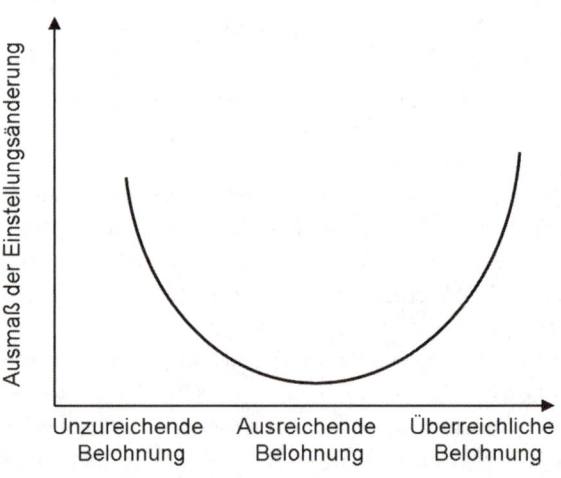

Einstellungen, die zu einem bestimmten Verhalten führen, können durch dessen unzureichende Rechtfertigung aufgewertet werden (Dissonanzeffekt) oder durch besonders positive Konsequenzen, die dem Verhalten folgen (Verstärkungseffekt). Wird jedoch der Aufwand eines Verhaltens als angemessen empfunden, dann bleibt nach dem Verhalten die entsprechende Einstellung weitgehend unverändert (Herkner, 1991, 267).

hen, aber nur dann, wenn man sich für die Handlungen verantwortlich fühlen kann („Handlungsfreiheit"). Dabei kommt es zum
Beispiel nach dem Eintritt von gravierenden Schäden, Verlusten
und Nachteilen oft dazu, dass die Betroffenen ihre vormaligen Motive und Intentionen verteidigen und festigen (z.B. Kriegsheimkeh-
rer). Bei Anrainern von Atomkraftwerken fest, dass sie deren Ge-
fährlichkeit geringer einstufen als entfernter wohnende Personen
(Maderthaner et al., 1978).

Ein spezieller Bereich der Dissonanzforschung bezieht sich
daher auf die **Rechtfertigung des Aufwands** („effort-justification"): Es
handelt sich dabei ganz allgemein um die subjektive Aufwertung
von Tätigkeiten, Objekten oder Zielen, die mit viel Anstrengung
oder großem materiellen oder psychischen Aufwand verbunden
waren. Auch Diplome werden höher ein-
geschätzt, nachdem strengere Prüfungen
absolviert wurden, die Attraktivität einer
Clique (z.B. Studentenverbindung) steigt
mit dem Aufwand von Aufnahmeprüfun-
gen oder Mutproben, und teuer gekaufte
Waren gelten oft als schöner und besser
als gleichwertige billigere Produkte. Eine
Verbesserung der Einstellung gegenüber
Aktivitäten oder Motiven kann also aufgrund eines als überpropor-
tional empfundenen Aufwands erfolgen – etwa auch indem eine
sehr schlecht bezahlte, aber anstrengende Arbeit als sinnvoll aufgewertet wird –, sie kann aber auch durch „überreichliche" Belohnung entstehen, wie zum Beispiel bei einem hohen Gehalt für eine
moralisch anzweifelbare Beschäftigung (Abb. 10.5).

> **Merksatz**
>
> **Um einen bereits geleisteten Aufwand für ein Ziel subjektiv zu rechtfertigen, wird das Ziel aufgewertet („effort-justification").**

Einstellungsänderung und sozialer Einfluss | 10.3

Je extremer eine bestimmte Einstellung bei einer Person ausgeprägt ist – wie zum Beispiel stark emotional gefärbte Vorurteile
oder Werthaltungen –, desto mehr Begründungen und desto ge-
wichtigere Argumente werden dafür gefunden und desto größer ist
daher im Allgemeinen die **Einstellungsstabilität** (Herkner, 1991). Bei
einer stabilen und argumentativ gut abgesicherten Meinung ist der
Akzeptanzbereich für eine mögliche Einstellungsveränderung wesentlich kleiner als bei instabilen Meinungen. Wird dieser Akzep-

tanzbereich bei Überzeugungsversuchen überschritten, dann verfestigt sich eher die ursprüngliche Meinung oder entwickelt sich sogar in die unerwünschte Gegenrichtung. Dieser **Bumerang-Effekt** (Hovland, Harvey & Sherif, 1957; Rhine & Polowniak, 1974), der durch überzogene, rhetorisch aufdringliche Manipulationsbemühungen (von wenig glaubwürdigen Gesprächspartnern) entsteht, lässt sich durch eine „Schritt-für-Schritt-Technik" unterbinden, bei der wiederholt nur kleine Einstellungsveränderungen in die intendierte Richtung bewirkt werden. Ein Nebeneffekt erfolgloser Überzeugungsversuche ist übrigens die Reduktion der *Glaubwürdigkeit* der argumentierenden Person.

Eine Einstellungsveränderung ist zumeist kein passiver Prozess, der einfach durch Berieselung mit Argumenten zustande kommt, sondern beruht wesentlich auf der Bereitschaft und der Fähigkeit, Informationen zu verarbeiten. Nach dem **Elaboration-Likelihood-Model** (ELM) von Petty und Cacioppo (1986) kann die Motivation, sich mit

Abb 10.6

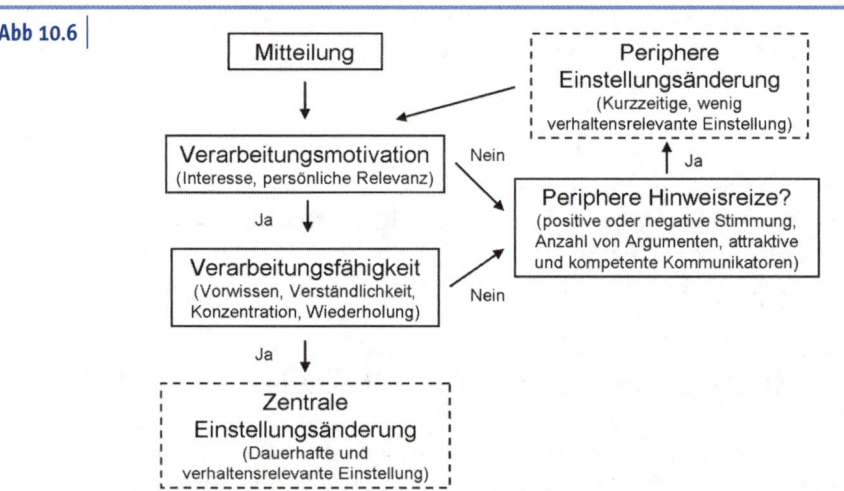

Ob es durch Information und Überzeugungsversuche zu einer dauerhaften Einstellungsänderung kommt, hängt nach dem Elaboration Likelihood Model (ELM) für Überzeugungsprozesse davon ab, ob man zur Informationsverarbeitung motiviert ist und ob man fähig ist, die Mitteilung zu verstehen. Wenn beide Voraussetzungen nicht gegeben sind, kann dennoch durch „periphere" Signale zumindest eine oberflächliche, allerdings nicht sehr stabile Einstellungsänderung entstehen.

Mitteilungen zu beschäftigen, sowohl über den zentralen Pfad (Interesse an den Inhalten) hervorgerufen werden als auch über den peripheren Pfad (Sympathie, Autorität, Rhethorik etc.). Einstellungsänderungen, die durch intensives Nachdenken zustande kommen (zentraler Pfad), sind gemäß dieser Theorie beständiger und verhaltensrelevanter als jene, die eher oberflächlich entstehen (peripherer Pfad; Abb. 10.6).

Zur Erklärung des Erfolgs von sozialen Beeinflussungsversuchen werden in der Sozialpsychologie drei wichtige menschliche Motive herangezogen (Cialdini & Goldstein, 2004):

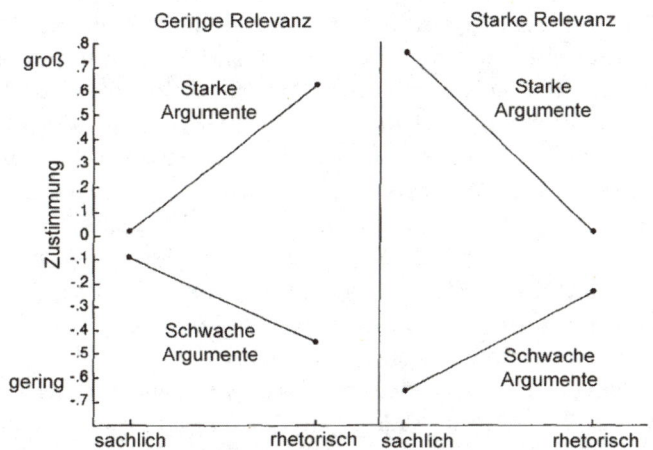

| Abb 10.7

Im Experiment von Petty und Cacioppo (1981, 437) sollte der Einfluss der Qualität von Argumenten, der Art ihrer Vermittlung (rhetorisch oder sachlich) und der subjektiven Relevanz des Themas auf die Einstellungsänderung von 160 studentischen Probanden untersucht werden. Verschiedenen Gruppen wurden über Kopfhörer entweder acht gute oder acht weniger gute Argumente für die Einführung einer umfassenden Abschlussprüfung im Hauptfach des Universitätsstudiums vorgespielt. Vier Gruppen hörten, dass die Vorschläge sie selbst beträfen (starke Relevanz), die anderen, dass sie für eine andere Universität gedacht seien (geringe Relevanz), einem Teil der Probanden wurden die Argumente sachlich, den anderen in leicht rhetorischer Frageform präsentiert („Glauben Sie nicht auch, dass …“; „Stimmen Sie nicht ebenfalls zu, dass …“; „Ist es nicht klar, dass …“). Die Ergebnisse zeigten, dass bei wenig relevanter Thematik eine Rhetorik dazu führt, dass gute Argumente akzeptiert und schlechte Argumente durchschaut werden, während dies bei persönlicher Relevanz des Themas nur eine sachliche Argumentation bewirkte und sich bei Rhetorik kaum Effekte zeigten.

1. Die Erlangung von Wissen über die Realität (um Urteile über Sachverhalte fällen zu können und erfolgreich Probleme zu meistern)
2. Die Entwicklung guter *sozialer Beziehungen* (zur Befriedigung des Bedürfnisses nach Anerkennung, Zuneigung und Liebe)
3. Das Bedürfnis nach Aufrechterhaltung eines positiven *Selbstkonzeptes* (um Selbstsicherheit zu entwickeln und sich neuen Situationen gewachsen zu fühlen)

Im Dienste dieser drei Motive sieht Cialdini (2006) vor allem sechs Effekte als besonders wirksam in Überzeugungsprozessen an:

• **Reziprozität**: Ein wichtiges Prinzip sozialen Zusammenlebens ist Gegenseitigkeit („Gibst Du mir, so geb' ich Dir"), so dass sich durch eine Gabe, die angenommen wird, die meisten Menschen zu einer Gegenleistung veranlasst sehen. Kostproben, Werbegeschenke, Preisnachlässe und Entgegenkommen jeglicher Art werden überall dazu eingesetzt, bei möglichen Kunden die Bereitschaft für eine „Gegenleistung", meistens einen Kauf, zu erhöhen. Es kann aber auch durch eine überzogene Bitte oder Forderung, die erwartungsgemäß von der angesprochenen Person abgelehnt wird, deren Bereitschaft für ein kleineres Entgegenkommen aufbereitet werden („Door-in-the-face-Technik", Box 10.2). Eine andere, häufig eingesetzte Verkaufsstrategie ist die „That's not all-Technik", bei der nach Nennung eines Preises für ein Produkt sofort ein Preisnachlass gewährt wird oder andere zusätzliche Leistungen angeboten werden.

• **Konsistenz**: Menschen streben im Allgemeinen danach, in wichtigen Einstellungen und Haltungen sich selber treu zu bleiben. Diese Selbstverpflichtung („commitment") gegenüber dem eigenen Standpunkt wirkt umso stärker, je mehr auch andere Personen davon wissen (z.B. Verwandte, Freunde, Nachbarn oder Bekannte). Eine Nutzanwendung des menschlichen Konsistenzbestrebens ist die „Foot-in-the-door-Technik", bei der Personen zunächst um nur geringe Gefälligkeiten gebeten werden, um später mit besserer Chance auch größere Forderungen bei ihnen durchzusetzen (Abb. 10.8). Eine andere ist die in Verkaufsbranchen verbreitete „Low-ball-Technik", bei der zuerst ein Produkt zu einem Vorteilspreis versprochen wird, damit eine Kaufabsicht entsteht, danach aber die (z.B. als Kalkulationsfehler deklarierte) Preisreduktion wieder zurückgezogen

Door-in-the-face-Technik | **Box 10.2**

In einem Experiment wurden Studenten gebeten, zwei Jahre lang jede Woche zwei Stunden für die Betreuung jugendlicher Delinquenten zu opfern. Alle sagten erwartungsgemäß „Nein". Als sie aber anschließend ersucht wurden, die gleichen Jugendlichen nur bei einem Zoobesuch zu begleiten, sagten 50 % zu, während in einer zuvor nicht kontaktierten Vergleichsgruppe nur 17 % für den Zoobesuch zusagten (Cialdini et al., 1975).

wird oder (angeblich vergessene) Zusatzkosten aufgerechnet werden (Cialdini, 2006).

- **Konsensus** („Soziale Bewährtheit"): Was andere Menschen denken oder meinen („Sozialnormen"), hat bekanntlich auf jeden von uns starken Einfluss, insbesondere bei jenen Themen, die nicht eindeutig objektiv oder logisch entschieden werden können (s. *Stimulusattribution*). Dabei sind uns die Ansichten sympathischer, mächtiger, angesehener, erfahrener Personenkreise wichtig, vor allem aber solcher, die uns ähnlich erscheinen oder denen wir uns zugehörig fühlen (Cialdini, 2006). Je größer der *Konsensus* mit gleichgesinnten relevanten Personen angenommen werden kann, desto weniger scheut man sich, *Konformität* zu zeigen: Je länger beispielsweise bei einer Spendenaktion die vorgezeigte Namensliste von Spendern ist, desto eher spendet man selbst.

> **Merksatz**
>
> **Je mehr man sich zu Gegenleistungen verpflichtet fühlt, bereits Zugeständnisse gemacht hat oder sich in seiner Meinung abgestützt sieht, desto eher ändert man Einstellungen und Verhaltensweisen in die gewünschte Richtung.**

- **Sympathie**: Zwischenmenschliche Anerkennung und Zugehörigkeit zählen zu den wichtigsten Bedürfnissen des Menschen (s. *Bedüfnispyramide*) und sind Grundvoraussetzungen für private soziale Beziehungen. Da soziale Beziehungen prinzipiell durch Meinungsdiskrepanzen gefährdet sind, tendiert der Mensch dazu, sich so weit wie möglich an sympathische Menschen anzupassen. Dies ist auch der Grund, weshalb in Überzeugungsexperimenten attraktive Personen erfolgreicher sind, weshalb geschickte und glaubhafte Komplimente in Verhandlungen ihre Wirkung haben und die Erwähnung von Gemeinsamkeiten (bezüglich Herkunft, Freizeitgestaltung, politischer Orientierung) zwischen Verkäufer und Käufer bei Letzterem die Einstellung zum Verkaufsgegenstand positiv beeinflusst (Cialdini, 2006; Cialdini & Goldstein, 2004).

- **Autoritätsgläubigkeit**: Wer als Autorität oder Experte auftritt, genießt im Allgemeinen größere *Glaubwürdigkeit* und hat entsprechend mehr Einfluss auf andere. Innerhalb von Organisationen wirkt sich zusätzlich die Höhe der Position in der Hierarchie positiv auf die Überzeugungsmacht einer Person aus. Bei dieser

Abb 10.8

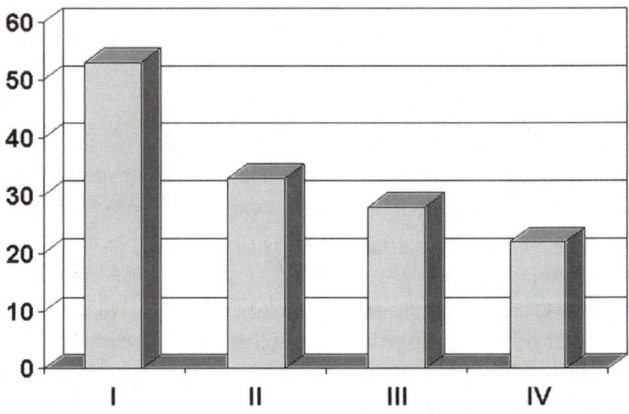

In einem als Meinungsbefragung getarnten Experiment von Freedman und Fraser (1966, 197) zur „Foot-in-the-door-Technik" wurden 156 kalifornische Hausfrauen per Telefon ersucht, fünf oder sechs Männer einer öffentlichen Konsumentenorganisation für zwei Stunden in ihr Haus zu lassen, um alle Haushaltsprodukte zu klassifizieren. Drei Tage vorher wurde eine Teilgruppe der Hausfrauen (I) nur gebeten, in einem Telefoninterview über verwendete Haushaltsprodukte Auskunft zu geben; mit der zweiten Gruppe (II) wurde über die geplante Erhebung gesprochen (sie wurde aber nicht befragt); mit der dritten Gruppe (III) wurde nur (gleich lang wie bei den vorigen Gruppen) über Haushaltsartikel gesprochen; mit der letzten Gruppe (IV) wurde vorher kein Kontakt aufgenommen. Von jener Teilgruppe, die vorher um das Telefoninterview gebeten worden war (kleines Zugeständnis), waren später 53 % einverstanden, auch die Haushaltsüberprüfung (großes Zugeständnis) über sich ergehen zu lassen, ansonsten nur 20 bis 30 %.

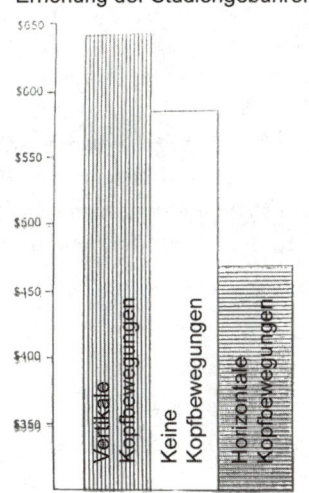

Erhöhung der Studiengebühren

Wells und Petty (1980) luden Studierende zu einem Experiment ein, bei dem angeblich der Sitz und die Qualität von Kopfhörertypen getestet werden sollten. Zu diesem Zweck wurden ihnen (plausible) Argumente für eine Erhöhung des Studienbeitrages vorgespielt, währenddessen sie in der ersten Gruppe immer mit dem Kopf zu nicken hatten, in der zweiten sich ruhig verhalten sollten und in der dritten Gruppe angewiesen waren, permanent nur horizontale Kopfbewegungen auszuführen. Später um ihre wirkliche Meinung befragt, sprach sich die nickende Gruppe für eine Erhöhung von durchschnittlich etwa $ 650 aus, die kopfschüttelnde Gruppe nur für etwa $ 450.

Abb 10.9

tendenziell beobachtbaren, jedoch individuell variablen Autoritätsgläubigkeit, handelt es sich offenbar um ein nützliches Prinzip der Meinungsanpassung, welches jedoch im sozialen Kontext durch Vortäuschung von Autorität und Erfahrung auch missbraucht werden kann.

- **Knappheit**: Dinge, die selten oder schwer erreichbar sind, werden oft als erstrebenswerter angesehen als frei verfügbare. In Geschäften bewirkt der Verweis „So lange der Vorrat reicht" ein erhöhtes Kaufinteresse, verbotenes Spielzeug erscheint begehrenswerter, und „sich rar zu machen" steigert meist die Attraktivität in sozialen Beziehungen (s. *Reaktanzeffekte*).

Merksatz

Personen, die sympathisch sind oder als Autoritäten wahrgenommen werden, haben größere Überzeugungsmacht; alles, was schwer erreichbar ist, gewinnt an Attraktivität.

Neben den genannten Einflüssen zur Einstellungsveränderung dürfen allerdings die vielen anderen, zum Teil bereits früher erwähnten Wirkungsfaktoren auf psychische Prozesse nicht vergessen werden. Der Prozess der *klassischen Konditionierung* vor allem erzeugt eine positive oder negative Gefühlsfärbung für Sachverhalte, Personen oder Situationen (z.B. fördert die Kopplung mit angenehmer Musik oder humorvollen Zwischenbemerkungen die Einstellungsbeeinflussung); zu erwähnen sind aber auch der *Mere-exposure-Effekt*, durch den häufig erlebte Inhalte vertrauter und damit attraktiver empfunden werden, die fördernde Wirkung von Unterbrechungen in der Informationsvermittlung bei der Übernahme von persuasiven Nachrichten („Disrupt-then-reframe-Technik"; Davis & Knowles, 1999; Knowles, Butler & Linn, 2001) oder die Wirkung von *nonverbalem* Begleitverhalten (Abb. 10.9) und von rhetorischen Techniken auf die Akzeptanz von Einstellungen.

10.4 | Autorität und Gehorsam

Das Verhalten von Menschen kann auch durch verschiedene Arten **sozialer Macht** beeinflusst sein (in Anlehnung an French & Raven, 1959):

1. „Legitime Macht": Sie ist erworben durch die soziale Stellung oder die zugewiesene Rolle in einer Organisation (z.B. Eltern – Kinder, Lehrer – Schüler, Vorgesetzter – Untergebene).
2. „Belohnung": Die Verfügungsgewalt über materielle oder soziale Ressourcen begründet sozialen Einfluss.
3. „Wissen": Der Erfolg von sozialem Verhalten beruht auch auf Kenntnissen und fachlichen Kompetenzen (z.B. Expertenmacht).
4. „Identifikation": Die Verbundenheit mit einer Idee oder Ideologie (z.B. politische Gefolgschaft, Kirchenzugehörigkeit) oder die Einfühlung in eine Bezugsperson in der Kindheit formt oder verändert Verhalten (*Modelllernen*, *Imitationslernen*).
5. „Zwang": Die Androhung von physischer Gewalt, die Einschränkung von Handlungsalternativen oder die Vorenthaltung von Ressourcen sind massive Machtmittel.

Merksatz

Situative und soziale Bedingungen haben oft stärkeren Einfluss auf Gehorsam als Einstellungen und Werthaltungen.

Eine der Folgen sozialer Macht ist **Gehorsam**. Von besonderem Interesse für die Forschung waren seit jeher die Voraussetzungen und Bedingungen für den unbedingten Gehorsam („Kadavergehorsam"), wie er in diktatorischen Regimen und manchmal beim Militär oder bei der Poli-

| Abb 10.10

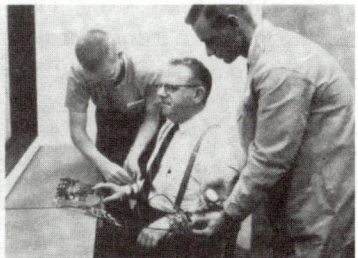

Ausgehend von den Gräueltaten im „Dritten Reich", bei denen Millionen von Menschen aufgrund von inhumanen Befehlen ihr Leben verloren, überprüfte Milgram (1963/1974) die Gehorsamsbereitschaft von 40 Versuchspersonen (Handwerker, Angestellte, Verkäufer, Lehrer, Ingenieure, …), die per Annonce und für eine Bezahlung von $ 4,50 für die Teilnahme an einem (vermeintlichen) Lernexperiment engagiert wurden. Es sollte (vorgeblich) die Wirkung von Bestrafungen auf die Einprägungsleistung getestet werden, wobei die Rollen des Schülers und des Lehrers nur scheinbar zufällig ausgelost wurden, so dass immer die gleiche Person (nämlich ein älterer Schauspieler) der Schüler war. Er wurde im Nebenraum an den Stuhl geschnallt und bekam Elektroden an das Handgelenk, die (angeblich) an einen Elektroschockgenerator angeschlossen wurden. Den Versuchspersonen wurde zur Nachempfindung der Bestrafungswirkung ein Probeschock (45 Volt) verabreicht und es wurde versichert, dass die Stromstöße zwar schmerzhaft wären, aber keine Gewebeschäden hinterließen. Im Experiment hatten die „Lehrer" nach jedem Fehler des „Schülers" die Spannung um 15 Volt zu steigern (15 Volt bis 450 Volt). Bei 300 Volt hörten sie das Opfer an die Wand hämmern, was sich bei 315 Volt wiederholte, ab 330 Volt kam weder eine Antwort im Lernexperiment noch waren vom Schüler andere Geräusche zu hören. Dass unter diesen Bedingungen nicht weniger als 65 % der Versuchspersonen trotz starker subjektiver Belastung (Zittern, Verkrampfung, Schwitzen, Stottern, Stöhnen, Aufbegehren, Protestieren, …) aufgrund der Anweisungen des Versuchsleiters („Machen Sie bitte weiter", „Es ist erforderlich, dass Sie fortfahren", „Sie haben keine andere Wahl") die Bestrafung bis zu lebensbedrohlichen 450 Volt steigerten, war ein völlig unerwartetes Ergebnis (Schätzungen von Psychologen beliefen sich auf etwa 1 %). In späteren Experimenten wurden die wichtigsten Bedingungen für Gehorsamsverhalten ausgelotet (Milgram, 1974), wobei vor allem die Nähe zum Opfer, ein geringerer Status der Autoritätspersonen sowie die Anwesenheit von nicht konformen Versuchs- oder Autoritätspersonen am meisten die Gehorsamsbereitschaft reduzierten. Aber selbst bei einem verwahrlosten Labor oder bei Kenntnis des Vorbehalts des Schülers, auf Wunsch freigelassen zu werden (der bei 150 Volt zu hören war), lag der Gehorsam noch zwischen 40 und 50 %.

zei vorzufinden ist. Ausgehend von der nach Brutalitäten häufig ge-
hörten Rechtfertigung „nur Befehle befolgt" zu haben, startete Milgram (1963/1974) ein Gehorsamsexperiment (Abb. 10.10), dessen
Ergebnisse so überraschend waren, dass sehr bald zahlreiche experimentelle Variationen in verschiedenen Ländern nachfolgten
(Blass, 1991; Blass, 1999). Bei der die Experimente regelmäßig ab-
schließenden und seitens der Versuchspersonen manchmal emo-
tionsgeladenen Nachbesprechung rechtfertigen die Teilnehmer ihr
gehorsames Verhalten zumeist durch Zuweisung der Verantwortung an den Versuchsleiter (als wissenschaftliche Autorität), mit
der Selbstverantwortung der „Opfer" (s. *Dehumanisierung*) oder mit
dem Dienst an der Wissenschaft, oder aber sie bagatellisierten die
verabreichten Bestrafungsreize.

Milgram (1963/1974) vermutete, dass weit mehr Verbrechen
durch unbedenklichen, vorauseilenden oder blinden Gehorsam
verübt werden als durch Rebellion oder Auflehnung. Kelman und
Hamilton (1989) beschäftigten sich mit den Gehorsamsverbrechen
neuerer Zeit, wie etwa die in Bildern dokumentierte Ausrottung
des Dorfes My Lai in Vietnam (100–500 Frauen, Kinder und alte
Männer) durch einen jungen ehrgeizigen Leutnant, die von vielen
als extrem grausam empfunden wurde. Dennoch waren in einer
Befragung 79 % der amerikanischen Bevölkerung mit der 1971 er-
folgten Verurteilung des Leutnants nicht einverstanden, und 51 %
antworteten, dass sie – in der gleichen Situation – ebenso den Befehl des Vorgesetzten ausgeführt hätten. Dies zeigt, dass für einen
Großteil der Bevölkerung unbedingter Gehorsam beim Militär als
selbstverständlich gilt.

Hofling und Mitarbeiter (1966; zit. nach Cialdini, 2006) untersuchten die Gefahren des „mechanischen Gehorsams" in Spitälern.
Sie riefen in 22 verschiedenen internen, chirurgischen und pädia-
trischen Abteilungen von Spitälern Pflegekräfte an, gaben sich als
Arzt der Klinik aus und ordneten die Verabreichung eines nicht ge-
nehmigten Medikamentes in eindeutiger Überdosis an. Obwohl te-
lefonische Anweisungen von unbekannten Ärzten nicht hätten
entgegengenommen werden dürfen, befolgten 95 % der Pflegekräfte die Anordnung. Zu denken gibt, dass die tägliche Fehlerquote bei
medikamentöser Behandlung in den Spitälern der USA bei etwa 12
% liegen soll.

Auf der anderen Seite gibt es auch das Phänomen des Wider-
stands gegen soziale Freiheitseinengung (z.B. durch einen Beein-

flussungsversuch). Dieser heißt psychologische **Reaktanz** (Brehm, 1972) und ist ein motivationaler Zustand, in dem versucht wird, die bedrohte oder verlorene Freiheit wiederherzustellen. Die Reaktanz ist umso größer, je wichtiger einem der betreffende Aspekt der vermuteten Freiheitseinschränkung erscheint, je größer der Bereich der Freiheitseinschänkung empfunden wird (z.B. für die Zukunft) und je mehr Freiheitsgrade man als beseitigt glaubt. Reaktanz kann durch penetrante Überredungsversuche, aufdringliche Werbeangebote, aggressives Betteln und durch körperliche Bedrängung ausgelöst werden. Mögliche Folgen von Reaktanz sind sofortige Auflehnung und Gegenreaktion, indirekte Wiederherstellung der Freiheit (zu einem späteren Zeitpunkt, in einer anderen Situation oder nur in der Vorstellung),

> **Merksatz**
>
> **Reaktanz bezeichnet den Widerstand gegen Freiheitseinengung, der Gegenreaktionen im Einstellungs- und Verhaltensbereich bewirkt.**

Ausdruck von Gereiztheit und aggressiver Stimmung sowie im Einstellungsbereich eine zumeist unbewusste Aufwertung der Attraktivität jener Objekte oder Handlungen, die von der Freiheitseinschränkung betroffen sind (s. Gniech & Grabitz, 1978). Dies kann bedeuten, dass rhetorischer Druck unerwarteten Widerspruch auslöst, dass die Ausnützung von Wehrlosigkeit Vergeltungspläne hervorruft, dass in die Enge getriebene Verhandlungspartner zu extremen Entscheidungen neigen und dass sich Kinder von verbotenen Handlungen (z.B. Rauchen), Filmen oder Spielsachen besonders angezogen fühlen; ebenso können Liebesbeziehungen durch elterliche Opposition oder massive Kritik von außen unerwartet attraktiv werden („Romeo-und-Julia-Effekt", Driskoll, Davis & Lipetz, 1972).

Soziale Beziehungen | 10.5

Die Entwicklung und Aufrechterhaltung sozialer Beziehungen zählt neben der Befriedigung vitaler Bedürfnisse (Essen, Trinken, Schlafen, ...) zu den elementarsten menschlichen Bedürfnissen. Die Sozialisierung bzw. Bindung an Bezugspersonen beginnt bei höher entwickelten Lebewesen bereits früh nach der Geburt und endet spät; so kommt es bei gestörter Bindung oder längerfristiger Unterbrechung häufig zu dauerhaften Gefühls- und Verhaltensstörungen (s. *Hospitalismus, Bindungsstil*, 11.7). Dass **soziale Deprivation**, näm-

Entzug sozialer Kontakte (soziale Deprivation) beeinträchtigt tiefgreifend die soziale und emotionale Entwicklung des Menschen.

lich der drastische Entzug sozialer Kontakte, nicht nur beim Menschen, sondern auch bei anderen Primaten massive Entwicklungsstörungen nach sich zieht, konnten Harry und Margaret Harlow Anfang der Sechzigerjahre bei Rhesusaffen nachweisen (Tab. 10.1).

Tab 10.1 | **Effekte verschiedener Bedingungen sozialer Deprivation bei Rhesusaffen nach Harlow & Harlow (1962, 6 und 8)**

	HÄUFIGKEIT ARTSPEZIFISCHER VERHALTENSWEISEN				
Experimentelle Bedingung	Nicht	Selten	Fast normal	Oft normal	Immer normal
Völlige Isolation (6 Monate)	SEX VERT	SPIEL			
Teilweise Isolation (Sicht- und Hörkontakt)		SPIEL SEX	VERT		
Nur mit Muttertier, nicht mit Peers	SEX	SPIEL			VERT
Nur mit Peers, ohne Muttertier				SPIEL	VERT SEX

(SPIEL = Spielverhalten, VERT = Verteidigungsverhalten, SEX = Sexualverhalten)

Je weniger Sozialkontakte Rhesusaffen nach ihrer Geburt mit Artgenossen haben, desto größer sind ihre Verhaltensdefizite und Auffälligkeiten beim Aufwachsen (z.B. Zusammenkauern) und später im Erwachsenenalter (z.B. Selbstverletzung). Wenn Jungtiere ohne Kontakt mit gleichaltrigen Artgenossen aufwachsen, sind die Verhaltensstörungen dramatischer als bei Fehlen des Muttertieres.

In seinem Buch „Psychology of Happiness" kommt Michael Argyle (2001) zu dem Schluss, dass neben der Gesundheit vor allem die Anzahl und die Qualität von Sozialkontakten (Partnerschaft, Familie, Verwandte, Freunde usw.) den stärksten Einfluss auf das menschliche Wohlbefinden haben. In einer gut kontrollierten Studie an über neuntausend Personen konnten Berkman und Syme (1979) außerdem zeigen, dass Personen mit hoher sozialer Integration weniger krankheitsanfällig sind und ein (bis zu 20 %) geringeres Sterblichkeitsrisiko haben.

Für die Entstehung und Intensivierung sozialer Beziehungen sind nach Forgas (1987) vor allem neun Faktoren zu berücksichtigen, von denen die Ersteren am Beginn einer Beziehung und die Letzteren in fortgeschrittenen Stadien bedeutsam sind:

1. **Physische Nähe**: Je häufiger Personen einander begegnen, desto größer ist die Wahrscheinlichkeit einer Beziehungsentwicklung (s. auch *Mere-exposure-Effekt*). Kontakthäufigkeit erleichtert und fördert die Entwicklung von Freundschafts-, Nachbarschafts- und Liebesbeziehungen (s. etwa Segal, 1974). Wenn die Kontakte noch dazu mit positiver Stimmung oder positiven Erlebnissen verbunden sind, verstärkt dies den Sympathieeffekt („Atmosphären-Effekt").

2. **Sozialkategorien**: Ähnlichkeiten hinsichtlich der Herkunftsregion, der Beschäftigung oder des Alters können bei Erstkontakten eine gewisse Grundvertrautheit und ein Verbundenheitsgefühl erzeugen.

3. **Physische Attraktivität**: Obwohl Schönheit kaum allgemein definiert werden kann, sind sich dennoch die meisten Menschen subjektiv sicher, wer als attraktiv zu bezeichnen ist und wer nicht. Attraktive Menschen wirken allgemein anziehender und sympathischer; Studien zeigen (z.B. Dion, Berscheid & Walster, 1972), dass sie auch – im Sinne des *Halo-Effekts* – als sozial kompetenter, als beruflich erfolgreicher, als bessere Ehepartner und als allgemein glücklicher eingestuft werden, woraus ihnen zweifellos Vorteile bei der Anbahnung sozialer Beziehungen erwachsen.

4. **Einstellungsähnlichkeit**: Je mehr Einstellungsübereinstimmungen sich in einem Gespräch zwischen zwei Personen herausstellen, desto größer ist die resultierende wechselseitige Anziehung. Ausgenommen davon sind jene Persönlichkeitseigenschaften und Einstellungen, die man an sich selbst negativ beurteilt oder

Abb 10.11 |

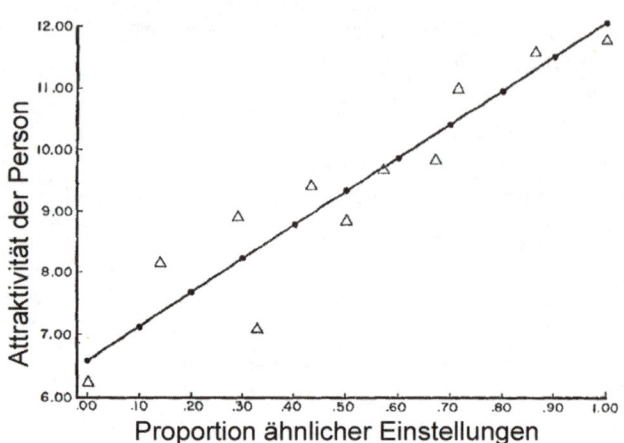

Wenn Versuchspersonen Fragebogeninformationen über die Einstellungen anderer mitgeteilt bekommen (0 = gegensätzliche und 1 = vollkommen übereinstimmende Einstellungen), dann beurteilen sie den anderen jeweils als umso attraktiver, je größer der Prozentsatz an Übereinstimmung in den Einstellungskomponenten ausfällt (Byrne & Nelson, 1965).

von denen man annimmt, dass sie zu Konflikten führen könnten (Abb. 10.11).

5. **Bedürfniskomplementarität**: Je weiter private Beziehungen fortgeschritten sind, desto bedeutsamer wird die Übereinstimmung in den Bedürfnissen bzw. deren Verträglichkeit. Der populäre Spruch „Gegensätze ziehen sich an" dürfte nur dort stimmen (wenn überhaupt), wo durch den Partner bei weitgehender Bedürfnisübereinstimmung ein Ausgleich eigener Schwächen gewünscht oder erwartet wird. Wichtige partnerschaftliche Bedürfnisse, in denen Übereinstimmung erzielt werden sollte, sind Intimität, Ebenbürtigkeit und Vertrauen (Kelley & Burgoon, 1991).

6. **Kompetenz**: Personen, die kompetent wirken, gelten zumeist als anziehender als solche, denen geringeres Wissen, weniger Erfahrung oder weniger Leistungsfähigkeit zugeschrieben wird. Besonders kompetent erscheinende Personen können bei einer bestimmten Personengruppe noch sympathischer wirken, wenn sie auch menschliche Fehler zeigen (Abb. 10.12). Gegenseitige unrealistische Kompetenzerwartungen allerdings, wie etwa die, jede Streitigkeit zu vermeiden, verborgene Wünsche des Part-

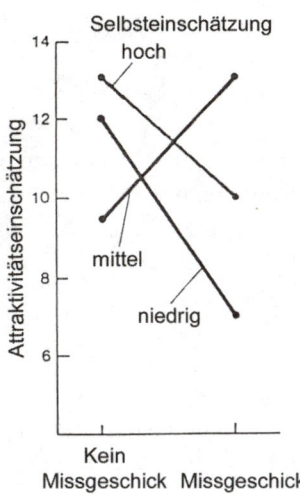

| Abb 10.12

In einem Experiment (Helmreich, Aronson & LeFan, 1970, 262) wurde 120 Studierenden per Video ein Interview mit einem studentischen Bewerber für die Stelle eines studentischen Ombudsmannes vorgespielt, wobei der Bewerber entweder sehr oder wenig kompetent erschien. Kompetente Bewerber wurden eindeutig als sympathischer eingestuft als inkompetente. Wenn allerdings den kompetenten Bewerbern ein kleines Missgeschick passierte (Verschütten einer Kaffeetasse), wurden sie von den Studierenden, die in einem Selbstachtungstest durchschnittlich abschnitten, als noch sympathischer eingeschätzt, als wenn dies nicht gezeigt wurde. Bei Personen mit sehr hoher (überhöhter?) oder sehr geringer Selbsteinschätzung hingegen bewirkte das Missgeschick eine Imageverschlechterung.

ners zu erahnen oder beim Sex perfekt zu sein, behindern nachweislich die Beziehungsentwicklung (Metts & Cupach, 1990).

7. **Selbstwertgefühl**: Personen, die unser Selbstwertgefühl fördern, erwecken unsere Sympathie. Grundsätzlich sind wir motiviert, unsere **Selbstwerteinschätzung** zu schützen oder zu steigern, und dies umso mehr, je geringer sie momentan ausgeprägt ist (Stahlberg, Osnabrügge & Frey, 1985). Diese Grundtendenz zeigt sich auch darin, Erfolge eher sich selbst und Misserfolge eher anderen Bedingungen zuzuschreiben („Selbstwertdienliche Attribution"), oder bei schwierigen Bewährungsproben, durch die das Selbstwertgefühl beeinträchtigt werden könnte, sich selbst (weitgehend unbewusst) weitere Hindernisse in den Weg zu legen, um Ausreden für das eigene Versagen zur Hand zu haben („self-handicapping").

Die **Selbstwerterhaltungstheorie** von Abraham Tesser beschreibt, dass das Selbstwertgefühl durch soziale Beziehungen sowohl positiv als auch negativ beeinflusst werden kann, wenn es sich an Leistungsvergleichen mit anderen Personen orientiert (Tesser, Campbell & Smith, 1984). Demnach bewirken hervorragende Leistungen von Personen, die uns nahe stehen, nur dann eine ei-

Box 10.3 | **Beziehungsregeln**

Argyle und Henderson (1986) gehen in einer internationalen Studie der Frage nach, welche Beziehungsregeln für soziale Relationen (z.B. Arbeits-, Nachbarschafts-, Freundschafts- und Liebesbeziehungen) als die wichtigsten erachtet werden, und bezogen dafür Befragungspersonen aus vier Ländern ein (Großbritannien, Italien, Japan, Hongkong):

- Die Intimsphäre des anderen respektieren
- Vertrauliche Mitteilungen bewahren
- Den anderen nicht öffentlich kritisieren
- Während des Gesprächs immer wieder Augenkontakt halten

Häufige Verstöße gegen diese Regeln schwächen nach Meinung der Befragten eine Beziehung oder führen zu einem Beziehungsabbruch.

gene Selbstwerterhöhung, wenn der betreffende Leistungsbereich nicht auch für uns selbst als selbstwertrelevant erachtet wird: Nur wenn man zum Beispiel selbst keine musikalischen Ambitionen hat, erhöht sich der Selbstwert durch die Bekanntschaft mit einem angesehenen Musiker. Besteht aber in einem subjektiv wichtigen Interessengebiet gegenüber nahe stehenden Personen eine Konkurrenzsituation, dann sagt die Selbstwerttheorie voraus, dass entweder die Qualität der Beziehung leidet, die subjektive Bedeutung des Leistungsbereichs abgeschwächt wird oder dass die eigenen bereichsbezogenen Leistungen angehoben werden. Auf diese Weise lässt sich auch die in Ehebeziehungen häufig erkennbare Ausbildung partnerspezifischer „Leistungsnischen" erklären (Beach et al., 1996), durch die sich selbstbildgefährdende Konkurrenzsituationen zwischen Frau und Mann vermeiden lassen.

8. **Reziprozität**: Wie bereits bei den Einstellungsänderungen erwähnt (10.3), lassen wir uns auch bei sozialen Beziehungen vom Prinzip der Gegenseitigkeit leiten. Jemand, der uns gegenüber Zuneigung zum Ausdruck bringt, wird im Allgemeinen positive „Gegenleistungen" hervorrufen (Byrne & Rhamey, 1965). Wissen wir hingegen von Personen, dass sie uns nicht mögen, dann werden sie uns zumeist unsympathisch. Ähnlich wie Einstellungs-

| Abb 10.13

„My enemy's enemy is my friend" (Aronson & Cope, 1968)

übereinstimmung Sympathie erzeugt, gilt dies auch für die Gleichartigkeit persönlicher Relationen. Wenn ein Bekannter sagt, dass er gleiche Freunde hat wie wir – und eventuell sogar die gleichen Feinde –, kann er mit einem Sympathiezuwachs rechnen (Abb. 10.13).

Gründe für Beziehungsabbruch in Partnerschaften | Box 10.4

Für das Scheitern romantischer Beziehungen (Liebesbeziehungen) führt Gottman (1994, 1998) vor allem vier Hauptgründe an, die zu einem Teufelskreis negativ dominierter Kommunikation führen:

- Tendenz zu Kritik (an der Person, nicht am Verhalten)
- Abwehr (z.B. von „Schuld", Verantwortung, Einsicht, Selbsterkenntnis)
- Verachtung (z.B. Beleidigen, Beschimpfen, Spott, Sarkasmus)
- Abblocken (z.B. Schweigen, Zurückziehen, Mauern)

Der Wunsch, den anderen ändern zu wollen, führt häufig zu einem kommunikativen „Forderungs-Rückzug-Muster" (Malis & Roloff, 2006), welches häufig zur Verschlechterung in Partnerschafts- und Eltern-Kind-Beziehungen beiträgt. Um aber eine längerfristige erotische Partnerschaft erfolgreich aufrechterhalten zu können, ist nach Gottman (1998) zumindest ein Häufigkeitsverhältnis von 5:1 zwischen positiven und negativen Verhaltensweisen nötig. Als Gründe für einen Beziehungsabbruch geben Frauen zu geringe Offenheit des Partners, zu wenig eigene Autonomie und einen Mangel an Aufgaben- und Verteilungsgerechtigkeit an, während Männer zu wenig „Romantik" im Zusammenleben beklagen (Baxter, 1986).

9. **Selbstenthüllung**: Bei fortgeschrittenen privaten Beziehungen (z.B. Liebesbeziehungen, Partnerschaften, engen Freundschaften) entscheidet über deren Weiterentwicklung insbesondere die Fähigkeit und Bereitschaft, auch über eher intime, vertrauliche Inhalte zu sprechen. Welche Themen allerdings als intim betrachtet werden, hängt nicht nur vom Entwicklungsstand der Persönlichkeit ab, sondern auch von der jeweiligen Kultur. Während in den USA beim frühen Kennenlernen ohne Weiteres auch schon nach dem Einkommen oder nach dem religiösen Bekenntnis gefragt werden darf, gilt dies in europäischen Ländern zumeist als Fauxpas.

Die „Social Penetration Theory" von Altman und Taylor (1973) fasst die wichtigsten Erkenntnisse zur Förderung enger Beziehungen zusammen. Sie besagt, dass Beziehungen sich in dem Ausmaß entwickeln, in dem die Interaktionen miteinander breiter werden (je mehr Lebensbereiche einbezogen sind) und tiefer (je mehr intime und persönliche bedeutungsvolle Bereiche einbezogen sind). Der Selbstöffnung („self-disclosure", kommt in diesen Prozessen nach Meinung von Forgas (1987) die Schlüsselrolle zu.

10.6 | Kommunikation

„Unter Kommunikation wird ... eine Interaktion zwischen Menschen oder technischen, informationsverarbeitenden Systemen verstanden, bei der eine Kodierung, Übertragung und Dekodierung von Informationen erfolgt" (Maderthaner, 1989, 488). Diese breite Definition kennzeichnet Kommunikation als jenen Anteil von Wechselwirkungen zwischen Systemen, bei dem Informationsverarbeitungsprozesse stattfinden, und schließt somit verbales wie auch nonverbales Verhalten, einseitige Nachrichtenübermittlung (z.B. Propaganda, Werbung), beabsichtigte wie auch automatische Übertragungsprozesse mit ein (zur Definition siehe auch Sperka, 1996).

> **Merksatz**
>
> **Eine Nachricht enthält meist zumindest vier Arten von Informationen: Sach- und Beziehungsaussagen, Selbstoffenbarungen und Appelle.**

Die menschliche **Symbolsprache** wird von vielen Sprachwissenschaftlern als einmalige, artspezifische Besonderheit des Menschen angesehen (z.B. Lenneberg, 1972; Chomsky, 1957; Abb. 10.14), wenn auch Schimpansen in einigen Versuchen erstaunliche Fähig-

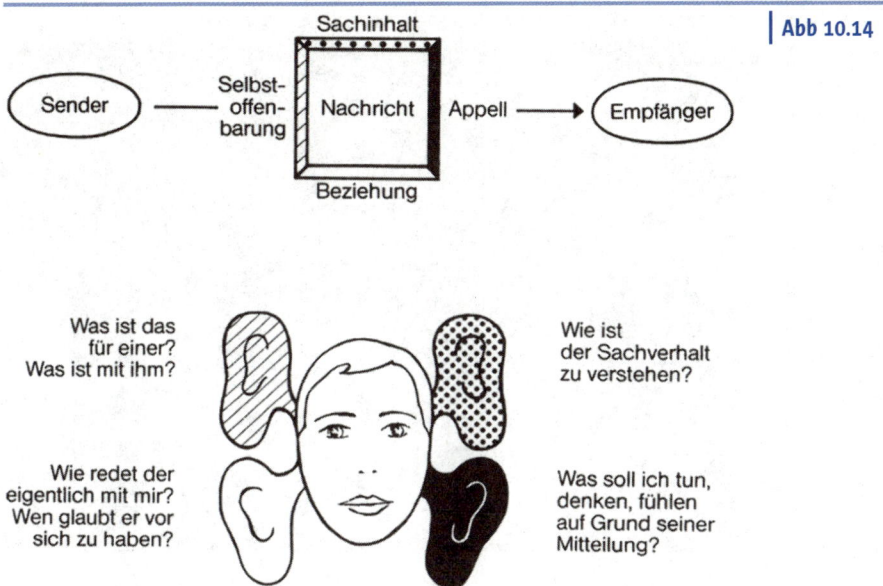

| Abb 10.14

In Anlehnung an frühere Kommunikationskonzepte schlägt Schulz von Thun (1981) für anwendungsbezogene Kommunikationsanalysen ein Vier-Seiten-Modell vor, wonach jede Mitteilung Informationen sowohl über einen Sachverhalt, über die Beziehung zwischen Sender und Empfänger, über die Verfassung des Senders und über Appelle an den Empfänger enthalten kann. Kommunikationsprobleme entstehen unter anderem dadurch, dass die Empfänger der Mitteilung unterschiedlich sensibel für einzelne dieser Informationsarten sind und nur Teile davon heraushören. So etwa kann aus einer kritischen Bemerkung eines Lehrers über die Leistung eines Schülers von diesem entweder mehr die Sachinformation und der Apell („Meine/deine Fähigkeiten sind verbesserungswürdig") abgeleitet werden oder eine Selbstoffenbarungsinterpretation („Er ist heute wieder schlecht gelaunt") oder eine Beziehungsinterpretation („Er mag mich nicht"), mit jeweils unterschiedlichen pädagogischen Konsequenzen.

keiten im satzartigen Gebrauch von bis zu 130 Symbolen erkennen ließen (Gardner & Gardner, 1969; Premack & Premack, 2003). Die Verbalsprache ist die Grundlage menschlichen Soziallebens und war wahrscheinlich die wichtigste Voraussetzung für die rasante evolutionäre Entwicklung des Menschen. Man schätzt, dass Kinder und Jugendliche zwischen 10 und 15 Wörter pro Tag lernen (Miller & Gildea, 1987). Die Sprache ist allerdings nicht nur Kommunikationsmittel, sondern auch kognitives Instrument für Denk- und Problemlöseoperationen und hat eine steuernde Funktion für Bewusstseinsabläufe (s. Kap. 4).

Abb 10.15

Ein Schullehrer namens Wilhelm von Osten erregte im Jahr 1904 in Berlin besondere Aufmerksamkeit mit seinem Hengst „Kluger Hans", der offenbar lesen, buchstabieren, zählen und rechnen konnte. Wenn man dem Tier mündlich Aufgaben stellte (z.B. „Durch welche Zahl ist 28 teilbar"), dann reagierte es mit der richtigen Zahl von Hufschlägen (z.B. 14). Bei sprachlichen Aufgaben wurde die Position der Buchstaben im Alphabet angeschlagen. Da ein Trick vermutet wurde, ersuchte das preußische Kultusministerium das Institut für Psychologie um eine wissenschaftliche Untersuchung. Diese ergab, dass das Pferd auch ohne seinen Herrn richtig reagierte, dies aber nur dann, wenn auch die Anwesenden die Lösung der Aufgabe wussten. Es stellte sich heraus, dass das Tier seine Hufschläge immer dann stoppte, wenn die vor ihm stehende Person ihm mit einer fast unmerklichen Kopfbewegung (unbewusst) verriet, wann die richtige Klopfzahl erreicht war und es aufhören musste (um eine Belohnung zu bekommen). Eine detaillierte Diskussion der gesamten Thematik findet sich bei Prinz (2006).

restringiert: reduziert, eingeschränkt
elaboriert: ausgearbeitet, verfeinert

Aus dem **Sprachgebrauch** einer Person lassen sich Vermutungen über ihren Bildungsgrad („elaborierter" versus „restringierter" Code), ihre Herkunft (Dialekt), ihre Lebenssituation (Slang) oder ihre Berufsausübung (Fachjargon) ableiten. Die Verwendung der Hochsprache ist zumeist mit gesteigertem Prestige und höherer Glaubwürdigkeit verbunden (Scheerer, 1982). Giles (1982) und Street (1983) heben hervor, dass in Gesprächssituationen eine begrenzte Anpassung, eine **Sprechkonvergenz** der Gesprächspartner stattfindet (Hochsprache/Dialekt, Sprechgeschwindigkeit, Sprechdauer, Akzentuierung usw.), die nicht nur Missverständnissen vorbeugt, sondern sich auch förderlich auf die wechselseitige Sympathie auswirkt. Die Anpassung geschieht außerdem zumeist in Richtung statushöherer Personen (Gergory & Webster, 1996). Mende (1984) stellte fest, dass jene Diskutanten, die sich kaum an den Äußerungen ihrer Gesprächspartner orientierten, zwar bei unbeteiligten Beobachtern einen sozial kompetenteren, dominanteren und unbefangeneren Eindruck hinterließen, aber gleichzeitig als weniger sympathisch beurteilt wurden als solche, die auf ihre jeweiligen Partner stärker eingingen.

Auf Basis der Feedback-Regeln von Schwäbisch & Siems (1974) lassen sich zu der Frage „Wie kritisiere ich richtig?" fünf kurze Kommunikationsregeln formulieren, deren Befolgung in Konfliktsituationen eine aggressive Aufschaukelung verhindert. | **Tab 10.2**

1. **Verbalisieren** (Überwechseln von leicht missverstehbarer, nonverbaler Kommunikation zu verbaler Stellungnahme)

2. **Subjektivieren** (dem anderen die Subjektivität der eigenen Rückmeldung signalisieren: „Ich ..." statt „Du ...", „Man ..." oder „Wir ...")

3. **Semantisieren** (Mitteilen des subjektiven Kontextes, d.h. des gedanklichen und gefühlsmäßigen Hintergrunds der Aussage)

4. **Konkretisieren** (Aktualisieren und Spezifizieren statt Pauschalieren; Bezugnehmen auf das „Hier und Jetzt" und auf konkrete Verhaltensweisen, Aufzeigen der zeitlichen und situativen Geltungsbeschränkungen der Aussage)

5. **Pragmatisieren** (durch abschließende Äußerung einer Änderungsbitte, eines Verhaltenswunsches oder Lösungsvorschlages für Gegenwart oder Zukunft)

(Nach Maderthaner, 1989, 497)

Die **nonverbale Kommunikation** bzw. **Körpersprache** erfolgt über viele „Kommunikationskanäle" (Abb. 10.15). Aus der Steh- oder Sitzdistanz sowie aus der räumlichen Orientierung gegenüber Gesprächspartnern kann etwa die Sympathie oder der soziale Rang zwischen Personen abgelesen werden. An der Körperhaltung, der Gestik, der Mimik und dem Blickkontakt lässt sich die emotionale Stimmung und die Motivationslage einer Person erkennen (s. Argyle, 2002). Auf die Körperkommunikation (insbesondere die Mimik) wird im Allgemeinen dann mehr geachtet, wenn Gefühls- oder Beziehungsinformationen übermittelt werden (Mehrabian & Ferris, 1967), so dass etwa ein Lob mit ernster Miene vorgebracht als Sarkasmus empfunden und ein Tadel mit Lächeln im Gesicht als Scherz aufgefasst wird (vgl. Bugental, Kaswan & Love, 1970). Ein wichtiges nonverbales Kommunikationsmittel ist auch der Blickkontakt, welcher zum Beispiel bei geringem Interesse an einem Gesprächsthema, bei negativer Einstellung zu einer Kontaktperson oder bei unangenehmen Gesprächsinhalten unterbrochen oder reduziert wird. Im Allgemeinen beobachtet man bei Sprechern weniger Blickkontakt (ca. 50 %) als bei Zuhörern (ca. 75 %). Von jemandem angestarrt zu werden ohne ersichtlichen Grund wirkt unangenehm, dominant oder gar bedrohlich (Argyle, Lefebvre & Cook, 1974; Dovidio & Ellyson, 1982). Zur nonverbalen Kommunikation zählen überdies auch die „paralinguistischen" Informationsanteile der sprachlichen Kommunikation, wie Stimmhöhe, Lautstärke, Stimmfülle, Klangfarbe, Rhythmik, Akzentuierung, Artikulation und Sprechtempo (Scheerer, 1982). Aus Experimenten geht hervor, dass in Aufregungs- oder Stresssituationen die Grundfrequenz der Stimme zunimmt (10–20 Hz), und somit Personen mit hoher Stimmlage eher als nervös und unsicher eingeschätzt werden (Apple, Streeter & Kraus, 1979).

Ein bis heute bedeutsamer Anwendungsbereich der Kommunikationspsychologie ist die Entwicklung von **Kommunikationsregeln** (Günter & Sperber, 2000; Maderthaner, 1989; Tab. 10.2) und von optimalen Verfahren der **Konfliktkommunikation** (Canary & Spitzberg, 1987; Maderthaner, 1987) sowie des **Verhandelns**. Eines der bekanntesten Modelle zur erfolgreichen Durchführung von Verhandlungen ist das **Havard-Konzept** (Fisher, Ury & Pratton, 2002), das die folgenden zentralen Empfehlungen enthält:

Merksatz

Die Befolgung von Kommunikationsregeln kann in Konfliktsituationen unnötige Missverständnisse vermeiden und den Informationsaustausch optimieren helfen.

1. Man sollte die Probleme möglichst auf der Sachebene und nicht auf der persönlichen Ebene abhandeln, indem man den Gegner als möglichen Partner für eine „Win-win-Lösung" betrachtet. Um eine optimale Lösung zu erreichen, sollte man ihn höflich und wertschätzend behandeln (Blickkontakt, Zuhören, ausreden lassen) und eine positive und gleichberechtigte Beziehung herstellen („Weich zur Person, aber hart in der Sache").

2. Man soll sich auf Interessen konzentrieren, nicht auf Positionen. Wichtig ist es, darüber Hintergrundinformationen zu liefern

und zu gewinnen, weil sich erst daraus alternative Lösungen und eventuell Kompromisse ergeben können. Je mehr auch die Interessen der Gegenseite verstanden und berücksichtigt werden, desto wahrscheinlicher wird ein Verhandlungserfolg.

3. Man sollte Optionen suchen, die beiderseitig von Vorteil sind. Das muss nicht unbedingt ein Kompromiss sein, der zu verteilende „Kuchen" muss nicht unbedingt begrenzt sein. Auf das Gleichgewicht von Geben und Nehmen ist jedenfalls zu achten („Quid pro Quo"). Widerstände gegen Veränderungen müssen überwunden und verlorene Kosten akzeptiert werden („lost-cost-error").

4. Entscheidungen sollten auf objektiven Kriterien basieren. Solche können sein: Kostenaufstellungen, Gutachten, Gerichtsurteile etc. Ebenso sollten sie in ihren Folgewirkungen konkretisiert werden (Vereinbarungen über Maßnahmen, Verträge). Je weniger Unklarheiten es gibt, desto dauerhafter sind die Lösungen.

Eine praktische Hilfe bei der Konfliktbereinigung stellt die **Mediation** durch speziell geschulte Berater dar, die bereits seit Langem erfolgreich zur Lösung von Streitfällen im Umweltbereich, bei Wirtschaftskonflikten und in Scheidungsfällen eingesetzt wird (Klammer & Geißler, 1999; Fietkau, 2000; Montada & Kals, 2001).

Gruppenprozesse | 10.7

Die Anwesenheit anderer (z.B. Kollegen, Zuschauer, Publikum) beeinflusst oft erheblich die kognitiven, emotionalen und aktionalen Prozesse des Individuums. Sehr häufig entsteht durch die Vermutung, von anderen beobachtet und bewertet zu werden, eine **soziale Aktivierung**, die sich abhängig von den situativen Bedingungen sowohl negativ (z.B. als Lampenfieber) als auch positiv (z.B. als Motivationssteigerung) auf das Verhalten des Einzelnen auswirken kann (Matlin & Zajonc, 1968). In einer *Metaanalyse* von über 200 Studien zu diesem Thema stellten Bond und Titus (1983) fest, dass eine sozial bedingte (physiologische) Aktivierung dann zu Leistungseinschränkungen führen kann, wenn die Aufgaben komplex sind (z.B. bei musikalischen Darbietungen), während bei einfachen Aufgaben (z.B. bei sport-

> **Merksatz**
>
> **Die Anwesenheit fremder Personen bewirkt eine erhöhte psychische Aktivierung, die sich in der Regel bei einfachen Aufgaben positiv und bei komplexen Aufgaben negativ auswirkt.**

lichen Anstrengungen) eine bessere bzw. schnellere Ausführung gelingt. Mit einer Zunahme dieses „Publikumseffekts" ist zu rechnen, wenn die Zuschauer als Experten angesehen werden.

Ein weiterer Gruppeneffekt ist die **Deindividuation** bzw. **Deindividuierung**, der teilweise Verlust der eigenen Identität und der persönlichen Verantwortung, wodurch die Tendenz zu impulsiven, irrationalen und situationsgesteuerten Reaktionen steigt. Diese Reaktionsweise kommt vor allem beim Eindruck von Anonymität in einer Gruppe zustande, kann aber auch durch starken Stress oder durch Drogen ausgelöst werden (Postmes & Spears, 1998). Die sozial bedingte Deindividuation erklärt Diener et al. (1980) durch eine Aufmerksamkeitsverschiebung von den Normen des Individuums auf jene der Gruppe. Dieses Phänomen kann sich sowohl negativ bemerkbar machen, wie bei Ausschreitungen oder Massenhysterien mit Übergriffen gegen Volksgruppen (z.B. Juden-Pogrome), oder positiv, wie etwa bei Applaus- und Jubelszenen (z.B. bei Popkonzerten). Zu Beginn des 20. Jahrhunderts – unter dem Eindruck der politischen Entwicklung Europas – beschäftigte sich schon die Philosophie (z.B. Ortega y Gasset, 1930) mit solchen Massenphänomenen und beschrieb das Stereotyp eines „Massenmenschen".

Als **soziale Nachlässigkeit** („social loafing") bezeichnet man die Tendenz von Personen, in Kooperation mit anderen weniger zu leisten als allein (s. auch „overmanning"). Diese ist vor allem dann gegeben, wenn Einzelleistungen nicht identifizierbar und evaluierbar sind, wenn die Leistungen der anderen als ohnehin hoch eingestuft werden, wenn die gestellten Aufgaben als nicht sehr bedeutsam erscheinen und wenn die Arbeitsgruppe nicht geschätzt wird (Karau & Williams, 1993). Bei identifizierbarer Einzelleistung und bei hoher individueller Effizienzerwartung (*Selbstwirksamkeit*; Kap. 10) dürfte jedoch die Anwesenheit anderer leistungssteigernde Effekte haben (Sanna, 1992).

Merksatz

Unter sozialer Nachlässigkeit versteht man die Reduktion von Motivation und Leistung bei Zusammenarbeit in Gruppen.

Ein weiteres bekanntes Gruppenphänomen ist die **Verantwortungsdiffusion**, die zunehmende „Verflüchtigung" individuellen Verantwortungsbewusstseins mit anwachsender Gruppengröße. Nachdem Anfang der Sechzigerjahre eine junge Frau in New York auf offener Straße eine halbe Stunde lang attackiert und dann ermordet worden war, ergaben Recherchen, dass nicht weniger als

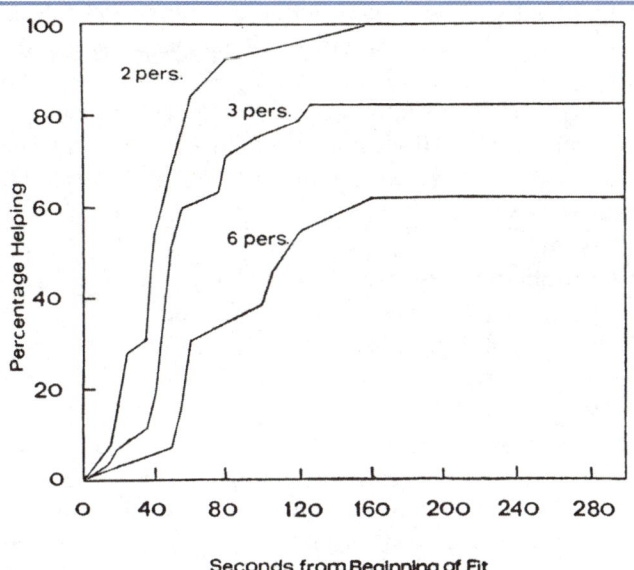

| Abb 10.16

Im Experiment zum Bystander-Phänomen luden Darley und Latane (1968) 72 Studierende ein, an einem Kommunikationsexperiment teilzunehmen. Die Personen saßen einzeln in Versuchsräumen und kommunizierten über Mikrophon und Kopfhörer mit verschieden vielen (fiktiven) anderen Personen über Studienprobleme. Sie bekamen hintereinander jeweils zwei Minuten Redezeit, jeder war nur von allen anderen Versuchsteilnehmern gemeinsam zu hören, nicht aber vom Versuchsleiter; wechselseitig war keine Kommunikation möglich. Nach dem ersten Durchgang wurde von einem Teilnehmer (per Tonband) ein akustisch deutlich erkennbarer epileptischer Anfall eingespielt, und es wurde die Zeit gestoppt, wie lange jeder andere Teilnehmer brauchte, um Hilfe zu holen, wenn er sich mit dem „Opfer" alleine glaubte oder wenn er annahm, dass eine weitere Person mithörte, oder aber vier weitere Personen. Als etwa nach 60 Sekunden die Verbindung mit dem „Opfer" abbrach, hatten in der 2er-Gruppe 85 %, in der 3er-Gruppe 62 % und in der 6er-Gruppe nur 31 % der eigentlichen Versuchspersonen Hilfe organisiert.

38 Personen den Mord von ihren Fenstern aus gesehen hatten, ohne die Polizei zu verständigen. Die Psychologen John Darley und Bibb Latane bezweifelten die in Zeitungskommentaren verbreitete Interpretation des Vorfalls als moralischen Verfall des Großstadtmenschen

Merksatz

Als Verantwortungsdiffusion bezeichnet man die Verminderung des individuellen Verantwortungsgefühls durch Anwesenheit mitverantwortlicher Personen.

und wiesen in Experimenten die Situationsabhängigkeit des so genannten **Bystander-Phänomens** nach (Abb. 10.16), die Abnahme der Hilfsbereitschaft des Einzelnen in dem Ausmaß, in dem er andere potentielle Hilfspersonen wahrnimmt. Spätere Untersuchungen (Latane und Nida, 1981) ließen genauer abschätzen, unter welchen Bedingungen bei Notsituationen in der Öffentlichkeit mit **Hilfeleistungen** zu rechnen ist:

1. Die potentiellen Helfer sollten – wenn sie nicht ohnedies zu weit entfernt und nicht zu stark abgelenkt sind – auf die nötige Hilfeleistung persönlich angesprochen werden.

2. Die Notsituation sollte klar als solche erkennbar sein und die Möglichkeit einer Selbsthilfe ausschließen.

3. Das Verantwortungsgefühl der möglichen Hilfsperson sollte weder durch Anonymität (*Deindividuation*) noch durch Anwesenheit mehrerer anderer potentieller Helfer reduziert sein (*Verantwortungsdiffusion*), dagegen regen aktuell helfende andere Personen die Hilfsbereitschaft eines potentiellen Helfers eher an.

4. Helfer sollten mehr Vorteile aus ihrer Leistung erwarten können (z.B. moralisches Ansehen, Dankbarkeit) als Nachteile (z.B. Aufwand, Bedrohung, Vorwürfe).

5. Eine positive Einstellung zur hilfsbedürftigen Person ist vorteilhaft (z.B. *Sympathie*, Verbundenheitsgefühl).

6. Die potentiellen Hilfspersonen sollten sich zur Hilfeleistung fähig erachten (*Kompetenz*).

> **Merksatz**
>
> **Mit Hilfeleistungen ist in Notsituationen am ehesten dann zu rechnen, wenn sich einzelne Helfer angesprochen fühlen, wenn diese sich zur Hilfeleistung in der Lage sehen und wenn sie mehr Vorteile als Nachteile erwarten.**

Wenn in einem Lebensraum eine begrenzte Ressource (z.B. Gemeinschaftsweide = „Almende", Fischbestand, Erdöl) von einem Kollektiv ausgebeutet wird, entwickelt sich häufig eine **soziale Falle** („social dilemma", „Almende-Klemme"): Jeder Einzelne entnimmt – aus egoistischen Motiven oder aus Furcht benachteiligt zu werden – der kollektiven Ressource so viel, dass deren Bestand langfristig nicht mehr für alle gewährleistet ist (Platt, 1973). Dieses „Nachhaltigkeitsproblem" und der Trend zu egoistischer Ausbeutung von Gemeinschaftsgütern lässt sich erheblich reduzieren, wenn die Gruppe der Nutzer klein ist, wenn innerhalb der Gruppe Kommunikation entsteht, wenn Standards für die Ressourcenaufteilung

| Abb 10.17

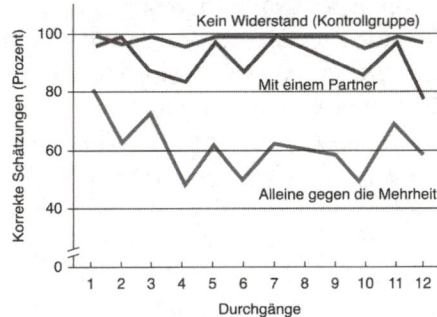

In einem klassischen Experiment zum Gruppendruck ließ Asch (1956) Versuchsperso-
nen vorerst allein einfache Linienvergleiche durchführen, die so konstruiert waren,
dass sie nahezu hundertprozentig richtig gelöst werden konnten (Bedingung: keine
Gegenmeinungen). Danach war die gleiche Aufgabe in einer Gruppe gemeinsam mit
jeweils sechs anderen vermeintlichen Versuchspersonen zu bewältigen, die in Wirk-
lichkeit Mitarbeiter des Versuchsleiters waren und alle nacheinander die gleiche fal-
sche Antwort abgaben. Unter dieser Bedingung erhöhten Gruppendrucks entschie-
den sich die Einzelpersonen nur mehr in 60 % der Fälle für die richtige Antwort (Be-
dingung: allein gegen alle). Wenn allerdings nur eine einzige Person unter den an-
deren wie die Versuchsperson reagierte, stieg die Frequenz korrekter Urteile wieder
auf über 90 %. Nur ein einziger Gleichgesinnter reichte offenbar aus, um auch gegen
den Rest der Gruppe die eigene Meinung behaupten zu können (s. Bond & Smith,
1996; Hodges & Geyer, 2006).

eingeführt werden und wenn gegenseitig die Gültigkeit moralischer Regeln angenommen werden kann (Gifford & Hine, 1997).

Die Orientierung am Verhalten anderer Personen wird in der
Psychologie **Konformität** genannt, sie zeigt sich in der Zustimmung
zu Mehrheitsmeinungen, in der Einhaltung sozialer Regeln und
Bräuche (z.B. gutes Benehmen) sowie in der Erfüllung sozialer Erwartungen beim Handeln. Nach Myers (2005, 625) zeigt ein Einzel-

Die Ausrichtung des individuellen Verhaltens an der Gruppe (Konformität) wird durch subjektive Unsicherheit, Beachtung durch die Gruppe, Zugehörigkeitswunsch, Homogenität der Gruppe und durch kollektivistische Sozialstandards gesteigert.

ner in einer Gruppe dann besonders viel Konformität, wenn

• Gefühle der Unsicherheit und Inkompetenz bei ihm dominieren,

• der Status und die Attraktivität der Bezugsgruppe hoch eingestuft werden,

• die Gruppe zumindest aus drei Personen besteht,

• die anderen Gruppenangehörigen sich einig sind,

• die Einzelperson in der Gruppe beachtet wird und

• wenn die Beachtung sozialer Standards in der Kultur des Einzelnen als wichtig erachtet wird (z.B. China, Japan, Mexiko).

Dieses wahrscheinlich früh erlernte automatische Vertrauen in die Gruppe („soziale Bewährtheit") kann allerdings auch zu negativen Erscheinungen oder zu Manipulationseffekten führen (Cialdini, 2006). Ein Beispiel dafür sind die in Fernsehserien verwendeten **Lachkonserven**, die nachweislich auch bei weniger humorvollen Gags und Szenen zum Lachen anregen – und zwar auch dann, wenn man sich dieser Praktik bewusst ist und sie gelegentlich als ärgerlich und lästig empfindet. Ein weiteres, aus Opernbesuchen bekanntes Phänomen ist der **Claqueur-Effekt**, nämlich die Tendenz, sich im Zweifelsfall den Beifallskundgebungen anderer anzuschließen. Zu den Konformitätseffekten gehört auch der (nach Goethes Roman benannte) **Werther-Effekt**, womit jene Häufung von Selbstmorden in der Bevölkerung bezeichnet wird, die immer wieder im Anschluss an eine umfangreiche und detaillierte Medienberichterstattung über den Selbstmord einer prominenten Person registriert wurde (Schmidtke & Hafner, 1988; Pirkis et al., 2006). Dagegen bewirkt die schockierende Nachricht über einen Selbstmord im eigenen Freundes- oder Bekanntenkreis oder die kritische Beschäftigung mit Medienberichten über Selbstmorde offenbar eine gewisse Immunisierung gegenüber dieser Art von „Lebensbewältigung" (Mercy et al., 2001).

Das Phänomen des **Gruppendrucks** (Abb. 10.17; Hodges & Geyer, 2006) wurde besonders in Hinblick auf das so genannte **Gruppendenken** einer genaueren Analyse unterzogen. Janis (1972) versteht darunter die kontraproduktive Einschränkung von Gruppen bei der Entscheidungsfindung und deren Beharrungstendenz für einmal getroffene Entscheidungen („Entrapment"). Um den Gruppenzu-

Gruppendenken (nach Janis, 1972)		Tab 10.3
Voraussetzungen	Symptome	Folgen
- Homogenität und Kohärenz der Gruppe - Isolation der Gruppe - Direktive (autoritäre) Führung - Zeitdruck für Entscheidungen - Entscheidungsprozeduren fehlen	- Illusion der „Unverwundbarkeit" der Gruppe - Ausübung von Druck auf abweichende Mitglieder - Selbstzensur der Mitglieder - Illusion von Einmütigkeit	- Risiken und Kosten getroffener Entscheidungen werden vernachlässigt, ebenso Einwände dagegen - Mangelnde Suche nach Entscheidungsalternativen - Allgemein eingeschränkte Informationssuche
Gegenmaßnahmen		
- Die Führungsperson soll auffordern, gegen geplante Entscheidungen auch Einwände vorzubringen - Verschiedene Gruppen sollen unabhängig voneinander für das gleiche Problem Lösungen ausarbeiten - Außenstehende (z.B. Experten) sollen zu möglichen Gruppenentscheidungen Stellung nehmen - Ein Gruppenmitglied soll die Rolle des „advocatus diaboli" übernehmen		

sammenhalt und die soziale Harmonie nicht zu gefährden, verzichten Gruppen unter bestimmten Bedingungen weitgehend auf Selbstkritik und verhindern Meinungsdiskrepanz („commitment escalation"). An Beispielen aus der Politik (z.B. Kuba-Krise, Vietnam-Krieg) beschreibt Janis (1972) die Voraussetzungen, Symptome und Folgen des Gruppendenkens und leitet daraus praktische Empfehlungen zu dessen Überwindung ab (Tab. 10. 3).

Gruppeneinflüsse sind schwächer bei Individuen, die sich in sozialen Situationen mehr an den eigenen Werthaltungen als an den sozialen Normen orientieren. Solche Personen haben ein geringeres Anpassungsbedürfnis an Gruppen, was sich als reduzierte Tendenz zur so genannten **sozialen Selbstüberwachung** messen lässt (Self-Monitoring-Scale, Snyder, 1979). Der Konformitätsdruck ist auch dann offenbar abgeschwächt, wenn die Aufmerksamkeit der Person verstärkt auf ihre eigenen Prinzipien und individuellen Normen gelenkt wird – man nennt dies **objektive Selbstaufmerksamkeit** –, was etwa dann der Fall ist, wenn in einem Raum viele Spiegel angebracht sind, wenn die Per-

Merksatz

Je mehr sich der Einzelne auf seine individuellen Einstellungen und Normen konzentriert, desto geringer ist die Wirkung des Gruppendrucks.

son gefilmt wird oder sich im Fokus der Aufmerksamkeit anderer befindet (Frey, Wicklund & Scheier, 1978). Im Kulturvergleich zeigen kollektivistische Gesellschaftssysteme (z.B. Indonesien, China) höhere Konformitätseffekte als solche mit individualistischer Prägung (z.B. USA, Großbritannien, Europa).

Zusammenfassung

Insbesondere die Analyse sozialer Prozesse zeigt auf, dass menschliches Verhalten stärker als gemeinhin vermutet von Umgebungsbedingungen abhängt. Über die Aufnahme sozialer Informationen, zum Beispiel zur Beurteilung von Menschen und ihres Verhaltens, entscheidet oft die Auffälligkeit, die subjektive Bedeutung und die Reihenfolge der Informationsanteile. Die erlernten Assoziationen zwischen Personenmerkmalen (z.B. in Form von impliziten Persönlichkeitstheorien), die Beurteilungsdimensionen (z.B. soziale und intellektuelle Einschätzung) sowie die subjektive Ursachenzuschreibung (z.B. die Art, wie man von Verhaltensweisen auf Personeneigenschaften schließt) beeinflussen wesentlich die sozialen Urteilsprozesse.

Mit den Wechselwirkungen zwischen Verhalten und Einstellungen befasst sich die kognitive Dissonanztheorie. Sie sagt zum Beispiel voraus, dass eine Einstellung gegenüber einem Ziel, für das ein ungerechtfertigt erscheinender Aufwand erbracht wurde, kompensatorisch aufgewertet wird. Veränderungen von Einstellungen können auch durch Selbst- oder Fremdverpflichtung, auf Basis von Sympathie oder Autorität sowie als Folge von Gruppendruck zustande kommen. Gehorsam als explizit intendierte Form der Anpassung anderer wird wesentlich durch den Status und die Nähe der Befehl gebenden Person, das Prestige der verantwortlichen Institution, die Einigkeit der Befehlshaber, den Eindruck geschlossener Willfährigkeit bei den anderen sowie durch die Möglichkeiten einer Verantwortungsabschiebung begünstigt.

Die Lebenszufriedenheit des Menschen ist fast im gleichen Ausmaß von seinen sozialen Beziehungen wie von seinem Gesundheitszustand abhängig. Die Beziehungsqualität nimmt im Allgemeinen mit der Kontaktintensität, der wechselseitigen Sympathie, der Übereinstimmung in den Einstellungen und Bedürfnissen, der

Ausgeglichenheit im gegenseitigen Geben und Nehmen sowie mit der Bereitschaft zur Offenheit in der Kommunikation zu. Eine für soziale Beziehungen wichtige Rolle spielt auch die verbale oder nonverbale Kommunikation, deren Kontrolle etwa mittels Kommunikationsregeln oder Mediation zu einer besseren Bewältigung zwischenmenschlicher Konflikte führt. Bereits die bloße Anwesenheit fremder Personen führt dazu, dass einfache Leistungen besser gelingen und komplexe eher schlechter. Bei eigener Unsicherheit, hoher Bedeutsamkeit von Entscheidungen und bei Gegenwart einer Gruppe, deren Mitglieder geschätzt werden, neigt der Einzelne zur Konformität mit der Gruppenmeinung. In Zusammenarbeit mit anderen, und wenn die Einzelleistung nicht sichtbar wird, ist man außerdem weniger leistungsbereit als alleine, man fühlt sich in der anonymen Öffentlichkeit weniger verantwortlich für Hilfeleistungen und wahrt egoistischer die eigenen Interessen.

Fragen

1. Was besagt der fundamentale Attributionsfehler?
2. Welche Auswirkungen hat die Auffälligkeit von sozialen Informationen?
3. Erklären Sie implizite Persönlichkeitstheorien und ihren Aussagegehalt!
4. Wie wirkt sich die Reihenfolge von sozialen Informationen auf ihre Verarbeitung aus?
5. Was versteht man unter Sach- und Personenattribution?
6. Was beschreibt die Akteur-Beobachter-Verzerrung und welche Auswirkungen hat sie?
7. Wie lassen sich Vorurteile reduzieren?
8. Beschreiben Sie die kognitive Dissonanztheorie und ihre Aussagen!
9. Was bewirkt die Rechtfertigung des Aufwands?
10. Wann entsteht ein Bumerang-Effekt?
11. Wie charakterisiert das Elaboration-Likelihood-Modell den Prozess der Einstellungsänderung?
12. Welche Einzeleffekte können Überzeugungsprozesse wesentlich beeinflussen?

13. Wie funktioniert die Door-in-the-Face-Technik und wie die Foot-in-the-Door-Technik?
14. Welche Auswirkungen hat soziale Deprivation?
15. Welche Einflussfaktoren für die Intensivierung persönlicher Beziehungen kennen Sie?
16. Was sind mögliche Hauptgründe für Beziehungsabbrüche in Partnerschaften?
17. Nach welchen Aspekten können Kommunikationsinhalte analysiert werden?
18. Wozu dienen im Einzelnen die Kommunikations- und Verhandlungsregeln?
19. Wie wirkt sich soziale Aktivierung aus und wie soziale Nachlässigkeit?
20. Wann tritt Verantwortungsdiffusion auf und wie wirkt sie sich aus?
21. Welche Situationen charakterisieren eine soziale Falle?
22. Wodurch wird Gruppendenken ausgelöst und welche Konsequenzen hat es?
23. Unter welchen Bedingungen kommt es zu gesteigerter Konformität?
24. Welche Faktoren steigern oder schwächen die Gehorsamsbereitschaft?

Literatur

Cialdini, R. B. (2006). Die Psychologie des Überzeugens. (6. Aufl.). Bern

Fietkau, H.-J. (2000). Psychologie der Mediation. Lernchancen, Gruppenprozesse und Überwindung von Denkblockaden in Umweltkonflikten. Berlin

Forgas, J. P. (1999). Soziale Interaktion und Kommunikation. Eine Einführung in die Sozialpsychologie (4. Aufl.). Weinheim

Frey, D. & Irle, M. (Ed.). (2001). Theorien der Sozialpsychologie. Bd. 1: Kognitive Theorien. Bern

Frindte, W. (2001). Einführung in die Kommunikationspsychologie. Weinheim

Gottman, J. (1994). Laß uns einfach glücklich sein! Der Schlüssel zu einer harmonischen Partnerschaft. München

Hargie, O. (1993). A handbook of communication skills. London

Herkner, W. (2003): Lehrbuch der Sozialpsychologie. Bern

Montada, L. & Kals, E. (2001). Mediation. Lehrbuch für Psychologen und Juristen. Weinheim

Sperka, M. (1996). Psychologie der Kommunikation in Organisationen. Essen

Zeitschriften:
Human Communication Research
Journal of Social and Personal Relationships
Journal of Personality and Social Psychology

Gesundheit – Krankheit | 11

Inhalt

11.1 Wohlbefinden und Lebensqualität

11.2 Gesundheit

11.3 Krankheit und Mortalität

11.4 Psychische Störungen
Depression
Angststörungen
Schizophrenie
Substanzmissbrauch

11.5 Stress

11.6 Stressbewältigung (Coping)
Hormonelle Stressregulation
Persönlichkeitsressourcen gegen Stress
Copingkompetenzen
Lebensstil

11.7 Bindungsstil

11.8 Psychologische Intervention – Psychotherapie

Wohlbefinden und Lebensqualität | 11.1

Gesundheit hat viel mit Wohlbefinden zu tun. Die subjektive Befindlichkeit des Menschen spiegelt jedoch nicht nur seinen physischen und psychischen Zustand, sondern auch seine soziale und ökologische Lebensumwelt wider. Während sich in Äußerungen zum **aktuellen Wohlbefinden** eher die momentan vorherrschenden

Abb 11.1

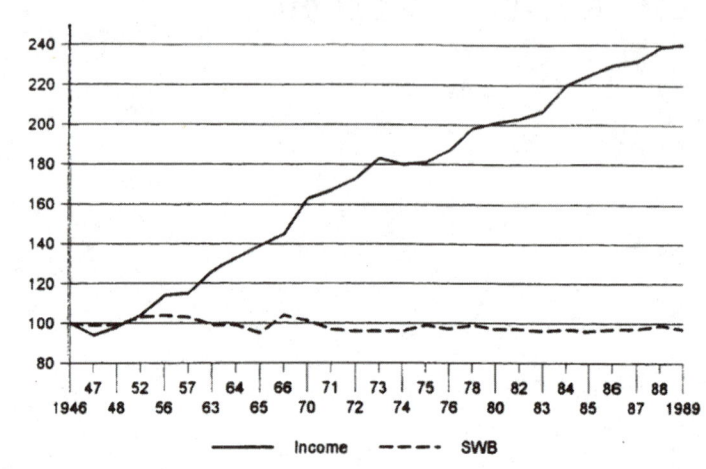

Veränderung des nach Steuerabzug verfügbaren persönlichen Einkommens und des subjektivem Wohlbefindens in den USA in den Jahren 1946 bis 1989 (Diener et al., 1999). Trotz dramatischen Anstiegs des Einkommens um 240 % gab es keine Veränderung des subjektiven Wohlbefindens (100 % = Jahr 1946; inflationskorrigiert). In Ländervergleichen lässt sich nur dann ein Einfluss des materiellen Wohlstands auf das Wohlbefinden zeigen, wenn mit der Steigerung des Einkommens auch eine verbesserte Befriedigung menschlicher Grundbedürfnisse verbunden ist.

Emotionen der Person niederschlagen, ist das **habituelle Wohlbefinden** als Bewertung des Befindens über einen längeren Zeitraum hinweg, zumeist von kognitiven Einschätzungen der eigenen Lebenslage bestimmt (Abele & Becker, 1991). Tatsächlich wird zur Evaluation von Lebensbedingungen, wie Wohnbauten, Siedlungen oder Krankenhäusern, oder auch zur Beurteilung von Interventionen (Baumaßnahmen, Therapien, …) das habituelle Wohlbefinden durch Erhebung der **Zufriedenheit** oder des **Glücks** in den entsprechenden Lebensbereichen festgestellt. Um Zufallseinflüsse der Befragungssituationen ausmitteln zu können (s. Kap. 3), sollten über einen längeren Zeitraum Mehrfacherhebungen durchgeführt werden („Time Sampling-Methode"; „Diary Studies"). Befragungen zur Zufriedenheit (Glatzer, 1991) ergaben in jenen Lebensbereichen, in denen die Eigenverantwortlichkeit hoch ist (z.B. Partnerschaft, Familie), insgesamt bessere Werte als in Bereichen, in denen die Hauptverantwortlichkeit außerhalb der Person gesehen wird (z.B. Sicherheit, Umwelt).

Abb 11.2

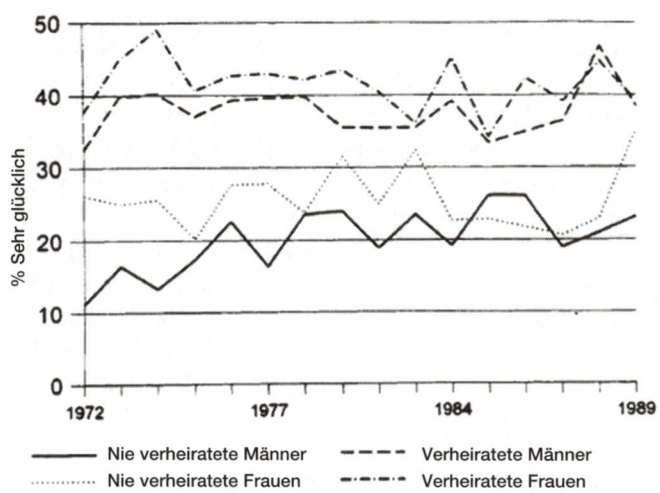

Abgesehen vom Gesundheitszustand eines Menschen zählen die privaten Sozialkontakte zu den wichtigsten Determinanten des Wohlbefindens und des Glücks. So etwa schätzen sich im Zeitraum 1972 bis 1989 verheiratete Personen zu etwa 40 % als sehr glücklich ein, nie verheiratete nur zu etwas mehr als 20 % (allerdings mit steigender Tendenz). Frauen scheinen sich insgesamt wohler zu fühlen als Männer, obwohl sie häufiger als diese depressiv verstimmt sind, doch empfinden sie auch positive Emotionen intensiver (Diener et al., 1999).

Der Begriff **Lebensqualität** ist dagegen äußerst vielschichtig und kann nur beschränkt objektiviert werden (z.B. über Sozial-, Wirtschafts- und Umweltindikatoren), weil zumindest die subjektive Beurteilung der Lebenssituation von den jeweiligen Bedürfnissen und Lebenszielen des Einzelnen abhängt (Veenhoven, 1991; Korczak, 1995; Abb. 11.1). Statt von „objektiver" oder „subjektiver" Lebensqualität zu sprechen, könnte man auch die Begriffe **Lebensbedingungen** und **Lebenszufriedenheit** verwenden, um so die physischen und sozialen Input-Faktoren (Abb. 11.2) von den psychischen Output-Faktoren klarer zu unterscheiden. Wichtige, die Lebenszufriedenheit beeinflussende Umweltbedürfnisse sind jene nach Regeneration, Privatheit, **Sicherheit**, Funktionalität, Ordnung, Kommunikation, „Aneignung", Partizipation und Ästhetik (Maderthaner, 1995, 1998).

Über demographische Merkmale (z.B. Alter, Geschlecht, Einkommen, Bildung) lässt sich das Wohlbefinden eines Menschen zu nicht mehr als 20 % vorhersagen, während den Eigenschaften der Persönlichkeit nicht weniger als 50 % Einfluss zukommt (Diener et al., 1999). Hier ist besonders die *Extraversion* hervorzuheben, die offenbar alltägliche Ereignisse positiv empfinden lässt und befriedigende Sozialkontakte erleichtert („Soziabilität"). In negativem Zusammenhang mit dem Wohlbefinden hingegen steht *Neurotizismus*, welcher mit Nervosität, Verstimmbarkeit, Verschlossenheit und Unsicherheit, d.h. einem Mangel an emotionaler Stabilität, einhergeht, was insbesondere mit einem schlechten Klima in Partnerschaften in Zusammenhang steht (Prodöhl, 1979). Andere positive, aber etwas schwächere Wohlbefindensfaktoren sind Selbstachtung, Optimismus, Kontrollüberzeugung und eine positive Selbsteinschätzung. Lebenszufriedenheit und Wohlbefinden hängen aber auch davon ab, ob man sich im Vergleich mit anderen sozialen Bezugsgruppen benachteiligt oder begünstigt sieht. Insgesamt hat man es bei dieser Frage also mit einer komplexen Wechselwirkung zwischen Personen-, Einstellungs- und Situationsmerkmalen zu tun (Überblick bei Diener, Oishi & Lucas, 2003).

Merksatz

Extravertierte Menschen fühlen sich häufiger wohl als andere.

11.2 | Gesundheit

Die Frage, wann jemand als gesund oder krank zu bezeichnen ist, beschäftigt seit Langem die Medizin und die Psychologie. Die viel zitierte Definition der World Health Organization (WHO, 1946; Europa in Zahlen, 2007) kennzeichnet den Zustand von Gesundheit nicht mehr nur – wie früher oft üblich – als Freisein von Krankheit und Gebrechen, sondern hebt allgemeines Wohlbefinden als wichtiges Kennzeichen hervor: „Health is a state of complete physical, mental, and social well-being and not merely the absence of disease or infirmity".

In einem überaus umfangreichen Projekt (Becker, 1982) analysierte Peter Becker gemeinsam mit Wolf-Rüdiger Minsel verschiedene historische Ansätze über **seelische Gesundheit** (Freud, Erikson, Fromm, Rogers, Maslow, ...). Die bisherigen Versuche einer Gesundheitsdiagnostik führten sie in einem eigenen Modell zusammen

(Becker & Minsel, 1986). Darin kann seelische Gesundheit einerseits als momentaner Zustand („state") und andererseits als relativ stabiles Persönlichkeitsmerkmal („trait") aufgefasst werden. Als charakteristisch für den Zustand seelischer Gesundheit werden sieben kritische Merkmale angeführt:

- *Wohlbefinden* (positive Grundstimmung, Freude, Glück)
- Psychische Energie (Vitalität, Interessiertheit, ...)
- Expansivität (Selbstbehauptung, Spontaneität, wenig Ängste, wenig Leugnung und Vermeidung, ...)
- Funktions- und Leistungsfähigkeit (Kompetenz, Produktivität, Selbstkontrolle, ...)
- Selbsttranszendenz (keine übermäßige Beschäftigung mit sich selbst, wie etwa bei Hypochondrie)
- Autonomie (Selbständigkeit, wenig Hilflosigkeitsgefühle)
- Selbstwertgefühl (sicheres Auftreten, kaum Minderwertigkeitsgefühle)

> **Merksatz**
>
> Der Zustand seelischer Gesundheit ist wesentlich durch Wohlbefinden, Selbständigkeit, Funktions- und Leistungsfähigkeit, positives Selbstwertgefühl und emotionale Stabilität gekennzeichnet.

Von diesen Zustandsindikatoren ausgehend wurde für die Persönlichkeitsdiagnostik (die Feststellung von „traits") in mehreren Entwicklungsstufen ein *psychometrisch* anspruchsvoller Fragebogen mit 34 *Skalen* entwickelt (Becker, 2002, 2004), die sich zu vier Faktoren („Big Four") zusammenfassen ließen. Diese liefern offensichtlich eine differenzierte Charakterisierung „normaler" bis „gestörter" Persönlichkeiten, je nachdem, in welcher Ausprägung und Kombination sie festgestellt werden:

I: **Neurotizismus** (s. Box 11.1)

II: **Extraversion** und **Offenheit**: Fröhlichkeit, Geselligkeit, Tatendrang, Offenheit für Neues, Streben nach Aufmerksamkeit, Hedonismus, Risikobereitschaft, Selbstvertrauen, Selbstbehauptung

III: **Gewissenhaftigkeit** und **Kontrolliertheit**: Ausdauer, Sorgfalt, Planungswille, Ordnungsstreben, Arbeitsorientierung

IV: **Unverträglichkeit**: Gewissenlosigkeit, rechthaberische Arroganz, Mangel an Einfühlsamkeit, Falschheit, Misstrauen, Gewalttätigkeit, Manipulationstendenz

Für praktische Zwecke geeigneter scheint der kurze (36 Fragen), international weit verbreitete Sreening-Fragebogen für seelische *und* körperliche Gesundheit SF-36® (Ware, 2000), der bereits in tau-

Box 11.1 | **Mangel an Neurotizismus als seelischer Gesundheitsfaktor**

Das „Trierer Integrierte Persönlichkeitsinventar" (Becker, 2002) besteht aus 254 Items und 34 psychometrisch bestätigten Skalen, die selbst wieder zu vier Faktoren höherer Ordnung zusammengefasst werden konnten. Den ersten und mächtigsten Persönlichkeitsfaktor (72 Items) bezeichnet der Autor als Gradmesser „Seelischer Gesundheit" durch das Fehlen von „Neurotizismus", d.h. von Grübeln, Angst vor Ablehnung, Unselbständigkeit, Nachgiebigkeit, Ungerechtigkeitsgefühlen, körperlichen Beschwerden (mit Erschöpfung), Konzentrationsstörungen, Gefühlsschwankungen (Launenhaftigkeit), von Mangel an Selbstvertrauen und von Lebensverdrossenheit. Bewusst wurden wenig solche Indikatoren aufgenommen, die sich auf schwere psychische Störungen (z.B. Schizophrenie) beziehen, so dass das Inventar eher im leichteren Störungsbereich zur Gesundheitsabstufung geeignet ist.

senden Studien zur Beurteilung der Lebensqualität nach medizinischen Interventionen eingesetzt wurde. Die acht Skalen dieses Fragebogens beziehen sich auf das subjektive Wohlbefinden, die subjektive Einschätzung des eigenen Gesundheitszustands, die körperliche Funktionsfähigkeit (gehen, Sport betreiben usw.), die Bewältigung von körperlichen Pflichten (Arbeitspensum, Leistungsqualität u.a.), die Beeinträchtigung durch Schmerzen, die empfundene Vitalität, die Einschränkung sozialer Aktivitäten und die emotional oder stimmungsbedingte Behinderung im Alltag. Eine aktuelle statistische Analyse des Fragebogens ergab, dass die beiden Hauptskalen „körperliche" und „seelische Gesundheit" zu mehr als 50 % korrelieren (Güthlin und Walach, 2007), was bedeutet, dass seelische Störungen oft mit körperlichen Symptomen einhergehen und umgekehrt.

11.3 | Krankheit und Mortalität

Die wissenschaftliche Erforschung und Lehre von Krankheiten beschäftigt sich mit den Ursachen („Ätiologie"), mit der Entstehung

| Abb 11.3

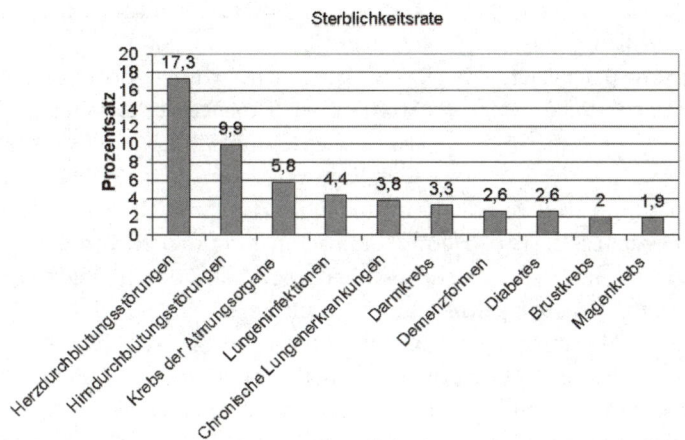

Sterblichkeitsrate

In den etwa 50 reichsten Ländern der Welt mit mehr als $ 10.000 Einkommen pro Kopf und Jahr (ca. 15 % der Weltbevölkerung in OECD, Japan, USA, ...), verstarben im Jahr 2001 etwa 0,9 % der Bevölkerung (pro Jahr), davon starben 27,2 % an Herz-Kreislaufproblemen und 13 % an Lungen-, Darm-, Brust- oder Magenkrebs, also zum guten Teil an den Folgen krankmachender Verhaltensgewohnheiten (Mathers, Lopez & Murray, 2006, 70).

und dem Verlauf („Genese" und „Prognose"), mit der Verbreitung („Epidemiologie"), mit der Klassifikation („Nosologie") sowie mit den Merkmalen und Erscheinungsformen von Krankheiten („Symptomatologie"). Die Klassifikation von Erkrankungen wird weltweit einheitlich nach der „Internationalen Statistischen Klassifikation der Krankheiten und verwandten Gesundheitsprobleme" der Weltgesundheitsorganisation WHO („International Classification of Deseases and Related Health Problems", **ICD-10**, 2007) durchgeführt, worin sich eines der 21 Kapitel auf „psychische und Verhaltensstörungen" bezieht.

Bei der Erforschung der Verbreitung von Krankheiten wird deren **Prävalenz** ermittelt, das ist die absolute Häufigkeit einer Erkrankung in der Bevölkerung zu einem bestimmten Zeitpunkt oder innerhalb einer bestimmten Zeitspanne, und die **Inzidenz**, nämlich die Anzahl von *Neu*erkrankungen innerhalb eines Zeitraums. Für die Einschätzung der Lebensbedrohlichkeit von Erkrankungen ist die **Mortalität** (Todesfälle je Population) sowie **Letalität** (To-

**Seelische Prozesse haben vielfältige Aus-
wirkungen auf die körperliche Gesundheit
und auf die Lebenserwartung.**

desfälle im Verhältnis zur Anzahl erkrank-
ter Personen) von Bedeutung (Todesursachen in Deutschland, 2005).

In einer aufwändig durchgeführten
Studie über **Gesundheitsbelastungen** und **Todesursachen** („Global Burden of Desease and
Risk Factors", Lopez et al., 2006a) wurden
nicht nur weltweit die Hauptursachen für Sterblichkeit und die **Prävalenzraten** (relative Häufigkeiten) von Krankheiten erhoben (Abb.
11.3), sondern auch Schätzungen aufgestellt über die Einbußen an
gesunden Lebensjahren durch Kranksein („Years lost due to disability", YLD) und den dadurch verfrühten Tod („Years of life lost", YLL).
Beide Maße addiert ergeben den Gesamtverlust an Lebensjahren
durch Krankheit oder Tod („Disability Adjusted Life Years", DALYs).
Weltweit wurde so bei Jugendlichen und Erwachsenen ein Verlust
von 37 % an gesunder Lebenszeit (YLD) durch **neuropsychiatrische Störungen** geschätzt (Depression, Schizophrenie, Panikstörungen, Seh-

Abb 11.4

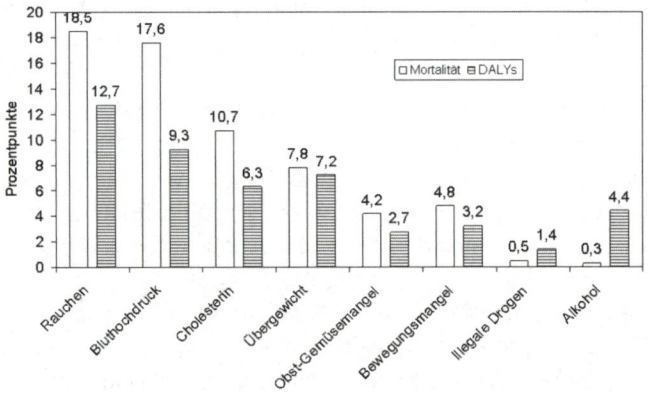

*In der WHO-Studie von Lopez und Mitarbeitern (2006b) über Gesundheitsbelastun-
gen der Menschheit wurden neben den häufigsten Todesursachen, wie Herz-Kreis-
lauferkrankungen oder Krebs (s. Abb. 11.3), auch die medizinisch nachweisbaren
Risikofaktoren ausgelotet. Es zeigte sich, dass Zigarettenrauchen, Bluthochdruck,
erhöhte Cholesterinwerte, Übergewicht, Bewegungsmangel, Obst- und Gemüseman-
gel sowie Alkohol und Drogen für nicht weniger als 65 % der Mortalität (weiße
Balken) und 47 % der durch Krankheit beeinträchtigten oder verlorenen Lebenszeit
(gestreifte Balken) verantwortlich gemacht werden können (Lopez et al., 2006b, 10).*

und Hörbehinderungen, Ängste, Demenz, Folgen von Alkoholmissbrauch usw.). Allein durch die verschiedenen Formen der Depression gehen etwa 15 % gesunder Lebensjahre verloren, da diese Störung unbehandelt oft in wiederkehrenden Episoden verläuft (WHO, 2001). Außerdem zeigte sich, dass 65 % der Mortaliät und 47 % der verlorenen und beeinträchtigten Lebenszeit (DALY) auf das Konto von Krankheitsrisikofaktoren gehen, die verhaltensabhängig sind (Abb. 11.4).

Psychische Störungen 11.4

Ob das Erleben oder Verhalten eines Menschen von Experten als krankhaft eingestuft wird, hängt im Allgemeinen von vier Kriterien ab (Kryspin-Exner, 2006; Davis & Palladino, 2007), kann aber bei Bedarf in einem detaillierten Prozess der **Diagnostik** anhand von speziellen *Diagnosesystemen* noch genauer abgeklärt werden (s. etwa Margraf & Schneider, 1996):

- Subjektiv empfundene Belastung („Leidensdruck")
- Behinderung bei der Bewältigung alltäglicher Lebenssituationen („Beeinträchtigung", „Dysfunktionalität")
- Selbstgefährdung oder Bedrohung der Sicherheit anderer Personen („Gefährdung")
- Abweichung von gesellschaftlichen Regeln, Normen und Wertvorstellungen („Irrationalität", „Devianz")

> **Merksatz**
>
> Kriterien für psychische Störungen können sein: Leidensdruck, Lebensbeeinträchtigung, Selbst- und Fremdgefährdung sowie massive Verletzung gesellschaftlicher Normen.

Da unter Umständen auch „normale" Alltagsbedingungen oder bestimmte Extremsituationen zu außergewöhnlichen bzw. *speziellen Bewusstseinszuständen* (z.B. durch Hyperventilation, Alkoholgenuss, Fieber, s. Kap. 4) oder irrationalen Verhaltensweisen führen und auch diagnostische Fehlinformationen vorliegen können (s. Box 11.2), müssen nach dem so genannten **biopsychosozialen Ansatz** schon bei der Diagnose, besonders aber bei der näheren Analyse von psychischen Störungen sowohl biologische, psychische als auch soziale Situationsbedingungen mitberücksichtigt werden (Abb. 11.5). Um die stigmatisierenden Begriffe „Krankheit" oder „Abnorma-

Abb 11.5

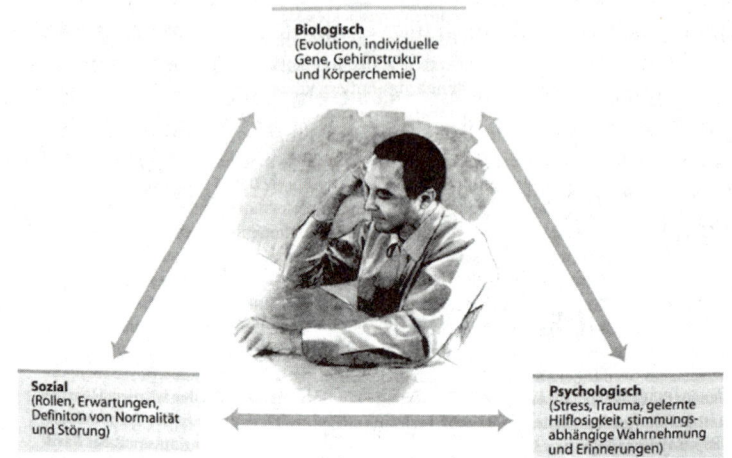

Biologisch
(Evolution, individuelle
Gene, Gehirnstrukur
und Körperchemie)

Sozial
(Rollen, Erwartungen,
Definiton von Normalität
und Störung)

Psychologisch
(Stress, Trauma, gelernte
Hilflosigkeit, stimmungs-
abhängige Wahrnehmung
und Erinnerungen)

Die moderne Psychologie geht davon aus, dass biologische, psychologische und sozio-
kulturelle Faktoren miteinander in Wechselwirkung stehen und bei der Diagnose
und Erklärung psychischer Störungen einzubeziehen sind.

lität" zu vermeiden, wird in letzter Zeit nur mehr die Bezeichnung
psychische Störungen verwendet.

Seit etwa 50 Jahren bedient man sich in der Psychiatrie und in
der Klinischen Psychologie normierter **Diagnosesysteme**. Vor Publikation des neuen Kapitels F im internationalen *ICD-10* lag schon das
von der „American Psychiatric Association" (APA, 2006) herausge-
gebene Manual **DSM-IV** vor, welches zwar ähnlich dem Diagnose-
schlüssel der WHO ist, sich aber mehr als dieser um eine empirisch
bestätigte, systematische und integrative Betrachtungsweise von
Störungen bemüht („multiaxiales Klassifikationssystem"; Abb. 11.6).

Als nachteilig an der Verwendung von Diagnosesystemen mag
zwar die Gefahr von Stigmatisierungen oder Etikettierungen angeführt werden, doch klare, statistisch überprüfbare Diagnoserichtli-
nien erlauben es sowohl Therapeuten wie Forschern, präzise miteinander zu kommunizieren (Schneider & Margraf, 2003). Ein Vorteil ist auch die Möglichkeit einer *Standardisierung* der Befunderhe-
bung mittels **diagnostischer Interviews** und Checklisten (z.B. DIPS),
womit die Güte (Objektivität, Reliabilität) von Störungsdiagnosen
gesteigert wird.

Effekte „diagnostischer" Vorinformationen | Box 11.2

Watzlawick (1976/2005, 92) berichtete anekdotisch von einem Experiment, bei dem ein Psychiater und ein klinischer Psychologe – die beide mit der Therapie von Schizophrenie befasst waren – einander gegenübergesetzt wurden, mit der Bitte, ein Erstinterview mit einem Patienten zu führen, der angeblich den Wahn habe, ein klinischer Psychologe bzw. ein Psychiater zu sein. Der Versuch misslang zwar nach wenigen Minuten insofern, als der Psychologe den Psychiater am Namen erkannte und sich freute, seine beruflichen Probleme mit einem medizinischen Fachmann besprechen zu können, doch hielt dies Letzteren nicht davon ab, in dem Psychologen einen – wenn auch „remittierten" – paranoiden Patienten zu sehen.

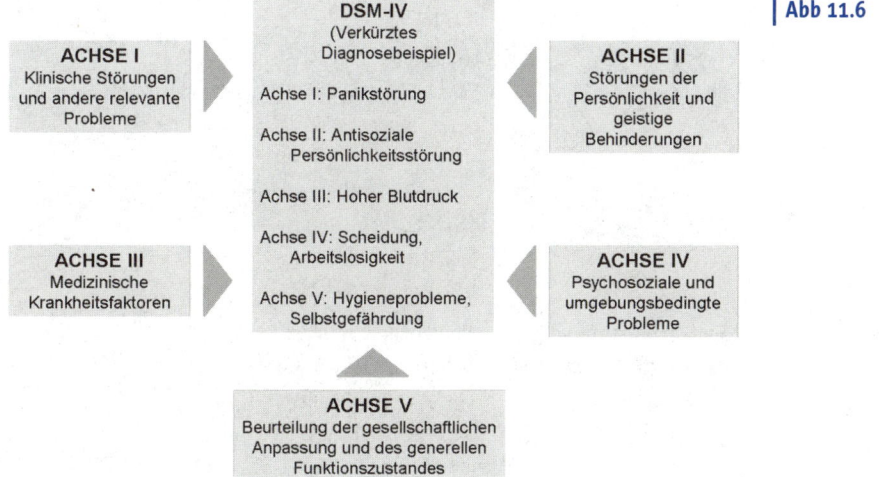

| Abb 11.6

Im axialen DSM-IV-Diagnosesystem werden Diagnostiker dazu angehalten, neben den eigentlichen Störungen (Achse I) auch noch personelle, medizinische, soziale und anpassungsbezogene Informationen in die Begutachtung mit einzubeziehen.

Tab 11.1 | *Wichtige Störungskategorien nach dem DSM-IV-Diagnosesystem mit Schätzungen ihrer Auftrittshäufigkeit pro Jahr oder Lebenszeit, sofern aktuell verfügbar (Quellen: Reinecker, 2003a; Health Statistics, 2002; Alonso et al. 2004, Jacobi, Klose & Wittchen, 2004; Kessler et al., 2005; HFA-DB, 2007).*

DIAGNOSEKATEGORIE	BEISPIELE FÜR STÖRUNGEN	PRÄVALENZRATE
Störungen der Kindheit und Adoleszenz	Ängste, Hyperaktivität, Stottern (2–4 %), Nächtliches Einnässen	5–15 %
Delirien, Demenzen und Amnesien	Alzheimer (75–90 Jahre: 6–20 %), Parkinson (50–79 Jahre: 0,11–1,27 %)	1–2 %
Störungen durch Substanzmissbrauch	Abhängigkeit von Nikotin, Alkohol (2–7 %), Drogen (0,7 %), Medikamenten	2,5–7,2 % Lebenszeit: 15 %
Schizophrenie und andere psychotische Störungen	Paranoia, Katatonie, Hebephrenie	0,2–0,7 % Lebenszeit: 0,8 %
Affektive Störungen	Depression (Frauen: 9,6 %, Männer: 6,2 %), Depression und Manie (0,2–1,2 %)	4,5–11,9 % Lebenszeit: 10–17 %
Angststörungen	Agoraphobie (Lebenszeit: 3,4–10,9 %), Phobien (7,6–13 %), Sozialangst (2 %), Panikstörung (Lebenszeit: 1,4–3,6 %), Posttraumatische Belastungsstörung (Lebenszeit: 8 %), Zwangsstörungen (0,7 %)	6–19,8 % Lebenszeit: 14 %
Somatoforme Störungen (körperliche Störungen ohne diagnostizierbare organische Erkrankung)	Hypochondrie, Schmerzstörungen (8,1 %), psycho-vegetative, psychomuskuläre, psychoendokrine Störungen	11–30 %
Sexuelle und Geschlechtsidentitätsstörungen	Erektionsstörungen, Orgasmusstörungen, Exhibitionismus, Fetischismus	10–30 %

	Masochismus, Sadismus, Pädophilie, Transsexualität	
Essstörungen	Magersucht (0,3 %), Bulimie (1,1 %), Adipositas (5–20 %)	~ 20 %
Schlafstörungen	Ein- und Durchschlafstörungen, Schlafwandeln, Narkolepsie, Schlafapnoe	15–25 % (ab 65 Jahren: > 40 %)
Persönlichkeitsstörungen	Paranoide, antisoziale, abhängige, zwanghafte Persönlichkeitsstörung	~ 5–10 %

Nach Kessler und Mitarbeitern (2005) beträgt die Wahrscheinlichkeit, im Laufe des Lebens eine diagnostizierbare mentale Störung zu entwickeln – die **Lebenszeitprävalenz** –, nicht weniger als 49,1 %, und die in der Bevölkerung feststellbare relative Häufigkeit für den Befragungszeitraum von einem Jahr – die **Jahresprävalenz** – 28,1 % (s. auch Tab. 11.1). Bedenklich stimmt die Versorgungssituation von psychischen Störungen, wonach noch um das Jahr 2000 nur etwa 30 % aller Betroffenen überhaupt eine Behandlung (z.B. beim Hausarzt) erhielten und nur etwa 10 % eine psychologische oder psychiatrische Therapie, obwohl der störungsbedingte Verlust an Arbeitsleistung etwa zehn Arbeitstage pro Jahr beträgt (Jacobi et al., 2004).

Nachfolgend sollen vier besonders häufige und besonders bekannte mentale Störungen herausgegriffen und kurz beschrieben werden.

Depression

| 11.4.1

Als depressive Episode bezeichnet man einen Zustand, der durch Traurigkeit, Niedergeschlagenheit, Antriebslosigkeit, Interessemangel, Ängstlichkeit, Unruhe, Konzentrationsschwäche, Hoffnungslosigkeit, Appetitmangel, Schlafstörungen, Schuldgedanken sowie negatives Denken gekennzeichnet ist (Abb. 11.7). Die

Darstellung im Wesentlichen nach Hautzinger & de Jong-Meyer, 2003

übliche Dauer, ab der ein solcher Zustand als depressive Störung diagnostiziert wird, ist ungefähr zwei Wochen (Health Statistics, 2002). Depressive Episoden treten bei Frauen häufiger auf als bei Männern, in mehr als 50 % der Fälle findet man daneben noch andere mentale Störungen (z.B. Panik- und Angststörungen), die oft auch als Mitverursachung von Depressionen gesehen werden können. Unbehandelt dauert eine depressive Episode von einem halben (ca. 50 %) bis zu einem Jahr (ca. 70 %), wobei Pharmakotherapie die Dauer nicht verkürzt, sondern nur die Intensität der Symptome abschwächt. Die Rückfallrate ist für unbehandelte Fälle relativ hoch und beträgt für zwei Jahre zwischen 60 und 70 %. Als erfolgreiche Therapieformen bei Depressionen erwiesen sich besonders die *Verhaltenstherapie*, die *Interpersonale Therapie* und die medikamentöse Therapie mit Antidepressiva (zu den Psychotherapiemethoden s. 11.8).

Abb 11.7

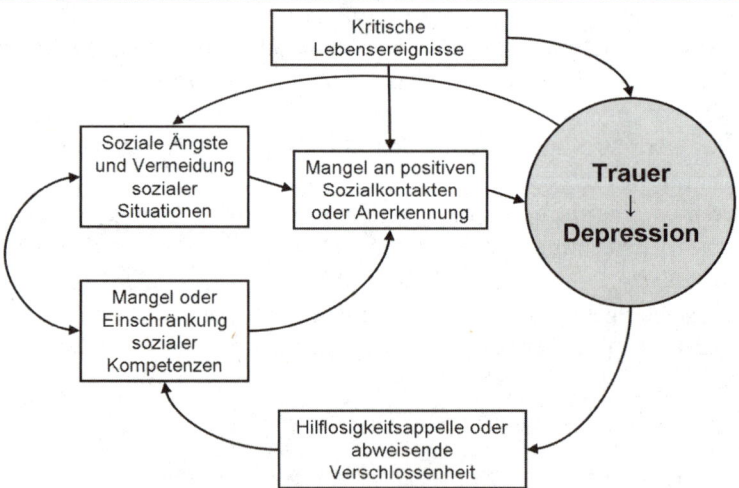

Die Abbildung beschreibt einige für Depressionen typische Regelkreise: Kritische Lebensereignisse (z.B. Scheidung, Todesfälle, große Misserfolge, Erkrankungen) haben einen Mangel positiver Sozialkontakte und teilweise dadurch eine depressive Reaktion zur Folge, woraus sich direkt eine Tendenz zum sozialen Rückzug und indirekt eine Reduktion sozialer Kompetenz ergibt. Soziale Ängste und ein Mangel sozialer Kompetenzen können auch alleine – möglicherweise durch Kindheitserfahrungen erworben – zum Ursprung von Depressionen werden.

Eine wichtige Ursache, wie es zu einer Depression kommen kann, beschreibt die Theorie der **gelernten Hilflosigkeit** von Martin Seligman (erweitert durch Abramson, Seligman & Teasdale, 1978): Durch fortgesetzte Hilflosigkeitserfahrungen in wichtigen Entwicklungs- oder Lebensphasen hat die Person „gelernt", dass sie bestimmte wichtige Bedürfnisbefriedigungen im Alltag durch eigenes Bemühen nicht erreichen oder aversive Zustände nicht verhindern kann, und wird deshalb passiv und apathisch. Sogar bei geänderter Lebenssituation werden dann keine problemlösenden Anstrengungen mehr unternommen. Auf je mehr Bereiche des Lebens sich dieses erlernte Gefühl des **Kontrollverlustes** erstreckt, desto wahrscheinlicher kommt es zu einer depressiven Episode. Je negativer dann die Stimmungslage wird, desto mehr entsteht ein Teufelskreis durch Passivität und sozialen Rückzug und umso mehr tendieren die betroffenen Personen dazu, ihre Misserfolge auf eigene Unfähigkeit zu *attribuieren*, was ihr Befinden weiter verschlechtert und soziale Ängste fördert (Alloy et al., 1984).

Angststörungen

11.4.2

Eine Angst ist dann unangemessen, wenn sie nicht situationsadäquat ist, überlange anhält, durch die betroffene Person nicht beeinflussbar ist und zu einer schweren Lebensbeeinträchtigung führt. Angststörungen zählen zu den häufigsten psychischen Störungen, wobei etwa 50 % auf **Agoraphobien** entfallen (multiple Situationsängste wie Klaustrophobie, Höhen-, Reise- und Flugängste, Angst vor Menschenansammlungen) und etwa 25 % auf **Sozialphobien** (soziale Ängste, wie Angst vor bewertender Beobachtung, Konflikt- oder Kontaktangst). Agoraphobien gehen oft Panikanfälle voraus, die auch zu einer **Panikstörung** chronifizieren können. Vereinzelte Angstanfälle treten im Laufe eines Jahres auch bei 5 bis 25 % der nicht-angstgestörten Personen auf (z.B. als Reaktion auf Schlangen, Höhen, Mäuse, Insekten, Spinnen). Typischerweise kommt es bei einem Angst- bzw. Panikanfall zu starken physiologischen und kognitiven Symptomen (Herzrasen, Schwindel, Atemnot, Hyperventilation, Benommenheit, Zittern, Befürchtung eines Kontroll- oder Imageverlustes, Angst verrückt zu werden, Todesangst), deren Wahrnehmung einen Teufelskreis schließt, indem sie neuerlich Angst auslöst (Hamm, Welke & Melzig, 2006; Abb. 11.8). Die Agora-

Darstellung im Wesentlichen nach Reinecker, 2003a; Michael, Ehlers & Margraf, 2003

Abb 11.8

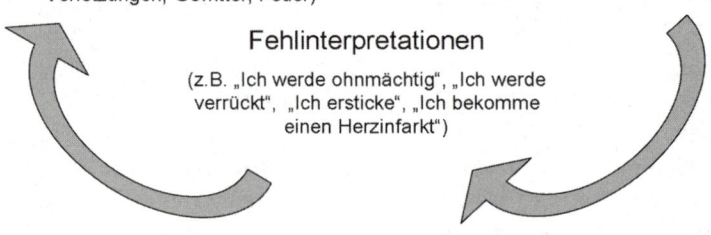

Angstauslösende Situation

(z.B. gestörte Befindlichkeiten, Hilflosigkeit, alleine sein, nicht weg können, fremde Personen, Tiere, spitze Gegenstände, Verletzungen, Gewitter, Feuer)

Körperwahrnehmungen

(z.B. Herzrasen, Schwitzen, Schwäche, Atemnot, Schwindel, Benommenheit)

Fehlinterpretationen

(z.B. „Ich werde ohnmächtig", „Ich werde verrückt", „Ich ersticke", „Ich bekomme einen Herzinfarkt")

Angst- und Panikanfälle sind durch einen typischen Regelkreis gekennzeichnet, der auf verschiedene Weise beginnen kann. Eine angsterregende Situation oder eine reine Angsterwartung („Angst vor der Angst") kann zu vorerst leichten physiologischen Reaktionen führen, welche besonders sensibel registriert und als Hinweise für ernsthafte Gesundheitsbedrohungen fehlinterpretiert werden. Dadurch werden die Körperwahrnehmungen selbst zum Angstauslöser, die Angstgedanken und die körperlichen Reaktionen schaukeln sich gegenseitig auf.

phobie ist dann die Folge der Vermeidung all jener Situationen, in denen sich die Person an die Paniksituation erinnert fühlt. (Noch nicht aufgeklärt sind die Gründe für die Tatsache, dass Raucher ein zwei- bis vierfach größeres Risiko für Panikanfälle haben.)

Das Grundbehandlungsprinzip bei Angststörungen ist das der **Konfrontation**; schon Goethe („Aus meinem Leben. Dichtung und Wahrheit") setzte es gegen seine agoraphobischen Störungen erfolgreich ein. Das Risiko, als Erwachsener im Gefolge einer Angststörung auch eine depressive Störung zu entwickeln, beträgt zwischen 40 und 50 %, was durch die resultierenden Lebenseinengungen zu erklären ist. Als besonders wirksame Behandlungsverfahren bei Angststörungen hat sich wiederum die *Kognitive Verhaltenstherapie* (s. Box. 11.5) herausgestellt (auch in Kombination mit *Pharmakotherapie*).

Schizophrenie

11.4.3

Die Wahrscheinlichkeit, im Laufe des Lebens an einer schizophrenen Störung zu erkranken, beträgt etwa 0,08. Schizophrenie verläuft in Schüben; sie geht mit Sinnestäuschungen, Denkstörungen und Wahnvorstellungen einher und ist außerdem oft durch „Emotionsverflachung", Antriebslosigkeit, Aufmerksamkeits- und Sprachstörungen gekennzeichnet. Je nach Ausprägung der Symptome unterscheidet man neben der „einfachen Schizophrenie" die Paranoia (häufiges Symptom: „Verfolgungswahn"), die Katatonie und die Hebephrenie. Obwohl bei der Behandlung die medikamentöse Therapie klar im Vordergrund steht, wird die Krankheit zunehmend als

Darstellung im Wesentlichen nach Rey, 2003

Abb 11.9

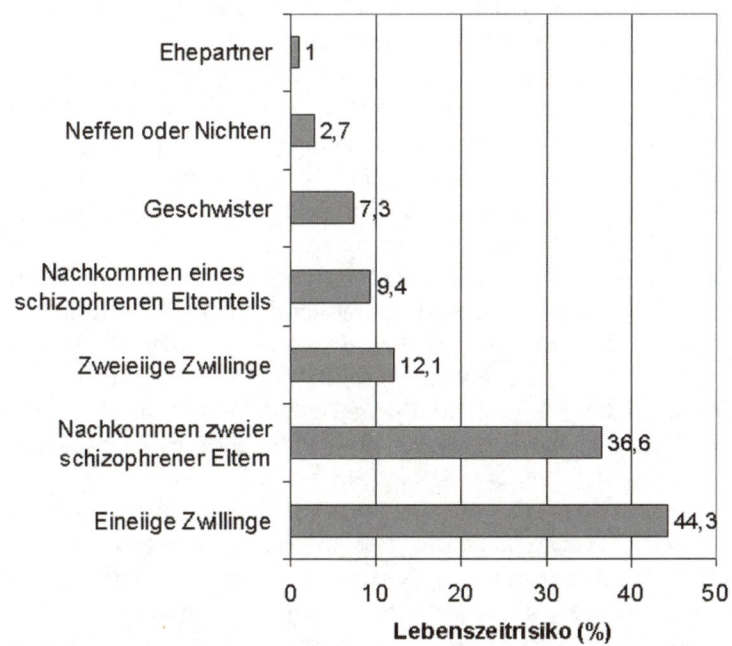

Das Risiko, im Laufe des Lebens an einer Form schizophrener Störung zu erkranken, wird eindeutig zu einem gewissen Teil durch Erbfaktoren mitbestimmt (Rowe, 1994). Bei identem Erbgut (monozygoten Zwillingen) beträgt die Wahrscheinlichkeit, dass bei Erkrankung der einen auch die zweite Person erkrankt, etwa 44 %, bei Erkrankung beider Elternteile 37 %, bei Nichtverwandtschaft (z.B. Ehepaaren) dagegen sinkt das Risiko fast bis zur Grundrate in der Bevölkerung (ca. 0,5 %).

multikausal bedingt angesehen. Es existieren viele Erklärungsmodelle, die sich einerseits auf Gehirnanomalien, biochemische Prozesse (z.B. Dopaminstoffwechsel im Gehirn) oder genetische Prädispositionen (Abb. 11.9) beziehen, aber auch auf Persönlichkeitsfaktoren (z.B. Schizotypie), Umweltfaktoren (z.B. niedrige Sozialschicht) oder familiäre Entwicklungen (z.B. „double bind"). Im „Vulnerabilitätsmodell" werden biologische, psychische und soziale Vorbelastungen für Krankheitsanfälligkeit verantwortlich gemacht. Flankierend zur Symptombehandlung durch Psychopharmaka (vor allem Neuroleptika) wird deshalb an vielen psychiatrischen Zentren auch Verhaltens-, Sozial- und Familientherapie angeboten.

11.4.4 | Substanzmissbrauch

Der schädliche Gebrauch von *psychoaktiven Substanzen* (s. auch Absch. 4.2.3) kann sich akut (z.B. in einzelnen Alkoholräuschen) oder chronisch äußern (z.B. Abhängigkeit und Sucht). Legale Suchtmittel sind Alkohol und Nikotin, zu den illegalen Stoffen zählen Cannabisprodukte („Haschisch"), Kokain, Amphetamin und Opiate. Die weltweit ca. 185 Millionen Konsumenten illegaler Drogen konsumierten in den Jahren 1998 bis 2001 am häufigsten Cannabisprodukte (69 %) und am zweithäufigsten Amphetamine (16 %). Risikofaktoren für die Gewöhnung an Suchtmittel sind leichte Verfügbarkeit, Nachahmung enger Bezugspersonen (Peers, Eltern), psychische Belastungen und Geringschätzung des Gefährdungspotentials. Nicht zu unterschätzen ist die legale Droge **Alkohol**, und zwar auch in ihren Folgewirkungen, wie Verkehrsunfällen, Arbeitsunfällen, Ehekonflikten oder Gewaltakten (Abb. 11.10). Von Schädigungen dieser Art sollen etwa 10 bis 20 % der deutschen Bevölkerung betroffen sein. Bis eine bereits alkoholabhängige Person einer effektiven Therapie zugeführt wird, vergehen durchschnittlich sechs bis zehn Jahre. Die Sterberate ist bei Alkoholkranken verglichen mit der Normalbevölkerung um das Zwei- bis Fünffache erhöht (ebenso die Selbstmordrate). Für eine erfolgreiche Alkoholtherapie ist vorerst eine gründliche Analyse der Gründe und Auslöser des Trinkens nötig, und danach – maßgeschneidert und eventuell medikamentös unterstützt – der Einsatz passender Therapiemaßnahmen (z.B. Verhaltens-, Arbeits-, Körper- und Gruppentherapie). Ansonsten, und wenn die Therapie zu früh beendet wird, kommt es innerhalb von wenigen Jahren in etwa 50 % zu Rückfällen.

Darstellung im Wesentlichen nach Kryspin-Exner, 2003; Bühringer, 2003

Liter reiner Alkohol pro Einwohner und Jahr Abb 11.10

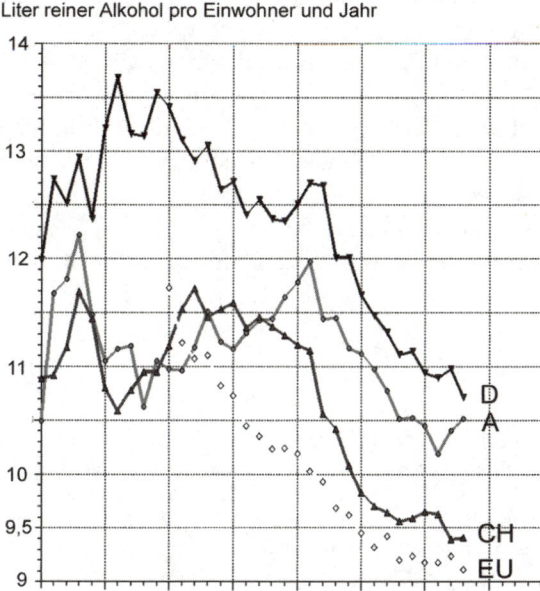

Seit 1980 sank in den EU-Ländern der Alkoholverbrauch um etwa 20 %. Deutschland und Österreich lagen 2003 allerdings noch deutlich über dem EU-Durchschnitt. Nicht in der Statistik erkennbar ist der immer früher einsetzende Alkoholkonsum bei Jugendlichen.

Stress

11.5

Außergewöhnliche körperliche oder psychische Belastungen führen zu **Stress**, wobei die auslösenden Ereignisse nicht nur negativ („Distress"), sondern auch positiv („Eustress") empfunden werden können. Gefahren für die Gesundheit gehen aber vorwiegend von Distress-Situationen aus, insbesondere solchen, die mit Angst, Ärger oder depressiven Empfindungen einhergehen (Kiecolt-Glaser et al., 2002). Nachgewiesene **Stressoren** sind Schmerz, Lärm (s. auch 5.8), Hitze, körperliche Anstrengungen, Zeitdruck, tägliche Ärgernisse („daily hassels"), *kritische Lebensereignisse* (s. Tab. 11.2), hohe soziale Dichte („Crowding") in Räumen, auf Plätzen, beim Wohnen oder Arbeiten (Großraumbüros), dazu viele berufliche Bedingun-

engl. stress: Spannung, Belastung, Beanspruchung

gen, wie etwa Überforderung, Informationsflut, unergonomische Software, unklares Feedback im Leistungsbereich, hohe Verantwortung, soziale Konflikte, Konkurrenzdruck und Diskriminierung. Stressoren wirken sich umso stärker aus, je intensiver sie sind (z.B. Schallintensität von Lärm), je länger sie dauern, je schlechter sie vorhersagbar sind und je weniger kontrollierbar bzw. beeinflussbar sie erscheinen.

Ob und in welchem Ausmaß Stress entsteht, lässt sich weder allein aufgrund der Merkmale der Stressoren noch allein anhand

Tab 11.2 | *Mittels der „Social Readjustment Rating Scale" werden potentiell belastende, d.h. kritische Lebensereignisse auf ihren subjektiven Belastungsgrad bzw. Wiederanpassungsaufwand eingeschätzt, indem ihnen eine Zahl zwischen 1 und 100 zugeordnet werden soll. In einer solchen Befragung (Hobson et al., 1998) bekamen 3122 Personen 51 „Life Events" zur Beurteilung vorgelegt, in einer weiteren Studie (Hobson & Delunas, 2001) wurde der Prozentsatz an Personen ermittelt, bei denen diese Stressoren innerhalb des letzten Jahres einmal oder mehrmals aufgetreten waren. Die Stresseinschätzungen für die verschiedenen Lebensereignisse differierten wenig nach Geschlecht, Alter und Einkommen.*

Life Event	Stresswert	%
Tod des Partners	87	1,1
Tod eines nahen Familienangehörigen	79	14,4
Schwere eigene Erkrankung	78	7,4
Scheidung	71	2,4
Opfer eines Verbrechens zu werden	70	5,1
Kündigung – Arbeitslosigkeit	64	9,0
Tod eines nahen Freundes	61	10,6
Maßregelung bei der Arbeit	53	2,1
Versuch, sich eine Sucht abzugewöhnen (z.B. Rauchen)	47	11,1
Heirat	43	2,9
Schwangerschaft (selbst oder Partnerin)	41	5,1
Wohnungswechsel	35	16,0
Familienzuwachs	33	12,4
Wechsel in den Arbeitsverpflichtungen	32	25,0

der Merkmale der Person vorhersagen (z.B. „Vulnerabilität" bzw. Verletzbarkeit), sondern ergibt sich erst durch Wechselwirkung zwischen beiden. Der zugrunde liegende Prozess wird im **transaktionalen Stressmodell** von Richard Lazarus beschrieben (Lazarus, 1968): Das Individuum überprüft die Merkmale der Situation in einem ersten Einschätzungsprozess („primary appraisal") auf ihr Gefährdungspotential und in einem zweiten Einschätzungsprozess („secondary appraisal") auf ihre Bewältigungsmöglichkeiten, wonach so lange Bewältigungsversuche („Coping") erfolgen, bis die nachfolgende (dritte) Einschätzung der Stresssituation eventuell eine günstigere Neueinschätzung ergibt („Reappraisal"). Das Ausmaß der vom Stressor ausgelösten emotionalen Reaktionen

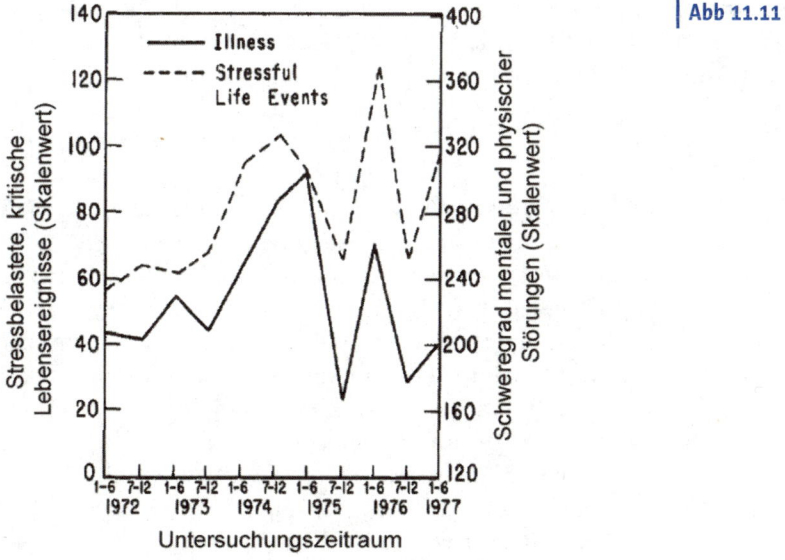

Abb 11.11

In einer Längsschnittstudie (Kobasa, Maddi & Kahn, 1982), bei der mittels der erwähnten „Social Readjustment Rating Scale" eine Personengruppe (n = 259) ihre Stressbelastungen halbjährlich einzuschätzen hatte (linke Skala) und ebenso ihre auftretenden Gesundheitsprobleme (rechte Skala), zeigte sich ein klarer statistischer Zusammenhang über die Jahre hinweg. Die Spitzen in den Kurven sind auf die periodischen Job-Evaluationen in der betroffenen Firma – mit der Konsequenz nachfolgender Gehaltsanpassungen – zurückzuführen.

und seiner Folgen hängt vom Ergebnis aller drei Einschätzungsprozesse ab (Folkman & Lazarus, 1988; s. auch 9.4). Stress entsteht
nach Lazarus und Mitarbeitern also im Gefolge von (negativen)
Emotionsprozessen, die immer auch schon automatische Bewältigungsversuche beinhalten (wie zum Beispiel Flucht- oder Abweh-
rimpulse). Diese oft erfolglosen Copingversuche (Stress durch Hilflosigkeit) effizienter zu gestalten, ist ein wichtiges Therapieziel (s.
auch 11.6) sowohl bei psychosomatischen als auch bei emotionalen Störungen (Störungen, die mit Gefühlen von Angst, Aggression oder Depression verbunden sind).

Hinsichtlich der Auswirkungen von Stressbelastungen unterscheidet man kurzfristige (akute) und langfristige (chronische)
Stressfolgen sowohl psychischer als auch körperlicher Natur (Abb.
11.11):

Merksatz

Stressbelastungen durch negative Erfahrungen sind umso größer, je intensiver
diese erlebt werden, je länger sie dauern,
je weniger vorhersehbar und je weniger
kontrollierbar sie sind.

• **Mentale Stressfolgen**: Nervosität, Unruhe,
Denkblockaden, Konzentrationsmängel,
Konfusion, Gefühlsschwankungen, Ge-
dächtnisstörungen, Rigidität, Kreativitätsmangel, Gereiztheit, Erschöpftheitsge-
fühl, Substanzmissbrauch (z.B. Nikotin,
Kaffee, Alkohol, Drogen, Medikamente),
depressive Verstimmungen, Interessemangel, Schlafstörungen usw.

• **Physiologische Stressfolgen**: trockener Mund, „Kloß im Hals", flaues
Gefühl im Magen, Zittern, gesteigerte Herztätigkeit, Schwitzen,
Atembeschwerden, Schwächegefühl, Muskelverspannungen,
Bluthochdruck, Spannungskopfschmerz, geringe Belastbarkeit,
Verdauungsstörungen, Harndrang usw. Diese physiologischen
Symptome sind eher funktioneller Natur (d.h. hauptsächlich die
Organfunktion ist gestört), sie werden im Alltag oft „psychoso-
matische Störungen" genannt.

• **Somatische Stressfolgen**: Gastritis, Magengeschwüre, Darment-
zündungen, Allergien, Asthma, Neurodermitis, Herzinfarkt,
Hirnschlag usw. Hierbei handelt es sich um eine Verbindung
von Stresswirkungen mit zum Teil auch anders begründeten
Organveränderungen, wobei der Anteil der psychischen Einflüsse meist nicht präzise bestimmbar ist. Diese Krankheiten
werden von Ärzten auch als „psychosomatische Erkrankungen" bezeichnet. In diesem Zusammenhang sind die Erkenntnisse der „Psychoneuroimmunologie" interessant (Kiecolt-Gal-

ser et al., 2002), wonach die Langzeitfolgen von Stress – wie Erschöpfung, Hoffnungslosigkeit und depressive Verstimmung – mit einer deutlichen Schwächung des Immunsystems einhergehen, so dass die Wundheilung sich verzögert, die Rekonvaleszenz nach Krankheiten verlängert ist und die Krankheitsanfälligkeit zunimmt (z.B. auch für Krebs, Osteoporose, Arthritis, Diabetes).

Stressbewältigung (Coping) | 11.6

Hormonelle Stressregulation | 11.6.1

Der mentale oder körperliche Zustand einer Person entscheidet darüber, wie gut weitere Belastungen ertragen und verarbeitet werden können. Hier spielt nicht nur die vererbte Anlage eine Rolle. Neben den angeborenen Organschwächen beeinträchtigen auch später entstandene Organschädigungen oder eine erworbene Fehlregulation des autonomen Nervensystems (Abb. 11.12) die Stressresistenz des Menschen. Eine solche Schwächung kann nach Dienstbier (1989) auch dann entstehen, wenn ein Lebewesen im Laufe seiner Entwicklung zu wenig mit Stressreizen konfrontiert war und daher nicht lernen konnte, darauf optimal (nämlich schnell, stark und kurz) mit Ausschüttung von **Noradrenalin** oder **Adrenalin** (Katecholamine) zu reagieren („physiological toughness").

Ansonsten führt längerfristig die Wiederholung von Stresssituationen, die nicht vorhersagbar oder kontrollierbar sind, zu einem hohen Niveau von **Katecholaminen** (mit Anstieg von Herzschlag, Blutdruck, Blutzuckerspiegel) und **Cortisol** (immunsuppressiv, entzündungshemmend, energiemobilisierend), woraus sich viele stressbedingte Gesundheitsprobleme erklären (Segerstrom & Miller, 2004; Gunnar & Quevedo, 2007).

Persönlichkeitsressourcen gegen Stress | 11.6.2

Kobasa (1979) ging der Frage nach, warum etwa die Hälfte von Führungspersonen, die über mehrere Jahre hinweg hohem Arbeitsstress ausgesetzt waren, mentale und körperliche Störungen entwickelten, die andere Hälfte jedoch nicht. Weitgehend stressre-

Abb 11.12

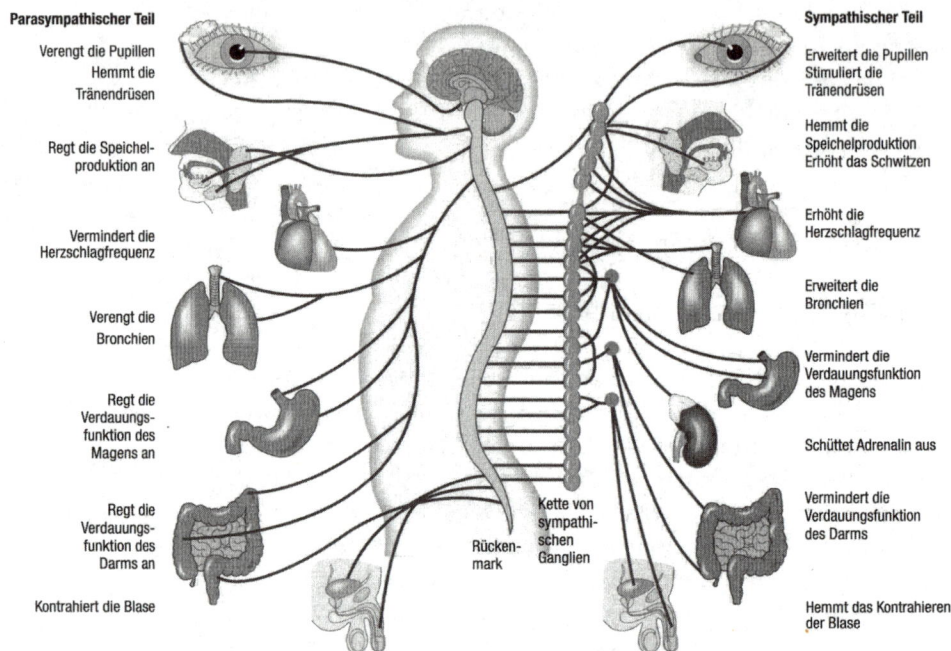

Parasympathischer Teil

Verengt die Pupillen
Hemmt die
Tränendrüsen

Regt die Speichel-
produktion an

Vermindert die
Herzschlagfrequenz

Verengt die
Bronchien

Regt die
Verdauungs-
funktion des
Magens an

Regt die
Verdauungs-
funktion des
Darms an

Kontrahiert die Blase

Sympathischer Teil

Erweitert die Pupillen
Stimuliert die
Tränendrüsen

Hemmt die
Speichelproduktion
Erhöht das Schwitzen

Erhöht die
Herzschlagfrequenz

Erweitert die
Bronchien

Vermindert die
Verdauungsfunktion
des Magens

Schüttet Adrenalin aus

Vermindert die
Verdauungsfunktion
des Darms

Hemmt das Kontrahieren
der Blase

Kette von
sympathi-
schen
Ganglien

Rücken-
mark

Eine kurzfristige Folge von Stress ist die Aktivierung des sympathischen autonomen Nervensystems, welches den Organismus physiologisch auf Flucht- oder Kampfsituationen vorbereitet, und die Deaktivierung des Parasympathicus.

sistent waren jene Personen, die sich ihrer Arbeit stark verpflichtet fühlten („commitment"), sich Einfluss auf die Arbeitsabläufe zuschrieben („control") und Probleme nicht als Belastung, sondern als Herausforderung interpretierten („challenge"), was zusammenfassend als **Hardiness** bezeichnet wurde. Wie spätere Studien zeigten (Maddi, Kahn & Maddi, 1998), lassen hohe Ausprägungen in dieser Eigenschaft auf mehr seelische und körperliche Gesundheit, erhöhte Lebensqualität im Krankheitsfall, niedrigeres Burn-out-Risiko und vernünftigeres Gesundheitsverhalten von Personen schließen.

Bei Managern eines Versorgungsunternehmens, die ein speziell entwickeltes „Hardinesstraining" absolvierten, reduzierte sich die

engl. hardiness: Widerstandsfähigkeit

subjektive Belastung und die Erkrankungsfrequenz, und die „Arbeitszufriedenheit" erhöhte sich in stärkerem Ausmaß als bei jenen Führungspersonen, die lediglich an einem *Entspannungstraining* gleicher Dauer (2,5 Monate) teilnahmen. Wesentliche Puffereffekte gegen Stressfolgen jeder Art scheinen auch eine unbeschwerte Lebenseinstellung („easy-going"), Optimismus und allgemeine Kontrollüberzeugung zu haben (Holahan & Moos, 1985).

Copingkompetenzen

| 11.6.3

Nach Folkman und Moskowitz (2004) versteht man unter **Coping** all jene Gedanken und Verhaltensweisen, die dazu eingesetzt werden, schwierige interne oder externe Situationsanforderungen zu meistern („to manage"), nämlich solche, die als stressend eingeschätzt werden (Skinner & Zimmer-Gembeck, 2007).

Bereits in den 60er-Jahren wurde von Richard Lazarus eine Differenzierung vorgeschlagen zwischen **problemorientiertem Coping**, bei dem die Problemsituation selbst verändert werden soll, und *emotionsorientiertem Coping*, bei dem an den kognitiven, emotionalen und körperlichen Reaktionen angesetzt wird (s. Folkman et al., 1986). Sich bei Stress auf die Lösung des verursachenden Problems zu konzentrieren, hat dann Sinn, wenn es eine realistische Chance für eine Situationsveränderung gibt, das wäre zum Beispiel dann, wenn eine soziale Konfliktsituation durch kompetente Kommunikation geklärt werden kann oder eine psychisch belastende Berufssituation durch aktive Maßnahmen veränderbar ist. Untersuchungen zeigen, dass Personen, die zu einer Vermeidung problemorientierter Stressbewältigung tendieren (indem sie z.B. sich ablenken, Gefühle verbergen, Schuld abschieben), durch unvermeidbare Stressauslöser stärker psychisch und physisch belastet werden als jene, die sich den Anforderungen stellen (Folkman et al., 1986; Holahan & Moos, 1985; Maderthaner & Maderthaner, 1984).

Emotionsorientiertes Coping dagegen ist vor allem dann angebracht, wenn die Belastungsfaktoren der Realität (zumindest momentan) nicht beseitigbar sind, wie etwa bei starken Schmerzen, chronischen Krankheiten oder persönlichen Verlusterlebnissen. Auf negative Emotionen (z.B. Angst, Aggression, Nervosität) kann entweder über deren *kognitiven* oder auch *affektiven* Anteil (s. 9.4, Abb. 9.6) eingewirkt werden. Im ersten Fall lassen sich fehlentwickelte Kognitio-

Abb 11.13

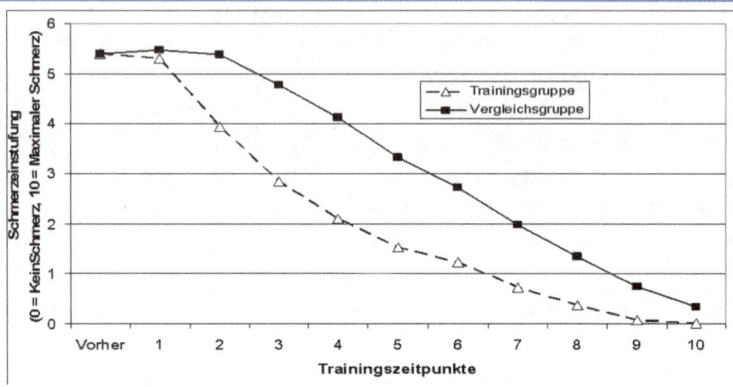

Das „Stressimpfungstraining" (Meichenbaum, 1985), bei dem Stress bewusst in Übungssituationen provoziert und durch geeignete Bewältigungsstrategien abgebaut wird, senkt wesentlich die Intensität von Schmerzempfindungen nach einer Knieoperation bei Athleten (Ross & Berger, 1996, 408).

nen wie etwa übertriebene Bewertungen, unrealistische Befürchtungen und unerfüllbare Erwartungen aufdecken und in korrigierter Form neu eingespeichern, ja sogar „einüben" („kognitive Umstrukturierung", *Stressbewältigungstraining* s.u.).

Physiologische Aktivierung kann in Stresssituationen auch direkt durch eine erlernte **Entspannungstechnik** reduziert werden (z.B. durch ein „Loslassen" der Muskeln nach Vortraining in Progressiver Muskelentspannung; Jacobson, 2006). Eine gewisse **Schnellentspannung** lässt sich auch schon durch langsames, fließendes Ausatmen erreichen, da dies eine Verlangsamung des Herzschlags, Muskelentspannung und Blutdrucksenkung bewirkt (Vaitl et al., 2005). Alle erwähnten Copingformen werden im Rahmen eines **Stressbewältigungstrainings** eingesetzt, das auf Basis der *Kognitiven Verhaltenstherapie* und in Anlehnung an das „Stressimpfungstraining" (Abb. 11.13) entwickelt und mittlerweile auch zum Angstbewältigungstraining erweitert wurde. Angeleitet durch einen Therapeuten werden dabei vorhandene Stressbelastungen auf irrationale Einstellungen und Copingschwächen analysiert, neue Copingmöglichkeiten entwickelt und die neuen Strategien in mentalem Training, Rollenspiel und Praxis erprobt. Neben einer Reduzierung von Ängsten (z. B. Vor-

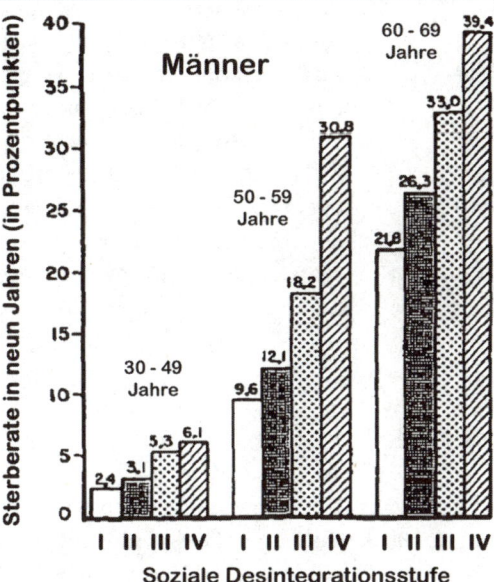

| Abb 11.14

In einer groß angelegten epidemiologischen Studie in Kalifornien untersuchten Berkman & Syme (1979) über neun Jahre hinweg die Sterberate von 6928 Personen in Abhängigkeit von ihrer sozialen Integration (I: viele und gute Kontakte, ... IV: wenige und schlechte Kontakte), wobei sich für die am wenigsten integrierten Personen ein etwa 2,5-mal höheres Sterberisiko (Männer: 2,3; Frauen: 2,8) im Vergleich zu den am besten integrierten ergab. Mögliche Fehlerquellen wie Unterschiede im Gesundheitszustand, Rauch- und Alkoholkonsum, Übergewicht etc. wurden statistisch berücksichtigt.

tragsangst) konnten mit Hilfe dieses Trainings unter anderem Leistungsverbesserungen in Stresssituationen und eine Verminderung von Schmerzbelastungen nachgewiesen werden (Saunders et al., 1996).

Lebensstil

Die soziale Integration einer Person und ihre **soziale Unterstützung** hat großen Einfluss auf die Gesundheit und die Lebenserwartung (Abb. 11.14). Natürlich entscheidet bei Sozialkontakten nicht nur die Quantität, sondern sehr wesentlich auch die Qualität darüber, ob sie gesundheitsfördernd sind (Schwarzer & Leppin, 1991). Für äl-

**Die Stressresistenz bzw. die Stressanfällig-
keit einer Person – und damit ihre allgemeine Störungs- und Krankheitsanfälligkeit – hängt wesentlich von ihrer biologischen Konstitution, ihren Persönlichkeitsressourcen, ihren Copingkompetenzen,
ihrem Lebensstil und ihrem Bindungsstil ab.**

tere Menschen kann jedoch auch die Haltung eines Haustieres ein gewisser Ersatz
für Sozialkontakte sein. Weitere Gesund-
heitsfaktoren sind **Bewegung** und **Sport**, solange sie im „aeroben" Bereich, d.h. nicht
als Leistungssport, ausgeübt werden (z.B.
Joggen, Radfahren); sie führen nachweislich zu einer Reduktion von Stress, Angst
und Depression (Arent, Landers & Etnier,
2000).

11.7 | Bindungsstil

Als besonders wichtiges Vorhersagekriterium psychischer Gesundheit kann auch der **Bindungsstil** einer Person angesehen werden. Die
„Bindungstheorie" von Bowlby (1969, 1973, 1980) betont die evolutionäre Bedeutung des Bindungsbedürfnisses ab der Geburt bis ins
Erwachsenendasein und beschreibt die Folgen positiver und negativer Bindungserfahrungen in der frühen Kindheit in Abhängigkeit
von der Verfügbarkeit, Zugänglichkeit und Feinfühligkeit der primären Bezugsperson (meist Mutter).

Mary Ainsworth entwickelte ein standardisiertes Beobach-
tungsverfahren zur Identifizierung von bestimmten Verhaltens-
mustern, wie Kinder im Alter von 11 bis 20 Monaten auf eine Trennung von der Mutter reagieren (Ainsworth et al., 1978; Box 11.3).
In diesen Bindungsmustern (Bindungsstilen) drückt sich zum
einen das **Bindungsverhalten** gegenüber vertrauten Personen aus
und zum anderen eine Repräsentation der erlebten Beziehungen
(„Inneres Arbeitsmodell" nach John Bowlby), einschließlich einer
Repräsentation von sich selbst und den anderen (Selbstwertgefühl
und Vertrauen; s. Zimmermann et al,, 1995; Gallo & Smith, 2001).
Tatsächlich zeigten sich später für unsicher gebundene Kinder
gravierende Entwicklungsnachteile betreffend ihres Selbstvertrauens, ihres Selbstwertgefühls, ihrer *Selbstwirksamkeitserwartungen*,
ihrer psychischen und somatischen *Stressresistenz* und insbeson-
re hinsichtlich ihres zwischenmenschlichen Beziehungsverhal-
tens (Box 11.4). Bei unsicher-vermeidenden Kindern beobachtete
man, dass sich die Mütter abwendeten, wenn die Kinder traurig

Die Erfassung des frühkindlichen Bindungsstils in der „fremden Situation" | **Box 11.3**

In einer Labor-Testsituation nach Ende des ersten Lebensjahres – die Mutter verlässt für maximal drei Minuten den Raum, sobald eine fremde Person eintritt – wird das Verhalten des Kindes beobachtet und drei „Grundmustern" zugeordnet (Ainsworth et al., 1978):

1. **Sicherer Bindungsstil** („secure"): Das Kind reagiert mit Beunruhigung auf die Trennung von der Mutter und sucht sofort ihre Nähe, wenn sie wiederkommt.
2. **Vermeidender Bindungsstil** („insecure-avoidant") Das Kind vermeidet nach Rückkehr der Mutter die Nähe und den Kontakt zu ihr und reagiert schon auf die Trennung selbst nicht mit eindeutiger Beunruhigung.
3 **Ängstlich-ambivalenter Bindungsstil** („insecure-anxious/ambivalent"): Das Kind ist während der Trennung sehr verängstigt und wechselt nach Rückkehr der Mutter zwischen aggressiver Ablehnung und der Suche nach Nähe. Das Kind ist nach der Trennung ganz mit der Beziehung beschäftigt und unfrei für andere Aktivitäten.

waren (Grossmann & Grossmann, 1991). Mary Ainsworth zeigte dagegen, dass die Mütter von Kleinkindern mit sicherem Bindungsstil schneller und effektiver auf die Signale ihrer Kinder antworteten und liebevoller und zärtlicher waren als Mütter von Kindern mit einem unsicheren Bindungsstil. Mary Ainsworth fand bei zwei Drittel der getesteten Kleinkinder einer zufällig ausgelesenen amerikanischen Population ein sicheres Bindungsmuster.

Auch für Erwachsene wurden verschiedene teilstandardisierte Interviewverfahren zur Erfassung des Bindungsstils entwickelt (z.B. „Adult Attachment Interview", „Adult Attachment Scale", „Relationship Scales Questionaire"), deren Bindungskategorien mit jenen des frühkindlichen Bindungsstils zu etwa 70 % übereinstimmen (van IJzendoorn, 1995; s. auch Roisman et al., 2007; Tab. 11.3). Längsschnittstudien bestätigten dabei John Bowlbys Erwartung, dass der Bindungsstil sich erst im Laufe der Entwicklung bis zum

Box 11.4 | Folgen unsicherer Bindung

Kinder mit „sicherem Bindungsstil" in der frühkindlichen Testsituation („Fremde Situation", s. Box 11.3) werden später von Peers und Lehrern als sozialer orientiert, beziehungsfähiger, empathischer und beliebter eingeschätzt als unsicher gebundene. Sie können ihre Wünsche und Gefühle besser zum Ausdruck bringen, insbesondere auch negative Gefühle. Unsicher gebundene Kinder werden von ihren Lehrern oft als abhängig beurteilt, wobei es charakteristische Unterschiede gibt: „Unsicher-vermeidende" Kinder können ihre Wünsche dem Lehrer gegenüber schlechter zum Ausdruck bringen als „unsicher-ambivalente", sie rufen bei Lehrern gehäuft bestrafende und ärgerliche Reaktionen hervor, sind anderen Kindern gegenüber wenig einfühlsam und oft verletzend, sie hänseln und machen sich lustig, nutzen andere aus und werten sie ab. Ihre Beziehungen mit Peers sind gehäuft feindselig und aggressiv oder aber sehr distanziert. Sie erscheinen oft in der Rolle des Täters. „Unsicher-ambivalente" Kinder dagegen verhalten sich eher unauffällig und angepasst, sie lassen sich führen und vieles gefallen. Sie nehmen eher die Rolle des Opfers ein (zit. nach Grawe, Donati & Bernauer, 2004).

Jugendalter stabilisiert, aber auch später noch beeinflussbar bleibt durch soziale Erfahrungen im engen Familien- und Freundeskreis (Zimmermann et al., 1995; Lopez & Gormley, 2002).

Aufgrund von Interviewdaten dürften etwa 60 % der allgemeinen Bevölkerung sicher gebunden sein (van Ijzendoorn, 1995), während dies nur für 10 bis 20 % stationärer Psychotherapie-Patienten zutrifft (Strauss, Buchheim & Kächele, 2002; Westen et al., 2006). Bei israelischen Elitekampftruppen (Neria et al., 2001) korrelierte sicherer Bindungsstil mit *Hardiness*, mentaler *Gesundheit* und *Wohlbefinden*, während ein vermeidender oder ambivalenter Bindungsstil häufig mit erhöhter Stressbelastung und psychiatrischen Störungssymptomen zusammenfiel. Erwartungsgemäß sagt der Bindungsstil allgemein auch die Ehezufriedenheit voraus (Banse, 2004; Gallo & Smith, 2001).

In ihrem „Vier-Gruppen-Modell" für die Bindungsstile Erwachsener gingen Bartholo-
mew und Horowitz (1991) von zwei bindungsbezogenen Hauptdimensionen früh-
kindlich erworbener Repräsentationen aus, nämlich dem Modell von sich selbst und
dem Modell von anderen. Zur Erhebung der vier Erwachsenen-Bindungsstile „Sicher",
„Überinvolviert", „Distanziert" und „Angstvoll" wurde der Fragebogen „Relationship
Scales Questionaire" (RSQ) entwickelt (Steffanowski et al., 2000).

Tab 11.3

		(+) „Modell" von sich selbst (-)	
		(niedrig) Abhängigkeit (hoch)	
(-) „Modell" von anderen (+)	(hoch) Vermeidung (niedrig)	SICHER („secure") Fühlt sich wohl mit Nähe und Autonomie	ÜBERINVOLVIERT („preoccupied") Besorgt um Anerkennung und Beziehung
		DISTANZIERT(„dismissing") Ablehnung von Nähe	ANGSTVOLL („fearful") Abwehr von Nähe aus Furcht vor Abweisung

Immer wieder wurde in Untersuchungen gefunden, dass Mütter unsicher gebundener Kinder selbst ein unsicheres Bindungsverhalten aufweisen und auch ihre eigenen Mütter nicht als eine fürsorgliche und kompetente Mutter empfunden haben. In mehreren Studien fanden sich zum Beispiel auch hochsignifikante Zusammenhänge zwischen verschiedenen Arten von elterlicher *Depression* und unsicherem Bindungsmuster aufseiten der Kinder. Da sich jedoch der Bindungsstil eines Menschen als außerordentlich stabil erwiesen hat, sind Erfolge bei der Modifikation von unsicheren Bindungsstilen nur durch Psychotherapiemethoden zu erwarten (Westen et al., 2006), die sich explizit mit der Analyse und Veränderung von sozialem Verhalten und gestörten Beziehungsmustern befassen.

Merksatz

Ein sicherer Bindungsstil als wichtige Voraussetzung für seelische Gesundheit ist durch gutes Selbst- und Beziehungsvertrauen charakterisiert.

11.8 | Psychologische Intervention – Psychotherapie

Psychologische Interventionen sind zielgerichtete psychologische Einflussnahmen auf das Erleben und Verhalten von Menschen.

Wenn von **psychologischer Intervention** gesprochen wird, meint man den umfassenden praktischen Einsatz empirisch-psychologischer Kenntnisse zur Verbesserung der Lebenssituation von Einzelpersonen und Gruppen (z.B. in Partnerschaft, Familie, Arbeit, Wirtschaft, Sport, Gesundheitswesen). Lipsey und Wilson (1993) analysierten mehr als dreihundert Metaanalysen über die Wirksamkeit psychologischer Interventionen und konnten nachweisen, dass etwa bei Depressionen, Schmerzen, Essstörungen, Sprechstörungen, Lernproblemen, Prüfungsängsten, Verhaltenstörungen Jugendlicher, Selbstsicherheitsproblemen und Personalnachschulung mit einer Verbesserung von 20 bis 30 % gerechnet werden kann (*Effektstärken* von über 1,0; s. dazu Westermann, 2000, 370).

Psychologische Behandlung dient der Prävention, Therapie und Rehabilitation von Störungen und Krankheiten.

Ein wichtiger Bereich der psychologischen Intervention ist jener der **psychologischen Behandlung**, welcher die Prävention (Vorsorge), Therapie und Rehabilitation (Wiederherstellung) bei psychischen, physiologischen oder somatischen Störungen und Krankheiten umfasst. Die Wahrscheinlichkeit dafür, dass sich jemand mit einer psychischen Störung auch einer Therapie unterzieht, steigt mit dem Ausmaß der empfundenen Belastung („Leidensdruck"), dem Wissen über Therapieformen und ihre Wirksamkeit, einer guten Versorgung des Siedlungsgebiets mit Therapieeinrichtungen, dem Mangel an Angst vor einer sozialen Stigmatisierung (als „verrückt" zu gelten) und mit der Zugehörigkeit zu einer mittleren bis höheren sozialen Schicht.

Psychotherapie ist der Einsatz wissenschaftlich begründeter psychologischer Methoden der verbalen und nonverbalen Interaktion zur Erreichung psychologischer Behandlungsziele. Sie kann damit als Spezialfall von *psychologischer Behandlung* aufgefasst werden. Zur Psychotherapie zugelassen sind in der Schweiz, in Österreich und in Deutschland Psychologen, Ärzte, Psychiater, Psychotherapeuten und Angehörige anderer Gesundheitsberufe (z.B. Heilpraktiker), wenn sie eine entsprechende **psychotherapeuti-**

sche Zusatzausbildung absolviert haben. Die selbständige Ausübung der Psychotherapie wird in Deutschland durch das „Psychotherapeutengesetz" (PsychThG, 1998), in Österreich durch das „Psychotherapiegesetz" (1990) und in der Schweiz durch das „Psychologieberufegesetz" (PsyG, 2007) und das Medizinalberufegesetz (MedBG) geregelt.

Die Anerkennung, der Titelschutz und die Ausbildung von **Gesundheitspsychologen** und **Klinischen Psychologen** wird in Österreich daneben durch das „Psychologengesetz" (1990) bestimmt. Wer in Österreich die postgraduelle Ausbildung in Klinischer und Gesundheitspsychologie absolviert hat, hat das Recht zur Anwendung wissenschaftlich-psychologischer Erkenntnisse und Methoden bei der Untersuchung, Auslegung, Änderung und Vorhersage des Erlebens und Verhaltens von Menschen, und insbesondere das Recht zur „klinisch-psychologischen Diagnostik" und zur „Anwendung psychologischer Behandlungsmethoden (Psychologengesetz, 1990, 2732). Für die Bezeichnung Psychotherapeutin oder Psychotherapeut benötigen aber auch Klinische Psychologinnen und Psychologen eine (zusätzliche) Ausbildung nach dem Psychotherapeutengesetz. Während in Deutschland und in der Schweiz für die Psychotherapieausbildung ein akademischer Herkunftsberuf Voraussetzung ist (Psychologie- oder Medizinstudium), ist in Österreich für den Abschluss der (privaten) Psychotherapieausbildung letztlich nur die Reifeprüfung und eine der Psychotherapie thematisch nahe stehende Berufserfahrung erforderlich.

Grawe und Mitarbeiterinnen (1994) sammelten und analysierten in einem groß angelegten und in dieser Form einzigartigen Forschungsprojekt über viele Jahre hinweg sämtliche kontrollierten, ihnen bis dahin zugänglichen Wirksamkeitsstudien auf dem Gebiet der Psychotherapie. Sie fanden in 897 Studien 41 verschiedene **Therapiemethoden**, die sie zu sechs Therapiegruppen zusammenfassten:

- **Humanistische Therapien** (Gesprächspsychotherapie, Gestalttherapie, Psychodrama, Transaktionsanalyse, Musiktherapie u.a.): Im Zentrum dieser Therapieformen stehen persönliches Wachstum und Selbstentfaltung, individuelle Autonomie und soziale Gebundenheit sowie Selbsterfahrung im weitesten Sinne. Wichtige therapeutische Prinzipien sind positive Zuwendung („Wertschätzung"), Einfühlung („Empathie") und Ehrlichkeit („Kongruenz") im Umgang mit anderen.

- **Psychodynamische Therapien** (Psychoanalyse, Individualtherapie, Katathymes Bilderleben, Daseinsanalyse u.a.): Hauptziel einer oft sehr zeitaufwendigen psychodynamischen Therapie (z.B. „Psychoanalyse") ist die Aufdeckung biologischer Triebe, unbewusster Wünsche und Konflikte sowie von Machtmotiven, welche durch Methoden wie „freie Assoziation", Traumdeutung, Deutung von „Abwehrmechanismen", Fehlleistungen oder „Übertragungen" bewusst gemacht werden sollen.
- **Kognitiv-behaviorale Therapien** (Kognitives Bewältigungstraining, Rational-emotive Therapie, Training sozialer Kompetenzen, Reizkonfrontation, Kognitive Therapie nach Beck, Problemlösungstherapie, Breitspektrumverhaltenstherapie u.a.m., Box 11.5): Ausgehend von der Annahme, dass viele psychische Störungen auf Lernprozessen (Erfahrungen) in wichtigen Lebensphasen (vor allem Kindheit) beruhen, geht es in der Verhaltenstherapie hauptsächlich darum, diese früher erworbenen Einstellungen, Strategien und Verhaltensmuster im Bedingungsgefüge der Symptomatik aufzudecken („Problemanalyse", „Bedingungsanalyse") und zielgerichtet zu verändern (verlernen, umlernen). Dabei werden die wissenschaftlichen Erkenntnisse aus der Lern- und Verhaltensforschung (Lerntheorien; s. Kap. 6) sowie aus allen anderen relevanten Bereichen der empirischen Psychologie angewendet (Angst- und Depressionsforschung, Stressforschung, Sozialpsychologie, Kommunikationsforschung etc.).
- **Interpersonale Therapien** (Paartherapie, Familientherapie, Interpersonale Psychotherapie u.a.): Hierbei geht es um die interdisziplinär ausgerichtete Förderung der Einsicht in soziale Prozesse (inklusive ökonomische Situation, Rechtslage, Verwandtschaftseinflüsse) und deren Auswirkungen auf die individuelle Problematik, um die Analyse von Familienstrukturen und Partnerschaftsformen sowie um den Einfluss von Rollenmustern auf das Störungsbild der betroffenen Personen.
- **Entspannungstherapien** und **Hypnosetherapien** (Progressive Muskelentspannung, Autogenes Training, Meditation, Hypnose): Diese Therapiemethoden bezwecken eine Harmonisierung der physiologischen und vegetativen Körperfunktionen, insbesondere eine Senkung des allgemeinen Aktivierungsniveaus und eine Senkung der Intensität emotionaler Aktivierungs- und Stressreaktionen.

Kognitive Verhaltenstherapie | **Box 11.5**

Die Verhaltenstherapie (VT) darf als die mit „weitem Abstand am besten empirisch abgesicherte Form von Psychotherapie" gelten (Margraf, 1996a, 19). Der Name Verhaltenstherapie stammt aus der behavioristischen Gründerzeit, weshalb diese Behandlungsmethode von ihren Gegnern als oberflächlich und rein symptomorientiert missverstanden wird. Nach Margraf (1996b) lassen sich für die moderne (kognitive) Verhaltenstherapie jedoch folgende Grundprinzipien aufstellen:

Wissenschaftliche Fundierung: Sie orientiert sich an den Erkenntnissen der gesamten empirischen Psychologie und an ihren methodologischen Forderungen (Beobachtbarkeit, Operationalisierbarkeit, Wirkungsprüfung, ...).

Problem- und Zielorientierung: Die Behandlung setzt an den aktuellen Problemen der Klienten an, sucht dafür die verborgenen Bedingungsfaktoren („Problem- und Bedingungsanalyse") und erstellt Therapieziele zu deren Änderung.

Transparenz: Die kognitive VT vermittelt einschlägiges psychologisches Wissen und Können, fördert das Verständnis des Patienten für den Behandlungsprozess und unterstützt dessen aktive Beteiligung in der Therapie („therapeutische Allianz").

Selbsthilfekompetenz: Die Therapie versteht sich als emanzipatorisch im Sinne einer „Hilfe zur Selbsthilfe".

Kognitive Verhaltenstherapie vermittelt sowohl „Bedingungswissen" (über Zustandekommen und Aufrechterhaltung psychischer Störungen) als auch „Änderungswissen" (über den richtigen Einsatz therapeutischer Strategien) und verwendet unter anderem folgende therapeutische Verfahren (s. M. Maderthaner, 1994): Systematische Desensibilisierung (Angstreduktion), Reizkonfrontation bzw. Flooding (massierte Konfrontation), Shaping (Verhaltensformung), Löschungsprogramme, Rollenspiel, Partnertraining, Soziales Kompetenztraining, Lewinsohns Aktivitätenanalyse, Kognitive Umstrukturierung, Biofeedback, Stress- und Angstbewältigungstraining, Modelllernen und Selbstkontrolltraining.

- **Eklektische** und richtungsübergeifende **Therapien**: Diese enthalten Verfahrensweisen aus mehreren verschiedenen Therapierichtungen.

Bei der Nachanalyse des großen Spektrums an **Therapieeffekten**, die in den gesammelten Psychotherapiestudien erhoben und dokumentiert worden waren (Veränderungen der Befindlichkeit, der Persönlichkeit, der Sozialbeziehungen, der Arbeitsfähigkeit usw.), konnten Grawe und Mitarbeiterinnen (1994) unter den 41 Therapiemethoden nur vier Therapierichtungen als überzeugend wirksam bestätigen, allen voran die *kognitiv-behaviorale Verhaltenstherapie* (Box 11.5), aber auch die *psychoanalytische Therapie* (nur die Kurzformen), die *Gesprächspsychotherapie* und (mit Einschränkung) die *Familientherapie*. Bei allen anderen Psychotherapiemethoden waren ent-

Abb 11.15

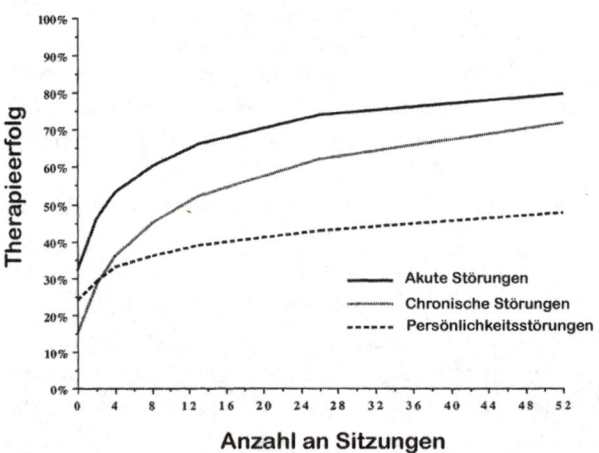

In einer Therapiewirkungsstudie (Kopta et al., 1994), an der 141 Therapeutinnen und Therapeuten verschiedener Therapierichtungen (71 % psychodynamisch, 15 % eklektisch und 14 % spezifische andere) und insgesamt 685 Patienten teilnahmen, wurden 62 psychische Symptome über 52 Wochen (je eine Sitzung) hinweg auf ihre Besserungstendenz untersucht. Die Störungen wurden als akut (Kopfschmerzen, Schwindel, Rastlosigkeit, Ängstlichkeit, …), chronisch (Appetitlosigkeit, Angst- und Panikgefühle, Zwangsgedanken, Unruhe, …) oder charakterlich (Misstrauen, Aggression, Feindseligkeit, sich beobachtet fühlen, …) klassifiziert und hatten einen unterschiedlichen Verlauf an Therapieerfolgen (Anzahl der Patienten, die sich durch das Symptom nicht mehr „gestört" oder „extrem gestört" fühlten).

weder die Wirkungen nicht überzeugend, oder es lagen dafür zu wenige kontrollierte Studien vor. In den verfügbaren direkten Wirkungsvergleichsstudien für Therapiemethoden zeigte sich bei der Symptomreduktion und im zwischenmenschlichen Bereich eine klare Überlegenheit der Verhaltenstherapie gegenüber der Psychoanalyse und Gesprächstherapie.

Was die Frage einer angemessenen **Therapiedauer** betrifft, so hängt diese natürlich von der Art und Schwere der Störung, der Erfahrung und Spezialisierung des Therapeuten sowie von der gewählten Therapiemethode ab. In einer diesbezüglichen Befragung amerikanischer Psychotherapeuten (Lowry & Ross, 1997) stellte sich für unterschiedliche Störungsformen (z.B. Phobien, Depressionen, Schlafstörungen, Familienprobleme) und unterschiedliche Therapiemethoden eine durchschnittliche Anzahl von 30–40 Sitzungen als soweit ausreichend heraus, dass ein großer Teil der Patienten sich wieder in den Alltag eingliedern konnten. In einer umfangreichen kalifornischen Therapiewirkungsstudie (Kopta et al., 1994) wurden anhand der Rückmeldungen von Klienten die Verbesserungen von insgesamt 62 psychischen Symptomen im Zeitverlauf erhoben, wobei zusätzlich registriert wurde, nach wie vielen Sitzungen (Wochen) 50 % der Patientinnen und Patienten sich durch das jeweilige Symptom als überhaupt nicht mehr oder nur noch ein wenig gestört fühlten (Abb. 11.15). Es zeigte sich, dass dieses Kriterium bei akuten Symptomen schon nach etwa fünf, bei chronischen Störungen nach etwa 14 und bei Persönlichkeitsstörungen erst nach geschätzten 104 Sitzungen erreicht war. Eine 75%ige Erfolgsquote war bei den häufig auftretenden akuten Symptomen (z.B. Weinen, Wertlosigkeitsgefühle, Zwangsgedanken, Selbstvorwürfe) nach geschätzten 30–50 Sitzungen bzw. Wochen erreicht.

Noch wenig erfolgreich war bisher das Bemühen, die Grenzen der einzelnen Therapieschulen zu überwinden und eine einheitliche wissenschaftliche Psychotherapie zu entwickeln. Ein diesbezüglicher Ansatz stammt von Grawe und Mitarbeitern (1994); er extrahierte

aus den als wirksam nachgewiesenen einzelnen Therapietechniken vier allgemeine, schulenübergreifende **psychotherapeutische Wirkfaktoren**, die er als zukünftige Therapierichtlinien einer „Allgemeinen

Psychotherapie" oder als Wirkkomponenten einer idealen „Psychologischen Therapie" (Grawe, 1998) empfahl:

Ressourcenaktivierung: Wirksames Therapeutenverhalten besteht offenbar zum Teil darin, die positiven Möglichkeiten, Fähigkeiten und Stärken des Patienten sichtbar zu machen und für die Behandlung zu nützen. Die vorhandenen zwischenmenschlichen Beziehungen (in Partnerschaft, Familie, Freundeskreis) sollten ebenso therapeutisch genutzt und gefördert werden wie die sich entwickelnde Beziehung zwischen Patient und Therapeut oder Patient und Gruppe. Die therapeutische Beziehung sollte als unterstützend, aufbauend und selbstwertbestätigend empfunden werden.

Problemaktualisierung: Eine wirksame Psychotherapie pflegt außerdem das Prinzip der „realen Erfahrung", indem sie hinausgehend über die rein gedankliche Problemkonfrontation die kritischen Situations- und Reaktionsabläufe auch unmittelbar und real erlebbar macht (z.B. durch Konfrontationsübungen oder Rollenspiele). Durch Bewusstmachen der dabei auftretenden Wahrnehmungen, Gefühle und Gedanken wird Psychotherapie zur „Änderung erlebter Bedeutungen" („experiencing").

Klärungsarbeit: Zusätzliche Wirksamkeit bringen solche psychotherapeutische Vorgangsweisen, mittels derer Einsichten über Widersprüche und Konflikte zwischen Motiven bzw. Wünschen, Werthaltungen und unbewussten Antrieben gewonnen werden können. Eigene Ziele besser zu erkennen und in Übereinstimmung zu bringen, sollte in jeder optimalen Psychotherapie bezweckt werden.

Bewältigungsarbeit: Als wichtigsten und größten Wirkfaktor identifizierte Klaus Grawe die „aktive Hilfe zur Problembewältigung". Sie fördert in Problemsituationen die Selbstwirksamkeitswahrnehmung und hilft, Hilflosigkeit zu reduzieren. Selbstsicherheitstraining, Entspannungstraining oder Angstbewältigungstraining sind Beispiele dafür, wie durch Vermittlung psychologischen Wissens und entsprechender Strategien kritische Lebenssituationen besser gemeistert und neue, positive Erfahrungen gemacht werden können.

Wohlbefinden gilt als eines der wichtigsten Kriterien für (subjektive) Lebensqualität und wird in Form der Lebenszufriedenheit bei Umfragen zur Evaluation von Lebensbedingungen (z.B. Wohn- und Siedlungsbedingungen) oder zur Überprüfung des Erfolgs von Interventionen (z.B. Krankenbehandlungen) abgefragt. Glück und Zufriedenheit wird am meisten durch Gesundheit und soziale Beziehungen (vor allem Partnerschaft) beeinflusst, durch Wohlstand und Einkommen nur so lange, bis die vitalen Grundbedürfnisse (z.B. Hunger, Schlaf, Sicherheit) ausreichend befriedigt sind. Von den psychischen Merkmalen einer Person wirken sich besonders Extraversion (Soziabilität) und emotionale Stabilität (der Gegenpol von Neurotizismus) positiv auf das Wohlbefinden aus.

Wohlbefinden – als positive Gestimmtheit – wird auch als wichtigstes Kriterium für seelische Gesundheit angesehen, neben gutem Selbstwertgefühl, Selbständigkeit (Autonomie), Selbstbehauptung, sozialer Eingliederung und Leistungsfähigkeit. Längerfristige seelische Gesundheit geht (wie Wohlbefinden) mit emotionaler Stabilität einher, die durch Selbstachtung und Selbstvertrauen, emotionale Belastbarkeit sowie durch eine geringe Ausprägung von negativen Gefühlslagen, Stimmungsschwankungen, Hemmungen, körperlichen Beschwerden, Misstrauen und passiver Aggressivität gekennzeichnet ist.

Seelische Gesundheit hat vielfältige Auswirkungen auf die körperliche Gesundheit und auf die Lebenserwartung. Etwa ein Drittel an gesunder Lebenszeit geht weltweit durch neuropsychiatrische Störungen verloren. Zu den häufigsten und meistbelastenden psychischen Störungen zählen Depressionen, Angststörungen, Suchterkrankungen, Schizophrenie, Schlafstörungen und Schmerzstörungen.

Während „normaler" Stress eine unvermeidliche Begleiterscheinung menschlichen Lebens ist, bewirken übermäßige oder chronische Belastungen (z.B. Lärm, Überforderung, Informationsflut, soziale Konflikte, kritische Lebensereignisse) psychische oder physiologische Störungen (z.B. Nervosität, Konzentrationsmangel, Bluthochdruck) und gemeinsam mit anderen Ursachen auch somatische Erkrankungen (z.B. Magengeschwüre, Allergien, Infektionen, Herzinfarkt). Die Stressbelastung durch negative Erfahrungen ist umso größer, je intensiver diese erlebt werden, je länger sie andauern und je weniger sie vorhersagbar und kontrollierbar sind. Ressourcen zur Bewältigung von Stress liegen einerseits in der biologischen Konstitution, in Persönlichkeitsfaktoren, in der individuellen Kompetenz zur Stressbewältigung und in der Art des Lebensstils begründet.

Als wichtiger Gesundheitsfaktor hat sich daneben der Bindungsstil einer Person herausgestellt. Darunter versteht man eine Klassifikation der für enge soziale Beziehungen typischen Einstellungen und Reaktionen. So etwa ist ein sicherer Bindungsstil durch gutes Selbstvertrauen, Fremdvertrauen und Beziehungsvertrauen gekennzeichnet. Ein unsicherer Bindungsstil geht entweder mit starker Distanziertheit, mit Angst vor Nähe oder aber mit übermäßigem Beziehungsengagement einher. Personen mit unsicherem Bindungsstil haben mehr Probleme in der Partnerschaft, neigen zu mehr psychischen Störungen und übertragen ihre Bindungseinstellungen oft auf ihre Kinder.

Psychologische Interventionen definieren sich als der umfassende praktische Einsatz empirisch-psychologischer Erkenntnisse zur zielgerichteten Veränderung des Erlebens und Verhaltens von einzelnen oder mehreren Personen. Psychologische Behandlungsmethoden sind psychologische Interventionen, die im klinisch-psychologischen und gesundheitspsychologischen Bereich im Rahmen der Vorsorge, Therapie oder Rehabilitation von Störungen oder Krankheiten eingesetzt werden. Psychotherapiemethoden sind verbale oder nonverbale Behandlungsformen nach spezifischen theoretischen Konzepten. In Therapiestudien haben sich insbesondere die Verhaltenstherapie, die Psychoanalyse, die Gesprächspsychotherapie und die Familientherapie als nachweisbar wirksam herausgestellt. Bei fachgerechter Durchführung einer solchen Psychotherapie ist bei etwa der Hälfte der Patienten nach etwa 30–40 Sitzungen mit einer merkbaren Besserung zu rechnen. Als übergreifende psychotherapeutische Wirkfaktoren haben sich bei der Analyse der wirksamen Therapieformen folgende Faktoren als bedeutsam herausgestellt: 1. Aktivierung persönlicher Ressourcen und Beziehungen, 2. Reales Erleben von Problemen und Lösungen, 3. Klärung von verborgenen Motiven und 4. Förderung der individuellen Kompetenz zur Problembewältigung.

1. Durch welche Faktoren ist Wohlbefinden am stärksten beeinflusst?
2. Welche Merkmale können für seelische Gesundheit angeführt werden?
3. Welche Persönlichkeitseigenschaften werden mit seelischer Gesundheit in Verbindung gebracht?
4. Was versteht man unter Prävalenz, Inzidenz, Mortalität und Letalität?
5. Welche Risikofaktoren bedrohen am stärksten die Gesundheit und die Lebenserwartung?
6. Welche allgemeinen Kriterien werden zur Feststellung psychischer Störungen herangezogen?
7. Wozu dienen Diagnosesysteme?
8. Welche psychische Störungen haben hohe Prävalenzraten?
9. Was versteht man unter Stress und welche Auswirkungen können von ihm ausgehen?
10. In welcher Weise wirken sich kritische Lebensereignisse aus?
11. Wovon hängt die Fähigkeit zur Stressbewältigung ab?
12. Was versteht man unter Bindungsstil und welche Folgen treten bei unsicherer Bindung auf?
13. Welche Arten von Bindungsstilen werden bei Erwachsenen unterschieden?
14. Wodurch sind psychologische Interventionen charakterisiert?
15. Welchen Zweck erfüllten psychologische Behandlungen?
16. Was versteht man unter Psychotherapie und welche Voraussetzungen sind an ihre Ausübung gebunden?
17. Was sind die Prinzipien der Kognitiven Verhaltenstherapie?
18. Welche allgemeinen psychotherapeutischen Wirkfaktoren können aus Psychotherapietechniken abgeleitet werden?

Literatur

Argyle, M. (2001). The psychology of happiness. Hampshire

Grawe, K., Donati, R. & Bernauer, F. (1994). Psychotherapie im Wandel. Von der Konfession zur Profession. Göttingen

Grawe, K. (2004). Neuropsychotherapie. Göttingen Margraf, J. (Ed.). (1996). Lehrbuch der Verhaltenstherapie. Band 1: Grundlagen – Diagnostik – Verfahren – Rahmenbedingungen. Berlin

Mayring, P. (1991). Psychologie des Glücks. Stuttgart

Reinecker, H. (2003). Lehrbuch der Klinischen Psychologie und Psychotherapie. Göttingen

Abbildungsnachweis

Wir haben uns bemüht, alle Rechteinhaber ausfindig zu machen. Nicht immer war uns das möglich. Bei berechtigten Rechtsansprüchen bitten wir, den Verlag zu kontaktieren. Sind bei Abbildungen keine Quellen genannt, stammen sie vom Autor.

Abb. 2.1: modifiziert aus Bouchard & McGue, 1981, zit. nach Bourne, L.E. & Ekstrand, B.R. (1992). Einführung in die Psychologie. Eschborn bei Frankfurt/M.: Klotz, 66. **Abb. 2.2:** modifiziert aus Hofstätter, P.R. (1984). Psychologie zwischen Kenntnis und Kult. München: Oldenbourg, 100. **Abb. 3.4:** nach Knüppel, A. (2004). Variation der P3 in einem Negative-Location-Priming-Paradigma mit emotionalen und neutralen Ablenkern. Unpublished Diplomarbeit, Universität Trier. Trier, 41. **Abb. 3.7:** www.pretsch.ethz.ch/goup/teachingdata/Chemometrie/WS03-04/Chemometrie1WS03-04.pdf (2.2.2002). **Abb. 3.8:** erstellt mittels Java-Applet: www.unizh.ch/biostat/kurs/kap54.htm (8.2.2006). **Abb. 3.9:** erstellt mit „MATHPROF – Mathematik interaktiv" – www.mathprof.de (12.5.2005). **Abb. 3.11:** © 1999-2006 Utah State University, http://nlvm.usu.edu/en/nav/ (12.12.2007) **Abb. 3.14:** erstellt mit „Kurvenprofi" Version 4.2.3 – www.kurvenprofi.de (10.10.2005). **Abb. 3.15:** in Anlehnung an Schnell, R. et al. (2005). Methoden der empirischen Sozialforschung. München: Oldenbourg. **Abb. 4.2:** Dehaene, S. & Naccache, L. (2001). Towards a cognitive neuroscience of consciousness: basic evidence and a workspyce framework. Cognition 79, 27. **Abb. 4.3:** Gadenne, V. (1996). Bewusstsein, Kognition und Gerhin. Bern: Huber, 87. **Abb. 4.4:** modifiziert aus Birbaumer, N. & Schmidt, R.F. (1991). Biologische Psychologie, 505 © Springer-Verlag, Berlin. **Abb. 4.5:** modifiziert aus Passer, M.W. & Smith, R.E. (2004). Psychology. The science of mind and behavior. Boston: McGraw-Hill, 162. **Abb. 5.2:** Birbaumer & Schmidt (1991), 375. **Abb. 5.3:** modifiziert aus Myers, D.G. (2005). Psychologie, 220 © Springer-Verlag, Heidelberg. **Abb. 5.4:** Müsseler, J. & Prinz,W. (Ed.) (2002). Allgemeine Psychologie. Heidelberg: Spektrum Akademischer Verlag, 21. **Abb. 5.5:** modifiziert aus Anderson, J.R. (1996). Kognitive Psychologie. Heidelberg: Spektrum Akademischer Verlag, 41. **Abb. 5.6:** Ernst, B. (1987). Abenteuer mit unmöglichen Figuren. Berlin: Taco, 14. **Abb. 5.7:** Ramachandran, V.S. (1988). Formwahrnehmung aus Schattierung. Spektrum der Wissenschaft 10, 102. **Abb. 5.8:** Ernst (1987), 55. **Abb. 5.9:** Müsseler & Prinz (Ed.) (2002), 33. **Abb. 5.10, 5.11:** angefertigt mittels Magic-3D, Highware. **Abb. 5.12:** modifizierte Grafiken aus Guttmann, G. (1972). Einführung in die Neuropsychologie. Bern: Huber, 111 und Held, R. & Richards,W. (Ed.) (1972). Readings from Scientific American. San Francisco: Freeman and Company, 116. **Abb. 5.13:** Anderson, J.R. (1988). Kognitive Psychologie. Heidelberg: Spektrum der Wissenschaft, 64. **Abb. 5.14, 5.15:** Boff, K.R., Kaufman, L. & Thomas, J.P. (1986). Handbook of perception and human, 84. **Abb. 5.16:** Anderson, J. R. (1996). Kognitive Psychologie (2. Aufl.). Heidelberg: Spektrum Akademischer Verlag, 48. **Abb. 5.18:** Frantz, R.L. (1972). The origin of form perception. In: Held & Richards (Ed.), 340. **Abb. 5.19 + Abb. 5.20:** Braun, C. et al. (2001). Beautycheck – Ursachen und Folgen von Attraktivität. Projektabschlussbericht. Available: http://www.beautycheck.de/bericht/bericht.htm (7.11.2005). **Abb. 5.21:** Johansson, G. (1986). Visuelle Bewegungswahrnehmung, Wahrnehmung und visuelles System. Spektrum der Wissenschaft: Verständliche Forschung. Heidelberg: Spektrum der Wissenschaft, 176. **Abb. 5.22:** Müsseler, J. (2002). Visuelle Wahrnehmung. In: Müsseler & Prinz (Ed.), 112. **Abb. 5.23:** Hilgard, E.R., Atkinson, R.L. & Atkinson, R.C. (1979). Introduction to psychology. New York: Harcourt Brace Jovanovich, 121. **Abb. 5.24:** Birbaumer & Schmidt (1991), 393. **Abb. 5.25:** Myers, D. G. (2005). Psychologie. Heidelberg: Springer Medizin Verlag ,230. **Abb. 5.26:** Birbaumer & Schmidt (1991), 301. **Abb. 5.27:** Hilgard, Atkinson & Atkinson (1979), 125. **Abb. 6.1:** modifiziert aus Eibl-Eibesfeldt, I. (1999). Grundriß der vergleichenden Verhaltensforschung. Ethologie. München: Piper, 730 und Eibl-Eibesfeldt, I. (1976). Der vorprogrammierte Mensch. München: dtv,

59. **Abb. 6.2:** Wickler,W. (1969). Sind wir Sünder? Naturgesetze der Ehe. München: Droemer Knaur, 133 u. 172. **Abb. 6.3:** modifiziert aus Birbaumer, N. (1975). Physiologische Psychologie, 51 © Springer-Verlag, Berlin. **Abb. 6.6:** Bond, C.F., Pitre, U. & Van Leeuwen, M.D. (1991). Encoding operations and the Next-in- Line Effect. Personality and Social Psychology Bulletin 17 (4), 438. **Abb. 6.7:** Dahaene, S., Kerszberg, M. & Changeux, J.-P. (1998). A neuronal model of a global workspace in effortful cognitive tasks. Neurobiology 95, 14530. **Abb. 6.8:** modifiziert aus Roth, G. (2002). Bewusstsein. In: Kettenmann, H. & Gibson, M. (Ed.). Kosmos Gehirn. Addendum zu Neuroforum Organ der Neurowissenschaftlichen Gesellschaft. Bonn: Bundesministerium für Bildung und Forschung (BMBF) und Neurowissenschaftliche Gesellschaft e.V., 58. **Abb. 6.9:** Campbell, N.A. & Reece, J.B. (2003). Biologie. Spektrum Lehrbuch. Heidelberg: Spektrum Akademischer Verlag. **Abb. 6.10:** adaptiert aus Hilgard, Atkinson & Atkinson. (1979), 50. **Abb. 6.11:** modifiziert aus Hilgard, Atkinson & Atkinson (1979), 30, 33. **Abb. 6.12:** modifiziert aus Spitzer, M. (1996). Geist im Netz. Modelle für Lernen, Denken und Handeln. Heidelberg: Spektrum Akademischer Verlag, 46. **Abb. 6.13:** modifiziert aus Spitzer, M. (2002). Lernen. Gehirnforschung und die Schule des Lebens. Heidelberg: Spektrum Akademischer Verlag, 57. **Abb. 6.14:** Hilgard., Atkinson & Atkinson (1979), 287. **Abb. 6.15:** Zimbardo, P.G. & Gerrig, R.J. (2004). Psychologie. München: Pearson Studium, 250. **Abb. 6.16:** modifiziert aus Rescorla, R.A. (1968). Pavlovian Conditioning it is not what you think it is. American Psychologist 43 (3), 153.* **Abb. 6.17:** Zimbardo & Gerrig (2004), 277. **Abb. 6.18:** modifiziert aus Hilgard, Atkinson & Atkinson (1979), 435. **Abb. 6.19:** modifiziert aus Mazur, J.E. (2004). Lernen und Gedächtnis. München: Pearson Studium, 448. **Abb. 6.20:** Damasio, A.R. & Damasio, H. (1993). Sprache und Gehirn. Spektrum der Wissenschaft, Spezial 1, 53. **Abb. 6.21:** Solso, R.L. (2005). Kognitive Psychologie, 121 © Springer-Verlag, Heidelberg. **Abb. 6.22:** Zimbardo & Gerrig (2004), 286. **Abb. 6.23:** modifiziert aus Zimbardo & Gerrig (2004), 271. **Abb. 7.1:** Palm, G. (1988). Assoziatives Gedächtnis und Gehirntheorie. Spektrum der Wissenschaft, 6, 55. **Abb. 7.2:** modifiziert aus Spitzer (1996), 131. **Abb. 7.3:** modifiziert aus Anderson, J.R. (2000). Learning and memory. An integrated approach. New York:Wiley, 188. **Abb. 7.4:** modifiziert aus Anderson (2000), 7. **Abb. 7.5:** Myers (2005), 399. **Abb. 7.6:** Passer & Smith (2004), 257. **Abb. 7.7:** Zimbardo & Gerrig (2004), 299. **Abb. 7.8:** Zimbardo & Gerrig (2004), 305. **Abb. 7.9:** modifiziert nach Solso (2005), 254. **Abb. 7.10:** Spitzer (1996), 244. **Abb. 7.11:** Modifiziert aus Eysenck, M.W. & Keane, M. (2003). Cognitive Psychology. A Student's Handbook. Hove and New York: Psychology Press, 222. **Abb. 7.13:** Myers (2005), 129. **Abb. 7.14:** Modifiziert aus Mäntylä, T. & Nilsson, L.-G. (1988). Cue Distinctiveness and Forgetting: Effectiveness of self-generated retrieval cues in delayed recall. Journal of Experimental Psychology 14 (3), 506.* **Abb. 7.15:** Modifiziert aus Zimbardo & Gerrig (2004), 312. **Abb. 7.16:** modifiziert aus Mayer, R.E. (1979). Denken und Problemlösen, 132 © Springer-Verlag, Berlin. **Abb. 7.18:** Solso (2005), 228. **Abb. 7.19:** modifiziert aus Crowder, R.G. (1976). Principles of learning and memory. Hillsdale, New Jersey: Erlbaum, 117. **Abb. 7.20:** modifiziert aus Born, J. & Plihal,W. (2000). Gedächtnisbildung im Schlaf: Die Bedeutung von Schlafstadien und Streßhormonfreisetzung. Psychologische Rundschau 51 (4), 201. **Abb. 7.21:** modifiziert aus Anderson (2000), 237. **Abb. 7.23:** Passer & Smith (2004), 268. **Abb. 7.24:** modifiziert aus Solso (2005), 313. **Abb. 8.3:** Eysenck & Keane (2003), 401. **Abb. 8.4:** Steinbuch, K. (1971). Automat und Mensch. Auf dem Weg zu einer kybernetischen Anthropologie, 146 © Springer-Verlag, Berlin. **Abb. 8.5:** Dörner, D. (1989). Die Logik des Misslingens. Strategisches Denken in komplexen Situationen. Reinbek bei Hamburg: Rowohlt, 35. **Abb. 8.6:** Knoblich, G. (2002). Problemlösen und logisches Schließen. In: Müsseler & Prinz (Ed.), 678. **Abb. 8.7:** modifiziert aus Kosslyn, S. M., Ball, T.M., & Reiser, B.J. (1978). Visual images preserve metric spatial information: Evidence from studies of image scanning. Journal of Experimental Psychology: Human Perception & Performance, 4, 51–52.* **Abb. 8.8:** Anderson (1996), 214. **Abb. 8.9:** Knoblich (2002), 1539. **Abb. 8.10:** Munzert, R. (1988). Schachpsychologie. Hollfeld: Joachim Beyer Verlag, 187. **Abb. 8.11:** Dörner, D. (1989). Die Logik des Misslingens. Strategisches Denken in komplexen Situationen. Reinbek: Rowohlt,

206. **Abb. 8.13:** Knoblich (2002), 682. **Abb. 8.15:** modifiziert aus Gigernezer, G. & Hoffrage, U. (1995). How to improve Baye- 20071104 002.qxp 04.11.2007 19:32 Seite 416 sian reasoning without instruction: Frequency formats. Psychological Review 102 (4), 687.* **Abb. 8.16:** modifiziert aus Slovic, P., Fischhoff, B. & Lichtenstein, S. (1980). Facts and fears: Understanding perceived risk. In: Schwing, R. & Albers,W.A.Jr. (Ed.). Societal riskassessment: How safe is safe enough? New York: Plenum Press, 196. **Abb. 8.17:** aus Hilgard, Atkinson & Atkinson (1979), 356. **Abb. 8.18:** modifiziert aus www.quarks.de/dyn/11901.phtml (19.11.2006). **Abb. 8.19:** Myers (2005), 473. **Abb. 8.22:** Kimura, D. (1993).Weibliches und männliches Gehirn. Spektrum der Wissenschaft, Spezial 1: Gehirn und Geist, 68–69. **Abb. 8.23:** Steele, D.M. (1997). The threat in the air. American Psychologist, 52 (6), 620. **Abb. 9.1:** Hilgard, Atkinson & Atkinson (1979), 109. **Abb. 9.2:** modifiziert aus Russel, J.A. & Barrett, L.F. (1999). Core affect, prototypical emotional episodes, and other things called emotion: Dissecting the elephant. Journal of Personality and Social Psychology 76, 808. **Abb. 9.3:** modifiziert aus Passer & Smith (2004), 367. **Abb. 9.4:** modifiziert aus Roth, E. (2003). Fühlen, Denken, Handeln.Wie das Gehirn unser Verhalten steuert, 257 © Suhrkamp Verlag, Frankfurt/M. **Abb. 9.5:** in Anlehnung an LeDoux, J.E. (1995). Emotion: Clues from the brain. Annual Review of Psychology 46; Derryberry, D. & Tucker, D.M. (1992). Neural mechanisms of emotion. Journal of Consulting and Clinical Psychology 60; Barrett, L.F. et al. (2007). The experience of Emotion. Annual Review of Psychology 58 und Bechara, A. et al. (2000). Emotion, decision making and the orbitofrontal cortex. Cerebral Cortex, 10. **Abb. 9.6:** modifiziert aus Passer & Smith (2004), 366. **Abb. 9.7:** modifiziert aus Scherer, K.R. (1997). The role of culture in emotion-antecedent appriasal. Journal of Personality and Social Psychology 73, 911. **Abb. 9.9:** Vanger, P., Hoenlinger, R. & Haken, H. (1998). Computer aided generation of prototypical facial expressions of emotion. Methods of Psychological Research Online 3, 32. **Abb. 9.10:** Strack, F., Martin, L.L. & Stepper, S. (1988). Inhibiting and facilitating conditions of the human smile: A nonobtrusive test of the facial feedback hypothesis. Journal of Personality and Social Psychology 54, 771. **Abb. 9.11:** in Anlehnung an Becker- Carus, C. (2003). Allgemeine Psychologie. Eine Einführung. Heidelberg: Spektrum Akademischer Verlag, 484. **Abb. 9.12:** nach Huitt,W. (2004). Maslow's hierarchy of needs. Educational Psychology Interactive. Available: http://chiron.valdosta.edu/whuitt/col/regsys/maslow.html (27.2.2007). **Abb. 9.13:** in Anlehnung an Becker-Carus (2003), 455. **Abb. 9.14:** modifiziert aus Fallon, A.E. & Rozin, P. (1985). Sex differences in perceptions of desirable body shape. Journal of Abnormal Psychology 94, 103. **Abb. 9.15:** nach Anderson, C.A. & Bushman, B.J. (2002). Human aggression. Annual Review of Psychology 53, 34. **Abb. 9.16:** Zimbardo, P.G. & Gerrig, R.J. (1999). Psychologie, 343 © Springer-Verlag, Berlin. **Abb. 10.1:** nach Forgas, J.P. (1999). Soziale Interaktion und Kommunikation. Eine Einführung in die Sozialpsychologie (4. Aufl.).Weinheim: Beltz PVU, 42. **Abb. 10.2:** modifiziert aus Myers (2005), 617. **Abb. 10.3:** Miller, J.G. (1984). Culture and the development of everyday social explanation. Journal of Personality and Social Psychology 46 (5), 967. **Abb. 10.4:** Passer & Smith (2004), 620. **Abb. 10.5:** nach Herkner, W. (1991). Lehrbuch Sozialpsychologie (5. Aufl.). Bern: Huber, 267. **Abb. 10.6:** modifiziert nach Petty, R.E. & Cacioppo, J.T. (1986). The elaboration likelihood model of persuasion. In: Berkowitz, L. (Ed.). Advances in Experimental Social Psychology 19. **Abb. 10.7:** modifiziert nach Petty, R.E. & Cacioppo, J.T. (1981). Effects of rhetorical questions on persuasion: A cognitive response analysis. Journal of Personality and Social Psychology 40 (3), 437.* **Abb. 10.9:** modifiziert nach Wells, G. L., & Petty, R. E. (1980). The effects of over head movements on persuasion: Compatibility and Incompatibility of responses. Basic and Applied Social Psychology, 1 (3), 89. **Abb. 10.10:** aus Hilgard, Atkinson & Atkinson (1979), 526 (Aus dem Film *Obedience*, Film Library, copyright © 1965 by Stanley Milgram) . **Abb. 10.11:** modifiziert aus Byrne, B. & Nelson, D. (1965). Attraction as a linear function of proportion of positive reinforcements. Journal of Personality and Social Psychology 40 (3), 661.* **Abb. 10.12:** Helmreich, R., Aronson, E. & LeFan, J. (1970). To Err is humanizing – sometimes: Effects of self-esteem, Com- petence,

and pratfall on interpersonal attraction. Journal of Personality and Social Psychology 16 (2), 262. **Abb. 10.13:** Forgas, J.P. (1987). Sozialpsychologie. Eine Einführung in die Psychologie der sozialen Interaktionen. München: PVU, 201. **Abb. 10.14:** Schulz von Thun, F. (1981). Miteinander reden 1. Störungen und Klärungen. Reinbek: Rowohlt, 30 u. 45. **Abb. 10.15:** Krall, C. (1912). Denkende Tiere. Der Kluge Hans und meine Pferde Mohamed und Zarif. Leipzig: Engelmann. **Abb. 10.16:** modifiziert aus Darley, J.M. & Latane, B. (1968). Bystander intervention in emergencies: Diffusion of responsibility. Journal of Personality and Social Psychology 8 (4), 380. **Abb. 10.17:** modifiziert aus Bourne & Ekstrand (1992), 425. **Abb. 11.1:** Diener, E., Suh, E.M., Lucas, R.E. & Smith, H.L. (1999). Subjective Well-Being: Three decades of progress. Psychological Bulletin 125, 288.* **Abb. 11.2:** Diener, Suh, Lucas, & Smith (1999), 290.* **Abb. 11.5:** Myers (2005), 718. **Abb. 11.6:** modifiziert aus Passer & Smith (2004), 511. **Abb. 11.10:**World Health Organization, Regional Office for Europe, European health for all database (HFA-DB), www.euro.who.int/hfadb (26.8.2007). **Abb. 11.11:** modifiziert aus Kobasa, S.C., Maddi, S.R. & Kahn, S. (1982). Hardiness and health: A prospective study, Journal of Personality and Social Psychology 42, 173. **Abb. 11.12:** modifiziert aus Zimbardo & Gerrig (2004), 83. **Abb. 11.13:** Ross, M.J. & Berger, R.S. (1996): Effects of stress inoculation training on athletes' postsurgical pain and rehabilitation after orthopaedic injury. Journal of Consulting and Clinical Psychology 64 (2), 308.* **Abb. 11.14:** modifiziert aus Berkman, L.F. & Syme, S.L. (1979). Social networks, host resistance, and mortality: a nine year follow-up study of Alameda county residents. American Journal of Epidemiology 109, 190. **Abb. 11.15:** modifiziert aus Kopta, S.M. et al. (1994). Patterns of symptomatic recovery in psychotherapy. Journal of Consulting and Clinical Psychology 62 (5), 1014.

Literaturverzeichnis

Abele, A. & Becker, P. (Ed.). (1991). Wohlbefinden. Theorie – Empirie – Diagnostik. Weinheim: Juventa.

Abramov, I. & Gordon, J. (1994). Color Apperarance: On seeing red - or yellow, green, or blue. Annual Review of Psychology, 45, 451-485.

Abramson, L. Y., Seligman, E. P. & Teasdale J. D. (1978). Learned helplessness in humans: Critique and reformulation. Journal of Abnormal and Social Psychology, 87 (1), 49-74.

Addiction Science Network. Available: http://www.addictionscience.net/ [15.06.2006].

Ainsworth, M. S., Blehar, M. C., Waters, E. & Wall, S. (1978). Patterns of attachment: A psychological study of the Strange Situation. Hillsdale, NJ: Erlbaum.

Allesch, C. G. (2004). Geschichte und Systeme der Psychologie. Salzburg: Unveröffentliche Lehrmaterialien.

Alloy, L. B., Abramson, L. Y., Peterson, C. & Seligman, M. E. P. (1984). Attributional style and the generality of learned helplessness. Journal of Personality and Social Psychology, 46 (3), 681-687.

Allport, G. W. (1954). The nature of prejudice. Reading, MA: Addison-Wesley.

Alonso, J., Angermeyer, M. C., Bernert, S., Bruffaerts, R., Brugha, T. S., Bryson, H., Girolamo, G., Graaf, R., Demyttenaere, K., Gasquet, I., Haro, J. M., Katz, S. J., Kessler, R. C., Kovess, V., Lépine, J. P., Ormel, J., Polidori, G., Russo, L. J., Vilagut, G., Almansa, J., Arbabzadeh-Bouchez, S., Autonell, J., Bernal, M., Buist-Bouwman, M. A., Codony, M., Domingo-Salvany, A., Ferrer, M., Joo, S. S., Martínez-Alonso, M., Matschinger, H., Mazzi, F., Morgan, Z., Morosini, P., Palacín, C., Romera, B., Taub, N. & Vollebergh, W. A. M. . (2004). Prevalence of mental disorders in Europe: Results from the European Study of the Epidemiology of Mental Disorders (ESEMeD) project. Acta Psychiatrica Scandinavica, 109 (Supplement 420), 21-27.

Altman, I. & Taylor, D. A. (1973). Social penetration. New York: Holt.

American Psychiatric Association (APA). (2007). DSM-IV-TR. American Psychiatric Press. Available: http://www.behavenet.com/capsules/disorders/dsm4tr.htm [15.15.2007].

Anderson, C. A. & Bushman, B. J. (2002). Human aggression. Annual Review of Psychology, 53, 27-51.

Anderson, J. R. (1976). Language, memory, and thought. Hillsdale, NJ: Erlbaum.

Anderson, J. R. (1983a). The architecture of cognition. Cambridge, MA: University Press.

Anderson, J. R. (1983b). A spreading activation theory of memory. Journal of Verbal Learning and Verbal Behavior(22), 1-33.

Anderson, J. R. (1988). Kognitive Psychologie. Heidelberg: Spektrum der Wissenschaft.

Anderson, J. R. (1996). Kognitive Psychologie. Heidelberg: Spektrum Akademischer Verlag.

Anderson, J. R. (2000). Learning and memory. An integrated approach. New York: Wiley.

Anderson, J. R. & Lebiere, C. (1998). The atomic components of thought. Mahwah, NJ: Erlbaum.

Anderson, J. R., Matessa, M. & Lebiere, C. (1997). ACT-R: A theory of higher level cognition and its relation to visual attention. Human Computer Interaction, 12 (4), 439-462.

Andres, J. (1996). Grundbegriffe der multivariaten Datenanalyse. In E. Erdfelder, Mausfeld, Rainer, Meiser, Torsten & Rudinger, Georg (Ed.), Handbuch Quantiative Methoden (S. 169-184). Weinheim: Psychologie Verlags Union.

Apple, W., Streeter, L. A. & Krauss, R. M. (1979). Effects of pitch and speech rate on personal attributions. Journal of Personality and Social Psychology 37, 715-727.

Arent, S. M., Landers, D. M. & Etnier, J. L. (2000). The effects of exercise on mood on older adults. A meta-analytic review

Journal of Aging and Physical Activity, 8 (407-430).

Argyle, M. (2001). The psychology of happiness. Hampshire: Routledge.

Argyle, M. (2002). Körpersprache und Kommunikation. Das Handbuch zur nonverbalen Kommunikation. Paderborn: Junfermann.

Argyle, M. & Henderson, M. (1986). Die Anatomie menschlicher Beziehungen. Spielregeln des Zusammenlebens. Paderborn: Junfermann.

Argyle, M., Lefebvre, L. & Cook, M. (1974). The meaning of five patterns of gaze. European Journal of Social Psychology 4,125-136.

Aronson, E. & Cope, V. (1968). My enemy's enemy is my friend. Journal of Personality and Social Psychology, 8 (1), 8-12.

Asanger, R. & Wenninger, G. (1999). Handwörterbuch Psychologie. Weinheim: Psychologie Verlags Union.

Asch, S. E. (1956). Studies of independence and conformity. A minority of one against a unanimous majority. Psychological Monographs, 70 (9), (Whole No. 416).

Ashby, F. G., Isen, A. M. & Turken, U. (1999). A neuropsychological theory of positive affect and its influence on cognition. Psychological Review, 106, 529-550.

Atteslander, P. (2003). Methoden der empirischen Sozialforschung. Berlin: Walter de Gruyter.

Baars, B. J. (1989). A cognitive theory of consciousness. Cambridge: Cambridge University Press.

Backhaus, K., Erichson, B., Plinke, W. & Weiber, R. (2003). Multivariate Analysemethoden. Berlin: Springer.

Baddeley, A. D. (1986). Working memory. Oxford: Oxford University Press.

Baddeley, A. D., Thompson, N. & Buchanan, M. (1975). Word length and the structure of short-term memory. Journal of Verbal Learning and Verbal Behavior, 14, 575-589.

Bahrick, H. P. (1984). Semantic memory content in permastore: Fifty years of memory for Spanish learned in school. Journal of Experimental Psychology: General, 113 (1-24).

Baltes, P. B., Staudinger, U. M. & Lindenberger, U. (1999). Lifespan psychology: Theory and application to intellectual functioning. Annual Reviews of Psychology, 50, 471-507.

Bandura, A. (1965). Influence of models' reinforcement contingencies on the acquisition of imitative responses. Journal of Personality and Social Psychology, 1, 589-595.

Bandura, A. (1977a). Self-efficacy: Toward a unifying theory of behavioral change. Psychological Review, 84, 191-215.

Bandura, A. (1977b). Social learning theory. Engelwood Cliffs, New York: Prentice-Hall.

Bandura, A. (2001). Social cognitive theory: An agentic perspective. Annual Reviews of Psychology, 52, 1-26.

Bandura, A., Underwood, B. & Fromson, M. E. (1975). Disinhibition of aggression through diffusion of responsibility and dehuminization of victims. Journal of Research in Personality, 9 (4), 253-269.

Banse, R. (2004). Adult attachment and marital satisfaction: Evidence for dyadic configuration effects. Journal of Social and Personal Relationships 21 (2), 273-282.

Bar-On, R., Tranel, D., Denburg, N. L. & Bechara, A. (2003). Exploring the neurological substrate of emotional and social intelligence. Brain, 126, 1790-1800.

Barrett, L. F., Mesquita, B., Ochsner, K. N. & Gross, J. J. (2007). The experience of Emotion. Annual Review of Psychology, 58, 373-403.

Bartholomew, K. & Horowitz, L. M. (1991). Attachment styles among young adults: A test of a four-category model. Journal of Personality and Social Psychology, 61 (2), 226-244.

Barton, J. (1994). Choosing to work at night: A moderating influence on individual tolerance to shift work. Journal of Applied Psychology, 79 (3), 449-454.

Baumann, U. & Perrez, M. (1990). Klinische Psychologie, Band 1: Grundlagen, Diagnostik, Ätiologie. Bern: Huber.

Baumann, U. & Perrez, M. (1991). Klinische Psychologie, Band 2: Interventionen. Bern: Huber.

Baxter, L. A. (1986). Gender differences in the hetero-sexual relationship rules embedded in break-up accounts. Journal of Social and Personal Relationships, 3, 289-306.

Beach, S. R. H., Tesser, A., Fincham, F. D., Mendolia, M., Anderson, P., Crelia, R. & Whitaker, D. (1996). Self-evaluation maintenance in marriage: Toward a performance ecology of the marital relationship. Journal of Family Psychology, 10 (4), 379-396.

Bechara, A., Damasio, H. & Damasio, A. R. (2000). Emotion, decision making and the orbitofrontal cortex. Cerebral Cortex, 10, 295-307.

Becker, P. (1982). Psychologie der seelischen Gesundheit. Band 1: Theorien, Modelle, Diagnostik. Göttingen: Hogrefe.

Becker, P. (2002). Das Trier Integrierte Persönlichkeitsinventar. Entwicklung des Verfahrens und vergleichende psychometrische Analysen nach dem ordinalen Rasch-Modell und der klassischen Testtheorie. Diagnostica, 48 (2), 68-79.

Becker, P. (2004). Zur Replizierbarkeit und Interkorrelationsstruktur der Faktoren im revidierten NEO-Persönlichkeitsinventar (NEO-PI-R) und Trierer Integrierten Persönlichkeitsinventar (TIPI). Diagnostica, 50 (1), 39-48.

Becker, P. & Minsel, B. (1986). Psychologie der seelischen Gesundheit. Band 2: Persönlichkeitspsychologische Grundlagen, Bedingungsanalysen und Förderungsmöglichkeiten. Göttingen: Hogrefe.

Becker-Carus, C. (2004). Allgemeine Psychologie. Eine Einführung. Heidelberg: Spektrum Akademischer Verlag.

Benetka, G. (2002). Denkstile der Gegenwart. Wien: WUV.

Benetka, G. & Guttmann, G.. (2001). Akademische Psychologie in Österreich. Ein historischer Überblick. In K. Acham (Ed.), Geschichte der österreichischen Humanwissenschaften, Band 3.1: Menschliches Verhalten und gesellschaftliche Institutionen: Einstellung, Sozialverhalten, Verhaltensorientierung. Wien: Passagen Verlag.

Berkman, L. F. & Syme, S. L. (1979). Social networks, host resistance, and mortality: a nine year follow-up study of Alameda county residents. American Journale of Epidemiology, 109, 186-204.

Berkowitz, L. (1990). On the formation and regulation of anger and aggression: A cognitive-neoassociationistic analysis. American Psycholgist, 45, 494-503.

Bertenthal, B. I. & Fischer, K. W. (1978). Development of self-recognition in the infant. Developmental Psychology, 14 (1), 40-50.

Bevan, W. & Steger, J. A. (1971). Free recall and abstractness of stimuli. Science, 172 (3983), 597-599.

Bibliographisches Institut, B. A. (2002). Der Brockhaus - multimedial 2003 – premium, 6 CD-ROMs. Mannheim: Brockhaus AG.

Biederman, I. (1987). Recognition-by-components: A theory of human image understanding. Psychological Review, 94, 115-147.

Binet, A. (1911). Les idees modernes sur les enfants. Paris: Flammarion.

Birbaumer, N. (1975). Physiologische Psychologie. Berlin: Springer-Verlag.

Birbaumer, N. & Schmidt R. F. (1991). Biologische Psychologie. Berlin: Springer-Verlag.

Birbaumer, N. & Schmidt R. F. (2006). Biologische Psychologie (6. Aufl.). Berlin: Springer-Verlag.

Blass, T. (1991). Understanding behavior in the Milgram Obedience Experiment: The role of personality, Situations, and their interactions. Journal of Personality and Social Psychology, 60 (3), 398-413.

Blass, T. (1999). The Milgram Paradigm after 35 years: Some things we know about obedience to authority. Journal of Applied Social Psychology, 29 (5), 955-978.

BMFSFJ - Bundesministerium für Familie, S., Frauen und Jugend. (2003). Gewaltfreie Erziehung – Eine Bilanz nach Einführung des Rechts auf gewaltfreie Erziehung. Berlin: BMFSFJ.

Boff, K. R., Kaufman, L. & Thomas, J. P. (1986). Handbook of perception and human performance. Vol. I, Sensory processes and perception. New York: Wiley.

Bond, C. F. J. & Titus, L. J. (1983). Social facilitation: A meta-analysis of 241 studies. Psychological Bulletin, 94 (2), 265-292.

Bond, C. F., Pitre, U. & VanLeeuwen, M. D. (1991). Encoding operations and the Next-in-Line Fffect. Personality and Social Psychology Bulletin, 17 (4), 435-441.

Bond, R. & Smith, P. B.. (1996). Culture and conformity: A meta-analysis of studies using Asch's (1952b, 1956) line judgment task. Psychological Bulletin, 119 (1), 111-137.

Born, J. & Plihal, W. (2000). Gedächtnisbildung im Schlaf: Die Bedeutung von Schlafstadien und Streßhormonfreisetzung. Psychologische Rundschau, 51 (4), 198-208.

Bortz, J. (1999). Statistik für Sozialwissenschaftler. Berlin: Springer.

Bortz, J. & Döring, N. (1995). Forschungsmethoden und Evaluation für Human- und Sozialwissenschaftler. 2. Auflage. Berlin: Springer.

Bortz, J. & Döring, N. (2006). Forschungsmethoden und Evaluation für Human- und Sozialwissenschaftler. 4. überarbeitete Auflage. Berlin: Springer.

Bossel, H. (1992). Modellbildung und Simulation. Braunschweig: Vieweg.

Bossel, H., Hornung, B. R. & Müller-Reißmann, K.-F. (1989). Wissensdynamik mit DEDUC. Braunschweig: Vieweg.

Bouchard, T.-J. & McGue, M.. (1981). Familial studies of intelligence: A review. Science, 212, 1055-1059.

Bourne, L. E. & Ekstrand, B. R. (1992). Einführung in die Psychologie. Eschborn bei Frankfurt/Main: Klotz.

Bower, G. H. (1972). Mental imagery and associative learning. In L. W. Gregg (Ed.), Cognition in learning and memory (S. 51-88). New York: Wiley.

Bower, G. H. (1981). Mood and memory. American Psychologist, 36 (2), 129-148.

Bower, G. H., Clark, M. C., Lesgold, A. M. & Winzenz, D. (1969). Hierarchical retrieval schemes in recall of categorial word lists. journal of Verbal Learning and Verbal Behavior, 8, 323-343.

Bowlby, J. (1969). Attachment and loss: Vol. 1. Attachment.. New York: Basic Books.

Bowlby, J. (1973). Attachment and loss: Vol. 2. Separation: Anxiety and anger. New York: Basic Books.

Bowlby, J. (1980). Attachment and loss: Vol. 3. Loss. New York: Basic Books.

Bradshaw, G. L. & Anderson, J. R. (1982). Elaborative encodings an explanation of levels of processing. journal of Verbal Learning and Verbal Behavior, 21, 165-174.

Braun, C., Gründl, M., Marberger, C. & Scherber, C. (2001, 7.11.2005). Beautycheck - Ursachen und Folgen von Attraktivität. Projektabschlussbericht. Available: http://www.beautycheck.de/bericht/bericht.htm.

Brehm, J. W. (1972). Responses to loss of freedom. A theory of psychological reactance. Morristown: General Learning Press.

Brenner, M. (1973). The Next-in-Line Effect. Journal of Verbal Learning and Verbal Behavior, 12, 320-323.

Bruce, D. & Cofer, C. (1967). An examination of recognition and free recall as measures of acquisition and long-term retention. Journal of Experimental Psychology, 75 (3), 283-289.

Bruce, V., Green, P. & Georgeson, M. A. (2003). Visual perception (4. Aufl.). Hove: Psychology Press.

Buchner, A. & Brandt, M. (2002). Gedächtniskonzeptionen und Wissensrepräsentationen. In J. Müsseler & Prinz, W. (Ed.), Allgemeine Psychologie (S. 493-543). Heidelberg: Spektrum Akademischer Verlag.

Bugelski, B. R., Kidd, E. & Segmen, J. (1968). Image as a mediator in one-trial paired-associate learning. Journal Of Experimental Psychology, 76 (1), 69-73.

Bugental, D. E., Kaswan, J. W. & Love, L.R. (1970). Perception of contradictory meanings conveyed by verbal and nonverbal channels. Journal of Personality and Social Psychology, 16, 647-655.

Bühler, K. (1927). Die Krise der Psychologie. Jean: Fischer.

Bühner, M. (2004). Einführung in die Test- und Fragebogenkonstruktion. München: Pearson Studium.

Bühringer, G. (2003). Störungen durch den Gebrauch von illegalen Drogen und psychotropen Arzneimitteln. In H. Reinecker (Ed.), Lehrbuch der Klinischen Psychologie und Psychotherapie. Modelle psychischer Störungen (S. 329-356). Göttingen: Hogrefe.

Buss, D. M. (2004). Evolutionäre Psychologie. München: Pearson Studium.

Byrne, B. & Nelson, D. (1965). Attraction as a linear function of proportion of positive reinforcements. Journal of Personality and Social Psychology, 1 (6), 659-663.

Byrne, D. & Rhamey, R. (1965). Magnitude of positive and negative reinforcements as a determinant of attraction. Journal of Personality and Social Psychology, 2 (6), 884-889.

Cacioppo, J. T. & Gardner, W. L. (1999). Emotion. Annual Review of Psychology, 50, 191-214.

Cahill, L. (2006). Sein Gehirn, ihr Gehirn. Spektrum der Wissenschaft, (März), 28-35.

Campbell, N. A. & Reece, J. B. (2003). Biologie. Spektrum Lehrbuch. Heidelberg: Spektrum Akademischer Verlag.

Canary, D. J. & Spitzberg, B. H. (1987). Appropriateness and effectiveness perceptions of conflict strategies. Human Communication Research, 14 (1), 93-118.

Cantor, J. R., Bryant, J. & Zillmann, D. (1974). Enhancement of humor appreciation by transferred excitation. Journal of Personality and Social Psychology, 30, 812-821.

Capelle, W. (1953). Die Vorsokratiker. Stuttgart: Kröner.

Carbon, C.-C. & Leder, H. (2006). When faces are heads: View-dependent recognition of faces altered relationally or componentially. Swiss Journal of Psychology, 65 (4), 245-252.

Carlson, M., Marcus-Newhall, A. & Miller N. (1990). Effects of situational aggression cues: A quantitative review. Journal of Personality and Social Psychology, 58, 622-633.

Carmichael, L., Hogen, H. P. & Walter, A.A. (1932). An experimental study of the effect of language on the reproduction of visually perceived form. Journal of Experimental Psychology: General, 15 (1), 73-86.

Cascells, W., Schoenberger, A. & Graboys, T. B. (1978). Interpretation by physicians of clinical laboratory results. New England Journal of Medicine, 299, 999-1001.

Cepeda, N. J., Pashler, H., Vul, E., Wixted, J. T. & Rohrer, D. (2006). Distributed practice in verbal recall tasks: A review and quantitative synthesis. Psychological Bulletin, 132 (3), 354-380.

Chase, W. G. & Simon, H. A. (1973). Perception in chess. Cognitive Psychology, 4, 55-81.

Cheng, P. W. & Holyoak, K. J. (1985). Pragmatic reasoning schemas. Cognitive Psychology, 17, 391-416.

Chomsky, N. (1957). Syntactic structures. Den Haag: Mouton.

Cialdini, R. B. (2006). Die Psychologie des Überzeugens. (6. Aufl.). Bern: Huber.

Cialdini, R. B. & Goldstein, N. J. (2004). Social influence: Compliance and Conformity. Annual Review of Psychology, 55, 591-621.

Cialdini, R. B., Vincent, J. E., Lewis, S. K., Catalan, J., Wheeler, D. & Darby, B. L. (1975). Reciprocal concessions procedure for inducing compliance: The door-in-the-face technique. Journal of Personality and Social Psychology, 31 (2), 206-215.

Coan, R., W. (1968). Dimensions of psychological theory. American Psychologist, 23, 715-722.

Collins, A. M. & Loftus, E. F. (1975). A Spreading-Activation Theory of Semantic Processing. Psychological Review, 82 (6), 407-428.

Collins, A. M. & Quillian, M. R. (1969). Retrieval time from semantic memory. journal of Verbal Learning and Verbal Behavior, 8, 240-247.

Costa, P. T. & McCrae. R. R. (1992). Revised NEO Personality Inventory (NEO PI-R) and NEO Five Factor Inventory. Professional Manual. Odessa, Florida Psychological Assessment Resources.

Craik, F. I. M. & Lockhart, R. S. (1972). Levels of processing: A framework for memory research. Journal of Verbal Learning and Verbal Behavior, 11, 671-684.

Cranach, M. & Foppa, K. (Ed.). (1996). Freiheit des Entscheidens und Handelns Heidelberg: Asanger.

Crowder, R. G. (1976). Principles of learning and memory. Hillsdale, New Jersey: Erlbaum.

Csikszentmihalyi, M. (1996). Flow. Das Geheimnis des Glücks. Stuttgart: Klett-Cotta.

Dalgleish, T. & Power, M. J. (Ed.). (2005). Handbook of Cognition and Emotion (Online). New York: Wiley.

Damasio, A. (1999). The Feeling of What Happens. London: Random House.

Damasio, A. R. & Damasio, H. (1993). Sprache und Gehirn. Spektrum der Wissenschaft, Spezial 1, 46-55.

Darley, J. M. & Latane, B. (1968). Bystander intervention in emergencies: Diffusion of responsibility. Journal of Personality and Social Psychology, 8 (4), 377-383.

Darwin, C. (1859). The origin of species. London: Murray.

Daumenlang, K. (1987). Querschnitt- und Längsschnittmethoden. In E. Roth (Ed.), Sozialwissenschaftliche Methoden (S. 319-336). München: Oldenbourg.

Davis, B. P. & Knowles, E. S. (1999). A disrupt-then-reframe technique of social influence. Journal of Personality and Social Psychology, 76 (2), 192-199.

Davis, S. F. & Palladino, J. J. (2007). Psychology. Upper Sadle River, New Jersey: Pearson Prentice Hall.

Dawkins, R. (2006). The God Delusion, Bantam Press: London.

De Zwaan, M. & Müller, A. (2003). Diagnostik und Therapie der Anorexia und Bulemia nervosa. Journal für Gastroenterologische und Hepatologische Erkrankungen, 1, 15-18.

Degen, R. (2000). Lexikon der Psycho-Irrtümer. Warum der Mensch sich nicht therapieren, erziehen und beeinflussen lässt. München: Piper.

Dehaene, S. & Naccache, L. (2001). Towards a cognitive neuroscience of consciousness: basic evidence and a workspyce framework. Cognition, 79, 1-37.

Dehaene, S., Kerszberg, M. & Changeux, J.-P. (1998). A neuronal model of a global workspace in effortful cognitive tasks. Neurobiology, 95, 14529-14534.

Derryberry, D. & Tucker, D. M. (1992). Neural mechanisms of emotion. Journal of Consulting and Clinical Psychology, 60, 329-338.

Diener, E., Lusk, R., DeFour, D. & Flax, R. (1980). Deindividuation: Effects of group size, density, number of observers, and group member similarity on self-consciousness and disinhibited behavior. Journal of Personality and Social Psychology, 39 (3), 449-459.

Diener, E., Oishi, S. & Lucas, R. (2003). Personality, culture, and subjective well-being: Emotional and cognitive evaluations of life. Annual Reviews of Psychology, 54, 403-425.

Diener, E., Suh, E. M., Lucas, R. E. & Smith, H. L. (1999). Subjective well-being: Three decades of progress. Psychological Bulletin, 125 (2), 276-302.

Dienstbier, R. A. (1989). Arousal and physiological toughness: Implications for mental and physical health. Psychological Review, 96 (1), 84-100.

Dion, K., Berscheid, E. & Walster, E. (1972). What is beautiful is good. Journal of Personality and Social Psychology, 24 (285-290).

Dörner, D. (1976). Problemlösen als Informationsverarbeitung. Stuttgart: Kohlhammer.

Dörner, D. (1989). Die Logik des Mißlingens. Strategisches Denken in komplexen Situationen. Reinbek bei Hamburg: Rowohlt.

Dörner, D. (1999). Bauplan für eine Seele. Reinbek: Rowohlt.

Dörner, D. & Gerdes, J. (2003). PSI-Projekt. Eine psychologische Theorie als Computerprogramm, Available: http://www.uni-bamberg.de/ppp/insttheopsy/psi.html [15.10.2005].

Dörner, D. & Schaub, H. (2006). Das Leben von PSI. Über das Zusammenspiel von Kognition, Emotion und Motivation - oder: Eine einfache Theorie für komplizierte Verhaltensweisen. Available: http://web.uni-bamberg.de/ppp/insttheopsy/ [22.2.2006].

Dörner, D. & Selg, H. (1996). Psychologie. Eine Einführung in ihre Grundlagen und Anwendungsfelder. Stuttgart: Kohlhammer.

Dörner, D., Kreuzig, H. W., Reither, F. & Stäudel, Th. (Ed.). (1983). Lohausen - Vom Umgang mit Unbestimmtheit und Komplexität. Bern: Huber.

Doty, R., L. (2001). Olfaction. Annual Review of Psychology, 52, 423-452.

Doty, R., Shaman, P., Applebaum, St. L., Giberson, R., Siksorski, L. & Rosenberg, L. (1984). Smell identification ability: Changes with age. Science, 226, 1441-1443.

Dovidio, J. F. & Ellyson, S. L. (1982). Decoding visual dominance: Attributions of power based on relative percentages of looking while speaking and looking while listening. Social Psychology Quarterly, 45, 106-113.

Dreher, E. (2007). Optimierung von Selbstwirksamkeit. Entwicklungspotentiale (er-)kennen und nutzen! In A. Bucher, Lauermann, K. & Walcher, E. (Ed.), Ich kann. Du kannst. Wir können. Selbstwirksamkeit und Zutrauen. Katholisches Bildungswerk Salzburg: 55. Internationale Pädagogische Werktagung 2006, Salzburg, Österreich (S. 33-57). Wien: öbvhpt.

Driscoll, R., Davis, K. E. & Lipetz, M. E. (1972). Parental interference and romantic love: The Romeo and Juliet effect. Journal of Personality and Social Psychology, 24, 1-10.

Duclos, S. E., Laird, J. D., Schneider, E., Sexter, M., Stem, L. & Van Lighten, O. V. (1989). Emotion-specific effects of facial expressions and postures on emotional experience. Journal of Personality and Social Psychology, 57 (1), 100-108.

Duden. (2003). Ethymologie – Herkunftswörterbuch der deutschen Sprache. Mannheim: Dudenverlag.

Dunn, J. R. & Schweitzer M. E. (2005). Feeling and believing: The influence of emotion on trust. Journal of Personality and Social Psychology, 88, 736-748.

Ebster, C. & Stalzer, L. (2003). Wissenschaftliches Arbeiten für Wirtschafts- und Sozialwissenschaftler. Wien: WUV UTB.

Eccles, J. S. & Wigfield, A. (2002). Motivational beliefs, values, and goals. Annual Review of Psychology, 53, 109-132.

Ehrsam, R., Stoffel, S., Mensink, G. & Melges, T. (2004). Übergewicht und Adipositas in den USA, Deutschland, Österreich und der Schweiz. Deutsche Zeitschrift für Sportmedizin, 55 (11), 278-285.

Eibl-Eibesfeldt, I. (1976). Der vorprogrammierte Mensch. München: Deutscher Taschenbuch Verlag.

Eibl-Eibesfeldt, I. (1999). Grundriß der vergleichenden Verhaltensforschung. Ethologie. München: Piper.

Eid, M. & Diener, E. (1999). Intraindividual variability in affect: Reliability, validity, and personality correlates. Journal of Personality and Social Psychology, 76 (4), 662-676.

Ekman, P. & Friesen, W. (1978). Manual for the Facial Action Coding System (FACS). Palo Alto: Consulting Psychologists Press.

Elfenbein, H. A. & Ambady, N. (2002). On the universality and cultural specificy of emotion recognition: A meta-analysis. Psychological Bulletin, 128, 203-235.

Erdfelder, E., Mausfeld, R., Meiser, T. & Rudinger, G. (1996). Handbuch Quantitative Methoden. Weinheim: Psychologie Verlags Union.

Ernst, B. (1987). Abenteuer mit unmöglichen Figuren. Berlin: TACO Verlagsgesellschaft.

Europa in Zahlen. (2007). Eurostat Jahrbuch 2006-07. Luxemburg: Europäische Kommission - Amt für amtliche Veröffentlichungen.

Eurostat. (2002). Health statistics. Key data on health 2002. Luxembourg: Office for Official Publications of the European Communities.

Eysenck, M., W. & Kaene, M. (2003). Cognitive Psychology. A Student's Handbook. Hove and New York: Psychology Press.

Fallon, A. E. & Rozin, P. (1985). Sex differences in perceptions of desirable body shape. Journal of Abnormal Psychology, 94, 102-105.

Fantz, R. L. (1972). The origin of form perception. In R. Held & Richards, W. (Ed.), Perception: Mechanisms and models. Readings from Scientific American. San Francisco: Freeman and Company.

Fazio, R. H. & Olson, M. A. (2003). Implicit measures in social cognition research: Their meaning and use. Annual Reviews of Psychology, 54, 297-327.

Fechner, G. T. (1860). Elemente der Psychophysik. Leipzig: Breitkopf und Härtel.

Felz, D. L. & Landers, D. M. (1983). The effects of mental practice on motor skill learning performance: A meta-analysis. Journal of Sport Psychology, 5, 25-57.

Festinger, L. (1957). A theory of cognitive dissonance. Stanford: Stanford University Press.

Fietkau, H.-J. (2000). Psychologie der Mediation. Lernchancen, Gruppenprozesse und Überwindung von Denkblockaden in Umweltkonflikten. Berlin: edition sigma.

Finger, S. (1994). Origins of neuroscience. A history of explorations into brain function. New York: Oxford University Press.

Fischer, G., H. & Molenaar, I. W. (Ed.). (1995). Rasch models: Foundations, recent developments, and applications. New York: Springer.

Fisher, R. P., Geiselman, R. E. & Amador, M. (1989). Field test of the cognitive interview: Enhancing the recollection of actual victims and witnesses of crime. Journal of Applied Psychology, 74 (5), 722-727.

Fisher, R., Ury, W. & Pratton, B. (2002). Das Havard-Konzept. Sachgerecht verhandeln, erfolgreich verhandeln. 21. Aufl. Frankfurt/M.: Campus.

Flick, U., Kardorff, E., Keupp, H., Rosenstiel, L. & Wolff, S. (Ed.). (1991). Handbuch qualitative Sozialforschung. Grundlagen, Konzepte, Methoden und Anwendungen. München: Psychologie Verlags-Union.

Flynn, J., R. (1987). Massive IQ gains in 14 nations: What IQ tests really measure. Psychological Bulletin, 101 (2), 171-191.

Folkman, S. & Lazarus, R. S. (1988). Coping as a mediator of emotion. Journal of Personality and Social Psychology, 54, 466-475.

Folkman, S., Lazarus, R. S., Gruen, R. J. & DeLongis, A. (1986). Appriasal, coping, health status, and psychological symptoms. Journal of Personality and Social Psychology, 50, 571-579.

Folkman, S., Moskowitz, J. T. (2004). Coping: Pitfalls and promise. Annual Reviews of Psychology, 55, 745-774.

Fordyce, M. W. (1983). A program to increase happiness: Further studies. Journal of Counseling Psychology, 30, 483-498.

Forgas, J. P. (1987). Sozialpsychologie. Eine Einführung in die Psychologie der sozialen Interaktionen. München: Psychologie Verlags Union.

Forgas, J. P. (1995). Mood and judgment: the affect infusion model (AIM). Psychological Bulletin, 117 (1), 39-66.

Forgas, J. P. (1999). Soziale Interaktion und Kommunikation. Eine Einführung in die Sozialpsychologie (4. Auflage). Weinheim: Psychologie Verlags Union.

Forgas, J. P., Bower, G. H. & Krantz, S. (1984). The effects of mood on perceptions of interactive behaviours. Journal of Experimental Social Psychology, 20, 497-513.

Foster, R. G. & Wulff, K. (2005). Unser Schlaf-Wach-Rhythmus. Spektrum der Wissenschaft(August), 92-99.

Freedman, J. L. & Fraser, S. C. (1966). Compliance without pressure: The foot-in-the-door technique. Journal ol Personality and Social Psychology, 4 (2), 155-202.

French, J. R. P. & Raven, B. (1959). The basis of social power. In T. Cartwright (Ed.), Studies of social power (S. 150-167). Ann Arbor: Institute for Social Research.

Freud, S. (1900). Die Traumdeutung. Leipzig, Wien: Deuticke.

Frey, D., Hoyos, C. & Stahlberg, D. (1992). Angewandte Psychologie. Ein Lehrbuch. Weinheim: Psychologie Verlags Union.

Frey, D., Irle, M. (Ed.). (2001). Theorien der Sozialpsychologie. Band 1: Kognitive Theorien. Huber: Bern.

Frey, D., Wicklund, R. A. & Scheier, M. F. (1978). Die Theorie der objektiven Selbstaufmerksamkeit. In D. Frey (Ed.), Kognitive Theorien der Sozialpsychologie. Bern: Huber.

Friedrichs, J. (1990). Methoden empirischer Sozialforschung. Opladen: Westdeutscher Verlag.

Frindte, W. (2001). Einführung in die Kommunikationspsychologie. Weinheim: Beltz.

Fritsche, C. & Maderthaner, R. (1981). The Application of a Self-Control Oriented Behavior Strategy for Treatment of Stuttering in Comparison with other Fundamental Therapeutic Procedures. Behavioural Analysis and Modification, 4 (300-313).

Funke, J. (2003). Problemlösendes Denken. Stuttgart: Kohlhammer.

Funke, J. (2006). Denken und Problemlösen. In J. Funke (Ed.), Denken und Problemlösen - Enzyklopädie der Psychologie, Themenbereich C: Theorie und Forschung, Serie II: Kognition, Band 8 (S. 375-446). Göttingen: Hogrefe.

Funke, J. & Vaterrodt-Plünnecke, B. (1998). Was ist Intelligenz? München: Beck.

Gabrieli, J. D. E. (1998). Cognitive neuroscience of human memory. Annual Reviews of Psychology, 49, 87-115.

Gadenne, V. (1996). Bewußtsein, Kognition und Gehirn. Bern: Huber.

Gallo, L., C. & Smith, T. W. . (2001). Attachment style in marrige: Adjustment and responses to interaction. Journal of Social and Personal Relationships, 18 (2), 263-289.

Gardner, H. (2000). Multiple intelligences: The theory in practice. New York: Basic Books.

Gardner, R. A. & Gardner, B. T. (1969). Teaching sign language to a chimpanzee. Science, 165 (August), 664-672.

Gegenfurtner, K. R. (2003). Gehirn und Wahrnehmung. Frankfurt/Main: Fischer Taschenbuch.

Gerrig, R. J. & Zimbardo, Ph. G. (2007). Psychology and Life (18th Edition). Boston: Pearson.

Gibbs, W. W. (1996). Übergewicht: ein Zivilisationsproblem? Spektrum der Wissenschaft, (November), 54-63.

Gibson, J. J. (1950). Perception of the visual world. Boston: Houghton.

Gifford, R. & Hine, D. (1997). Toward cooperation in commons dilemmas. Canadian Journal of Behavioral Science, 29 (3), 167-178.

Gigernezer, G. & Hoffrage, U. (1995). How to improve Bayesian reasoning without instruction: Frequency formats. Psychological Review, 102 (4), 684-704.

Giles, H. (1982). Interpersonale Akkomodation in der verbalen Kommunikation. In K. R. SCHEERER (Ed.), Vokale Kommunikation. Weinheim: Beltz.

Glatzer, W. (1991). Quality of life in advanced industrialized countries: The case of West Germany. In F. Strack, Argyle, M. & Schwarz, N. (Ed.), Subjective well-being (S. 261-279). Oxford: Pergamon.

Glover, J. A., Bruning, R. H. & Plake, B. S. (1982). Distinctiveness of Encoding and Recall of Text Materials. Journal of Educational Psychology, 74 (4), 522-534.

Glucksberg, S. & Cowan, G. N. Jr. (1970). Memory for nonattended auditory material. Cognitive Psychology, 1, 149-156.

Gniech, G. (1976). Störeffekte in psychologischen Experimenten. Stuttgart: Kohlhammer.

Gniech, G. & Grabitz, H.-J. (1978). Freiheitseinengung und psychologische Reaktanz. In D. Frey (Ed.), Kognitive Theorien der Sozialpsychologie. Bern: Huber.

Godden, D. R. & Baddeley, A. D. (1975). Context-dependent memory in two natural environments: On land and under water. British Journal of Psychology, 66, 325-332.

Goldstein, E. B. (1980). Sensation and perception. Florence, KY: Thomson Learning.

Goldstein, E. B. (2002). Wahrnehmungspsychologie. Heidelberg: Spektrum Akademischer Verlag.

Goleman, D. (1997). Emotionale Intelligenz. München: Deutscher Taschenbuch Verlag.

Goschke, T. (2004). Vom feien Willen zur Selbstdetermination. Kognitive und volitionale Mechanismen der intentionalen Handlungssteuerung. Psychologische Rundschau, 55 (4), 163-168.

Gottman, J. (1994). Laß uns einfach glücklich sein! Der Schlüssel zu einer harmonischen Partnerschaft. München: Heyne.

Gottman, J. M. (1998). Psychology and the study of marital processes. Annual Review of Psychology, 49, 169-197.

Graf, P. & Schacter, D. L. (1985). Implicit and explicit memory for new associations in normal and amnesic subjects. Journal of Experimental Psychology: Learning, Memory & Cognition, II, 501-518.

Graumann, C.-F. (1968). Bewußtsein und Bewußtheit. Probleme und Befunde der psychologischen Bewußtseinsforschung. In W. Metzger & Erke, H. (Ed.), Handbuch der Psychologie, Bd. 1, Wahrnehmung und Bewußtsein, 1. Halbband. Göttingen: Hogrefe.

Grawe, K. (1998). Psychologische Therapie. Göttingen: Hogrefe.

Grawe, K. (2004). Neuropsychotherapie. Göttingen: Hogrefe.

Grawe, K., Donati, R. & Bernauer, F. (1994). Psychotherapie im Wandel. Von der Konfession zur Profession. Göttingen: Hogrefe.

Gregory, S. W. J. & Webster, S. (1996). A nonverbal signal in voices of interview partners effectively predicts communication accommodation and social status perceptions. Journal of Personality and Social Psychology, 70 (6), 1231-1240.

Grossmann, K. E., Grossmann, K. (1991). Attachment quality as an organizer of emotional and behavioral responses. In C. M. Parkes, Stevenson-Hinde, J. & Marris, P. (Ed.), Attachment across the life cycle. London: Tavistock/Routledge.

Gunnar, M., Quevedo, K. (2007). The neurobiology of stress and development. Annual Reviews of Psychology, 58, 145-173.

Günther, U. & Sperber, W. (2000). Handbuch für Kommunikations- und Verhaltenstrainer. Psychologische und organisatorische Durchführung von Trainingsseminaren. 3. akt. Auflage. München: Reinhardt.

Gurwitz, S. B. & Panciera, L. (1975). Attributions of freedom by actors and observers. Journal of Personality and Social Psychology, 32 (3), 531-539.

Guthke, J. (2003). Intelligenztest. In K. D. Kubinger & Jäger, R. S. (Ed.), Schlüsselbegriffe der Psychologischen Diagnostik. Weinheim: Beltz.

Güthlin, C. & Walach, H. (2007). MOS-SF-36. Structural equation modelling to test the construct validity of the second-order factor structure. European Journal of Psychological Assessment, 23 (1), 15-23.

Guttmann, G. (1972). Einführung in die Neuropsychologie. Bern: Huber.

Guttmann, G. (1982). Lehrbuch der Neuropsychologie. Bern: Huber.

Guttmann, G. (1992). Zur Psychophysiologie des Bewusstseins. In G. Guttmann & Langer, G. (Ed.), Das Bewusstsein. Multidimensionale Entwürfe. Wien: Springer-Verlag.

Guttmann, G. & Langer, G. (1992). Das Bewusstsein. Multidimensionale Entwürfe. Wien: Springer-Verlag.

Guttmann, H. & Bauer, H. (1984). The brain-trigger design: A powerful tool to investigate brain-behavior relations. In R. Karrer, Cohen, J. & Tueting, P. (Ed.), Brain and Information: Event Related Potentials. Annals of the New York Academy of Sciences. (Vol. 425, S. 671-675). New York: The N.Y. Academy of Sciences.

Hackman, J. R. & Oldham, G. R. (1976). Motivation through the design of work: Test of a theory. Organizational Behavior and Human Performance, 16, 250-279.

Hagelin, J. S., Rainforth, M.V., Orme-Johnson, D.W., Cavanaugh, K. L., Alexander, C.N., Shatkin, S.F., Davies, J.L, Hughes, A.O, and Ross, E. (1999). Effects of group practice of the Transcendental Meditation program on preventing violent crime in Washington D.C.: Results of the National Demonstration Project, June-July, 1993. Social Indicators Research, 47 (2), 153-201.

Haggbloom, S. J., Warnick, R., Warnick, J. E., Jones, V. K., Yarbrough, G. L., Russel, T. M., Borecky, CH. M., McGahhey, R., Powell III, J.

L., Beavers, J. & Monte, E. (2002). The 100 most emonent psychologists of the 20th century. Review of General Psychology, 6 (2), 139-152.

Hakstian, A. R. & Cattell, R. B. (1978). Higher-stratum ability structures on a basis of twenty primary abilities. Journal of Educational Psychology, 70 (5), 657-669.

Hamm, A. O., Weike, A. I. & Melzig, Ch. A. (2006). Wenn Furcht und Angst entgleisen. Zur Pathologie des menschlichen Defensivsystems. Psychologische Rundschau, 57 (3), 154-164.

Hargie, O. (1993). A handbook of communication skills. London: Routledge.

Harloff, H. J. (1993). Psychologie des Wohnungs- und Siedlungsbaus. Psychologie im Dienste von Architektur und Stadtplanung. Göttingen: Verlag für Angewandte Psychologie.

Harlow, H. F. & Harlow, M. K. (1962). Social deprivation in monkeys. Scientific American, 203 (11), 1-11.

Harrison, Y. & Horne, J. A. (2000). The impact of sleep deprivation on decision making: A review. Journal of Experimental Psychology: Applied, 6 (3), 236-249.

Haslam, N. (2006). Dehumanization: An integrative review. Personality and Social Psychology Review, 10, 252-264.

Hautzinger, M. & de Jong-Meyer, R. (2003). Depressionen. In H. Reinecker (Ed.), Lehrbuch der Klinischen Psychologie und Psychotherapie. Modelle psychischer Störungen (S. 215-257). Göttingen: Hogrefe.

Health Statistics. (2002). Key data on health 2002. Data 1970 - 2001. Luxembourg: Office for Official Publications of the European Communities.

Health statistics. Key data on health 2002. (2002). In E. Communities (Ed.). Luxembourg: Office for Official Publications of the European Communities.

Hebb, D. O. (1949). The Organization of Behavior. New York: Wiley.

Hebb, D. O. (1955). Drives and the C.N.S. (conceptual nervous system). Psychological Review, 62, 243-254.

Held, R. & Richards, W. (Ed.). (1972). Readings from Scientific American. San Francisco: Freeman and Company.

Hell, W., Fiedler, K. & Gigerenzer, G. (Ed.). (1993). Kognitive Täuschungen. Fehlleistungen und Mechanismen des Urteilens, Denkens und Erinnerns. Heidelberg: Spektrum Akademischer Verlag.

Hellbrück, J. & Fischer, M. (1999). Umweltpsychologie. Ein Lehrbuch. Göttingen: Hogrefe.

Helmreich, R., Aronson, E. & LeFan, J. (1970). To Err is humanizing - sometimes: Effects of self-esteem, Competence, and pratfall on interpersonal attraction. Journal of Personality and Social Psychology, 16 (2), 259-264.

Hergovich, A. (2005). Der Glaube an Psi. Die Psychologie der paranormalen Überzeugungen. Bern: Huber.

Hergovich, A., Willinger, U. & Arendasy, M. (2005). Paranormal belief, schizotypy, and body mass index. Perceptual and Motor Skills, 100, 883-891.

Herkner, W. (1980). Attribution. Psychologie der Kausalität. Bern: Huber.

Herkner, W. (1986). Psychologie. Wien: Springer.

Herkner, W. (1991). Lehrbuch Sozialpsychologie (5. Auflage). Bern: Huber.

Herle, M. (2003). Intelligenzquotient (IQ). In K. Kubinger & Jäger, R. S. (Ed.), Schlüsselbegriffe der Psychologischen Diagnostik. Weinheim: Beltz - Psychologie Verlags Union.

Herzog, W. (2004). Anorexia nervosa. Universitätsklinikum Heidelberg. Available: www.anorexia-nervosa.de [25.09.2006].

Hess, E. H. (1959). Imprinting, an effect of early experience. Science, 130 (133-141).

Hess, E. H. (1972). „Imprinting" in a natural laboratory. Scientific American, 227, 24-31.

Hess, E. H. & Polt, J. M. (1960). Pupil size as related to the interest value of visual stimuli. Science, 132, 239-250.

HFA-DB. (2007). European health for all database. World Health Organization Regional Office for Europe. Available:

http://data.euro.who.int/hfadb/ [26.10.2007].

Hilgard, F. R. (1980). Consciousness in contemporary psychology. Annual Reviews of Psychology, 31 (1-26).

Hilgard, E. R., Atkinson, R. L. & Atkinson, R. C. (1979). Introduction to psychology. New York: Harcourt Brace Jovanovich.

Hinterhuber, H. (2001). Die Seele. Natur- und Kulturgeschichte von Psyche, Geist und Bewusstsein. Wien: Springer.

Hobson, C. J. & Delunas, L. (2001). National norms and life-event frequencies for the revised social readjustment rating scale. International Journal of Stress Management, 8 (4), 299-314.

Hobson, C. J., Kamen, J., Szostek, J., Nethercut, C, M., Tiedmann, J. W. & Wojnarowicz, S. (1998). Stressful life events: A revision and update of the social readjustment rating scale. International Journal of Stress Management, 5 (1), 1-23.

Hodges, B. H. & Geyer, A. L. (2006). A Nonconformist Account of the Asch Experiments: Values, Pragmatics, and Moral Dilemmas. Personality and Social Psychology Review, 10 (1), 2-19.

Hodges, B. H. & Geyer, A. L. . (2006). A Nonconformist Account of the Asch Experiments: Values, Pragmatics, and Moral Dilemmas. Personality and Social Psychology Review, 10 (2), 2-19.

Hoffrage, U. & Vitouch, O. (2002). Evolutionspsychologie des Denkens und Problemlösens. In J. Müsseler & Prinz, W. (Ed.), Allgemeine Psychologie. Heidelberg: Spektrum Akademischer Verlag.

Hofling, C. K., Brotzman, E., Dalrymple, S., Graves, N. & Pierce, C. M. (1966). An experimental study of nurse-physician relationship. Journal of Nervous and Mental Disease, 143, 171-180.

Hofstätter, P. R. (1984). Psychologie zwischen Kenntnis und Kult. München: Oldenbourg.

Hofstätter, P. R. & Wendt, D. (1974). Quantitative Methoden der Psychologie. Frankfurt/Main: Barth.

Holahan, C. J. & Moss, R. H. (1985). Life Stress and Health: Personality, Coping, and Family Support in Stress Resistance. Journal of Personality and Social Psychology, 49 (3), 739-747.

Hölzl, E. & Kirchler, E. (2005). Causal attribution and hindsight bias for economic developments Journal of Applied Psychology, 90 (1), 167-174.

Hornke, L. F. & Winterfeld, U. (Ed.). (2004). Eignungsbeurteilungen auf dem Prüfstand: DIN 33430 zur Qualitätssicherung. Heidelberg: Spektrum Verlag.

Hovland, C. I., Harvey, O. J. & Sherif, M. . (1957). Assimilation and contrast effects in reactions to communication and attitude change. Journal of Abnormal Psychology, 55 (2), 244-252.

How long should psychotherapy last? Psychotherapy, 34 (3), 272-277.

Hoyos, C., Frey, D. & Stahlberg D. (1988). Angewandte Psychologie: Zur Eingrenzung und Beschreibung einer psychologischen Disziplin. In D. Frey, Hoyos, C. & Stahlberg, D. (Ed.), Angewandte Psychologie. Ein Lehrbuch. München: Psychologie Verlags Union.

Hubel, D. H. (1972). The visual cortex of the brain. In R. Held & Richards, W. (Ed.), Perception: Mechanisms and models. Readings from Scientific American. San Francisco: Freeman and Company.

Huitt, W. (2004). Maslow's hierarchy of needs. Educational Psychology Interactive. Available: http://chiron.valdosta.edu/whuitt/col/regsys/maslow.html [27.02.2007].

ICD-10-GM. (2007). Internationale Statistische Klassifikation der Krankheiten und verwandter Gesundheitsprobleme, 10. Revision, Version 2007. Köln: Das Deutsche Institut für Medizinische Dokumentation und Information (DIMDI) [22.10.2007].

Jacobi, F., Klose, M. & Wittchen, H. U. (2004). Psychische Störungen in der deutschen Allgemeinbevölkerung: Inanspruchnahme von Gesundheitsleistungen und Ausfalltage. Bundesgesundheitsblatt – Gesundheitsforschung – Gesundheitsschutz. 47, 736-744.

Jacobson, E. (2006). Entspannung als Therapie. Progressive Relaxation in Theorie und Praxis. 6. Aufl.: Klett-Cotta.

Jahnke, J. C. (1965). Primacy and recency effects in serial-position curves of immediate recall. Journal of Experimental Psychology, 70 (1), 130-132.

Janis, I. L. (1972). Victims of groupthink. Boston: Houchton Mifflin.

Jaynes, J. (1993). The Origin of Consciousness in the Breakdown of the Bicameral Mind. Boston: Hougthon Mifflin (orig. 1976).

Jeske, R. & Gärtner, D. (2001). Online Statistik. Available: http://www.uni-konstanz.de/FuF/wiwi/heiler/os/ [19.11.2007].

Johansson, G. (1986). Visuelle Bewegungswahrnehmung, Wahrnehmung und visuelles System. Spektrum der Wissenschaft: Verständliche Forschung. Heidelberg: Spektrum der Wissenschaft.

Johnson-Laird, P. N. (1999). Deductive reasoning. Annual Review of Psychology, 50, 109-135.

Jones, E. E., Rock, L., Shaver, K. G., Goethals, G. R. & Ward, L. M. (1968). Patterns of performance and ability attribution: An unexpected primacy effect. Journal of Personality and Social Psychology, 10, 317-341.

Jones, W. P. & Hoskins, J. (1987). Back-Propagation: A generalized delta learning rule. BYTE, October, 155-162.

Judge, T. A., Thorsen, C. J., Bono, J. E. & Patton, G. K. (2001). The job satisfaction-job performance relationship: A qualitative and quantitative review. Psychological Bulletin, 127, 376-407.

Jüttemann, G., Sonntag, M. & Wulf, Ch. (Ed.). (1991). Die Seele. Ihre Geschichte im Abendland. Weinheim: Psychologie Verlags Union.

Kahneman, D., Tversky, A. (1983). Choices, values, and frames. American Psychologist, 65 (4), 341-350.

Karau, S. J. & Williams, K. D. (1993). Social loafing: A meta-analytic review and theoretical integration. Journal of Personality and Social Psychology, 65 (4), 681-706.

Kaufman, L. & Rock, I. (1972). The moon illusion. In R. Held & Richards, W. (Ed.), Perception: Mechanisms and models. Readings from Scientific American. San Francisco: Freeman and Company.

Keidel, W. D. (1963). Beispiele und Probleme einer kybernetischen Physiologie des ZNS und der Sinne. In G. Lienert (Ed.), Bericht über den 23.Kongreß der Deutschen Gesellschaft für Psychologie. Göttingen: Hogrefe.

Kelley, D. L. & Burgoon, J. K. (1991). Understanding marital satisfaction and couple type as functions of relational expectations. Human Communication Research, 18 (1), 40-69.

Kelley, H. H. (1967). Attribution theory in social psychology. In D. Levine (Ed.), Nebraska symposium on motivation (Vol. 15). Lincoln: University of Nebraska Press.

Kelman, H., C. & Hamilton, V. L. (1989). Crimes of obedience. Toward a social psychology of authority and responsibility. New Haven: Yale University Press.

Kenealy, P. M. (1997). Mood state-dependent retrieval: The effects of inducted mood on Memory reconsidered. The Quarterly Journal of Experimental Psychology A, 50, 290-317.

Keppel, G. (1964). Facilitation in short- and long-term retention of paired associates following distributed practice in learning. journal of Verbal Learning and Verbal Behavior, 3, 91-111.

Kessler, R. C., Berglund, P. A., Demler, O., Jin, R., Walters, E. E. . (2005). Lifetime prevalence and age-of-onset distributions of DSM-IV disorders in the National Comorbidity Survey Replication (NCS-R). Archives of General Psychiatry, 62 (6), 617-627.

Kettenmann, H. & Gibson, M. (Ed.). (2002). Kosmos Gehirn. Addendum zu Neuroforum Organ der Neurowissenschaftlichen Gesellschaft. Bonn: Bundesministerium für Bildung und Forschung (BMBF) und Neurowissenschaftlichen Gesellschaft e.V.

Kiecolt-Glaser, J. K., McGuire, L., Robles, T. F. & Glaser, R. (2002). Emotions, morbidity, and mortality: New perspectives from psychoneuroimmunology. Annual Review of Psychology, 53, 83-107.

Kiefer, M. (2002). Bewusstsein. In J. Müsseler & Prinz, W. (Ed.), Allgemeine Psychologie. Heidelberg: Spektrum Akademischer Verlag.

Kiefer, M. (2005). Semantic Priming Induced by Unconsciously Perceived Stimuli: Evidence From Masking N400 Priming Effects. Journal of Psychophysiology, 19 (2), 125.

Kimura, D. (1993). Weibliches und männliches Gehirn. Spektrum der Wissenschaft, Spezial 1: Gehirn und Geist, 66-75.

Kintsch, W. & van Dijk, T. A. (1978). Toward a model of text comprehension and production. Psychological Review, 85 (5), 363-394.

Klammer, G. & Geißler, P. (1999). Mediation. Einblicke in Theorie und Praxis professioneller Konfliktregelung. Wien: Falter Verlag.

Klein, K. E. & Wegmann, H. M. (1974). The resynchronization of human circadian rhythms after transmeridian flights as a result of flight direction and mode of activity. In F. Scheving, Halberg, F. & Pauly, J. E. (Ed.), Chronobiology (S. 564-570). Tokyo: Igaku.

Kleinsmith, L. J. & Kaplan, S. (1964). Interaktion of arousal and recall intervall in nonsense syllable paired-associate learning. Journal of Experimental Psychology, 67 (2), 124-126.

Kleiter, G. D. (1994). Natural sampling: Rationality without base rates. In G. H. Fischer & Laming, D. (Ed.), Contributions to mathematical psychology, psychometrics, and methodology (S. 375-388). New York: Springer.

Klix, F. (1971). Information und Verhalten. Kybernetische Aspekte der organismischen Informationsverarbeitung. Bern: Huber.

Knoblich, G. (2002). Problemlösen und logisches Schließen. In J. Müsseler & Prinz, W. (Ed.), Allgemeine Psychologie. Heidelberg: Spektrum Akademischer Verlag.

Knowles, E. S., Butler, S. & Linn J. A. (2001). Increasing compliance by reducing resistance. In J. P. Forgas & Williams, K. D. (Ed.), Social influence. Direct and indirect processes (S. 41-60). Philadelphia: Psychology Press - Taylor & Francis

Knüppel, A. (2004). Variation der P3 in einem Negative-Location-Priming-Paradigma mit emotionalen und neutralen Ablenkern. Unveröffentlichte Diplomarbeit, Universtität Trier, Trier.

Kobasa, S. C. (1979). Stressful life events, personality, and health: An inquiry into hardiness. Journal of Personality and Social Psychology, 37 (1), 1-11.

Kobasa, S. C., Maddi, S. R. & Kahn, S. (1982). Hardiness and Health: A Prospective Study. Journal of Personality and Social Psychology, 42 (1), 168-177.

Kogi, K. (1985). Introduction to the problems of shift work. In S. Folkard & Monk, T. H. (Ed.), Hours of work. West Sussex: Wiley.

Konegen, N. & Sondergeld, K. . (1985). Wissenschaftstheorie für Sozialwissenschaftler. Eine problem-orientierte Einführung. Opladen: Leske & Budrich

Kopta, S. M., Howard, K. I., Lowry, J. L. & Beutler, L. E. (1994). Patterns of symptomatic recovery in psychotherapy. Journal of Consulting and Clinical Psychology, 62 (5), 1009-1016.

Korczak, D. (1995). Lebensqualitäts-Atlas. Umwelt, Kultur, Wohlstand, Versorgung, Sicherheit und Gesundheit in Deutschland. Opladen: Westdeutscher Verlag.

Kosslyn, S. M., Ball, T.M. & Reiser, B.J. (1978). Visual images preserve metric spatial information: Evidence from studies of image scanning. Journal of Experimental Psychology: Human Perception & Performance, 4, 47-60.

Krall, C. (1912). Denkende Tiere. Der Kluge Hans und meine Pferde Mohamed und Zarif. Leipzig: Engelmann.

Kraus, L., Heppekausen, K., Barrera, A. & Orth, B. (2004). Die Europäische Schülerstudie zu Alkohol und anderen Drogen (ESPAD): Befragung von Schülerinnen und Schülern der 9. und 10. Klasse in Bayern, Berlin, Brandenburg, Hessen, Mecklenburg-Vorpommern und Thüringen. München: Institut für Therapieforschung.

Kriz, J. (1992). Chaos und Struktur. Systemtheorie. Band 1 München: Quintessenz.

Kryspin-Exner, I. (2003). Alkoholismus. In H. Reinecker (Ed.), Lehrbuch der Klinischen Psychologie und Psychotherapie (S. 303-328). Göttingen: Hogrefe.

Kryspin-Exner, I. (2006). Klinische Psychologie. In U. Kastner-Koller & Deimann, P. (Ed.), Psychologie als Wissenschaft (S. 155-177). Wien: Facultas.

Kryspin-Exner, I. & Jagsch, R. (1999). Bewusstsein aus klinisch-psychologischer Sicht am Beispiel psychotroper Substanzen. In T. Slunecko, Vitouch, O., Korunka, C., Bauer, H. & Flatschacher, B. (Ed.), Psychologie des Bewusstseins - Bewusstsein der Psychologie. Wien: WUV.

Kubinger, K. (2003). Gütekriterien. In K. Kubinger & Jäger, R. S. (Ed.), Schlüsselbegriffe der Psychologischen Diagnostik. Weinheim: Beltz.

Kubinger, K. D. & Wurst, E. (2000). Adaptives Intelligenz Diagnostikum 2 - Version 2.1 (AID 2). Göttingen: Beltz Test Gesellschaft.

Kubinger, K. & Jäger, R. S. (Ed.). (2003). Schlüsselbegriffe der Psychologischen Diagnostik. Weinheim: Beltz.

Kuhl, J. (1996). Wille, Freiheit, Verantwortung: Alte Antinomien aus experimentalpsychologischer Sicht. In M. Cranach & Foppa, K. (Ed.), Freiheit des Entscheidens und Handelns (S. 186-218). Heidelberg: Asanger.

Kuhn, T. S. (1976). Die Struktur wissenschaftlicher Revolutionen. Frankfurt: Suhrkamp.

LaBerge, S., Nagle, L., Dement, W. & Zarcone, V. (1990). Lucid dreaming verified by volitional communication during REM sleep. Perceptual & Motor Skills, 52, 727-732.

Labov, W. (1973). The boundaries of words and their meanings. In C.-J. Bailey & Shuy, R.W. (Ed.), New ways of analysing variations in English. Washington, DC: Georgetown University Press.

Laessle, R. G. (2003). Essstörungen. In H. Reinecker (Ed.), Lehrbuch der Klinischen Psychologie und Psychotherapie (S. 357-396). Göttingen: Hogrefe.

Lamnek, S. (1995). Qualitative Sozialforschung. Band 1:Methodologie. Weinheim: Psychologie Verlags Union.

Lamond, N. & Dawson, D. (1999). Quantifying the performance impairment associated with fatigue. Journal of Sleep Research, 8, 255-262.

Latane, B. & Nida, S. (1981). Ten years of research on group size and helping. Psychological Bulletin, 89 (2), 308-324.

Latham, G. P. & Pinder, C. C. (2005). Work motivation: Theory and research at the dawn of the twenty-first century. 56, 485-516.

Lavie. (2001). Sleep-wake as a biological rhythm. Annual Review of Psychology, 52, 277-303.

Lazarus, R. S. (1968). Emotions and adaptation: Conceptual and empirical relations. In W. J. Arnold (Ed.), Nebraska Symposium on Motivation (Vol. 16, S. 175-270). Lincoln: University of Nebraska Press.

Lazarus, R. S. (1984). On the primacy of cognition. American Psychologist, 39, 124-129.

Lazarus, R. S. (1991). Progress on a cognitive-motivational-relational theory of emotion. American Psychologist, 46, 819-834.

Leary, M. R. (2007). Motivational and emotional aspects of the self. Annual Review of Psychology, 58, 317-344.

Leder, H. & Bruce, V. (2000). Inverting line drawings of faces. Swiss Journal of Psychology, 59 (3), 159-169.

Leder, H. & Bruce, V. (2000). When inverted faces are recognized: the role of configural information in face recognition. Quarterly Journal of Experimental Psychology, 53, 531–536.

LeDoux, J. E. (1994). Das Gedächtnis für Angst. Spektrum der Wissenschaft, 76-83.

LeDoux, J. E. (1995). Emotion: Clues from the brain. Annual Review of Psychology, 46, 209-235.

Lee, D. N. (1976). A theory of visual control of braking based on information about time-to-collision. Perception, 5, 437-459.

Lenneberg, E. H. (1972). Biologische Grundlagen der Sprache. Frankfurt/Main: Suhrkamp.

Lichtenstein, S., Slovic, P., Fischoff, B., Lyman, M. & Combs, B. (1978). Judged frequency of lethal events. Journal of Experimental Psychology: Human Learning and Memory, 4 (6), 551-578.

Lindsay, P. H. & Norman, D. A. (1981). Einführung in die Psychologie. Berlin: Springer.

Lipschutz, S. (1980). Finite Mathematik. London: McGraw-Hill.

Lipsey, M. W. & Wilson, D. (1993). The efficacy of psychological, educational, and behavioral treatment. Confirmation from meta-analysis. Americal Psychologist, 48 (12), 1181-1209.

Loftus, E. F. & Palmer, J. C. (1974). Reconstruction of automobile destruction: An exampleof the interaction between language and memory. Journal of Verbal Learning and Verbal Behavior, 13, 585-589.

Lopez, A. D., Mathers, C. D., Ezzati, M., Jamison, D. T. & Murray, C. J. L. (Ed.). (2006a). Global Burden of Disease and Risk Factor. Washington: The International Bank for Reconstruction and Development / The World Bank.

Lopez, A. D., Mathers, C. D., Ezzati, M., Jamison, D. T. & Murray, C. J. L. . (2006b). Measuring the Global Burden of Disease and Risk Factors, 1990–2001. In A. D. Lopez, Mathers, C. D., Ezzati, M., Jamison, D. T. & Murray, C. J. L. (Ed.), Global Burden of Disease and Risk Factors. Washington: The International Bank for Reconstruction and Development / The World Bank.

Lopez, F. G., & Gormley, B. (2002). Stability and change in adult attachment style over the first-year college transition: Relations to self-confidence, coping, and distress patterns. Journal of Counseling Psychology, 49 (3), 355-364.

Lorenz, K. (1935). Der Kumpan in der Umwelt des Vogels. Journal für Ornithologie, 83, 137-213, 289-413.

Lorenz, K. (1943). Die angeborenen Formen möglicher Erfahrung. Zeitschrift für Tierpsychologie, 5, 235-409.

Lowry, J. L. & Ross, M. J. (1997). Expectations of psychotherapy duration:

Luchins, A. S. (1942). Mechanization in problem solving. The effect of 'Einstellung'. Psychological Monographs, 54 (248).

Luchins, A. S. (1957). Experimental attempts to minimize the impact of first impressions. In C. Hovland (Ed.), The order of presentation in persuasion. New Haven: Yale University Press.

Lück, H. E., Grünwald, H., Geuter, U., Miller, R. & Rechtien, W. (1987). Sozialgeschichte der Psychologie. Eine Einführung. Opladen: Leske und Budrich.

Ludowig, E., Niedeggen, M., Heil, M., Rolke, B. & Harris, C. L. (2003). Semantic priming of real and illusory words: ERP correlates. Journal of Psychophysiology, 17 (3), 165.

Lukas, J. (2004). Wie frei ist unser Wille? Beiträge zum Problem der Willensfreiheit aus psychologischer, philosophischer und neurobiologischer Perspektive(Themenheft). Psychologische Rundschau, 55 (4), 163-206.

Lyubomirsky, S., King, L. & Diener, E. (2005). The benefits of frequent positive affect: Does Happiness lead to success? Psychological Bulletin, 131 (6), 803-855.

Macho, S. (2002). Kognitive Modellierung mit Neuronalen Netzen. Eine anwendungsorientierte Einführung. Bern: Huber.

Maddi, S. R., Kahn, S. & Maddi, K. L. (1998). The Effectiveness of Hardiness Training. Consulting Psychology Journal: Practice and Research, 50 (2), 78-86.

Maderthaner, M. (1994). Klassische und kognitive Verhaltenstherapie. In G. Stumm & Wirth, B. (Ed.), Psychotherapie (S. 108-139). Wien: Falter.

Maderthaner, M. & Maderthaner, R. (1985). Copinggewohnheiten, Copingeinstellungen und Coping-Therapie bei psychosomatischen und emotionalen Störungen. In D. Albert (Ed.), Bericht über den 34. Kongreß der Deutschen Gesellschaft für Psychologie in Wien 1984 (Band 2) (S. 653-655). Göttingen: Hogrefe.

Maderthaner, R. (1987). Praktische Konfliktkommunikation. Dialog, 3 (2), 13.

Maderthaner, R. (1988). Psychische Faktoren der Realitätserkenntnis. In E. Oeser &

Bonet, E. M. (Ed.), Das Realismusproblem – Wiener Studien zur Wissenschaftstheorie (2.Band) (S. 305-317). Wien.

Maderthaner, R. (1989). Kommunikationsprozesse. In E. Roth (Ed.), Organisationspsychologie - Enzyklopädie der Psychologie (S. 487-504). Göttingen: Hogrefe.

Maderthaner, R. (1992). Emotionales und rationales Bewußtsein. In G. Guttmann & Langer, G. (Ed.), Bewußtsein – Wiener Studien zur Wissenschaftstheorie (S. 377-400). Wien: Springer Verlag.

Maderthaner, R. (1995). Soziale Faktoren urbanen Wohlbefindens. In A. Keul (Ed.), Menschliches Wohlbefinden in der Stadt.Weinheim (S. 172-197). Wien: Psychologie Verlags Union.

Maderthaner, R. (1998). Wohlbefinden, Lebensqualität und Umwelt. In I. Kryspin-Exner, Lueger-Schuster, B. & Weber, G. (Ed.), Klinische Psychologie und Gesundheitspsychologie - Postgraduelle Aus- und Weiterbildung (S. 483-508). Wien: WUV / Universitätsverlag.

Maderthaner, R. (2003). Wissenschaftsgrundlagen der Psychologie. Einführung in die Rahmenbedingungen der Psychologie sowie in ihre ethischen, wissenschaftstheoretischen, wissenschaftshistorischen und methodologischen Grundlagen. Wien: WUV.

Maderthaner, R. & Kirchler, E. (1982). Die Veränderbarkeit von Ähnlichkeitsrelationen zwischen Bildbegriffen durch Assoziation von Verbalbegriffen. Archiv für Psychologie, 134, 265-280.

Maderthaner, R. & Leder, H. (2006). Allgemeine Psychologie. In Fakultät für Psychologie, Kastner-Koller, U. & Deimann, P. (Ed.), Psychologie als Wissenschaft (S. 35-58). Wien: Facultas-WUV.

Maderthaner, R., Guttmann, G., Swaton, E. & Otway, H. J. (1978). Effect of Distance upon Risk Perception. Journal of Applied Psychology, 63, 380-382.

Malis, R. S. & Roloff, M. E. (2006). Demand/withdraw patterns in serial arguments: Implications for well-being.

Human Communication Research, 32, 198-216.

Mandl, H. & Friedrich, H. F. (Ed.). (2006). Lernbuch Lernstrategien. Göttingen: Hogrefe.

Mandler, G. (1979). Denken und Fühlen – Zur Psychologie emotionaler und kognitiver Prozesse. Paderborn: Junfermann.

Mandler, G. (1980). Recognizing: The judgement of previous occurrence. Psychological Review, 87 (3), 252-271.

Mangold, R., Vorderer, P. & Bente, G. (Ed.). (2004). Lehrbuch der Medienpsychologie. Göttingen: Hogrefe.

Mäntylä, T. (1986). Optimizing cue effectiveness: Recall of 500 and 600 incidentally learned words. Journal of Experimental Psychology: Learning, Memory, and Cognition, 12 (1), 66-71.

Mäntylä, T. & Nilsson, L.-G. (1988). Cue distinctiveness and forgetting: Effectiveness of self-generated retrieval cues in delayed recall. Journal of Experimental Psychology: Learning, Memory, and Cognition, 14 (3), 502-509.

Margraf, J. (1996a). Grundprinzipien und historische Entwicklung. In J. Margraf (Ed.), Lehrbuch der Verhaltenstherapie. Band 1: Grundlagen, Diagnostik, Verfahren, Rahmenbedingungen. Berlin: Springer.

Margraf, J. (Ed.). (1996b). Lehrbuch der Verhaltenstherapie. Band 1: Grundlagen – Diagnostik – Verfahren – Rahmenbedingungen. Berlin: Springer.

Margraf, J. & Schneider, S. (1996). Diagnostik psychischer Störungen mit strukturierten Interviews. In J. Margraf (Ed.), Lehrbuch der Verhaltenstherapie. Band 1: Grundlagen, Diagnostik, Verfahren, Rahmenbedingungen. Berlin: Springer.

Markowitsch, H. J. (2004). Warum wir keinen freien Willen haben. Der sogenannte freie Wille aus Sicht der Hirnforschung. Psychologische Rundschau, 55 (4), 163-168.

Marr, D. (1982). Vision: A computational investigation into the human representation and processing of visual information. San Francisco, CA: Freeman.

Marr, D. & Nishihara, H. K. (1978). Representations and recognition of the spatial organization of three-dimensional shapes. Paper presented at the Proceedings of the Royal Society, London.

Maslow, A. (1943). A theory of human motivation. Psychological Review, 50, 370-396.

Maslow, A. & Lowery, R. (Ed.). (1998). Toward a psychology of being (3rd ed.). New York: Wiley & Sons.

Mathers, C. D., Lopez, A. D. & Murray, C. J. L. (2006). The Burden of Disease and Mortality by Condition: Data, Methods, and Results for 2001. In A. D. Lopez, Mathers, C. D., Ezzati, M., Jamison, D. T. & Murray, C. J. L. (Ed.), Global Burden of Disease and Risk Factors. . Washington: The International Bank for Reconstruction and Development / The World Bank.

Matlin, M. W. & Zajonc, R. B. (1968). Social facilitation of word associations. Journal of Personality and Social Psychology, 10 (4), 455-460.

Mayer, R. E. (1979). Denken und Problemlösen. Berlin: Springer-Verlag.

Mayring, P. (1991). Psychologie des Glücks. Stuttgart: Kohlhammer.

Mayring, P. (2000). Qualitative Inhaltsanalyse. Grundlagen und Techniken (7. Auflage). Weinheim: Deutscher Studien Verlag.

Mazur, A. & Booth, A. (1998). Testosterone and dominance in men. Behavioral and Brain Sciences, 21, 353-397.

Mazur, J. E. (2004). Lernen und Gedächtnis. München: Pearson Studium.

McCallum, M., Sanquist, T., Mitler, M. & Krueger, G. (2003). Commercial transportation operator fatigue management reference. Washington, D.C.: U.S. Department of Transportation Research and Special Programs Administration.

McClelland, J. L. (1981). Retrieving general and specific information from stored knowledge of specifics. Third Annual Conference of the Cognitive Science Society. Available: http://www-psych.stanford.edu/~jlm/papers/.

McClelland, J. L., McNaughton, B. L. & O'Reilly, R. C. (1995). Why there are complementary learning systems in the hippocampus and neocortex: Insights from the success and failures of connectionist models of learning and memory. Psychological Review, 102 (3), 419-457.

McClelland, J. L. & Rogers, T. T. (2003). The parallel distributed processing approach to semantic cognition. Neuroscience, 4 (April), 1-14.

McCoy, N. L. & Pitino, L. (2002). Pheromonal influences on sociosexual behavior in young women. Physiology and Behavior, 75, 367-375.

McDaniel, M. A., Einstein, G. O., DeLosh, E. L., May, C. P. & Brady, P. (1995). The bizarreness effect: It's not surprising, it's complex. Journal of Experimental Psychology: Learning, Memory & Cognition, 21 (2), 422-435.

Meadows, D. H., Meadows, D. L. & Randers, J. (1992). Die neuen Grenzen des Wachstums. Stuttgart: DVA.

Meadows, D. H., Meadows, D. L. & Randers, J. (1992). Die neuen Grenzen des Wachstums. Stuttgart: Deutsche Verlags-Anstalt.

Meeter, M. & Murre, J. M. J. (2004). Consolidation of Long-Term Memory: Evidence and Alternatives. Psychological Bulletin, 130 (6), 843–857

Mehrabian, A. & Ferris, S. R. (1967). Inference of attitudes from nonverbal communication in two channels. Journal of Consult. Psychology, 31, 248-252.

Meichenbaum, D. (1985). Stress inoculation training. New York: Pergamon Press.

Melzack, R. & Wall, P. D. (1965). Pain mechanisms: a new theory. Science, 150, 971-979.

Mende, M. (1984). Die Wahrnehmung sozialer Interaktion. Unveröffentlichte Dissertation, Wien.

Mercy, J. A., Kresnow, M., O'Carroll, P. W., Lee, R. K., Powell, K. E., Potter, L. B., Swann, A. C., Frankowski, R. F. & Bayer, T. L. (2001). Is suicide contagious? A study of the relation between exposure to the suicidal behavior of others and nearly lethal suicide attempts. American Journal of Epidemiology, 154 (2), 120-127.

Metts, S., Cupach, W. R. (1990). The influence of relationship beliefs and problem-solving responses on satisfaction in romantic relationships. Human Communication Research, 17 (1), 170-185.

Metzig, W. S., M. (2006). Lernen zu lernen – Lernstrategien wirkungsvoll einsetzen. Berlin: Springer Verlag.

Meyer, D. E. & Schvaneveldt, R.W. (1971). Facilitation in recognizing pairs of words: Evidence of a dependence between retrieval operations. Journal of Experimental Psychology, 90, 227-234.

Meyer, R. E. (1979). Denken und Problemlösen. Berlin: Springer.

Michael, T., Ehlers, A. & Margraf, J. (2003). Agoraphobie und Panikanfälle. In H. Reinecker (Ed.), Lehrbuch der Klinischen Psychologie und Psychotherapie. Modelle psychischer Störungen (S. 75-107). Göttingen: Hogrefe.

Milgram, S. (1974). Das Milgram-Experiment, Gehorsamsbereitschaft gegenüber Autorität. Reinbek/Hamburg: Rowohlt (Original erschienen 1963).

Miller, G. A. (1956). The magical number seven plus or minus two: Some limits on our capacity for processing information. Psychological Review, 63, 81-97.

Miller, G. A. & Gildea, P. M. (1987). Wie Kinder Wörter lernen. Spektrum der Wissenschaft, 11, 120-125.

Miller, G. A. & Selfridge, J. A. (1950). Verbal context and the recall of meaningful material. American Journal of Psychology, 63, 176-185.

Miller, J. G. (1984). Culture and the development of everyday social explanation. Journal of Personality and Social Psychology, 46 (5), 961-978.

Milner, B. (1954). Intellectual function of the temporal lobes. The Psychological Bulletin, 51 (1), 42-62.

Milner, B. (1970). Memory and the medial temporal regions of the brain. In K. H. Pribram & Broadbent, D. E. (Ed.), Biology of memory. New York: Academic Press.

Mischel, W. (1971). Introduction to personality. New York: Holt, Rinehart & Winston.

Montada, L. & Kals, Elisabeth. (2001). Mediation. Lehrbuch für Psychologen und Juristen. Weinheim: Psychologie Verlags Union.

Munzert, R. (1988). Schachpsychologie. Hollfeld: Beyer.

Müsseler, J. (2002). Visuelle Wahrnehmung. In J. Müsseler, Prinz, W. (Ed.), Allgemeine Psychologie. Heidelberg: Spektrum Akademischer Verlag.

Müsseler, J., Prinz, W. (Ed.). (2002). Allgemeine Psychologie. Heidelberg: Spektrum Akademischer Verlag.

Myers, D. G. (2005). Psychologie. Heidelberg: Springer Medizin Verlag.

Neisser, U., Boodoo, G., Bouchard, Th. J., Boykin, A. W., Brody, N., Ceci, St. J., Halpern, D. F., Loehlin, J. C., Perloff, R., Sternberg, R. J. & Urbina, S. (1996). Intelligence: Knowns and Unknowns. American Psychologist, 51 (2), 77-101.

Neuroscience of psychoactive substance use and dependence. (2004). Geneva: World Health Organization.

Newcomb, M. D. & Bentler, P. M. (1989). Substance use and abuse among children and teenagers. American Psychologist, 44 (2), 242-248.

Newell, A. & Rosenbloom, P. S. (1981). Mechanisms of skill acquisition and the law of practice. In J. R. Anderson (Ed.), Cognitive skills and their acquisition. Hillsdale, NJ: Erlbaum.

Newell, A. & Simon H.A. (1972). Human problem solving. Englewood Cliffs, NY: Prentice-Hall.

Niederée, R. & Narens, Louis. (1996). Axiomatische Meßtheorie. In E. Erdfelder, Mausfeld, Rainer, Meiser, Torsten & Rudinger, Georg (Ed.), Handbuch Quantitative Methoden (S. 369-384). Weinheim: Psychologie Verlags Union.

Nisbett, R., Caputo, C., Legant, P. & Marecek, J. (1973). Behavior as seen by the actor and as seen by the observer. Journal of Personality and Social Psychology, 27 (2), 154-164.

Nowak, S. (1976). Understanding and prediction. Dorbrecht-Holland: Reidel.

Oaxford, M. & Chater, N. (1994). A rational analysis of the selection task as optimal data selection. Psychological Review, 101 (4), 608-631.

Oberauer, K. (2006). Reasoning with conditionals: A test of formal models of four theories. Cognitive Psychology, 53, 238-283.

Olson, J. M., Vernon, P. A., Harris, J. A. & Jang, K.. (2001). The heritability of attitudes: A study of twins Journal of Personality and Social Psychology, 80, 845-860.

Ortega y Gasset, J. (1930). Der Aufstand der Massen (dtsch. 1956). Madrid: Revista de Occidente.

Ortony, A. & Turner, T. J. (1990). What's basic about basic emotions? Psychological Review, 97, 315-331.

Orvis, B. R., Cunningham, J. D. & Kelley, H. H. (1975). A closer examination of causal inference: The roles of consensus, distinctiveness, and consistency information. Journal of Personality and Social Psychology, 32 (4), 605-616.

Paivio, A. (1971). Imagery and verbal processes. New York: Holt, Rinehart und Winston.

Palermo, D. & Jenkins, J. J. (1964). Word association norms. Minneapolis: University of Minnesota Press.

Palm, G. (1988). Assoziatives Gedächtnis und Gehirntheorie. Spektrum der Wissenschaft(6), 54-64.

Panksepp, J. (1998). Affective neuroscience: The foundations of human and animal emotions. New York: Oxford University Press.

Passer, M. W. & Smith, R. E. (2004). Psychology. The science of mind and behavior. Boston: McGraw-Hill.

Pastorelli, C., Caprara, G. V., Barbaranelli, J. R., Rosza, S. & Babdura, A. (2001). The structure of children's perceived self-efficacy: A cross-national study. European Journal of Psychological Assessment, 17, 87-97.

Pawlik, K. (Ed.). (1985). International directory of psychologists. Amsterdam: North-Holland - Elsevier.

Peterson, L. R. & Peterson, M. J. (1959). Short-term retention of individual verbal items.

Journal of Experimental Psychology, 58, 193-198.

Petty, R. E. & Cacioppo, J. T. (1981). Effects of rhetorical questions on persuasion: A cognitive response analysis. Journal of Personality and Social Psychology, 40 (3), 432-440.

Petty, R. E. & Cacioppo, J. T. (1986). The elaboration likelihood model of persuasion. In L. Berkowitz (Ed.), Advances in Experimental Social Psychology (Vol. 19, S. 123-205). New York: Academic Press.

Pirkis, J., Blood, R. W., Beautrais, A., Burgess, P. & Skehan, J. (2006). Media guidelines on the reporting of suicide. Crisis, 27 (2), 82-87.

Pirolli, P. L. & Anderson, J. R. (1985). The role of practice in fact retrieval. Journal of Experimental Psychology: Learning, Memory & Cognition, 11, 136-153.

Platt, J. (1973). Social traps. American Psychologist(August), 641-651.

Plomin, R. & Spinath, F. M. (2004). Intelligence: Genetics, genes, and genomics. Journal of Personality and Social Psychology, 86 (1), 112-129.

Postmes, T. & Spears, R. (1998). Deindividuation and antinormative behavior: A meta-analysis. Psychological Bulletin, 123 (3), 238-259.

Premack, D. (2004). Is language the key to human intelligence. Science, 303 (January), 318-320.

Premack, D. & Premack, A. (2003). Original intelligence. Unlocking the mystery of who we are. New York: McGraw-Hill.

Pretsch, E. (2003). Available: http://www.pretsch.ethz.ch/goup/teachingdata/Chemometrie/WS03-04/Chemometrie1WS03-04.pdf. [24.10.2005].

Prinz, W. (2004). Kritik des freien Willens. Bemerkungen über eine soziale Institution. Psychologische Rundschau, 55 (4), 198-206.

Prinz, W. (2006). Messung kontra Augenschein. Psychologische Rundschau, 57 (2), 106-111.

Pritchard, R. M. (1972). Stabilized images on the retina. In R. Held & Richards, W. (Ed.),

Perception: Mechanisms and models. Readings from Scientific American. San Francisco: Freeman and Company.

Pritzel, M., Brand, M. & Markowitsch, H. J. (2003). Gehirn und Verhalten. Ein Grundkurs der physiologischen Psychologie. Heidelberg: Spektrum Akademischer Verlag.

Prodöhl, D. (1979). Gelingen und Scheitern ehelicher Partnerschaft. Göttingen: Hogrefe.

Psychologengesetz. (1990). Bundeskanzleramt Österreich. Rechtsinformationssystem des Bundes (RIS). Available: http://ris1.bka.gv.at/bgbl-pdf/index.aspx?page=doc&id=20727.bgbl pdf&db=bgblpdf&rank=19 [26.10.2007].

Psychotherapiegesetz. (1990). Bundeskanzleramt Österreich. Rechtsinformationssystem des Bundes (RIS). Available: http://ris1.bka.gv.at/bgbl-pdf/index.aspx?page=doc&id=20728.bgbl pdf&db=bgblpdf&rank=20 [26.10.2007].

PsychThG. (1998). Psychotherapeutengesetz. Berufsverband Deutscher Psychologinnen und Psychologen. Available: http://www.vS.org/gesetze/psychthg/gesetzestext.shtml [26.10.2007].

PsyG. (2007). Psychologieberufegesetz. Schweizer Charta für Psychotherapie Available: http://www.psychotherapiecharta.ch/main/Show_all$Id=101$ChartaEP=1.html [26.10.2007].

Puca, R. M. & Langens, T. A. (2002). Motivation. In J. Müsseler & Prinz, W. (Ed.), Allgemeine Psychologie. Heidelberg: Spektrum Akademischer Verlag.

Putz-Osterloh, W. & Lüer, G. (1981). Über die Vorhersagbarkeit komplexer Problemslöseleistungen durch Ergebnisse in einem Intelligenztest. Zeitschrift für Experimentelle und Angewandte Psychologie, 28, 309-334.

Ramachandran, V. S. (1988). Formwahrnehmung aus Schattierung. Spektrum der Wissenschaft(10), 94-103.

Ray, S., Bates, M. E. & Bly, B. M. (2004). Alcohol's Dissociation of Implicit and Explicit Memory Processes: Implications of a Parallel Distributed Processing Model of Semantic Priming. Experimental and Clinical Psychopharmacology 12 (2), 118-125.

Reason, J. (1994). Menschliches Versagen. Heidelberg: Spektrum.

Reichert, U. & Dörner, D. (1988). Heurismen beim Umgang mit einem einfachen dynamischen System. Sprache und Kognition, 7 (1), 12-24.

Reinecker, H. (2003a). Lehrbuch der Klinischen Psychologie und Psychotherapie. Göttingen: Hogrefe.

Reinecker, H. (2003b). Soziale und spezifische Phobien. In H. Reinecker (Ed.), Lehrbuch der Klinischen Psychologie und Psychotherapie. Modelle psychischer Störungen (S. 109-129). Göttingen: Hogrefe.

Reisenzein, R. (1983). The Schachter theory of emotion: Two decades later. Psychological Bulletin, 94, 239-264.

Rescorla, R. A. (1968). Probability of shock in the presence and absence of CS in fear conditioning. Jorunal of Comparative and Physiological Psychology, 66, 1-5.

Rescorla, R. A. (1988). Pavlovian Conditioning it is not what you think it is. American Psychologist, 43 (3), 151-160.

Revenstorf, D. (2003). Hypnotherapie. Available: http://revenstorf.de/meg/downloads/Expertise.pdf [20.06.2006].

Revenstorf, D. & Prudlo, U. (1994). Zu den wissenschaftlichen Grundlagen der klinischen Hypnose. Hypnose und Kognition, 11, 190-224.

Rey, E.-R. (2003). Schizophrenien. In H. Reinecker (Ed.), Lehrbuch der Klinischen Psychologie und Psychotherapie. Modelle psychischer Störungen (S. 495-529). Göttingen: Hogrefe.

Rhine, R. J. & Polowniak, W. A. (1974). Attitude change, commitment, and ego involvement. Journal of Personality and Social Psychology, 19 (2), 247-250.

Rhodes, G. (2006). The evolutionary psychology of facial beauty. Annual Review of Psychology, 57, 199-226.

Rips, L. J. & Marcus, S. L. (1977). Suppositions and the analysis of conditional sentences. In M. A. Just & Carpenter, P. A. (Ed.), Cognitive processes in comprehension. Hillsdale, NY: Erlbaum.

Rogers, I. B., Kuiper, N. A. & Kirker, W. S. (1977). Self-reference and the encoding of personal information. Journal of Personality and Social Psychology, 36, 677-688.

Rogner, O., Frey, D. & Havemann, D. (1987). Der Genesungsverlauf von Unfallpatienten aus kognitionspsychologischer Sicht. Zeitschrift für Klinische Psychologie, 16 (1), 11-28.

Rohde, E. (1980). Psyche, Seelencult und Unsterblichkeitsglaube der Griechen. Darmstadt: Wissenschaftliche Buchgesellschaft (Original erschienen 1898).

Rohracher, H. (1965). Einführung in die Psychologie. Wien: Urban & Schwarzenberg.

Rohracher, H. (1968). Gedächtnis und Lernen. In R. R. Meili, H. (Ed.), Lehrbuch der experimentellen Psychologie. Bern: Huber.

Roisman, G. I., Holland, A., Fortuna, K, Fraley, R. C., Clausell, E. & Clarke, A. (2007). The Adult Attachment Interview and Self-Reports of Attachment Style: An Empirical Rapprochement. Journal of Personality and Social Psychology 92 (4), 678-697.

Rolls, T. (1999). Précis of „The Brain and Emotion" for BBS multiple book review. Available: http://www.bbsonline.org/Preprints/OldArchive/bbs.rolls.html [30.03.2007].

Rosenberg, S., Nelson, C. & Vivekananthan, P. S. (1968). A multidimensional approach to the structure of personality impressions. Journal of Personality and Social Psychology, 9 (4), 283-294.

Rosenthal, R. (2002). Experimenter and clinician effects in scientific inquiry and clinical practice. Prevention & Treatment, 5 (http://www.journals.apa.org/prevention/volume5/pre0050038c.html (3. July 2005)).

Rosenthal, R. & Jacobson, L. (1968). Pygmalion in the classroom. New York: Rinehart & Winston.

Rosenthal, R. & Rosnow, R. L. (1975). Primer of methods for the behavioral sciences. New York: Wiley.

Roskam, E., E. (1996). Latent-Trait-Modelle. In E. Erdfelder, Mausfeld, R., Meiser, T. & Rudinger, G. (Ed.), Handbuch Quantitative Methoden. Weinheim: Beltz.

Ross, L. (1977). The intuitive psychologist and his shortcomings: distortions in the attribution process. In L. Berkowitz (Ed.), Advances in Experimental Social Psychology. New York: Academic Press.

Ross, L., Greene, D. & House, P. (1977). The „false consensus effect": An egocentric bias in social perception and attribution processes. Journal of Experimental Social Psychology, 13, 279-301.

Ross, M. J. & Berger, R. S. (1996). Effects of stress inoculation training on athletes' postsurgical pain and rehabilitation after orthopedic injury Journal of Consulting and Clinical Psychology 64 (2), 406-410.

Ross, P. E. (2007). Wie Genies denken. Spektrum der Wissenschaft, 2007 (1), 36-43.

Rost, D. H. (2005). Interpretation und Bewertung pädagogisch-psychologischer Studien. Weinheim und Basel: Beltz-UTB.

Roth, E. (2003). Fühlen, Denken, Handeln. Wie das Gehirn unser Verhalten steuert. Frankfurt: Suhrkamp.

Roth, G. (1997). Das Gehirn und seine Wirklichkeit. Frankfurt/Main: Suhrkamp.

Roth, G. (2001). Wie das Gehirn die Seele macht. Available: http://home.arcor.de/eberhard.liss/hirnforschung/roth-gehirn+seele.htm [30.03.2007].

Roth, G. (2002). Bewusstsein. In H. Kettenmann & Gibson, M. (Ed.), Kosmos Gehirn. Addendum zu Neuroforum Organ der Neurowissenschaftlichen Gesellschaft. Bonn: Bundesministerium für Bildung und Forschung (BMBF) und Neurowissenschaftlichen Gesellschaft e.V.

Routtenberg, A. (1968). The two-arousal hypothesis: reticular formation and limbic system. Psychological Review, 75, 51-80.

Rowe, D. N. Y. G. (1994). The limits of family influence: Genes, experience, and behavior. New York: Guilford.

Ruff, F. M. (1990). „Dann kommt halt immer mehr Dreck in den Körper". Psychologie Heute(September), 32-38.

Rumelhart, D. E., McClelland, James L. & PDP Research Group. (1986). Parallel Distributed Processing: Explorations in the Microstructure of Cognition. Cambridge, MA: MIT Press.

Russell, J. A. (2003). Core affect and the psychological construction of emotion. Psychological Review, 110, 145-172.

Russell, J. A. & Barrett, L. F. (1999). Core affect, prototypical emotional episodes, and other things called emotion: Dissecting the elephant. Journal of Personality and Social Psychology, 76, 805-819.

Russell, J. A., Jewicka, M. & Niit, T. (1989). A cross-cultural study of a circumplex model of affect. Journal of Personality and Social Psychology, 57, 848-856.

Rutter, M., Pickles, A., Murray, R. & Eaves, L. (2001). Testing hypotheses on specific environmental causal effects on behavior. Psychological Bulletin, 127, 291-324.

Ryan, R. M. & Deci, E. L. (2000). Self-determination theory and the facilitation of intrinsic motivation, social development, and well-being. American Psychologist, 55 (1), 68-78.

Sanna, L. (1992). Self-Efficacy Theory: Implications for social facilitation and social loafing. Journal of Personality and Social Psychology, 62 (5), 774-786.

Saunders, T., Driskell, J. E., Johnston, J. H. & Salas, E. (1996). The Effect of Stress Inoculation Training on Anxiety and Performance. Journal of Occupational Health Psychology 1(2), 170-186.

Schachter, S. & Singer, J. E. (1962). Cognitive, social, and physiological determinants of emotional state. Psychological Review, 69, 379-399.

Schachter, S. & Wheeler, L. . (1962). Epinephrine, chlorpromazine, and amusement. Journal of Abnormal and Social Psychology, 65, 121-128.

Schacter, D. (1997). The cognitive neuroscience of memory: perspectives from neuroimaging research. Philosophical Transactions of the Royal Society of London, 352, 1689-1695.

Schacter, D. L., Chiu, C. Y. P. & Ochsner, K. N. (1993). Implicit memory: A selective review. Annual Review of Neuroscience, 16, 159-182.

Schacter, D., Buckner, R. L. & Koutstaal, W. (1998). Memory, consciousness and neuroimaging. Philosophical Transactions of the Royal Society of London, 353, 1861-1878.

Schaefer, G. (Ed.). (1992). Basic human needs. An interdisciplinary and international view. Frankfurt/Main: LANG.

Scheerer, K. R. (Ed.). (1982). Vokale Kommunikation. Weinheim: Beltz.

Scheerer, M. (1963). Problem-solving. Scientific American, 208, 118-128.

Scherer, K. R. (1997). The role of culture in emotion-antecedent appraisal. Journal of Personality and Social Psychology, 73, 902-922.

Schmid, U. (2002). Computermodelle des Problemlösens. In J. Müsseler & Prinz, W. (Ed.), Allgemeine Psychologie. Heidelberg: Spektrum Akademischer Verlag.

Schmid, U. & Kindsmüller, M.C. (1996). Kognitive Modellierung. Eine Einführung in die logischen und algorithmischen Grundlagen. Heidelberg: Spektrum Akademischer Verlag.

Schmidtke, A. & Hafner, H. (1988). The Werther effect after television films: New evidence for an old hypothesis. Psychological Medicine, 18 (665-676).

Schneider, S. & Margraf, J. (2003). Klassifikatorische Diagnostik, Strukturierte Interviews und Therpieindikation. In H. Reinecker (Ed.), Lehrbuch der Klinischen Psychologie und Psychotherapie. Modelle psychischer Störungen (4. vollständig überarbeitete Auflage). Göttingen: Hogrefe.

Schneider, W. & Shiffrin, R. (1977). Controlled and automatic human information processing: II. Perceptual learning, automatic attending and a general theory. Psychological-Review, 84 (2), 127-190.

Schnell, R., Hill, P. B. & Esser, E. (1993). Methoden der empirischen Sozialforschung (4.

überarbeitete Aufl.). München: Oldenbourg.

Schnell, R., Hill, P. B. & Esser, E. (2005). Methoden der empirischen Sozialforschung (7.
überarbeitete Aufl.). München: Oldenbourg.

Schönpflug, W. (2000). Geschichte und Systematik der Psychologie. Ein Lehrbuch für
das Grundstudium. Weinheim: Psychologie Verlags Union.

Schülein, J. A. & Reitze, S. (2002). Wissenschaftstheorie für Einsteiger. Wien: WUV
UTB.

Schultz, I. H. (2003). Das autogene Training.
Konzentrative Selbstentspannung – Versuch einer klinisch-praktischen Darstellung (20. Aufl.). Stuttgart: Thieme (Original erschienen: 1932).

Schulz von Thun, F. (1981). Miteinander reden
1. Störungen und Klärungen. Reinbeck bei
Hamburg: Rowohlt.

Schwäbisch, L. & Siems, M. . (1974). Anleitung
zum sozialen Lernen für Paare, Gruppen
und Erzieher. Reinbek/Hamburg: Rowohlt
Taschenbuch Verlag.

Schwartz, G. E. (1975). Biofeedback, self-regulation, and the patterning of physiological
processes. American Scientist, 63, 314-
324.

Schwartz, S. & Maquet, P. (2002). Sleep ima-
ging and the neuropsychological assessment of dreams. Trends in Cognitive
Sciences, 6 (1), 23-28.

Schwarzer, R. (1997). Gesundheitspsychologie.
Göttingen: Hogrefe.

Schwarzer, R. (Ed.). (1992). Self-efficacy:
Thought control of action. Washington:
DC: Hemisphere.

Schwarzer, R. & Leppin, A. (1991). Soziale
Unterstützung und Wohlbefinden. In A.
Abele & Becker, P. (Ed.), Wohlbefinden.
Theorie - Empire - Diagnostik. Weinheim:
Juventa.

Schwarzer, R. & Scholz U. (2000). Cross-cultural assessment of coping resources: The
general perceived self-efficacy scale. Paper
presented at the First Asian Congress of
Health Psychology: Health Psychology and
Culture, Tokyo, Japan.

Segal, M. W. (1974). Alphabet and attraction:
An unobtrusive measure of the effect of
propinquity in a field setting. Journal of
Personality and Social Psychology, 30 (5),
654-657.

Segerstrom, S. C. & Miller, G. E. (2004). Psychological Stress and the Human Immune
System: A Meta-Analytic Study of 30
Years of Inquiry. Psychological Bulletin
130 (4), 601–630.

Seligman, M. E. P. (1970). On the generality of
the law of learning. Psychological Review,
77 (5), 406-418.

Seligman, M. E. P. (1971). Phobias and preparedness. Behavior Therapy, 2 (307-320).

Seligman, M. E. P. & Csikszentmihalyi, M.
(2000). Positive psychology. An introduction. American Psychologist, 55, 5-14.

Shepard, R. N. & Metzler, J. (1971). Mental rotation of three-dimensional objects.
Science, 171, 701-703.

Skinner, E. A. & Zimmer-Gembeck, M. J. (2007).
The development of coping. Annual Reviews of Psychology, 58, 119-144.

Slovic, P. (1987). Perception of risk. Science,
236, 280-285.

Slovic, P. & Weber, E. U. (2002). Perception of
Risk Posed by Extreme Events.Unpublis-
hed manuscript, New York.

Slovic, P., Fischhoff, B. & Lichtenstein, S. (1979).
Rating the risks. Environment, 21, 14-20,
36-39.

Slovic, P., Fischhoff, B. & Lichtenstein, S. (1980).
Facts and fears: Understanding perceived
risk. In R. Schwing & Albers, W. A. Jr. (Ed.),
Societal risk assessment: How safe is safe
enough? (S. 181-214). New York: Plenum
Press.

Slovic, P., Fischhoff, B. & Lichtenstein, S. (1981).
Perceived risk: Psychological factors and
social implications. In F. Warner & Slater,
D. H. (Ed.), The assessment and perception
of risk (S. 17-34). London: The Royal Society.

Slovic, P., Fischhoff, B. & Lichtenstein, S. (1985).
Characterizing perceived risk. In R. W.
Kates, Hohenemser, C. & Kasperson, J.
(Ed.), Perilous progress: Managing the ha-

zards of technology (S. 91-125). Boulder, CO: Westview.

Slunecko, T. (2002). Von der Konstruktion zur dynamischen Konstitution. Wien: WUV.

Snyder, M. (1979). Self-monitoring processes. In L. Berkowitz (Ed.), Advances in experimental social psychology (Vol. 12). New York: Academic Press.

Sokolowski, K. (2002). Emotion. In J. Müsseler & Prinz, W. (Ed.), Allgemeine Psychologie. Heidelberg: Spektrum Akademischer Verlag.

Solso, R. L. (2005). Kognitive Psychologie. Heidelberg: Springer Medizin Verlag.

Solso, R. L. & McCarthy, J. E. (1981). Prototype formation of faces: A case of pseudomemory. British Journal of Psychology, 72, 499-503.

Speisman, J. C., Lazarus, R. S., Mordkoff, A. & Davison, L. (1964). Experimental reduction of stress based on ego-defense theory. Journal of Abnormal and Social Psychology, 68, 367-380.

Sperling, G. A. (1960). The information available in brief visual presentation. Psychological Monographs: General and Applied, 74 (11), 1-30.

Spitzer, M. (1996). Geist im Netz. Modelle für Lernen, Denken und Handeln. Heidelberg: Spektrum Akademischer Verlag.

Spitzer, M. (2002). Lernen. Gehirnforschung und die Schule des Lebens. Heidelberg: Spektrum Akademischer Verlag.

Springer, S. P. & Deutsch, G. (1987). Linkes Rechtes Gehirn. Funktionelle Asymmetrien. Heidelberg: Spektrum.

SPSS (Statistical Package for the Social Sciences). (1996). SPSS Neural Networks™ 16.0 for Windows®. Available: http://www.spss.com/neural_networks/ [21.10.2007].

Squire, L. (1987). Memory and brain. New York: Oxford University Press.

Stacy, A. W., Newcomb, M. D. & Bentler, P. M. (1991). Cognitive motivation and drug use: A 9-year longitudinal study. Journal of Abnormal Psychology, 100, 502-515.

Stahlberg, D., Osnabrügge, G. & Frey, D. (1985). Die Theorie des Selbstwertschut-

zes und der Selbstwerterhöhung. In D. I. Frey, M. (Ed.), Theorien der Sozialpsychologie (S. 79-124). Bern: Huber.

Stanek, W. & Zehetmaier, H. (2005). Gedächtnistraining. Das Erfolgsprogramm für Neues Lernen und gegen mentales Rosten. München: Goldmann.

Stapf, K. H. (1987). Laboruntersuchungen. In E. Roth (Ed.), Sozialwissenschaftliche Methoden. Lehr- und Handbuch für Forschung und Praxis (S. 238-254). München: Oldenbourg.

Stark, T. I. (1993). Hypnosis FAQ. Available: http://www.psywww.com/asc/hyp/faq0.html [26.3.2005].

Steele, C., M. (1997). The threat in the air. American Psychologist, 52 (6), 613-629.

Steele, C., M. & Aronson, J. (1995). Stereotype treat and the intellectual test performance of African americans. Journal of Personality and Social Psychology, 69 (5), 797-811.

Steffanowski, A., Oppl, M., Meyerberg, J., Schmidt, J., Wittmann, W.W. & Nübling, R. (2000). Psychometrische Überprüfung einer deutschsprachigen Version des Relationship Scales Questionaire (RSQ). Available: http://steffanowski.de/diplom/bindung.pdf [26.11.2007].

Steinbuch, K. (1971). Automat und Mensch. Auf dem Weg zu einer kybernetischen Anthropologie (4. Auflage). Berlin: Springer.

Stern, W. (1994). Die differentielle Psychologie in ihren methodischen Grundlagen (Hrsg.: Kurt Pawlik). Bern: Huber (Original erschienen 1911).

Sternberg, R. J. (1997). Successful intelligence. New York: Plume.

Sternberg, R. J. (2002). Cultural explorations of human intelligence around the world. In W. J. Lonner, D. L. Dinnel, S. A. Hayes & D. N. Sattler (Eds.) Online Readings in Psychology and Culture (Unit 5, Chapter 1). Center for Cross-Cultural Research. Available: http://www.ac.wwu.edu/~culture/index-cc.htm [18.11.2006].

Sternberg, R. J. & Kaufman, J. C. (1998). Human abilities. Annual Reviews of Psychology, 49, 479-502.

Sternberg, R. J., Castejon, J. L., Prieto, M. D., Hautamäki, J. & Grigorenko, E. L. (2001). Confirmatory factor analysis of the Sternberg Triarchic Abilities Test in three international samples: An empirical test of the Triarchic Theory of Intelligence. European Journal of Psychological Assessment, 17 (1), 1-16.

Stevens, S. S. (1957). On the psychophysical law. Psychological Review, 64 (3), 153-181.

Stevens, S. S. (1961). To honor Fechner and repeal his law. Science, 133, 80-86.

Steyer, R. (2003). Wahrscheinlichkeit und Regression. Berlin: Springer.

Storms, M. D. (1973). Videotape and the attribution process: Reversing actor's and observer's points of view. Journal ol Personality and Social Psychology, 27 (2), 165-175.

Strack, F. (1985/1998). Urteilsheuristiken. In D. Frey & Irle, M. (Ed.), Theorien der Sozialpsychologie. Bd. 3. Bern: Huber.

Strack, F. & Deutsch, R. (2002). Urteilsheuristiken. In D. I. Frey, M. (Ed.), Theorien der Sozialpsychologie. Band III: Motivations- und Informationsverarbeitungstheorien (S. 352-384). Bern: Huber.

Strack, F., Martin, L. L. & Stepper, S. (1988). Inhibiting and facilitating conditions of the human smile: A nonobtrusive test of the facial feedback hypothesis. Journal of Personality and Social Psychology, 54, 768-777.

Strassberg, Z., Dodge, K. A., Pettit, G. S. &Bates, J. E. (1994). Spanking in the home and children's subsequent aggression toward kindergarden peers. Development and Psychopathology, 6, 445-461.

Strauss, B., Buchheim, A. & Kächele, H. (Ed.). (2002). Klinische Bindungsforschung. Stuttgart: Schattauer.

Street, R. L. J. (1983). Noncontent speech convergence and divergence in adult-child interactions. In R. N. Bostrom (Ed.), Communication Yearbook 7. Beverly Hills: Sage.

Taylor, S. E., Repetti, R. L. & Seeman, T. (1997). Health psychology: What is an unhealthy environment and how does it get under the skin? Annual Reviews of Psychology, 48, 411-447.

Taylor, S. & Fiske, S. T. (1975). Point of view and perceptions of causality. Journal of Personality and Social Psychology, 32, 439-445.

Tesser, A., Campbell, J. & Smith, M. (1984). Friendship choice and performance: Self-evaluation maintenance in children. Journal of Personality and Social Psychology, 46 (3), 561-574.

Thomas, E. L. & Robinson, H. A. (1972). Improving reading in every class: A sourcebook for teachers. Boston: Allyn & Bacon.

Thomson, D. M. & Tulving, E. (1970). Associative encoding and retrieval: Weak and strong cues. Journal of Experimental Psychology, 86 (2), 255-262.

Thurstone, L. L. & Thurstone, T. G. (1963). Primary mental abilities; grades 2-4. Examiner's manual, revised edition. Chicago: Science Research Associates.

Timmons, C. R. & Hamilton, L.W. (1997). Drugs, brains, and behavior. Available: http://www.rci.rutgers.edu/~lwh/drugs/dbb.pdf; [15.06.2006].

Todesursachen in Deutschland. (2005). (Vol. Fachserie 12): Wiesbaden: Statistisches Bundesamt.

Towbridge, M. H. & Cason, H. (1932). An experimental test of Thorndike's theory of learning. Journal of General Psychology, 7, 245-260.

Traxel, W. (1974). Grundlagen und Methoden der Psychologie. Bern: Huber.

Tucker, D. M. & Williamson, P. A. (1984). Asymmetric neural control in human self-regulation. Psychological Review, 91, 185-215.

Tulving, E. (1972). Episodic and semantic memory. In E. Tulving & W. Donaldson (Ed.), Organization of Memory (S. 381-403). New York: Academic Press.

Tulving, E. (2002). Episodic memory: From mind to brain. Annual Reviews of Psychology, 53, 1-25.

Tulving, E. & Thomson, D. M. (1973). Encoding specifity and retrieval processes in episodic memory. Psychological Review, 80, 352-373.

Tversky, A. & Kahneman, D. (1974). Judgement under uncertainty: Heuristics and biases. Science, 185 (1124-1130).

Tversky, A. & Kahneman, D. (1977). Features of similarity. Psychological Review, 84 (4), 327-352.

Tversky, A. & Kahneman, D. (1981). The framing of decisions and the psychology of choice. Science, 211, 453-458.

Tversky, A. & Koehler, D. J. (1994). Support Theory: A nonextensional representation of subjective probability. Psychological Review, 101 (4), 547-567.

Ulich, D. (2000). Einführung in die Psychologie. Stuttgart: Kohlhammer.

Vaitl, D. (1978). Entspannungstechniken. In L. J. Pongratz (Ed.), Klinische Psychologie, 2. Halbband. Göttingen: Hogrefe.

Vaitl, D. (2004). Psychophysiologie der Entspannung. In D. Vaitl, Petermann, F. (Ed.), Entspannungsverfahren (Bd 1.) (S. 25-63). Weinheim: Beltz Psychologie Verlags Union.

Vaitl, D., Birbaumer, N., Gruzelier, J., Jamieson, G. A., Kotchoubey, B., Kübler, A., Lehmann, D., Miltner, W. H. R., Ott, U., Pütz, P., Sammer, G., Strauch, I., Strehl, U. & Wachermann. (2005). Psychobiology of altered states of consciousness. Psychological Bulletin, 131 (1), 98-127.

van IJzendoorn, M. H. (1995). Adult attachment representations, parental responsiveness, and infant attachment: A meta-analysis on the predictive validity of the adult attachment interview. Psychological Bulletin, 117 (3), 387-403.

Vanecek, E. (2003). Geschichte der Psychologischen Diagnostik. In K. D. Kubinger & Jäger, R. S. (Ed.), Schlüsselbegriffe der Psychologischen Diagnostik. Weinheim: Beltz - Psychologie Verlags Union.

Vanger, P., Hoenlinger, R. & Haken, H. (1998). Computer aided generation of prototypical facial expressions of emotion. Methods of Psychological Research Online, 3, 25-38.

Veenhoven, R. (1991). Questions on happiness: Classical topics, modern answers, blind spots. In F. Strack, Argyle, M. & Schwarz, N. (Ed.), Subjective well-being (S. 7-26). Oxford: Pergamon.

Vester, F. (1997). Ecopolicy – It's a cybernetic world. Das kybernetische Umweltspiel. Computerprogramm und Handbuch. München: Studiengruppe für Biologie und Umwelt.

Vitouch, P., Tinchon, H.-J. & Janschek, E. (2001). Actionfilme: Gegner-Vermeider-Kenner. Eine Rezeptionstypologie. In A. Schorr, Groebel, J. & Six, U. (Ed.), Lehrbuch der Medienpsychologie. Inhalte, Ergebnisse, Anwendungen. . Weinheim: Psychologie Verlags Union.

Wagenaar, W. A. (1986). My memory: A study of autobiographical memory over six years. Cognitive Psychology(18).

Wagner, A. D., Desmond, J. E., Demb, J. B., Glover, G. H. & Gabrieli, J. D. E. (1997). Semantic repetition priming for verbal and pictorial knowledge: A functional MRI study of left inferior prefrontal cortex. Journal of Cognitive Neuroscience, 9 (6), 714-726.

Wagner, M., Baving, L., Berg, P., Cohen & Rockstroh, B. (2006). An ERP Investigation of Semantic Priming, Repetition Priming, and Negative Priming in Schizophrenic Patients. Journal of Psychophysiology, 20 (3), 195-211.

Waldmann, M. R. (2002). Kategorisierung und Wissenserwerb. In J. Müsseler & Prinz, W. (Ed.), Allgemeine Psychologie. Heidelberg: Spektrum Akademischer Verlag.

Walker, M. P. & Stickgold, R. (2006). Sleep, memory, and plasticity. Annual Review of Psychology, 57, 139-166.

Walla, P., Hufnagl, B., Lindinger, G., Deeke, L., Imhof, H. & Lang, W. (2001). False recognition depends on depth of prior word Processing: A magnetoencephalographic (MEG) study. Cognitive Brain Research, 11, 249-257.

Walster, E., Aronson, V., Abrahams, D. & Rottmann, L. (1966). Importance of physical attractiveness in dating behavior. Journal of Personality and Social Psychology, 4 (5), 508-516.

Ware, J. E. (2000). SF-36 health survey update SPINE, 25 (24), 3130-3139.

Wason, P. C. (1960). On the failure to eliminate hypotheses in a conceptual task. Quarterly Journal of Experimental Psychology, 12, 129-140.

Wason, P. C. (1966). Reasoning. In B. M. Foss (Ed.), New horizons in psychology (Vol. I). Harmondsworth, UK: Penguin.

Watson, J. B., Wiese, D., Vaidya, J. & Tellegen, A. (1999). The two general activation systems of affect: Structural findings, evolutionary considerations, and psychobiological evidence. Journal of Personality and Social Psychology, 820-838.

Watzlawick, P. (2005). Wie wirklich ist die Wirklichkeit? Wahn – Täuschung – Verstehen. München: Piper (Original erschienen 1976).

Weiner, B. (1985). An attributional theory of achievement motivation and emotion. Psychological Review, 92 (4), 548-573.

Weiner, B. (1994). Motivationspsychologie (3. Aufl.). Weinheim: Psychologie Verlags Union.

Weiner, B. & Kukla, A. (1970). An attributional analysis of achievement motivation. Journal of Personality and Social Psychology, 15, 1-20.

Wells, G. L. & Petty, R. E. (1980). The effects of over head movements on persuasion: Compatibility and Incompatibility of responses. Basic and Applied Sicial Psychology, 1 (3), 219-230.

Westen, D., Nakash, O., Thomas, C. & Bradley, R. (2006). Clinical Assessment of Attachment Patterns and Personality Disorder in Adolescents and Adults. Journal of Consulting and Clinical Psychology 74 (6), 1065-1085.

Westermann, R. (2000). Wissenschaftstheorie und Experimentalmethodik. Göttingen: Hogrefe.

WHO. (1946). Preamble to the Constitution of the World Health Organization as adopted by the International Health Conference, New York, 19 June - 22 July 1946. World Health Organization [25.6.2007].

WHO. (2001). The world health report 2001. Genf: World Health Organization.

WHO. (2007). World Health Organization – Regional Office for Europe. Available: http://www.euro.who.int/ [22.10.2007].

Wickelgren, W. A. (1974). How to solve problems. New York: Freeman.

Wickler, W. (1969). Sind wir Sünder? Naturgesetze der Ehe. München: Droemer Knaur.

Wiener Umweltanwaltschaft. (2005). Umweltverträglichkeitserklärung Magistrat der Stadt Wien. Available: https://www.wien.gv.at/wua/uvetl2a.htm [21.10.2007].

Wilson, E. O. (1980). Biologie als Schicksal. Die soziobiologischen Grundlagen menschlichen Verhaltens. Frankfurt/M: Ullstein.

Wilson, E. O. (2000). Die Einheit des Wissens. München: Goldmann Taschenbuch Verlag.

Winkel, S., Petermann, F. & Petermann, U,. (2006). Lernpsychologie. Paderbron: Schöningh.

Winstein, C. J. & Schmidt, R. A. (1990). Reduced frequency of knowledge of results enhances motor skill learning. Journal of Experimental Psychology: Learning, Memory, and Cognition, 16, 677-691.

Witte, E., H. (1994). Lehrbuch Sozialpsychologie. Weinheim Beltz Psychologie Verlags Union.

Wohlgenannt , R. (1969). Was ist Wissenschaft? . Braunschweig: Vieweg.

Wollen, K. A., Weber, A. & Lowry, D. (1972). Bizarreness versus interaction of mental images as determinants of learning. Cognitive Psychology, 3, 518-523.

Wong, K. F. E., Kwong, J. Y. Y. (2005). Between-individual comparisons in performance evaluation: A perspective from prospect theory. Journal of Applied Psychology, 90 (2), 284-294.

Wottawa, H. & Thierau, H. (2003). Lehrbuch Evaluation. Bern: Huber.

Yerkes, R. M. & Dodson, J. D. (1908). The relation of strength of stimulus to rapidity of habit formation. Journal of Neurology and Psychology, 18, 459-482.

446

Register

Die Seitenzahlen verweisen auf jene Stellen im Text, in denen die Begriffe in Fettdruck, d.h. mit Erklärungen, wiedergegeben sind. Kursivierte Begriffe im Text zeigen an, dass an anderer Stelle des Buches (s. Register) Begriffserklärungen vorhanden sind. Fachworte, die im Buch nicht näher erklärt werden, stehen in Anführungszeichen, soferne sie nicht aufgrund ihrer Schreibweise (z.B. in Latein) als Fachausdrücke erkennbar sind.

abhängige Variablen (AV) 60
Abhängigkeit 120
Abruf von Wissen 239
Abrufmodus-Effekt 239
Abrufstörung 217
Abweichungsquotient 283
Additive Farbmischung 155
Adipositas 317
Adrenalin 301, 395
Affekt 298
Aggression 319
Agoraphobie 387
Ähnlichkeitsurteil 271
Akademische Psychologie 20
Akkomodation 141
Akquisition 229
Akteur-Beobachter-Verzerrung 337
Aktivationstheorie 302
Aktivierung 173
Aktivierungsmanagement 111
Aktivierungssystem 173
aktuelles Wohlbefinden 373
Akustische Wahrnehmung 156
Alkohol 390
Alternativhypothesen 82
Altgriechische Seelenlehre 13
Amnesie 214
Amygdala 303f.
analoge Repräsentationen 259
Analogietendenz 259
analytisch 44
ängstlich-ambivalenter Bindungsstil 401
Angststörungen 387
Ankerheuristik 274
Anlage-Umwelt-Einflüsse 38
Annäherung 304
Anpassung 169
Anpassungsheuristik 274
Anreize 314

Anstrengung 324
Anthropomorphisierung 13
Antidepressiva 120
Antipsychotika 120
Aposteriori-Wahrscheinlichkeit 276
Apriori-Wahrscheinlichkeit 276
Arbeitsgedächtnis 222
Arbeitsmotivation 326, 327
Aristoteles 17
Arousal-Effekt 229
Artefakte 30, 85, 86
Artefakte bei Befragungen 30
Attraktivität 151
Attributionen 324, 333
Audiogramm 160
Audiometrie 160
Auffälligkeit 332
Aufmerksamkeit 107
Aufnahme von Wissen 229
Auge 137
Augenbewegungen 152
Ausführung 203
Ausgangszustand 253
Ausprägungen 59
Autogenes Training 124, 125
Automatisierungsphase 197
Autorität 348
Autoritätsgläubigkeit 346
Basisemotionen 310
Bayes-Logik 277
Bayes-Theorem 79, 276
bedingte Wahrscheinlichkeit 276
Bedürfnishierarchie 315
Bedürfniskomplementarität 354
Bedürfnispyramide 315
Bedürfnisse 315
Befragung 30, 94
Begriffe 199f.
Begriffslernen 265

Behaviorismus 22
behavioristische Perspektive 48
Belohnungssystem 304
beobachterabhängige Urteilsverzerrungen 84
Beobachtung 93
Beobachtungslernen 202
Bestätigungsfehler 266
Bestrafung 192, 193
Bestrafungssystem 304
Betroffenheit 280
Bewältigungsarbeit 410
Bewegung 138, 400
Bewegungsparalaxe 141
Bewegungstäuschung 152
Bewegungswahrnehmung 152
Bewertungsfunktion 254
Bewertungssystem 174
Bewusstsein 105, 107
Bewusstseinslage 110
Bewusstseinszustände 110, 118
Beziehungsabbruch 357
Beziehungsregeln 356
Bicameral Mind 15
Bindungsstil 400f.
Bindungsverhalten 400
binokulare Tiefenhinweise 142
Binomialverteilung 73
Biofeedback 195, 196
biologische Perspektive 47
biologischer Rhythmus 111
biologischer Speicher 212
Biopsychosozialer Ansatz 381
Biorhythmus 111
bivariate Variablenrelationen 67
Bumerang-Effekt 342
Bystander-Phänomen 366
Cannon-Bard-Theorie 302
Chemorezeptoren 163
Chunks 220
Claqueur-Effekt 368
Coping 395ff.
Copingkompetenz 397
Cortisol 395
deduktives Denken 266
Deindividuation 364
Deindividuierung 364
deklarativ 226
Depression 385
Deskriptivstatistik 70

Diagnosesysteme 382
Diagnostik 381
diagnostische Interviews 382
direkte Kausalbeziehungen 62
Diskrimination 190, 194
Distinctiveness-Effekt 230
Dominanz 319
Door-in-the-face-Effekt 345
Doppel-blind-Verfahren 85
Dreifarbentheorie 155
Drogen 118
Drogenkonsum 120, 121
Durchschnittsgesichter 151
dynamische Eigenschaften 153
echoisches Gedächtnis 219
Effektstärke 77
Effektüberlagerungen 65
Eidetik 219
Eigendynamik 255
Eigenschaftsräume 212
Einprägen 210
Einschätzung der Geschwindigkeit 154
Einsicht 261
Einstellungen 337
Einstellungsähnlichkeit 353
Einstellungsänderungen 341
Einstellungsstabilität 341
Einstellungs-Verhaltens-Konsistenz 338
eklektische Therapien 408
Elaboration-Likelihood-Model 342
Elaborationseffekt 233
Emotion 297
emotionale Intelligenz 288
emotionsorientiertes Coping 397
Emotionsraum 300
Empirie 54ff.
empirische Einheiten 57
empirisches System 55
Encoding-Specifity Principle 240
Endorphine 164
Enkodierung 229
Enterozeptoren 161
Entfernung 148
Entscheidungen 271
Entspannungstechnik 398
Entspannungstherapien 406
Entzugserscheinungen 121
episodisch 226
Erbkoordination 170

Erblichkeitsschätzung 289
Erfolgsintelligenz 288
Erfolgslernen 191
Ergebniswissen 197
Erleben 28
Erregungstransfer 310
Erwartung-Wert-Theorien 314
Erwerb 203
Ess-Brechsucht 318
Ethogramm 87
Ethologie 170
evolutionäre Perspektive 49
Exemplartheorien 201
Experimentalgruppe(n) 83
Expertise 261f.
explizites Gedächtnis 226
explorativ 32
externale Attribution 324
Exterozeptoren 161
Extraversion 377
extrinsische Motivation 313, 324
Facial-Feedback-Hypothese 311
Fähigkeit 324
Fairness 91f.
Faktoren 78
Faktorenanalyse 79
Fall 56
Fallstudien 87
falscher Konsensuseffekt 336
Falsifikation 32
Farbe 138, 155
Farbenblindheit 155
Farbenfehlsichtigkeit 155
farbige Nachbilder 156
Farbwahrnehmung 155
Fehleinschätzung 263
Fehlerstreuung 80
Fehlerüberlagerung 65
Fehlerwert 69
Feldforschung 87
Ferigkeiten 196
Festigung von Wissen 236
Figur-Grund-Relationen 146
Fixierung 259
Flow-Erlebnis 325
fluide Intelligenz 288
Flynn-Effekt 283
Form 142
Formen der Intelligenz 285

Forschungsablauf 98
Forschungsdesign 100
Forschungsmethoden 83
Forschungsperspektiven 47
fotografisches Gedächtnis 219
Freier Wille 40
Fremdbeobachtung 93
Fresszentrum 316
Frontalcortex 304
Funktion 67
Funktion von Emotionen 300
Funktionale Gebundenheit 259
Ganzheitlichkeit 44
Gedächtnis 209
Gefühl 299
Gegenfarbentheorie 156
Gehirnhemisphäre 179
Gehirnlappen 179
Gehorsam 348
geistige Vorbereitungsphase 196
Gelegenheitsstichproben 58
gelernte Hilflosigkeit 387
gemeinsames Schicksal 146
Generalisation 190, 194
Genetische Veranlagung 289
Geräusch 157
Gerechtigkeit 14, 307
Geruchssinn 161
geschlechtsspezifische Intelligenzdiskrepan-
zen 292
geschlossener Antwortmodus 95
Geschmack 162
Gesetz 32, 34, 56
Gesichtswahrnehmung 148
Gestalten 145
Gestaltgesetze 145
gesunder Menschenverstand 10
Gesundheit 376
Gesundheitsbelastungen 380
Gesundheitspsychologen 405
Gewissenhaftigkeit 377
Gleichgewicht 165
Gliederungseffekt 231
globaler Arbeitsspeicher 178
Glück 374
Größenschätzung 148
Großhirn 177, 179
Grundemotionen 310
Grundgesamtheit 58

Grundrate 273ff.
Gruppendenken 368
Gruppendruck 367, 368
Gruppeninterview 94
Gruppenprozesse 363
gute Gestalt 146
Gütekriterien 89ff.
Habituation 185
habituelles Wohlbefinden 374
Hakenmethode 235
Halluzinogene 119
Halo-Effekt 333
Hardiness 396
Häufigkeitsformat 277
Hautleitwiderstand 306
Havard-Konzept 362
Hawthorne-Effekt 35
Hemisphärendominanz 180
hermeneutisch 46
Heuristiken 254, 272
Hilfeleistungen 366
Hilflosigkeit 387
Hirnstamm 177
Histogramme 72
humanistische Perspektive 48
humanistische Therapien 405
Hunger 316
Hypnose 122ff.
Hypnosetherapien 123, 406
Hypnotisierbarkeit 122
Hypothese 32, 56
Hypothesentesten 265
ICD-10 379
Ich-Bewusstsein 128
ideographisch 42
I-knew-it-all-along-Effekt 11
ikonisches Gedächtnis 219
Imagery-Effekt 234
imaginativ 226
Imitation 202
Imitationslernen 202
Impact Factor 100
implizite Persönlichkeitstheorien 333
implizites Gedächtnis 226
Indeterminismus 65
Indikatoren 56
indirekte Kausalbeziehungen 64
induktives Denken 265
Inferenzstatistik 79ff.

Informationsmenge 133
Informationsverarbeitung 105
Informativität 189
Inhaltsanalysen 87
innersubjektive Erfahrungen 14
Instrumentelle Konditionierung 191
Intelligenz 281
Intelligenzalter 283
Intelligenzdiagnostik 282
Intelligenzdimensionen 286
Intelligenzprofil 285
Intelligenzquotient 283
Intensitätsschwellen 134
Interdisziplinarität 29
Interferenz-Effekt 238
Interferenzen 216
internale Attribution 324
Interozeptoren 161
interpersonale Therapien 406
Intervallskalen 70
intrinsische Motivation 314, 324
INUS-Analyse 64
Inzidenz 379
Irrtumswahrscheinlichkeit 82
Item 89
Jahresprävalenz 385
James-Lange-Theorie 302
Jetlag 114
Katastrophenartigkeit 280
Katecholamine 395
kategoriale Schlüsse 268
Kategorien 199
Kategorisierungen 200
Kausal(itäts)prinzip 61
Kausalität 61
Kernschlaf 112
Kinästhetik 165
Klang 157
Klangfarbe 157
Klärungsarbeit 410
Klassifikation von Emotionen 310
Klassifikationsprozesse 212
Klassische Konditionierung 188
Klinische Psychologen 405
Klumpenstichprobe 59
Knappheit 347
kognitiv-behaviorale Therapien 406
kognitive Dissonanztheorie 339
kognitive Landkarten 259

kognitive Modellierung 256
kognitive Perspektive 49
kognitive Theorien 339
Kognitive Verhaltenstherapie
Kognitive Verhaltenstherapie 407
Kognitives Lernen 199
Kognitivismus 22
Kommunikation 358
Kommunikationsregeln 362
Kompetenz 354
konditionale Schlüsse 267
Konditionierung höherer Ordnung 190
Konfidenzintervall 80
konfirmativ 32
Konfliktkommunikation 362
Konformität 367
Konfrontation 388
konfundierende Variablen 60
Konnektionismus 184
Konsensus 345
Konsistenz 344
Konsolidierungseffekt 236
Konstrukte 57
Kontexteffekt 217
Kontingenz 189, 194
Kontrast 141
Kontrolliertheit 377
Kontrollverlust 387
Kontroversielle Grundannahmen 37
Konvergenz 142
Konzentration 223
Konzepte 200
Konzeptionalisierung 57
Kopfbewegungen 152
Koppelungsanzahl 188
Körpersprache 361
Körperwahrnehmung 162
Korrelationskoeffizient 77
Korrespondenzsystem 55
Krankheiten 378
kristalline Intelligenz 288
kulturvergleichende Perspektive 49
Kurzzeitgedächtnis (KZG) 219
Kurzzeitspeicherung 218
Laborexperiment 83
Lachkonserven 368
Längsschnittuntersuchung 85
Langzeitgedächtnis 223ff.
Langzeitpotenzierung 183

Langzeitspeicherung 223
Lärm 160
latente Variablen 60
Lautstärke 157
Lebensbedingungen 375
Lebensqualität 373ff.
Lebenssinn 14
Lebensstil 399
Lebensweisheiten 9
Lebenszeitprävalenz 385
Lebenszufriedenheit 375
Leib-Seele-Problem 38
Leistungs- und Arbeitsmotivation 323
Lernen 169ff.
Letalität 379
Life events 392
Limbisches System 177f., 302
Loci-Technik 235
Löschung 189, 192
lucides Träumen 117
Magersucht 318
manifeste Variablen 60
Mechanorezeptoren 163
Mediation 363
mentale Logiktheorie 257
mentale Modelle 257
Mentale Repräsentation 257
mentale Stressfolgen 394
mentales Training 198
Mere Exposure 308
Messniveau 70
Messtheorien 89
Messwert 69
Mittelwert 74
Mnemotechniken 233
Modell 56
Modelllernen 202
Moderatorvariablen 60
Modus ponens 268
Modus tollens 268
monokulare Tiefenhinweise 141
Monophasenschlaf 116
Mortalität 378
Motivation 313, 323
Motive 313
Motorisches Lernen 196
multieffektive Beziehungen 63
multikausale Beziehungen 63
Multiple Intelligenzen 287

multivariate Variablenrelationen 67
Mythen 13
Nachlaufprägung 186
Narkolepsie 116
Narkotika 118
narratives Interview 94
Nebenbewusstes 107
negatives Gefühl 174
Neocortex 179
Nervenzellen 181f.
Netzhaut 137
Netzwerkmodelle 181
Neuheit 280
neuronale Netzwerke 201
Neuronale Netzwerkmodelle 181
neuropsychiatrische Störungen 380
Neurotizismus 377
Nichtbewusstes 107
nichtstandardisierte Befragungen 94
nichtteilnehmende Beobachtung 93
Nocizeptoren 163
Nominalskala 70
nomothetisch 42
non-reaktive Verfahren 87
nonverbale Kommunikation 361
Noradrenalin 395
Normierung 91f.
Normierung 92
Normstichproben 88
NREM-Schlaf 117
NREM-Stadien 117
Nullhypothese 82
objektive Selbstaufmerksamkeit 369
Objektivität 44, 89, 92
Objektivitätsproblem 31
Objektwahrnehmung 142f.
offene Beobachtungen 93
offener Antwortmodus 95
Offenheit 377
Ökonomie 91f.
Operationalisierung 57
Operationalisierungsproblem 33
Optionalschlaf 112
optische Flussmuster 141
optische Täuschungen 142
optokinetischer Reflex 152
Ordinalskalen 70
Orte der Speicherung 180
Panikstörung 387

Paradigma 23
parietaler Pfad 139
Performanzwissen 198
periphere Merkmale 333
Personenattribution 336
Phänomene 55
Phon 160
phonologische Schleife 222
physiologische Stressfolgen 394
physische Attraktivität 353
physische Nähe 353
Placebo-Effekt 84
Polaritätsprofil 81
Popularpsychologie 9
Population 57
Positionseffekt 231, 333
positives Gefühl 174
posthypnotische Befehle 124
Potenzgesetz des Lernens 213
Potenzgesetz des Vergessens 213
Prädisposition 191
Prägung 186
Prämissen 267
Prävalenz 379
Prävalenzraten 380
Preview 245
Primacy-Effekt 231
primäre Verstärker 194
Primäremotionen 310
primärer Sehkortex 137
Primärfähigkeiten 287
Primärfaktoren 287
Priming 225
proaktive Interferenz 239
Problemaktualisierung 410
Problemdefinition 250
Problemkenntnisstand 254
Problemlösen 257
problemorientiertes Coping 397
Problemraum 253
Prognosen 34
propositional 226
Propriozeptoren 161, 163
Prospekttheorie 274
Protokolle 56
Prototypen 201
prozedural 226
Psyche 27, 105f.
Psychische Selbstregulation 125

Psychische Störungen 381
psychodynamische Perspektive 48
psychodynamische Therapien 406
psychogalvanischer Reflex (PGR) 306
Psychologie 9f., 23
Psychologiedefinitionen 27f.
 Zielsetzungen 29
psychologische Behandlung 404
Psychologische Intervention 404
Psychopharmaka 118
psychophysische Funktion 135
psychotherapeutische Wirkfaktoren 409
psychotherapeutische Zusatzausbildung 404
Psychotherapie 404
qualitativ 46
qualitative Inhaltsanalyse 94
quantitativ 46
quantitative Inhaltsanalyse 95
quantitatives Skalenniveau 92
Quantoren 268
Quasiexperiment 86
Querschnittuntersuchung 85
Questions 246
Quotaverfahren 59
Rahmung 274
Randomisierung 83
Rating 88
Ratingverfahren 91
Raumwahrnehmung 141
Read 246
Reaktanz 351
Recency-Effekt 231
Rechtfertigung des Aufwands 341
Recite 246
reduktive Hypothesen 262
Referenzstichproben 88
Reflect 246
Regression 77
Regressionsrechnung 77
Regulationen 29
Reizintensität 189
Reizkontrolle 193
Rekonstruktionseffekt 239
Relation 56, 66
Reliabilität 31f., 90, 92
Reliabilitätsproblem 33
REM-Schlaf 116
REM-Stadien 116
Repräsentativität 58

Repräsentativitätsheuristik 273
Repräsentativitätsproblem 32
Ressourcenaktivierung 410
retinale Disparität 142
Retrieval-Cue-Effekt 240
retroaktive Interferenz 238
Review 246
Reziprozität 344, 356
Risiko-Optimismus 281
Risikowahrnehmung 279
Ritualisierungen 172
Rückschaufehler 10
Sachattribution 335
Sättigungszentrum 316
Schallquellen 158
Schärfe 141
Schatten 141
Schätzfehler 80
scheinbare Kausalbeziehungen 65
Schema 241f.
Schemata 202
schematheoretische Ansätze 257
Schematisierungseffekt 241
Schematisierungsphase 197
Schichtarbeit 114
Schizophrenie 389
Schlaf 111
Schlaf- und Aufputschmittel 115
Schlafapnoe 116
Schläfchen 116
Schlafdauer 112
Schlafdeprivation 113
Schlafmangel 113
Schlafstadien 116
Schlafstörungen 116
Schlüsse 267
Schlussfolgern 265
Schlussfolgerung 34
Schlussformen 267
Schmerz 164
Schneeballverfahren 59
Schnellentspannung 398
Schwierigkeit 324
Sedativa 118
Seele 12ff.
Seelenvorstellungen 12
seelische Gesundheit 376
Segmentierung 142
sekundäre Verstärker 194

Selbstbeobachtung 93
Selbstbezugseffekt 234
Selbstdeterminations-Theorie 326
selbstdeterminiert 125
Selbstenthüllung 358
Selbsterfüllende Prophezeiung 85
Selbstreflexion 127
Selbstreflexivität (Ich-Bewusstsein) 127
Selbstwerteinschätzung 355
Selbstwerterhaltungstheorie 355
Selbstwertgefühl 355
Selbstwirksamkeit 325
semantisch 226
semantischer Raum 201
Sensorisches Gedächtnis (SG) 219
Shaping 194
sicherer Bindungsstil 401
Sicherheit 375
Siesta-Schlaf 116
Signallernen 188
Simulationsmodelle 98
Sinnesorgane 133
Situationskontrolle 193
Skalen 88
Skalenniveau 70
Skalenqualität 70
Skalierung 91
Skript 202, 242
somatische Stressfolgen 394
soziale Aktivierung 363
Soziale Beziehungen 351
soziale Deprivation 352
Soziale Einflüsse 341
soziale Falle 366
soziale Macht 348
soziale Nachlässigkeit 364
soziale Selbstüberwachung 369
soziale Unterstützung 399
Soziale Wahrnehmung 332
Sozialkategorien 353
sozial-kognitive Lerntheorie 203
Sozialphobie 387
soziodemographische Merkmale 86
Spacing-Effekt 237
Speicherstrukturen des Gehirns 177
Spektralanalyse 157
Spontanerholung 189
Sport 400
Sprache 126

Sprachgebrauch 360
Sprachzugangstheorien 126
Sprechkonvergenz 360
Stäbchen 137
Standardfehler 80
standardisierte Befragungen 94
Standardisierung 88
Standardnormalverteilung 75
Standardvariablen 74
Standardwerte 75
Statistik 68ff.
statistische Kennwerte 70
statistische Signifikanz 82
statistisches Denken 277
Stereotyp 292, 338
Stereotypbedrohungen 293
Stichprobe 58
Stimmung 298, 337
Stimulantia 119
Stimulusattribution 335
Störeffekte 83
Störvariablen 60
Stress 391ff.
Stressbewältigung (Coping) 395ff.
Stressfolgen 394
Stressoren 391
Streubreite 74
strukturierte Beobachtungen 94
Substanzmissbrauch 390
Subtests 88
subtraktive Farbmischung 155
Sucht 121
Suggestion 122
Support-Theorie 281
Symbolsprache 358
Sympathie 345
Synapsen 182, 184
System 250
Systemtheorie 96
Tatsachen 56
Täuschungen 85, 142
teilnehmende Beobachtung 93
teilstandardisierte Befragungen 94
temporaler Pfad 139
Test 88
Testosteron 319
Teststärke 82
Testtheorie 69
Textanalyse 95

Texturgradienten 141
theoretisches System 55
Theorie 32, 56
Therapiedauer 409
Therapieeffekte 408
Therapiemethoden 405
Thermorezeptoren 163
Tiefeninterview 94
Todesursachen 380
Tödlichkeit 280
Toleranz 121
Töne 157
Tonhöhe 157
Totzeiten 263
Training 196
Trance 122
transaktionales Stressmodell 393
Transdisziplinarität 29
Transformationen 253
Transmitterstoffe 122, 181f.
Traum 111
Traumphasen 117
Triebe 313
Trivialpsychologie 9
Überdeckung 141
Übergewicht 317
Überlebensvorteile 15
Ultrakurzzeitgedächtnis (UKZG) 219
Ultralangzeitgedächtnis 226
unabhängige Variablen (UV) 59
Unähnlichkeitsurteil 271
Unbewußt 42
Unbewusstes 107
Unerforschtheit 280
Unfreiwilligkeit 280
Ungewöhnlichkeit 280
Unkontrollierbarkeit 280
Unmittelbarkeit 280
unstrukturierte Beobachtungen 93
Unterbewusstes 107
Untergewicht 316
Unterschiedsschwellen 135
Unverfälschbarkeit 91f.
Unverträglichkeit 377
Urangst vor dem Tod 13
Urteilsbildung 271
Urteilsheuristiken 272
Validität 90ff.
Validitätsproblem 33

Variablen 56, 59
Variablentypisierung 61
Varianz 74
Verantwortungsdiffusion 364
verdeckte Bobachtungen 93
Verfall 215
Verfügbarkeitsheuristik 272
Vergessen 210ff.
Vergessenstheorien 215
Verhalten 170ff.
Verhaltensforschung 170
Verhaltensumsetzung 239
Verhandeln 362
Verifikation 32
Verkettungsphase 197
vermeidender Bindungsstil 401
Vermeidung 304
Verstärkung 192
Versuchsleitung 84
Versuchspersonen 84
Versuchssituation 84
verteiltes Lernen 238
Verteilung 71
Verteilungsprüfung 72
Vertrauensintervall 80
vestibulookulärer Reflex 152
visuell-räumlicher Notizblock 222
Volition 323
Vorinformationen 34
Vorstellung 126, 212, 234
Vorurteile 338
wahrer Wert 69
Wahrnehmungskonstanz 148
Wahrscheinlichkeitsformat 277
Wahrscheinlichkeitstheorie 79
Wahrscheinlichkeitsurteile 276
Weber'sches Gesetz 135
Wernicke-Korsakoff-Syndrom 214
Werte 59
Wertebereich 59
Wertfreiheit 43
Werther-Effekt 368
Wiedererkennen 239
Wiedergabe 239
Wiederholungseffekt 237
Wissen 209ff.
Wissenschaftlichkeit 54
Wohlbefinden 373
Wortlängeneffekt 221

Yerkes-Dodson-Gesetz 173
Zapfen 137, 155
Zeitdifferenz 188
zentrale Exekutive 222
zentrale Merkmale 333
Zielkenntnisstand 254
Zielzustand 253
zirkadianer Rhythmus 111

Zufall 73, 324
Zufallsprozesse 73
Zufallsvariablen 73
Zufriedenheit 374
Zumutbarkeit 91f.
Zweikomponenten-Theorie 302
Zweiprozesstheorie 156